道・丹

道 무위자연의 진리를 세상에 펼치고

丹 금강불괴의 신비를 몸속에 지니다

道·丹

이승훈 지음

지혜의나무

서문

　동양의 전통 문화에서, 단도丹道는 신비한 문화라는 것을 부정하는 사람은 없을 것이다. 사람들은 가끔 신화神話와 전설傳說에서 단도丹道의 그림자를 볼 수 있을 뿐이고, 현실 속에서 단도는 구름과 안개 속에 갇힌 이슬 같기에, 다가가서 내 품 안으로 품으려고 하면은 사라져 버리고 만다. 이와 같은 신비로운 실체를 가슴에 품기 위해서는 '단도의 역사를 알고 그 연원을 발견하는 것이 먼저다.' 라는것이 내 생각이다.

　5000년 전 복희伏羲 황제皇帝가 하늘을 우러러보고 '선천팔괘先天八卦'를 창조하였다. 따라서 중국인들은 복희와 선천팔괘를 중화민족의 시조始祖와 중화문화의 기점으로 삼았다.

　3000년 전 주周나라 문왕文王과, 무왕武王이 '선천팔괘先天八卦'를 계승한 기초 위에서 자연학문과, 인문적 문화, 그리고 천도天道와 귀鬼와 신神의 사상을 융합하여서 문왕이 팔괘의 괘서掛序와 괘사卦辭를 다시 정하고 '후천팔괘後天八卦'를 창시하였고, 무왕이 효사爻辭를 확정하여 이로부터 《주역周易》이 형성形成되었다.

　2500여 년 전 노자老子는 주周나라 수장사守藏史 전적을 관장하는 관리였으나, 상고上古 이래 지식이 해박하고 학문이 깊었는데 그는 곰곰이 생각하고, 세심하게 관찰해보다가. 문득 만사 만물의 현상을 벗어난, 현상이 숨어있는 황홀恍惚한 경계에 들어가 보니, 황홀경에 빠진 것이 아무것도 없는 것 가운데서도 있는 것 같고, 있는 것 가운데 없다는 것을 깨닫게 되었고, 그것을 설명할 방법으로 '도道'라고 이름 하였다.

그러면 과연 '도道'는 무엇을 말하는가?

이영李榮은 그가 저술한 《노자주老子注》에서 이렇게 말했다.

"지극히 진실한 '도道'는 허극虛極의 이치이며, 무성무색無聲無色, 무형무명無形無名이니 말로 표현할 수도 없고 마음으로 인식할 수도 없다. 그러나 그것은 모든 것을 포용하고 온 우주 속에 존재한다. 세속의 긍정적 인식으로는 진도真道의 존재를 표현하기에 부족하다는 부정적 인식으로는 부정적으로 인식을 할 수밖에 없다. 진도는 실체로서 불생불멸이며, 시간적으로는 항상 단절을 두려워하지 않고, 공간적으로는 무상무형無象無形이며, 운동변화의 관점에서 불성불쇠不盛不衰하며, 서로 대립할 것이 없고, 절대 영원하다. 철학적 관점에서 볼 때 실체, 시공간과 운동의 변화는 사물이 존재할 수 있는 기본 조건이며, 도는 이 모든 조건을 배제하고 이에 대항할 수 있는 어떤 것도 없기 때문에 이러한 진도는 그 성질이 무조건적인 절대적 정신적 실체이다."

이렇게 '도道'를 허극極極의 이치로 해석한 것은 '도道'의 교리를 설명하는 방면에서 중요한 부분이다.

문헌에 따르면 "도道는 본래 허무하고 황홀하여 만물에 기氣가 있고, 원래 텅 비어있어 승운화乘運化하여 분형分形한다. 정상精象은 현玄이 나타나고, 배열된 궁궐은 청경清景에 있고, 그윽한 질감은 잠재되어 있고, 동부洞府는 명산에 열려있다. 성심성의껏 노력하면 신선이 응할 수 있고, 수련을 잘하면 용과 학처럼 오를 수 있음을 기약할 수 있다. 천동天洞의 구역에서는 정법에 관해서 고비가 다르며, 진령真靈의 급수는 위아래가 다르다.”고 했다.

이 말을 요약하면 도를 수련하여 높은 경지에 이르면, 누구나 신선이 될 수 있다는 말이다. 이 ‘도’ 수련은 옛 부터 선인이나 진인들이, 입에서 입으로 서로 가르쳐 전하였는데 하나를 가르쳐 전하면 그것을 체험을 통하여 얻곤 하였던 것이고. 이를 듣는 사람은 천겁이 지나도 만나기 어려운 기회를 만난 것이요 이를 전하여 받는 사람은 누구나 한때 진리의 바다를 건너게 되는 것이니, 반드시 사회생활에서 사람으로서 지켜야 할 윤리를 잘 지키고 일상생활을 함에 있어서 흔들림이 없이 굳세고 확실한 뿌리를 내린 사람이 된 뒤에라야, 태어나기 이전의 참 세계를 닦고 나면, 본성을 깨달을 수 있는 것이라고 했다.

그러면 과연 단丹이란 무엇을 말함인가?

내단학內丹學은 도학道學의 기둥으로, 도서道書에서는 대단大丹, 금단金丹, 내금단內金丹, 환단還丹 등이고, 또한 외단外丹이라고 하는 황백술黃白術도 천지天地의 기氣를 함께 융화시켜 단련한 천지인삼원단법天地人三元丹法의 계통이라고도 한다.

내단학은 복희伏羲와 황제黃帝, 노자老子 등이 개종開宗하여 한漢나라 말 위백양魏伯陽에서 송원宋元의 장백단張伯端·왕중양王重陽·구처기丘處機·유영년劉永年 등에게 전해졌으며 내단가內丹家는 음양陰陽을 다시 주조鑄造하여 건곤乾坤을 재창조하는 내단 법결을 재창조하였다.

특히 여동빈은 〈태을금화종지太乙金華宗旨〉에서, “황금 꽃(金華)은 다름이 아니라 금단金丹이다. 신의 밝음(神明)이 변하여 이루어진 것인데 여러 스승들이 누구나 마음에서 마음으로 전하여 가르친 것이다. 그 가운데에 들어 있는 묘한 방법의 가르침은 비록 털끝만큼도 어기지 아니한다고 할지라도 정확하게 이해하기가 어려운데 마치 힘찬 미꾸라지가 손아귀를 빠져나가듯 한다. 처음부터 끝까지 총명하여야 하고 또한 반드시 깊이 가라앉아서 변화와 움직임을 여의고 고요(淸靜)하여야 한다. 아주 총명한 사람이 아니면 이 가르침을 행하여도 얻지를 못하고 아주 깊이 가라앉아서 변화와 움직임을 여의고 고요하지 아니한 사람은 이 가르침대로 지키고 행하여도 얻지를 못한다.”고 했다. 도의 수련과 결단結丹의 어려움을, 진리를 탐구하는 후학들에게 잘 설파해 주고 있는 말이다.

지구상에 존재하는 모든 생물들은 우주 대자연의 기氣의 변화로 그에 상응하는 영향을 받는다. 사람이 지구에 살고 있고, 지구는 태양을 에워싸고 돌면서 우주의 변화에 따라 색의 변화가 생기고 색의 변화가 생기면 우리 내장에도 그에 따른 손상이 있을 수도 있고, 또 우주의 변동에 따른 진동이 생기면 사람에게 상응하는 영향을 주어 좋지 않은 결과를 가져올 수도 있다. 대우주공간의 관점에서는 아주 작은 공간의 변화라고 하지만 문제는 사람에게 큰 재난이 될 수도 있다는 것이다. 그래서 선현들은 도가 수련을 통해 이를 극복할 수 있는 방법을 찾아냈다.

지구를 벗어나 방향의 기점인 28성좌 북두칠성이 있는 우주공간에서 선천오기先天五氣를 거두어들이는 것이다. 사실은 우리가 의도적으로 거둬들이건 아니건 우리는 매일 매순간 그 기운의 영향을 받고 살고 있다. 그래서 특별한 방법을 사용하여 주도적으로 그 기氣를 거두려고 하는 것이다. 이것이 자연을 초월한 ‘도’의 수련이다.

그러면 과연 “도”의 수련은 어떠한 과정으로 이루어지는가?

“도”는 언어로 전할 수가 없으며 명기할 수도 없는 것이어서. 반드시 몸으로 수련하여 익혀야 하는데, 예로부터 도를 달통해 등선한 신선이 적지 않다.

 "사람이 살아가면서 순리를 따르면 죽어서 귀신이 되고, 역행하는 수련을 하면 단을 이루고 신선이 된다."는 원리와 '연정화기煉精化炁, 연기화신煉炁化神, 연신환허煉神還虛, 연허합도煉虛合道'의 기본 단계를 마련하여 내단학의 뼈대가 되었다. "몸은 마음에 합合하고 마음은 기氣에 합치 한다"는 것은 마치 내단 수련의 '연정화기煉精化炁'를 단련하는 단계와 같다. "기를 단련하는 것은 신神에 합치 한다"는 것이고, 내단가內丹家의 '연기화신煉炁化神'과 같다. 또한 "신을 단련하는 것은 무無에 합치 한다"는 것이어서 내단이 말하는 '연신환허煉神還虛'이고, "허무虛無를 불러와 이것을 닦음으로써 도에 합치한다"는 것은 '연허합도煉虛合道'이다.

 옛 고서에도 "형形을 보補하는 자는 정精을 보하는 것보다 약하고, 정精을 보하는 자는 기炁를 보하는 것보다 약하고, 기炁를 보하는 자는 신神을 보하는 자보다 같지 않고, 신神을 보하는 자는 형形과 기炁가 영원하다."고 했다.

 이러한 경지에 오르기 위해서는 세분화 되어있는 81단계의 수련을 마쳐야 하는 어려움이 있어서일까, 도가에서는 한 두 사람의 법제자만 길러서 대代를 이어오고 있다.

 이러한 모든 공부는 스승과 제자가 구두로 전수해 온 비법이기 때문이기도 하지만 내단 수련은 몸 안에서 생겨나는 변화의 조짐을 보고 그에 맞추어 대응해야 하므로, 스승의 지침과 지도 없이는 불가능하다. 인연이 없다면 생각할 수 없는 대업이다.

 우리나라에도 두 분의 신선이 탄생했다. 9세기 중엽, 신라의 김가기金可記와 최치원崔致遠이 주인공이다. 김가기는 중국 종남산에서 40여 년의 수련으로 백일승천하였고 최치원도 12살 나이로 중국에 건너가 18년의 각고 끝에 득도했으나 망해가는 신라를 구하겠다고 귀국했으나 뜻대로 되지 않아 가야산으로 들어가 등선하였다고 한다. 안타까운 것은 이 두 분 모두 우리나라에 제자를 두지 않아서 선도를 이어나가지 못했다는 것이다.

오늘날 세계는 서양 실험 과학과 동양 경험 과학을 더해 인류 과학의 새로운 발전을 촉진하는 새로운 시대로 접어들었고 도가道家 양생과 주역周易 양생은 점점 더 많은 관심을 받고 있는 것은 사실이다.

지금은 세상이 바뀌었다. '전진도용문파' 18대 장문掌門이신 왕리핑(王力平) 선생은 천명天命을 받고 전 세계에 선도를 펼치시니 이것은 우리들의 복이 아닐 수 없다.

2026년 傘壽年을 맞아   이승훈 謹識

목차

제1편 도道

제2장 도교道教의 신神

제3장 동천洞天 복지福地 36천三十六天

제4장 도교道教의 인물人物

제5장 도교의 경전道敎經典

제6장 우리나라의 선도仙道 역사

16

제2편 단丹

제1장 단丹

제2장 외단外丹

제5장 우주宇宙의 삼계三界

제6장 사람의 운명運命과 영생永生

22

제 1 편

도

道

제1편의 道는

'道家', '道敎', '道'의 모든 것을 총칭 한다

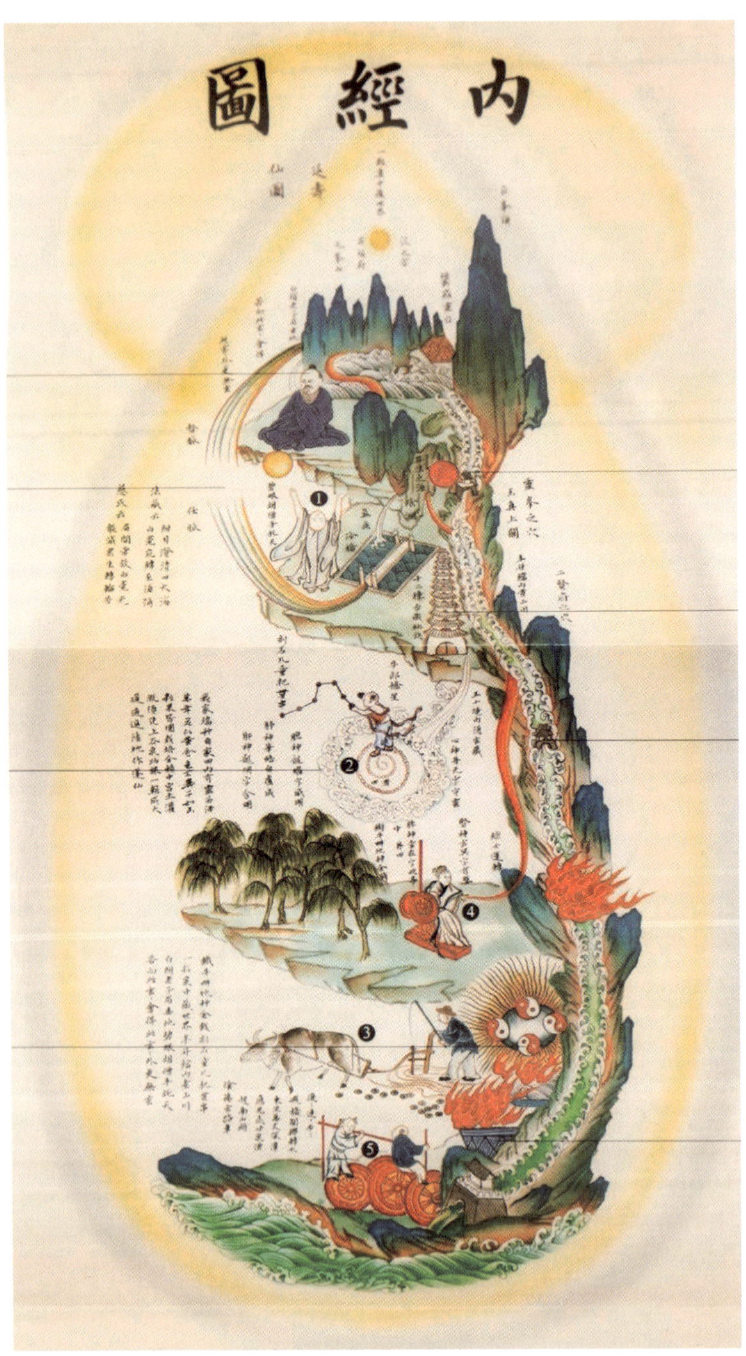

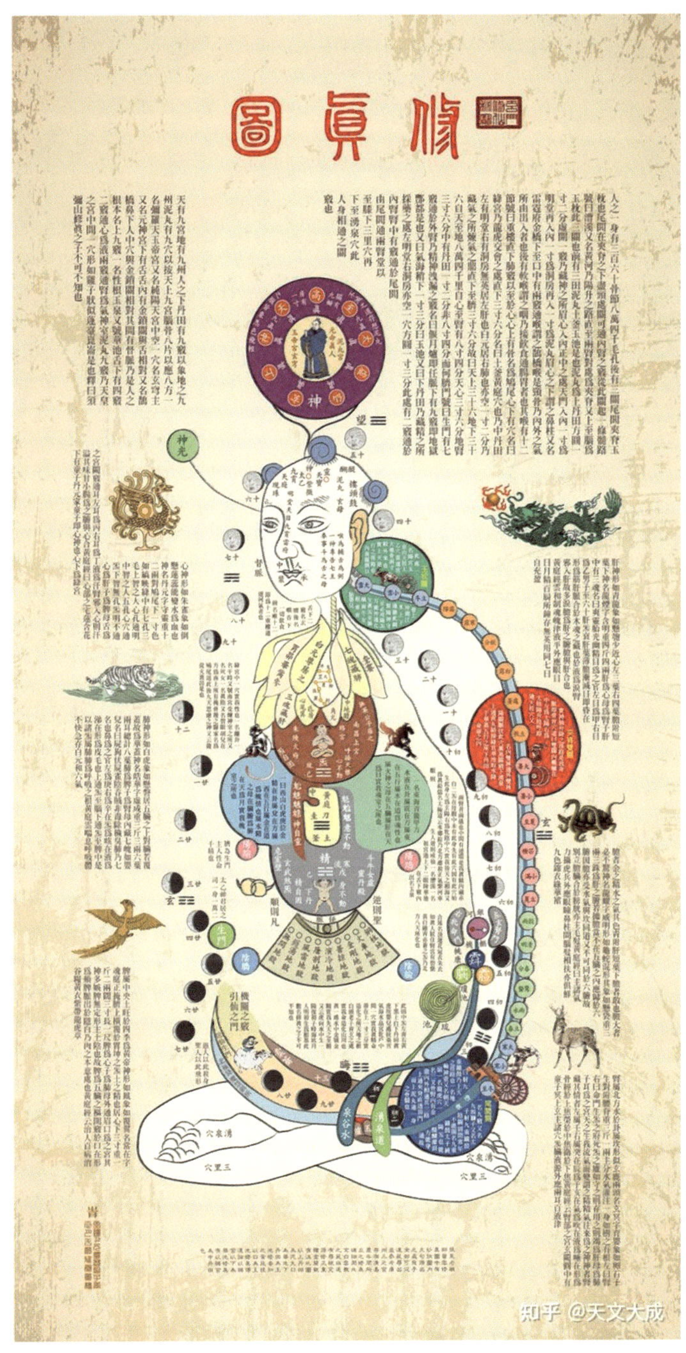

修真圖
神光
湧泉穴
三里
湧泉穴
三里

제1장 도교기원道敎起源

1 자연의 탄생

현대과학은 약 150억 년 전만 해도 우주는 태어나지도 않았고 허무하고 가물 했다고 본다. 우주는 아직 앞뒤도 없고, 좌우도 없고, 상하도 없고, 중심도 없고, 경계도 없는 혼돈混沌 바로 그것이다.

우주 대폭발 직전의 상태에 대한 상고시대上古時代의 노자老子 등 도가道家에서 주장한 추상적 이해와 맞닿아 있다. 옛 성현聖賢들은 이런 추상적 이해의 혼돈混沌 상태를 '무극無極'이라고 불렀다. 무극의 세상인 것이다. 이때도 도道는 존재했고, 그 도의 작용으로 진화進化는 진행되고 있었다. 허공虛空에서 진공眞空상태로 진화되었고 여기서 홍몽鴻濛(하늘과 땅이 아직 갈라지지 아니한 상태)한 기운이 혼돈混沌이라는 소용돌이의 혹독한 산고産苦를 치르고 태극의 세상을 열게 된다. 무극 선천先天의 도道에서 태극의 가도可道, 즉 후천後天세계에서 말하는 도道로 다시 탄생되는 순간이다.

우주가 탄생하기 전, 무극無極의 헤아릴 수 없는 홍몽鴻濛한 기운이 음陰과 양陽으로 분열을 시작했는데 가볍고 맑은 것은 위로 떠서 하늘이 되었으며 그 질質과 성정性情은 양陽이다. 무겁고 탁한 기운이 아래로 내려와 엉긴 것을 땅이라 하였는데 그 질과 성정은 음陰이다. 맑은 기운과 탁한 기운이 서로 섞인 것을 사람이라 하는데 그 질과 성정은 음양陰陽이 서로 합해서 조화를 이루고 있는 것이다. 사람의 몸도 아버지의 양陽과 어머니의 음陰이 교접하여 한 점을 찍으면서 무극無極에서 혹독한 혼돈混沌의 산고産苦를 치르면서 태극太極의 세상으로 들어오게 된 것이다.

이렇게 태극太極의 세상이 열리자 천지와 일월과 만물이 자리를 잡으면서 음양, 사상, 오행 등이 이어지고 자연을 이루었다. 만물의 영장인 사람도 이 자연의 틀 안에서 벗어나지 않고 삶을 유지하면서 전통을 이어가고 있는 것이다.

2 신神의 조화 유儒·불佛·도道

인간은 신 또는 초인간적 초자연적인 절대자의 힘이 존재한다고 믿고 그를 경외하고 숭배하며 자기의 부족한 부분을 보상받기 위하여 그것을 신앙심으로 의지하는 것이 본래 성품이다. 그 누구도 우주를 주재하는 초인간적 또는 초자연적인 신의 존재를 부정하거나 이를 비켜가려 하지 않는다.

고금의 영웅호걸도 인간의 탈을 쓴 이상 신의 존재 앞에서는 무력하기만 한 것이다. 그래서 종교가 탄생 되었으며 각 나라마다 신앙의 대상이 다르다 보니 지구상에 존재하는 종교의 종류는 이루 헤아릴 수 없이 많다.

동양에서는 복희, 황제 때부터 전해오는 삼니의세설三尼醫世說에 의해 중니仲尼 모니牟尼 청니靑尼라는 삼대 성인의 가르침에 따라 각각 교를 세우고 지금까지 이어오니 그들이 공자 석가 노자이다. 기원전 6세기, 동양에는 거의 동시에 세 명의 위대한 사상가가 나타났다. 그들은 바로 중국의 노자와 공자 그리고 인도의 석가모니이다.

노자와 공자는 중국 춘추 말기의 사상가로 노자의 생몰연대는 기원전 572년에 출생하였으나 등선한 나이는 알려져있지 않으며, 공자는 기원전 551년에서 기원전 479년까지 살았다. 석가모니는 기원전 565년에 태어나 기원전 486년에 입적했다고 추정한다. 노자 공자 석가는 이렇게 비슷한 시기에 살았던 것이다.

이 세 명의 사상가들이 각자 창시한 사상 모두 고대 중국에서 교류, 융합, 발전하였다. 그리고 그 사상들이 세계적인 동아시아 문화를 형성하였다.

동아시아 문화란 석가모니가 창립한 불교, 노자로 대표되는 도가 학파와 도교, 그리고 공자가 창시한 유가 사상을 말한다. 유, 불, 도 3교는 중국과 동아시아 전통문화의 체계를 구성하는 3대 요소다. 유가와 도교는 중국 고유의 문화이고, 불교는 고대 인도에서 전해졌지만 중국에서 새롭게 발전하여 중국화 된 불교가 되었다.

유, 불, 도 3교는 서로 영향을 주고받으며 흡수 보완해 가면서 중국 전통문화의 발전을 촉진시켰다. 그들이 지향하는 궁극적인 목표는 하나로 보면 득도得道이고 나누어 살펴보자면 유교는 입신양명立身揚名, 불교는 해탈성불解脫成佛, 도가는 우화등선羽化登仙이다.

이와 같은 삶의 질은 유교에서는 수신제가 치국평천하를 수학修學하는 현세現世 지향적이고, 불교에서는 마음 하나를 다스려 깨달음을 얻기 위해 수행修行하는 내세來世 지향적이며, 도교에서는 선천先天으로 돌아가기 위해 수련修煉하는 무위자연無爲自然 지향적 공부를 내세우는 것으로 나타난다.

이 모두는 심신수양을 모태로 하고 있으나 문중이 셋으로 갈라져 지향하는 목표나 실천하는 방법이 달라 보이지만 결국은 하나로 귀착되니 그 종착점은 도道이다. 조물주는 이 '도'를 이루기 위해 서로 상생할 수 있도록 삼니의세설三尼醫世說로 절묘한 균형과 조화를 빚어 놓았다.

유가儒家에서는 仁 義 禮 智 信(인의예지신)을 받드는 것을 덕德으로 삼고 충서忠恕를 행行으로 삼는다. 불가佛家에서는 殺 盜 淫 妄 酒(살도음망주)를 경계하는 것을 덕德으로 삼고 자비慈悲를 행行으로 삼는다. 도가道家에서는 金 木 水 火 土 를 수련하는 것을 덕德으로 삼고 감응感應을 행行으로 삼는다. 德과 行이 온전히 갖추어지면 후천後天에 물들지 않음으로써 상덕上德이라 하는 것이고 후천後天을 선천先天으로 돌이키는 일 역시 상덕上德이라 한다. 이 오상五常과 오계五戒와 오행五行의 덕德과 행行이 온전히 갖추어지면 유가에서는 성인聖人이 되고 죽어서는 천당에 오르고, 불가에서는 부처를 이루고 죽어서는 극락왕생을 염원하며, 도가에서는 신선이 되고 죽어서는 허무자연으로 되돌아가는 이상향을 갖고 있다. 이러한 이치를 세상에 펼치고자 중니 모니 청니의 삼교三敎 성인께서는 직접 몸으로 실천하는 모범을 보이셨다.

돌이켜 보면 유사 이래로 기나긴 세월동안 인류가 이룩한 찬란한 문화 중에서도 유교 문화는 가장 빛나는 금자탑이다. 그리고 유교가 독주하면서 파생되는 부작용 등을 견제하면서 상호 보완 융합 분쟁하는 불교와 도가가 서로 상생하면서 동양문화의 삼각 축을 이루어 왔다. 이러한 중국문화는 발상지인 한민족에게는 말할 것도 없고 멀리 동쪽으로 우리나라와 일본에게까지 전래되어 두 민족의 문화형성에도 막대한 영향을 미친 것이다.

도교는 중국의 주요 종교 중의 하나이다. 주요 사상인 《역경易經》은 복희伏羲, 문왕文王, 노자老子의 삼성三聖들에 의해 창시되었으니, 복희는 팔괘를 창조하였고, 주周 문왕은 64괘를 창조하였으며, 노자는 역경을 위해 《역전易傳》을 저술하여 중화문화의 총원두總源頭를 이루었으며, 제자백가의 시작이었다.

도교는 동한東漢 때 종교가 형성되어 남북조南北朝에 이르러서야 성행하였다. 도교도들은 창립자 중 한 명인 장도릉張道陵을 천사天師라고 존칭하여 '천사도天師道'라고도 불렀다. 도교는 노자를 교조로 받들어 그를 "태상노군太上老君"이라고 존칭한다. 도를 최고의 신앙으로 삼고 도를 우주 만물의 본원으로 여기기 때문에 붙여진 이름이다. 동한東漢의 장도릉이 창시한 '오두미도五斗米道'는 도교의 정형화를 위한 시초였다. 남북조南北朝 시대에는 종교 형식이 점차 완비되었다. 노자老子를 교조로 받들어 '태상노군'이라고 존칭한다. 《도덕경道德經》, 《정일경正一經》과 《태평동경太平洞經》이 주요 경전이다. 삼청三淸을 최고의 신으로 받들고 현실에서 벗어나 신선이 되라는 가르침이다. 도교의 첫 번째 국가급 도관道觀은 낙양에 있는 상청궁上淸宮이다.

3 도교역사道敎歷史

고대 중국 선조들은 만물에 영靈이 있다고 믿었고, 자연숭배, 영혼숭배, 조상숭배는 점차 조상과 천신의 합일로 발전하여 지상신의 모태가 되었다. 귀신 숭배는 일찍이 원시 사회 시기에 이미 존재하였다. 선조들은 일월성신, 비바람, 천둥, 번개, 산천하악을 모두 신의 지배자로 여겼기 때문에 경외감이 생겨 예배를 드렸다. 이때 선민들은 만물에 영이 있다고 해서 자연숭배를 하는 것 외에 사람이 죽으면 영혼이 불멸한다고 생각했기 때문에 귀신에 대한 숭배가 생겨났다. 도교의 시조는 상고시대로 거슬러 올라가 중화민족의 조상인 황제를 그 근원으로 삼았다.

헌원황제軒轅黃帝라고도 불리는 황제는 상고시대에 살았다. 헌원軒轅이 언덕에서 태어났기 때문에 호는 헌원씨軒轅氏이고, 서북의 희수姬水에서 자라 희씨(姬氏)이며, 사는 곳의 땅이 황색이라 하여 황제(黃帝)라 하였다. 재위 기간 동안 여러 가지 문화가 창시되어 후대에 '인문초조人文初祖'로 추앙받았다. 만년에 자신의 노쇠함을 발견하여 고민하다가 부구공浮丘公과의 대화에서 "세상 만물에는 생사의 순환이 있고 신선만이 불로장생할 수 있다는 말을 듣고 불로장생의 경지를 추구해야겠다는 생각이 들었다. 그는 공동산에서 1200여세를 살고있는 신선 광성자廣成子가 그곳에서 살고 있다는 소식을 듣고 그에게 찾아가 물었다. 광성자는 그에게 마음의 평화를 유지하고, 청정무위淸靜無爲하며, 수련을 계속하면 해와 달이 빛나고, 하늘과 땅과 함께 공존할 수 있음을 알려 주었다. 황제는 광성자의 말에 크게 영감을 받아 광성자를 따라 도를 배웠으며 후에 백성을 구하기 위해 단丹을 연마하고 있었던 중 주정鑄鼎이 완성되었을 때 황룡이 천하에 내려와 황제를 맞아 승천하였다.

은상시대殷商時代에 이르러 선사시대의 자연숭배는 천제天帝와 천명天命을 믿는 것으로 발전하여 천제를 중심으로 한 천신天神계통이 형성되었고, 일이 생기면 무축巫祝과 복서蔔筮를 통해 천제에게 답을 구하였고, 원시적인 귀신숭배는 혈연을 바탕으로, 다시 종법宗法관계와 결합 된 조상숭배로 발전하여 그 조상제사를 정기적으로 거행하였다. 귀신과 인간을 소통하는 종교인 무축巫祝이 등장한 것이다. 그 중 무巫는 가무歌舞로 신을 내리고 부주符咒로 귀신을 쫓는 굿을 하며, 축언祝言으로 신을 즐겁게 하였으며, 종교 제사를 지낼 때는 영신迎神과 기도를 담당하는 사의자司儀者가 있었다. 그들은 사람을 대신해서 병을 고치고, 길흉을 점치고, 부적을 그리며 주문을 외운다. 당시 국가와 사회는 모두 무축巫祝의 지배를 받았다. 주周나라의 귀신 숭배는 더욱 발전하여 숭배된 귀신들은 이미 천신天神, 인귀人鬼, 지신地神의 세 가지 시스템을 형성하였다. 그리고 조상의 신을 숭배하는 것을 천지에 제사를 지내는 것과 병행하여 경천준조敬天准祖라고 하였다. 만물은 하늘이고 사람은 조상이라는 말이다.

후대에 도교가 다신교多神教가 된 것은 곧 고대의 귀신 숭배에서 비롯되었고, 후대에 도교에서 제사를 지내는 것은 또한 고대 귀신들의 제사 의례와 예제禮制와 밀접한 관계가 있다. 사람들이 신을 숭배하면 제사를 지내야 하는데, 제사는 '예악문명禮樂文明'과 떼려야 뗄 수 없는 관계이다. 예악문명은 춘추시대 '예붕악괴禮崩樂壞'에 따라 점차 상층부에서 민간으로, 후대의 민간방사民間方士와 무격巫覡에 의해 계승되었고, 도교가 성립된 후에는 도교의 제사와 의례로 발전하였다. 그래서 하상주夏商周 삼대의 예악문명禮樂文明은 상당부분 도교에 보존되어 있다.

도교는 사실상 예악禮樂 문명의 계승자이다. 신선신앙은 중국의 먼 옛날 원시사회 시절로 거슬러 올라갈 수 있다. 그 증거 중 하나가 《산해경山海經》이다. 이 경은 중국 원시사회 시기의 신화와 종교적 신념을 담고 있으며 그 내용이 상당히 풍부하고 체계적이다. 그것은 도교 선학仙學의 원인이 근거를 제공하였다. 《산해경》에는 장생신앙, 신선과 우사羽士의 존재, 신선 천도에 대한 묘사, 제례祭禮 및 기이한 방술方術이 기록되어 있다.

상고 원시사회 시대에 이미 누군가가 신선을 배우기 시작했다. 전국戰國시대에 이르러 신선신앙은 이미 상당히 광범위해졌다. 이것은 신선의 전설을 기록한 많은 저서가 나왔고, 책에는 선인仙人, 선경仙境, 선약仙藥 등의 전설에 대한 많은 글이 포함되어 있다. 예를 들어《장자·소요유莊子·逍遙遊》에는 "믹고사藐姑射의 산에는 '신령스러운 사람이 그 어디에 있는데 피부는 얼음과 눈과 같고, 오곡을 먹지 않고, 바람과 이슬을 마시며, 구름과 바람을 타고, 용을 잡으며, 바다 밖으로 헤엄친다.'고 묘사되어 있다. 기타《열자列子》의《탕문편湯問篇》,《황제편黃帝篇》,《주목왕周穆王》, 굴원의《이소離騷》,《천문天問》,《구가九歌》 등은 모두 선경을 아름답고 신비하게 묘사하고 있으며, 그 선인 역시 생사生死가 극허정極虛靜하여, 사물에 지치지 않고 자유를 초탈하여 구름 위로 날아오를 수 있는 신기한 인물로 묘사되어 있다. 한漢나라의《회남자淮南子》와《사기史記》에도 비슷한 묘사가 있다.

전국시대(기원전 275~전 221) 중후반부터 후한後漢 무제武帝(기원전 140~ 87)에 이르기까지 방사方士(신선가神仙家)들과 제왕장상帝王將相의 부추김에 중국 역사상 유명한 입해불사약入海不死藥을 구하는 사건이 일어났다. 제위왕齊威王, 제선왕齊宣王과 연소왕燕昭王, 진시황秦始皇, 한무제漢武帝 등은 모두 방사方士를 해상의 삼신산三神山으로 보내 신선과 불사약을 구했고 그 규모가 점점 커지고 있다. 당시 가장 유명한 방사方士로는 송무기宋毋忌, 정백교正伯僑, 추연鄒衍, 서복徐福, 노생盧生, 이소군李少君 등이 있었다. 중국 고유의 신선신앙이 그대로 답습되어 동한東漢 중·후기에 이르러 도교에 계승되어 도교신앙의 핵심내용이 되었다.

한나라 무제 이후 방선도方仙道는 점차 황로학黃老學과 결합하여 황로도黃老道로 진화하였다. 동한 순조 때(126~144)에 장릉張陵은 촉군 학명산

鶴鳴山(지금의 사천대읍현 경내)에 오두미도五斗米道를 창설하였으며, 일명 정일맹위도正一盟威道라고도 불렀다.

한漢나라 말기 위진魏晉 시기는 중국의 도교 발전에 중요한 시기이다. 한나라 말기의 정치 풍토와 위진 현학의 사회적 욕구는 도교의 행동 방식과 존재 인식에 직접적인 영향을 미쳤다. 그것들은 노장老莊학설에 대한 인식에서 비롯된 것이지만, 죽림칠현竹林七賢 등의 행동양식은 도교인의 행동규칙에 있어 중요한 선풍지요先風之要가 되었다. 위진魏晉의 정치 환경과 사회 풍조는 도교의 좋은 발전 기회이자 발전 조력이었다. 동진東晉 도가道家의 저명학자 갈홍葛洪의《포박자抱樸子》는 도가의 체계에서 중요한 위치를 차지하고 있으며 갈홍 자신도 도가의 중요한 인물로서 도가 학파의 발전에 중요한 역할을 했다.

당唐나라 초, 길선행吉善行이라는 사람이 있었는데, 양각산羊角山에서 흰 머리를 하고 백마를 탄 노인을 만났다고 전해진다. 노인은 그에게 대당천자大唐天子에게 이제 나라를 다스리는 방법이 있으니 장안성長安城 동쪽에 안화궁安化宮을 짓고 도상道像을 설치하면 사직이 영원히 지켜지고 천하가 태평할 것이라고 전하고 허공으로 가버렸다. 이윽고 노인은 다시 영靈을 보여 나는 무상無上의 신선이고 성은 이씨, 호는 노군老君이며 오늘날 황제皇帝의 조상이다. 이때부터 이당황실李唐皇室은 스스로를 노자老子 이이李耳의 후예라고 칭하며 노자를 '성조聖祖'라고 존칭했다. 훗날 송宋나라 황제도 당나라의 방식을 따랐다. 당송唐宋 황실의 존숭으로 궁관이 크게 융성하고 신도가 날로 증가하여 도교의 발전은 극성에 이르렀다.

1) 숭봉신령崇奉神靈

도교는 다신多神을 숭배하는 종교이다. 도교에서 숭배하는 신령神靈의 종류는 매우 많으니, 여기에서는 지위가 높고 비교적 영향력이 있는 사람들만 소개하고자 한다.

① 삼청三淸과 제신諸神

삼청三淸은 원시천존元始天尊, 영보천존靈寶天尊, 도덕천존道德天尊을 말한다. 그들은 도교의 최고 주신主神으로, 실로 "도"의 일체삼위一體三位이다. 삼청이란 말은 육조六朝 때 시작되었는데, 이때 삼청은 태청경太淸境, 옥청경玉淸境, 상청경上淸境을 가리키는 것이고, 각각 신보군神寶君, 천보군天寶君, 영보군靈寶君의 세 대신大神이 살았다. 삼청은 뒤늦게 원시천존, 영보천존, 도덕천존의 통용대칭으로 쓰였고, 삼청경이 그 거주지가 되었다.

◆ 사어四御는 삼청 다음으로 지위가 높은 천제天帝로 북극 자미대제北極紫微大帝(총어만성總禦萬星), 남극 장생대제南極長生大帝(인간복수人間福壽), 구진상궁천황대제勾陳上宮天皇大帝(통어만뢰統禦萬雷), 승천본법후토황지기承天效法後土皇地祇,(음양생육陰陽生育) 이며, 만물지미萬物之美와 대지산하지수大地山河之秀를 주제 한다.

◆ 도교에서는 오성五星인 세성歲星(木星), 진성鎭星(土星), 태백성太白星(金星), 진성辰星(水星), 형혹성熒惑星(火星) 등 제성신諸星神의 지위가 높다. 동서남북에서 '오두성군五鬥星君'을 비롯해 28수성군二十八宿星君, 자미원중성군紫微垣眾星君, 태미원중성군太微垣眾星君, 천시원중성군天市垣眾星君 등이 있다.

　그중에서도 가장 숭앙받는 것은 '두모斗姆'이다. 두모斗姆는 여상女像으로 북두칠성을 낳아 치료의 공을 세웠다는 전설이 있다. 또한 북두北斗, 남두南斗성군도 세상 사람들의 숭앙을 받는데, 《도인경度人經》에 의하면 북두주北斗主는 죽고 남두주南斗主는 살기 때문에 민간에서 '북두회北斗會' '남두회南斗會'가 많이 열렸다고 한다. 여러 성신들 중에서 가장 큰 영향을 미치는 별은 사방 28수二十八宿의 성군星君이다. 28수 중 동방칠수東方七宿(각角·항亢·저氐·방房·심心·미尾·기箕)가 용龍 모양을 이루어 청룡靑龍이라 하고, 남방칠수南方七宿(정井·귀鬼·류柳·성星·장張·익翼·진軫)가 새鳥 모양을 이루며 주작朱雀이라 하였고, 서방칠수西方七宿(규奎·누婁·위胃·앙昻·필畢·자觜·삼參)는 호랑이 모양을 이루며 이를 백호라 부른다. 북방칠수北方七宿(두斗·우牛·여女·허虛·위危·실室·벽壁)가 거북(龜) 모양을 이루며 현무라고 한다. 청룡·백호·주작·현무를 합쳐 '사방의신四方之神'으로 불린다. (斗자와 斗자는 같은 글자이다)

　◆ 삼관대제三官大帝는 天, 地, 水를 '삼관三官'으로 그 내력에 관한 설이 매우 많다. 중국 고대 종교의 천, 지, 수에 대한 자연숭배를 말하는 것이니, 오행에서 금金(주생主生), 토土(주성主成), 수水(주화主化)의 삼기三氣라는 설, 등등에서 유래하였다. "삼관"은 초기 도교에서 이미 매우 중요한 위치를 차지했는데, 예를 들어 한漢나라 말 천사天師가 환자를 위해 기도할 때 "삼관수서三官手書" 의식을 거행했다. 즉 환자의 이름과 복죄服罪의 뜻을 종이에 써서 각각 하늘, 땅, 물의 삼관으로 보내는 것을 말한다. 남북조南北朝 시대에는 '삼관'이 '삼원三元'과 어울려 '상원천관자미대제上元天官紫微大帝', '중원지관청허대제中元地官淸虛大帝', '하원수관동음대제下元水官洞陰大帝'가 되었다.

◆ 옥황상제는 일반 민중의 마음속에서 천계의 가장 높은 신령으로 보였고, 어떤 사람들은 이것이 은상殷商시대 최고의 천신인 '제帝'나 '상제上帝'에서 발전한 것이라고 여겼다. 초기 도교의 《진령위업도真靈位業圖》에는 '옥황도군玉皇道君'과 '고상옥황高上玉皇'이라는 이름이 있지만, 그 계위階位는 옥청삼원궁玉清三元宮 오른쪽의 11번째와 19번째에 불과하다. 송宋나라 때 진종황제真宗皇帝는 그의 원조 조현랑趙玄朗이 옥황의 명을 받아 천서를 조송趙宋에 강서하였다고 하여, 특별히 옥황상제를 "태상개천집부어력함진체도옥황대천제太上開天執符禦曆含真體道玉皇大天帝"라고 호칭하였고, 후에 휘종徽宗은 다시 "태상개천집부어력함진체도호천옥황상제太上開天執符禦曆含真體道昊天玉皇上帝"라고 봉하여 민간에서 옥황상제의 위상을 크게 높이고 옥황신앙을 유행시켰다. 도교는 대부분 옥황을 삼청(三清) 아래 있는 사어(四御)의 하나로 간주하여 그를 삼청(三清)에 버금가는 지위의 총령우주주제지군總領宇宙主宰之君으로 여겼고, 그 기능은 삼청의 명을 받들어 자미지정을 살피고, 작은 일을 전담하여 큰일을 신고하는 것이다. 매년 정월 초하룻날 옥황 성탄절에 도관과 민간에서 옥황회가 많이 열린다.

◆ 문창제군文昌帝君의 문창文昌은 본래 별의 이름으로 문곡성文曲星 또는 문성文星이라고도 불리는데, 옛날에는 문운文運의 공명을 주재하는 성수星宿로 여겨졌고, 한대漢代에는 천문창궁天文昌宮의 네 번째 별인 사명성司命星을 일컫는다. 그것이 도교와 민간에서 신봉하는 문창제군이 된 것은 촉蜀의 재동신梓潼神 장아자張亞子와 관련이 있다. 안사安史의 난亂 때 당 현종玄宗은 난을 피하여 촉에 입성하였는데 그때 장아자가 영靈을 보이는 꿈을 꾸고 그를 좌승상左丞相으로 추존하였고, 당말唐末에 당

희종僖宗은 황소黃巢의 난을 피하여 촉에 입성하여 재동신 장아자를 친사하고 제순왕으로 추존하였다. 당나라 황제의 숭배를 거친 재동신梓潼神 장아자는 지방신에서 천하통사의 대신이 되었다. 송宋나라 때 재동신梓潼神은 또 여러 차례 황제의 가봉加封을 받았고, 과거공명科擧功名을 예단하여 학자들의 신망을 받았다. 원元연우 3년(1316년), 원元의 인종仁宗이 장아자張亞子를 '보원개화문창사록굉인제군开元開化文昌司祿宏仁帝君'으로 칙명하고 충국, 효가孝家, 익민益民, 정직신正直神으로 합하면서 재동신梓潼神과 문창성신文昌星神이 합쳐져 문창제군文昌帝君이라 칭하였다.

원명元明 이후 각지에 문창궁文昌宮, 문창사文昌祠 등이 많이 세워져 2월 초삼일 문창제군 탄신일에 '문창회'를 여는 사람들이 많았다.

이상은 도교가 숭상하는 신들 중 극히 일부에 불과하다. 실제로 도교에서 숭배하는 신령들은 수천수만에 달하는데, 이들은 대부분 재초법회齋醮法會를 할 때 공경하여 왕림하는데, 예를 들면 당송唐宋 때의 《도문과범대전집道門科範大全集》, 《도문정제道門定制》와 같은 도교 과의科儀 경전에는 바로 대량의 도교 신명神名이 수록되어 있다. 한대漢代의 《열선전列仙傳》, 진대晉代의 《신선전神仙傳》 원대元代의 《역세진선체도통감歷世真仙體道通鑑》 등 도교 경전에도 신선의 행적이 많이 기록되어 있다.

② 자연숭배自然崇拜

먼 옛날부터 하늘, 땅, 해, 달, 성진, 천둥, 전기, 바람, 비, 산천, 하천 등을 신앙의 대상으로 삼아 신격화하여 숭배하였다. 토지土地, 성군星君, 뇌공雷公, 전모電母, 풍백風伯, 우사雨師, 산신山神, 강신江神 등이 그것이다. 전통적인 신학神學의 영향은 도교 신선의 계보를 이해하고 연구하는 주요 요소이며, 중국 원시 사회의 자연종교는 점차 인위적인 종교 즉, 신학 종교로 전환되었으며, 대략 은殷나라와 주周나라 시대에 은나라 사람들은 점술과 같은 귀신을 숭상하고 많은 은허복사殷墟蔔辭를 남겼다. 주나라의 귀신 숭배는 《주례·대종백周禮·大宗伯》에 "대종백의 직책, 건방建邦의 천신天神, 사람과 귀신의 예禮"라고 기록되어 있으며, 그 천신에는 호천상제昊天上帝, 일월성진日月星辰, 풍사風師, 우사雨師 등이 있고, 땅에는 사직社稷, 오악五嶽, 산림천택山林川澤, 사방백물四方百物들이 있으며, 사람들은 귀신이나 조상에게 제사를 지냈다. 고대 중국 종교는 이를 바탕으로 점차적으로 천신, 지신, 인귀 숭배 시스템을 충실하게 형성하였으며, 이는 도교 신 숭배의 주요 원천이다.

③ 도등숭배圖騰崇拜

어떤 동물이나 식물을 숭배의 대상으로 삼기도 했다. 예를 들어 용龍, 봉황鳳凰, 곰熊, 호랑이虎, 현조玄鳥, 꽃花, 회화나무槐 등은 용신龍神, 화선花仙 등이 된다. 예를 들어 어륜춘족鄂倫春族은 수컷 곰을 밀하고, 조부祖父를 뜻하는 말로 '아아雅亞'라고 부르고, 암컷 곰을 할머니를 뜻하는 '태첩太帖'이라고 부른다. 어온극족鄂溫克族은 수컷 곰 '화극和克'(祖父)을 말하고, 암컷 곰을 '악아惡我'(祖母)라고 부른다. 먀오족苗族, 야오족瑤族, 사족畲族의 반호盤瓠 전설이다.

④ 귀혼숭배鬼魂崇拜

염라대왕閻羅大王, 흑백무상黑白無常, 귀왕鬼王 등이 그것이다. 여족黎族 종교의 주요 내용 중 하나이며 은시토恩施土 가문의 원시 종교에서 가장 중요한 내용이라고 한다. 도교 신앙의 영향을 받아 운남요족雲南瑤族

의 귀신 숭배는 개인의 기신구귀祈神驅鬼든 집단구귀集團驅鬼든 종교 의식 주재자가, 귀신을 쫓는 데 도움을 주는 자 등이 이미 뚜렷하게 도교화道敎化 되어 그 본래의 귀신숭배가 이미 도교의 중요한 부분이 되었음을 설명한다.

⑤ 생식,조선숭배生殖,祖先崇拜

황제, 삼황오제 등이 그것이다. 이족彝族, 야오족瑤族, 지노족基諾族, 한족漢族 등 많은 민족이 있다.

⑥ 성현숭배聖賢崇拜

숭배대상은 공자孔子, 맹자孟子, 관공關公, 악비嶽飛 등이다. 초기 도교 경전인《태평경太平經》에는 "성인聖人"과 "현인賢人"이 숭배되었다고 했다.《상청중선진기上淸眾仙眞記》,《진령위업도眞靈位業圖》,《무상비요無上祕要》의 '도인명품道人名品' 등에서는 요순우삼왕堯舜禹三王과 은탕殷湯, 주무周武 제환공齊桓公, 한고조漢高祖, 유비劉備 등 제왕, 제자 성현 공구孔丘, 안회顏回, 묵적墨翟 등이 대상이라고 했다.

4 교파敎派

도교는 교파가 매우 많아서 창교創敎 때부터 지상 최고신最高神에 대해 의견이 갈렸다. 초기의 오두미도五斗米道 창시 때, 태상노군을 교주로 삼아 "삼관三官"을 모시면서, 위진남북조魏晉南北朝 때, 북위北魏 구겸지寇謙之의 천사도天師道는 "천사지위天師之位"를 누리고 "청정도교淸整道敎"의 명을 받았기 때문에,《운중자음송신과지계雲中者音誦新科之誡》20권을 얻었으며, 모두 "태상노군"의 이름을 따서, 그는 여전히 태상노군을 숭배하는 것이 필연이 되었다.

태평도가 창교를 시작했을 때, 황노黃老를 숭배하여 '중황태을中黃太乙'을 모셨다. 동진東晉 중후반에는 상청파上淸派와 영보파靈寶派가 잇따라 등장했고, 새로 등장한 '상청'과 '영보' 경에는 더 이상 태상노군을 지상신에서 멀어지는 경향까지 있었다. 상청파는 원시천왕元始天王이나 태상옥신도군太上玉晨道君을 가장 존귀하게 여기며, 영보파는 원시천존元始天尊과 태상대도군太上大道君의 지위가 가장 두드러지며, 어떤 경서는 태상노군太上老君을 열거하기도 하지만 그 배열은 약간 뒤떨어진다.

후에 각 파의 협상과 융합에서 '도는 스승이 없으면 안 되고, 가르침은 종주가 없으면 안 된다.' 그러므로 노군사老君師는 태상옥신대도군太上玉晨大道君이고 대도군은 원시천존의 제자라는 공감대는 바로 이러한 사제 관계 아래 그들을 삼위일체의 '삼청존신三淸尊神'으로 만들어 도교 신선 계보 중 최고의 신으로 만들었다.

또 각 파에는 나름대로의 창파진인創派眞人, 주제신령主祭神靈 등이 있었다.

도교는 각종 원시종교原始宗敎·민간종교民間宗敎·신화전설神話傳說을 흡수하는 기초 위에서 점차 나름대로의 신선 계보를 형성하고, 원래의 지방종교와 융합하거나 총지 형식總支形式을 형성하였다. 도교는 또한 끊임없이 발전하고 변화하고 있으며, 그것은 종종 다른 종교 사람들의 성향과 욕구와 상호 영향을 미쳤다. 수천 년 동안 중국의 도교는 불교, 이슬람교, 기독교 등 각 교파 간 갈등도 있었지만 큰 종교전쟁은 없었던 것은 다행스러운 일이다.

5 문파門派

도교 내에는 각 부문에 파가 매우 많은데, 분파시준分派示准이 다르기 때문에 명칭이 각각 다르다.

1) 학리學理에 따르면 적선파積善派, 경전파經典派(묘진도妙真道), 부록파符籙派, 단정파丹鼎派(금단파金丹派), 점험파占驗派의 5가지로 나뉜다.

2) 지역별로는 용문파龍門派, 노산파嶗山派, 수산파隨山派, 우산파遇山派, 화산파華山派, 유산파崳山派, 노화산파老華山派, 학산파鶴山派, 곽산파霍山派, 무당파武當派 등이 있다.

3) 사람별로는 소양파少陽派(왕현보王玄甫), 정양파正陽派(종리권鍾離權), 순양파純陽派(여동빈呂洞賓), 해섬파海蟾派(유조劉操), 삼풍파三豐派(장삼풍張三豐), 살조파薩祖派(살수견薩守堅), 자양파紫陽派(장백단張伯端), 오류파伍柳派(오충허伍沖虛, 류화양柳華陽), 중양파重陽派(왕중부王中孚), 윤희파尹喜派(관윤關尹), 금산파金山派(손현청孫玄清), 염조파閻祖派(염희언閻希言) 등이다.

4) 도문道門별로는 혼원파混元派(태상노군太上老君), 남무파南無派(담처단譚處端), 청정파清靜派(손불이孫不二), 금휘파金輝派(제본수齊本守), 정을파正乙派(장허정張虛靜), 청미파清微派(마단양馬丹陽), 천선파天仙派(여순양呂純陽), 현무파玄武派(진무대제真武大帝), 정명파淨明派(허정양許旌陽), 운양파雲陽派(장과로張果老), 허무파虛無派(철괴이鐵拐李), 운학파雲鶴派(하선고何仙姑), 금단파金丹派(조국구曹國舅), 옥선파玉線派(초양진인樵陽真人), 영보파靈寶派(주조周祖), 태일교太一教(소포진蕭抱珍), 전진교全真教(왕중양王重陽), 정일교正一教(장종연張宗演), 진공파真空派(고조鼓祖), 철관파鐵冠派(주조周祖), 일신파日新派, 자연파自然派(장삼풍張三豐), 선천파先天派, 광혜파廣慧派 등이다.

5) 역사에는 정일종正一宗(장도능張道陵), 남종南宗(여순양呂純陽), 북종北宗

(왕중양王重陽), 진대종真大宗(장청지張清志), 태일종太一宗(황동일黃洞一)의 오대종五大宗의 분법分法과, 천사도天師道, 전진도全真道, 영보도靈寶道, 청미도清微道의 4개 파벌의 분법이 남아 있다. 도덕道德, 선천先天, 영보靈寶, 정일正一, 청미清微, 정명淨明, 옥당玉堂, 천심天心의 8파八派라는 설도 있다.

6 도교법술道教法術

도술이라는 말은 《장자莊子·천하편天下篇》에서 유래한 것으로 《장자·천하편》을 보면 "방술方術", "방기方技"와 같은 뜻으로 표현했고, 도교에서도 "선술仙術"이라고 부르고 있다.

도교는 많은 도술道術을 행한다. 도교는 점술占術, 부전符篆, 기양祈禳, 금주禁咒, 내단內丹, 외단外丹, 노화황백爐火黃白, 벽곡辟穀, 방중房中, 선약仙藥, 복기服氣 등 많은 도술을 행하고 있다. 송마단림宋馬端臨은 《문헌통고文獻通考》에 도술의 개요를 소개하며, 개청정설蓋清靜說도 있고, 연양설煉養說도 있고, 복식설服食說도 있다. 부전符篆은 또 하나의 설이고, 경전과교經典科教도 또 하나의 설이다. 그는 황로黃老와 열장列莊의 서서에는 청정무위清淨無爲로 연양煉養을 생략하고, 적송자赤松子와 위백양魏伯陽은 연양煉養만 말하고, 청정清淨은 말하지 않고, 노생盧生, 도소군桃少君은 복식服食은 하지만 연양煉養은 말하지 않았으며, 장도능張道陵과 구겸지寇謙之는 부전符篆은 부합하지만 연양煉養과 복식은 말하지 않으며, 두광정杜光庭 이하에서는 경전과교經典科教만을 강조한다.

도교의 기술은 매우 다양하여, 모두 다섯 가지 범주로 나뉜다. 《영보필법靈寶畢法》에서 제시한 명命, 상相, 복卜, 산山, 의醫의 도교 오술五術은 대략 다음과 같이 인식하고 해석한다.

44

1) 명命 (팔자)

소위 팔자란 운명을 추리하는 방식으로 삶을 이해하고 자연의 섭리에 힘써 인명을 개선하는 학문이다. 추명推命에 사용된 주요 저서로는 '자미두수紫微鬥數', '자평추명子平推命', '성평회해星平會海' 과로성종果老星宗 등이 있다.

명命은 사람마다 다 다르다. 같은 부모에게서 태어난 형제라도 능력, 지능, 생김새가 다 다른 것은 우리의 상相이 다르기 때문이기도 하지만 출생시간에 따라 태양을 에워싸고 도는 열 개의 행성들과 각을 이루는데 이 때 영靈이 우리에게 주는 영향과 출생시점이 관계가 있다고 한다. 이러한 출생일시가 사람에게 주는 영향은 3%를 차지한다고 한다. 이러한 방식은 사람이 태어난 시기와 음양오행위의 이론에 바탕을 두고 있다. 요컨대 팔자는 사람의 운명을 추정해 길흉을 피하는 학문으로 인류 발전의 필요를 개선하는 것이다.

① 자미두수紫微鬥數

자미두수는 '허성虛星과 천간天幹, 지지地支를 이용한 점술로 송나라 진희이陳希夷 선인이 '하도'와 '낙서'에 따라 창안한 점술이다. 두수파鬥數派는 크게 두 가지 주류로 나눌 수 있는데, 하나는 '성계위주星系爲主'이고 다른 하나는 '4화위주四化爲主'이다. '성계위주星系爲主'는 14개의 주성으로 구성된 60개의 은하를 기반으로 하며, 서로 간섭하여 생성된 길흉을 서로 대응하며, '자미성결紫微星訣'로 정리하여 이론적 근거로 삼는다. 4화위주四化爲主'는 자미성신紫微星辰을 경經으로 하고, 비성사화飛星四化를 위緯로 하여 서로 의지하고, 서로 공생하는데, 그 논리는 '두수비의鬥數秘儀'에 근거한다.

② 자평팔자추명술子平八字推命術

팔자추명은 '천간과 지지' 팔자오행의 생극형生克刑을 사용하여 길흉을 추리해내는 점술이다. 전국시대에 전해져 귀곡자鬼穀子가 사용한 '전정명수前定命數'를 사용하여 연간年幹 시간時幹을 사람의 운명으로 논하고, 당나라 이허중李虛中이 '이허중명서李虛中命書'를 정리하여 년年을 위주로 추명하고, 송나라 서자평徐子平의 '연해자평주淵海子平注'를 거쳐 사람의 하루를 근거로 삼았으며, 명나라 유명온劉明溫의 '적천수滴天髓'를 거쳐 천미天微를 더하여 생년, 월, 일, 시를 바탕으로 십간十幹을 배합配合하여 계절에 맞게 5행의 생극生克으로 하여 사람의 길흉의 성패를 점친다.

③ 성평회해星平會海

성평회해는 사람의 팔자를 이용하여 달과 태양을 중심으로 사람의 운명을 추리하는 일종의 점술이다.

④ 과로성종果老星宗

과로성종은 "실성實星, 허성虛星과 천간天幹, 지지地支"를 이용한 점술로, 천문학의 지식을 필요로 할 뿐만 아니라 허성을 사용하기도 한다. 셈법이 매우 복잡하다. 그 논단은 먼저 주요主曜를 보고 차차 신성身星을 살피고, 이십팔수二十八宿를 근본으로 삼아야 한다. 십일요十一曜를 쓰며, 세월을 존중하지 않고, 미모는 관복보다 아름답고, 귀천은 정격定格하며, 빈부貧富는 재물을 논하며, 현우賢愚는 그 고비高卑를 알고, 수명은 그 원기元氣를 따지는 것이 선천적으로 중요한 것이다.

2) 상相

상相이란 일반적으로 현상계에 존재하는 형상의 형태를 관찰하기 위한 방술로 '인상印相, 명상名相, 인상人相, 가상家相, 묘상墓相(풍수風水)' 등 5가지를 포함한다.

① 인상印相은 내가 위치하고 있는 곳에서 비치는 그림자 모습을 가리키는 것을 말한다. 즉 내가 있었던 곳에서 떠나있어도 그림자는 남아 있는데 이것이 인상이라고 하며, 이 인상의 보유시간이 길수록 재생능력이 강하다고 한다. 선인지로先人之路라고도 한다. 인상印相은 사람의 인장을 보고 운명을 결정하는 방법이기도 하다. 중국에서의 인장은 예전에는 권력의 증표였다.

② 명상名相은 사람의 이름이나 회사의 이름을 따서 오격五格으로 해부하고 명리 등을 조합하여 길흉의 발전을 유추하는 방법이다. 명상名相 즉 이름은 파자破字해서 분석해야 하는데 이 이름은 운명의 1%를 차지한다.

③ 인상人相은 관상觀相과 수상手相 등으로 나뉘며 얼굴과 손의 줄무늬와 기색을 관찰하여 인간의 길흉과 병리를 알아내는 한 가지 방법이다. 인상人相에는 면상面相, 수상手相, 족상足相, 배상背相, 두상頭上, 골상骨相 등이 있다. 피부는 색상을 관찰하고 주름은 근육과 형상을, 뼈는 그 사람의 골격, 머리, 손, 뼈가 단단하고 강한지를 관찰하며 골수는 뼈를 뚫고 본다. 즉 마음을 보는 것이다.

④ 가상家相은 그 격국格局을 관찰하고 분석하여 인간이 사는 길흉을 추정하는 일종의 방술이다. 가상家相은 양택陽宅 풍수의 하나로서 우리가 살고 있는 곳이 운명에 큰 영향을 끼친다는 논리이다. 우리가 거처하는 곳의 산을 볼 때나 강이나 하천을 볼 때는 양성, 또는 음성인지를 가

려내야 한다고 한다. 이것을 다른 말로 부성과 모성이라고도 한다.

⑤ 묘상墓相(풍수風水)은, 즉 음택陰宅은 땅을 골라 조상을 안장함으로써 후손을 감싸는 방술이다. 묘상墓相도 우리에게 많은 영향을 미친다. 사람이 죽을 때는 어떤 요구가 있게 마련인데 우리가 이해하지 못하므로 그 사람은 영靈을 통해 전해 주는 것이다. 요컨대 '상相'은 눈에 보이는 물체를 관찰해 길한 길을 따라 흉한 길을 피하는 방법이다.

3) 복卜 (점을 치다)

점을 치는 그들은 사람을 대신해서 병을 고치고, 길흉을 점치고, 부적을 그리며 주문을 외운다. 당시 국가와 사회는 모두 무축巫祝의 지배를 받았다. 주周나라의 귀신 숭배는 더욱 발전하여 숭배된 귀신들은 이미 천신, 인귀, 지신의 세 가지 시스템을 형성하였다. 그리고 조상의 신을 숭배하는 것을 천지에 제사를 지내는 것과 병행하여 경천준조敬天準祖라고 하였다. 만물은 하늘이고 사람은 조상이다.

이른바 '복卜'은 점술로서, 길吉을 선택하는 것이다. 측국測局은 세 종류가 있는데, 그 목적은 일을 예측하고 처리하는 데 있다. 그중 점술의 종류는 '역단易斷'과 '육임신과六壬神課'로 나눌 수 있다.

① 점술占術은《역경易經》을 이론적 근거로 하여 하늘, 사람, 땅의 세 경계를 결합하여 길흉을 추정하는 방법이다. 점복에는 「육임신과六壬神課」를 사용하고 있다.

② 선길選吉은 기문둔갑奇門遁甲으로 대표되며, 포국布局, 포두布鬥, 부주符咒 등의 결합을 통해 사물의 발전이 불길한 요소를 다루고 있으며, 주로 고대 군사軍事에 활용되고 있다.

③ 측국測局은 주요 저서인《태을신수太乙神數》로 대표되며, 십이운괘

상十二運卦象의 술법을 통해 국가의 정치적 운명, 기수氣數, 역사의 변화 법칙을 추산하는 술수학術數學이다. 그리고 이 세 가지를 종합한 것이 「추배도推背圖」이다.

복卜은 운명의 15%를 차지한다. 이상의 명命과 상相과 복卜이 운명에 50%의 영향을 미치고 있다고 한다.

4) 산山

산술山術을 신선의 방술神仙方術이라고도 한다.

소위 도교에서 학문적으로 말하는 산이란 바로 영수靈修, 양생養生, 정좌靜坐, 무학武學, 식이食療요법, 축기築基, 현전玄典, 부주符咒(부적) 등의 방술을 이용하여 육체와 정신을 수련하고, 인생을 완성하는 정신을 기르는 것을 위주로 하는 술법으로 사람의 심신양면의 발전을 연구한다. 대부분 산속에서 수학했기 때문에 '산도山道' 또는 '선도仙道'라고도 한다. 첫 번째 단계는 현전, 두 번째 단계는 양생, 마지막 단계는 기밀 유지이다. 물심 양면의 수양과 심신을 단련하는 술법. 육체와 정신을 수련하고 심신을 강화하는 술법이다.

① 양생養生

'천단天丹, 인단人丹, 지단地丹'의 방법을 사용하여 몸을 튼튼하게 하는 단계이다. 천단법은 '축기법築基法', 인단법은 '방중술房中術', 지단법은 '식이법食餌法'이라고도 한다. 간단히 말해서, 정좌 호흡으로 시행하는 방법을 '기초 쌓기 방법', 이성에게 교접하는 방법을 '방중술', 식이나 한방약으로 하는 방법을 '식이법'이라고 한다.

② 식이食餌

식이는 체력을 향상시키고 질병을 치료하기 위해 강장제와 술 및 일상 식단을 사용하는 식이요법이다.

③ 벽곡辟穀

벽곡은 도사가 심신을 수양하기 위해 사용하는 방법으로, 보통 벽곡 기간 동안 불로 조리된 음식을 먹지 않고 물과 뽕나무, 황정 등과 같은 자연 음식만 먹는다.

④ 축기築基

축기는 선禪과 정좌靜坐법을 이용하여 정精과 기氣와 신神을 다스려 체력을 증진시키는 방법이다.

⑤ 현전玄典

현전은 바로 《노자》, 《장자》, 《열자》의 사상을 연구하고 자신의 마음을 깨끗하게 하는 정신으로 심신을 닦는 방법이다.

⑥ 권법拳法

권법은 각종 무술을 연마하여 체력을 증강시키는 것이다.

⑦ 부주符咒(부적)

부적은 영혼에 통달하고 수련된 법술로 사람의 마음을 사로잡고, 주요 기능은 악을 물리치고 살육을 진정시키며 길을 쫓고 흉을 피하는 등의 방술이다.

⑧ 단정丹鼎

단정은 정좌靜座와 호흡법 및 식이법食餌法을 이용한 천지인天地人의 삼법三法을 이용하여 심신心身의 이중화를 도모하는 방술이다.

⑨ 수밀修密

수밀은 뜻을 빌려 정신을 통일하는 행법, 또는 부적법술을 써서 심신의 능력을 증강시키는 단계이다.

한마디로 '산山'은 정좌靜坐, 수련修煉, 무학武學, 식이요법食餌療法 등 온갖 방법을 동원해 완만한 인격을 기르는 학문이다. 정좌수련을 통해 호흡방법도 독특하고 인체내공선의 신비나 10대 명규明竅가 어떻게 내장과 연계되는지를 아는 것도 다 산술山術이다. 이 산술은 영보통지능내공의 전부를 배워야 마치게 된다.

5) 의醫

의醫는 크게 세 가지로 나눌 수 있으며, '침(鍼灸)', '처방(方劑)', '영치靈治' 등 세 가지 방법으로 건강을 유지하고 질병을 치료하는 학문으로 질병을 치료하는 것을 주체로 하는 술법이다. '의醫'는 병을 고치고 보호하는 방술이며, 여기서 '의'는 '한의사·중의사'를 의미하며, '의료醫療'는 인류의 건강을 보호하고 질병을 치료하는 용어다.

① 침구鍼灸

침구針灸란 침법과 뜸법을 합칭한 말이며 사람의 맥락과 기혈 순환의 원리를 이용하여 환부를 자극하여 질병을 치료하는 처방이다. 침과 뜸으로 병을 치료하는 것이다. 진단법은 4차 진단에 사용된다.

② 방제方劑(처방)

약제를 사용하여 질병을 치료하는 술법으로 탕약이라고도 하며 한방의 독특한 진단법으로 4진하며 '실허實虛, 열한熱寒' 등의 증후군에 따라 질병을 치료하는 방술이다. 인간의 질병을 치료하는 치료법을 찾기 위해 역괘易卦를 사용하여 약의 처방을 정리하기도 하고 산제散劑 및 환제丸劑를 만드는 처방이다.

③ 영치靈治

영치靈治란 사람의 기를 파악하는 맥맥脈을 이용하여 기행氣行이 순조롭지 못하여 병을 일으키는 것을 자연으로 영치靈治하는 의술로서 '수경收驚하라'는 식이다. 또 다른 현대 방술을 '최면'이라고 한다.

영치란 인간의 마음, 즉 심리상태心理狀態를 파악하여 질병을 치료하는 방법으로 이른바 심리치료다. 요컨대 의醫는 처방, 침술, 영치 등을 이용해 사람의 질병을 치료하는 방법이다.

도가에서 제일 먼저 사용하는「황제내경黃帝內徑」은 현대의학의 해부학의 내용과 같다고 한다. 또 안마, 점혈點穴하는 것과 법술法術이 있다. 이 법술은 공간을 뛰어 넘어서 하는 것으로 최면술을 말하며 산술을 잘 배워야만 가능하다.

이 산술과 의술은 운명의 20%를 차지한다.

운명의 나머지 30%는 영靈에서 얻는다. 이 영은 우리가 모체 내에 있을 때나 한 살에서 세 살 때까지나 늙어서 죽기 전인 찰나 간에 많은 변화가 있는데 특히 한 살에서 세 살까지는 우리 인생에 많은 것이 포함되어 있으므로 사람에게 타격이 제일 큰 것이 이 단계이다.

우리가 도가수련을 하는 것은 세 살, 두 살, 한 살, 더 나아가 모궁 내의 일을 회과悔過해 내기 위해서이다. 그러면 우리는 전세轉世를 알 수 있다. 세 살 이후는 우리가 세상 물질을 알기 시작하는 단계이며 고통을 모르는 단계이기도 하다.

이렇게 운명은 정해졌지만 생긴 모습은 정해지지 않았다. 모습은 변하여지고 변함에 따라 기회도 주어진다. 이 오술五術은 도가에서 필히 배워야 하는 것들이다.

7 도교수련道教修煉

당나라 말기 5대五代시대는 내단학內丹學이 점차 완성되고 성숙해지는 시기였다. 금송金宋에 이르러 내단학은 점차 외단外丹이 도교의 수련방술에서 지배적 지위를 차지하는 것을 배격하여, 도교수지방술이 갈홍葛洪의 《포박자내편抱樸子內篇》의 틀에서 벗어나게 하였다. 그래서 방유전方維甸의 《교간포박자내편서校刊抱樸子內篇序》에는 "송원宋元에 이르러,《참동參同》의 노화爐火를 이용하여 내단을 완성했다. 음양을 단련하고 원기를 혼합하여 태식胎息을 물리친다면 작은 도道이고 금석부주金石符咒는 곁문으로 삼았다. 황백현소黃白玄素를 사술邪術로 삼았으나, 오직 성명쌍수性命雙修만이 곡신불사谷神不死, 우화등진羽化登真의 비결로 삼았다."고 했다. 그 이후로 내단학은 유교, 불교, 도교 전통문화의 정수를 계속 흡수하고 발전해서 분파를 거듭하며 서로 촉진하여 천여 년을 거쳐 점차 순백의 경지에 이르렀다.

　도교수지道教修持는 고대古代에는 수도修道, 수진修真, 수위修爲, 수양修養, 양생養生, 위생衛生, 장생술長生術 등의 많은 명칭이 있었다. 하나뿐이 아니다. 지금은 일반적으로 '수련修煉', '수지修持', 또는 '양생養生'으로 불린다. 수련의 의미는 수성연명修性煉命이다. 성性은 정신, 명命은 육체를 가리키며 수련은 일정한 방식과 방법을 통해 정신과 육체를 스스로 통제함으로써 '내 명은 나에게 있지 하늘에 있는 것이 아니다(我命由我不由天)'라는 숭고한 목적을 달성하는 것이다.

8 도교의례道教儀禮

　도교의례道教儀禮는 도사道士의 일상생활에서의 행동 표현규범이다. 계율戒律과 다른 점은 계율은 조문條文으로 명확히 하고 위반자는 반드시 처벌한다는 것이다. 의례儀禮는 도사의 최소한의 예의범절이며, 이를 어기는 자는 품행이 단정하지 못한 것으로 간주한다. 도교의 의범儀範 부분에 속하며, 도교 의례의 내용은 매우 복잡하여, 작게는 일상적인 호칭으로, 크게는 출입하거나 걸어 다니면서도 의례儀禮를 행한다. 모든 일에는 일정한 의례가 있고, 동시에 한 사람의 수도修道나 봉도자奉道者의 외적인 예의禮儀 풍모는 그 도덕적 수양이 몸으로 표현되어야 한다.

9 무위자연無爲自然

　자연무위自然無爲는 고대 철학에서 보는 관점觀點 중 하나이자, 도道의 덕목德目이기도 하다. 자연무위는 우주 만물의 존재와 발전은 모두 자연스럽고 어떠한 의지의 지배도 받지 않는다는 관점觀點에서 기인한다.

장자莊子는 우화를 원용하여 도道, 진인眞人 등의 개념을 묘사하였는데, 그중 많은 장章의 목적은 도, 진인 등의 숭고한 경지를 보여주기 위한 것으로 본래의 의미로는 조금도 잘못이 없다. 하지만 욕심 없는 사람이 가장 여유롭다는 가치관을 보여준다는 것은 백미白眉이다. 그렇다면 일반인이 보기에 무욕무위無欲無爲는 이런 최고의 가치를 달성하는 수단이 된다. 그러면 우리는 무욕무위로 다가가서 '무위無爲'를 각인시키게 된다. 눈에 띄지 않는 것의 '무위'와 '무위하자'는 전혀 다른 상태이며, 후자야말로 도가의 참된 정신이다.

노자가 말했듯이, 무위와 무불위無不爲는 단지 모두의 현상을 보여주기 위한 것이다. 즉 무위가 무불위로 이어진다는 것이다.

무위는 도덕경에 나오는 중요한 개념이다. 도道가 내세우는 무위는 생존의 지혜이지 궁극적인 목표가 아니다.

도가의 무위는 소극적으로 세상을 피하는 것이 아니라, 반드시 열심히 공부하고, 적극적으로 진취하며, 자연과 사회에 통달하고, 대인관계를 잘 처리하는 것이다.

그래서 '무위'는 아무것도 하지 않고 아무 일도 하지 않는 것이 아니라 '도'에 따라 처세하고, 스스로 행하는 것을 버리고, 화禍를 삼가고, 소박하고 검소하며, 청정淸靜의 경지를 추구해야 한다.

1) 도가철학道家哲學

중국 철학사에서 노자는 천도天道가 자연무위하다는 학설을 처음 세웠는데, 천도는 목적이 없고 의지가 없으며, 만물은 모두 도에서 생겨나니 도생만물道生萬物은 자연 위에서 생겨난다고 여겼다. 《도덕경》 51장에서 노자는 '도존道尊은 자연스럽다'고 명시했는데, 이는 도가 자연스럽다는 것을 의미하며, 자연을 법으로 삼는다는 뜻이다. 도는 만물이 자연스럽게 발전하도록 내버려두고, 만물을 자라게 하고, 자신의 소유에 의존하지 않고, 자신의 공을 앞세우지 않고, 그 지배를 하지 않도록 한다는 말이다. '도'를 하늘보다 우선시하고, 천도는 자연스럽게 무위한다. 라고 보는 것이다.

도가道家의 자연은 '자연을 창조하는 자연'과 '자연에 의해 창조되는 자연'으로 나뉘는데, 전자가 후자보다 높은 것은 후자의 부정인데, 이는 인위적으로 '자연'을 부정하기 때문이다. 그러나 그것은 또한 동일한 자연의 '자기 부정'이며, '인위적'과 '창조적'도 자연이며, 더 자연적이기 때문에 자연의 본질이자 진정한 자연이다. 도가의 '자연' 개념의 두 가지 수준, 즉 '무위' 수준과 '유위' 수준이다. 오직 '자연의 자연 창조'만이 가장 자연스러운 것이며, 자유의 지위에 세워진 도덕만이 진정한 도덕이며, 도가가 제창한 도상무위법道常無爲法이기 때문이다.

위진魏晉 시대, 왕필王弼, 하안何晏 등도 천도天道의 자연은 무위라고 말했고, 왕필은 "천지는 자연에 맡기고 무위무조無爲無造하며 만물은 서로 다스린다."고 했다. 그러나 그들의 자연무위 사상은 무위본주의 관념론에 기초하고 있으며, 자연무위를 '무위'의 기능이라고 간주하고 있다.

장자莊子는 유위有爲에 대해서 기다림이 있고, 기다림은 조건에 의존하고, 조건에 따라 변화하며, 인연因緣과 화합으로 이루어진다. 무위無爲는 장자莊子가 말하는 어떤 조건에도 의존하지 않고, 의지하거나, 의지할 곳이 없다는 것을 의미하며, 자신의 근본을 스스로 주재하고, 조건의 변화에도 변하지 않으며, 영원히 진실하며, 소요逍遙가 원만하게 된다. 모든 것을 뛰어넘을 수 있기 때문이다. 모든 것을 넘어서야 더 이상 기다림이 없다!

2) 도교의리道敎義理

　도道는 자연을 법칙으로 삼고 무위無爲로 처세하여 만물을 이룩하고 자아도 이룩하였다. 그 의리는 간단하지만 그만큼 깊다고 할 수 있다.

　자연과 무위는 서로 다르면서도 밀접한 관련이 있는 두 개의 교의敎義 명사이다. 도덕경에서 말하는 자연이란, 인법지人法地, 지법천地法天, 천법도天法道, 도법자연道法自然이다. 하상진인河上眞人은 "도성道性이 자연스러우니 어찌할 도리가 없다"고 주장하였다. 도道의 본성이 자연임을 말해준다. 도가 갖는 자연의 섭리는 하늘이 본받을 뿐만 아니라 땅이 본받을 수도 있다. 인생은 천지간에 있으며 그 행위의 최고법칙도 도성道性인 자연의 섭리를 본받아야 한다. 자연은 고정된 패턴이 없고 도생화만물道生化萬物이며 만물은 각자의 본성에 따라 자연적으로 자라며 기다릴 필요가 없으며 강요하는 요소가 없기 때문에 자연의 조화를 보장하고 있다.

　인간이 진리를 닦는 것은 자연의 본성을 본받아 천지의 자연변화 법칙에 순응하고 자연계의 모든 생명의 특성을 존중하며 자연의 조화를 유지하는 데 역점을 두고 있다. 인간 세상의 모든 것에 대해 억지로 강요하지 말고 사물의 발생과 발전의 자연 법칙에 순응해야 한다. 마음의 평화와 정신을 승화시키기 위해서는 지족知足, 지지知止, 지상知常을 알아야 한다.

　그러나 정작 자연의 경지에 오르거나 도달하기 위해서는 '무위無爲'의 처세處世법을 실천해야 한다. 도덕경에는 '성인은 아무 일도 하지 않고, 말 없이 가르침을 행 한다.'고 되어 있다. 도상무위무불위道常無爲無不爲라고도 했다. 도道는 무위를 실천하고 무위의 작용을 통해 만물을 성취하는 것임을 알려줌으로써 도의 위대한 체성體性을 구현한다. 따라서 소위 무위란 소극적으로 하지 않는 것이 아니라 '유위有爲'를 물리치고 자연의 법칙을 따라야 하며 사물의 자연 발생과 발전에 억지로 간섭하지 않아야 자연이 완벽해 진다. 도를 닦는 사람의 행동은 자연스럽고 진실로 행해야 하며 어떠한 집착도 하지 말라고 경고한다. 그래서 초기 도교는 '무위無爲'를 도의道意에 합치고 천심天心을 얻으며 태평을 위한 근본 교지로 삼았다. 법도를 잘 수행하면 정신에 도움이 되고, 나라를 잘 다스리면 백성들에게 도움이 된다. 사회 정치와 처세 수신에 대한 도교의 기본 태도를 구현한 것이다.

그러나 인생에서는 명예와 부귀영화 화의미식華衣美食 등 재물에 대한 욕구가 항상 있지만, 자연적 무위의 법칙을 넘어버리면 온갖 종류의 폐해가 나타나 탐욕으로 변한다. 수도자는 청정과 과욕의 교리를 지키는 것 외에 소박하고 무위無爲한 삶의 자세를 가져야 한다. 욕심을 없애고, 담박淡泊하고, 명지明志하고, 기본적으로 사회의 현실에서 벗어나지 말고, 전신全身이 수도修道를 목표로 삼으면 그 책임을 떠나 결국 그 형체를 잊고, 집념이 없고, 자연무위의 경지에 도달하게 된다. 이와 관련하여 《운급칠첨雲笈七籤》에서는 두 가지 측면에서 설명했는데, 하나는 먼저 해害를 피해야 한다는 것이니. 혐의嫌疑, 소인小人, 경득敬得, 행지行止를 멀리하고. 구식口食, 설리舌利, 처료處鬧, 역투力鬪를 신중하게 하라 하였다.

다음으로는 천문天文, 지리地理, 인사人事, 귀신鬼神, 시기時機를 통해야 하고 자연自然, 사회社會, 대인관계에 대한 적극적인 지식을 바탕으로 도를 더 잘 배우고 수도하라고 했다.

3) 무위이치無爲而治

노자사상설의 본질은 자연에 순응하고 민의民意를 따르며 하늘과 사람이 합일(天人合一)하는 것이다. 권력자의 경우 극단적이고 사치스럽고 과도한 관행을 피하고 민심을 중시하라고 경고 한다. 이는 우리가 주창하는 '사람 중심, 조화로운 사회'의 사상과 일치한다.

성인은 무위의 태도로 세상사를 처리하고, 말로 가르치는 것보다 몸으로 가르치는 방법을 실행하는 것을 우선시 한다. 그러면 만물은 자연적으로 자라서 누가 창시자인지 다투지 않고 번성하여 사유에 의하지 않고, 어떤 일이 있어도 자신의 능력을 믿고 덤비지 않으며, 큰일을 이루지만 스스로 공을 내세우지 않는다. 공을 내세우지 않기 때문에 그 공적은 영원하다.

10 정좌靜坐 시 무위無爲

무위無爲는 어떤 방향이나 장소나 모양 모습에 의하여 가로막히지 아니한다. 그래서 무위자연은 청정한 그대로이고 위엄을 만들지 아니한다. 그러면 무위자연은 어디서 찾아야 하는가? 하늘과 땅을 낳아서 기르고 일월을 운행시키고 만물을 길러내는 어머니가 있으니, 그것이 곧 도道이다. 마땅히 무위자연의 상태에서 도道를 만날 수도, 얻을 수도 있다. 과연 도를 얻었다면(得道) 천지와 같이 장구할 수는 있는 것일까? 즉 윤회의 고리를 끊을 수 있겠는가? 답은 현신한 부처와 진선들이 이미 몸으로 보여주었다.

대체로 도를 말할 때 맨 먼저 떠오르는 것은 무위자연無爲自然이다. 그만큼 무위자연이 도의 상징처럼 되었다. 일반적으로 무위無爲의 반대말은 유위有爲이다. 爲란 '무엇을 꾸미다'라는 뜻으로 쓰여 진다. 그러므로 무위는 '하는 것이 없다', '꾸미지 아니 한다' 등으로 쓰여 질 수 있다. 그러나 이것은 문법상 형이하학적 논법이고, 무위無爲는 선천 즉 형이상학적 논법으로 접근을 해야 한다.

　무위는 터럭 하나를 더해도 많고 터럭 하나를 감해도 적다. 청정한 그
대로이고 위엄도 만들지 않으며 태초의 허공에 하나의 티끌도 물리치므
로 다른 것은 설 자리가 없으며 아득하고 묘하다. 불가에서는 '이 무위는
인연과 합하여 형성되지 아니한 것이다. 생멸生滅하는 절대존재가 아니
다.'라고 했고 어느 선인은 '무위라는 것은 그 마음이 움직이지 않는다. 움
직이지 않는다는 것은 안으로는 마음이 일어나지 않는 것이고 밖으로는
사악한 마음이 내 몸의 경계로 들어오지 못하는 것이며 안과 밖의 안정
된 것 즉 신神과 기氣가 평온한 것을 말한다.'고 했다. 그리고 무위는 어떤
방향 장소 모양 모습에 의하여 가로막히지 아니한다.

　『장자莊子』 지락편至樂篇에는 '하늘은 무위 때문에 맑고 땅은 무위 때
문에 편안하다. 그러므로 두 무위가 서로 합하여 만물이 생성, 변화하는
것이다. 이런 창조의 근원은 아득하여 그 생겨나는 바를 모르고 까마득
하여 그 모양도 알 수가 없다. 그러나 만물은 무진장으로 이 무위 때문에
번식한다. 그러므로 천지는 작위作爲함이 없건만 만들어 내지 않은 것이
없는 것이다.'라고 말한다.

　이상에서는 무위자연, 즉 자연의 무위를 이야기 했다. 그러면 사람에
게도 무위가 존재하는가? 답은 존재한다. 그리고 그것을 경험할 수도 있
고 맛볼 수도 있다. 이는 정좌수련靜坐修煉을 통해서 가능하다.

　우리가 정좌수련을 함에 있어서 가장 핵심이 되는 내용은 다만 잡된
것이 섞이지 아니한 순수한 마음만으로 나가는 것뿐이다. 처음 정좌수련
을 배우고 익히는 과정에서 잘못을 저지르기 쉬운 것은 어두움 속으로
깊이 빠져 버려서 정신이 없게 되어 잠이 드는 것, 즉 혼침昏沈과, 이 생각

저 생각 걷잡을 수 없을 정도로 마음이 어지럽게 흩어지고 잡념만 생기는 것, 즉 산란散亂, 두 가지라고 할 수 있는데 이런 상태에서는 정定에 깊이 들어갈 수가 없다.

그러면 무엇이 정定인가? 정은 산란하지도 혼침에 빠지지도 않으며 깨어 있으면서도 적적寂寂하고 적적하면서도 깨어있는 것이다. 마음은 이미 고요해졌지만 결코 죽어버린 것은 아니다. 그래서 깨어있다고 말하는 것이니 비유를 하자면 화로에 불은 꺼지긴 했어도 재 속에 불씨가 남아있는 것과 같으니 이처럼 깨어있으면서도 고요한 경계가 바로 정定이다. '마음에 의지하지 않고 몸에도 의지하지 않으며 의지하지 않는다는 것에도 의지하지 않는(不依心, 不依身, 不依也不依)' 경계에 이른 것, 다시 말하면 생각이 마음에 기대지 않고 몸에만 붙들려 있지도 않으며 심지어 기대지 않고 붙들려 있지 않는다는 것조차 벗어 던진 것, 이것이 바로 정定이다.

정定을 처음 닦기 시작할 때는 대개 산란하지 않으면 혼침에 빠지며 혹은 잠시 산란했다가 잠시 혼침에 빠지기를 계속한다. 사실 산란과 혼침을 벗어나는 것이 입정入定의 관건이다. 즉 잠자는 것 같지만 깨어있고 깨어있는 것 같으나 잠자는 것 같은 그런 경계가 정定이자 무위無爲이다. 이 無爲 상태에서는 나의 몸과 마음은 정지되어 버린다. 지구는 쉬지 않고 돌고 시간도 흐르지만 내 몸은 모든 것을 정지하고 그대로이다. 그리고 그 상태에서만이 道가 살아난다. 여기서 내 몸은 작위作爲함이 없건만 만들어 내지 못하는 것이 없게 되는 것이다. 이 無爲상태에서는 내 몸에서 흐르는 시간까지도 정지되어 버리니 앞으로 나아가지도 않고 즉 늙지도 않고 그대로인 것이다. 이렇게 有爲를 빌려서 無爲상태로 들어가지만 단번에 無爲로 들어갈 수는 없다. 이러한 경지를 다른 말로는 元神이 작용하는 상태라고도 한다.

불법에서는 지관止觀이라는 말이 있는데 지止니 관觀이니 하는 것은 모두 정혜定慧를 얻기 위한 것으로 수행의 첫걸음에 불과하다.

지관止觀이란 뜻을 살펴보면 '헛된 모든 생각을 그친다.'는 뜻이 지止라고 한다면 관觀이라는 뜻은 '비추어서 살핀다.' 라는 뜻이다. 이는 마음을 흩어 짐 없이 한곳에 머물러서(定) 슬기의 빛으로 고요히 비추고(慧) 있다는 뜻이기도 하다. 즉 정혜定慧라는 말과 상통한다.

육근六根(안이비설신의眼耳鼻舌身意)을 사용하는 방법으로부터 팔만 사천 법문이 파생된 것이니 일체 법문의 시작은 모두 생각을 고요히 정지시키는 것이다. 생각이 정지된 상태가 곧 정定이며 그 정도의 차이는 공력의 깊고 얕음에 따라 차이가 있다.

우리가 정定에 들어가기 위해서는 마땅히 이 생각(念)이라는 것이 '어떠한 곳에 들어 있는가?' '어디로부터 일어나는가?' '어디에 가서 사라지는가?' 하는 문제를 붙들고 거듭거듭 끝까지 헤치고 들어가 봐야 하지만 마침내 그러한 곳을 붙잡아 낼 수는 없고, 다만 그 자체로써 이 생각(念)이라는 것이 일어나는 곳을 보게 되는 것이다.

나와 너 즉 주관과 객관이 마음이 안정된 상태 이것이 곧 비추어 살핌을 바르게 하는 일을 정관正觀이라고 말하고 이러한 이치에 어긋나는 것, 곧 비추어 살피는 마음과 그 대상이 맞지 아니하는 것을 비추어 살핌을 바르게 하지 못하는 것을 사관邪觀이라고 한다. 이러한 상태로 되는 일은 그렇게 되고자 노력하여서 그렇게 되는 것이 아니고 다만 처음 배우기 시작하였던 때의 상태를 그대로 계속해서 끊어짐 없이 이어나가노라면 이루어지는 것이다. 헛된 모든 생각을 그치고(止) 그것을 끊임없이 이어나가노라면 비추어 살피는(觀) 경지가 이루어지고 비추어 살피는 경지에 이르러서(觀) 그것을 끊임없이 이어나가노라면 헛된 모든 생각이 그쳐지게(止)

된다.

이러한 이치가 곧 "마음을 흩어 짐 없이 한곳에 머물러서(定) 슬기의 빛이 고요히 비치게 함(慧)을 함께 닦는다(정혜쌍수定慧雙修)는 가르침이 된다.

우리가 입정入定에 들어가기 위해서는 마음을 숨(息)에 함께 붙어있도록 하는 수밖에는 없다. 숨(息)이라는 것은 스스로의 마음이며 스스로의 마음은 숨(息)이 되고 있는 것이다. 마음이 한번 움직이면 곧 기氣가 생기게 되는데 그 이유인즉 기氣라는 것은 본래 마음이 변화되어서 이루어진 것이기 때문이다. 우리들 사람의 생각은 그 움직임이 지극히 빨라서 눈 깜짝할 사이에 하나의 헛된 생각(妄念)이 생겼다가 사라지는데 그러는 과정에 한 번의 호흡이 그에 따라서 이루어지게 된다. 그러므로 속에서 일어나는 호흡과 밖에서 일어나는 호흡은 마치 사람의 목소리와 메아리가 서로 따르는 것과 같다. 결국 하루에 몇 만 번의 숨(息)을 쉬니 그 자체로서 몇 만 번의 헛된 생각(妄念)을 일으키는 것이다. 그와 같이 흘러서 내면 세계의 밝음을 유지하는 정신(神明)이 다 새어나가 버리면 마치 나무가 죽어서 마르는 것과 같고 불 꺼진 재가 싸느랗게 식는 것과 같아진다. 그렇다고 생각이 없어지기를 바라겠는가? 생각을 없앨 수는 없다. 또한 숨息이 없어지기를 바라겠는가? 숨도 없앨 수는 없다. 이도 저도 아니면 어떻게 하란 말인가? 결국 그러한 마음을 일으키는 얼게 자체가 바로 약藥으로 될 수 있음을 알아서 그렇게 되도록 하여야 하는 것이다. 다름 아니라 마음과 숨이 서로 붙어서 의존하는 일, 즉 심식상의心息相依가 그것이다.

(이승훈 저, 도덕경 중에서)

11 중국도교中國道教의 발자취

1) 도교의 발전사

도교의 발전사에서 가장 간단한 행문行文 방식으로 가장 중요하고 기초적인 이론과 관련 지식을 결론하여 말한다면 도교 발전의 역사는 네 단계로 나눌 수 있다.

— 남북조 시대에 도교는 제왕과 귀족의 지배자의 지지를 받아 사회 상층부에 오른 것이 첫 번째 발전기였다.

— 당나라 황족은 노자와 친분을 맺어 이이李耳의 후예後裔라고 자칭하고 정치적으로 지원하여 도교를 대대적으로 추진한 것이 두 번째 발전시기이다.

— 북송北宋 진종真宗이 도교로 인민을 도취陶醉시키고 북방의 강린압경強鄰壓境이 초래한 치욕을 감추는 것으로 도교 발전의 세 번째 시기이다.

— 명나라 중기에 제왕은 도교를 믿고, 도교가 중시되어 정치에 관여하고 정부 내의 권력 쟁탈에 참여하였는데, 이는 도교 발전의 네 번째 시기이다.

도교는 다른 종교와 마찬가지로 일종의 사회역사 현상으로 그 발생과 발전의 과정이 있다. 초기 교파는 같은 경로를 거치지 않았어도, 같은 지역과 같은 시기에 형성되었다. 오랫동안 통일되고 안정적인 교단 조직이 없었기 때문에 중국 도교사의 상한선을 인정하기가 매우 어렵다고 하겠다.

초기에는 부록파符籙派와 단정파丹鼎派가 있었지만 탄생 과정은 상당히 복잡했다. 단정파는 수련을 중시하고 내단內丹과 외단外丹의 구분이 있는데, 그 전신은 신선방술神仙方術과 양생기공학養生氣功學으로 전국戰國시대부터 발전한 것이다.

동한 후기에 나타난 《태평경太平經》과 《주역참동계周易參同契》는 초기 도교 이론을 형성하기 시작하였으나 이에 상응하는 도교 조직은 없었다. 위진魏晉 시대의 내단경內丹經인 《황정경黃庭經》과 외단경外丹經 《포박자·내편抱樸子·內篇》은 사회적 영향이 크지만 사회 조직력은 여전히 약했다. 《노자》와 《장자》도 도교의 또 다른 중요한 근원이 되었다. 이로써 중국 도교가 생겨난 과정은 다원적이었지만 점차 가까워져 이루어진 것임을 알 수 있다. 각 교파 간에는 서로 영향을 미치지만 기본적으로 독립적으로 발전하고 있으며 시기가 앞뒤가 맞지 않으며 통일된 구체적인 교육 기간이 없었다. 교명教名과 교인도 통일된 호칭이 없으며, 도교道敎라는 단어는 《노자상이주老子想爾注》에서 유래하였다. 따라서 도교의 발생은 『태평경』, 『주역참동계』, 『노자상이주』의 3서가 도교 활동과 도교 실체의 출현을 나타내는 지표로 볼 수 있음을 알 수 있다.

초기 도교의 주요 원천과 발생된 사회적 배경은 다음과 같다.

첫째는 고대 종교와 민간 주술, 둘째는 전국戰國~진한秦漢의 신선 전설과 방사 방술, 셋째는 선진先秦 노장 철학과 진한秦漢 도가 학설, 넷째는 유학儒學과 음양 오행 사상, 다섯째는 고대 의학과 체육 위생 지식에서 유래했다. 도교의 역사적 기원은 한漢나라 말기에 생겨났는데, 그것은 한나라 사회의 산물이며, 한나라 사상 문화의 구성 부분이며, 심오한 사회적 원인이 있다. 한나라 무제武帝 때 단정파丹鼎派의 형성을 직접 추진하였다. 또한 불교의 전래와 융성은 도교의 발생을 자극하고 촉진하는 역할을 하였다.

　─《태평경太平經》은 지금까지 전해 내려오는 최초의 도교 경전이다. 그 것의 주요 사상은 다음과 같다.

　① 신비한 기화학설氣化學說.

　② 세 사람이 공감하는 조화론, 즉 군君과 신臣과 백성民의 직결된 공존을 주장하는 것.

　③ 음양오행의 재이설災異說.

　④ 천인天人과 사람이 통하는 《태평경》의 신선 시스템은 첫째는 신인神人, 둘째는 진인真人, 셋째는 선인仙人, 넷째는 도인道人, 다섯째는 성인聖人, 여섯째는 현인賢人이다.

　그것은 천지 음양계와 신선계의 두 가지 신학적 시스템을 가지고 있다. 이 둘은 평행관계로 신인주천神人主天, 진인주지真人主地, 선인주풍우仙人主風雨, 도인주교화길흉道人主教化吉凶, 성인주치백성聖人主治百姓 현인보조성인賢人輔助聖人이다.

　─《주역참동계周易參同契》는 도교 단정파의 최초의 이론 저서이다.

　그 중심 사상은 제시된 음양의 길을 사용하여 황노黃老와 자연의 이치를 참작하고 노화爐火로 단련하는 것을 이야기하는 것으로 기본적으로 외단경外丹經이다. 그 문자는 오묘하고 이해하기 어려우며, 그 진의는 파악하기 어렵다.

　─《노자상이주老子想爾注》는 오두미도五鬥米道의 교리와 이론을 더 잘 알 수 있는 중요한 자료이다.

오두미도가 태평도와 가장 다른 점은 태평도와 같은 비극을 당하지 않았을 뿐만 아니라 오히려 천사도天師道로 발전한 이후 도교의 정종이 되었다는 점이다.

위진魏晉시대에 즈음한 도교의 전파와 분화도 있었다. 위진魏晉 천사도天師道의 북방 전파와 조조曹操의 민간 도교 탄압은 오두미도의 북천北遷과 큰 관련이 있다. 조조는 태평도를 신봉하는 황건군黃巾軍을 무력으로 진압하고 투항시켰다.

그러다가 태평도의 지도자 장로張魯가 항복함에 따라 오두미도의 상층부들이 북방으로 이주하여 거주하게 되었고, 한漢나라의 수많은 오두미도를 신봉하는 민중들도 함께 북방으로 이주하여 오두미도가 파촉巴蜀에서 북방으로 전파되는 계기가 되었다. 위진魏晉의 통치자들이 민간 종교 활동에 대해 큰 경계심을 갖고 종교 활동을 금지함에 따라 오두미도는 도교 율령律令과 규정상 극히 미비하고 조직이 느슨하며 호령號令이 같지 않아 그 발전이 정체되었다. 그러나 그 파촉巴蜀 지역과 강남 지역에서 일부 민간 도교 조직이 발전하고 전파되고 있었다.

2) 갈홍葛洪과 위진魏晉시대 단정도파丹鼎道派

갈홍葛洪, 자는 치천稚川, 호는 포박자抱樸子이다. 진晉 무(武帝 태강太康 4년 283년에 태어났다. 35세에《포박자抱樸子》의 내편 및 외편 두 문장을 완성하였다.

내편에서는 신선약방神仙藥方, 귀괴변화鬼怪變化, 양생연년養生延年의 선도학설仙道學說을 논했다.

외편은 인간의 득실人間得失, 세상사는 나라를 다스리는 유술儒術 등을 논술한다.

스승의 계승 관계는, 좌자左慈→갈현葛玄→정은鄭隱→갈홍葛洪이다.

주요 관점은 신선이 존재한다는 것이며, 모든 인간은 신선을 배우고 수도하여 신선이 될 수 있으며 죽지 않고 영원히 살 수 있다는 것이고, 모든 사람이 후천적으로 선도를 배우려는 주관적인 노력, 즉 뜻을 세우고 명사明師와의 만남과 근면함을 강조했다.

갈홍은《포박자·내편抱樸子·內篇》에서 행기行氣는 생기시生氣時, 즉 자시子時부터 오시午時까지 여섯 시진時辰이 양기陽氣이고, 하루 중 나머지 여섯 시진인 음기陰氣 때 행하는 것은 무익하다고 하면서, 연습할 때는 점진적으로 코로 숨을 들이마시고 입으로 미토微吐하여 숨을 많이 들이마시고 적게 내뱉고, 소리가 들리지 않을 때까지 숨을 들이마시고 큰 털을 코 위에 놓고 움직이지 않도록 하며, 숨을 들이마신 후 내뱉기 시작할 때까지의 시간을 최대한 연장해야 한다고 했다.

처음 배우는 사람은 속으로 120까지 세고, 다시 조금씩 뱉어내며, 점점 천이나 그 이상까지 세는 연습을 해야 한다며, 결국 코로 쉿쉿 소리를 내지 않아도 될 정도로 포태胞胎로 숨을 쉴 수 있으면 태식법을 익힌 셈이다.

또 현일玄一을 지키는 방법은 분형分形, 즉 분신술分身術이 가능하다고 기술하고 있다. 한 사람이 수십 개의 형상으로 분신할 수 있다. 이런 분형의 도를 경도鏡道라고도 한다. 분형은 신과 통할 수 있고, 그 안에 삼혼칠백三魂七魄이 있고, 천령지신을 만나 산하山河의 신을 쫓을 수 있다고 했다.

또한 갈강사수기보葛江師授奇寶 즉《삼황내문三皇內文》이 부도符道의 서서로《오악진형도五嶽真形圖》와 더불어 가장 중요한 부적符籍의 서서이다. 삼황내문은 악귀惡鬼, 역기疫氣, 호랑산정虎狼山精, 오독백사五毒百邪 등이

68

침범하지 못하게 할 수 있고, 사명사위오악司命司危五嶽의 군주를 부를 수도 있다. 《오악진형도》는 일종의 부적으로 쓰이는 평면 산악모식도이다. 나중에는 순수한 부적이 된다.

갈홍의 《포박자·내편》의 등장은 어떤 의미에서 그가 상층 도교의 입장에서 초기 도교에 대해 행한 역사의 총결산이다. 도교 이론을 충실하게 하였는데, 그는 후대의 도교에 큰 영향을 미쳤고 단정파丹鼎派를 성숙시켰으며, 또한 초기 도교의 종말을 상징하였다.

3) 동진남조東晉南朝, 도교의 변혁과 발전

도교사에서 동진남북조는 중요한 전환기이다. 이 시기에 도교는 문벌족門閥族 계급의 개조로 인해 중대한 변혁을 겪었다. 초기의 원시적이고 유치한 오두미도의 발전에서 완비된 성숙한 종교로, 주로 민간에 전파된 도단道團을 관官에서 승인하여 인정된 정통 종교로 상승하였다. 당시 중국의 남방은 도교의 변혁이 일어난 주요 지역이었다.

동진東晉 이래 불도佛道 2교가 융성하여 그 교리를 전파할 새로운 경전이 많이 필요하였다. 불교의 경전은 인도에서 구할 수 있지만, 도교는 전대의 서적을 개조하고 불교의 경전을 감식할 수밖에 없었다. 동진 이후 새로 나온 도경은 《삼황경三皇經》, 《영보경靈寶經》, 《상청경上清經》 등인데 이것을 삼동진경三洞眞經이라고도 한다.

① 《삼황경三皇經》은 원元나라에서 소실되어 현재 실전되었다. 《도장道藏》의 《동신팔제묘정경洞神八帝妙精經》에는 삼황경의 도법이 많이 남아 있는데, 그중에서도 모두 최상급의 92개의 부적이 있는데, 이 부문들은 어떤 천신지지天神地祇, 선관천장仙官天將, 오악사독지군五嶽四瀆之君, 혼백사정魂魄邪精의 은휘성隱諱姓을 나타낸다. 수도자가 법서에 따라 삼키거나

패용하면 신을 불러 도깨비를 부릴 수 있다. 도법 부적을 배우는 가장 직접적이고 효과적인 방법이라 할 수 있다.

②《오악진형도五嶽眞形圖》는 인장印章과 도판圖版을 도사가 패용하고 신들이 영靈을 받들어 친히 영접하였다.《영보경》도 갈씨葛氏 가문에 의해 전파된 도경 모음이다. 이 중《영보오부서靈寶五符序》3권은《도장道藏》에 수록되어 있다. 내용은 양생구선지서養生求仙之書이다. 상권은 사복思服의 기氣와 술術, 중권은 초목약방草木藥方, 하권은 패용 또는 삼키는 부록符錄과 신선이 되는 법이다.

한마디로 오행사상에 기초한 도교 수련방술의 구성은 앞서 언급한 동진東晉 때 영보靈寶의 모든 경전에 공통된 특징이다. 따라서 영보파靈寶派가 형성되었고, 재계齋戒와 과교科敎에 주의를 기울이고, 사람들을 잘 보살피도록 권하는 것은 영보파靈寶派의 두 가지 두드러진 특징이다. 이 파벌의 형성은 남조南朝 때의 육정수陸靜修, 송문명宋文明 등의 도사와 밀접한 관련이 있다.

③《상청경上淸經》은 동진東晉 중기 이후에 나타난 중요한 도교 경전 세트이다. 상청경의 등장과 전파로 도교 내부에 새로운 파벌인 모산상청파茅山上淸派가 창시되었고, 도홍경陶弘景은 남조상청파南朝上淸派의 대표주자가 되었다.

현존하는《상청경》에는 금단복식金丹服食, 도인행기導引行氣, 패부투간佩符投簡, 둔갑은경遁甲隱景, 답강포두踏罡布鬥, 고분일월高奔日月, 찬흡운하餐吸雲霞, 소신복마召神伏魔, 금제호랑禁制虎狼 등 도술道術이 다 갖추어져 있으며, 특히 생수일지공법生守一之功法이 있다.《대동진경大洞眞經39장》,《자일옥검오로보경雌一玉檢五老寶經》,《태상소령동현대유묘경太上素靈洞玄大有妙經》을 도의 삼기三奇라 한다. 마음속으로 신神이 면전面前에 이르면

70

존사지술存思之術이고, 가장 특징적인 것이 존신연형지술存神煉形之術을 생각한다는 내용이다. 오늘날 부적술符籍術을 하는 사람은 반드시 존상술存想術을 배워야 한다. 인체에는 오신五神, 즉 간장혼肝藏魂, 폐장백肺藏魄, 심장신心藏神, 비장지脾藏志, 신장정腎藏精이 있으며, 오장五藏이 진상盡傷이면 오신五神이 떠난다는 뜻이다.

현재 『정통도장』 동진부에 수록된 『대동옥경(大洞玉經)』은 남송 모산 전본이다. 육정수는 서기 406년에 태어났다. 그는 남송 전기의 유명한 도사다. 당시 문벌사족門閥士族 계급의 필요에 맞게 강남천사도江南天師道 조직을 정비하고 신선도교神仙道敎와 융합하여 남조도교의 일대 종사가 되었다. 삼동의 경전을 봉지하는 것이 특징인 신도교의 대가이기도 하다. 도교의 재가 의식을 완벽하게 수립하기도 하였다. 그는 먼저 도교사에 지대한 영향을 미치는 도교 전적의 분류 방법을 창안하였다. 즉 도서는 3동(동진, 동현, 동신), 4보(태현, 태평, 태청, 정일)의 7개 부류로 나뉜다는 것이다.

도홍경은 실제 연구 운영에서 양생술養生術, 연단술煉丹術, 의약학醫藥學을 엄밀히 실천하여 도교 상청파의 최종 형성을 위한 토대를 마련하였다. 그는 모산茅山(江蘇山, 지금의 장쑤 남부 윈구곡산)을 도교상청파의 기지와 중심지로 건설하였다. 그래서 상청파는 훗날 모산종茅山宗으로도 불리게 되었다. 위부인魏夫人 또는 양희楊曦를 초대 종사宗師로 받들어 《상청대동진경上清大洞真經》을 본문의 정전正傳으로 삼고, 원시천존元始天尊을 최고 신으로 모시는 한편, 영보靈寶와 삼황三皇 및 천사天師의 도경道經과 법록法錄을 연마하였다.

모산파茅山派의 형성은 갈홍 이래 강남 사족士族 도교도들이 신선도교로 구 천사도天師道를 개조하여 공식화된 정통도교를 창설한 것을 상징한다. 도홍경陶弘景은 도교를 창시한 신선들의 체계도 보완해 신선의 순위를 매겼다. 삼위일고三位一估를 이루는 삼청존신설三淸尊神說. 즉 옥청원시천존설상청경玉淸元始天尊說上淸經, 상청영보천존설영보경上淸靈寶天尊說靈寶經, 태청도덕존설삼황경太淸道德尊說三皇經이다. 이 시기에 도교는 또 지옥의 개념을 도입하였다. 북방 계지癸地에는 나풍산羅酆山이 있고 여섯 개의 귀신궁부鬼神宮府가 있다고 했고, 또한 도홍경은 얽히고설킨 신선의 계통을 일률적으로 정리하여 《진령위업도真靈位業圖》를 한 권으로 집대성하여, 도교에 나타난 7백 명에 가까운 신령神靈의 칭호를 도보圖譜의 형식으로 하나하나 열거하였다. 초현실적인 선진仙真과 귀신鬼神 세계에도 명확한 위계질서가 있음을 수도자에게 일깨우기 위해서다.

이 시기에 도교와 불교, 유교가 대립하면서 각자의 사회적 영향력을 확대하고 정통사상문화로서의 지위를 차지하기 위한 유·도교와 불교의 갈등 투쟁이 격화되었고, 삼자가 설전과 변론을 벌였다. 그럼에도 삼자가 항상 조화를 이룰 수 있었던 것은 삼자가 모두 봉건 사대부에게 받아들여지고 사대부들에게 병용될 수 있었기 때문이다.

요약하면, 동진東晉 남북조南北朝의 도교 변혁은 갈홍에서 도홍경에 이르기까지 대체로 일단락되었다. 이 시기의 개조를 거쳐 도교는 이미 비교적 완전한 교리이론과 경전문헌을 가지고, 자신의 과계의식科戒儀式과 비교적 통일된 교회조직을 완비하고, 수련방술을 풍부하게 발전시켜 독특한 신선신앙체계를 형성하고, 지배계급과 일반 민중에서의 영향력을 확대하여, 민간종교에서 공식 정통종교로의 변천과정을 완성하였다. 서진西晉 이후 소수민족이 지배하던 16개국 북조北朝 경내에서도 도교가 옛 천사도天師道를 개조하는 사건이 일어나 구겸지寇謙之의 신천사도新天師道와 누관도파樓觀道派가 형성되었다.

북방 16개국에서 장충張忠과 왕가王嘉는 청허淸虛의 뜻을 지키며 수도하고 양생하자는 취지로 산림에 은거하여 제자들을 끌어들이는 느슨한 도교 집단이었다. 이는 구겸지寇謙之(365-448년)가 천사도天師道를 개혁한 영향이 컸다.

그는 저서 《노군음송계경老君音誦誡經(현재 도장력자호道藏力字號에 한 권만 남아 있음)》으로 옛 오두미도의 일부 낙후된 도법道法을 혁파하였다. 그는 유교 예법으로 도교 조직을 정비하고, 방중술房中術의 남전濫傳과 복식선방服食仙方의 복종을 반대하며, 특히 재공齋功을 양생구선養生求仙의 근본으로 삼을 것을 강조하였다. 그 후 그는 《녹도진경錄圖眞經》을 저술하였다.

이 책은 개혁도교의 경전일 뿐만 아니라 도참식圖讖式의 신서神書이기도 하다. 도교 개혁을 완성한 후, 구겸지는 이미 산을 내려와 봉건 통치자에게 의탁하여 좌국佐國의 부명扶命을 실현하고 제왕사帝王師의 염원을 실현하여 도교를 공식적인 정통 종교로 만들 준비를 하였다. 천사도天師道가 그 변혁을 거쳐 선비鮮卑 통치자와 한족漢族 문벌 지주의 수요에 적합하게 되었고, 게다가 구겸지는 군영에 능하고 지위가 뛰어난 귀족 최호崔浩의 총애를 받아 마침내 관청의 공식 승인과 지지를 얻어 북위北魏에서 크게 융성하였다.

북위北魏 초기에는 불교와 도교가 동시에 성장하였으나, 북위 태무제太武帝 즉위 초 구겸지와 최호의 말을 곧이곧대로 들은 데다 북위 통일전쟁의 진전에 따라 새로 정복한 관중關中이 모두 불교가 융성한 곳이어서 승려의 지주가 관부官府를 교통交通하여 국가의 정령통일政令統一을 방해하고 반란에 가담했을 가능성까지 있어 태무제가 불교세력을 탄압하기로 결심한 원인이 되었다.

444년 정월, 태무제太武帝는 불상을 멸하고 불제자를 모두 죽이라고 명령했다. 그해 9월 고승 현고玄高를 주살하는 사건이 일어났다. 이후 최호崔浩가 실정으로 주살되고 구겸지가 죽었으며, 548년에 이르러 북위가 분열된 후 도교와 불교는 논쟁에서 실패하였고, 북제北齊 정권은 도교를 주멸誅滅하고 불교를 주창하였다. 이때부터 신천사도단新天師道團은 소멸하였다. 수·당隋·唐 시대에 유행한 도교 종파는 주로 남쪽의 상청파上淸派 및 북조北朝 후기에 관중關中에서 일어난 누관도樓觀道였다.

누관도樓觀道는 산시성 종남산 아래 누관을 중심으로 관중 지역에 전파된다. 북위北魏 효문제孝文帝 때 양심梁諶, 왕가王嘉, 왕도의王道義, 진보지陳寶熾, 이순흥李順興 등을 대표로 하여 본격적으로 누관파樓觀派가 활동하였다. 이 파벌은 남방 상청파上淸派의 영향을 많이 받았다. 진보치陳寶熾, 위절韋節, 왕연王延, 엄달嚴達과 같은 유명한 도사들이 번영하는 과정에서 중요한 역할을 했다. 당나라 때 누관도는 상청파와 같은 대우를 받는 어용도교禦用道敎 유파가 되었고, 남북방의 특징을 융합한 도교는 학문적으로 실용을 중시하고 의리분석을 하지 않는 특징을 이루었다.

누관파는 남방상청파의 영향을 많이 받았지만 노자 신화에서는 북방 천사도의 전통을 이어받았다. 불교·유교·도교 3자 관계에서 변론은 전례 없이 치열하다. 비록 도교가 폐지되는 것을 겪었지만, 도교는 이 시기에 기본적으로 봉건적인 상층 사상 문화의 중요한 부분이 되었다.

4) 수당도교隋唐道敎

특히 당대唐代는 도교의 전면적인 발전의 번영기 중의 하나이다. 수隋의 문제文帝는 어릴 때 비구니가 키웠기 때문에 스스로 불법을 흥유興由하였다고 자칭하며 불교를 매우 중시하였다. 삼교의 순서를 불佛 먼저, 도

道가 다음, 유儒를 끝으로 정했다.

당황唐皇은 거의 300년의 통치 기간 동안 도교는 시종 부흥과 숭배를 받아 삼교 중 으뜸을 차지하였다. 당말의 여동빈呂洞賓, 종이권鍾離權은 훗날 내단파의 조사祖師가 되었다.

당나라 도교의 중현철학重玄哲學과 정치는 위진魏晉 이래 도교의 중시重視를 받지 못한 노장老莊의 저서를 도장道藏 태현부太玄部의 수경首經에 포함시켜 당나라에서 가장 널리 전해지고 가장 큰 영향을 미치는 도경이 되었다. 도교는 당대唐代에 상당히 체계화된 도교 철학 체계를 세웠으나 당시에는 도교를 숭봉하여 정치적 이용과 제왕적 개인의 신앙이 모두 존재하였고, 여전히 정치적 이용을 위주로 하였다.

그 하나는 도교 신령神靈을 이용하여 황권신수론皇權神授論을 만들어 황권과 제왕을 신격화하는 것이다. 다른 하나는 도교의 일부 법술을 이용하여 나라를 돕고 백성을 구제하는 것인데, 본질은 종교를 이용하여 사회를 안정시키는 목적을 달성하는 것이다. 세 번째는 도교의 권선징악을 이용하여 삼강오상三綱五常의 봉건도덕을 수호하는 것이다. 넷째, 도교를 이용하여 불교, 무교 등 교파의 전래와 발전을 억제하거나 반대하였다. 다섯째, 도교의 청정무위 사상을 이용하여 치국의 전략과 양생의 길로 삼는다. 여섯 번째는 도교 신선 방술을 이용하여 신선으로 성장시키는 것이다.

남북조 이래 위魏의 무제武帝는 불교를 숭상하고, 양梁 무제武帝는 존불숭도尊佛崇道하며, 주周 무제武帝는 훼불억도毀佛抑道, 수隋 문제文帝는 선불후도先佛後道하고, 당나라 초기에는 불교를 억제하였다. 무측천武則天도 선불후도先佛後道하고, 당唐 현종玄宗은 숭도억불崇道抑佛한다. 이러한 당시의 큰 사건들은 주로 정치적인 고려에서 비롯된 것으로 당시의 정쟁과 밀접한 관련이 있다. 당 현종은 중국 역사에서 유명한 도교를 숭봉한 황제이다. 그의 거의 반세기 동안의 통치 기간 동안, 시종일관 도교를 숭배함으로써, 도교를 전면적인 발전의 번영기로 몰고 갔었다.

5) 당唐 도교 심성론心性論의 형성

당나라 전기에 도교는 이론이 총체적이고 심오한 방면에서 부족한 점이 있어 항상 불교에 밀렸다. 이때 도교의 박학지사는 중화문화 중의 도가노장학을 본위로 하여 불교 가운데 의리의 정화精華를 흡수하여 융회관통融會貫通하여 자연우주, 사회인생 등의 방면의 철리哲理문제에 대하여 많은 새로운 해석과 새로운 관념을 제시하여 새로운 도교학을 형성하였다. 성현영成玄英의 도교 중현重玄사상이 대표적이다.

성현영成玄英의 중현학설을 탐구하는 것은 주로 강동江東의 중현제가重玄諸家를 계승하여 더 깊이 보완한 현玄과 또 현설玄說을, 위진魏晋 곽상郭象의 현학玄學사상을 독차지하고 개조하여 제시한 도교 자체의 자연독화설自然獨化說과, 도교철학 이론의 도성道性과 진성설眞性說을 심화시키는 방면으로 구성되어 있다.

성현영의 중현사상의 핵심은 바로 현玄과 현玄에 대한 학설이다. 도道는 본래 무명무형無名無形이라 하여 말할 수 없으나 천지의 시초라 하여 만물의 어머니(萬物之母)라 하여 없으면서도 있으니 명칭은 다르지만 같은 대도大道에서 나온다는 내용이다. 옛 도의 이런 심오하고 심원한 상태를 현玄이라고 한다. 이런 도道의 심오한 뜻을 깨달을 수 있다면 천하만물을 인식하는 마음의 열쇠도 열리게 된다. 성현영의 진성설眞性說은 실제로 도의 본성은 자연스럽고 청정하니, 수도하는 중생도 만물과 마찬가지로 도성을 지니고 자연화생하므로 중생衆生의 본성도 청정무위淸靜無爲해야 한다는 논리를 보여준다.

그러나 중생의 부성賦性이 형성된 후에는 외물의 유혹과 방해로 인해 점차 물욕에 빠지게 된다. 심식心識이 혼란하여 본성을 잃은 것이다. 구원의 유일한 방법은 마음을 가라앉히고 도를 닦고, 물상物象의 간섭을 물리치고, 비록 모든 법이 움직이지 않지만, 결국 귀근복명歸根複命하고, 진성眞性보다 고요하여, 오래도록 사는 도를 깨닫는 것이다.

이영李榮은 성현영成玄英에 이어 중현重玄사상 분야에서 독보적인 학문 연구와 공헌을 한 도사였다. 그가 저술한 《노자주老子注》는 현재 이미 실전되었다. 그는 지극히 진실한 도리가 허극虛極의 이치이며, 무성무색無聲無色, 무형무명無形無名, 즉 말로 표현할 수도 없고 마음으로 인식할 수도 없다고 생각했다. 그러나 그것은 모든 것을 포용하고 온 우주 속에 존재한다. 세속의 긍정적 인식으로는 진도眞道의 존재를 표현하기에 부족하다는 부정적 인식으로는 부정적으로 인식을 할 수밖에 없다. 진도는 실체로서 불생불멸이며, 시간적으로는 항상 단절을 두려워하지 않고, 공간적으로는 무상무형無象無形이며, 운동변화의 관점에서 불성불쇠不盛不衰하며, 서로 대할 것이 없고, 절대 영원하다. 철학적 관점에서 볼 때 실체, 시공간과 운동의 변화는 사물이 존재할 수 있는 기본 조건이며, 도는 이 모든 조건을 배제하고 이에 대항할 수 있는 어떤 것도 없기 때문에 이러한 진도는 그 성질이 무조건적인 절대적 정신적 실체이다. 이영李榮이 도를 허극極極의 이치로 해석한 것은 그의 도의 교리 방면에서 중요한 공헌이다.

백운자白雲子로 알려진 사마승정司馬承禎(647-735)의 활약도 괄목할만하다. 그의 호가 백운자白雲子이다. 그의 도교철학사상은 다음과 같이 요약된다.

— 도는 우주 만물의 근원이다.

— 도는 생명 과학 및 신체 건강과 수련修煉의 에너지이다.

그는 또 도교의 심법心法 수련을 경신敬信, 계연繼緣, 수심收心, 간사簡事, 진관眞觀, 태정泰定, 득도得道의 일곱 단계로 나누어 완성하기도 하였다.

6) 당唐의 도교 전수傳授

당나라 도교의 전수傳授는 도교마다 여러 종류가 있으며, 각 파마다 법사法師의 품위는 높낮이가 있다. 그래서 전하는 경문도 다르다. 일반적으로 강교講教 외 인사들은 재속제자在俗弟子라고 많이 부르는데, 정일교正一教를 받들어 청진제자淸眞弟子가 되고, 청진제자는 정식 입도하면 정일도사正一道士라고 하며, 정일도사에서 다시 동신파洞神派의 삼황제자三皇弟子가 되어 무상동신법사無上洞神法師로 승진하고, 다시 고현파高玄派의 고현제자高玄弟子가 되어, 태상고현법사太上高玄法師가 되고, 다시 계현파界玄派 승현내교제자升玄內教弟子로 승현법사升玄法師가 되고, 다시 한 계급은 동현법사洞玄法師, 동진법사洞眞法師, 삼동법사三洞法師, 대동법사大洞法師가 된다. 동진법사洞眞法師의 존호를 받은 후에야 본래 어떤 파벌에 속했든 다시 대계大戒를 받아 도교의 최고위급 법사의 자리에 오를 수 있었다.

7) 당唐 도교 법록法籙 전수

정일맹위正一盟威 법록法籙은 남북조 이래 정일천사正一天師 문하 법록法籙의 총집합이다. 또는 태상삼오정일맹위보록太上三五正一盟威寶籙이라고도 한다. 태太는 가장 크고 가장 높은 자로, 위는 태상노군太上老君을 지칭하며, 삼자三者는 천지인天地人, 삼재三才를 말하고 오자五者는 황중총

수황中總數를 가리키며, 원정元精은 고수한다. 정일법록正一法籙은 장도릉張道陵에서 시작하여 남북조南北朝 구겸지寇謙之, 육수정陸修靜의 정리를 거쳐 도교 각 파의 전승과 재초齋醮에 적용되었다.

학계에서는 당대唐代를 도교 외단外丹의 황금기라고 부르는데, 그 원인은 다방면에 있다. 당나라의 봉건 통치자는 도교를 존경하고, 많은 제왕들은 도교의 복이선술服餌仙術을 신봉하였는데, 이 큰 믿음은 도교 외단의 발전을 촉진시켰지만, 더 큰 원인은 도교 외 단술丹術의 역사발전 자체에 있다. 일부 주요 원칙, 특히 어떤 약물을 환단還丹 원료로 사용하는지에 대한 의견 차이로 인해 다양한 단도丹道 유파流派가 형성되었으며 그중 연제煉制한 복이황금服餌黃金의 금사파金砂派, 연홍鉛汞을 보약으로 주장하는 연홍파鉛汞派, 유홍硫汞을 정제하여 합성하는 유홍파硫汞派를 형성하였다. 많은 연단煉丹을 실천하는 성과는 고대 화학사에서 중요한 의의를 가지고 있다. 그중 신부백설단神符白雪丹, 황제구정단黃帝九鼎丹, 노군환단老君還丹이 가장 유명하다.

당송唐宋에 즈음하여 도교 신선 사상의 진화는 도교 수련의 근본 목적이자 도교 종교 관념의 핵심이다. 도교 신선 사상의 변천은 중국 봉건 사회의 역사적 변천을 반영하고 있다. 당나라 안사安史의 난亂에서 북송北宋 초까지 중국 역사상 한 시기의 난으로 도교 내용의 변화와 도사 성분의 변화를 초래하였다.

이때 신선을 구하는 사람은 크게 몇 가지 종류가 있는데, 하나는 산에 숨어 당나라 초기의 반사정潘師正처럼 문달聞達을 구하지 않는다. 두 번째는 처방, 완전성 충실도 유지 또는 정제 및 복합 약물에 대해 자세히 연구 한다. 예를 들어 유상劉商(중산정왕中山靖王)의 뒤를 이었다. 세 번째는 신분이 괴이하여 형해形骸로부터 도망치고, 빛과 풍속을 뒤섞어 시정에 숨어 있는 감정과 술수다. 손등孫登과 같아, 당말5대唐末五代의 사회 동란은 수도하는 사람들의 대열에 또 두 부류의 사람을 추가하였다. 그 중 하나는 벼슬길이 가망이 없어 산림에 은거하여 도교로 가서 기탁寄托을 하였고, 어떤 사람들은 벼슬을 그만두고 세상 밖으로 도망치는데, 이런 사람들은 나은지羅隱之, 정운수鄭雲叟 등이 있다. 또 다른 부류는 난세 속에서 생존을 보장하거나 빈약한 사람을 구하기 위해 수도와 기술을 전수하였다.

당말5대唐末五代에 출현한 이 두 부류의 도교 추구 인물, 그리고 훗날 가장 큰 영향을 끼친 대표적인 인물이 바로 신선으로 알려진 여동빈呂洞賓이다. 당말5대 이후 사람들은 도교에 대한 추구가 실용적이었고, 내유외도內儒外道의 도사들은 보이지 않게 도교에 더 많은 유가儒家사상을 침투시켰다. 이러한 결과의 영향은 남송南宋의 도교 전진파全真派 형성을 위한 조건을 마련하였다.

두 번째는 신선의 출생과 신선의 구세는 신선이 되어 구세에 높지는 않지만, 신선은 다음 생에 백성을 고난에서 구할 수 있다는 것이다. 이는 도교의 금단金丹사상이 내단內丹사상으로 전환되는 과정에도 영향을 미쳤다. 전진교全真教에서 신선은 더 이상 세상 밖으로 멀리 떨어져 있는 것이 아니라, 변화하여 영원히 살 수 있는 환상의 인물이다. 신선의 신기한 색채는 적고 인간적인 색채는 많아졌다.

삼교합일三敎合一은 당송唐宋 시대 종교 사상 발전의 일반적인 추세이다. 이러한 사상은 송대宋代에 형성된 여동빈 신앙에서도 나타난다. 여동빈 신앙이 송대에 광범위하게 영향을 미쳤기 때문에 송대에 형성된 전진교 남, 북종은 모두 그 신앙을 자신들의 교파로 흡수하였다. 전진교는 남종의 창시자 장백단張伯端과 북종의 창시자 왕중양王重陽이 여동빈과의 스승적 관계를 구축했다. 내단술內丹術은 모두 전진파가 차지했고, 정일파正一派에는 전통적인 귀신 숭배와 부적의 방술만 남았다. 이 시기에 8선八仙이 등장하였다.

8) 당唐 이후 도교의 성쇠盛衰

도교 신선 사상의 진화는 사실상 일종의 자기 쇄신이다. 송나라 전진교의 출현은 바로 이 새로운 결과로, 전진교는 도교의 총림叢林을 세울 수 있었고, 도교는 통일교단 조직과 명확한 법전 계통을 갖추기 시작했으며, 원元나라 이후 도교는 기본적으로 정일正一과 전진全眞 양파로 분류되었다. 이때부터 전대前代의 도교의 난잡한 존재 방식도 종식되었다.

송宋나라와 요遼나라, 금金나라의 원元나라 시기의 400여 년 동안 도교는 발전 변혁의 새로운 단계에 들어섰다. 이 시기에는 각종 사회갈등이 상당히 첨예했고, 민족 갈등이 두드러졌다. 도교의 융성과 발달은 이 시대를 관통하는 민족 갈등과 깊은 관련이 있다.

당唐 이후 송대宋代는 중국 도교의 또 다른 번영기였다. 송대에는 중국 역사상 외환내우外患內憂의 시기이기도 하여 농민봉기가 113회에 달했는데, 이러한 사회적 배경에서 송대 도교는 종교적인 사회소란이 일어난 적이 없을 뿐만 아니라 꾸준히 번영을 향해 나아가는데, 이는 송대 황제의 도교에 대한 태도와 송宋 정부의 도교 관리와 밀접한 관계가 있다. 또한 이 시기에 새로운 신들이 많이 도입되었다. 마조媽祖는 복주福州에서 해외로 나갔고, 문창제군文昌帝君 등 새로운 교파가 즐비했고, 모산茅山, 합비산合皂山, 용호산龍虎山의 삼산부록三山符錄은 송나라 때 정해진 수록授錄 장소로 부록파符錄派의 3대 종파가 되었다. 전반적으로 송나라 각 세대는 도교를 신뢰하고 의심하지 않았으며, 이는 도교의 발전에 긍정적인 역할을 하였다. 중앙집권적인 정부 내에 지방도정사地方道正司를 설치하고 도교의 관리를 강화하였으며, 궁관의 내부관리를 위한 일련의 규칙과 제도를 설치하였으며, 궁관설립에 대한 승인과 제한을 강화하였다. 도관직관道冠職官 제도를 설치하기도 하였다.

송대宋代는 도관직관道冠職官 체제가 가장 복잡하였지만 완전한 시기였다.

첫 번째는 연령에 맞는 것, 두 번째는 부모의 동의, 세 번째는 불법 및 관습 위반이 아닌 것, 네 번째는 필수 예사禮師이다.

도교의 등급인 자의사호紫衣師號 등급제도도 정해졌다. 진인真人은 신神을 봉봉封하는 데만 사용되며, 금문우객金門羽客, 고사高士는 지행志行이 고상한 선비를, 연사煉師는 일반 도사를 가리킨다. 사호師號는 정부가 황제를 대표하여 승도僧道에게 하사하는 호칭으로, 하사하는 정치적 특징이 있으며, 도호道號는 학도學道나 호도好道를 하는 사람의 별칭으로 스스로 제멋대로 하기 위한 호칭이다.

요약하면, 송 왕조는 궁관宮觀의 수를 제한하고 사회적 직접 생산자의 감소를 방지하기 위해 이용 및 제한 정책을 채택했던 것이다. 중국 봉건 사회의 도교 관리 제도의 기본 틀을 구성하였다.

외단外丹은 수백 년의 실험 끝에 당말唐末에 이르러 마침내 외단성선설外丹成仙說의 황당함을 알게 되었고, 이러한 조건하에서 내단성선설內丹成仙說은 그 시기를 틈타 현심철리玄深哲理의 근거를 가진 내용으로 도교 연양술煉養術의 현학顯學이 되어서, 내단수련內丹修煉 위주의 교파인 남송南宋에 주로 전해지는 금단파金丹派와 금金나라에서 발흥한 전진도全真道를 형성하였다.

내단內丹의 전승傳承 1세대는 종리권鍾離權이다.《혼원선파도混元仙派圖》

와 같이 양송兩宋 내단 방면의 가장 중요한 인물은 유해섬劉海蟾 문하門下의 이련李練, 장중범張仲範, 남원도藍元道, 마자연馬自然, 장백단張伯端, 장계선張繼先, 왕정양王庭揚, 유열劉列, 진중허陳仲虛, 소정진인小鄭真人, 마의도자麻衣道者, 진단陳摶 등이다. 그 중 진단陳摶은 5대 말 북송초北宋初 도사로 삼교지학三敎之學에 능통하고 여러 가지 사법師法을 썼다.

장백단張伯端은 금단파金丹派 남종南宗의 시조이다. 대표작으로는 《오진편悟真篇》이 있다. 장백단張伯端, 석태石泰, 설도광薛道光, 진남陳楠, 백옥섬白玉蟾은 후세에 남종오조로 추앙받았으며, 장백단의 일계一系를 일술一述하며 청수清修를 주장했다. 내단의 성행은 전통적인 단정丹鼎도교로 하여금 그 귀족의 특허품의 성격을 바꾸어 사회 각계각층의 사람들이 보편적으로 받아들이는 것이 되어, 내단파의 전례 없는 대중적 교단인 남종, 전진도를 탄생시켰다. 이것은 단정丹鼎 도교의 일대 개혁이자 송원宋元 도교 개혁의 중요한 측면이다. 장백단 내단학을 개관하면 대체로 선도의 결합과 선명후성先命後性이 특징이며, 전통적인 내단수명內丹修命의 문에서 시작하여 수명을 다할 때 선천적인 정기를 약으로 사용해야 하며, 정기를 단련하려면 원신소주생진元神所主生真을 사용해야 한다고 강조한다.

제2장 도교道教의 신神

영보천존

원시천존

도덕천존

신神의 숭배는 자기가 추앙하는 최고의 신과 밀접한 개인적 관계를 느끼는 것을 말한다. 신비한 경험은 일종의 극단적인 형식이다. 어떤 사람들은 그것이 단지 개인의 사적인 일이 아니라고 생각한다. 숭배에는 ①공유된 신비, ②공유된 가치관 또는 죄의식, ③근본적으로 인간이 느끼는 것을 상징과 의식으로 바꾸려는 세 가지 필수 조건이 있기 때문이다. 숭배 행위 자체는 종교적 신념의 생성과 증강을 촉진하고 심지어 사람들의 행동 방식을 개조하기도 한다.

사회심리학자는 새로운 구성원이 집단의 압력에 의해 일종의 숭배에 깊이 빠지면 사상적 행동으로 변화하고 외부 세계와의 연결이 끊겨 새로운 환경에서 그들의 숭배자들과 어울리기 시작하며, 그 결과 사상이 단순화되고 정량화되어 종교적 숭배의 지도자에게 맹목적으로 복종하게 된다고 지적한다. 도교에서 추앙하는 신들을 만나보기로 하자.

1 천존天尊

1) 삼청三淸

● 옥청玉淸 : 원시천존元始天尊. 옥청대제玉淸大帝 (도교 제1존신)

● 상청上淸 : 영보천존靈寶天尊. 태상대도군, 상청대제太上大道君,上淸大帝 (도교 제2존신)

● 태청太淸 : 도덕천존道德天尊. 태상노군, 혼원노군, 태청대제, 太上老君, 混元老君, 太淸大帝 (도교 제3존신)

삼청사어三淸四御는 중국 민간 신앙의 하나이다. 그들의 내력에 대해서는 도교의 역사와, 도교의 발전과정에서 각 파의 발생, 그리고 그들의 소멸과 관련이 있다. 초기 도교는 노자를 교주로 받들었으나, 동한 말기 이래 불교가 중토에 전래되었기 때문에 종교의 보이지 않는 경쟁은 도교의 진보와 완성을 촉진하고 가속화시켰다. 그리하여 종파의 융합과 각 신계神系의 교화를 통해 삼청三淸의 존신을 구성하였다.

삼청존신은 도교 신선 세계에서 세 사람의 지위가 가장 높은 천신이다. 사어四御는 삼계三界를 다스리고 삼청을 따르는 천신을 과거에는 육어六御라고 불렀는데, 도경사보道經四輔 (태청太淸·태평太平·태현太玄·정일正一)의 분류에 맞게 옥황대제玉皇大帝와 청화대제靑華大帝를 따로 열거하여 오늘날의 사어四御가 되었다. 이것은 중국 고대의 '육합六合' 관념에 근거하여 신神의 조상을 설치한 것이다. '육합六合'이란 상·하와 동·서·남·북의 육방을 나타내는 것으로, 우주 전체의 거대한 공간을 나타낸다. 즉 사어는 중천자미북극대제中天紫微北極大帝, 남방남극장생대제南方南極長生大帝, 구진상궁천황대제勾陳上宮天皇大帝, 후토황지기後土皇地祇(여신女神) 순이다.

① 옥청 원시천존玉淸元始天尊

옥청원시천존玉淸元始天尊은 도교신계 중 제일의 신으로, 그가 나타난 시기는 동진東晉 때이다. 이전까지의 초기 도가 경전이나 중국 고대 신화에는 기록이 없다.

원시천존의 출현은 동진《원시적서옥편진문령보상경元始赤書玉篇真文靈寶上經》에 처음 나타나는데, 이 책에는 태상대도군太上大道君, 고상옥제高上玉帝, 십방지진十方至真, 제천대성諸天大聖, 묘행진인妙行真人에 부쳐졌다. 현과玄科에 따라 6일을 소실시키고, 법에 따라 전하게 하였다.《태상동 현령보지혜정지통미경》에 따르면 원시천존은 낙정신樂淨神을 존칭한다.

② 상청 영보천존上淸靈寶天尊

옥신대도군玉宸大道君이라고도 불리며 도교 삼청의 두 번째 신이다. 영보천존의 내력을 보면 태상노군과 원시천존보다 늦게 나타났다.《동진대동진경洞真大洞真經》에 따르면 영보천존은 이신의 정기二晨精氣가 화하여 홍씨에게 탁태托胎하였다. 그의 어머니는 그를 3700년 동안 임신했고 '서나천 울찰산 부라단원西那天鬱察山浮羅丹元'이라는 구릉에서 태어났다. "세상에 나온 후 법도라는 것이 있어 사람을 속이는 것은 모래와 같은 무리이다."라고 말했다고 한다. 금동옥녀金童玉女가 각각 30만 명씩 호위하고 있다고 했다.

③ 태청 도덕천존太淸道德天尊

즉 노자이다. 역사에는 옥청원시천존玉淸元始天尊과 상청영보천존上淸靈寶天尊과는 달리 노자는 존재했다. 노자는 도교의 종조이므로 "도조道祖"라고 부른다.

남북조 때 도교는 이미 원시천존, 태상대도군, 태상노군의 신앙이 있어 통칭 '삼청'이라 하며, 함께 도교의 지존신至尊神으로 받들었다. 역사적으로 삼청존신이 나타난 선후를 따지면 노군이 첫째, 둘째는 원시천존, 마지막은 태상대도군 이라고도 한다.

2) 삼청성지三淸聖地

'삼청'은 천신이 거처하는 세 곳의 성경聖境이다. 즉 옥청성경玉淸聖境에는 청미천淸微天이 있고 상청진경上淸眞境에는 우여천禹餘天이 있으며, 태청선경太淸仙境에는 대적천大赤天이 있는 것을 가리켜 삼청경三淸境이라고 하며, 이들 삼청경에 각각 거주하는 세 분의 지고신至高神은 원시천존, 영보천존, 도덕천존이다.

천존天尊은 불교도들이 부처에 대한 존칭이었다. 예를 들어 동한東漢의 《불설성구광명정의경佛說成具光明定意經》에서 "천존의 제자 이름은 사리舍利이며, 항상 우리 집에 와서 나를 위해 설법說法을 하였는데, 그 법은 매우 깊어서 동진東晉 때 도교에서 채용됐고 불교는 세존世尊으로 바뀌었다."

'삼청三淸'이라는 명칭은 육조六朝에서 시작돼 삼청경(三淸景)만 지칭하기 시작했다. "삼청"은 도교의 존신尊神으로서, 도교의 삼동경서설三洞經書說에 따라 점차 형성되었다.

원시천존元始天寶은 동진東晉 말 영보경靈寶經이 말하는 최고신最高神이

며, 태상대도군太上大道君은 동진東晉 중기 상청경上淸經이 세운 존신이고,
태상노군太上老君은 동한東漢 말 천사도天師道가 세운 최고신이다. 삼청 신
령이 도교에서 정식으로 확립된 것은 당나라 때였다. 도교의 '삼청' 신령
체계의 형성은 불교의 '삼신三身' 이론과 직접적인 관련이 없고, 불교의
'삼승三乘' 판교의 사상과 관련이 있다. 도교는 불교 "삼승三乘"의 관념을
참고하여 동진 말기의 옛 영보경에서 시작하였다.

2 이대제二大帝

옥황대제

청화대제

1) 옥황대제玉皇大帝

도교 신화 전설 속의 천지를 주재한다. 옥황상제玉皇上帝라고도 하며
전호全號는 "태상개천집부어력함진체도금궐운궁구공어력만도무위대도
명전호천금궐지존옥황사죄대천존현궁고상제太上開天執符禦曆含眞體道金闕

雲宮九穹禦曆萬道無爲大道明殿昊天金闕至尊玉皇赦罪大天尊玄穹高上帝”로 태미太微옥청궁에 거처한다. 옥황상제는 중국 민간에서 천상의 '황제'이자 만신萬神세계의 최고 통치자로 여겨질 정도로 영향력이 컸다.

① 명칭 유래

《옥제성호동이고玉帝聖號同異考》에 따르면 "옥제성호玉帝聖號는 큰 재난을 당하기 전에 중고中古시대의 나라를 다시 존경하고 칭찬했다. 세주世主는 좋은 도道를 베풀고, 현은玄恩을 느끼며, 각자 보고 듣고, 귀의하여, 그에 따라 표창하고, 여러 신들의 호를 받들어, 호칭을 정하였다. 옥제玉帝는 호號가 4개가 있으니 첫 번째로 태미옥제太微玉帝로, 한무제상태미원성주호漢武帝上太微垣星主號이고, 두 번째로 범천옥제梵天玉帝로, 한선제 상천 원제주호漢宣帝上天市垣帝主號이며, 세 번째로 소미옥제少微玉帝, 호천금궐무상지존자연묘유미라지진옥황상제昊天金闕無上至尊自然妙有彌羅至真玉皇上帝이다. 모두 옥제玉帝가 아니다. 옥제의 호는 "호천금무무상존자연묘유라유미진지진옥황상신昊天金無無上尊自然妙有羅有彌真之眞玉皇上神"이다. 또 현궁고상옥황대제玄穹高上玉皇大帝라고 부르는데, 이는 대재제천大宰諸天이며, 영원히 망하지 않는 것을 말한다.

② 신앙형성

고대 중국 종교에는 일·월·풍·우日月風雨 등의 자연 변화와 인간 화복禍福·생사生死·수천길흉壽天吉凶 등의 생명운生命運을 지배하는 최고신은 '제帝'와 '상제上帝(하느님)'라는 설이 있으며, 서주西周 이후에는 '황천皇天', '호천昊天', '천제天帝' 등으로도 불렸다. 남조南朝 때 도홍경陶弘景의 《진령위업도眞靈位業圖》에는 이미 '옥황도군玉皇道君', '고상옥제高上玉帝'라는 호칭이 있는데, 옥청삼원궁玉淸三元宮의 오른쪽 11번째와 19번째 위치에 있다. 수나라와 당나라 때 '옥황' 신앙이 보편화되었는데, 당나라의 유명한 시인 백거이白居易의 《몽선夢仙》에는 '옥황제를 우러러보기 전에 지극하다'는 시가 있고, 시인 원진元稹《이주댁과낙천以州宅誇樂天》이라는 시에도 '나는 옥황상향안리玉皇香案吏'라는 구절이 있다.

당송唐宋에 즈음하여 쓰여진 중요한 도경道經인 《고상옥황본행집경高上玉皇本行集經》은 옥황의 출신과 내력을 상세히 서술하고 있다: 옛날 광엄묘락국光嚴妙樂國이 있었는데, 임금 정덕淨德과 왕후 보월광寶月光은 노년에 아들이 없어 도사를 시켜 기도를 올렸고, 후에 몽태상도군夢太上道君이 갓난아기를 안고 왕후에게 하사하는 꿈에서 깨어나 임신을 하였다. 임신 1년, 병오년 정월 9일 정오에 왕궁에서 태어났다. 태자는 커서 왕위를 계승하고 곧 나라를 버리고 보명향엄산중普明香嚴山中으로 가서 도를 닦았는데, 그 공을 이룸이 도를 넘었다. 삼천겁三千劫을 거쳐 금선金仙을 시증하였다. 또 억겁을 넘어 옥제玉帝를 입증했다. 송宋의 진종眞宗 중 상부(1008-1016) 8년(1015), 옥황상제 성호를 존칭하여 '태상개천집부어력함진체도옥황대천제太上開天執符禦曆含眞體道玉皇大天帝'라고 하였다. 송宋 휘종徽宗 정화政和(1111~1117) 6년(1116), 옥황상제 존호를 '태상개천집부어력함진체도호천옥황상제太上開天執符禦曆含眞體道昊天玉皇上帝'로 존칭하였다.

③ 신앙내용

도교는 옥황을 신들의 왕으로 여기고 있으며, 도교의 신神계에서는 지위가 매우 높다. 도경道經에서는 호천금궐昊天金闕 미라천궁彌羅天宮에 거주하며 묘상장엄妙相莊嚴, 법신무상法身無上, 제천통어諸天統禦, 종령만성綜領萬聖, 우주주재宇宙主宰, 개화만천開化萬天, 행천지도行天之道, 포천지덕

布天之德, 만물조화萬物造化, 제도군생濟度群生, 권형삼계權衡三界, 통어만령統禦萬靈, 무량도인無量度人, 천계의 지존지신天界至尊之神, 만천제왕萬天帝王이라고 한다. 한마디로 옥황상제는 삼계三界(천상天上, 지하地下, 공간空間), 시방十方(사방四方, 사유四維사차원, 상하上下), 사생四生(태생胎生, 난생卵生, 습생濕生, 화생化生), 육도六道(천天, 사람人, 마魔, 지옥地獄, 축생畜生, 아귀餓鬼)의 모든 음양화복陰陽禍福을 총괄한다고 본다.

매년 섣달 25일에 옥황상제가 하계下界로 내려와 직접 각 방면의 상황을 살펴본다. 중생도속眾生道俗의 선악양유善惡良莠를 근거로 선을 행하고 악을 처벌하였다. 이날 민간에서는 옥제를 맞이하기 위해 향안香案을 많이 설치했다. 이 행사를 '재천齋天'이라고 부르는 경우도 있다. 정월 초하룻날은 일반적으로 알려진 옥황상제 성탄절이며, 하늘과 땅의 모든 신선들은 이날을 축하한다고 한다. 옥황상제는 탄신일 오후에 천궁天宮으로 돌아오니 도교 궁전에서 모두 성대한 경하과의慶賀科儀를 거행해야 한다.

2) 청화대제靑華大帝

도교 신화의 인물이다. 청화대제는 일명 태을구고천존太乙救苦天尊, 심성구고천존尋聲救苦天尊, 청현구양상제靑玄九陽上帝라고도 한다. 태을구고천존과 남극장생대제南極長生大帝를 함께 옥황상제의 좌우 시자侍者로 삼았다. 태을구고천존은 '청화장락계靑華長樂界' 묘엄궁妙嚴宮에서 살면서 망혼亡魂을 인도해 왕생할 수 있게 하고 있다. 덕을 쌓고 선을 행하며 현명하고 공덕이 원만한 사람에게 태을구고천존이 구하기 위해 '구사九獅를 신선이 타고 백보百寶의 상광祥光을 흩어지게 하여 천상의 신선이 되게 한다'고 하였다.

태을구고천존은 도문에서 숭고한 지위를 가지고 있으며, 대성대자大聖

大慈, 대비대원大悲大願, 심성부감尋聲赴感, 구고구난救苦救難으로 인해 신도들의 마음속에는 깊은 신앙기반이 있다.

① 인물

태을구고천존청현상제는《태을구고호신묘경太乙救苦護身妙經》에 따르면 동방장락세계東方長樂世界에는 대자인大慈仁이 있고, 태을구고천존의 화신은 항사수恒沙數와 같으며, 사물은 이에 따라 호응하게 된다. 혹 천궁에 살거나, 혹은 인간 세상에 내려오거나, 지옥에 살거나, 섭군攝群이거나, 선동옥녀이거나, 제군성인이거나, 천존진인, 금강신왕, 마왕력사, 천사도사, 황인노군, 천의공조, 남자, 여자, 문무관재, 도대원사, 교사선사, 풍사우사, 신통무량, 공행무궁 등 사물이 호응하는 것은 무작위 부지기수이다.

"이 성인은 하늘에서 태일복신太一福神을 부르고, 세상에선 대자인大慈仁이라 부르고, 지옥에선 일요제군日耀帝君, 외도섭야外道攝耶는 사자명왕獅子明王으로 부르고, 수부水府에서 동연제군洞淵帝君이라고 부른다. 어려움이 닥치면 천존을 기도하거나 성호를 외우기만 하면 근심을 풀고 재난을 물리치고, 흉악이 되는 것이 길하다거나 공행이 원만하여 낮에 승천할 수 있다. 천존은 도교에서 숭고한 지위를 가지고 있는데, 그 일반적인 형상은 머리에 면류관을 쓰는 것이다.

천존은 하늘은 구색신광九色神光에 둘러싸여 만 길의 빛을 뿜어낸다. 많은 선진仙真, 역사力士, 금강金剛, 신왕神王, 금동金童, 옥녀玉女시위들이 옆에 있다. 수우水盂, 버들가지, 연꽃을 들고 둥근 빛을 비추는 모습도 보인다. 그는 성스럽고 자비로우며, 큰 비원을 품고, 감명을 찾고, 고난을 구하고, 매월 3일과 9일에 인간 세상에 내려와 중생을 구했다. 인류가 위급할 때 천존성호天尊聖號를 외우면 천존은 그 소리에 맞춰 구하러 간다.

따라서 신도들의 마음속에도 신앙의 기초가 매우 두텁고, 특히 도교의 도망재혼과의度亡齋醮科儀에서는 법사가 어떤 과서科書를 사용하든 모두 하늘의 도움을 청하지 않는다. 이는 하늘이 광대한 대원력大願力을 존중하여 모든 불행을 슬퍼하며 지옥에 떨어진 망혼 때문이다. 천존은 청화장락계靑華長樂界, (불교의 서양 극락세계와 유사하며 천존이 독창한 동방정토에 속함), 동극묘엄궁(東極妙嚴宮), 청현좌부靑玄左府의 모든 진선眞仙을 통솔하고 삼계구고三界求苦를 장악하였다. 선계장생仙界長生, 인간의 고통은 구원되고, 죽음도 명계冥界도 망한다. 죽은 자를 구제할 수 있을 뿐만 아니라, 산자와 중생을 구제할 수 있다. 중생을 제도하기 위해 그는 많은 화신을 가지고 있는데, 가장 유명한 것은 '시방구고천존十方救苦天尊'이 되었다는 것이다.

원시천존은 경회經會에서 가장 존귀하고 귀하며 가장 거룩하고 영특하다고 칭찬했다. 태을구고천존은 구양九陽이 정精이 된 것은 청기靑炁에서 시작하였으니 이것이 선천의 영靈이다. 자비심 때문에 모든 중생을 불쌍히 여겨 재난을 구하기 위해 시작도 하기 전에 여러 번 고난을 구하였다. 실로 '도교관음道教觀音'과 '도교지장道教地藏'의 이중 신격神格을 겸비한 대자존大慈尊이다. 민간문학 신화에 나오는 태을의 진인과는 결코 같은 존신이 아니다. 도교의 태을인 구고천존은 무수한 화신으로 모든 생령을 널리 구했다. 불교에서 대자대비大慈大悲, 구고구난救苦救難의 관음보살이 탄생한 것보다 훨씬 앞선 것이다. 그러나 근대에 이르러서는 안타깝게도 천존명휘天尊名諱는 도경道經과 도사道士가 송창誦唱하는 경운經韻에만 남아 있다. 그가 민간에서 끼친 영향은 이미 관음보다 훨씬 못하다고 한다.

그 이유는 동양인의 마음속에서 여성이 부드럽고, 착하고, 정숙하고,

자애롭고, 동정심 많고, 연민의 모범이기 때문이다. 이들은 대자대비, 구고구난이라는 남성의 성직聖職이 조화를 이루며, 남성보다 여성신(관음의 여러 화신)이 구고구난에 적합하고 인기가 높았다. 또 도교의 주장이 청결하여, '실전失傳할망정 망전妄傳하지 말라', '구전口傳할망정 글을 남기지 말라'는 규정과도 관련이 깊다. 그래서 이 혁혁한 명성은 세상에 묻어버렸다. 관음보살은 늘 자비롭고 아름다운 여성 외상으로 변신하지만, 태을구고천존은 늘 위엄 있고 단정한 남성 외상으로 나타난다. 이는 나중에 구고신앙이 관음신앙에 미치지 못한 것과도 미묘한 연관이 있다.

3 사어四御

사어

- 북극자미대제北極紫微大帝
- 남극장생대제南極長生大帝

● 구진상궁천황대제勾陳上宮天皇大帝

● 승천효법후토황지기承天效法後土皇地祇 (여신女神)

옥황상제를 보좌하는 네 분의 존신으로서 도교에서 가장 존귀한 삼청三清 아래 또 '사어四御'가 있다. 어御는 황제에 대한 경칭으로 치사治事의 의미도 있다. 사어는 삼청 아래 있고, 만신萬神 위에 있으며, 천지와 만물을 지배하는 네 명의 천신이다. 사어는 삼청을 보좌하는 천신天神으로, 사어의 휘호는 모두 송대宋代 진종真宗과 휘종徽宗 때에 붙였다.

사어에는 또 다른 해석이 있는데, 이를 '사극대제四極大帝'라고 하는데, 북쪽은 북극자미대제총어만성北極紫微大帝總禦萬星, 남쪽은 남극장생대제총어만류南極長生大帝總禦萬類, 서쪽은 태극천황대제총어만신太極天皇大帝總禦萬神, 동쪽은 동극청화대제총어만령東極青華大帝總禦萬靈이라고 한다.

도교의 천계존신 중 '옥황대제'를 보좌하는 네 분의 존신이라 하여 '사보四輔'라고도 한다. 북극자미대제北極紫微大帝, 남극장생대제南極長生大帝, 구진상궁천황대제勾陳上宮天皇大帝, 승천효법토황지기承天效法後土皇地祇이다. 일부 도교 궁관에서는 삼청전三清殿 옥황각玉皇閣 밖에 특별히 사어四禦를 모시는 사어전四御殿이 세워져 있는데, 사어신상四御神像은 머리에 면류관을 쓰고 조복을 입고 있으며, 온화하고 용모가 화려하여 인간 제왕의 형상을 하고 있다. 삼청三清과 사어四御는 도교의 존신 집단으로서 흔히 합칭 한다.

1) 사어四御와 육어六御

도교에서 최초로 숭배된 삼청신명三清神明 아래에는 육어六御가 있었다. 만천萬天을 통어統禦하는 옥황상제玉皇大帝, 만신萬神을 통어統禦하는 구진상제勾陳大帝, 만성萬星을 통어하는 자미상제紫微大帝, 만령萬靈을 통어하는 청화상제靑華大帝(일명 태을구고천존太乙救苦天尊), 만류萬類(雷)를 통어하는 장생상제長生大帝, 만지萬地를 통어하는 후토황지기後土皇地祇이다. 이 표현은 고대 중국의 '육합六合' 관념에서 유래한 것으로 이른바 '육합'은 우주의 거대한 공간, 즉 상하, 사방을 가리킨다.

남송南宋 유용광劉用光의 《무상황로대재입성의無上黃籙大齋立成儀》에서 이에 대한 배열은 옥청상제, 상청상제, 태청상제, 호천지존옥황대제, 구진상궁천황대제, 중천자미북극대제, 동극태을구고천존(청화대제), 남극장생대제, 후토황지신 순이다. 앞의 삼존은 삼청이고, 뒤의 육존六尊은 상(옥황), 하(후토)로 사방의 '육합' 배치를 이루고 있다. 도교는 이를 "호천육어신존昊天六御宸尊이라 불렀고, 삼청을 더해 구황어호(九皇御號)로 합쳤다.

사어四御는 삼청三淸 아래에 있고 만신萬神 위에 있으며 천지 만물을 주재하는 네 명의 천신이다. 《도법회원道法會元》에서는 '삼청', '사어'를 '칠보'라고 부르며 천지만신天地萬神을 통솔한다고 했다.

① 북극 자미대제北極紫微大帝

북극 자미대제 신앙은 중국 고대 성신 숭배에서 유래한 것으로 북극은 북극성의 약칭으로 '북진北辰'을 '천추天樞'라고도 하며 거처하는 신궁은 북극 중천 자미궁에 위치하고 있다. 도경에서 자미대제의 기능은 천경지위天經地緯, 일월성신日月星辰, 삼계성신三界星神, 산천제신山川諸神들을 통솔하는 것이다. 자미대제는 바람을 부르고 비를 불러 천둥과 번개를 부릴 수 있다. 예를 들어 《구천응원뢰성보화천존옥추보경집주九天應元雷聲普化天尊玉樞寶經集注》에 "북극자미대제는 오뢰五雷를 장악했다." 이로 인해 자미대제는 역대 제왕들의 숭사崇祀를 받았고, 특히 송대宋代에는 옥황상제와 함께 자주 봉사奉祀를 받았다. 《명사·예지4 明史·禮志四》에는 명시明時에 궁중에는 자미전紫微殿을 건설하여 '설상제고設象祭告'를 하였는데, 그 모습은 제왕의 차림이고 그 옆에는 위풍당당한 무장이 호위하는 고귀한 위엄을 갖추고 있었다. 쓰촨四川성 대족 등지에서는 송나라 때 만들어진 자미대제 신상神像을 지금도 볼 수 있다.

② 남극 장생대제南極長生大帝

원시천존의 원신元神의 분신分身이다. 옥황을 도와 사시절 기후의 신을 장악하고, 바람을 부르고 비를 부르고, 천둥과 번개와 귀신을 부리고, 만물의 화복과 복을 일으키는 추기樞機를 통제하기 때문에 모든 뇌雷의 교주教主이며 벽력가야천존霹靂伽耶天尊이라고 한다. 상좌인 장신掌神 소옥청부霄玉清府의 호는 옥청진왕玉清真王이고 동시에 열신列神 소구신대제霄九宸大帝의 수장이기도 하다.

③ 구진상궁천황대제勾陳上宮天皇大帝

구진상궁천황대제는 북극 자미대제와 마찬가지로 고대 중국의 별 숭배에서 유래했으며 천상의 자미원紫微垣에 있는 별자리 이름으로 북극성과 가깝고 총 6개의 별들로 구성되어 있다. 구진상궁천황대제는 줄여서 '구진대제' '천황대제'로 불리며 옥황상제를 보좌해 남북 양극兩極과 천·지·인 삼재의 형평성을 가리고 중천북극中天北極을 도와 인간 병혁兵革의 형평성을 유지하는 일을 주재하는 역할을 한다.

④ 승천효법후토황지기承天效法後土皇地祇 (여신女神)

후토後土마마라고도 한다. 후토 신앙은 고대 중국의 땅에 대한 숭배에서 비롯되었다. 《예기·교특생禮記·郊特牲》은 "땅은 만물을 이고(地載萬物), 하늘은 상을 드리우고(天垂象), 돈은 땅에서 얻고(取財於地), 법은 하늘로부터 얻으며(取法於天), 하늘을 존중하고 친하게 지내는 것이다. 그러므로 백성에게 좋은 소식을 가르쳐 전하는 것이다." 고대 사람들은 땅에 의존하여 살았기 때문에 '땅에 친하다'며 '미보美報와 헌제獻祭'를 병가並加하여 '후토後土' 숭배가 이루어졌는데, 대략 춘추시대부터 시작되었다. 후토황지기皇地祇는 대지산천의 신을 주재하여 산악의 토지변화와 산신山神과 지기地祇와 삼산오악대제(三山五嶽大帝) 등의 대신大神을 관장하고, 겁운劫運을 절제하는 역할을 하였다. 이상의 사어四御와 이대제二大帝를 포함하여 육어六御라고 한다.

4 문창제군文昌帝君과 관성제군關聖帝君

문신文神 문창제군文昌帝君

무신武神 관성제군關聖帝君

1) 문창제군과 관성제군文昌帝君 關聖帝君

도교의 문무2신文武二神으로, '문신文神'은 천하의 공명功名과 녹위祿位를 관장하는 문창제군文昌帝君이다. '무신武神'은 충의忠義의 화신化身이자 복마탕구伏魔蕩寇의 관성제군關聖帝君이다. 도교 신앙의 신으로서, 그들의 영광靈光도 줄곧 신의 세계에서 휘황찬란하게 빛나고 있으며, 세계 각지의 선민善民들의 마음을 흠뻑 적시고 있다. 신神은 마음으로부터 만들어진다고 한다. 관성제군關聖帝君과 문창제군文昌帝君의 신격神格은 사람들의 명상방통冥想旁通과 맞절 경배 속에 아들과 딸들의 소망과 기원, 이상을 담고 있다. 관공關公의 미덕美德은 천고에 전해지고 그의 정신은 만대에 빛났다.

문창제군은 민간과 도교에서 받드는 선비의 공명녹위功名祿位를 관장하는 신神이다. 문창文昌의 본명은 문곡성文曲星 또는 문성文星이라고도 하는데, 옛날에는 문운文運의 공명功名을 주재하는 성수星宿로 여겨졌다. 《계음보훈戒淫寶訓》은 그 저서이다.

계음보훈戒淫寶訓에 따르면, 불교는 명심견성明心見性, 도교는 수심양성修心養性, 유가는 궁리진성窮理盡性의 그 성공과 함께 간다. 그래서 "홍화백우청하엽紅花白藕靑荷葉(연은 꽃은 붉고 뿌리는 희고 잎은 푸르다.)과 같아 유불도 삼교는 원래 한집안이다"라고 했다.

선善은 지보至寶이며 평생 다 써먹지 않고, 마음은 좋은 밭을 일구고 백세百世에 농사를 지어도 남는다. 세상사에 3할을 양보하면 자연히 하늘과 바다가 넓고, 마음의 밭을 조금씩 가꾸면 영원히 자손을 위해 농사를 지을 수 있다. 복과 자손을 남기는 것이 반드시 황금과 백합은 아니며, 농심은 산업이며 좋은 농경지에서 유래한 것이 아니다. 매사에 원기元氣를 기르면 그 사람은 반드시 장수하고, 하늘의 이치를 그리워하면 그 후에 반드시 창성한다.

죄악의 세계는 망망하고, 주악主惡은 색욕色欲에 지나지 않으며, 속세에 교란되어 음사淫邪함을 범하기 쉽다. 산山을 뽑고 세상을 개명한 영웅은 나라를 욕되게 하고, 입과 마음을 수놓은 선비는 패절敗節 때문에 이름을 더럽혔고, 한 생각의 차이로 평생 속죄할 수 없게 되었다. 어찌 음풍淫風은 날로 거세지고 하늘의 이치는 망하며, 슬픔과 유감으로 행하는 것이 도리어 득이 되고, 대중은 분노하고 천한 일은 부끄러움을 모른다.

계음보훈戒淫寶訓에는 색욕色欲은 사람을 해치려 하고 음사淫邪함은 화를 부르는데, 예로부터 그랬고 오늘날에는 더욱 심하다고 지적하고 많은 부분에 한시를 지어 색욕色欲을 경계했는데 그중 하나를 음미해 보자.

분모화용과안공, 소타광접축서동粉貌花容過眼空, 笑他狂蝶逐西東.
정심저재빙호리, 투출상광일영홍貞心貯在冰壺裏, 透出祥光日映紅.
발산개세지웅, 좌차망신욕국拔山蓋世之雄, 坐此亡身辱國.

꽃의 미모가 눈앞을 스쳐 지나가니, 미친 나비가 서쪽 동쪽을 쫓아가며 웃고 있다.
곧은 마음을 얼음 병에 저장하니, 상광이 비치고 해가 붉게 물들다.
산을 뽑고 세상을 다스리는 영웅, 이 일로 몸을 망쳐 나라를 욕되게 하다.

5 염라대왕閻羅大王

염라대왕閻羅大王은 지부地府 제5전주第五殿主로서 인도 힌두교의 신神 염마라도閻魔羅闍(혹은 염마대왕閻魔大王)에서 유래한 지옥의 군주이다.

고대 인도에서 염라대왕의 기원은 적어도 기원전 2000년경으로 거슬러 올라간다.

불교가 인도에서 중국에 전래되면서 중국인들은 염마라자대왕을 음조지부陰曹地府 중 제5전의 전주殿主 명왕冥王이라고 존칭하고 있으며, 중국 고대 종교 신화 신앙의 저승신이다. 전설에 따르면 인간지옥의 중생들의 수명 생사를 관장하는 귀왕鬼王으로, 반신반귀半神半鬼로 민간에 널리 알려진 유명한 명신冥神으로, 저승에서는 흔히 '흑백무상黑白無常'의, '우두마면牛頭馬面'인 두 쌍의 귀사鬼使로 왼팔과 오른팔로 나눈다. 《문지옥경問地獄經》에는 염라대왕이 생전에 비사국毗沙國의 왕이었다고 기록돼 있다.

초기 불교와 힌두교 신화에서 염라대왕은 명계冥界의 유일한 사신왕死神王이었다가 다시 십전염라대왕十殿閻羅大王으로 확대 개편되었고, 십전염라대왕은 진광왕秦廣王, 초강왕楚江王, 송제왕宋帝王, 오관왕五官王, 염라왕閻羅王, 변성왕卞城王, 태산왕泰山王, 도시왕都市王, 평등왕平等王, 전륜왕轉輪王 순이었다.

1) 인물형상人物形象

염라대왕은 귀계鬼界의 왕이라고도 불리며 줄여서 귀왕鬼王(명계冥界의 왕王)이라고도 하며, 우리 민간의 도교 신앙의 귀신은 음조지부陰曹地府의 최고 통치 제왕이며, 주요 업무는 생령生靈의 양수陽壽와 음수陰壽를 관리하는 것이다. 삼계三界 만물의 생사를 관장하는 지대한 권력을 가지고 있는 귀신이자 신이다. 만물 중생의 음양의 운명은 그 생사부生死簿에 의해 관리되며, 염라대왕이 관할하지 않는 것은 영원히 생을 초월한 고혼야귀孤魂野鬼뿐이며, 그 다음은 다른 세계의 귀신, 그리고 상선上仙의 정신正神이다.

주변에는 귀판관鬼判官이 있는데, 흑백무상黑白無常, 우두마면牛頭馬面, 종규鍾馗, 맹파孟婆, 지공地公, 유성遊星, 성황城隍, 수많은 음병귀장陰兵鬼將 등이 있다.

반신반귀半神半鬼의 명신冥神, 생사와 각종 도깨비를 장악하고, 뭇 귀신이 두려워하고, 푸른 얼굴에 요아獠牙를 하고, 얼굴이 흉악하여 공포를 상징하고, 18층 지옥에 가두고, 어떤 귀신은 도깨비와 악귀를 후려치는 일을 담당한다.

귀판관鬼判官은 지부地府의 귀사鬼使로서 검은 얼굴에 음신陰神이 있고, 사람들은 사람을 보아도 놀라고 귀신은 무서워하며, 손에 생사부生死簿

를 들고 수많은 생령生靈의 수명을 기록한다. 음조陰曹에는 모두 4개의 귀판관이 있다.

2) 인물출처人物出處

① 염왕閻王

인도에서 불교가 중국에 전해진 뒤부터 지옥의 주신主神으로서의 염라대왕의 신앙이 중국에서 유행하기 시작했고, 불교는 인도 신앙의 염라대왕을 받아들여 중국에 전해졌다. 중국 본토 도교는 염라대왕을 도교 신계 중 하나인 십전염라대왕으로 편입시켰다.

염라대왕(閻王)은 인도 산스크리트어에서 음역한 말로, 본래는 "곤방捆綁"이라는 뜻으로 죄 있는 사람을 묶는 것을 의미하며 염라閻羅, 염마閻魔 등으로 번역하기도 한다.

인도 신화의 염라대왕을 모티브로 한 염라대왕은 초기 불교신화에서는 염라대왕이 명계冥界의 유일한 왕이었으나, 도교가 염라대왕을 그 중한 사람으로 분류한 십전염라대왕이 민간전설을 융합해 역사적 인물과 결합시켰다는 설이 널리 퍼지면서 불교도 10전염라대왕의 개념을 흡수하고 불교의 염라대왕도 도교와 마찬가지로 북송北宋 포증包拯이 맡았던 지부地府의 제5전第五殿 전주殿主가 되었다.

염라대왕은 사람의 생사와 윤회를 관장한다. 불교 전설에서는 사람이 죽으면 저승으로 가서 염라대왕의 심판을 받아야 한다고 한다.

염라대왕은 귀신세계의 심판주審判主이자, 귀신 중의 대왕이라는 미신迷信을 받았다. 또 다른 이름은 "쌍세雙世"가 있는데, 염라대왕 남매가 함께 귀신 세계를 통괄했기 때문이라고 한다. 형 염라대왕은 남자 귀신을, 여동생 염라대왕은 여자 귀신을 다스리는 '여왕'이다. 그러나 중국 불교

104

승려들이 신자들에게 여두(女頭)라는 말을 절대 꺼내지 않는 것은 여인이 불교에서 지위가 낮기 때문이다. 쌍세雙世는 염라대왕 자신이 고락苦樂을 함께 하여 스스로를 지키기 어렵다는 뜻이다. '가림막'은 염라대왕이 더 이상 악을 짓지 못하도록 가림막을 친다는 뜻이다.

원래 염라대왕은 한 명이었는데, 치사治事에서 다섯 명으로 나뉘었고, 그 보좌는 열여덟 명이었다. 당나라 때 천제가 염라대왕을 책봉하고 오옥위병을 통솔했다는 설과 함께 지옥을 십전十殿으로 나누었는데 십전이 모두 주인이 있어 지부십왕地府十王이라고 불렀다. 십왕은 각기 명성이 있어 합쳐서 십전염라대왕十殿閻王이라 한다.

3) 도교신화道敎神話

도교는 지부地府를 십전十殿으로 나누어 각 전마다 왕이 주재하였다. 진행자는 '명경십왕冥京十王', '십전염라十殿閻羅'라고 존칭한다.

도교의 신계神系를 구분하면 염라대왕은 신도神道에 속하고, 신도는 복보류福報類의 천신天神에 속한다. 신선神仙은 득도과위得道果位에 속하며 둘은 같은 부류에 속하지 않는다.

태을太乙은 구고천존救苦天尊을 구하기 위해 구유지옥九幽地獄의 귀신을 다스리는 일로 화신化身하여 시방구고천존十方救苦天尊을 구하였고, 또 지부십전명왕地府十殿冥王을 화신化身하였다. 그는 또한 지옥의 최고 통치자이기도 하다. 각 종교에서 업과業果가 가장 어렵다고 여겨져 이미 제거되고 차단되었다. 불교에서는 신이 업력業力과 대적할 수 없다는 설이 있다. 그러나 태을구고천존은 업과業果와 지옥의 업력業力의 상징인 혈지血池를 연못으로 만들 수 있었고, 아홉 마리의 사자가 울부짖으며 구유지옥九幽地獄의 문을 열 수 있었다.

태을은 구고천존의 맹세에 따라 사람과 귀신을 구제하고, 그 십전명왕
十殿冥王은 악을 처벌하고 선을 도우며, 그 벌과 악을 바로잡는 데 도움을
주어서 수성獸性을 없애고, 인성人性과 도성道性을 회복하는 데 도움이 되
었다.

명청明淸 이래 십전염라설十殿閻王說이 성행하여 도교의 원래 동악대제
東嶽大帝를 대신하여 생사를 주관할 기세였다. 그러나 민간에서는 십전
염라대왕을 모시는 묘관廟觀이 드물다. 일반적으로 현지 서낭당에 염라
대왕전을 설치하고 염라대왕을 섬겼다. 각 왕의 생일에 향불도 있지만, 주
로 10전 염라대왕을 모시고, 망혼을 위한 초도과의超度科儀를 거행할 때,
각 전 염라대왕이 망혼을 풀어 하루빨리 승천할 수 있도록 기도했다.

4) 십전염라十殿閻羅

십전염라는 중국 고대 특유의 민간 신앙이다. '십전염라'란 지옥을 관
장하는 대왕이 열 명이나 있어 지옥의 십전 위에 따로 살고 있다는 뜻에
서 '십전염라'라고 불렀던 것이다. 다음은 십전염라이다.

■제1전第一殿, 진광왕장秦廣王蔣

진광왕장의, 2월 1일 생일에 전사專司는 인간계에서 요수夭壽하고 생사
를 마감하며, 유명길흉幽冥吉凶을 통괄하고, 선인善人의 수명을 다하여 초
승超昇을 이끌며, 공과功過가 양반兩半인 자는 제10전에 보내어 배포하고,
여전히 세상에 투입되어, 남자는 여자로, 여자는 남자로 바뀐다. 악이 많
고 선이 적은 자는 성전 오른쪽 높은 얼경대孽鏡台에 압송하여 영슈을 일
망一望하게 하였다. 살아 있는 마음이 좋고 나쁨을 살피시니, 곧 제2전을
평결評決하고 옥에서 고통을 받게 한다.

■제2전, 초강왕력楚江王曆

초강왕력의, 3월 1일 탄생일, 사장활대지옥司掌活大地獄, 일명 박의정한
빙지옥剝衣亭寒冰地獄에서, 16소옥十六小獄을 따로 두고, 양지에서 지체肢
體를 다치게 하고, 간도奸盜하여 살생을 하는 자는 이 옥에 밀어 넣고, 16
소옥으로 보내져 고통을 받고, 만기일에 제3전으로 전출하고, 형벌을 더
하여 출옥한다.

■제3전, 송제왕여宋帝王餘

2월 초팔일 탄신일에 사장흑승대지옥司掌黑繩大地獄에 따로 16소옥十六
小獄을 설치하고 범양세凡陽世가 존장尊長을 거역하여 흥송興訟을 교사한
자는 이 옥에 밀어 넣어 도적倒吊, 알안挖眼, 뼈를 깎는 형벌刮骨之刑을 받
고 형기가 끝나면 제4전으로 풀어준다.

■제4전, 저관왕려杵官王呂

2월 18일 생일에 사장합지옥司掌合地獄, 일명 박륙혈지지옥剝戮血池地獄
과 따로 설치한 16소옥十六小獄을 말한다. 세상 사람들이 곡식을 떼먹고
임대료를 떼먹고 거래하고 사기를 치는 자는 이 옥에 밀어 넣고, 또 소
옥小獄에서 고통 받게 하고, 하루종일 제5전에 보내는 것을 점검하는 곳
이다.

■제5전, 염라왕포閻羅王包

정월 초하룻날 생일에 제1전에 있었는데, 연민으로 죽자 여러 차례 환
양신설還陽伸雪을 놓아 이 전전殿을 강조하였다. 사장司掌은 대지옥大地獄을
부르고 16소옥十六小獄을 주심誅心 하였다. 무릇 이 전전殿으로 풀려난 자

는 망향대望鄕台로 압송되어 세상의 본가本家를 보고 듣고 지은 죄로 온갖 일을 당하며, 수시 이 옥에 밀어 넣고, 무슨 죄를 저질렀는지 자세히 조사한 후, 다시 16소옥에 보내어 그 마음을 갈고 뱀과 먹이를 던지고 그 머리를 자르고(포공은 작두를 잘 쓴다), 하루 종일 고통 받게 하고 다른 전殿으로 보낸다.

■제6전, 변성왕필卞城王畢

3월 8일 생일에 사장司掌은 대지옥大地獄을 부르고, 억울하게 죽은 성城에 16개의 소옥小獄을 설치하였다. 불효를 저버린 자는 두 꼬마가 톱으로 시체를 나누었다. 세상 사람들이 하늘을 원망하며 우는 자는 이 감옥에 보내진다. 사건을 수사할 때도 쇠뿔로 때리고 혀를 태우는 형벌을 받아야 한다. 다시 소옥小獄에서 고생하고, 하루 종일 제7전으로 전轉하여 별도의 악이 있는지 다시 조사한다.

■제7전, 태산왕동泰山王董

3월 27일 탄생, 사장司掌은 열뇌지옥熱惱地獄, 일명 대마육장지옥碓磨肉醬地獄과 16소옥小獄이 따로 있다. 세상에서 유골과 합약을 취하여 인척을 떠난 자는 이 옥에 들어간다. 다시 소옥으로 보내고, 하루 종일 고통 받고 있으니, 제8전에게 전轉해서 옥고를 치른다. 또, 절도, 무고, 공갈, 재물을 노려 목숨을 해친 자는 모두 기름 솥에 들어가는 형벌을 받게 된다.

■제8전, 도시왕황都市王黃

4월 1일 생일, 사장司掌은 대열대뇌대지옥大熱大惱大地獄, 일명 뇌민과지옥惱悶鍋地獄과 별도로 16소옥小獄을 설치하였다. 살아 있는 동안 불효하여 부모를 우울하게 하는 자는 이 감옥에 처넣는다. 그 다음에 각 소옥에 보내어 형벌을 더 받게 하고, 고통을 받고, 제10전을 해방시켜 얼굴을 바꾸고, 영원히 가축이 되게 한다.

■제9전, 평등왕륙平等王陸

4월 8일 탄생일에 사장司掌 풍도성豐都城은 철망으로 된 아비지옥阿鼻地獄에 16소옥小獄을 설치했다. 세상에서 사람을 죽이고 불을 지르고 정법을 어기는 자는 본전本殿에 가서 속이 빈 놋쇠 줄로 팔다리를 묶고 불을 지피고 간을 태우며 아비지옥阿鼻地獄에서 처형당한다. 피해자들이 모두 목숨을 걸고 나서야 비로소 제10전에서 육도六道(천도天道, 인도人道, 지도地道, 아수라도阿修羅道, 지옥도地獄道, 축생도畜生道)가 발생했다고 한다.

■제10전, 전륜왕설轉輪王薛

4월 17일 생일에 각 전사專司가 귀신을 풀어 선악을 구별하고 등급을 매겨 4대 부주部州를 보내 생을 던진다. 남녀는 장수하고, 부귀빈천하는 것을, 이름별로 자세히 기재하여 매월 제1전에 등록하여 통보한다. 죄악이 극악무도한 귀신이 있으면 명령을 받아 난태卵胎가 젖어 들어 조생모사朝生暮死하게 하고 죄 값이 가득 차면 인생을 다시 살게 하여 오랑캐의 땅으로 환생한다. 생으로 가는 자는 먼저 맹파신孟婆神에게 압교押交하고, 도망대醻忘台 아래에서 미음을 마시고, 전생의 일을 잊게 한다.

불교는 동한 말기에 중국에 전래되어 남북조 시대에 크게 발전한 것으로 알려져 있다. 불교가 중국에 전해지면서 염라대왕의 신앙도 널리 받아들여지기 시작했고, 중국 민간의 원래 미신과 도교 신앙과도 서로 영향을 주고받았다. 원래 귀신에 대한 중국 민간의 관념은 중국 본토의 종교인 도교 신앙인 '동악대제東岳大帝'에게 나타났다. '동악대제'는 원래 민간에서 숭배하던 태산신泰山神으로, 사람이 죽으면 영혼이 명계冥界로 통하는 곳으로 여겨졌던 태산신은 '명왕冥王'이다. 불교가 중국에 전래된 후, 불교의 일부 신들은 민간신앙에 의해 개조되어 흡수되고 채택되었다. 한편, 불교 자체도 발전을 위해 자발적으로 현지화하여 새로운 사회 환경에 적응하였다. 불교에서 한 명이었던 염라대왕이 십전염라로 변모한 것이다. 십전염라의 신앙이 형성된 시기는 정확한 증거가 없고, 송나라 때쯤으로 추정된다. 이때 염라대왕은 십전염라의 제5전염라가 되었고, 북송 때의 대신大臣 포증包拯이 맡았다고 여겨진다.

5) 윤회윤리輪回倫理

중국 역대 문화는 유교 사상을 주류로 하고, 유교 학설은 윤리와 도덕을 중화민족 문화의 진수로 삼았으며, 이러한 민족정신을 배양한 사람을 효도라고 부른다. 유교는 효도로 불교도들이 할애사친割愛辭親, 삭발, 뼈를 태우고 살을 베고 출가하여 여전히 큰 불효를 행하고 있다고 비판하였다. 그러나 육도윤회六道輪回에서 아내는 전생의 어머니일 수 있고, 아버지의 아내는 전생의 아내일 수 있고, 개를 사랑하는 것은 전생의 남편일 수 있으며, 현생에서 끝나지 않은 인연을 이어갈 수 있다는 것을 인지하고 사람이 먹는 고기는 몇 세대에 걸친 혈족일 수 있다는 것을 알게 되었다. 이렇게 되면 모든 생령生靈들은 모두 네 전생의 부모일 수 있다. 지공조사志公祖師는 이렇게 말했다.

"괴괴하고 괴상하여 손자는 할머니를 아내로 맞는다. 돼지와 양을 상좌上坐에 앉히고 육친六親을 솥에 삶는 꼴이 된다. 딸은 어미의 고기를 먹고, 아들은 아버지의 가죽으로 만든 북을 친다. 많은 사람들이 축하하러 왔는데, 내가 보기에 정말 고통스럽다.”

그러나 유가의 비난에 맞서 불가에서는 한편으로는 타협과 융합을 이루어 계효합일戒孝合一의 사상을 고취하고 윤회를 효와 결합시켜야 한다고 했다. 불경은 불효자가 겪을 지옥의 고난과 효자가 얻을 천국의 복지를 묘사함으로써 삼보를 믿고 부모에게 효도해야 한다고 세상에 경고한다. 그리고 송자관음의 우상숭배는 불교와 유가의 불효삼무후위대不孝三無後爲大 사상을 융합시켰다. 한편으로 유가의 취지는 공양하여 부모를 현세에 안락하게 하고, 먹고 입는 데 부족함이 없도록 하며, 나아가 조상을 빛나게 하는 데 있다고 하는데, 이러한 유가의 효는 좁은 소효이며, 현생 부모에게만 효를 행하는 세상의 효도이다. 불교의 출세간 효만이 진정한 효요, 영원한 효이다. 왜냐하면 불교의 효도는 부모를 모시고 불교를 배우도록 요구하기 때문에, 무명의 번뇌의 업류를 끊게 하고, 육도윤회의 고통을 벗어나 열반의 궁극적인 즐거움을 증명하게 하며, 또한 지난생의 피폐한, 인간, 동물, 벌레, 개미, 부모를 구하여 법익을 얻고 연방蓮邦에 오르게 해야 한다고 주장하였다.

6) 상관속어相關俗語

▶염라대왕이 집에 없으면 업귀業鬼는 더욱 떠든다. : 주사主事가 없을 때 아랫사람이 소란을 피우는 것을 비유한 말 '호랑이가 산에 없으면 원숭이가 대왕이라 한다'와 비슷하다.

▶염라대왕은 보기 좋으나, 귀신이 되기는 어렵다 : 벼슬을 하는 사람은 제법 괜찮은데, 아랫사람은 제멋대로 구는 것을 비유한다.

▶염라대왕은 당신을 삼경에 죽게 하고, 오경에 남을 수 없다고 판결했

는데, 이는 사람들이 가지고 있는 '생사는 운명에 달렸다'는 개념을 반영한다.

▶염라대왕도 목숨을 거는 귀신을 두려워한다. : 죽음을 두려워하지 않는 사람은 만 명도 당할 수 없다는 것을 비유한다.

▶염라대왕개금방開金榜-귀화부鬼畫符 : 글씨가 엉성하여 분별할 수 없는 것을 비유한다.

▶염라대왕 개업경開業鏡-귀신이 곡할 노릇 : 비유를 이해할 수 없다는 말이다.

▶염라대왕출고시出告示-귀화련편鬼話連篇(거짓말) : 헛소리하는 것을 말함

6 자연신自然神

자연신自然神은 자연현상을 신령神靈으로 간주하여 숭배하는 것이다. 이것은 또한 가장 오래된 신앙이며 민간에서 널리 유행하고 있다.

초기의 자연신은 구체적인 자연현상으로 나무를 신神으로 여기고 골짜기를 신神으로 여겼으나, 후에 인류는 자연신을 의인화擬人化하였는데, 예를 들어 물의 신은 본래 구체적인 강물을 가리켰으나, 후에 이랑신二郎神으로 발전하였고, 산신山神은 자연의 산의 형상으로부터 인격화된 오위악신五位嶽神을 가리켰다. 이와 같이 해신海神도 원래 바닷물을 가리켰다가 나중에 마조媽祖 등으로 발전하였다. 그래서 자연신은 인간의 속성을 갖게 되었고, 심지어 남과 여, 처아노소妻兒老小까지 있게 되었다.

이러한 종류는 여러가지가 있는데 그중 한 종류는 천신天神, 일신日神, 월신月神, 별신星神을 포함한 천체天體이며, 문명시대에 들어서는 천신의

지위가 나날이 높아져 신들의 우두머리가 되고, 천신을 의인화하여 천계天界를 신神들이 거처하고, 천제天帝를 위대하게 여기며, 도교는 옥황玉皇상을 높이 받든다. 천신의 부상은 분명히 인위적인 종교의 출현과 관련이 있다.

또 하나의 자연현상은 풍신風神, 우신雨神, 뇌신雷神, 전신電神, 화신火神을 포함한 자연 현상이다.

또 하나는 무생물無生物의 신으로 산신山神, 토지신土地神, 수신水神, 석신石神, 해신海神, 조신潮神 등 무생물無生物이며, 그중 토지신은 사신社神이라고도 하며, 《효경원신계孝經援神契》에서는 '사社는 토지의 주인이며 토지는 사社로 봉封한다'고 기록하고 있다.

또 하나는 생물生物로서 그중 두 가지가 있는데 하나는 동물신動物神으로 뱀신蛇神, 곰신熊神, 새신鳥神, 호랑이신虎神을 말하고 있으나, 화북華北지역에서는 '4대문四大門'인 여우狐狸, 족제비黃鼠狼, 고슴도치刺蝟, 뱀蛇을 말하는 등 현지 민간에서 말하는 4가지 동물신動物神에 대한 총칭이기도 하다. 또 다른 하나는 나무신樹神, 풀신草神, 곡신穀神, 꽃신花神 등을 포함하는 식물신植物神이다.

1) 4영28팔수四靈二十八宿

方向	四靈	28宿
동東	청룡靑龍七宿	각角, 항亢, 저氐, 방房, 심心, 미尾, 기箕
서西	백호白虎七宿	규奎, 루婁, 위胃, 묘昴, 필畢, 자觜, 참參
남南	주작朱雀七宿	정井, 귀鬼, 유柳, 성星, 장張, 익翼, 진軫
북北	현무玄武七宿	두鬥, 우牛, 여女, 허虛, 위危, 실室, 벽壁

4영 28수四靈二十八宿

28성수星宿는 고대 천문학자들이 일, 월, 오성의 운행을 관측하기 위해 나눈 28개 성역으로 동방청룡, 남방주작, 서방백호, 북방현무로 각각 7개의 별로 구성되어 있다.

상고시대부터 고대인들은 황도면黃道面과 가까운 일대에서 별을 바라보며 황도黃道 부근의 별 모습을 여러 구역으로 나누어 28수二十八宿라고 불렀고, 이 28수를 방위에 따라 동, 남, 서, 북의 4궁에, 각 궁을 7궁으로 나누었는데, 각각 궁에 속한 7궁을 연결하여 하나의 동물로 상상하여 '하늘의 4영四靈으로 보고 정사각형'으로 여겼다.

전통 문화의 중요한 구성 요소 중 하나인 28성수는 고대 천문, 종교, 문학 및 점성, 운명, 풍수, 길흉을 선택하는 기타 술術에 널리 사용되었다. 이는 분야에 따라 의미가 달라지며 관련 내용이 매우 복잡하다.

고대 천문학자들은 하늘에서 볼 수 있는 별을 28개의 그룹으로 나누었는데, 이를 28수라고 한다. 중국 고대 본토 천문학설의 하나로 28사舍 또는 28성星이라고도 하는데, 고대 중국은 황도黃道와 적도赤道 부근의 천구天區를 28개의 구역으로 나누었다.

28성수星宿 또는 28개의 별이라고도 하는 28개의 별자리는 남중천南中天의 별을 28개의 그룹으로 나누고 황도黃道 또는 천구天球의 적도赤道(지구 적도를 따라 하늘까지 뻗어 있음)를 따라 분포하는 별자리의 한 바퀴를 가지고 있다. 그것은 4개의 그룹으로 나뉘는데, 4개의 상四象, 4개의 짐승四獸, 4차원四維, 4개 방향의 신四方神이라고도 하며, 각 그룹에는 7개의 별이 있으며 그 기원은 아직 완전히 밝혀지지 않았다.

처음에는 태양太陽, 태음太陰, 금金, 목木, 물水, 불火, 흙土의 움직임을 비교하기 위해 옛사람들이 선택한 28개의 성관星官을 관측할 때의 표기로 삼았다. "수宿"는 황도십이궁黃道十二宮의 궁宮과 비슷한 별자리표로 일월

114

오성日月五星이 있는 위치를 나타낸다. 당唐나라에 이르러 28수는 28개의 천구天區의 주체가 되었는데, 이 천구天區들은 여전히 28수의 이름을 따서 삼원三垣의 경우와 다른 천구天區로서 28수는 주로 별 관리들의 소속을 구획하기 위한 것이었다.

2) 시방제천존十方諸天尊

◈ 동방옥보황상천존東方玉寶皇上天尊

◈ 남방현진만복천존南方玄真萬福天尊

◈ 서방태묘지극천존西方太妙至極天尊

◈ 북방현상옥진천존北方玄上玉宸天尊

◈ 동북방도선상성천존東北方度仙上聖天尊

◈ 동남방호생도명천존東南方好生度命天尊

◈ 서남방태영허황천존西南方太靈虛皇天尊

◈ 서북방무량태화천존西北方無量太華天尊

◈ 상방옥허명황천존上方玉虛明皇天尊

◈ 하방신황동신천존下方真皇洞神天尊

도교는 신을 믿는다.

시방구고천존은 동방옥보황천존 등 위에서 열거한 그대로이다.

《태상동현령보구고묘경太上洞玄靈寶救苦妙經》에는 "시방제천존十方諸天尊은 수數를 사진沙塵과 같이 하고, 시방계十方界를 형상화하여 천인天人을 제도濟度하고, 공덕功德의 기氣를 모아 한 목소리로 죄혼罪魂을 구한다"고 했다. 이를 위해 도교 과의科儀에서는 항상 복을 빌고 재난을 모면하기 위해 차례로 시방예천十方禮仟을 향해 기도를 올린다.

"시방구고천존명호를 경송하면 고혼孤魂을 뽑을 수 있고 깨달음을 얻을 수 있다"고 알려졌다.

7 오천제五天帝

상고 시대 중국 전설의 다섯 제왕

오천제五天帝는 오방五方을 관장하는 다섯 제왕을 말한다. 즉即 일중황제日中黃帝, 일중적제日中赤帝, 일중백제日中白帝, 일중청제日中青帝, 일중흑제日中黑帝이다. 상고시대 중국전설上古時代中國傳說속의 오위 제왕五位帝王들이다.

116

당나라 장수절張守節의 《사기정의史記正義》에는 "오제란, 오천제이다."
라고 말했다.

① 동방청제東方靑帝 태호씨太昊氏 : 오천제의 하나로 동쪽에 있는 사춘
司春의 신으로 창제蒼帝, 목제木帝라고도 한다.《진서·천문지상晉書·天文志
上》에서는 "동방청제는 신령의 위엄으로 우러러보는東方靑帝靈威仰 신神"
이라고 했다.

② 남방적제南方赤帝 염제, 신농씨炎帝神農氏 : 오천제의 하나이며 남방
의 신으로, 사하천司夏天 또는 염제炎帝라고도 한다.《진서·천문지상晉書·
天文志上》에서는 "남방적제는, 붉은 불똥을 드러내 노한다는 남방적제적
표노南方赤帝赤熛怒의 신神"이라고 했다.

③ 서방백제西方白帝 소호少昊, 금천씨金天氏 : 오천제의 하나이며 서방
을 주제하는 신이다.《진서·천문지상晉書·天文志上》에서는 "서방백제는, 공
연히 거절한다. 서방백제백초거西方白帝白招拒의 신神이다."라고 했다.

④ 북방흑제北方黑帝 전욱顓頊 : 오천제五天帝의 하나이며 북방의 신神.
또는 '현제玄帝'라고도 한다.《진서·천문지상晉書·天文志上》에서는 "북방 흑
제는 초록빛의 실마리이다." 북방흑제北方黑帝엽광기葉光紀의 신이라고 했
다.

⑤ 중앙 황제中央黃帝 헌원씨軒轅氏 : 오천제五天帝의 하나이며 중앙의
신神을 가리킨다.《진서·천문지상晉書·天文志上》에서는 "중앙의 황제이고,

중앙황제는 중추를 함유(含樞紐)한다고 했으며, 현령황로일천군玄靈黃老一天君이라고 했다."

8 도교신선체계道敎神仙體系

1) 지존삼청 및 존신至尊三淸尊神

① 삼청三淸

○원시천존元始天尊 : 옥청대제玉淸大帝라 칭한다.

○영보천존靈寶天尊 : 태상대도군太上大道君, 상청대제上淸大帝라 칭한다.

○도덕천존道德天尊 : 태상로군太上老君, 혼원로군混元老君, 강생대제降生大帝, 태청대제太淸大帝라 칭한다.

② 오노군五老君

○동방안보화림청령시노군東方安寶華林靑靈始老君(간칭靑靈始老蒼帝君)

○남방범보창양단령진노군南方梵寶昌陽丹靈眞老君(간칭丹靈眞老赤帝君)

○중앙옥보원령원노군中央玉寶元靈元老君(간칭元靈元老黃帝君)

○서방칠보금문호령황노군西方七寶金門皓靈皇老君(간칭皓靈皇老白帝君)

○북방동음삭단울절오령현노군北方洞陰朔單鬱絶五靈玄老君(간칭五靈玄老黑帝君)

2) 천지일월성신등제대신天地日月星宸等諸大神

① 사어四禦

○옥황대제玉皇大帝 또는 옥황상제玉皇上帝

○중천자미북극대제中天紫微北極大帝

○구진상궁천황대제勾陳上宮天皇大帝

○후토황지지後土皇地只

② 오성五星

○오성위세성五星爲歲星(木星)

○형혹성熒惑星(火星)

○태백성太白星(金星) ○진성辰星(水星) ○鎭星(土星)

③ 칠요성군七曜星君

○ 북두칠성군北斗七星君

1 천추天樞. 2 천선天璿. 3 천기天璣. 4 천권天權. 5 옥형玉衡. 6 개양闓陽.

7 요광搖光

○ 남두륙성군南斗六星君

1 천부궁天府宮官 : 司命星君. 2 천상궁天相宮官 : 司祿星君.

3 천량궁天梁宮官 : 延壽星君. 4 천동궁天同宮官 : 益算星君.

5 천추궁天樞宮官 : 度厄星君. 6 천기궁天機宮官 : 上生星君

④ 사영 이십팔수四靈二十八宿(113쪽 참조)

⑤ 시방제천존十方諸天尊(115쪽 참조)

⑥ 원명도모천존圓明道母天尊官 : 두모斗姆, 북극감궁北極坎宮

삼관대제三官大帝

○천관天官 : 자미대제紫微大帝.

○지관地官 : 청허대제淸虛大帝

○수관水官 : 동음대제洞陰大帝

강마호도천존降魔護道天尊

○진무대제真武大帝. ○문창제군文昌帝君. ○태을구고천존太乙救苦天尊.
○태을뢰성보화천존太乙雷聲普化天尊. ○남극장생사명진군南極長生司命
真君. ○동악대제東嶽大帝.

3) 영관靈官, 태세제신 및 인신 중 의 신太歲諸神人身中之神

○영관靈官:有所謂十天靈官.九地靈官.水府靈官.五百靈官.五顯靈官
○공조功曹:亦稱四值功曹, 爲道敎所奉值年.值月.值日.值時的神
○성황城隍:據說由《周禮》蠟祭凡神之一的水(即隍)庸(即城)衍化而來
○토지土地:由古代之社稷神衍化而來
○조군灶君. ○문신門神. ○재신財神. ○온역신瘟疫神.

4) 진인과 선인真人仙人

① 사대진인四大真人(187쪽 참조)

② 선인仙人(188쪽 참조)

③ 북오조北五祖(191쪽 참조)

④ 북칠진北七真(192쪽 참조)

⑤ 팔선八仙(169쪽 참조)

이하 신선神仙계열은 제4장 '도교의 인물' 편에서 다루기로 한다.

제3장 동천洞天 복지福地 36천三十六天

(동천洞天은 산 속에 동굴이 있어 하늘에 닿기 위해 산을 관통한다는 뜻이다.)

동천洞天은 도가가 믿는 신선이 사는 명산의 명승지를 말하기도 한다. 도교 지상 선경의 주체 부분 중 하나이다.

동천복지는 바로 지상의 선산仙山으로 10대동천, 36소동천, 36동천, 72복지를 포함하고 있어 도교 지상 선경의 주체적인 부분을 구성한다. 이밖에도 도교도道教徒들은 오진해독五鎮海瀆, 삼십육정려三十六靖廬, 이십사치二十四治 등을 숭배했고, 중국 오악五嶽을 동천에 포함시켰다. 동천복지는 대부분 실지이다. 역대 도사들은 대부분 그 사이에 궁궐을 세우고 열심히 수행해 많은 인문경관과 역사유물, 신화전설을 남겼다. 한마디로 '동천洞天'은 산 속에 동굴이 있어 하늘에 닿기 위해 산을 관통한다는 뜻이다. 동진東晉《도적경道跡經》에서는 "오악과 명산에 모두 동실洞室이 있다."고 했다.

다음은 당나라 도사道士 사마승정司馬承禎 《천지궁부도天地宮府圖》의
순서에 따라 배열한 것이다

1 십대동천十大洞天

	洞天名	周圍	別稱	位置	所屬
1	왕옥동부 王屋洞府	만리	소유청허천 小有清虛天	하남제원시왕옥산 河南濟源市王屋山	서성왕군 西城王君
2	위우동부 委羽洞府	만리	대유공명지천 大有空明之天	절강황암구위우산 浙江黃岩區委羽山	청동군 青童君
3	서성동부 西城洞府	삼천리	태현총진천 太玄總真天	종남태일산 終南太一山	상재왕군 上宰王君
4	서현동부 西玄洞府	삼천리	삼현극진천 三玄極真天	서악화산 西嶽華山	복선산주 覆船山主
5	청성동부 青城洞府	이천리	보선구실천 寶仙九室天	사천도강언청성산 四川都江堰青城山	청성장인 青城丈人
6	적성동부 赤城洞府	삼백리	상옥청평산 上玉清平山	절강천태현적성산 浙江天台縣赤城山	현주선백 玄洲仙伯
7	나부동부 羅浮洞府	오백리	주명요진천 朱明耀真天	박라현나부산 博羅縣羅浮山	청정선생 青精先生
8	구곡동부 句曲洞府	150리	금단화양천 金壇華陽天	강소구용모산 江蘇句容茅山	자양진인 紫陽真人
9	괄창동부 括蒼洞府	삼백리	성덕은현천 成德隱玄天	임해량현괄창산 臨海兩縣括蒼山	북해공연자 北海公涓子
10	임옥동부 林屋洞府	사백리	좌신유허천 左神幽虛天	강소오현 江蘇吳縣	북악진인 北嶽真人

도道는 본래 허무하고 황홀하여 만물에 기氣가 있고, 원래 텅 비어있어 승운화乘運化하여 분형分形한다. 정상精象은 현玄이 나타나고, 배열된 궁궐은 청경清景에 있고, 그윽한 질감은 잠재되어 있고, 동부洞府는 명산에 열려있다. 성심성의껏 노력하면 신선이 응할 수 있고, 수련을 잘하면 용과 학처럼 오를 수 있음을 기약할 수 있다. 천동天洞의 구역에서는 정법에 관해서 고비가 다르며, 진령真靈의 급수는 위아래가 다르다.

2 36동천三十六洞天

동천복지洞天福地는 도교 선경의 일부로, 대부분 명산을 주경主景으로 하거나 산수山水를 겸한다. 이곳에 모든 신선이 살고 있으며, 도사道士가 이곳에 머물며 수련을 하면 득도를 하고 신선이 될 수 있다고 한다. 한마디로 '동천洞天'은 산 속에 동굴이 있어 하늘에 닿아 산을 관통한다는 뜻이다. 동진《도적경道跡經》운: "오악五嶽과 명산名山에는 모두 동실洞室이 있다. 열거된 산에 있는 10대 동굴의 이름은 10대 동천洞天의 이름과 일치한다.

도가에서는 신선이 인간 세상의 36곳의 명산동부名山洞府에 거주한다고 말하고 있다. 우주를 전체적으로 36층 하늘과 무궁무진한 우주공간으로 나누는 것 외에 지구공간과 연결된 각각의 공간을 상세하게 묘사하는 것이 동천복지洞天福地다.

동천복지洞天福地란 주로 대천大天 안에 있는 도교의 신성한 공간을 말한다. 그 안에 포함된 지역은 동천洞天, 복지福地, 정치靖治, 수부水府, 신산神山, 해도海島 등이며, 구체적으로는 10대동천十大洞天, 36소동천三十六小洞天, 36동천三十六洞天, 72복지七十二福地, 18수부十八水府, 오진해독五鎮海

瀆, 24치二十四治, 36정려三十六靖廬, 십주삼도十洲三島 등 허공우주虛空宇宙
를 말함이다.

동천복지 이론은 도교 우주론의 중요한 구성 부분이다. 기본적인 의미
는 현대 언어로 설명하면 다음과 같다.

우리 인류가 살고 있는 우주를 중심으로 한, 거류공간居留空間(大天世界)
에는 비교적 단절된 크고 작은 36개의 생활세계('十大洞天'과 '三十六小洞天')
와 72개의 특수지역(七十二福地)이 공존하고 있다. 이들 동천복지의 입구
는 대부분 중국 경내의 크고 작은 명산들 가운데 또는 중간에 위치하여
하늘로 통하는 특별한 세계를 이루고 있다. 그중에는 선령仙靈이나 피세
避世 인파가 있기도 했다.

도교의 설명에 따르면 동천복지세계는 우리가 처한 대천세계와 비슷
한데, 각각의 천지, 일월, 산천, 초목 등의 자연적 구성 요소를 가지고 있
다. 동천복지는 대천세계의 공간에 위치하기 때문에 우리 세계와 다양한
관계를 맺고 있다. (예를 들어, 사람들은 때때로 동천에 잘못 들어가기도 하고, 동천
주민들은 때때로 인간세계를 방문하기도 한다) 동시에 그들의 상대적 고립성으
로 인해 동천복지 세계는 고유한 시공간 구조를 가지고 있다. 일반적으로
동천세계는 세상 사람들에게 개방되어 있지 않으며 그들의 존재는 매우
은밀하다.

기능적 측면에서는 소수의 피세형避世型 동천을 제외하고 동천복지는
궁극적인 해탈목표에 도달하기 전에 도사의 수련장소로 볼 수 있으며, 기
원적 측면에서는 도교동천복지 이론의 발생과 형성은 역사 전기 및 문명
초기 중국 고대 선민先民의 산거山居 습성과 밀접한 관련이 있다. 석실 동
굴은 도교 시절 전과 도교 발생 초기에 수도자로서의 기본 거류장소였다
는 점을 생각하면 알 수 있다.

우주론·존재론의 관점에서 도교 동천복지 이론은 하늘·땅·사람·사물을 바라보는 도사들의 독특한 시각을 반영하고 있으며, 그 속에 내포된 천관天觀, 지관地觀, 인관人觀, 물관物觀은 모두 의미심장하고 사람을 깊이 생각하게 한다. 그것은 우리가 일반적으로 존재, 비존재, 허무, 실체를 보는 견해와 다르며, 하늘, 땅, 사람, 사물의 존재 형태를 설명하기 위해 고리가 서로 겹치는 우주 구성 이론을 배경으로 하고 있다. 이는 도교의 근본인 도론道論과 내재적 일치성을 갖는다.

중국에는 동천복지를 논술한 고서가 많이 있는데, 그 중《정통도장正統道藏》이 가장 많이 수록되어 있다. 동천의 개념에 대한 가장 좋은 설명은 초기 상청계上淸系 고전인《자양진인내전紫陽眞人內傳》에서 찾을 수 있다. 하늘은 헛되이 비어 있고, 산은 헛되이 굴이 있고, 사람은 헛되이 집을 짓고 있다. 산의 복부가 비어 있는 것을 동정洞庭이라고 하고, 사람의 머리가 비어 있는 것을 동방洞房이라고 한다. 이로서 진인眞人은 하늘과 산과 사람에게 틈이 없이 들어가니 육합六合(사방과 상하)을 포함하여 하늘과 땅은 어디에도 들어가지 않는 곳이 없다고 했다.

이 해석에 따르면 '동천洞天'은 실제로 넓고 또 좁다. 넓은 의미의 동천은 하늘이 비어있음을 포함하고 있다. 이 해석은 도가의 우주관을 분명하게 나타냈다. 우주는 여러 층의 공간으로 구성되어 있으며 우주의 시간과 공간은 모두 상대적이며, 있는 것은 없고 없는 것은 있고, 큰 것은 작고 작은 것 역시 큰 것을 머금고 있다.

36동천三十六洞天

	山名	周圍	洞天名	位置	治者	備考
1	곽동산동 霍桐山洞	3천리	곽림동천 霍林洞天	영덕장계현 寧德長溪縣	왕위현 王緯玄	선인 仙人
2	동악태산동 东岳泰山洞	1천리	봉현동천 蓬玄洞天	연주간봉현 兗州干封縣	公子	山图
3	남악형산동 南岳衡山洞	7백리	주릉동천 朱陵洞天	형주형산현 衡州衡山縣	석장생 石長生	仙人
4	서악화산동 西岳华山洞	3백리	선동천 仙洞天	화주화음현 华州华阴縣	혜차자 惠车子	真人
5	북악상산동 北岳恒山洞	3천리	현천 玄天	항주상산곡양현 恒州常山曲阳縣	정자진 鄭子真	眞人
6	중악숭산동 中岳嵩山洞	3천리	사마동천 司馬洞天	동도등봉현 东都登封縣	등운산 鄧云山	仙人
7	아미산동 峨嵋山洞	3백리	허릉동천 虛陵洞天	가주아미현 嘉州峨嵋縣	당람 唐览	眞人
8	여산동 廬山洞	180리	동령진천 洞靈真天	강주덕안현 江州德安縣	주정시 周正时	眞人
9	사명산동 四明山洞	180리	단산적수천 丹山赤水天	월주상우현 越州上虞縣	조도림 刁道林	眞人
10	회계산동 会稽山洞	350리	극현대항천 极玄大亢天	월주산음현 越州山阴縣	곽화 郭华	仙人
11	태백산동 太白山洞	5백리	현덕동천 玄德洞天	경조부장안현 京兆府長安縣	장계련 張季連	仙人

12	서산동 西山洞	3백리	천주보극현천 天柱寶極玄天	홍주남창현 洪州南昌縣	당공성 唐公成	仙人
13	소위산동 小沩山洞	3백리	호생현상천 好生玄上天	담주예릉현 潭州澧陵縣	화구림 花丘林	仙人
14	잠산동 潛山洞	80리	천주사현천 天柱司玄天	서주회령현 舒州怀宁縣	직구자 稷丘子	仙人
15	귀곡산동 鬼谷山洞	7십리	귀현사진천 贵玄司真天	신주귀계현 信州贵溪縣	최문자 崔文子	眞人
16	무이산동 武夷山洞	120리	진승화현천 真升化玄天	건주건양현 建州建陽縣	유소공 刘少公	眞人
17	사산동 笥山洞	120리	태현법낙천 太玄法乐天	길주영신현 吉州永新縣	양백란 梁伯鸾	眞人
18	화개산동 华盖山洞	40리	용성대옥천 容成大玉天	원주영가현 温州永嘉縣	평공수 平公修	仙人
19	개죽산동 盖竹山洞	8십리	장요보광천 長耀寶光天	태주임해시 台州臨海市	상구자 商丘子	仙人
20	도교산동 都嶠山洞	180리	보현동천 寶玄洞天	용주보영현 容州普寧縣	유근 劉根	仙人
21	백석산동 白石山洞	7십리	수악장진천 秀樂長真天	울림주남해 鬱林州南海	시백 是白	眞人
22	구루산동 岣漏山洞	4십리	옥궐보규천 玉闕寶圭天	항주북류현 亢州北流縣	전진인 錢真人	仙人
23	구의산동 九疑山洞	3천리	조진태허천 朝真太虛天	도주연당현 道州延唐縣	엄진청 嚴真青	仙人

24	동양산동 洞陽山洞	150리	동양은관천 洞陽隱觀天	담주장사현 潭州長沙縣	류진인 劉真人	眞人
25	막부산동 幕阜山洞	180리	현진태원천 玄真太元天	악주당년현 鄂州唐年縣	속진진 屬陳真	眞人
26	대유산동 大酉山洞	100리	대유화묘천 大酉華妙天	거진주 去辰州	윤진인 尹真人	眞人
27	금정산동 金庭山洞	300리	금정숭묘천 金庭崇妙天	월주섬현 越州剡縣	조선백 趙仙伯	屬
28	마고산동 麻姑山洞	150리	단하천 丹霞天	무주남성현 撫州南城縣	왕진인 王真人	屬
29	선도산동 仙都山洞	300리	도기선천 都祈仙天	처주진운현 處州縉雲縣	조진인 趙真人	屬
30	청전산동 青田山洞	45리	청전대학천 青田大鶴天	처주청전현 處州青田縣	부진인 傅真人	屬
31	종산동 鍾山洞	100리	주일태생천 朱日太生天	윤주상원현 潤州上元縣	공진인 龔真人	屬
32	양상산동 良常山洞	30리	영상방명동천 良常放命洞天	윤주구용현 潤州句容縣	이진인 李真人	屬
33	자개산동 紫蓋山洞	80리	자현동조천 紫玄洞照天	형주상양현 荊州常陽縣	공우 公羽	眞人
34	천목산동 天目山洞	100리	천개척현천 天蓋滌玄天	항주여항현 杭州餘杭縣	강진인 薑真人	屬
35	도원산동 桃源山洞	70리	백마현광천 白馬玄光天	랑주무릉현 朗州武陵縣	사진인 謝真人	屬

| 36 | 금화산동
金華山洞 | 50리 | 금화동원천
金華洞元天 | 무주금화현
婺州金華縣 | 대진인
戴真人 | 屬 |

▶眞人이란 생도 사도 없고, 비움도 차 있음도 없음을 진인이라 한다. 하늘과 산과 사람에게 틈이 없이 들어갈 수 있는 도력을 갖고 있다.

▶仙人이란, 세속을 초탈하여 신통의 변화와 장생불사하는 사람을 말한다.

屬이란 돌보고 있다는 말이다.

※ 太平經에서는 신선 시스템을 첫째는 神人, 둘째는 眞人, 셋째는 仙人, 넷째는 道人, 다섯째는 聖人, 여섯째는 賢人으로 분류하고 있다.

3 소백산 동천洞天

위 사진은 소백산 줄기 충청북도 한드미 마을에 소재한 동굴이다. 동굴의 안내문 일부를 소개하면 다음과 같다.

"5억년의 신비를 간직한 석회석 동굴이다. 경상북도 풍기까지 관통되어 아주 오랜 옛날 한드미 동굴을 통하여 경상북도 풍기 장을 보러 다녔다는 이야기가 전해 내려오고 있다.

1969년 84살을 일기로 사망하신 풍기 출신 고무신 장수 서 씨라는 분이 있는데 실제로 그분의 아버지, 할아버지가 소나무에서 생성되는 관솔을 한 두루막 씩 어깨에 지고 이 동굴을 통하여 풍기에서 고무신을 가져다가 이 골짜기 14개 마을에 팔았다고 한다." (이하 생략)

여기에서 중요한 것은 이 동굴은 자연적으로 생성되었고, 충북의 한드미 마을과 경북의 풍기읍까지 관통되었다는 것이다. 관솔을 지고 다녔다는 것을 유추해 보면 동굴이 어두워서 관솔에 불을 지피고 다닌 걸로 보이는데 이러한 것이 사실이라면 이는 동굴이 아니고 충북의 한드미 마을과 경북 풍기의 하늘이 뚫려 있는 것이 분명하다는 것으로 보아 이는 동천洞天이라고 주장하고 싶은 것이다. 최근에 한드미 마을 여러 사람이 이 굴속을 통해 풍기까지 가려고 시도했으나 워낙 길이 험난하여 중간에서 포기하고 되돌아왔다는 말을 마을 사람을 통해 들은 적이 있다.

나는 수련 차 이곳에 자주 찾아온다. 동굴 안에서는 비가 올 때면, 동굴 안쪽에서 물길이 흘러 내려와 물이 빠질 수 있도록 하수구를 만들어 놓았고 벽이나 천장에는 물기가 가득 차 있어 물방울이 똑똑 떨어지기도 한다. 평상시에는 바위가 물을 품고 밖으로 새어나오면서 공기를 만나 기화氣化 되는데 이것이 음중양陰中陽이다. 음중의 양陰中陽을 진양眞陽이라고 한다. 우리가 하는 최상의 수련은 이 진양眞陽을 채취하는 것이 관건이다. 이 동굴은 이 점을 충족 시켜준다. 역시 기감氣感도 최상이다.

이 굴이 시작과 끝이 하늘과 연결되어 있으므로 동천洞天이라고 주장하고 싶은 나의 마음이 관철된다면 아마도 우리나라에서 처음으로 주장하는 동천이 등장했다고 보아야 할 것이다.

단양 지역에는 동굴이 많기로 유명하다. 인근 온달산성에도 온달장군이 수련했다는 온달동굴이 있는데 그 규모가 크고 넓어서 단양군의 홍보로 전국에서 관광객이 몰려들고 있다. 그러나 이 온달동굴은 그 길이가 800미터까지이며 그 이후는 막혀 있어 동천에 등극할 수는 없다고 보여진다.

4 36소동천三十六小洞天

36동천과는 별도로 36소동천도 존재한다. 그 곳을 간략하게 열거하면 다음과 같다.

▷호림동천霍林洞天, ▷봉현동천蓬玄洞天, ▷주릉동천朱陵洞天, ▷선림동천仙林洞天, ▷현관동천玄關洞天, ▷사마동천司馬洞天, ▷허릉동천虛陵洞天, ▷동영진천洞靈真天, ▷산적수동천山赤水洞天, ▷회극항동천會極亢洞天, ▷현덕동천玄德洞天, ▷천보동천天寶洞天, ▷생상동천生上洞天, ▷천사동천天司洞天, ▷현진동천玄真洞天, ▷진화동천真化洞天, ▷태락동천太樂洞天, ▷대옥동천大玉洞天, ▷요보동천耀寶洞天, ▷보현동천寶玄洞天, ▷수락동천秀樂洞天, ▷옥보동천玉寶洞天, ▷양관동천陽觀洞天, ▷태원동천太元洞天, ▷화묘동천華妙洞天, ▷금정동천金庭洞天, ▷단하동천丹霞洞天, ▷선도동천仙都洞天, ▷청전동천青田洞天, ▷주일동천朱日洞天, ▷태생동천太生洞天, ▷양상동천良常洞天, ▷자현동천紫玄洞天, ▷천개동천天蓋洞天, ▷백마동천白馬洞天, ▷금화동천金華洞天이다.

위 사진은 중국 하이난성(海南省) 싼야시(三亚市)의 유명한 해변 관광지에 있는 소동천小洞天이다. 소동천의 안내문을 보자.

"意爲神仙居住的福地. 宋淳佑丁未年(公元1247年) 郡守 毛奎發現關命名. 小洞天呈牛角形, 深28米. 洞上巨石如丘. 頂上可容數十人坐立. 巨石上有毛奎親題的 "小洞天", "釣台" 等 摩崖石刻文字.

"신선이 사는 복지를 뜻하는 말이다. 송대宋代 순우淳佑 정미년(서기 1247년) 군수 모규가 관문을 발견하고 이름을 지었다. 소동천의 내실은 쇠뿔 모양으로, 깊이가 28미터이다. 동굴 위에는 거대한 바위가 언덕처럼 되어있다. 꼭대기에는 수십 명이 앉을 수 있다. 큰 바위에는 모규가 직접 쓴 '작은 동천小洞天', '낚시터釣台' 등의 마애서각문이 있다."

중국 여행 중에 만난 하이난성(海南省)은, 소동천을 만남으로 나에게는 잊지 못할 기억으로 남아있다. 하이난성의 싼야시(三亚市) 전체 풍경구의

132

해변은 몇 킬로미터에 걸쳐 이어져 있으며, 이곳은 중국의 넓은 육지의 최남단으로, 남쪽을 향해 끝없이 펼쳐진 남해이다.

그 해변가에 거대한 바위가 있는데 이 바위 밑에 동천洞天이 있다. 동천의 길이는 28미터로 비록 짧기는 했으나 내실은 꽤 넓었으며 넓은 입구와는 달리 출구는 한 사람이 빠져나올 수 있을 만큼 좁았다. 대체로 동천은 중국의 오악五嶽의 큰 산에 주로 생성되어 있지만 이곳은 중국의 최남단인 바닷가에 있어 매우 특이했으며 바위 위에서는 낚시를 즐길 수 있도록 조대 등이 설치되어 있었다. 비록 36소동천에는 끼이지 못했으나 중국 여행 중에 만난 하이난성(海南省) 싼야시(三亚市) 해변의 소동천은, 신선들이 여기서 머물면서 수련하였다는 것만으로도 모두가 다 새롭게 다가왔다.

5 72복지七十二福地

1) 유래由來

72복지 중 하나

동천복지는 도교 선경의 일부로, 대부분 명산을 주경으로 하거나 산수를 겸유한다. 여기에 신선이 다스리고 모든 신선이 거처하며 도사가 이곳에 머물며 수련하면 도를 얻어 신선이 될 수 있다고 믿었다. 한마디로 '동천洞天'은 산속에 동굴이 있어 하늘에 닿아 산을 관통한다는 뜻이다. 동진東晉《도적경道跡經》에는 "오악과 명산에 모두 동실이 있다. 열거된 10대 동굴의 이름은 10대 동실의 이름과 일치한다"고 했다.

도홍경陶弘景은 "청허清虛는 왕옥동王屋洞의 천명天名이며, 화양華陽에 비유되며, 서로 통한다"고 했고, "구곡산은 구금句金의 단壇이라고도 하며, 동천에 금단백장金壇百丈이 있어 이름이 붙여졌다"는 뜻으로 '동천'은 동굴을 지칭한다.

'복지福地'는 '복의 땅'이라는 뜻으로, 이곳에 살면 복을 받아 세상을 살아갈 수 있다고 생각하며 지선地仙을 이루는 터라고 믿었다. 대부분 산동山洞은 샘의 원천源泉으로 풍수의 개념과 무관하지 않다. 도서道書에 열거된 복지는 대부분 지선地仙, 진인真人이 지배하였으며, 동천에 이어 두 번째 선경이다.

전국戰國시대부터 '삼신산三神山'설과 '곤륜산昆侖山'설이 널리 퍼졌지만, 삼신산은 바다의 선경이고, 곤륜산은 서쪽에서 멀리 떨어져 있다. 도교 형성 이후, 도사가 입산하여 은거하고, 합약하고, 수련하고, 구도하면서 신선이 되었고, 산들의 장려한 경치, 기이한 봉우리, 오묘한 계곡, 동굴에서 솟아나는 시냇물, 산속의 변화된 수많은 기상은 모두 공감을 불러일으키고 그들의 환상을 자극하기에 충분하며, 게다가 원래의 각종 전설과 함께 점차적으로 대지의 명산 사이에 동천복지의 관념이 형성되었다.

갈홍은 선경을 인용한 글에서 화산華山, 태산泰山, 곽산霍山, 항산恒山, 숭산嵩山, 소실산少室山, 장산長山, 태백산太白山, 종남산終南山, 여아산女兒

山, 지폐산地肺山, 왕옥산王屋山, 포아산抱犢山, 안구산安丘山, 잠산潛山, 청성산青城山, 아미산峨眉山, 유산綏山, 운대산雲台山, 나부산羅浮山, 양가산陽駕山, 황금산黃金山, 오조산鼇祖山, 대소천태산大小天台山, 사망산四望山, 개죽산蓋竹山, 괄창산括蒼山 등 20여 개의 산을 언급하였다. 이 산의 신神들은 모두 그 산중에 있고, 그 안에 지선들도 있는데 모두 지초芝草가 자라서 큰 재난을 피할 수 있었고, 약재도 얻을 수 있어서 동천복지로 여겼다.

도교의 관점에 따르면, 하늘, 땅, 물, 심지어 모든 사람까지도 한 기氣로 나뉘고, 선경도 "결기소성結氣所成"이며, 그들은 서로 통하고, 종횡으로 얽힌 입체 네트워크를 형성하지만, 기질이 맑고 탁하기 때문에 위아래가 다르다. 그래서 '천지궁부도서天地宮府圖書'는 말하기를 '도본道本은 허무하고 황홀하여 물物이 있으며, 기원충시氣元沖始하여 승운화乘運化되어 형形이 나뉘었다'고 했다.

태양을 통솔하거나 별에 얽매여 있어서, 비바람을 머금고, 운뢰雲雷를 속에 쌓아 둔다면 천지의 중추中樞이고 음양의 축軸이다. 이 이론에 따르면, 천상天上에는 선경仙境이 있을 뿐만 아니라 선산仙山도 있다. 지상의 바다에도 모두 선경仙境이 있고 선산仙山이 있다. 천상의 선산은 진기真氣가 되어 사람 몸의 궁부宮府에 내려가 있다.

동천복지는 바로 지상의 선산으로 10대 동천, 36동천, 36소동천, 72복지를 포함하고 있어 도교 지상 선경의 주체적인 부분을 구성한다.

2) 72복지七十二福地

	福地名	位置 等
1	지폐산地肺山	終南山. 陝西關中境內. 노자는 여기서 강론하고 단련함
2	개죽산蓋竹山	浙江省臨海市仙都縣, 真人이 항상 존재하면서 다스림.

3	선개산仙磕山	溫州梁城縣. 白溪草市. 地仙劉奉林, 真人張董華이 다스림.
4	서선원西仙源	台州溫嶺市. 地仙,張兆期가 다스림.
5	남전산南田山	東海東 劉真人이 다스림.
6	옥류산玉溜山	東海近蓬萊島上, 많은真仙거주, 地仙許邁이 다스림.
7	청서산青嶼山	東海之西. 真人劉子光이 다스림.
8	울목동鬱木洞	玉笥山(玉笥山)南. 소자운이 숨어 있었던 곳.
9	단하산丹霞山	麻姑山. 蔡經真人得道處. 蔡真人 다스림.
10	군산君山	洞庭青草湖中. 地仙侯生所
11	대약암大若岩	漫無邊際州永嘉縣. 地仙李方回 다스림.
12	초원焦源	建州建陽縣. 尹真人의 隱處
13	영허靈墟	台州天台縣. 白雲先生隱處
14	옥주沃洲	越州剡縣. 真人方明所 다스림.
15	천모령天姥嶺	剡縣. 真人魏顯仁 다스림.
16	약야계若耶溪	越州會稽縣. 真人山世遠所
17	금정산金庭山	廬州巢縣. 別名紫微山. 馬仙人 다스림.
18	청원산清遠山	廣州清遠縣. 陰真人 다스림.
19	안산安山	交州北, 安期生先生隱處. 先生 다스림.
20	마령산馬嶺山	馬嶺山. 真人力牧 다스림.
21	아양산鵝羊山	潭州長沙縣. 婁駕先生隱處.
22	동진허洞真墟	潭州長沙縣. 西嶽真人韓終所.
23	청옥단青玉壇	南嶽祝融峰. 青鳥公. 다스림.
24	광천단光天壇	衡嶽西源頭. 鳳真人隱處
25	동령원洞靈源	南嶽招仙觀. 鄧先生隱處
26	동궁산洞宮山	建州關隸鎮五嶺. 黃山公隱處
27	도산陶山	溫州安國縣. 陶先生隱居處
28	황정皇井	溫州橫陽縣. 真人鮑察 다스림.
29	란가산爛柯山	衢州信安縣. 王質先生隱處
30	늑계勒溪	建州建陽縣. 孔子遺硯之所
31	용호산龍虎山	信州貴溪縣. 仙人張巨君 다스림.

32	영산靈山	信州上饒縣. 墨眞人 다스림.
33	천원泉源	羅浮山中. 仙人華子期 다스림.
34	금정산金精山	虔州虔化縣. 仇季子 다스림.
35	각조산閣皁山	吉州新淦縣. 郭眞人 다스림.
36	시풍산始豐山	洪州豐城縣. 尹眞人 다스림.
37	소요산逍遙山	洪州南昌縣. 徐眞人 다스림.
38	동백원東白源	洪州新吳縣. 劉仙人 다스림.
39	발지산缽池山	楚州, 王喬得道處
40	논산論山	潤州丹徒縣. 終眞人 다스림.
41	모공단毛公壇	蘇州長洲縣. 莊仙人修道處.
42	계롱산雞籠山	和州曆陽縣. 郭眞人 다스림.
43	동백산桐柏山	唐州桐柏縣. 李仙君 다스림.
44	평도산平都山	重慶市豐都縣. 陰眞君上升之處
45	녹라산綠蘿山	朗州武陵縣. 接桃源界 다스림.
46	호계산虎溪山	江州南彭澤縣, 是五柳先生隱處
47	창룡산彰龍山	潭州澧陵縣. 屬臧先生 다스림.
48	포복산抱福山	連州連州市, 靈禧眞君廖沖眞人 다스림.
49	대면산大面山	益州成都縣. 仙人柏成子 다스림.
50	원신산元晨山	江州都昌縣. 孫眞人, 安期生 다스림.
51	마제산馬蹄山	饒州鄱陽縣, 眞人子州處
52	덕산德山	朗州武陵縣. 仙人張巨君 다스림.
53	고계남수산 高溪藍水山	雍州藍田縣. 並太上所遊處
54	남수藍水	西都藍田縣. 地仙張兆其所治之處
55	옥봉玉峰	西都京兆縣. 仙人柏戶 다스림.
56	천주산天柱山	安徽省安慶市潛山縣. 地仙王柏元 다스림.
57	상곡산商穀山	商州. 四皓仙人隱處
58	장공동張公洞	無錫宜興縣. 眞人康桑 다스림.
59	사마매산司馬梅山	台州天台山北. 李明仙人所治處

60	장재산長在山	齊州長山縣. 毛真人治 다스림.
61	중조산中條山	河中府虞鄉縣. 趙仙人治處
62	호어징동湖魚澄洞	西古姚州. 始皇先生 隱居處
63	면죽산綿竹山	漢州綿竹縣. 瓊華夫人 다스림.
64	노수瀘水	西梁州. 仙人安公 다스림.
65	감산甘山	黔南. 寧真人治處
66	한산漢山	漢州. 赤須先生 다스림.
67	금성산金城山	古限成, 또는 雲石成. 石真人所治之處
68	운산雲山	邵州武剛縣. 屬仙人盧生 다스림.
69	북망산北邙山	東都洛陽縣. 屬魏真人 다스림.
70	여산廬山	福州連江縣. 屬謝真人 다스림.
71	동해산東海山	海州東二十五리. 王真人 다스림.
72	동선원東仙源	台州黃岩縣. 地仙劉奉林 다스림.

138

6 36천三十六天

지상地上에 동천복지가 존재한다면 천상天上에는 36천이 있다.

도교의 36천은 중국한족漢族 민간종교의 도교道敎를 근거로 도道가 만물을 생성하고 우주의 세상을 열었다는 이론이다. 신선들이 살고 있는 공간으로 전해져 오고 있다. 도교의 생각대로라면 하늘 위에는 36층의 하늘이 있어 이것을 36천이라고 하며 36중重의 천계에는 매개마다. 하나의 도읍이 있어서 득도한 천신이 거느리고 다스린다. 원래는 9천 설, 32천 설이었다가 3청과 대라천을 포함하여 지금은 36천으로 전해지고 있다.

36천天		
통칭統稱		36천天의 명칭名稱
삼계 三界 (28天)	욕계 欲界 (6天)	▶태황황증천太皇黃曾天, ▶태명옥완천太明玉完天, ▶청명하중천淸明何重天, ▶현태평육천玄胎平育天, ▶원명문거천元明文擧天, ▶칠요마이천七曜摩夷天. 생전에 살인, 절도, 음란죄를 지은 사람이 가는 곳이다. 이곳에 들어가면 인간의 수명은 1만년이 된다.
	색계 色界 18天	▶허무월형천虛無越衡天, ▶팔극몽예천八極蒙翳天, ▶적명화양천赤明和陽天, ▶현명공화천玄明恭華天, ▶요명종표천耀明宗飄天, ▶축락황가천竺落皇笳天, ▶허명당요천虛明堂曜天, ▶관명단정천觀明端靖天, ▶현명공경천玄明恭慶天, ▶태환극요천太煥極瑤天, ▶원재공숭천元載孔升天, ▶태안황애천太安皇崖天, ▶현정극풍천顯定極風天, ▶시황효망천始黃孝芒天, ▶태황옹중천太黃翁重天, ▶무사강유천無思江由天, ▶상설완락천上揲阮樂天, ▶무극담서천無極曇誓天. 생전에 나쁜 일을 하지 않았고 노한 표정을 짓지 않았던 사람이 살 수 있는 곳이다. 색계에서 인간의 수명은 1억만년이다.

	무색계 無色界 (4天)	▶호정소도천皓庭霄度天,　　▶연통원동천淵通元洞天, ▶한총묘성천翰寵妙成天,　　▶수락금상천秀樂禁上天. 남의 험담이나 거짓말을 하지 않았던 사람이 들어갈 수 있다. 이곳에서의 수명은 1억만년의 1억배이다.
	4범천四梵天	▶무상상융천無上常融天,　　▶옥룡등승천玉隆騰勝天, ▶용변범도천龍變梵度天,　　▶평육가혁천平育賈奕天. 무색계에서 선행을 쌓은 선남신녀는 서왕모의 초대를 받아서 4범천으로 올라올 수 있었다. 여기까지 도달하면 이제 인간에게는 죽음을 기다리는 공포는 더 이상 존재하지 않는다. 영구히 생명을 보장받게 되는 것이다.
성경 4천 聖境 四天	삼청천 三淸天	▶옥청경청미천玉淸境淸微天(옥청) ▶태청경대적천太淸境大赤天(태청) ▶상청경우여천上淸境禹餘天(상청) 이곳은 신선을 비롯한 대부분의 신들이 사는 세계이며 인간은 도달할 수 없는 곳이다. 지위 높은 신선은 자신의 궁전을 갖고 있으며 선왕 등 선관들의 거주지도 있다.
		▶대라천大羅天 천국의 최상층이다. 대라천은 위의 35천을 거느리고 기타 하늘의 도읍은 무한하다. 대라천은 모든 하늘 밖을 감싸고 있어서 그 끝은 없다. 우주공간 위에 무한적으로 존재하는 것이다. 현도라는 도시가 있으며 그 중심부에 옥경이라는 궁전이 우뚝 솟아 있다. 이곳의 주인이 도교 최고의 신 원시천존이다. 그는 우주의 창조신이며 혼돈에서 모든 사물에 질서를 부여하였고 현재에도 우주의 모든 질서를 주관하고 있다.

제4장 도교道教의 인물人物

1 인물人物

1) 노자老子

노자는 중국 고대의 위대한 자연주의 철학자이다. 노자의 정확한 생몰연대(기원전 572~?으로 추정)는 알려지지 않아 그 근원은 알 수 없으나 춘추시대 말기 공자와 동시대를 살아온 것으로 알려졌다. 그러함에도 역사의 기록들은 저 태초의 혼돈 이래 늘 세상에 출세하지 않음이 없었다고 한다.

상삼황(天皇)시대에는 통현천사通玄天師, 중삼황(地皇)시대에는 유고선생有古先生, 후삼황(人皇)시대에는 반고선생盤古先生이라고 불렀다고 하며, 복희伏羲시대에는 전야田野에 강림하여 울화자鬱華子로 불리웠고 축융祝融시대에는 항산恒山에 강림하여 광수자廣壽子로 불리웠고, 신농神農시대에는 제음濟陰에 강림하여 대성자大成子로 불리웠고 황제黃帝시대에는 공동산崆峒山에 강림하여 광성자廣成子로 불리웠다. 소호少昊시대에는 다시 공동산에 강림하여 수응자隨應子로, 전제顓帝시대에는 형산衡山에 강림하여 적정자赤精子로, 제고帝古시대에는 강빈江濱에 강림하여 록도자錄圖子로 제효帝堯시대에는 고사산姑射山에 강림 무성자務成子로 불리웠고, 순舜임금시대에는 하양河陽에 강림하여 윤수자尹壽子로, 하夏나라 우禹왕시대에는 상산商山에 강림 진행자眞行子로 은나라 탕湯임금시대에는 잠산潛山에 강림 석즉자錫則子로 불리웠다고 한다.

이 기록은 도장道藏에서 인용한 것이다. 이 기록이 맞는다면 황제의 스승은 노자인 셈이다. 도가에서 황로지학黃老之學이라고 부르는 연유가 여기에 있는지도 모르겠다. 천 가지로 변화하고 만 가지로 화신을 나타낸 것을 다 추측하기 어렵다. 혹은 유성으로도 화현하고 혹은 석불로 화현하기도 했으며 혹은 도선으로 화현하기도 했는데 은신하고 현신하는 모습을 헤아릴 수 없음이다.

문헌 기록에 따르면 노자는 조용히 사고하고 학문을 좋아하며 지식이 풍부하다고 한다. 그의 스승인 상용商容이 그를 가르치는 과정에서 노자는 늘 꼬치꼬치 캐묻고 지식에 대한 갈망이 컸다. 자신의 의혹을 풀기 위해 고개를 들고 일월성신日月星辰을 바라보며 하늘의 하늘은 무엇인지 고민하다 잠을 이루지 못할 때가 많았다. 훗날 상용노사商容老師는 '노부老夫의 학문은 끝이 없다'고 하면서, 주도周都에 가서 공부하라고 추천했다. 문헌에는 "노자가 주周나라에 들어가 박사博士를 뵙고 태학太學에 들어가 천문天文, 지리地理, 인륜人倫을 배워서 공부하지 않은 것이 없고, '시詩', '서書', '역易', '역曆', '예禮', '악樂'을 공부하지 않은 것이 없으며, 문물文物, 전장典章, 사서史書도 모두 통달하여 학업이 크게 발전하였다. 박사는 또 그를 수장실守藏室로 천거하여 관리로 삼았다. 수장실은 주나라의 전적 소장처로서 천하의 글을 모으고 천하의 책을 거두어 한우汗牛충동充棟하여서 중임을 맡을 역량이 되었다. 이 경험을 통해 노자는 풍부한 학식을 쌓았고, 그로 하여금 원근에 이름을 날리게 했다.

노자는 춘추전국시대에 태어났는데 당시 환경은 주나라의 세력이 미미하여 각 제후들이 패자의 지위를 차지하기 위해 전쟁이 끊이지 않았다. 가혹한 난리와 변천으로 인해 노자는 민간의 고통을 목격하게 되었고, 주나라의 수장사로서 나라를 다스리고 백성을 안정시켜야 한다는 일련의 주장을 하였으나 모든 것은 뜻대로 되지 않았다. 그래서 주나라를 떠나기로 결심하고 관문(섬서성 종남산 누관대)에 이르러 관령 윤희의 요청으로 도덕경 5000언을 남겼다.

동시대를 살았던 공자는 51세에 노자를 만나 많은 가르침과 예를 전수받고 돌아와 제자들에게 다음과 같이 말하였다.

"새가 날아다니고, 물고기는 헤엄치며, 짐승이 달린다는 것은 나도 잘 알고 있다. 그러나 달리는 것은 그물을 쳐서 잡고 헤엄치는 것은 낚싯대를 드리워서 낚으며 날아다니는 것은 주살을 쏘아 떨어뜨릴 수 있다. 그러나 용은 바람과 구름을 타고 하늘을 날아오른다고 하니 나로서는 용의 실체를 알 수가 없다. 나는 오늘 노자를 만났는데 마치 용과 같아 전혀 잡히지 않는 사람이었다." (「사기」'노장신한열전'중에서)

불교계에서는 도불동원道佛同原이라고 하면서 노자에 관한 글이 있어 인용해 본다.

세존의 예언에,

"내가 멸도한 후, 5백 년 안에, 가섭迦葉이, 삼매에 들어 있다가, 동쪽 나라에 화현하면, 그 이름이 노담老聃이라 하리라" 라고 하였는데, 멸도한 후 349년(庚申) 주나라 말엽에 조상공趙相公의 딸인 16세 동녀의 몸에서, 아비 없이 스스로 잉태하셨으니, 그것은 능력이 자재함을 보이신 것이요, 태속에서 81년이나 있었던 것은, 인연 있는 시기를 기다린 것이며, 경진庚辰년에 어머니의 왼쪽 옆구리로 나왔으나, 옆구리에 뚫린 상처가 없었고, 어머니는 96세였는데도 얼굴은 마치 16세 때와 같았으나, 노담老聃만은 머리와 수염이 눈처럼 흰 것은, 늙은이도 수련할 수 있다는 것을 보여 준 것이다. 늙은이가 이것을 보거든 삼가하여 스스로 포기하지 말고, 하루속히 공부를 착수해야 할 것이요, 소년들은 이것을 보거든 늙어서도 수련할 수 있다고 하여, 청춘을 허송하지 말아야 한다. 이 세상에, 3백여 년을 머물면서 인연 있는 이는 다 제도하고, 끝으로 윤희尹홈에게 이르기를 "우리 스승이신 고황古皇 부처님께서 서천에 계신다."라고 하고, 허공으로 날아갔다. 여기에서는 노자를 불타의 제자인 가섭의 화현으로 설명하고 있다.

(능엄경과 도교수련. 원광대학교 노권용 교수의 글 중에서)

노자가 저술한 불후의 명작인 「도덕경」은 《노자老子》라고도 불리는데 이 한 권의 책은 매우 넓고 정밀하며 심오한 이치를 담은 철학적 시詩이다.

이것을 어느 청담가淸淡家가 보면 현언玄言의 말씀들이고, 종횡가縱橫家가에게는 권모權謀와 술수術數가 되며, 병가兵家적 측면에서는 병서兵書가 될 수 있으며, 군주君主에게는 치세술治世術이고, 과학도에게는 우주만물의 이치가 들어있으며, 수련자에게는 수양이론이 들어있다고 하였다.

도덕경은 중국 고대문명의 지혜의 결정이자 지식의 보고이다. 넓고 심오한 원리를 내포하고 있어서 자연과학, 사회과학, 인체과학, 사유과학, 계통과학 등 여러 방면에서 기본적 소재를 함축하고 있다.

고대의 수많은 학자들이 다투어 주석하여 그 현묘한 비밀을 캐내고 심오한 뜻을 밝혔는데 그중에서도 양생 방면의 연구와 주석을 한 사람들은 하상공河上公과 여동빈呂洞賓 등 수많은 조사들이 주석을 내놓아 「도장道藏」에 나와 있는 것만도 49권 중 9권에서~12권까지 4권을 채우고 있으며 주석본만 가려내도 50여 종류에 이른다.

또한 철학방면의 연구와 주석을 한 사람은 왕필王弼(226~249) 등이며 그는 23세의 나이로 요절했으니 20세 전후에 쓰여진 것으로 보인다. 정치와 권모와 술수 방면의 연구와 주석을 한 사람은 당나라 현종玄宗과 송나라 휘종徽宗이 있다.

노자는 허무의 도를 닦아서 스스로 재능을 숨겨 이름이 드러나지 않도록 힘쓰는 데에 학문의 목표를 두었다. 주나라에 오래 머물렀는데 주나라가 쇠퇴해지자 마침내 떠나기로 작정하고 관문(섬서성 종남산 누관대)에 이르렀다. 관령 윤희가 "선생님께서는 이제 은거하시려고 하니 이 사람을 위해 가르침을 남겨주십시오"라고 청하였다. 이에 노자는 상하 두 편을 저술하여 도와 덕의 의미를 밝힌 5천여 글자를 남기고 누관대를 떠났다. 그 후로 노자의 최후를 아는 사람은 없었다.

2) 장자莊子

장자莊子

장자莊子 (약 기원전 369년-약 기원전 286년), 이름은 주周, 송나라 몽읍蒙邑 사람이다. 전국戰國 중기의 사상가, 철학자, 문학가로 도가학파道家學派를 대표하는 인물이다.

장자의 아버지는 원래 초楚나라 귀족이었으나 송宋나라로 옮겨갔기 때문에 장자는 일찍이 비교적 좋은 교육을 받을 수 있었다. 장자는 정사를 좋아하지 않고 자유를 숭상하여 일찍이 송宋나라 몽읍蒙邑의 칠원리漆園吏를 지냈을 뿐이고, 후에 초위왕楚威王의 국상國相 초빙을 거절하였다. 장자는 위혜왕魏惠王에게 벌제伐齊를 포기하도록 설득했고, 그의 친구 혜시惠施와 호량지변濠梁之辯 등 유명한 변론을 벌이기도 했다.

《남화진경南華眞經》은《장자莊子》를 말함이며 저자 역시 장자이다. 노

146

자와 마찬가지로 그의 생애에 대해서는 별로 알려진 바가 없다. 생몰연대는 노자와 200년의 시차를 둔 전국시대 사람으로 맹자孟子와 거의 동시대 사람이다. 당나라시대에 와서 현종玄宗은 장자에게 ‘남화진인南華眞人’이라는 시호를 내리고 《장자莊子》를 《남화진경南華眞經》으로 부르게 할 만큼 숭상하였다.

전란이 많았던 시대에 산 그는 노자처럼 도를 철학의 최고 개념으로 삼아 하늘과 사람, 물질과 사람은 모두 같으며 귀천의 구분이 없다는 것을 주장하였다. 또한 역사의 교체, 국가의 흥망, 인사의 변천은 밤과 낮에 시간의 흐름이 있는 것과 같다고 보았다. 그가 표방한 출세出世에는 위대하고 환상적인 과학적 사상이 갖추어져 있다.

그는 하늘에 올라 안개 속을 노닐고 무극을 배회하며 해와 달을 곁에 두고 우주를 옆에 끼는 시공과 생사를 초월한 신인神人이 되기를 희망하였다.

장자는 자기 아내의 죽음을 맞이하고도 노래를 부르고 춤을 추었다는 일화는 유명하다. 장자는 그 이유를 이렇게 설명했다.

“생명이 처음 생겨날 때를 보자면 원래 삶이란 없었고 형체도 없었고 뿐만 아니라 기氣도 본래부터 없었는데, 혼돈 속의 우주에 아득하니 퍼져 있다가 변하고 모여서 기란 것이 생기고 기가 변해서 형체가 생기고, 형체가 변해서 삶이 있게 된 것인데 이제 그 삶에서 또 변해서 죽음이 된 것이니 이것은 봄, 여름, 가을, 겨울 사계절의 순환과 같은 거라고 할 수 있다. 뭉친 것이 풀어져서 이제 거대한 방에서 편안히 누워있는 셈인데, 그런데도 내가 소리치며 대성통곡을 한다고 하면 이것은 내가 천명을 모른다는 것이기 때문에 그래서 슬퍼하기를 그쳤다.”

장자는 가난한 선비로 살았지만 한때는 당시 초나라 위왕威王이 장자에게 많은 돈을 주고 그를 재상으로 삼으려 했으나 장자는 이를 사양하며, "나는 구정물 속에서 놀면서 즐거울지언정 왕을 위해 애쓰는 일은 하지 않겠소"라고 하였다고 한다. 이후 장자는 평생토록 벼슬하지 않고 초가집에서 은거하면서 도에 대해 탐구하고 저술하는데 마음을 쏟았다.

『장자』는 본래 52편이었다고 하는데 전해지는 것은 곽상郭象 본 33편뿐이다. 내편內篇은 모두 7편이고 외편外篇은 15편, 잡편雜篇 11편으로 되어 있다.

장자에 나오는 그만의 특유한 언어들의 잔치를 감상해 보자.

장자가 누덕누덕 기운 남루한 옷을 입고 떨어진 신을 삼끈으로 얽어 묶은 채 위나라 왕을 찾아갔다. 위나라 왕이 말했다.

"선생은 어째서 이렇게 지쳐버렸소?"

장자가 대답했다.

"나는 가난할 뿐이지 지친 게 아니오. 선비가 마음에 도와 덕을 지니면서 실천하지 못하면 지쳤다고 하오. 헤진 옷을 입고 구멍 난 신발을 신은 것은 가난일 뿐 지친 게 아니오. 내가 지쳐 보이는 것은 말하자면 때를 만나지 못했기 때문이오.

왕께서는 나무에 오르는 원숭이를 보지 못했소! 원숭이가 녹나무나 가래나무같이 큰 나무에 올라가 가지를 잡고 빙빙 돌며, 그 사이에서 의기양양할 때면 예나 봉몽 같은 활의 명수라 하더라도 쏘아 맞출 방법이 없소. 그러나 원숭이가 산뽕나무나 가시나무, 탱자나무 같이 가시 있는 나무에 있을 때는 조심스럽게 움직이고 두려워 부들부들 떱니다. 이는 나무를 잘 타는 원숭이의 속성이 변해서가 아니라 처한 환경이 달라졌기 때문이오. 가시가 있는 나무에서는 나무 잘 타는 원숭이의 능력을 발휘할 수 없으므로 그렇게 전전긍긍하는 것이오. 지금같이 어지러운 세상에 힘들지 않을 수 있겠소? 난세에 살고 있으니 때에 맞추어 운명을 지킬 뿐이오. 그렇지 않으면 충신 비간이 가슴을 찢겨 살해당한 것같이 화를 입지 않겠소" (산목편)

도는 겉으로 드러나는 작용이 있고(有情) 그것이 존재한다는 증거가 있는(有信) 진실한 존재이며 불생불멸의 영원한 존재이다. 그것은 귀신을 영묘하게 만든다. 시위씨는 그것을 얻어 천지를 정돈하였고 복희씨는 그것으로 원기와 조화되었으며 황제는 그것으로 하늘에 올랐다. 서왕모西王母는 그것을 얻은뒤 소광산에 안거 했는데 아무도 그녀의 처음과 끝을 알지 못했다.(대종사편)

아침에 생겨나 저녁에 죽는 버섯은 한 달에 그믐과 초하루가 있는 줄 모른다. 아침에 태어나 저녁 때 죽는 씽씽 매미는 봄, 여름, 가을, 겨울을 모른다. 수명이 짧아서 알지 못하는 것이다. 초나라 남쪽에 있는 명령수冥靈樹는 천년을 한 살로 삼는다. 먼 옛날에 있었던 대춘수大椿樹는 1만6천년이 한 살이었다. 팽조彭組는 겨우 8백년을 살고는 장수한 사람으로 유명해져서 사람들이 앞다투어 그와 같아지려 하고 있다. 그러나 명령수나 대춘수와 비교하면 그도 단명한 것이다. 그런데도 사람들은 팽조와 같아지려고 하니 슬픈 일이 아닌가! (소요유편)

막 꿈을 꾸고 있을 때에는 그것이 꿈인 줄 알지 못하기도 하고, 꿈속에서도 그 꿈을 점치기도 하다가 깨어난 후에야 꿈이었음을 안다. 또 큰 깨달음이 있은 후에야 인생이 한바탕 꿈이었음을 알게 된다. 어리석은 자들은 자기가 깨어 있다고 생각하고 아는 체하며 임금이니 목동이니 하는

데 옹졸한 짓이다. 공자도 당신도 모두 꿈꾸고 있는 것이다. (제물론)

무릇 대지는 우리에게 형체를 부여하고 우리에게 삶을 주어 수고하게 하고 늙음을 주어 편안하게 하고 죽음을 주어 쉬게 한다. (대종사)

3) 서왕모西王母

　　도가 최초의 여선女仙은 중국고대 신화 속에서 가장 잘 알려진 서왕모이다. 곤륜산에 살았으며 성은 양楊 이름은 회回였다. 불사약을 가졌다. 옥황상제의 부인이라는 서왕모는 30을 약간 넘어선 성숙한 미모의 여인이며 절대 권력을 가진 여선의 우두머리로 표현되어왔지만 원래 서왕모는 중국 변방(서쪽 곤륜산근처)의 이민족의 이름이었다. 하지만 시대가 지나면서 신격화되어 중국의 남신은 옥황대제, 여신은 서왕모로 대표되어지고 있다. 서왕모는 복을 나누어주며 아들을 점지해 주는 신으로 알려져 있다.

지금까지도 서왕모와 관련되는 일화와 전설이 많고 시와 문학작품 속에서도 자주 등장한다. 서왕모는 천상계와 인간계의 여러 일에도 일찍부터 개입하여 관여한 것으로 되어있다. 우리가 잘 알고 있는 전설 중에서 견우와 직녀를 갈라놓아 그들이 지금까지 여전히 멀고 먼 은하계를 사이에 두고 매년 7월 7일에야 비로소 까치가 놓은 오작교烏鵲橋위에서 서로 얼굴을 한 번 볼 수 있게 만든 것도 서왕모에게 노여움을 샀기 때문이었다고 한다.

삼황오제三皇五帝의 한사람인 황제黃帝가 치우蚩尤와 중원을 놓고 싸움을 할 때, 치우가 비바람을 부르고 연기와 안개를 피워 황제의 군대에게 방향을 잃게 하고 대오를 어지럽혔다. 황제는 어쩔 수 없이 군대를 물려 태산지방으로 후퇴할 수밖에 없었다. 이때 서왕모는 몸에 검은 여우 갑옷을 입은 사자를 파견하여, 길이 한 자, 넓이 세 치 옥으로 된 단혈丹血 무늬를 한 푸른 옥돌 신부神符를 황제에게 주어 난국을 타개하게 하였다. 그리고 사람머리에 까마귀 몸을 한 구천현녀九天玄女를 파견하여 황제에게 각종 음양술陰陽術과 기관조종술機關之學을 가르쳤다고 한다. 서왕모의 이러한 도움으로 황제는 마침내 치우와 싸움에서 승리하고 중원을 차지하였다고 한다.

또한 순임금이 천하를 다스릴때에도 지지를 표명하고 사자를 파견하여 순임금에게 백옥환白玉環과 백옥피리를 내렸다. 그리고 지도를 내렸는데, 황제 때 구주九州를 기초로 하여 국가의 영역을 12주로 넓히게 되었다. 우임금 때 홍수가 나서 온 천하가 물로 뒤덮였을 때 서왕모는 운화부인雲華夫人 요희를 파견해서 돕게 하여 홍수를 다스리는 데 성공하였다고 한다. 서왕모는 또한 신선들 모임인 군선대회群仙大會(곤륜산 요지에서 선불仙佛과 성진聖眞들이 3천년에 한번씩 개최한다는 모임으로 이때 서왕모가 선도복숭아 일명 반도蟠桃를 대접한다)에 친히 참석하여 치하를 하였다고 한다.

서왕모의 궁전

곤륜산이야말로 중국신화 전설 가운데 가장 널리 잘 알려진 신선들의 산이다. 신선들이 산다는 선산仙山이라기보다 천계와 통해 있는 큰 사닥다리라고도 한다. 전설에 나오는 유명한 신선들은 곤륜산과 연관되지 않은 사람이 없을 정도이다. 곤륜산의 가장 높은 곳은 옥황상제의 거처와 바로 통해 있다고 한다. 모두가 옥으로 되어 있다는 군옥산은 곤륜산 서쪽에 있으며 서왕모의 궁전이 이곳에 세워져 있다고 한다. 서왕모의 정원인 요지瑤池는 군옥산이 둘러싸고 있는데, 이름 그대로 그 연못물이 깊고 넓고 맑아 마치 투명하고 빛나는 아름다운 옥과 같다고 한다. 요지 주변에 선도복숭아 꽃 등 온갖 기화요초가 만발한 그 경치를 그린 그림이 있으나 어떻게 그 아름다운 실체를 그림으로 표현해 낼 수 있겠는가! 서유기西遊記(손오공이 요지의 선도복숭아를 따먹어 신선대회를 망쳤다는 이야기가 있다)가 세상에 나온 후 요지는 하늘나라 궁전 가운데 주요한 경치 중의 하나로 자리매김을 하였으며 이때부터 요지에 대해 이의를 제기하는 사람이 없다고 한다.
요지에 대해 언급하면 사람들은 쉽사리 서왕모가 주관하는 반도승회蟠桃勝會(군선대회群仙大會)를 떠올린다. 이 세상의 어떠한 명목의 연회나 파티를 통틀어 보아도 이보다 사람을 사로잡는 연회는 없을 것이다. 매년 3월3일 서왕모 생일이 되면 요지에서 가장 아름다운 누각에서 반도승회를 거행한다고 한다. 이 잔치에는 수많은 큰 신선들과 각지의 선관과 신관들이 서왕모의 초청에 응해 참석하여 선도복숭아를 맛보며 서왕모의 생일을 축하한다고 하는데 선계에서나 볼 수 있는 성대한 행사가 되었다고 한다.

서왕모에게는 많은 자녀들이 있었다고 한다. 그중에서 가장 잘 알려진 여인이 운화雲華부인(이름이 요희瑤姬), 그리고 태진太眞부인(이름이 완완)이다. '집선록集仙綠'에 운화부인은 서왕모의 23번째 딸이며 태진부인의 동생이라고 한다. '명통일지明統一志'에는 서왕모의 아홉 번째 아들이 현수玄秀이며 진인이라는 기록도 있다. 이것으로 보건대 서왕모는 적어도 23명의 자녀를 둔 것으로 추측할 수 있다.

나아가 서왕모는 국가나 민간에서 각종 재난이나 어려움에 봉착했을 때, 기복祈福을 비는 주요한 신들 중 하나가 되었다. 여러 기록에 이러한 사실들이 나온다. 수나라 때 방화로 정형현 전체가 산불에 휩싸여 백성들은 두려움 속에서 어찌할 바를 몰랐다. 정형현 관리들은 서왕모 사당에 가서 예를 올리고 울면서 다음과 같이 고하였다. "백성이 무슨 죄가 있겠습니까? 지금 이러한 큰 재난을 만났습니다! 신神이 있어 만약 신령하다면 비를 내려 구해 주십시오." 기도가 끝나자, 곧바로 구름이 몰려들면서 갑자기 소나기가 내려 큰 산불이 꺼졌다고 한다. 이러한 일화가 유행하면서 사람들은 붉은 종이 위에 '서왕모의신위(西王母之神位)'를 쓰거나 혹은 서왕모를 귀부인상으로 그려서 받들어 제사를 지내고 복과 수명을 빌거나 각종 재앙을 없애도록 기도를 하곤 했는데 이것이 널리 유행하여 민간에서는 하나의 풍속이 되었다고 한다.

기원전 967년경 주나라 목왕은 곤륜산으로 가서 서왕모를 처음 만나 부부가 되었다. 이 두 부부의 애정은 아주 돈독했다. 평소에도 서왕모는 목왕과 이별할 것을 아쉬워하면서 죽은 후에도 다시 만나기를 기약하였다. 그러나 목왕이 늙고 병들어 죽게 되자 요지瑤池에서 다시 만난다는 기약도 물거품이 되었다고 한다. 이로 보건대 그 당시에는 서왕모의 신통력은 그리 대단하지 못했던 것으로 추측할 수 있다.

전국戰國시대가 지나고 한나라 때가 되자, 신선가의 방사方士들의 활약이 커지게 되면서 서왕모의 지위와 신통은 자꾸만 높아갔으며 장생불사약을 장악하는 등 신령스런 여자 신선으로 추앙받았다. 도교가 흥기함에 따라 서왕모는 도가의 주요인물이 되어 있었다.

「장자」'대종사'편에서는 서왕모를 다음과 같이 묘사 하였다.

"소광산에 앉아 그 비롯됨(탄생)을 알지 못하고 그 마침(죽음)도 알지 못한다."

이처럼 시작도 없고 끝도 없다면 장생불사와 다를 바 없다고 보고 여기서 서왕모는 완연한 선인의 품성과 위상을 차지하고 있음을 알 수 있다.

또 도교와 불교가 서로 세력을 다툴 때 인간의 상상력이 작용할 수 있는 범위 내에서 서왕모의 지위와 신통도 점점 높아갔으며 논쟁의 여지가 없이 천상의 높은 신으로 되었다.

서왕모 하면 방중술房中術과 선도 복숭아를 떠오르게 한다. 동방삭도 서왕모의 복숭아를 훔쳐 먹고 삼천갑자를 살았다고 전해지고 있지 않는가.

목왕과 만나고 850여 년이 지난 한나라 무제 때의 일이다. 한무제 유철劉徹은 일심으로 신선의 도를 구했던 사람이다. 동쪽의 어느 군에서 한무제에게 아주 작은 신체의 소왜인小矮人을 조공으로 보내왔는데 키가 불과 칠촌(20센티)이었으나 의관은 정갈하였다 한다. 한무제는 소인에게 매우 흥미를 느끼고 소인을 책상 위에 올려놓고 장난을 하면서 즐기곤 하였다. 어느 하루 동방삭이 궁궐에 들어왔다가 이 소인을 만났다. 소인을 부르면서 "거영巨靈아 너는 어떻게 이곳까지 미끄러져 떨어져 왔느냐? 아모阿母(서왕모)는 잘 계시냐?"라고 묻는다. 소인은 아무 대답이 없었다. 동방삭은 한 무제에게 "이 아이는 품행이 좋지 않아, 일찍이 세 번이나 서왕모의 선도복숭아(蟠桃)를 훔쳐 먹어 서왕모의 눈 밖에 나게 되었습니다.

154

그래서 이곳 인간 세상으로 귀양 왔습니다.”라고 하였다.

이에 한무제가 크게 놀랐고, 동방삭이 세상의 평범한 사람이 아니라는 것을 알았다고 한다. 그때까지 잠자코 있던 소인이 한 무제에게 “서왕모가 저를 파견하여 당신에게 도를 구하는 방법을 가르쳐주라고 하였습니다. 오직 청정하여야 하고 마땅히 조급해서는 안 됩니다. 다시 5년이 지나면 서왕모가 몸소 와서 당신을 만나겠다고 하였습니다.”라고 말한 후 순간적으로 사라졌다.

5년이 지나자 서왕모는 한무제에게 사자를 파견하여 7월 7일 자기가 친히 강림하겠다고 전했다. 이에 한무제는 향을 사르고 물을 뿌려 청소를 깨끗이 하고 몸소 장막을 쳤다.

약속한 7일 날밤 공중에서 뇌성이 은은한 가운데 온 하늘이 갑자기 자주색 구름으로 덮이면서 서왕모가 자주색 구름수레(紫雲車)를 타고 궁전으로 내려왔다. 이때 서왕모의 신태는 방정하였고, 얼굴은 절세가인으로 30여 세 여인이었다 한다. 이때 서왕모를 따라온 선녀가 옥쟁반에 선도복숭아 7개를 받쳐왔는데 서왕모는 한무제와 이야기를 나누다가 선도복숭아를 내려 맛보게 하였다고 한다. 서왕모가 3개를 먹고, 4개를 한무제에게 주었다고 하는데 한무제가 한번 맛보자 그 맛이 얼마나 좋은지 정신마저 상쾌해져서 한무제가 복숭아씨를 받아 심으려 하자 서왕모가 “이 복숭아는 삼천년이 되어야 열매를 맺는다. 중원땅은 척박하여 심어도 살지 못한다.”고 하자 한무제는 심기를 포기하였다고 한다.

선도복숭아(蟠桃)

서왕모가 산다는 선경을 요지瑤池라 하고 그곳에 선도복숭아가 자란다고 한다. 하나를 먹으면 천년을 살 수 있다는 등 여러 가지 일화가 전해져 오면서 일찍이 이상향을 그리는 사람들이 꿈속에서도 동경해마지 않던 곳이다. 원래 선도복숭아는 천상에 없었다고 한다. 「현중기玄中記」 등에 따르면 "동남쪽에 도도산桃都山이 있는데, 산 위에는 거대한 복숭아나무가 있어 얼마나 큰지 밑둥치부터 가지까지 삼천리나 된다고 하며 복숭아가 맛이 있어 그곳에 사는 신선이 서왕모에게 바쳤다. 서왕모는 복숭아 맛이 좋아 그 씨를 받아 심었는데 이것이 선도복숭아(蟠桃)"라고 한다. 천상의 토질과 기후가 좋고 더욱이 정심하게 관리하여 복숭아나무가 무성하게 자라 점차 복숭아나무 숲을 이루었는데 이를 반도원蟠桃園이라 한다.

반도원에는 복숭아나무 3,600그루가 있는데. 앞면의 1,200그루는 꽃이 작고 과일도 적은데 3,000년에 한번 익으며 사람이 먹으면 도를 이루고 신선이 된다고 하며 신체가 가벼워지고 건강해진다고 한다. 중간 1,200그루는 겹꽃에 단 열매가 맺는데 6,000년에 한번 익으며 사람이 먹으면 안개나 노을과 같이 가볍게 날며 장생불사한다고 한다. 제일 뒤편에 있는 1,200그루는 자주색 무늬의 담황색 복숭아로 9,000년에 한번 익는데 이를 먹는 사람은 천지와 같이 수명을 누리고 해와 달과 같이 영원히 산다고 한다.

이와 같이 서왕모의 궁전, 요지, 천도가 있는 곤륜산은 세상에 많아 알려져 있지 않아 궁금증만 더했다. 이 기회에 곤륜산에 대한 자료를 모아 보았다.

곤륜산昆侖山

곤륜산맥(곤륜산)은 곤륜허昆侖虛라도도 하며, 중국 제일의 신산神山, 만조萬祖의 산, 곤륜구옥산昆侖丘玉山이라고도 한다. 아시아 중부의 대산계大山系이며, 중국 서부 산계山系의 주역이기도 하다. 이 산맥은 서쪽에서 파미르 고원 동쪽에서 시작하여 신장과 티베트를 가로질러 칭하이까지 뻗어있으며 전체 길이는 약 2,500km, 평균 해발 5,500-6,000m, 너비 130-200km이고, 서쪽은 좁고 동쪽은 넓으며 총면적은 50만㎢에 달한다. 곤륜산은 중화민족의 문화사에서 '만산萬山의 조상'이라는 혁혁한 지위를 가지고 있으며 옛사람들은 곤륜산을 중국의 '용맥龍脈의 조상'이라고 불렀다.

고대 신화에 따르면 곤륜산에는 신선인 '서왕모'가 살고 있는데, 인두人頭와 표범의 몸(豹身)으로 두 마리의 파랑새가 섬기는 것은 도교 신과 동왕의 남녀가 신선을 닦고 등선을 인도하는 일이다.

쿤룬(곤륜)산에서부터 파미르 고원까지 산맥의 전체 길이는 약 2500km이다. 중국 경내에서 칭하이, 쓰촨, 신장, 티베트의 4개 성을 가로지르며 최고봉은 신장 케즐러 수커르크쯔 자치주 악타오현에 있는 쿵겔봉(해발 약 7649m, 또는 7723, 7719)이다. 쿤룬 강의 발원지인 흑해는 해발 4300m로 호수가 맑고 새와 새가 무리지어 야생동물이 출몰하는 기상천외한 곳이다. 쿤룬강을 가로지르는 들소골에는 귀중한 들소골 암각화가 있고 옥허봉과 옥주봉은 오랜 세월 동안 은빛으로 뒤덮여 있으며 산간에는 구름과 안개가 자욱하다. 쿤룬산에서 가장 큰 부동천은 쿤룬 강 북안에 위치한 쿤룬샘이다.

쿤룬산의 북쪽 경사면은 아시아 대륙의 가장 건조한 중심에 인접해 있으며, 난온대 타림 사막과 차이다무 사막에 속하며, 산의 연간 강수량은 100mm 미만, 서쪽 60mm, 동쪽 20mm, 뤄창은 15-20mm에 불과하다. 연간 강수량은 산지의 고도가 높아짐에 따라 약간 증가하며, 온대 사막은 고산 사막으로 대체되며 독특한 패드 모양의 낙타 퀴노아와 티베트 아국亞菊으로 조성된다. 쿤룬산맥의 북쪽 경사면에서 발원한 하천은 긴 원천으로 타림분지와 차이다무분지의 유수계에 합류한다.

중국 상고(上古)에 전해 내려오는 신화·전설은 곤륜산과 관련된 것이 많아 염황炎黃 자손의 발원지로 꼽힌다. 그러나 곤륜산은 많은 신화에서 언급된 그 "곤륜산"이 아니라 곤륜산맥이다. 신화 속 곤륜산은 현실에 존재하는 '곤륜선산昆侖仙山'이다.

도교관계道教關系

중국 도교 문화에서 곤륜산은 '만산의 조상'이자 '만신의 고향'으로 불린다. 명말明末 도교의 혼원파混元派 도장道場이 있던 곳이었으나 변고變故로 점차 모습을 감추었다.

청나라 광서 26년(1900년), 간쑤성甘肅省 영등현永登縣 현양玄陽 호진인胡真人과 금단자金丹子 장리칭張理淸 도장道長 두 사람은 곤륜산맥에서 전설의 '만신의 고향'을 찾아 지금의 칭하이성青海省 러두현樂都縣 부근에서 주변의 산들이 둘러싸고 있는 것을 보고 지세가 연꽃처럼 현묘했다고 말했다.

화예花蕊 위에 도관을 세우는 것이 절묘한 곳이어서 선신善信을 일으켜 1916년 '곤륜도관昆侖道觀'을 짓기 시작했다. 1930년에 이르러 마침내 일진오원一進五院이 세워졌고, 앞뒤 팔괘식으로 북향하여 남향한 '곤륜만신궁昆侖萬神宮'의 군락지가 조성되었다. 각 전우殿宇가 벽돌과 목조건축으로 조각되어 있어 도관의 성지답게 웅장하였다고 한다. 그러나 10년간의 동란으로 폐허가 되었다.

1998년 이후 중국 정부는 점차적으로 쿤룬昆侖 도관道觀을 재건했지만 안타깝게도 그때의 모습은 아니라고 한다.

신화전설神話傳說

옛사람들은 곤륜산을 중화 "용맥龍脈의 조상"이라고 불렀다.

옥주봉玉珠峰, 옥허봉玉虛峰은 모두 칭하이성青海省에서 대외적으로 개방된 봉우리로 순례와 수련의 성지로 1990년 곤륜산도교 조상을 찾는 관광코스를 선보였다. 1992년 이후 세계 각지에서 쿤룬에 올라 뿌리를 찾아 조상에게 인사하고 절을 하는 염황炎黃 자손들로 구성된 뿌리 찾기 단체는 수백 개에 달하며, 일부 대만 동포들은 매년 몇 달 동안 쿤룬산에서 수련하고 있다고 한다. 이후 가족을 데리고 산에 들어가 조의를 표하고 제단祭壇을 건설하여 경건함을 표시하기도 하였다.

괴강산槐江山에서 남서쪽으로 400리 떨어진 곳은 황제黃帝의 도읍인 곤륜산이다. 쿤룬산은 신 육오陸吾가 주관하고, 그는 천상天上의 9역九域을 관리하고 있다. 육오는 호랑이 몸, 호랑이 발톱, 아홉 개의 꼬리를 가지고 있다고 한다. 산속의 땅강아지는 사람을 먹는 것을 좋아하는데. 땅강아지는 네 개의 뿔을 가지고 있어 조용할 때는 큰 염소 같다고 한다. 산속에는 흠원欽原이라는 큰 새가 자라고 있는데, 모양은 말벌과 같고 크기는 원앙과 비슷하다. 흠원이 다른 새와 짐승들을 쏘면 이 새들과 짐승들이 죽고, 나무를 쏘면 이 나무들도 말라죽고, 사람은 그를 만나면 흉하다고 한다.

산에는 당나무와 비슷한 모양의 사당沙棠나무가 있는데, 노란 꽃과 붉은 열매에, 열매는 자두 맛이 나지만 씨가 없다. 사당은 수해를 막는 데 사용할 수 있고, 그 열매를 먹으면 익사하지 않는다. 산속의 두릅풀은 해바라기 모양과 파 맛으로 피로를 풀 수 있다. 강물은 여기에서 발원하여 남쪽으로 흐르다가 다시 동쪽으로 흐른다. 적수赤水도 이곳에서 발원하여 동남쪽으로 흘러 들어간다.

양수洋水는 또한 쿤룬산에서 발원하여 남서쪽으로 추도醜塗의 물로 유입된다. 검은 물黑水도 쿤룬산에서 흘러나와 남서쪽으로 큰 대우大杆에 흘러든다. 이곳에는 기이한 새와 짐승들이 많이 자라고 있다. 호랑이 같은 육오신陸吾神, 말하자면《해내서경海內西經에 나오는 개명수다. 미라리는 봉황속에 속하는 조류로 '해내서경'에서는 쿤룬카이밍昆侖開明의 북서쪽에 모두 봉황이 있다고 한다.

옛사람들은 곤륜산을 '만산시조萬山之宗', '용맥의 조상龍脈之祖', '용산龍山', '조룡祖龍'으로 존경하여 아름답고 감동적인 신화전설을 많이 엮어냈다. 여성과 어린이 모두가 알고 있는《서유기西遊記》,《백사전白蛇傳》등은 모두 쿤룬산과 관련이 있으며 중화민족 신화 전설의 산실이다.

쿤룬산의 선주仙主는 서왕모라고 전해지며 많은 고서에 '요지瑤池'라고 기록되어 있다. 쿤룬산은 6월에 설경관雪景觀을 형성하고 물의 양이 많고 안정적이며 전설에 따르면 서왕모가 경장옥액瓊漿玉液을 양조하는 데 사용하는 샘물도 고품질 광천수다. 쿤룬산에서 발원한 강은 장기간 천판암千板岩을 침식하여 협곡 절벽과 마주보고 수십 미터 깊이의 천험天險한 경관을 형성하고 있다. 기봉奇峰은 곳곳에 서 있다.

4) 도교창시 장도릉道敎創始 張道陵

장도릉張道陵(34-156), 자는 보한輔漢, 장릉張陵, 동한東漢 풍현豐縣 사람이다. 서한西漢 개국공신 장량張良의 8세손으로 건무建武 10년 정월 15일 풍현豐縣 아방촌阿房村에서 태어났다고 전해진다. 장도릉의 아버지 이름은 장대순張大順이며, 신선술을 잘하여 스스로 '동백진인桐柏真人'이라 칭하고 아들을 낳았는데, 곧 '능陵'이라 이름 짓고, 장차 선조를 따라 속세를 멀리하고 능陵에 올라 신선이 되기를 원했다. 장도릉은 어려서부터 총명하여 일곱 살에 《도덕경》을 통독하였다. 태학의 선비였을 때, 《오경》에 정통하고 천문지리와 하락참위河洛讖緯의 책에 대해 모르는 것이 없었으며 그를 따르는 학자는 천 명 이상이었다. 그러나 늘 읽은 책이 생사의 문제를 해결하지 못한다고 탄식하며 유학을 버리고 장생의 도를 택했다. 순제順帝 때 곡명산鵠鳴山(학명산鶴鳴山, 지금의 사천대읍 경내)에 들어가 수도하였다. 24편의 도서를 저술하여 스스로를 '태청현원太淸玄元'이라 칭하고 '천인天人'을 만나 정일명위正一明威의 도道를 접수하여 도파道派를 창시하였다. 도를 받는 사람이 쌀 다섯 말을 낸다 하여 '오두미도五斗米道'라고 했다. 자칭 '천사도天師道'라고도 한다. 부수符水의 주법呪法으로 병을 고치고 잘못을 뉘우치도록 가르쳤으며 따르는 자가 수만 명에 이르렀다. 이십사치二十四治를 세우고 제주祭酒를 세워 그 집안을 분령分領한다. 후예後裔들이 대를 이어 도법을 계승하여 용호산龍虎山에 세거世居하여 '장천사張天師'라 칭하였다.

장도릉은 26세 때 강주령江州令을 배향했으나 곧 벼슬을 그만두고 낙양洛陽 북망산北邙山에 은거하며 학도學道에 정진했다. 이후 장도릉은 명산대천을 돌아다니며 신선을 찾아다니기 시작했다. 먼저 남쪽으로 회하淮河를 돌아 동백태평산桐柏太平山에 머물다가 제자 왕장王長, 조승일趙升一과 함께 강남을 건너 강서江西 귀계현貴溪縣 운금산雲錦山에 이르니 이곳은 산수가 맑고 그윽하여 옛 선인들이 살던 곳으로 장도릉은 산 위에 집을 짓고 수련하여 연단煉丹을 쌓아갔다. 전설에 따르면 3년 후에 신단神丹을 완성하고 용호龍虎가 나타났기 때문에 이 산을 용호산龍虎山이라고도 불렀다고 한다.

당시 60세였던 장도릉은 촉蜀의 민풍民風이 순수하고 교화가 쉽다는

160

말을 듣고 쓰촨성四川 학명산鶴鳴山으로 이주했다. 한漢나라 순제順帝 한안漢安 원년(142) 정월 대보름에 태상노군太上老君이 촉蜀 땅에 강림하여 장도릉에게 '정일맹위正一盟威의 도道'를 전수하고 요괴를 제거하여 백성을 구원할 것을 당부하였다고 한다. 장도릉은 이에 따라 도교를 창시하고 노자를 교조로 존중하며 '도'를 최고의 신앙으로 삼았다. 장수 2년(156)에 승선하여 123세의 나이로 세상을 떠났다.

당唐 현종玄宗 천보天寶 7년(748년), 노자의 고책故冊으로 장도릉을 태사太師로 추증하였다. 희종禧宗 중화中和 4년(884년), 삼천부교대법사三天扶教大法師로 봉해졌다. 송宋 휘종徽宗 대관大觀 2년(1108년), '정일정응진군正一靖應真君'을 추증하고, 이종理宗은 '삼천부교보원대법사三天扶教輔元大法師, 정일정응현우진군正一靖應顯佑真君'을 가봉加封 하였다. 원元 성종成宗은 "정일충현신화정응현우진군"正一沖玄神化靜應顯佑真君"을 추가로 봉했다. 명明 숭정崇禎 황제는 "육합무궁고명상제"六合無窮高明上帝"로 증정하였다. 정일파正一派에서는 조천사祖天師, 태현상泰玄上, 대성강마호도천존大聖降魔護道天尊이라고 불렀다.

① 창립천사도교創立天師道教

장도릉이 촉蜀에 입성한 이유로는 첫째, '촉에 사람이 많고 순후純厚하며 교화가 쉽고 명산이 많아 창교創教에 유리하다'는 것이고, 둘째, '파촉巴蜀의 진기疹氣가 인체에 해를 끼치고 백성들이 병역病疫에 시달리고 있다'는 것이다. 그는 부符와 단丹으로 그 사람들을 치료하였다. 그는 양평산陽平山에서 다시 학명산鶴鳴山에서 살았고 서성산西城山, 갈궤산葛潰山, 진중산秦中山, 창리산昌利山, 용천산湧泉山, 진도산真都山, 북평산北平山, 청성산青城山에 가서 생각을 가다듬었다. 영화永和 6년(141년), 장도릉은 도서

道書 24편을 저술하여 스스로를 '태청현원太清玄元'이라 칭하고, 제자를 받아들여 교단을 설립하고, 도교 말단 조직을 세웠다.

그리고 그 도를 섬기는 자는 쌀 다섯 말을 납입하여야 하며, 이를 '오두미도五斗米道'라 한다. 한漢 안제安帝 원년(142년) 태상노군太上老君이 친강親降하여 삼천정법三天正法을 내려 장도릉에게 천사天師라 하였고, 같은 해 정일과술요도법문正一科術要道法文, 정일맹위묘경正一盟妙威經을 내려 "삼천법사三天法師정일진인正一眞人"이라 명명하였다. 또한 태상노군은 한漢 안제安帝 2년 이십사치二十四治(상팔치上八治, 중팔치中八治, 하팔치下八治)를 천사 장도릉에게 포화布化를 봉행하라고 당부하였다. 그래서 장도릉은 파촉 지역에 24개의 종교 활동 센터, 즉 24개의 통치 센터를 설립하고, 그 후 제주祭酒를 설치하고, 그 집안을 나누어 지켰다. 이때부터 도교는 정규 교단 조직인 '정일맹위도(正一盟威道)'를 갖추기 시작했고, 후대에도 '천사도天師道'라고 불렀다.

장도릉은 부수符水와 주법咒法으로 병을 고쳤다. 그리고 사람들에게 소금을 얻는 법을 가르쳤는데, 후대에 '릉정陵井'(함정물로 소금을 끓이는 것)이라고 불렀다. 백성들이 그 이익을 얻어서 하늘의 스승으로 받들어 제자가 수만 명에 이르렀다. 그리고 제자들이 일을 따라 번갈아 가며 나무꾼 등을 내도록 조직을 세우고, 형벌을 가하지 않고 선도로 사람을 다스렸다. 질병이나 생전에 저지른 죄는 서기書記가 손으로 써서 물에 던져 신과 동맹을 맺게 하고, 죄를 다시 범하지 못하게 하며, 생사를 약속한다.

장도릉은 노자를 도조道祖로 존경하고 《노자오천문》을 최고의 경전으로 받들었으며, 《노자상이주老子想爾注》를 자작하여 노자의 도가사상을 발휘하였다. '도'를 최고의 신앙으로 삼고, '도'를 노자와 견주어 '도'를 '하나'라 칭하고 '하나가 흩어지면 기氣가 되어 형상이 모이게 된다고 말했다.

162

② 장천사세계張天師世系

장도릉은 천사파 1대 천사로 도교에서 조천사祖天師로 추앙받고 있다. 천사의 직위 계승은 세습사교世襲嗣教 제도를 채택하였으며, 조천사祖天師 후 아들 장형張衡이 계승하여 사천사嗣天師라 하였다. 장형張衡이 떠난 후, 자 장로張魯가 이어받은 계천사系天師이다. 4대손인 장성張盛 때 돌아와 강서응담江西鷹潭 용호산龍虎山으로 거처를 옮겼고, 자손 대대로 그 업을 물려받아 일반적으로 몇 대째 천사天師로, 통칭하여 장천사張天師라고 불렀다.

장도릉이 창시한 도교는 1대에서 65대 까지 2000년 동안 대를 이어 지금까지 전해지고 있는데 그 세계世系는 다음 표와 같다.

世系	성명	생몰연대	비 고
第1代	장도릉 张道陵	34~156년	동한東漢 광무제光武帝 건무建武 10년생, 명제(明帝) 때 급제하여 사천강주령을 지내고, 화제和帝 때 용호산에서 단을 연마하고, 순제順帝때 사천에 가서 도교를 창건하고, 환제桓帝 때 청성산에서 123세에 비승, 세칭 조천사祖天師.
第2代	장형 張衡	?~179	장도릉의 장남은, 156년에 교육을 받고 양평산에서 비승, 세칭 사천사嗣天師.
第3代	장노 張魯	?~216	조조曹操는 노로나라를 배향하여 진남장군에게 낭중후閬中侯를 봉했다. 형형의 장남은, 정치와 교육을 하나로, 30여 년 동안 웅거하여 파촉巴蜀에 묻혔고, 세칭은 계사系師.
第4代	장성 張盛	한말~서진 漢末~西晉	조조曹操는 차도위 산기상시 가도정후에게 봉해졌다. 노로의 삼남은, 한말에 용호산으로 거처를 옮겨 용호정일도龍虎正一道를 창시함.

第5代	장소성 張昭成	생졸미상	성盛의 장남으로, 용호산에서 살았으며, 일설에 향년 119세로 추정
第6代	장초張椒	생졸미상	昭成의 장남, 용호산에 살았고, 향년 백여 세.
第7代	장회張回	생졸미상	초椒의 장자 용호산에 살았고, 향년 백여 세.
第8代	장동 張迥	南朝 齋 高 帝시기	回의 자. 용호산에 살았고, 나이는 90세.
第9代	장부張符	생졸미상	迥의 자, 용호산에 살았고, 나이는 93세.
第10代	장자상 張子祥	隋代활동	符의 자, 용호산에 살았고, 향년 120세.
第11代	장통현 張通玄	생졸미상	子祥의 자, 용호산에 살았으며, 향년 97세.
第12代	장항張恒	唐고종시기	通玄의 子, 용호산에 살았고, 년 98세.
第13代	장광張光	생졸미상	恒의 子, 용호산에 살았고, 향년 104세.
第14代	장자정 張慈正	생졸미상	光의 子, 성정산에서 수도하여, 향년 100여 세.
第15代	장고張高	唐현종시기	慈正 장남, 용호산에 살았으며, 향년 90세.
第16代	장응소 張應韶	생졸미상	高의 長子, 용호산에 살았으며, 향년 99세.
第17代	장이張頤	생졸미상	應韶의 長子, 용호산에 살았으며, 향년 87세.
第18代	장사원 張士元	생졸미상	頤의 子, 용호산에 살았고, 향년 92세.
第19代	장수張修	생졸미상	士元의 長子, 용호산에 살았고, 향년 95세.
第20代	장심 張諶	唐 會昌~ 咸通 年間	修의 長子, 용호산에 거처하니, 당唐무종武宗은 진선관眞仙觀을 지어 하사하였다.
第21代	장병일 張秉一	생졸미상	諶의 長子, 용호산에 거하고, 천사의 묘를 지었으며, 향년 92세.
第22代	장선張善	생졸미상	秉一의 長子, 용호산에 살았으며, 향년 87세.

세대	이름	시기	내용
第23代	장계문 張季文	五代時	善의 長子, 용호산에 살았으며, 향년 87세.
第24代	장정수 張正隨	송宋 진종眞宗 年間	季文의 子, 용호산에 거하고, 송宋 진종眞宗 때 上淸觀 지음, 향년 87세.
第25代	장건요 張乾曜	송인종시기	正隨의 長子, 용호산에 살았으며, 향년 85세.
第26代	장사종 張嗣宗	송인종시기	乾曜의 長子, 상청관을 계속 지었음. 81세
第27代	장상중 張象中	宋송 仁宗시기	嗣宗長子, 聖井山에 살았고 그 손자인 장헌張憲은 무武의 장원이다. 향년81세.
第28代	장돈복 張敦複	宋송 神宗 연간	象中의 長子, 53歲, 자손이 없음, 제弟 돈후敦後의 아들 경단景端이 대를 잇는다.
第29代	장경서 張景瑞	생졸미상	敦複의 侄子, 52세, 자손이 없음, 숙부 敦信의 적손인 장계선이 대를 이었다.
第30代	장계선 張繼先	1092~1128년	敦信의孫, 處仁의子, 평생 결혼 않고, 無子이며, 《허정어록虛靖語錄》7권을 저술.
第31代	장시수 張時修	생졸미상	敦直의 長子, 의붓아버지. 향년81세.
第32代	장수진 張守真	?~1176년	時修의 長子,
第33代	장경연 張景淵	南宋孝宗	守真의 長子, 清呂家源을 장사지냄.
第34代	장경선 張慶先	?~1209년	景淵의 長子, 술과 연회를 즐김.
第35代	장가대 張可大	1217~1262	守真의 차남 張伯瑀의 손자,
第36代	장종연 張宗演	1244~1292	可大의 次子, 벼슬이 2품

第37代	장여체 張與棣	? ~1294	宗演의 長子.
第38代	장여재 張與材	? ~1316	宗演의 次子, 일품벼슬, 명양산에 매장
第39代	장사성 張嗣成	? ~1344	與材의 長子, 서화와, 특히 용을 잘 그리는데, 「廬山圖」가 전승됨
第40代	장사덕 張嗣德	? ~1352	與材의 次子. 서화에 능하고, 생전에 항저우에서 "상청궁 동종銅鍾"을 주조함.
第41代	장정언 張正言	? ~1359	嗣德의 長子.
第42代	장정상 張正常	? ~1378	嗣成의 長子.「天師世家」를 저술.
第43代	장우초 張宇初	? ~1410	正常의 長子.「龍虎山志」10권,「峴泉集」12권을 저술하여 역대 천사의 백미였다.
第44代	장우청 張宇清	? ~1427	正常의 次子. 벼락치기, 저서로 「西壁文集」
第45代	장무승 張懋丞	1387~1444	正常의 셋째 아들인 우정宇埕의 아들,
第46代	장원길 張元吉	1435 ~?	懋丞의 孫. 留綱의 아들, 부적을 잘 그리며, 일품이나 품행이 단정하지 못하였다.
第47代	장원경 張原慶	? ~1509	元吉의子. 성국공 주이朱儀의 딸을 아내로 맞아 들여 김계장생관에 묻힘.
第48代	장언편 張彦頨	1490~1550	原慶의長子, 안원후 유문柳文의 딸을 아내로 맞아 청궁, 진인부, 정일관을 짓고 시문을 잘하여 이양 적산서원에 묻었다.
第49代	장영서 張永緒	? ~1565	彦頨의長子. 10세에 습교, 검술에 능함.

第50代	장국상 張國祥	?~1611	부마 사공의 딸을 아내로 맞아 「天師世家」, 「龍虎山志」 3권을 보필하고 「續道藏」 등의 책을 편찬함
第51代	장현용 張顯庸	명明 神宗시기	國祥의 長子, 「三教同塗論」, 「金丹辯惑論」, 「浴梧詩集」 등의 책을 저술함.
第52代	장응경 張應京	?~1651	顯庸의 長子. 郡主 朱씨는 1품부인으로 봉함
第53代	장홍임 張洪任	?~1667	應京의 長子. 金溪朱坊에 묻힘.
第54代	장계종 張繼宗	1666~1715	洪任의 長子. 筱嶺에 남산을 등지고 묻힘
第55代	장석린 張錫麟	清乾隆年間	繼宗의 長子, 향년 29세.
第56代	장우륭 張遇隆	清 乾隆年間	錫麟의 子. 1740년, 婁近恒은 「龍虎山志」 16권을 저술
第57代	장존의 張存義	1751~1779	遇隆의 子. 향년28세, 후사가 없자, 당숙이 습교함.
第58代	장기융 張起隆	?~1798	錫麟의 繼子. 정일관에 묻힘.
第59代	장옥 張鈺	清嘉慶년간	起隆의 子. 南極觀에 묻힘.
第60代	장배원 張培源	?~1859	鈺의 長子. 남극관에 묻힘.
第61代	장인정 張仁晸	清同治년간	培源의 子. 青城山에 묻힘. 향년63세.
第62代	장원욱 張元旭	?~1924	仁晸의 長子. 중화민국 도교 총회 발기인.상해에서 병으로 사망하여, 楊家山에 묻힘.
第63代	장은부 張恩溥	1904~1969	元旭의 長子. 부적을 잘 그렸고,1919년 2월에 대만에 가서, 1969년 12월 25일에 台北에서 우화하였다.
第64代	3가지정도의 논쟁거리가 있어 표 아래에 그 내용을 기술함.		
第65代	장미량 張美良, 현재 대만에서 활동 중.		

상하이 도교협회가 설립된 후, 진앵녕陳櫻寧 선생이 기안한《도교 부흥계획서》를 출판하였다. 그리고 1949년 국민당과 함께 대만에 들어갔다. 그러다가 1950년 대만성台灣省 도교협회를 창립하고 '사한嗣漢천사부주天師府駐 대만출장소"를 설치하여 신자들에게 직접 경록經籙을 전수하였다. 또 '도교거사회道教居士會'와 '도교대사법회道教大法師會'를 설립했다.

장원선張源先은 여러 차례 동남아 국가를 방문해 해외의 선남선녀에게 도교의 교리를 설파한 영향이 컸다. 65세의 나이로 우화하여 용호산 조사로서 현단玄壇과 고향을 그리워하였다고 한다. 그러나 용호산 사한천사부嗣漢天師府는 64대나 65대를 자처한 천사를 인정하지 않았다.

논란은 장원선張源先(?~2008)은 장은부張恩溥의 5촌 조카이다. 이후 타이완台灣의 도교 업무를 총관리하였으나, 장원선은 지금까지 용호산에서 장천사의 뒤를 이을 의식을 거행한 적이 없고, 후계자로 학명산鶴鳴山과 청성산青城山에 가서 조천사와 역대 천사를 제향한 적이 없었기 때문에, 장원선의 천사라는 칭호는 대륙 본토 도교계의 인정을 받지 못했다.

장원선은 20년 가까이 여행자로 대륙을 다녀왔고, 일부 도교 궁관을 방문한 적도 있지만 대륙 도교 신자들에게 '천사'로 여겨진 적은 없다. 2008년 1월 17일 새벽 남투시南投市에 있는 집에서 우화羽化되었다지만. 장도정張道禎과 장미량張美良은 모두 대리 장교掌教에 불과하다고 했다.

장도정張道禎은 32대 천사인 장수진張守真의 후손(62대 천사인 장원욱과 동년배)으로 2008년 5월 11일 대만 남투南投시 스타디움에서 65대 천사로 승계했다고 발표했다. 이후 장원선張源先을 대리로 칭하고 2009년 6월 64대 천사로 습승襲承한다고 발표해 대만 당국으로부터 승인을 받았다.

장미량張美良은 63대 장천사 장은부張恩溥의 아들로 자칭하고 있으며, 장미량은 부친이 사망했을 때 13세였다고 한다. 유언으로 "장미량이 습

위하기 전에 천사부의 모든 사무처리는 대법사회의를 거치고 이를 최고 권력기구로 삼아야 한다"며 "모든 조상 보인과 경전 법물은 잠시 진여평陳如平(장미량의 어머니 진월연陳月娟의 친우)에게 맡겨 보관 한다"고 말했으나. 뜻밖에도 장원선張源先은 이 유언의 효력을 인정하지 않고 민족회의라는 이름으로 64대 천사의 뒤를 이었다. 그가 성년이 되자 장도정은 장미량이 장은부張恩溥 처와 전남편 사이에서 태어났다고 주장했으나. 2008년 10월 장미량張美良이 사한嗣漢 도교 64대 장천사張天師를 계승한다고 발표했다.

5) 팔선八仙

팔선

① 8선八仙의 유래

팔선八仙의 전설은 기원이 매우 이르지만 인물에 대해서는 여러 가지 설이 있다.

팔선의 인물은 출처가 다르고 시대도 다르다. 원래 역사책에서 발견되었고 그 사람이 있었던 것은 성당盛唐 초의 천도술사擅道術士 장과張果이다.

오대송초五代宋初에는 여동빈呂洞賓에 대한 선화仙話 전설이 널리 퍼져 도교 내단內丹 수련법의 전파와 맞물려 양송兩宋에 즈음하여 '종여금단도鍾呂金丹道'가 널리 퍼졌다. 금원시대金元時代 전진도교全眞道敎가 부흥하자 민간신앙과 전설에 대응하여 그 교법을 선양하기 위하여 종리권鍾離權, 여동빈呂洞賓 등을 북5조로 추대하였다. 여동빈은 팔선八仙 형성의 핵심인물로 도교에서는 여조呂祖라고 부르며 각 지역의 도관道觀, 특히 전진도관全眞道觀의 제사가 끊이지 않았다.

팔선의 사적事跡은 당唐나라와 송宋나라 때 서적에 많이 나타나지만 아직 '팔선' 집단을 형성하지 못했다. 진짜 여덟 사람을 모아 '팔선'이라고 부르는 것은 원元나라 사람이 창작한 것이다.

팔선八仙은 명明나라 오원태吳元泰의 연의演義소설 '동유기東遊記'라는 책이 나온 뒤부터 선정됐다. 오원태는 팔선의 순서를 정했다: 첫째, 이철괴, 둘째, 종리권, 셋째, 남채화, 넷째, 장과로, 다섯째, 하선고, 여섯째, 여동빈, 일곱째, 한상자, 여덟째, 조국구이다. 팔선의 구성과 서열 순서는 훗날 전해진 팔선과 완전히 일치하여 대부분의 사람들이 오원태의 설을 받아들였음을 알 수 있다.

팔선은 도교의 많은 신선들과 달리 인간세상에서 스스로 공부하여 이루었고 모두 다채롭고 다양한 인간 이야기를 가지고 있다. 일반 신선들의 신성하고 장엄한 이미지와는 매우 달라 대중들의 사랑을 받았다. 여동빈의 경박한 성격, 이철괴의 술주정 등 몇 가지 단점도 있다.

② 인물人物

◆이철괴李鐵拐

이철괴는 민간전설에서 팔선의 으뜸으로 알려져 있다. 그는 당唐 현종玄宗 개원과 대종대력代宗大曆 사이의 사람으로 종남산終南山에서 도道를 배웠다고 한다.

《역대신선통감曆代神仙通鑒》에는 본래의 모습이 매우 우람하고 용모가 당당하여 당산동碭山洞에서 수행하였다고 전한다. 노군의 화산선회華山仙會에 참석하기로 약속했기 때문에, 떠날 때 제자에게 만약 자기의 원신元神이 7일 동안 돌아오지 않으면 자신의 육신을 불태우라고 했다. 그런데 뜻밖에도 엿새째 되는 날, 제자의 집에서 어머니가 위독하다는 연락이 와서 제자는 어쩔 수 없이 시신을 불태우고 자기 집에 갔는데 얼마 되지 않아 이철괴의 원신元神이 돌아왔으나 의지할 곳이 없게 되었다. 그런데 갑자기 숲에 굶어죽은 사람의 시체가 있는 것을 보고 그 이마의 문으로 들어와 일어서자 너무 추해 보여서 안 되겠다고 생각되어, 서둘러 박속에서 노군老君이 준 선단仙丹을 쏟아내니, 박이 금빛으로 번쩍이며, 검은 얼굴에 커다란 곱슬머리, 큰 눈, 그리고 오른발은 여전히 절뚝거리는 모습을 드러냈다. 그러자 뒤에서 갑자기 박수를 치는 사람이 있어 뒤를 돌아보니 바로 노군老君이었다. 다급해진 이철괴가 원신을 쫓아 나오려고 하자 노군께서 제지하시며 "도행道行은 겉모습에 있지 않다. 너의 이런 모습은 공功을 채우면 또 다른 진선眞仙이다"라고 하셨다. 그 후 노군께서는 그에게 금고金箍를 주고 난발을 묶고 쇠목걸이로 다리를 절게 하셨다. 이철괴는 종종 박을 메고 다니는데, 그 안에 선약이 들어있다고 하며, 인간으로 내려갔을 때 특별히 병을 치료하고 사람을 구하는 데 사용했다고 한다.

◆종리권鍾離權

종리권鍾離權은 팔선 중 이철괴 다음으로 유명하다. 팔선 중에서는 지위가 높으며 원元나라 전진도全眞道는 '정양조사正陽祖師'로 받들었다.

《역대신선통감歷代神仙通鑑》 등에 따르면 종리권鍾離權은, 복성종리複姓鍾離, 자字는 적도寂道, 호號는 운방雲房, 일명 정양자正陽子이다. 동한東漢 함양鹹陽 사람이다. 아버지 종리장鍾離章이 동한대장東漢大將이고, 형 종리간鍾離簡이 중랑장中郎將이다. 노인을 만나 선법을 전수받았고, 화양華陽 진인과 상선上仙 왕현보王玄甫를 만나 공동산峚峒山에 전도傳道되어 운방雲房 선생이라 자칭하였다.

종리권에 얽힌 전설은 생동감이 있다. 어느 날 거인이 산모의 방으로 성큼성큼 들어가더니 "나는 상고上古시대 황신黃神씨인데 바람잡이로 여기 있다"고 큰소리를 치더니, 갑자기 빛이 불길처럼 세어졌고, 그에 따라 종리권이 태어났다. 그는 태어나자마자 세 살배기 아이처럼 컸고, 타고난 복상福相, 둥근 이마, 넓은 귀, 긴 눈썹, 큰 입과 큰 뺨, 긴 입술과 긴 젖가슴, 긴팔을 가지고 있었다. 더욱 이상한 것은 그가 밤낮으로 아무 말도 하지 않고 울지도 않고 먹지도 않는다는 것이다.

7일째 되던 날 갑자기 "자부紫府에 놀면서 옥경玉京을 썼다"는 말이 나왔다. 이 말에 부모님은 자부와 옥경이 천상옥제의 궁성이라 그가 신선으로 환생한 줄 알고 매우 놀랐다. 부모는 그가 어른이 돼 권력을 많이 잡기를 바라는 마음에서 권權이라는 이름을 붙였다. 종리권은 성장한 후 조정의 간의대부諫議大夫를 지냈고, 후에 토번吐蕃으로 출정하여 패전하여 은거하였다고 한다. 종남산에서 은거 후 동화제군東華帝君 왕현보王玄甫를 만나 장생진결長生真訣, 금단화후金丹火候, 청룡검법青龍劍法을 얻었고, 화양진인華陽真人을 만나 태을구규太乙九圭, 화부금단火符金丹을 가르치며 현현玄玄의 도를 터득했다. 결국 공동산崆峒山 자금사호봉紫禁四皓峰에서 옥갑玉匣의 비법을 얻어 선인이 되었다. 그는 당나라 때 여동빈을 도화度化시켰으며, 도교 북5조 중 한 명이다. 종리권의 이미지는 항상 가슴을 드러내고, 종려부채를 흔들며, 큰 눈, 붉은 얼굴, 머리에 두 개의 상투를 맺고, 표정과 자태가 마치 한산한 사나이 같았다.

◆장과로張果老

장과로張果老는 팔선 중 가장 나이가 많은 선옹仙翁으로, 이름은 '장과張果'로, 팔선 중 가장 나이가 많았기 때문에 사람들은 그를 '장과로張果老'라고 존칭했다. 무측천武則天 때 장과는 중조산中條山에 은거했는데, 사람들은 모두 장생의 비술이라고 불렀고, 그는 나이가 수백 살이라고 자칭했다. 무측천은 사자를 보내어 만나도록 했는데, 장과는 죽은 척했다. 당 현종 개원 21년, 항주자사恒州刺史 위제韋濟는 그 진기한 소식을 황제에게 상소했고, 현종玄宗이 그를 불렀으나, 장과는 다시 죽은 척을 했고, 숨이 끊어져 한참 후에야 깨어났으며, 사자는 감히 따질 수 없었다고 한다.

현종玄宗이 이를 듣고 다시 서교徐嶠를 보내 초청하자 장과는 상경할 수밖에 없었다. 당 현종은 요수선악夭壽善惡을 잘 헤아리는 형화박邢和璞에게 장張의 점을 봐달라고 했는데 형邢은 장張의 갑자甲子를 모르고 있었고, 또 도사 야광夜光의 선시귀善視鬼가 있어 현종이 장과를 보라고 하자 "장과는 어디 있느냐"고 물었다고 한다. 뜻밖에도 맞은편에 있어서도 보이지 않았다. 태평광기太平廣記에는 장과가 자신을 요제堯帝 때의 사람이라고 말하니 당 현종이 술사 섭법선葉法善에게 내력을 묻자 섭법선은 "신은 감히 말하지 못하며 말하면 즉시 죽는다."고 말한 후 "장과는 혼돈 混沌의 초분初分 때 흰 박쥐의 정자精子"라고 말한 후 땅에 떨어져 죽었으 나 현종이 사정하자 장과는 비로소 그를 살려냈다.

전설에 따르면 장과는 항상 도정통道情筒을 짊어지고 흰 당나귀를 거 꾸로 타고 사방을 돌아다니며 도정道情을 노래하고 도인度人을 권화勸化 시켰는데, 훗날 민간의 명언인 '당나귀를 타고 노래를 읽는 책'이 여기서 유래하였다. 그가 탄 흰 당나귀는 하루에 만 리를 달리며 밤에 종이처럼 접어서 상자에 넣고 낮에 탈 때에 물을 입에 물고 뿌리면 다시 당나귀가 되었다. 장과는 "세상에 많은 사람이 이 늙은이보다 못하다면서 당나귀 를 거꾸로 타는 게 아니라 만사를 뒤돌아본다." 고 했다.

◆여동빈呂洞賓

팔선 중 가장 많은 이야기가 전해지는 여동빈을, 도교에서는 전진도全 真道, 순양조사純陽祖師, 일명 여조祖祖로 모셨다. 여동빈은 포주하蒲州河 중부 출신으로 원래 이름은 여엽呂嵒, 자는 동빈洞賓, 도호道號는 순양자 純陽子라고 한다. 여동빈은 전진도의 조사祖師로 중국 전설에서 유명한 선 인仙人이자 도교의 8선八仙 중 하나로, 도교와 민간신앙에서 매우 중요한 위치를 차지하고 있다. 《전당시全唐詩》, 《사종詞綜》에는 모두 그의 시가 수 록되어 있다. 송宋나라 나대경羅大經의 《학림옥로鶴林玉露》 및 《집선전集仙 傳》 등에 그에 대한 기록이 있다. 여동빈은 당唐 함통鹹通에 급제하여 일 찍이 두 차례 현령縣令을 지냈다.

그는 구강九江 출신으로 원래 당唐 종실宗室, 성은 이李씨였는데, 무武를 피한 후 화禍를 입어 성을 여呂씨로 바꿨고, 처음 이름은 소광紹光으로,

174

20여 년 동안 과장科場에 급제하지 못해 결국 입신양명을 포기하고 천하를 방유하다가 종리권鍾離權에 의해 도를 이루었다. 여동빈은 팔선 중 가장 인간미가 강한 사람으로 소탈하고 위트 있으며 백성을 위해 폭행을 없애고 요괴를 제거하였으며 주색酒色도 좋아해 세상에 《여동빈삼희백목단呂洞賓三戲白牡丹》의 전설이 전해지고 있다. 그 전설은 다양하고 복잡하지만 원래 당나라의 선비였던 사람이 신선이 되었음을 알 수 있다. 오늘날 하남河南성 휴현睢縣에는 명병부明兵部의 상서尚書였던 원가립袁可立이 여동빈(洞洞而)에게 제사를 지내기 위해 세운 원가산袁家山에 조조묘祖祖廟가 남아있다.

전설에 따르면 여동빈의 어머니가 그를 낳으려 할 때, 집안에서 이상한 냄새가 코를 찌르고, 하늘에는 선악仙樂이 진을 치고, 백학白鶴 한 마리가 하늘에서 내려와 어머니의 장막으로 날아들어 사라졌다고 한다. 여동빈은 태어나면서부터 기품이 남달랐고, 어려서부터 총명했으며, 날마다 만언萬言을, 한 번 읽으면 외우고 한 마디로 문장을 완성했으며, 자라서 키가 팔척이촌八尺二寸이나 되고, 희희낙락하며 화양건華陽巾을 머리에 쓰고 다녔다. 강보繈褓에 싸여 있을 때 마조馬祖는 그를 보고 "이 아이의 골격이 비범하여 풍진風塵을 스스로 이겨낼 것이다."라고 했다. 그는 "노盧를 만나면 거居하고 종鍾을 보면 단추를 끼우니 주의해서 기억하라"고 했다. 훗날 여동빈은 여산盧山에 갔다가 화룡진인火龍眞人을 만나 천둔검법天遁劍法을 배우기도 했다. 64세 때 장안長安을 여행하던 중 술집에서 한 우사羽士인 청의백포靑衣白袍를 만났는데 그가 벽에 시를 쓰고 있는데, 여동빈은 그 생김새가 기이하고 시적 정취가 나부끼는 것을 보고 이름을 물었다. 우사는 운방雲房 선생이라고 했고, 종남산終南山 학령에 살고 있다며, 여동빈에게 함께 가겠느냐고 물었다.

여동빈은 마음을 다잡지 못하고 승낙하지 않았다. 이 운방雲房 선생은 바로 종리권鍾離權이다. 저녁에 종리권은 여동빈과 함께 술집에 있으면서, 그를 위해 혼자 밥을 지었다. 이때 여동빈은 잠들어 있었는데, 그는 자신이 장원 급제하여, 관직에 득의양양하였으나 나중에는 자손만당子孫滿堂의 영화榮華가 다 끝나는 꿈을 꾸었다. 갑자기 중죄重罪를 받고, 재산을 몰수당하고, 아내와 이혼하고, 노후에 홀로 남겨져, 가난하고, 눈보라 속에 홀로 서서 떨고, 한숨을 쉬려는데, 갑자기 꿈에서 깨어났다. 종리권은 권력을 떠난 밥이 아직 익지 않았다면서 종리권은 시 한 편을 썼다. "황량黃粱은 아직 익지 않았는데, 꿈에 화서華胥가 도착했다."고 말하니 여동빈은 설마 선생이 내 꿈을 알겠느냐고 생각하면서도 놀라워했다. 종리권은 "너의 방금 꾼 꿈이, 생침만태生沉萬態, 영욕천단榮辱千端, 오십세가 찰나刹那 같구나! 얻은 것도 기쁘지 않고 잃은 것도 슬프지 않아 인생은 꿈과 같다"고 말했다. 그래서 여동빈은 종리권鍾離權에게 도道를 배우고자 떠나기로 결심하고, 십시十試의 시험을 거쳐 마침내 종리권에게 도법道法을 전수받았다. 여동빈은 도술과 천둔검법이 있어 요괴를 제거하여 백성을 행복하게 했다. 그리고 전진도全眞道에 의해 북방오조北方五祖의 한 사람으로 추앙받았다. 여동빈은 지금도 중국인이 가장 선호하는 신선이다.

◆하선고何仙姑

하선고는 팔선 중 유일한 여성으로 신상에 대해서는 의견이 분분하다. 일설에는 그녀가 당나라 사람이라고 한다. 송나라 초《태평광기太平廣記》는《광이기廣異記》를 인용하여 "하이랑何二娘"이 있다고 하였고, 그는 신발 짜는 일을 하는 농부였으나, 이후 집이 너무 답답하여 나부산羅浮山에서 유람하다가 산사山寺에 머물면서 산과山果를 채취하여 여러 사찰의

176

승려들에게 재齋를 제공하였다. 한번은 멀리 400리 떨어진 순주산사循州山寺 승려가 나부산사에 와서 말하기를 어느 날 선녀仙女가 양매과楊梅果를 따러 산에 갔다고 했는데, 확인 결과 그날은 마침 둘째 어머니가 과일을 따는 날이었고, 게다가 사람들은 둘째 어머니가 어디서 많은 산과를 따왔는지 몰라, 둘째 어머니가 순주산사에서 과일을 따는 선녀라고 생각하여, 그 이후로 둘째 어머니가 유명해서 더 이상 산사에 기거하지 않게 되었다.

일설에 의하면 그녀는 송나라 사람이다. 송나라의 일부 문인들의 문헌에는 대부분 그녀를 북송北宋 영주永州(영릉零陵) 사람이라고 불렀고, 그녀가 어릴 때 이인異人을 만나 선조仙棗를 먹고 선인이 되었다고도 한다. 들판에서 방목放牧하다가 낯선 사람을 만나 대추仙棗를 선물받고 그것을 먹은 후에 신선이 되었다고 한다. 송나라 사람들의 문헌에는 하선고의 점괘와 화복을 예측한 사적이 기록되어 있어, 사대부와 호기심 많은 사람들이 앞 다퉈 그곳으로 가서 점을 보았다.

《속통고續通考》에 따르면 하선고는 당唐의 무즉천武則天시대 광동증성현廣東增城縣 사람으로, 태어났을 때 머리 위에 여섯 개의 호리호리한 빛이 나타나 선천적으로 '선과仙科'를 타고났으며, 13세 때 산에서 한 선사를 만나 도사의 복숭아 하나를 먹었는데, 이때부터 배가 고프지도 목이 마르지도 않고 몸이 날 듯 가벼워 인생의 화복을 예견할 수 있었다고 한다. 나중에 그녀는 부름에 응하여 상경하였으나 도중에 떠났다. 또 다른 전설에 따르면 하선고의 본명은 하수고何秀姑이며 태어날 때 자운紫雲이 방을 휘감았다. 어려서부터 지혜가 민첩하고 남보다 총명했다. 15세 때 신인이 그녀에게 운모雲母가루를 먹는 것을 가르치는 꿈을 꾸자 몸을 날리며 산꼭대기를 오가며 매일 아침 외출하고 밤에는 산과를 따 어머니에게 효도했다. 나중에 벽곡辟穀중에 언어가 이상했다. 무측천武則天은 그 말을 듣고 사자를 보내 불렀는데, 도중에 행방을 감췄고, 당 중종中宗 때인 8월 8일에 하늘을 날았다고 한다. 하선고가 만난 도사는 선인 여동빈이었고 여동빈(洞洞度)이 신선을 도왔다는 설도 있다.

◆남채화藍采和

팔선 중에 남채화藍采和라는 불손한 행걸도선行乞道仙이 있다. 남당南唐 심분沈汾 《속선전續仙傳》에 송나라 초 《태평광기太平廣記》와, 육유陸遊 《남당서南唐書》 등의 책에는 모두 그의 사적이 실려 있으며, 당말唐末에서 5대五代까지의 사람이다. 남채화의 거처는 정해지지 않고, 사해四海가 집이고, 그 행동은 괴팍하고, 술을 탐하고 노래를 좋아하며, 평소에 찢어진 옷을 입고 한쪽 발은 장화를 신고, 다른 한쪽 발은 맨발로 다닌다. 여름엔 솜옷을 입고 겨울엔 눈 속에 누워 온몸에서 김이 나는게 더 예사롭지 않았다(속선전). 평소 그는 3척 남짓한 대나무 판자를 손에 들고 대나무 판자를 치면서 노래를 부르며 거리를 누볐다. 그가 부르는 노래는 매우 많은데 대부분 경치를 보고 지은 것들이어서, 세상 사람들에게 심오함을 느끼게 할 뿐만 아니라 자못 신선함을 느끼게 했다.

그중에는 "답가남채화踏歌藍采和", "세상이 어떻게 되나?" "홍안일춘수紅顏一春樹", "류년일척사流年一擲梭" 등이 있다. 옛날 사람들은 그럭저럭 가다가 오늘날에는 더 많이 온다. "아침에 난봉鸞鳳을 타고 벽파碧波에 가면 저녁에 뽕나무밭에서 백파白波가 난다. 장경명휘長景明暉는 하늘에 있고 금은궁궐金銀宮闕은 고차아高嵯峨에 있다."는 등이다. 남채화의 행실이 광란하여 어떤 사람이 그에게 돈을 베푸니 그는 대부분 가난한 사람에게 주었다고 한다.

178

또 다른 전설에 따르면 남채화는 원래 맨발의 신선으로 태어나 끊임없이 천하를 여행했다. 어린 시절과 노년에 그를 본 사람이 있는데, 그의 용모는 여전하다. 나중에 그는 호량주루濠梁酒樓에서 술에 취해 운학생소雲鶴笙簫하는 소리가 났는데, 갑자기 구름 속으로 가볍게 올라가 장하와 허리띠를 던지고 천천히 등선하였다.

◆한상자韓湘子

당唐시대의 한상자韓湘子의 자字는 청부淸夫이니 한상자는 고대 중국 민간전설의 팔선八仙 중 한사람으로, 당나라 한유韓愈의 조카손이라는 설이 있다. 당나라 한유(韓的)의 조카라는 전설에 따르면 한상자는 퉁소를 잘 불었던 잘생긴 소년이었다.

여동빈을 스승으로 모시고 도를 배웠으며, 도교 음악 《천화인》이 한상자를 위해 작곡되었다고 전해진다. 전설에 따르면 한상자는 플루트를 든 잘생긴 소년이다. 한나라 승상에게는 영령靈靈이라는 재색을 겸비한 딸이 있었는데, 그 딸을 한상자와 혼인하도록 허락했다. 그러나 한제漢帝는 그녀의 혼인을 반대하고 황제의 조카에게 달랬으나 결혼을 하자. 한나라 황제가 크게 노하여 한상자를 파직시켜 버렸다. 이에 부인인 영령이 슬퍼하며 결국에는 죽음에 이르자 한상자는 백학으로 환생했고, 백학은 종리권과 여동빈의 점화點化를 받아 다시 창리현昌黎縣 한회韓會의 아들로 환생했다. 어릴 때 이름은 상자湘子로 어린 나이에 아버지를 여의고 숙부인 한유韓愈가 키웠다.

자라면서 한상자는 종리권과 여동빈의 이선二仙을 얻어 수행술修行術을 전수받았으나, 한유韓愈가 극구 반대하자 출가하여 종남산에 은거하여 수도修道를 하였고, 정과正果를 얻었으며, 팔선八仙 중 한 명이다. 한상자는 여러 번 변형을 하여 그의 숙부인 한유를 도화度化하였으나, 한유는 여러 번 깨닫지 못하였다. 후에 한유가 조양潮陽으로 좌천되어 남관藍關을 지나 눈이 밀려와 눈 속에 묻히자 한상자가 달려와 구해주고 도화度化를 가르쳤다. 한유도 마침내 깨달음을 얻었고, 도를 닦아서 신선이 되었다.

◆조국구曹國舅

8선八仙 중 조국구는 가장 늦게 나타났고, 선화仙話도 거의 전해지지 않았다. 그가 세상에 내놓은 설법은 대동소이한 것이다. 모두 송宋나라 인종仁宗의 조황후曹皇后와 관련이 있다. 《송사宋史》에는 조일曹佾, 자字는 공백公伯, 조빈曹彬의 손자이자 조황후의 동생이라는 전설이 있다. 그는 성품이 온화하고 음률에 밝으며 시를 즐겨 지었으며, 제양군왕濟陽郡王에 봉해졌으며, 여러 해를 거치면서 순풍에 돛을 달고 출세하였으며 72세에 수명을 다하였다. 《신선통감神仙通鑑》은 조국구는 천성이 순선하고 부귀는 좋아하지 않지만 선도에 연연하였고, 그 동생은 교만하고, 권세를 믿고 제멋대로 행동했다. 조국구는 동생의 악행을 수치로 여겨 입산하여 수련하다가 종리권, 여동빈을 만나서 제자로 받아들여져서, 곧바로 선도를 닦았다.

《동유기東遊記》에 나오는 조국구의 소개는 이와 같다.

조국구는 갓을 쓰고 홍포관복紅袍官服을 입고 음양판(옥판玉板)을 들고 있어 다른 선인들의 차림새와는 사뭇 다르다는 전설이 있다. 그는 산 바위에 숨어 살다가 종리권과 여동빈 두 선인을 만났는데 두 선인이 물어보기를 "휴양을 한다는데 무엇을 키우느냐"고 물었다. "도를 기르지요."라고 대답하였다. 선인은 또 "도는 어디에 있습니까?"라고 물었다. 조국구는 손가락을 들어 하늘을 가리킨다. 두 선인은 또 "하늘이 어디냐?"고 물었다. 조국구는 손가락으로 가슴을 찡그렸다. 두 선인은 웃으며 말했다. "하늘이 곧 도다. 당신은 이미 도의 참뜻을 깨달았구나"라고 말했다. 그래서 그에게 진짜 비술을 전수하고 점화를 시켜 신선에 오르게 했다. 조국구는 출가할 때 황제가 금메달을 하사했다가 황하를 건널 때 뱃삯이 없어 저당 잡혔는데, 때마침 여동빈을 만나 그와 함께 여행하면서 도를 깨닫고 '팔선'에 올랐다는 설도 있다.

③ 팔선과해八仙過海

팔선이 바다를 건너는 것은 팔선에서 가장 많이 회자되는 이야기 중 하나로, 잡극《쟁옥판팔선과해爭玉板八仙過海》에서 '팔선이 바다를 건너는 것'에서 처음 볼 수 있다. 백운선白雲仙들이 봉래蓬萊의 선도仙島에서 목단牡丹이 만개했을 때 팔선八仙과 오성五聖을 초청해 성대한 행사를 치렀고, 돌아오는 길에 철괴리鐵拐李(혹은 여동빈)는 배를 타지 않고 돌아가는 방법을 각자 생각해 보자고 제안했다고 전해진다.

전설에 따르면 철괴리鐵拐李가 자신의 법기인 철괴(또는 박을 말함)를 던졌고, 종리권鍾離權은 파초 부채를 던졌고, 장과로張果老는 '종이 당나귀'에 올라탔고, 다른 신선들도 각각 법기를 던져 물에 들어가 동해를 횡단했다.

팔선의 행동은 용궁을 놀라게 했고, 동해 용왕은 새우, 병, 게를 이끌고 이론理論으로 향하게 되는데, 뜻밖에도 충돌이 일어나 남채화藍采和는 용궁으로 다시 끌려가서 설법기說法器를 빼앗겼다. 그 후 팔선은 용자龍子를 죽이고, 동해 용왕은 북해, 남해, 서해 용왕과 협력하여 잠시 거친 파도를 일으켰다. 이때 조국구曹國舅는 옥판玉板을 꺼내 길을 열어 거센 파도를 양쪽으로 몰아 무사히 바다를 건넜다. 결국 남해관음보살이 중재에 나서 동해 용왕에게 남채화의 석방을 요구한 뒤에야 휴전했다는 전설 같은 이야기가 전해지고 있다.

6) 구처기丘處機

구처기丘處機(1148년~1227년), 자는 통밀通密, 도호道號는 장춘자長春子, 등주서하登州棲霞(현재,산둥성) 출신, 금대원초金代元初시대 도사, 도교 전진도全真道의 '북칠진北七眞' 중 한 분이며 제5대 장교掌敎이다. 74세의 나이로 서역西域에 나가 칭기즈칸에게 애민愛民을 죽이지 말라고 설득한 것으로 유명하다. 19세에 출가한 구처기는 이듬해 왕중양王重陽을 스승으로 모셨다. 나중에 용문파龍門派를 창립 지금까지 전해 내려오고 있다. 대표작으로 《대단직지大丹直指》가 있다.

용문파 창시자 구처기

① 인물人物

　구처기는 19세에 출가하여 이듬해 왕중양王重陽을 스승으로 모시고 좌우를 따르며 단양자丹陽子 마옥馬玉, 장진자長真子 담처단譚處端, 장생자長生子 유처현劉處玄, 장춘자長春子 구처기丘處機, 옥양자玉陽子 왕처일王處一, 광녕자廣寧子 학대통郝大通, 칭징산인淸靜散人 손불이孫不二와 합쳐 '전진7자全真七子'로 불렸다. 왕중양王重陽이 우화羽化한 뒤 섬서陝西성 반계磻溪 동굴에서 6년간 머물며 수도에 힘썼다. 그러다가 용문산龍門山(지금의 보계시寶雞市동남)에서 7년간 은거하였다. 명창원년明昌元年(1190), 김장종金章宗이 '난민을 미혹한다'는 평계로 도교를 금하라는 조서를 내리자, 구처기는 동귀서하東歸棲霞가 되었다.

　원元 태조太祖는 그의 이름을 듣고 몽고蒙古(지금의 몽골 경내)에서 사자

를 보내 불러들였고, 구처기는 의연하게 제자 18명을 이끌고 라이저우萊
州를 출발하여 만리를 헤매다가 2년 만에 서역 대설산大雪山에 도착했다.
태조는 그에게 천하를 다스리는 법을 물었더니 경천애민敬天愛民을 근본
으로 삼아야 한다고 대답했고, 장생구시長生久視의 도를 물었더니 청심과
욕淸心寡欲을 요지로 삼았다. 태조는 그 말을 잘 듣고 예우가 매우 융성하
여 신선으로 존경하였다. 훗날 구처기의 제자 이지상李志常이 《장춘진인
서유기長春眞人西遊記》를 저술하여 그 일을 상세히 기술하였다. 구처기가
연경으로 돌아온 후, 태조는 호랑이 부적과 새서璽書(옥새가 적혀있는 문서)
를 내려 천하의 도교를 관장하도록 명하고, 도원道院과 도사道士의 모든
세금 부역을 면제하라는 조서를 내렸다.

이에 구처기는 평등平等, 장춘長春, 영보靈寶 등 8개 도관을 설립하고 궁
관을 대량으로 세우고 제단을 세워 잔치를 벌였으며, 한때 교문敎門이 사
방에 펼쳐지고 도반들이 운집하여 전진도가 크게 발전하였다.

원元 태조太祖 22년(1227)에 구처기가 보현당寶玄堂에서 우화羽化하여 백
운관白雲觀 처순당處順堂(지금의 북경백운관 구조전丘祖殿)에 빈소하였다. 원元
세조世祖 지원至元 6년(1269)에 '장춘연도주교진인長春演道主敎眞人'을 조증
詔贈하였다. 원元 무종武宗 지대至大 3년(1310)에 '장춘전덕신화명응진군(長
春全德神化明應眞君)'으로 가봉加封되었고, 후대에 '장춘진인長春眞人'으로 불
렸다.

구처기가 창립한 용문파龍門派는 전진도에서 전승되는 주요 교파이다.
그는 기본적으로 왕중양의 사상을 계승하여 청심과 과욕을 수도의 근본
으로 삼아야 한다고 주장하였다. 내단 수련의 이론과 방법을 체계적으
로 기술한 《대단직지大丹直指》 2권이 있다. 또한 《반계집磻溪集》 6권을 저
술하여 《정통도장(正統道藏)》에, 《섭생소식론》 1권을 기록하여 《도장세록

184

道藏录錄》에 수록하였다. 구처기는 윤지평尹志平, 이지상李志常, 송덕방宋德芳 등 제자가 많아 명성이 자자한 고사로 알려져 있다. 윤지평尹志平이 쓴 《북유록北遊錄》 등의 책은 구처기 삼교三教합일사상을 창조적으로 계승·발현한 원나라 전진도의 가장 중요한 이론저서 중 하나이다.

② 주요성취主要成就

구처기는 전진도 및 전체 도교를 진흥시켰고 오랜 기간 종교 활동을 했지만 사회 문제에 대한 날카로운 통찰력을 가지고 있었다. 그는 교육의 발전이 반드시 지배계급의 전폭적인 지지를 받아야 한다는 것을 잘 알고 있었다. 대정大定 28년(1188년)에는 당시 도교를 신봉하던 김세종金世宗의 러브콜을 먼저 받아 최고 통치자에게 자신의 주장을 알리는 데 성공했다. 김세종은 대도大桃를 친히 내려 만춘절萬春節을 주관하게 했을 뿐만 아니라, 궁암宮庵에 전진도의 창시자인 왕중양조사王重陽祖師의 상像을 조성하도록 명함으로써 전진도의 영향력과 사회적 지위를 높이는데 중요한 역할을 하였다.

태화 3년(1203)에 유처현劉處玄이 사망하였고, 구처기는 전진도全眞道의 제5대 장교掌教를 지냈다. 태화泰和 3년(1203)에서 흥정興定 3년(1219) 사이에 그는 산둥봉래山東蓬萊, 지양芝陽, 예현掖縣, 북해北海, 교서膠西 등지에서 선교하였다. 설산雪山을 지나 칭기즈칸을 만난 후, 구처기는 궁관을 이용하여 많은 민간인들을 안심시키고 전진도에 가입시켜 그들이 부담하는 가혹한 잡세를 면하게 했다. 이는 각계각층의 인사들이 전진도 문하에 몰려들었고, 문인·관리는 전진도 도사와 교제하는 것을 자랑스럽게 여겼고, 도교의 다른 파벌은 물론 일부 불교 사찰도 '전진도'라는 이름을 내걸었다. 정대正大 원년(1224년) 봄, 구처기는 연경 관리의 초청으로 천장관天長觀을 주재하였다. 정대正大 4년(1227년), 칭기즈칸은 천장관天長觀을 장춘궁長春宮(지금의 북경 백운관)으로 개명하고 금호패金虎牌를 하사했다. 아울러 "도가사道家事는 일체의 '신선神仙'을 받들어 처치處置하라"는 조서를 내려 천하의 도교를 관장하도록 했다.

구처기는 장춘궁長春宮을 전진교의 본거지로 삼고 각지에 도관道觀을 세워 전국에 보급하였다. 원元 정부의 지원을 받아 전진도는 일시에 '예나 지금이나 이렇게 번성한 적이 없다'는 번영의 국면에 이르렀다. 24년간 장기 장교掌教를 해온 구처기는 정치사회적으로 자신의 영향력을 적극 발휘해 전진도는 물론 도교 전체의 발전을 융성하게 이끌었다.

흥정興定 3년(1219) 5월, 칭기즈칸은 사자使者를 보내 조서를 가지고 산동山東성의 구처기를 몽골 제국에 초청하여 만나도록 하였다. 흥정興定 4년(1220) 음력 정월, 구처기는 문인 윤지평尹志平을 선발하여 18명의 제자를 산동호천관山東昊天觀을 떠나 서쪽으로 떠났는데, 이때 그는 이미 73세가 되었다. 우여곡절 끝에 흥정 6년(1222) 4월 구처기는 철문관鐵門關을 거쳐 '대설산大雪山'(지금의 흥도고십산興都庫什山) 팔로만八魯灣 행궁에 도착해 칭기즈칸을 만나 용마상봉龍馬相逢(칭기즈칸은 말, 구처기는 용으로 표현)을 실현했다.

그해 가을과 겨울에 칭기즈칸은 세 차례에 걸쳐 구처기를 불러 치국과 양생 방법을 물었고, 칭기즈칸은 야율초재耶律楚材라는 조서를 내려 이 몇 차례의 대화를 《현풍경회록玄風慶會錄》으로 엮었다. 구처기를 따라 서행한 열여덟 제자 중 한 명인 이지상李志常이 그 길에 같이한 서행西行의 견문을 바탕으로 쓴 《장춘진인서유기長春真人西遊記》는 중요한 사료적 가치를 지닌 책이다.

칭기즈칸을 보는 것은 종교사에서 획기적인 사건이며 매우 의미가 깊다. 《현풍경회록》의 기록에 따르면 칭기즈칸에 대한 구처기의 영향은 주로 '거폭지살去暴止殺'(폭행을 멈추고 살해를 멈추다.)을 선전하여 몽골 통치자가 정복한 지역 인민에 대한 잔혹한 살육 정책을 어느 정도 경감시켰음을 보여준다. 칭기즈칸의 장생을 바라는 심리에 대응하여 '성선成仙' 추구와 선행을 결합하고 칭기즈칸에게 양생의 길은 '내고정신內固精神, 외수음덕外修陰德'에 중점을 둘 것을 권고한다. 내면의 정신은 사방으로 정벌하지 말라는 것이고, 외양의 음덕을 쌓는 것은 폭행을 멈추는 것이다.

칭기즈칸 후기에 중원을 통치하는 정책은 다소 완화되었고 산둥성에서 관리로 있던 목화려木華黎와 그의 후임자들은 대부분 각지의 반대에 대해 조치를 취했는데, 물론 여러 요인에 의해 추진되었지만, 구처기 설산론雪山論을 펴온 도道가 중요한 영향을 미쳤다는 것은 의심의 여지가 없다. 이후에도 구처기는 계속해서 몽원蒙元 장수將帥에게 인민에 대한 학살을 줄이도록 권고했다. 둘째, 제세안민濟世安民의 사상을 선전하여 중원 지역의 사회경제를 회복·발전시키고 가난한 백성을 구제하며 사회질서를 안정시키는 데 기여하였다.

2 진인과 선인真人仙人

1) 사대진인四大真人

생도 사도 없고, 비움도 차 있음도 없음을 진인이라 한다.

◆ 남화진인南華真人:선진도가학자 장주先秦道家學者莊周(장자)

◆ 미묘원통진군微妙元通真君:선진도가학자先秦道家學者

◆ 통현진인通玄真人:신견辛銒, 일명계연一名計然

◆ 통영진인洞靈真人:항창자亢蒼子, 또는항상자亢桑子. 경상자庚桑子

2) 선인仙人

세속을 초탈하여 신통의 변화와 장생불사하는 사람을 선인이라고 한다.

◈ 적송자赤松子:신농 때의 우사神農時雨師

◈ 적정자赤精子:전욱시대의 사람顓頊時人

◈ 팽조彭祖:전욱제의 현손顓頊帝之玄孫

◈ 용성공容成公:황제의 스승黃帝之師

◈ 안기생安期生:해상선인海上仙人

◈ 삼모진군三茅真君:모영茅盈, 모고茅固, 모충茅衷의 대, 중, 소 군을 말함

◈ 허진군許真君:진나라 때의 도사 허손晉代道士許遜

3) 계파系派

도가수진道家修真 법은 삼원단법三元丹法이다. 즉 천원天元, 지원地元, 인원人元에 중점을 두고 결단結丹 수련을 하자는 것이다. 단경丹經에서는 청정清靜을 닦는 자는 천원단법, 복식服食을 닦는 자는 지원단법, 음양陰陽을 닦는 자는 인원단법이다 라는 구분이 보편화되었다.

대도의 연원淵源은 황제에서 노자가 집대성했다. 윤문시尹文始는 관윤자關尹子를 말하는데, 관윤자는 마의도인麻衣道人(이명화李名和)에게 전하고, 이명화는 진희이陳希夷에게 전하고, 진희이는 화룡진인火龍真人에게 전했는데 이들은 문시파文始派이다.

왕소양王少陽은 전진교全真教 파派다. 왕소양은 종리권鍾離權에 전하고, 종리권은 여동빈呂洞賓에게 전했다. 왕소양이 전진교의 교파를 개척했다고 하며, 왕소양은 종리권에게, 여동빈은 종리권을 물려받았다. 여동빈은 왕중양王重陽에게, 왕중양은 구장춘邱長春에게 전했다. 왕중양은 북종北宗을 개종開宗하고 구장춘은 일파一派를 이루고 용문파龍門派라고 하였

다. 여동빈은 또 유해섬劉海蟾에게 전하고 유해섬은 장자양張紫陽에게 전하고, 장자양은 남종南宗을 개종開宗하니 자양紫陽의 일파一派라 하였다. 왕중양은 북종北宗을 개종開宗하고 구장춘은 용문파龍門派를 창설 하였다. 여동빈은 또 유해섬劉海蟾에게 전하고 유해섬은 장자양張紫陽에게 전하고, 남종南宗을 개종開宗한 것이다.

진대晉代에서는 포박자抱樸子 갈홍葛洪이, 양대梁代에는 도홍경陶弘景이 은거하여 모두 고상한 학문을 고루 품고, 왕좌王佐의 재주를 품었으며, 이 두 사람의 단도학술에 대해서 많은 저술이 있어 대대로 전해지고 있지만, 이 맥락을 같이하는 내부자에게 전해지지 않고 있다.

문시파文始派가 가장 높고 소양파少陽派가 가장 크다. 문시파는 허무대도虛無大道를 직접 수련함으로써 무위법無爲法과 유위학有爲學을 병행하였는데, 수련 중 바로 직입하여, 본성을 깨닫고 스스로 목숨을 끊은 자도 있었다. 소양파는 음양대도를 근본으로 삼고, 스스로 법을 배우는 무위법이고, 공功을 쌓으면 점차 발전하고, 목숨을 잃으면 본성도 얻을 수 있다고 했다. 문시파의 곡고화과曲高和寡("노래 곡조가 높을수록 화답하는 이가 적다"는 뜻으로, 훌륭한 사람의 언행은 평범한 사람이 이해하기 어려움을 비유적으로 이르는 말)는 수자일희修者日希(수련하는 자는 날이 갈수록 희망적이다)이다.

소양파는 평이해서 쉽게 접근할 수 있고, 모든 사람이 고칠 수 있고, 모든 사람이 증명할 수 있기 때문에 세상에 널리 퍼졌다. 그 저자가 남북양파이고, 그 뒤로는 동파東派·서파西派·중파中派·청성파靑城派·공동파崆峒派·삼풍파三豐派·오류파伍柳派가 있다.

북종北宗의 시조는 모두 중양진인重陽眞人 왕중양土重陽에게 왕철王喆이라고 존칭한다. 흔히 북칠진자北七眞者, 즉 장춘長春구처기邱處機, 장생長生유처전劉處傳, 장진長眞담처단譚處端, 단양丹陽마처옥馬處鈺, 광녕廣寧학태고邝太古, 옥양玉陽왕처일王處一, 청정清靜손불이孫清靜不二(마단양의 처)라고 한다. 칠진七真은 칠조七祖라고도 불리며 모두 왕중양의 제자이다. 7조 중 법파를 널리 개척하여 북종의 기틀을 세운 사람이 용문파龍門派의 시조 장춘진인 구처기이다. 이 파벌은 이치를 따지고 선종禪宗을 방관하여 도道에 귀속 시켰다. 미묘하고 현통하여 광대하고 섬세하다. 조용히 수련 하나만 하는 것을 주요 취지로 삼았다.

남오조南五祖의 장자양張紫陽은 그 법파法派를 이었다. 장자양은 석행림石杏林에게 전하고 석행림은 설도광薛道光에게 전하고 설도광은 진니환陳泥丸에게 전하고 진니환은 백옥섬白玉蟾에게 전하였다. 이들은 남방 사람으로 남오조南五祖라고 한다. 장자양은 또 유영년劉永年에 전하고 백옥섬은 또 팽학림彭鶴林에게 전하여 이들도 불세출의 인물이라 하여 남칠진南七眞으로 합세하였다. 이 파벌의 수련은 음양쌍수陰陽雙修 위주로 수련을 하기 때문에 단법은 명공命功에 치중하여, 회양환골回陽換骨, 채연접명采鉛接命, 태을귀진太乙歸真을 단시간에 완성할 수 있었다. 중장년층은 몸이 망가져 있으므로 이 공법을 닦는 것이 좋다. 또 북칠진중, 마진馬真은 음양수진법으로 이루어진 것을 연구하여, 송덕방宋德芳에게 전하고, 송덕방은 이쌍옥李雙玉에게 전하고, 이쌍옥은 장자양張紫陽에게 전하고, 장자양은 조우흠趙友欽(연독자緣督子)에게 전하고, 조우흠은 진관오陳觀吾(상양자上陽子)에게 전하여 별도로 한 파를 개설하였다.

모든 종파에서는 남종의 시조 유해섬劉海蟾 진인의 지조, 즉 굳은 절개를 존경하였다. 법문은 자양진인紫陽眞人에서 시작됐다. 이 파벌은 장자양張紫陽의 《오진편悟真篇》을 성경聖經으로 삼았다. 《백옥섬전집白玉蟾全集》은 중도림重道林이라고도 한다.

남종南宗은 도道에 가깝고 북종北宗은 선禪에 가깝다고 한다.

190

① 북오조北五祖

동화자부보원입극대도군 東華紫府輔元立極大道君	왕현보王玄甫
정양개오전도수교제군 正陽開悟傳道垂教帝君	종리권鐘離權
순양연정경화채우제군 純陽演正警化采佑帝君	여동빈呂洞賓
해섬명오홍도순우제군 海蟾明悟弘道純佑帝君	유해섬劉海蟾
중양전진개화보극제군 重陽全真開化輔極帝君	왕중양王重陽

② 남오조南五祖

자양진인 紫陽真人	장백단張伯端
취현진인 翠玄真人	석행림石杏林
자현진인 紫賢真人	설도광薛道光
취허진인 翠虛真人	진니환薛道光
자청진인 紫清真人	백옥섬白玉蟾

③ 남칠진南七眞

유해섬계통劉海蟾系統으로 남오조의 5명에 유영평劉永平과, 팽사彭耜를 추가하여 남칠진南七眞이 되었다.

역사는 북오조와 북칠진을 북파北派 또는 북종北宗, 남오조와 남칠진을 남파南派 또는 남종南宗이라 한다.

④ 북칠진北七眞과 그들이 창립한 계파

전진도全眞道

전진도全眞道는 중국 금나라 때 왕중양王重陽이 주창한 도교의 신파이다. 왕중양의 제자들인 북칠진의 개종조開宗祖들은 교세의 확대에 힘쓰면서 점점 교단으로서의 체제를 갖추고 다음과 같은 종파를 만들었다.

북칠진北七眞과 그들이 창립한 계파		
단양포일무위보화진군丹陽抱一無爲普化眞君	마옥馬鈺	우선파遇仙派
장진응신현정온덕진군長眞凝神玄靜溫德眞君	담처단譚處端	남무파南無派
장생보화종현명덕진군長生輔化宗玄明德眞君	유처현劉處玄	수산파隨山派
장춘전덕신화명응주교진군 長春全德神化明應主敎眞君	구처기邱處機	용문파龍門派
옥양체현광자보도진오진군 玉陽體玄廣慈普度眞晤眞君	왕처일王處一	유산파崳山派
태고광영통현묘극진군太古廣寧通玄妙極眞君	학대통郝大通	화산파華山派
청정연진현허순화원군淸靜淵眞玄虛順化元君	손불이孫不二	청정파淸靜派

⑤ 전진도 용문파全眞道龍門派

전진도全眞道는 중국 금나라 때 왕중양王重陽이 주창한 도교의 신파이다. 왕중양의 제자들인 북칠진의 개종조開宗祖들은 교세의 확대에 힘쓰면서 점점 교단으로서의 체제를 갖추고 다음과 같은 종파를 만들었다.

용문파의 창시자는 구처기邱處機(1148~1227)이다. 그의 자는 통밀通密이며 호號는 장춘자長春子이다. 등주燈住의 서하棲霞사람으로 왕중양王重陽 조사를 스승으로 모시고 수진성선하는 위대한 법을 전수받아 수행했다. 은거하여 몰래 수행하며 생사의 고비를 여러 번 겪었으나 마침내 정과正 果를 이루게 되었다. 1222년에 서아시아 원정 중의 칭기즈칸의 초청을 받 아 고령에도 불구하고, 제자인 이지상 등과 함께 멀리 서역까지 여행을 하여 현재의 아프가니스탄에서 칭기즈칸을 만났다. 불로장수의 비결을 묻는 칭기즈칸에게 전진교의 가르침을 설명하였고, 칭기즈칸은 이에 보 답하여 장춘진인에게 몽골 제국의 점령지 어디서라도 전진교를 보호하 는 특혜를 베풀어 주었다.

용문파 계보

1代 丘處機, 2代 趙抱元(法名, 道聖), 3代 張碧芝(法名, 德純), 4代 陳沖夷(法名, 通微),
5代 周大拙(法名, 玄樸), 6代 張靜定, 沈靜圓, 7代 趙眞嵩. 8代 王常月. 9代 伍守陽.
10代 孫太觀, 11代 高東籬, 12代 閔一得, 16代 無極道人(1877년生. 現在生存), 17代 淸靜
道人, 淸虛道人, 18代 王力平(1949년生. 現在生存), 13대~15대는 미상.
∴ 필자는 현재 18대 장문 왕리핑王力平 선생 문하에서 사사받고 있음.

3 도교의 역사와 인물

도교는 중국의 토생 종교이지만 도가道家와 도교道敎로 구분되는데, 그 기원은 황제黃帝를 전형典型으로 삼고 노자老子의 가르침을 따르고 있 다고 해서 황노지학黃老之學이라고 하다가, 지금으로부터 1800년 전 장도 능張道陵은 처음으로 도교를 창립하였으니 노자를 도조道祖로 모시고 장 도능은 교조敎祖가 되었다. 노자 이후 700년이 지나서였다. 후인들은 장 도능이 도교를 창립하기 이전을 도가道家라고 하면서 노자의 사상과 정신을 본받는 것이었다면, 도교道敎는 포교를 중심으로 하는 신앙생활이 집단화된 종교단체의 모습을 말한다.

우리나라에서는 주로 선도仙道라고 호칭 하는데 선도는 신선이 되어 불로장생하기 위한 수련방법을 총칭한 단어로서 단도丹道라고도 한다.

만약 신선이 된다면 유한한 인간사 속에서 무한의 이상 세계를 향해서 시간과 공간이라는 절대 구속을 뛰어넘어 영원한 삶을 누릴 수 있다고 믿는 것이다. 그것뿐이 아니다. 장수는 말할 것도 없고 온갖 도술道術과 방술方術, 환술幻術 등을 다 부려 현실적으로 상상을 뛰어넘는 경지에까지 이르게 한다. 보통사람들로서는 과연 이 모든 것을 믿어야 될지 좀처럼 의구심을 떨쳐 버리지 못하는 것이 사실이다. 죽림칠현竹林七賢의 한 사람인 혜강嵇康(223~262)도 이런 기우奇遇를 불식시키기 위해서 양생론養生論에서 이렇게 주장했다.

"세상 사람들이 말하기를 신선은 배워서 될 수 있으며 불노장생 하는 것도 인간의 힘으로 될 수 있다고 했다. 또 다른 사람들은 말하기를 '제일 긴 수명은 120살 인지라 이것은 옛날이나 지금이나 똑같다. 만약 이 나이를 초과하였다면 귀신이나 다름없거늘 불가능 하도다.'라고 주장한다. 이 두 가지 다 현 실정에 어긋난다고 보아 내가 한번 말해 보도록 하겠다. 신선을 비록 직접 목격한 적은 없으나 역서에 기록으로 남아 있으며 전대 역서에 기재되어 전해 내려오는 것 모두 명백히 담론을 통해 이른 것이니 꼭 있는 것이다." 후략

또한 하夏, 은殷, 주周에 걸쳐 800여 세를 살았던 중국고대中國古代의 장수의 대명사로 알려진 전설적 인물 팽조彭祖는 다음과 말하였다.

"사람이 기를 받았으니 비록 방술을 모른다 할지라도 이를 수련하기를 그에 맞게 하기만 하면 수명을 120세까지는 누릴 수 있다. 그 수명을 누리

194

지 못하는 자는 모두가 기를 손상했기 때문이다. 그리고 다시 조금이라도 도를 알게 되면 240세까지는 살 수 있다. 그리고 거기에 대하여 노력하면 480세까지 살 수 있으며, 그 이치를 다 아는 자는 죽지 않을 수 있다."

동진(317-419)시대 중국에서 가장 뛰어난 도교 연금술사鍊金術師로서 유교 윤리와 도교의 비술을 결합시키려고 노력했던 갈홍葛洪(283-343)도 84人의 신선을 소개하는 《신선전神仙傳》이라는 저서를 남겨서 신선세계를 뒷받침 했다. 지금으로부터 약 1800년 전 일이다. 대략이나마 중국 신선들의 면면들을 살펴보자.

1) 당唐 이전 인물

○ 적송자赤松子 : 신농神農씨 때 선인, 물을 다스리는 우사雨師. 신농씨에게 가르침을 베풂. 곤륜산에서 서왕모西王母와 함께 선도를 닦았다고 함.

○ 광성자廣成子 : 황제黃帝의 스승, 공동산 석실에 살면서 3개월간 황제에게 도를 전했다고 함. 천이백 세의 수명을 누렸다고 함.

○ 팽조彭祖 : 767세에도 노쇠하지 않고 소년의 혈색을 지녔다고 함.

○ 황제黃帝 : 황제내경의 저자, 황제내경은 한의학의 시조로 알려져 있다.

○ 동방삭東方朔 : 전한前漢시대의 문인, 속설에 서왕모西王母의 복숭아를 훔쳐 먹어 장수하여 삼천갑자를 살았다고 한다.

○ 장자莊子(기원전369—286) : 명名은 주周, 자字는 자휴子休.

○ 장도능張道陵 (34—156) : 도교 창시인. 제1대 천사. 본명 장릉.

○ 위백양魏伯陽 : 호는 백양, 《주역참동계周易參同契》의 저자.

○ 갈현葛玄 (164—244) : 삼국시대 방사方士. 갈홍의 증조부.

○ 갈홍葛洪 (283—363) : 동진도교이론가東晉道教理論家, 연단가煉丹家, 의학가醫學家. 자字는 아천雅川, 호號는 포박자抱樸子, 저서 포박자 등. 갈현의 증손.

○ 구겸지寇謙之 (365—448) : 북위도사北魏道士. 자字는 보진輔真.

○ 도홍경陶弘景 (456—536) : 도교학자. 연단가, 의약학가.

2) 수·당 시대隋·唐 時代

○ 손사막孫思邈(581—682) : 당시대 도사, 의약학가.

○ 이전李筌 : 당현종시대인唐玄宗時人. 호號는 달관자達觀子. 숭산 소실산에서《황제음부경소黃帝陰符經疏》를 얻음.

○ 종리권鐘離權 : 전설적 도교 8선 중의 한 분. 성은"종리", 이름은 권, 자字는 운방雲房.

○ 여동빈呂洞賓(798--?) : 당대 도사, 8선. 성은 여 이름은 암嵒, 자字는 동빈.

○ 진박陳樸 : 당말 오대인, 자 충용沖用, 종리권에게 도를 전수 받음.

○ 유해섬劉海蟾 : 오대도사. 이름은 조操. 자字는 소원昭遠.

○ 김가기金可紀 : 신라인, 신라 문성왕(838~) 때에 당에 유학 빈공과에 합격, 신선술에 매료되어 관직을 버리고 종남산 자오곡에서 종리권에게 도학을 공부, 신선을 이룸.

○ 최치원(崔致遠 857~?) : 신라 말기의 학자. 자字는 해운海雲, 호號는 고운孤雲. 12세에 중국 당나라에 들어가 18세에 그곳 빈공과賓貢科에 단 한 번에 급제하고, 토황소격문討黃巢檄文으로 크게 문명文名을 떨쳤다. 885년(헌강왕 11년)나이 28세 때 귀국.

196

3) 송·금·원 시대宋·金·元 時代

○ 진단陳摶 (?—989) : 북송 초 도사. 자, 도남圖南. 호, 부요자扶搖子.

○ 장백단張伯端 (984—1082) : 북송도사. 도교 내단파 남종개산조사.

○ 백옥섬白玉蟾 (1194—?) : 남송도사. 도교 내단파 남종 제 5조.

○ 팽사彭耜 : 남송 말 도사. 자 계익季益, 호 학림鶴林. 백옥섬에게 사사
받음.

○ 이도순李道純 : 송말 원초 전진도사. 자 원소元素, 호 청암淸庵.

○ 왕중양王重陽 (1112—1170) : 금대도사, 도교 전진도 창시자. 자 윤경允卿.

○ 마단양馬丹陽 (1123—1183) : 금대도사, 전진도 북7진. 명 옥鈺, 자 의보
宜甫.

○ 손불이孫不二 (1119—1182) : 금대 여 도사. 호 청정산인淸靜散人, 마단양
의 처 금나라 대정9년(1169) 왕중양의 지도를 받고 출가하여 도를 이룸.

○ 담처단譚處端(1123—1185): 금대도사 자 백옥伯玉.

○ 학대통郝大通 (1140—1212) : 금대도사. 명 린磷, 자 태고太古.

○ 왕처일王處一 (1142—1217) : 금대도사 전진교 북7진. 호 옥양자玉陽子.

○ 유처현劉處玄 (1147—1203) : 금대도사. 자 통밀通妙, 호 장생자長生子.

○ 구처기邱處機 (1148—1227) : 금대원초 도사. 전진도 북칠진, 용문파 창
시자.

○ 황원길黃元吉 (1271—1325) : 원대 도사, 자 희문希文, 호 중황선생中黃先生.

4) 명·청조 시대明·淸祖時代

○ 장삼풍張三豊 : 원·명 도사. 명 통通, 자 군실君實, 호 현현자玄玄子.

○ 오수양伍守陽(1573—1644) : 용문파 제8대종사. 자 단양端陽, 호 충허자
沖虛子, 유화양과 함께 오류파라고 함.

○ 왕상월王常月(?—1680) : 명말 청초 도사. 명 평平, 호 곤양자昆陽子.

○ 유일명劉一明 (1734—1821) : 청대도사. 호 오원자悟元子.

○ 유화양柳華陽(1736--?) : 청대인《혜명경慧命經·序》의 저자. 어렸을 때 불교를 신봉하여 출가 했다가 오충허 진인을 만나 대도에 이름.

○ 민일득閔一得(1749—1836) : 청대도사. 초명 초부苕尃, 자 보지補之, 소간小艮.

○ 설양계薛陽桂 : 청조 오중인. 자 심향心香, 금개산에서 민일득에게 사사받음.《금선직지성명진원金仙直指性命真源》저작.

○ 이서월李西月(1806—1856) : 청조 악산인. 본명 이평권李平權, 호 함허涵虛.

제5장 도교의 경전道教經典

　모든 경전들도 그러하겠지만 도학의 경서들을 살펴볼 때는 어떠한 원칙을 세워놓고 그 선상에서 보아야 한다고 생각한다. 그 원칙이라는 것을 내세운다면,

　첫째, 경전이 지금까지 전해 내려오면서 역사에 어떤 영향을 끼쳤는가,

　둘째, 그 경전을 현실 사회에서 대다수가 적극적으로 수용할 수 있는 것인가,

　셋째, 그 경전이 개인 생활에는 어떤 실용적 가치가 있는가,

　넷째, 그 경전을 다음 세대에 물려줄 수 있는 충분한 가치를 지니고 있는가 등으로 볼 수 있겠다. 도가의 공부는 몸을 수련하여 후천에서 선천으로 되돌리는 공부이기 때문에 만에 하나라도 잘못된 길로 빠진다면 몸이 잘못되어 평생을 그렇게 살아야 하기 때문이다.

　도학의 경전이나 도장의 내용들, 그리고 선각자들이 베풀어 놓은 학문들은 대체로 다음과 같은 종류로 나누어 볼 수 있다.

　1) 철학류哲學類다. 도가의 철학과 황제, 노자, 장자의 시대적 철학이 담겨있는데 이것을 어떻게 얼마나 발굴하느냐가 관건이다.

　2) 교의류教義類다. 경전을 바탕으로 도교가 탄생한 이후 도가학설로 신선들의 방술과 신을 숭배하는 사상이 창조 발전되어 왔다.

　3) 연양서류煉養書類다. 장생구시를 목표로 몸과 마음을 건강하게 하는 수련방법 등을 개발 소개하여 연양술을 함양하였다.

　4) 권선서류勸善書類다. 인과응보의 원칙을 선양하고 누선석녁을 행하여서 그것이 복으로 다시 돌아오는 것을 가르치고 사악한 행동을 경계하였다.

5) 선진전기류仙眞傳記類다. 도가와 도교의 신선 진인의 각종 전기를 망라해 그에 대한 역사와 시대의 문학적 가치를 알 수 있게 하였다.

6)술수류術數類다. 형상과 숫자를 추측 사물로 변화시키는 학술적 체계를 다듬었다. 그중에는 비상하고도 심오한 뜻이 풍부하게 담겨있다.

이 외에도 국가나 사회에 기여하는 여러 부분이 있다. 특히 자연으로의 회귀를 주창하는 부분에는 비도교인도 많은 공감을 가지고 있는 것이 사실이다.

도가의 경전을 보면 북종北宗의 경전이나 저술에는 인체우주와 천체우주에 관한 것이 많고, 남종南宗의 경전이나 저술을 보면 오류선종五柳仙宗과 같이 정·기·신을 중요시함을 알 수 있다. 이와 같이 혼선이 있는 만큼 우리가 도가내공의 경전을 살펴볼 때에는 먼저 이 경전이 북종에 따른 것인지 남종에 따른 것인지를 확실히 구분해야 한다. 북종의 경전을 볼 때에는 단지 한문만 알면 이해할 수 있는 반면 남종의 경전을 볼 때에는 반드시 불학佛學에 정통해야만 그 요점을 깊이 이해할 수 있다.

1 도장道藏

중화도장中華道藏

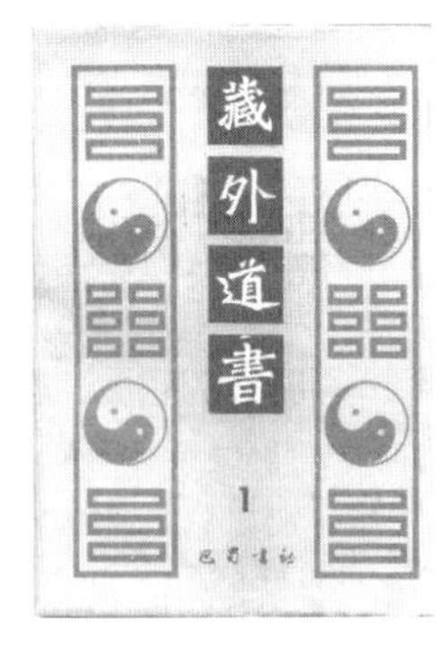

장외도서藏外道書

《도장道藏》은 도교 경서의 총집으로 일정한 편찬 의도와 수집 범위, 조직 구조에 따라 수많은 경전을 엮은 대형 도교 총서다. 도교 문헌의 대집합인 동시에 중국 전통문화의 일대 보고寶庫이기도 하다. 불교에 「팔만대장경」이 있다면 도가에서는 「도장」이 있다. 그 내용을 분류하면 신부神符(부적), 옥결玉訣(秘訣), 영도靈圖(鬼神像), 보록譜錄(敎法의 연구), 계율戒律(수도의 율법), 위의威儀(齋戒등의 의식), 방법方法(귀신을 쫓는 법) 등이며 그 외에도 중술衆術(煉丹法) 기전紀傳(老子 등의 전기) 찬송讚頌(神殿의 偈) 표주表奏(귀신에게 奏上하는祈願文) 등과 금주禁呪나 부록(符) 등 방술(명경明鏡이나 호부護符을 차고 다니면 요괴를 피할 수 있다는 등)을 행하는 것도 이 도장에 수록되어 있는 특징이라고 볼 수 있다.

「도장」이 처음 만들어진 시기는 남북조 시대에 그 목록이나 체계가 확립 단계에 이르렀다가 그 후 당나라 현종玄宗이 편찬을 완성했다고 한다.

당시 618년에 시작하여 907년에 완성한 책 이름은 「개원도장開元道藏」 또는 「삼동경망三洞瓊網」이라고 하고 총 3,744권으로 되어 있다. 도교사상 최초의 도장이다.

그 후 송나라 때에는(960~1279) 「천궁도장天宮道藏」 4,565권으로 북송 진종眞宗시대에 편찬되었다. 이어 「만수도장萬壽道藏」도 총 5,481권으로 북송 휘종徽宗시대에 편찬되었고, 이어 「경장보장瓊章寶藏」도 남송의 효종孝宗시대에 편찬되어 모두 3종류가 편찬되었다.

금나라 때에는(1115~1234) 「현도도장玄都道藏」 또는 「대금현도보장大金玄都寶藏」이라고도 하고, 총 6,435권을 장종章宗시대에 편찬되었다가 후에 원대 전진도사들을 증보하여 7,800권이 되었다.

이후 명나라 때에는(1368~1644) 「정통도장正統道藏」 총 5,305권이 영종英宗시대에 편찬되었고, 신종神宗 때에는 「만력속도장萬曆續道藏」을 또 편찬하여 합계 5,485권이 되었다.

청나라시대에는(1644~1949) 청 강희康熙연간에 「도장집요道藏輯要」와 1900년대에 「도장정화록道藏精華彔」이 편찬되었다.

1949년 이후 중화민국시대에는 1989년에 시작하여 1994년에 완성한 「장외도서藏外道書」 36책 1,042종류를 출판하였고, 1996년에 시작 2004년에 완성한 「중화도장中華道藏」이 최신판이다. 이 중화도장은 정통도장과 만력속도장을 저본으로 삼고 중국 전국백위전가학자로 편찬위를 구성하여 편찬하였는데 총 49책冊이다.

그리고 「장외도서」는 「도장」 외적 문헌의 전적典籍으로 도교금석비문, 도교사자료, 불교상관자료, 국외도교전적 등을 모아 논 것으로 도장에는 실리지 않은 것들이다.

2 도덕경道德經

《도덕경》은 춘추시대 노자老子(이이李耳)의 철학 작품으로 《도덕진경道德真經》, 《노자老子》, 《오천언五千言》, 《노자오천문老子五千文》이라고도 불리

며, 중국 고대 선진先秦의 제자들이 분가하기 전의 저작으로 도가 철학 사상의 중요한 원천이다. 도덕경은 상하 두 편으로 원문 상편인 도경道經, 하편인 덕경德經을 구분하지 않다가 37장 앞부분을 도경道經, 38장 뒷부분을 덕경德經으로 바꾸고 81장으로 완성했다.

《도덕경道德經》의 텍스트는 철학적 의미의 '도덕'을 강종綱宗으로 하여 수신修身, 치국治國, 용병用兵, 양생養生의 길을 논하고 있으며, 대부분 정치를 지향하는 이른바 '내성외왕內聖外王'의 학문으로 문의文意가 심오하고 함축이 넓어 만경萬經의 왕王으로 불린다.

도덕경은 중국 역사상 가장 위대한 명작 중 하나로 전통철학, 과학, 정치, 종교 등에 깊은 영향을 미쳤다. 유네스코에 따르면 도덕경은 성경을 제외하고 외국어로 번역돼 가장 많이 배포된 명작이다.

함곡관령函穀關令 윤희尹喜는 《도덕경道德經》의 저작에도 큰 역할을 했는데, 그는 어려서부터 천문을 잘 보고 고서를 즐겨 읽으며 수양이 깊었다. 사마천은 '사기노자전史記老子傳'에서 노자가 '주周나라에 오래 머물다가 주나라가 쇠락하는 것을 보고 마침내 떠났다'고 기록하였다. 노자가 함곡관函穀關에 이르자 관령關令인 윤희 왈 노자에게 장차 은거할 것이라면 나를 위하여 가르침을 달라고 하면서, 윤희는 노자를 감동시켰고, 노자는 억지로 책을 저술하였으니 도덕의 오천언五千言이다. 노자는 자신의 생활 체험과 왕조의 흥망성패, 백성의 안위화복을 거울삼아 그 근원을 거슬러 올라가 상·하 두 편, 모두 오천언, 즉《도덕경》을 저술하였다.

1) 도와 덕道, 德

도道와 덕德은 우주의 도道, 자연의 도道일 뿐만 아니라 개인의 수행 즉, 수도修道의 방법이며, 덕德은 흔히 생각하는 도덕이나 덕德이 아니라 수도자가 갖추어야 할 특수한 세계관, 방법론, 그리고 처세處世의 방법임을 논술하고 있다.

노자의 본뜻은 도를 닦는 법을 가르쳐야 한다는 것인데, 덕德은 기본이고, 도道는 덕德의 승화이다. 덕德의 기초가 없이 처세處世, 치가治家, 치국治國이 모두 실패하면 수도修道할 능력이 없다. 그래서 '덕德'을 닦는 것은 수도를 하기 위한 좋은 외부 환경을 만들기 위한 것일 수도 있고, 이는 또한 수도자에게도 평온한 심경과 초탈한 삶이 필요하기 때문에 '덕德'이 부족하지 않아야 한다. 도덕경의 덕경德經 부분은 경문經文의 상당 부분을 차지하며 이는 수도의 기초가 된다.

도道는 혼전지박渾全之樸이고, '중묘지문眾妙之門'이다. '도'는 만물을 낳고 만물에 내포되어 있으며, '도'는 사물에 있고 사물은 '도'에 있으며, 만물은 모두 '도'로 통합한다.

도는 유무형적인 물질, 사려의 정신, 이성의 법칙만이 아니라 이 모든 것을 만들어 내는 무형무상無形無象, 지허지령至虛至靈의 우주의 근본이다. '물질', '정신', '규칙'은 모두 '도'의 파생물이다. '도'는 선천일기先天一炁로 혼원무극混元無極이며, '도'는 그 크기가 밖이 없으며, 그 작기로는 안이 없고, 지간지이至簡至易하고, 지정지미至精至微하며, 지현지묘至玄至妙한 자연의 시조이자, 만수萬殊의 대종大宗이며, 우주 만물의 근원적 근본이다.

철학적으로는 '도'는 천지 만물의 시작이자 어머니이며 음양의 대립과 통일은 만물의 본질적 표현이며 반드시 만물의 진화 법칙이다. 철학적 관점에서 볼 때 실체, 시공간과 운동의 변화는 사물이 존재할 수 있는 기본 조건이며, 도는 이 모든 조건을 배제하고 이에 대항할 수 있는 어떤 것도 없기 때문에 이러한 진도는 그 성질이 무조건적인 절대적 정신적 실체이다.

윤리적으로는 노자의 도는 순박純樸, 무사無私, 청정清靜, 겸양謙讓, 귀유貴柔, 수약守弱, 담박淡泊함 등 자연의 덕성을 따른다. 정치에서 노자는 내부적으로는 무위이치無爲而治하고, 민폐를 끼치지 않는 것이 원칙이다. 대외적으로는 평화롭게 공존하며, 전쟁과 폭력에 반대한다고 주장한다.

이 세 가지 차원은 도덕경의 주제를 구성함과 동시에 '물리物理, 철학哲學, 윤리倫理, 정치政治의 논리적인 단계를 거쳐 자연의 도에서 윤리의 덕으로 나아가고, 결국 이상적인 정치의 발상과 치유의 도에 귀착시킨다. 이상적인 사회질서로 통하는 광명의 정도正道를 자연과 질서에서 찾아내는 것이다.

'도'는 노자에서 이미 세속적인 사회생활을 넘어 자연의 섭리에 가까운 것이다. 왜냐하면 천지만물의 시초와 모원母源은 '도'에 있기 때문이다. '도'로 말미암아 도생일道生一, 일생이一生二, 이생삼二生三, 삼생만물三生萬物'을 열었다. 따라서 노자는 도의 특수성과 심오성을 '현지우현玄之又玄'으로 묘사하는데, 이것은 '도'의 특수성과 심오성을 말한 것이다. 보아도 보이지 않고, 들어도 들리지 않고 어루만져도 얻을 수 없는 것이 '도'라고 하지만 여기서 노자는 단지 '현玄'으로 그가 말한 '도'와 당시 사회가 말한 '도'의 차이성을 강조하고, 또한 그가 말한 '도'의 초연성과 근원성을 밝힌 것이다.

노자가 말하기를, "도충道沖은 그것을 쓰는데 도체는 허약하고 단단한 것 같기 때문에 체내에 무궁무진한 물질과 에너지가 함유되어 있지만 사만에 의해 넘쳐나지는 않는다. 노자는 도체가 부드럽지만 강하지 않고, 내부는 단순하며, 외부는 소박하고, 맑고 투명하며, 하늘과 땅 사이에 오래 존재한다고 생각한다. 그러므로 도는 어디에나 존재하며, 개인이든 인간 사회이든 천지 만물을 포함하여 모두 도를 본받아 운행해야 하며, 도법은 자연히 본래의 것으로 돌아간다. 여기서 '자연'은 스스로를 이렇게 해석하지만, 도道와 자연의 법칙은 동일하며, 무위이무불위無爲而無不爲, 즉 모두 자연의 특성을 본받아 자신의 하늘과 땅을 오래 유지해야 한다고 했다.

노자가 처한 당시 서주西周사회는 제후 각국이 무력을 남용하여 전란이 빈번하게 일어나 사회의 의례윤리를 회복할 수 없었기 때문에 그래서 노자는 인류 사회가 끊임없이 분란을 일으키는 이유를 꿰뚫어 보았다. 그것은 모두 성인聖人, 의례禮儀, 법령法令, 욕망欲望, 지혜智慧 등의 유위有爲적인 조치에서 비롯되었다. 바로 사회가 명리名利, 실력實力, 승부勝負 등의 영예를 중시했기 때문에 천하에 자원의 제한적인 점유 다툼이 나타난 것이다. 그래서 노자는 자연으로 돌아가 무위이치無爲而治, 청정절지清淨絕智의 자연세계의 법칙에 순응하여 약자를 지키고 강자를 이기며, 소국과민小國寡民의 평온한 생활에 도달할 것을 제안하였다.

노자는 이렇게도 말했다. "내 말은, 아주 쉽게 알 수 있고, 아주 쉽게 할 수 있는 것이다. 자기를 아는 자의 바램은 자기가 귀한 것이니, 성인의 털 옷으로 옥을 품은 것과 같다."

① 도덕경 제1장

도덕경 제1장을 음미해 보자.

제1장 體道(도의 몸체)

道. 可道, 非常道. 名, 可名, 非常名. 無, 名天地之始. 有, 名萬物之母.
도. 가도, 비상도. 명. 가명, 비상명. 무, 명천지지시. 유, 명만물지모.
故常無, 欲以觀其妙. 常有, 欲以觀其徼. 此兩者同出而異名. 同謂之玄,
고상무, 욕이관기묘, 상유, 욕이관기요. 차양자동출이이명. 동위지현,
玄之又玄, 衆妙之門.
현지우현, 중묘지문.

해석解釋

도는 천지창조 이전의 무극에서의 도이고, 가도는 천지창조 이후의 이름이어서 생과 멸이 있다네. 명은 천지창조 이전의 무극에서의 명이고, 가명은 천지창조 이후의 이름이어서 생과 멸이 있다네. 없음은, 천지의 시초의 이름이고. 있음은, 만물의 어머니 이름이네. 그러므로 늘 이름을 붙이고자 하지 않으면 그 묘함을 보고 언제나 이름을 붙여놓고자 하면 그것의 요를 보네. 이 두 가지는 같은 곳에서 나왔으나, 이름을 달리 한 것이고 같다고 말할 수 있는 것은 현묘하기 때문이고 현묘하고 또 현묘하니 온갖 묘함이 들고 나오는 문이네.

주석註釋 (필자)

道. 천지창조 이전의 도. 즉 무극에서의 도. 말로 할 수 없는 도

可道, 非常道. 천지창조 이후의 도. 즉 태극에서의 도, 말로 할 수 있는 도.

　　(태극에서는 生과 滅이 있어서 비상도非常道이다)

名, 천지창조 이전(道)의 말이 없었던 무극에서의 이름 名.

可名, 非常名. 천지창조 이후(可道)의 말이 있어 이름 지어진, 태극에서의 이름 可名.

無, 名天地之始, 道의 실체를 일컬음.

有, 名萬物之母. 可道의 실체를 일컬음.

故.

常無, 欲以觀其妙, 道의 현상과 작용을 말함.

常有, 欲以觀其徼. 可道의 현상과 작용을 말함.

此兩者(도와 가도) 同出而異名 同謂之玄. 道와 可道의 출현과 본질을 설명.

玄之又玄 衆妙之門. 道와 可道의 능력과 효과를 설명.

이 양자 (도와 가도)는 나온 곳은 같지만 이름만 다르며 모두 현묘하다고 한다.

현묘하고 현묘하니 모든 것(만물)이 나오는 문이다.

제1장은 노자가 '도'라는 개념에 대한 포괄적인 설명이다. 즉 당시 사회의 일반적인 '도', 즉 인륜과 상리常理의 '도'도 아니고 또한 당시 사람들이 명명할 수 있는 그런 '도'도 아니다.

용어用語 해설

도道

'道'라는 것은, 무극無極의 홍몽鴻濛한 기운이 혼원混元으로 아직 갈라지지 않은 즈음이고. 선천에서 후천으로 아직 나타지지 않은 때이고 하늘과 땅의 형상이 없었던 때이고 해와 달의 밝음이 없었고 음양陰陽의 2기氣가 분판되지 않았고. 만물의 조화造化가 이루어지지 않았던 때의 조짐兆朕이 '道'이다. 이것은 우주가 생성되기 이전의 元氣이고 천지만물의 근본이며 모든 조화의 중추가 된다.

대도란 하늘과 땅을 낳아 기르면서도 형체가 없어, 보이지도 않고 만질 수도 없다. 대도란 해와 달을 운행하기에 어디에나 존재하고, 또한 성품이 원만하여 그 깊이를 잴 수도 없고, 폭도 헤아릴 수 없다. 대도란 만물을 낳고 기르기 때문에 있는 것 같지만 없고, 없는 것 같으나 존재한다. 위와 아래도 없고, 머리와 꼬리도 없고, 좌우 역시 따로 없다. 변하거나 바뀌지도 않고, 밝지도 어둡지도 않다. 천지보다 먼저 생겼지만 시작과 종말이 없고, 죽은 듯 살아있는 듯, 끊임없이 활동하며 영원히 멈추지 않는다. 그리고 전할 수는 있되 주고받을 수가 없으며, 터득할 수는 있되 볼 수는 없다. 태극 위에 있어도 높은 척 하지 않고, 육극 아래에 있어도 깊다고 하지 않는다. 색깔도, 순서도, 거리도, 소리도 없다. 한마디로 도는 형상이 없고 색깔이나 냄새도 없으며 우주에 가득하여 늘거나 줄어들지 않고 영원히 존재한다. 그래서 이 '道'라는 것은 '道'라는 문자에 국한하지 않고 선천무극先天無極의 무위無爲 상태인 형이상학적形而上學的으로 표현한 용어이다.

「도덕경」 제 25장에서는 "혼연하게 이루어진 하나의 형상이 있는데 천지보다 먼저 생겼다. 고요하고 쓸쓸하여 소리도 없고 형체도 없이 변함없이 쉬지 않고 운행하니 나는 그 이름을 알지 못하지만 글자로 나타내기 위하여 '道'라고 말한다"고 했고, 도교 경전인 「태상노군설상청정경太上老君說常淸靜經」에서는 "대도는 형상은 없으나 하늘과 땅을 낳고 자라게 하며, 대도는 情이 없으나 해와 달을 운행하고 대도는 이름이 없으나 늘 만물을 길러낸다. 나는 그 이름을 알지 못해 억지로 도라고 하였다.(大道無形 生育天地, 大道無情 運行日月, 大道無名長養萬物, 吾不知其名 强名曰 道)"고 했다.
이로써 알 수 있듯이 老子가 말한 '道'는 실제로 混元 이전의 無極의 상태에서 형상도 없고 색깔이나 냄새도 없으며 있지 않은 곳이 없고 갖추지 않은 것이 없으며 항상 가득 차 있어 늘거나 줄어들지 않고 영원히 진실로 존재하는 것이다.
노자는 사람들이 편히 쓸 수 있도록 '도'라는 글자를 만들어 주셨으니, 이것을 인정하고 연구하고 활용하는 것은 후세 후학들의 몫이다.

가도可道

'道'가 無極의 無爲 상태인 形而上學的으로 표현한 용어라면 '可道'는 太極의 有爲 상태인 形而下學的으로 표현한 용어이다.
無極의 홍몽鴻濛한 기운이 열려 太極이 이어받아 음陰과 양陽으로 비로소 분열을 시작했는데 가볍고 맑은 것은 위로 떠서 하늘이 되었으며 그 질성質性은 陽이다. 무겁고 탁한 기운이 아래로 내려와 엉긴 것을 땅이라 하였는데 그 질성質性은 陰이다. 하늘에는 해와 달, 그리고 여러 별들과 바람과 구름과 우레와 비가 있으며, 땅에서는 동서남북의 사방이 있으며 산과 바다가 있고, 하늘과 땅 사이에는 날아다니고 헤엄치는 동물과 식물, 그리고 인간이 있게 되었다. 이와 같이 형상이 있는 사물은 모두 生과 滅이 있어 영원히 존재할 수가 없다. 이렇게 생멸하는 모든 사물은 모두 '可道'의 범위에 속한다.
'可道'라고 하면, 그 '可道' 속에서도 '道'라고 하는 그 묘妙를 말할 수 있어야 한다. 그러나 그 미세한 '道'를 도라고 말하기 어려움이 있다는 것은 사실이다. 주의할 점은 '道'라는 것은 늘 쓰려고 찾는 인륜人倫의 '道'도 아니고 치국안민의 '道'도 아니지만, 이 '可道'는 구함을 돕기 위해 앞에도 있고, 홀연히 뒤에도 있고, 좌우에도 있고, 높이 우러러볼 수 있어서 우주만물 일월성신 모두 잠깐이라도 '可道'를 떠날 수 없이 견고한 것이다. 그러나 그 틈을 뚫는 것이 있으니 이것을 '현玄'이라고 한다. '玄'은 비어 있지 않고 가득 차 있는, 실로 현묘한 묘미가 있는데 이러한 상태를 즉

‘道’의 현상 내지는 작용이라고 말하는 것이다.

‘可道’는 형질을 지니면서 변화하고 生滅하는 가운데 있으므로 ‘非常道’라고 한다.

선후천先後天의 표

선천先天	후천後天
道	可道
홍몽←혼돈←무극 鴻濛←混沌←無極	태극→음양→사상→8괘→16관→64괘→만수 太極→陰陽→四象→八卦→十六官→六十四卦→萬殊
하도河圖	낙서洛書
무위無爲의 도道	유위有爲의 법法
형이상학形而上學	형이하학形而下學
원신元神	식신識神
태아의 모궁 10개월	태아가 모궁에서 세상에 나와 호흡을 할 때부터

현玄

玄은 도가사상에서는 중요한 표현이다. 자의字意에 유의해야 한다.

玄에 관련된 도가의 명사나 용어들은 현일玄一, 현문玄門, 현천玄天, 현원玄元, 현기玄氣, 현단玄丹, 현술玄術, 현공玄功, 현빈玄牝, 현관玄關, 현곡玄谷, 현학玄學, 현규玄竅, 현묘玄妙, 현중현玄中玄 등 많은 단어들이 있다. 이러한 용어들을 바르게 알기 위해서는 우선 玄을 바로 알아야 한다. 「기공사전」에는 “‘玄’이란 太極을 가리키는 말이며 천지만물을 창조한 어머니이다.” 라고 되어 있다.

『道德經』에도 “현지우현玄之又玄”이란 글귀가 제1장에 중복된 어문으로 턱 버티고 있어서 玄의 위세와 위엄을 느끼게 한다. 여기에 대한 주석이나 번역들도 십인십색이다. 여기서 ‘현지우현玄之又玄’에 대한 해석을 보자.

“아무런 징조나 단서도 없으며 형상이나 관계가 없는 지극히 심원한 것을 ‘현玄’이라고 한다. 지극히 미묘하고 또 미묘하며 지극히 멀고 또 멀며 지극히 은밀하고 또 은밀하여 헤아려 규정지을 수 없는 것을 가리켜 ‘우현又玄’이라 한다.”고 했다.

우리가 흔히 ‘검을현’이나 ‘가물현’으로 이해하는 시각을 무색하게 하는 해석이다.

그러나 이 '현'에 대해서 우리의 상상을 초월하고 현학적이고 형이상학적이고 명쾌한 논법으로 언어를 구사한 선인이 있으니, 그가 바로 동진東晉 시대에 살면서 포박자抱朴子를 저술한 갈홍葛洪이다.

여기에 포박자 내편에 나오는 창현暢玄중에서 '현'에 대한 글을 옮긴다.

"현玄은 자연의 시조이고 각기 다른 만물이 생성될 수 있게 하는 대종大宗이다. 그 깊이는 아득하여 차라리 어두울 정도이다. 그러므로 '미微'라고 불리 운다. 그 멀기는 가없이 보일 정도이다. 그러므로 '묘妙'라고도 불리 운다.

그 높이는 구천九天을 덮으며 그 넓이는 八方을 한 아름에 안은 듯하다. 해나 달보다도 더 빛나며 변개보다도 더 빠르다. 때로는 홀연히 빛나 빛처럼 가버리고 불쑥 솟았다가 별처럼 흘러버린다. 때로는 넓은 연못처럼 맑고 때로는 뜬구름처럼 떠다닌다.

'현玄'은 형체를 가진 만물에 의해서 '유有'가 되고 정적 속에 몸을 감추면 '무無'가 된다. 유명계幽冥界에 감기면 아래로 깊이 가라앉고 북극성을 오르면 위로 높이 떠다닌다. 금석이라도 그 굳셈에는 비할 수 없으며 촉촉이 내리는 이슬이라 할지라도 그 유연함에는 미치지 못한다. 모가 난다 해도 정각이 아니며 원이 된다 해도 정원이 될 수 없다. 온다 해도 그것을 볼 수 없고, 간다 해도 쫓을 수가 없다.

하늘은 그것(玄)에 의해서 높아지고 땅은 그것에 의해서 낮아진다. 구름은 그것에 의해서 날아다니며 비는 그것에 의해서 내리게 된다.

'현'은 유일한 실제를 안아서 잉태하여 그것이 음과 양의 양 범주範疇로서 전개해 간다. 그 호흡의 원천은 마치 대장간의 풀무처럼 억만의 사물을 만들어 낸다. 그리하여 이십팔수 별들을 하늘에 돌게 하여 최초의 세계를 창출시킨다. 시간이라고 하는 신비한 기계의 채찍질 속에서 사계四季의 기를 들이마시고 내쉴 수 있게 한다.

숨어 있을 때는 천지간의 조화된 원기로 조용히 있지만 밖으로 펼쳐지면 찬연한 무늬를 나타낸다. 강물을 뜰 때는 탁한 것은 버리고 맑은 물만 떠 올린다. 물이 불어난다 해도 넘치는 일은 없으며 거기서 얼마를 떠낸다 해도 줄어드는 일도 없다. 무엇을 준다 해도 반가워할 것도 없고 빼앗아 간다 해도 슬퍼하지 않는다. 그러므로 '현'이 있는 곳에는 무궁한 즐거움이 있으며, '현'이 나가면 육체가 붕괴되고 정신이 달아나버린다."

2) 도법자연道法自然

도법자연道法自然은 도덕경 제25장에서 나온 말이다. 인법지人法地, 지법천地法天, 천법도天法道, 도법자연道法自然은 노자의 정침頂針문법을 사용하여 하늘天, 땅地, 사람人 나아가 우주 전체의 심층 법칙을 정밀하게 포괄하고 설명하였다. '도법자연'은 천지간의 모든 사물의 근본적 속성을 포괄하는 우주 전체의 특성을 나타내며, 우주 천지간의 만사 만물이 고루 본받거나 '자연'의 법칙을 따르는 것을 말한다.

천지개벽 이전부터 존재했던 혼혼돈돈混混沌沌, 무변무제無邊無際, 무상무음無象無音의, 혼연일체渾然一體가 개천벽지開天辟地 전에도 있다는 것이다. 유일무이有一無二하고, 무쌍무대無雙無對하며, 영원히 변하지 않지만, 만물을 흐르는 것은 영원히 멈추지 않으며, 세상천지와 만물, 나아가 우주의 근본으로 사용될 수 있는 것이다. 나는(노자) 그것이 도대체 무엇인지 몰라서 '도道'를 그 이름으로 사용하고 억지로 '대大'라고 불렀다. 이 '크다'라는 것은 끊임없이 운화運化되는데, 즉 어디에나 있고 멀리 있지 않으며, 예나 지금이나 팔황육합八荒六合(온세상)을 누비다가 극원極遠(만물이 생성된 후를 말함)에 이르면 자연히 원래대로 돌아간다.

도는 이처럼 무궁무진하기 때문에 우주 만물을 생성하기도 하고, 또 만물을 도로 되돌리기도 하기 때문에 크기도 하고, '도'에 순종하는 하늘, 땅, 사람 모두 크다. 우주에는 네 개의 큰 것이 있는데, 사람도 그중 하나다. 사람은 땅의 법칙적 특성을 따르고, 땅은 하늘에 본을 따르며, 하늘은 '도'를 운행의 기초로 삼으며, '도'는 스스로 그러하다.

① 철학사상哲學思想

'도법자연'은 노자 철학의 중요한 사상이다. 도법자연이라는 논제는 고

212

립된 논제가 아니라 노자의 형이상학적 근본 문제인 '도'와 '만물'의 관계와 노자의 정치철학의 핵심 문제인 '성왕聖王'과 '백성百姓'의 관계와도 관련이 있다. 이 논제 자체는 노자 철학에서 가장 중요한 개념인 '도'와 또 다른 중요한 개념인 '자연'을 직접적으로 다루고 있다. 노자는 형이상학의 '도'로서 '만물'을 낳는 근원이다 라고 했다.

'도'는 무엇인가? 이 '도'는 《도덕경》에 따르면, 우리는 그 의미를 총결산할 수 있다: 도는 우주의 가장 원시적이고 가장 기초적인 존재이며, 사물 변화의 가장 근본적인 원동력이며, 만물의 최종 귀결이며, 가장 간명하고 가장 깊은 사물 법칙이다.

노자의 '덕德'은, 곧 '도'가 만물에 구체적으로 드러나는 것이므로 법칙에 따라 일을 처리하는 것도 덕의 속성 중 하나라고 할 수 있다. 도는 본원이고 가장 원시적인 존재다. 사람, 땅, 하늘이 대도를 본받는다는 것은 사람들의 의지로 옮기지 않는 '객관적 법칙'이라고 할 수 있다.

'자연'은 무엇이냐? 자연은 스스로 말미암은 것이라는 두 단어로 이루어져 있다. 그러나 겉모양의 자연은 자신의 모습이라는 뜻으로, 외력이나 인위적인 간섭을 하지 않는 상태, 즉 일반적으로 '자신이 이러하다'는 뜻이다. 이것은 고대 철학에서 이 단어의 주요 의미이다. '무리하고 강요하지 말라'는 의미의 자연이 여기서 파생된 것이다. 자연은 도의 속성일 뿐만 아니라 대도를 본받는 만물의 속성이다. '자화自化'는 '자연'에 가깝고 '만물'이 스스로 변화한다는 뜻이다.

도道가 존귀하고 덕德이 귀한 것은, 만물을 명령하거나 간섭하지 않고 자화자위自化自爲하도록 내버려두기 때문이다.

도법자연道法自然은 도덕경에 나오는 노자 사상의 정수다. '도道'는 도덕경의 가장 추상적인 개념 범주로서 천지만물 생성의 동력원이었다. '덕德'

은 도의 윤상倫常 영역에서의 발전하는 표현이다. '도道'와 '법法'은 규칙과 상리常理적인 측면에서 상통점이 있지만, 서양의 자연법과 다르다. '법法'은 자연의 도를 따라야 하며 증후군을 식별하는 역변환逆變換에서 그 역할을 해야 한다고 주장한다.

도법자연道法自然에 대한 나의 소고小考

老子가 말한 도덕경 제25장에는 人法地, 地法天, 天法道, 道法自然이라는 구절이 있다. 마지막 구句에 '도는 자연을 본 받으라'는 말인즉, 도에 앞서 자연이 먼저라는 것을 상징적으로 말하고 있다. 나는 이 말이 거슬렸다. 그러면 道는 언제부터 생겼을까? 라는 물음이 되돌아온다. 이것 역시 老子가 설설設說한 상청정경常淸靜經 첫 구절에 나와 있다. 대도무형 생육천지大道無形生育天地, 대도무정 운행일월大道無情運行日月, 대도무명 장양만물大道無名長養萬物이라고 했다. 하늘과 땅, 해와 달, 만물이 道로서 이루어졌다는 것을 말해주고 있다.
허공虛空의 세상이 있었다. 허공도 없는 허무虛無한 세상이라는 표현이 더 어울릴 것이다. 무극無極의 세상인 것이다. 이때도 도道는 존재했고, 그 道의 작용으로 진화進化는 진행되고 있었다. 허공虛空에서 진공眞空상태로 진화되었고 여기서 홍몽鴻濛한 기운이 혼돈混沌이라는 소용돌이의 혹독한 산고産苦를 치르고 태극太極의 세상을 열게 된다. 무극 선천先天의 道에서 태극의 가도可道, 즉 후천後天세계에서 말하는 道로 탄생되는 순간이다. 도덕경에서는 이렇게 태어남이 있는 가도는 영원한 道가 아니다(非常道) 라고 했다. 즉 태어남이 있으면 언젠가는 멸滅한다는 자연의 이치를 말한 것이다.
태극의 세상이 열리자 천지와 일월과 만물이 자리를 잡으면서 음양陰陽, 사상四象, 오행五行 등이 이어지고 자연을 이루었다. 그런데 여기서 한 가지 모순을 발견하였다. 위에서 말한 도법자연이 그것이다. 그래서 나는 주장한다. 자연법도自然法道라고, 즉 '자연은 도를 본받는다.'가 맞는 말이라고 주장해 보는 것이다. 道라는 본本에서 내리고 흘러 自然이라는 말末에 이른 것이기 때문이다. 자연법도自然法道가 어색하다면 도이자연道而自然이란 말을 생각해 보았다. '人法地, 地法天, 天法道, 道而自然. (사람은 땅의 법칙을 따르고, 땅은 하늘의 본을 따르며, 하늘은 '도'를 운행의 기초로 삼으며, '도'는

3 태상노군설상청정경太上老君說常淸靜經

태상노군은 노자를 말한다. 즉 노자가 말씀하신 청정경이라는 말이다.
이것을 중국 삼국시대 오나라의 선인이었던 갈현葛玄(164~244)이 책으로
펴내 세상에 알리게 되었다. 갈현은 포박자抱樸子와 신선전의 저자로 유
명한 갈홍葛洪(283~363 동진시대 연단 술사)의 증조부이다. 갈현은 이 책을 펴
내면서 다음과 같은 글을 남겼다.

"내가 이 진도를 얻은 것은 이 경을 만 번을 염송하고 깨달았노라, 이

경은 천인天人이 배우는 것으로 하사下士에게는 전하지 않았다. 나는 옛적에 이것을 동화제군으로로부터 받았고 동화제군은 금궐제군으로로부터 받았으며 금궐제군은 서왕모로부터 받았다. 서왕모 이상은 모두 입으로만 전하며 문자로 기록하지 않았으나 내 이제 이를 책으로 엮어 세상에 남기니, 상사가 깨달으면 천궁에 오를 것이요 중사가 수련하면 남궁열선南宮列仙이 될 것이요 하사가 얻으면 세상에서 장수를 누리며 삼계三界를 유행하다가 금문에 오르게 되리라.”

불교에서는 “반야심경이 팔만대장경을 비롯한 모든 경의 축소판이다”라고 하고 도가에서는 이 청정경을 그렇게 말하기도 한다.

반야심경이 “선남자로서 만약 깊은 반야바라밀다의 행을 어떻게 수행해야 합니까?”라고 묻는 사리자에게, “몸 밖에서 일어나는 고뇌와 마음을 닦아 행하되 반야바라밀다를 의지하고 수행하라”는 관자재보살의 포괄적인 닦음의 말씀을 하신 것이었다면, 청정경은 몸 안에서 일어나는 청탁동정과 번뇌와 망상을 다스리는 내면적인 수련을 강조했다고 보여 진다. 글자 수는 반야심경이 271자이며 청정경은 371자이다.

이 청정경도 여러 조사들이 주석을 달아 세상에 펼쳐 내놓았는데, 특히 수정자水精子가 24품으로 나누어 주해하고 혼연자混然子가 각 품마다 도해를 한 주석본이 널리 알려져 읽히고 있다.

그중에서 제1장에 나와 있는 원문과 주석, 도해를 인용해 본다.

1) 제1장 무극품無極品

老君曰, 大道無形 生育天地 大道無情 運行日月 大道無名 長養萬物

노군께서 말씀하시기를,

큰 도는 자신의 모습을 드러내지 않으면서 천지를 생육하며,

큰 도는 자신의 감정에 얽매임 없이도 일월을 질서 있게 운행하며,

큰 도는 자신의 명예가 따르지 않아도 온갖 만물을 양육시킨다.

수정자水精子 주註 : 노군 왈 에서 노老는 건양乾陽이고 군君은 성왕性王이며 왈曰은 말씀 하시다는 뜻이다. 노군의 출세가 언제였는지 그 근원은 알 수 없으나 저 태초의 혼돈 이래 늘 세상에 출세하지 않음이 없으셨는데 상 삼황 시대에는 만법천사라 불렸고 중 삼황 시대에는 반고산왕이라 불렸으며 후 삼황 시대에는 울화자로 불렸고 신농 시대에는 대성자로, 헌원 시대에는 광성자라 불렸다. 천 가지로 변화하시고 만 가지로 화신을 나타내신 것을 다 추측하기 어렵다. 혹은 유성으로 화현하시고 혹은 석부로 화현하시기도 했으며 혹은 도선으로 화현하시기도 했는데 은신하시고 현신하신 모습을 헤아릴 수가 없다. 혹은 감응편을 지으시고 혹은 도덕경을 지으시고 혹은 청정경을 지으시니 그 공덕이 끝이 없도다.

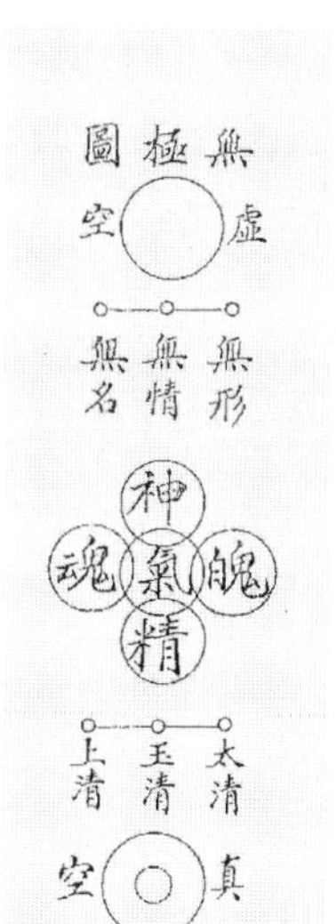

'대도무형'에서 '대'는 너무 커서 밖이 없다는 것이며 '도'는 지선이다. '무'는 무극이며 '형'은 종적을 말한다.

무릇 '대도'는 본래 홍몽한 덩어리가 분열을 일으키기 전의 원기인데 어찌 그 형질을 볼 수 있겠는가? '생육천지'에서 '생'은 생겨서 변화 하는 것이고 '육'은 함양한다는 것이다. '천'은 양기이고 '지'는 음기이다.

천지가 어떤 연유로 대도의 소생이라 하는가? 십이운회十二元會 중 술戌과 해亥 두 회기會期를 만날 때마다 천지가 혼돈에 빠지게 되는데 이 혼돈이라는 것이

바로 무극이다. 다시 자회반子會半에 이르면 정靜이 극에 달해서 움직이기 시작하여 양이 생긴다. 이 양기가 위로 떠올라 하늘이 되고 사람에게 있어서는 현관이 된다.

축회반丑會半에 이르면 동動이 극에 달하여 정靜하기 시작하므로 음기가 생긴다. 음기가 아래로 내려와 엉겨 땅을 이루게 되는데 사람에게 있어서는 단전이 되는 것이다. 그러므로 하늘은 자회에 열리고 땅은 축회에 생겼다고 하는 것이다.

'대도무정'에서 '대도'는 본래 선천에 속하는 것으로 소리도 없고 냄새도 없다. '정'은 본래 후천에 속하고 지음(有作)도 있고 함(有爲)도 있다. '무정'이라는 것은 '도'이다. '운행일월'에서 '운'은 빙빙 도는 것이고 '행'은 두루두루 흐른다는 것이며 '일'은 금오金烏이며 '월'은 옥토玉兎이다. 해는 이離괘에 속하므로 차고 더움의 왕래가 있게 되고 달은 감坎괘에 속하게 되므로 소장消長의 차고 기움이 있게 되는 것이다. 이 일월이 사람에게 있어서는 성일성월聖日星月이라 하는데 금정金庭을 훤히 비춘다.

'대도무명'에서 '명'은 명목이다. 선천대도는 형체도 없고 모양도 없고 시작도 없고 끝도 없는데 어찌 이름이 있을 수 있겠는가? 어찌할 수 없이 억지로 도道라고 이름을 붙인 것이다. '장양만물'에서 '장'은 장생長生이고 '양'은 양육이며 만물은 태란습화胎卵濕化와 곤충초목의 모든 유취로 이들은 모두가 선천의 기운을 얻어 생겨난 것이다.

세상 사람들이 머리를 돌려 도로 향하려 한다면 지인至人(明師)을 찾아 뵙고 몸 가운데 천지와 몸 가운데 일월을 지시받아 무형과 무정과 무명의 도를 닦고 신보神寶와 기보氣寶와 정보精寶의 단을 연마하고 상청 태청 옥청의 관부로 들어가 천선 금선 신선의 과果를 증득證得하면 물 밖에서 소요자재하며 끝없이 긴 세월의 겁을 장존할 수 있는데 그러한 모든 좋은 것, 어찌 즐겁지 아니하겠는가!

木公老祖詩曰목공노조시왈

道德天尊演妙玄, 尊經一部即真傳. 도덕천존연묘현, 존경일부즉진전.

求師指破生死竅, 得訣勤修龍虎丹. 구사지파생사규, 득결근수룡호단.

個個同登淸靜道, 人人共上彩雲蓮. 개개동등청정도, 인인공상채운련.

無極宮內受封後, 快樂逍遙自在仙. 무극궁내수봉후, 쾌락소요자재선.

도덕천존께서 현묘함을 상세히 말씀하신 존경한 한부가 진전이로다.

스승을 찾아 생사규를 파헤치는 가르침 받고 비결 얻어 용호단을 부지
런히 닦으면

개개인이 한가지로 청정도에 오르고 사람마다 다 함께 채운련을 타고

무극으로 돌아가 봉작을 받고서 쾌락 누리며 소요자재 하는 신선 되
리라.

文昌帝君詩曰문창제군시왈

一部尊經度世船, 五湖四海任盤旋. 일부존경도세선, 오호사해임반선.

若不點破經中理, 枉費工夫拜幾筵. 약부점파경중리, 왕비공부배기연.

個裏玄機惟一撥, 壺中春色數千年. 개리현기유일발, 호중춘색수천년.

天尊口訣斯經路, 按法修行赴九天. 천존구결사경로, 안법수행부구천.

이 한부의 존귀한 경이 세상을 건네는 자항법선 되어 오호사해를 이리
저리 노를 저어 떠다니니,

만약 지점 받지 못하면 경의 진리를 깨치려 하여도 공부한다 하나 헛
수고뿐이고 결국 제사상 받는 신세가 되고 마는구나.

저개의 현기, 일자의 한 묶음에 있는데 호로병속 춘색 그득 수 천 년을
지내다가

천존께서 구결을 이 경에 드러내니 이 법을 따라 수행하면 구천에 오르리라.

좌현진인左玄眞人께서 말씀하시기를 "道를 배우는 사람이 이 경을 지니고 염송하면 十天의 선신善神이 그 몸을 옹호하고 연후에 옥부玉符가 원신元神을 보호하며 금액金液으로 연형鍊形이 되면 형체와 원신이 현묘함을 갖추게 되어 도와 더불어 진眞에 합쳐지리라" 하였고,

정일진인正一眞人은 "인가에 이 경을 풀어헤쳐 깨친 자가 있다면 재난과 장애障碍가 간섭하지 못하고 뭇 성들이 그 집안을 보호하며 원신은 상계에 올라 높은 진인을 배알하고 공덕을 원만히 성취하면 제군帝君께서 감동하시리라, 이경을 지니고 염송하기를 물러남이 없다면 몸은 자운紫雲을 타고 오르리라"고 하셨다.

《태상노군설상청정경》은 제1장 무극품無極品에서~~제24장 초탈품超脫品까지 사람이 모태에서 생겨나면서부터 죽어서 영靈으로 사라질 때까지의 삶을 순서대로 배열해 놓았다.

4 주역참동계周易參同契

1) 《주역참동계周易參同契》의 연원淵源

《주역참동계周易參同契(약칭 참동계參同契)》는 동한東漢시대 위백양魏伯陽이 지은 도교의 초기 경전으로 '만고단경왕'으로 불린다. 저자의 생몰연대는 알 수 없으며 현재의 저장성상우(浙江上虞) 사람으로 호는 운아자雲牙子로 저명한 연단가煉丹家이다. 위백양은 《황제내경黃帝內經》,《도덕경道德經》,《역易》을 읽은 후 이 책을 저술하였다고 한다. 이 책은 역상易象을 바탕으로 연단술을 논하고, '대역大易', '황제黃帝', '노화爐火'의 세 가지 이치를 참고하여 연단의 원리와 방법을 명확히 하는 것을 원칙으로 저술되었다.

《주역참동계周易參同契》는 건곤乾坤을 정기鼎器로, 음양陰陽을 제방堤防으로, 수화水火를 화기化機로 삼아 오행을 보조하고 현정玄精을 단기丹基로 하여 연단煉丹하는 이론 체계를 구축하였다. 이 책은 도교 역사상 최초로 연단을 체계적으로 논술한 경서이다.

도가양생道家養生과 주역양생周易養生은 전통양생傳統養生 문화의 근간으로, 하나의 뿌리인 같은 원류源流로서, 이 3가지가 하나라는 것을 보여주는 발전을 이루어 냈으니, 이것은 고금古今의 사람들을 행복하게 하는 공덕이 무궁무진하다 할 것이다.

중국 당나라 도교 양생의 명가 여동빈呂洞賓은 시詩가 정밀하여 도교양생과 주역 양생의 요체와 핵심을 지적하며 '복희伏羲가 오늘날까지 도를 전하고 있는 것과 같다.' 고 했다.

'일음일양一陰一陽을 도道라고 한다'는 말은 "도론음양道論陰陽"에서 유래한 것으로, 동한東漢시대 도가양생道家養生과 주역양생周易養生의 진인 위백양魏伯陽은 도가사상道家思想과 도가내단양생道家內丹養生과 주역양생周易養生의 3가지를 융합하여 만고에 단경 왕으로 불리는 《주역참동계》를 저술한 것이다.

《주역참동계》 전서全書는 약 6,000여 자로, 기본적으로 4자 일구一句, 5자 일구一句 운문韻文과 소수少數의 길이가 다른 산문체散文體와 이소체離騷體로 쓰여져 있다. 이 책은 《주역》의 논술로 단을 만들겠다는 뜻을 빌려 오랫동안 자신의 몸을 튼튼하게 하는 연구를 하고 있다. 최근 연구에 따르면 '단'은 인체 내부의 에너지 흐름을 의미하므로 이 책의 에너지 흐름에 대한 설명은 작가 자신의 경험을 바탕으로 기록되었다고 본다.

이 책의 표현 방식은 비교적 특이하며, 부호符號를 표의表意의 수단으로 사용하는데, 예를 들어 감리坎離, 건곤乾坤, 일월日月, 음양陰陽, 오행五行, 연홍鉛汞, 부모父母, 부처夫妻, 남녀男女 및 중국 고대 천문학상의 명사 용어 등은 모두 본래의 의미와는 아무런 관계가 없고 다만 일부 표의 기호일 뿐이다. 외단자外丹者가 소련燒煉 하므로써 사용하는 노정爐鼎은 신체를 상징하고, 노정의 변화된 약물은 인체 내 에너지 흐름을 상징한다. 약물을 나타내는 기호에는 감坎, 리離, 수水, 화火, 연鉛, 홍汞, 토兎, 오烏, 금합마金蛤蟆(황금두꺼비), 옥로아玉老鴉(옥까마귀) 등이 있으며 기호는 다르지만 의미는 다르지 않다.

이 책은 '사운詞韻이 모두 고풍스럽고 오아奧雅하여 통하기 어렵다'며 상정象征이나 차유借喩의 방법으로 많은 은어를 구사하여 오해가 생기기 쉽기 때문에 역대 많은 주본이 행세하였으며, 《정통도장正統道藏》만 해도 당송唐宋 이후 주본注本이 11종에 이른다. 《참동계》는 《주역》 이론과, 도가 철학, 연단술의 3가지가 삼합參合하여 만든 양생養生 저서이다.

역대 주석 명가名家들은 그것의 기본 내용에 대한 이해가 엇갈렸는데, 어떤 이들은 위백양이 금단을 구워 선약을 구하는 외단설을 말하고, 어떤 이들은 위백양이 음양의 조화를 주장하며 스스로 정, 기, 신의 내양술을 수련하는, 즉 후대의 이른바 내단설을 말하고, 어떤 이들은 '참동계'에서 외단설과 내단설이 둘 다 있다고 주장하기도 한다.

《주역참동계周易參同契》에서 가장 상세하게 서술된 부분이자 책의 핵심 내용은 '환단還丹을 연제煉制하는 것이다. 원문에는 총 3가지 변화가 있는데, 첫 번째 변화는 반응기反應器, 주위에 15개의 금속 납을 놓고 6개의 수은水銀을 첨가한 다음 숯불로 가열하여 연홍鉛汞을 생성시키는 것이다. 위백양은 '火'도 반응에 참여하며 반응물反應物이라고 생각한다. 그래서 숯 6인분을 숯불에 살짝 데워 납鉛과 수은, 숯불의 세 가지 '물질'이 서로 함유되어 변화를 일으켜 연홍鉛汞을 만들 수 있다고 했다.

두 번째 변화는 화력이 증가함에 따라 수은이 점차 증발하고 납鉛이 일산화연一氧化鉛과 사산화삼연四氧化三鉛으로 산화되며 반응이 완료되면 주로 황단黃丹, 즉 황아黃芽가 생성된다는 것이다.

세 번째 변형은 두 번째 변형 생성물인 연단鉛丹과 9개의 수은을 혼합하고 잘게 부수고 갈은 다음 이 혼합 약재를 단정丹鼎에 넣고 밀봉하여 균열이 없고 공기가 빠지지 않도록 한 다음 가열한다. 선문화후무화先文火後武火를 써서 밤낮으로 관찰하고 온도 조절에 주의하여 반응이 끝나면 단정丹鼎의 상부에서 붉은색 산물인 '환단還丹'을 얻는다. 이런 환단이 산화수은이다.

2) 위백양의 연단魏伯陽煉丹

위백양은 또 이 책에서 "하상河上의 아름다운 여인들은 영靈적이고 가장 신령하며, 화火를 얻으면 날아다니고, 속세를 보지 못한다. 욕망으로 만든 것을 황아의 뿌리로 삼는데. '황아黃芽'는 연단鉛丹이고, '하상河上의 다양한 여인'은 홍汞이다." 이 말은 수은(汞)이 휘발성이 있고 연단鉛丹이 고온에서 수은과 상호작용하여 휘발성이 없는 산화수은(汞)을 생성할 수 있으므로 汞이 연단鉛丹에 의해 '제복制服'될 수 있음을 의미한다.

위백양은 미끼인 금단金丹을 먹이는 것이 어떻게 사람을 불로장생시킬 수 있는지 설명할 때 부적절한 유추법을 사용했는데, 황금이 불멸한 이상 환단은 가역可逆적인 순환 변화를 일으킬 수 있다. 그러면 황금黃金과 환단還丹을 먹인 후에는 사람이 반로환동返老還童을 할 수 있다고 생각한다.

연단술煉丹術의 가능성과 합리성을 설명하면서 위백양은 물질적 변화는 자연계의 보편적인 법칙이며 연단 과정은 담쟁이덩굴이 황색으로 변하고 가죽을 삶아 풀을 만들고 누룩을 사용하여 술을 만드는 것과 같이 자연의 소행이며 사악한 도리가 아니다. 라고 지적했다. 그는 또 음양오행설陰陽五行說을 연단술 현상을 설명하는 데 사용했는데, 만물의 발생과 변화는 모두 오행이 서로 의지하며 살아가는 것으로 음양교구陰陽交媾가 서로 강화되어 정기精氣를 이완시킨 결과라고 보았다.

위백양은 음양오행설에만 얽매여 있을 뿐 아니라 유사한 학설도 제시했다. 그는 음과 양의 상대적인 두 반응 물질이 동시에 동일한 범주에 속해야 하며 '동류同類' 물질은 서로 변화될 수 있지만 '이류異類' 물질 사이에는 반응이 일어나지 않아야 한다고 믿었다.

위백양은 또한 물질이 작용할 때 비율이 매우 중요하다는 것을 인식하고 고온에서 숯불과 만나면 호분胡粉(탄산연碳酸鉛)이 납(연鉛)으로 환원될 수 있다는 것을 관찰했다.《주역참동계》에서는 승화장치升華裝置(단정丹鼎)도 기술記述해 단정丹鼎을 축소된 우주로 보고 음양의 변화와 만물이 시

종일관 그 안에 있다고 했다.

위백양은 수단修丹은 천지조화와 같은 이치이고, 역도易道는 단도丹道와 통한다고 생각했기 때문에 주역의 이치로 연단의 이치를 설명할 수 있었고, 이는 가뜩이나 복잡한 연단술을 더욱 신비롭게 만들어 후대 연단가의 철학적 사고에 영향을 미쳤다는 점을 지적해야 한다. 또한 위백양은 납(鉛)과 수은(汞)을 단련의 주원료로 사용하고 단약丹藥은 산화수은과 같은 독극물로 연단煉丹 실험의 범위를 제한하고, 아울러 단약은 단丹 복용 중독을 유발하여 실제로 연단煉丹의 발전을 방해한다고 주장하였다.

3) 작품영향作品影響

《주역참동계》는 내외단內外丹 겸수兼修의 도교 이론 저술로 도교 수련술修煉術에 중대한 영향을 미쳐 만고단경왕萬古丹經王으로 후대 내외단의 이론 발전에 긍정적인 역할을 하였으며. 중국 도교사와 고대 과학 기술사에서 모두 매우 중요한 위치를 차지하고 있다.

《주역참동계》가 밝힌 연단술煉丹術 이론은 후대의 금단파 갈홍金丹派葛洪, 도홍경陶弘景과 내단연양파內丹煉養派의 사마승정司馬承禎, 종리권鍾離權, 여동빈呂洞賓, 장백단張伯端 등에 의해 계승되고 흡수되었으며, 송인宋人 황자여黃自如는《금단사백자金丹四百字》서문에서《주역참동계》가 단도사에서 중요한 위치를 차지하고 있음을 인정하고, 수천 년 동안 백양伯陽이 그 흐름을 인도하고 송려鍾呂가 그 물결을 선양했다 고 했다.

5 황정경黃庭經

1) 노자창작의 문언문老子創作的文言文

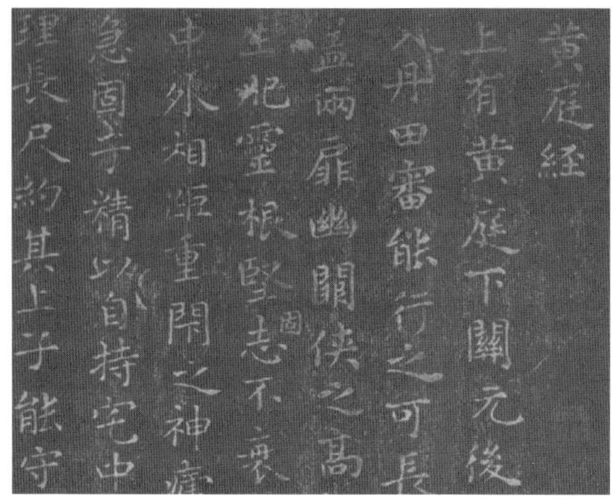

   《황정경黃庭經》은 《노자황정경老子黃庭經》이라고도 불리며, 도교양생 수선修仙 전문저서로, 내용은 《황정외경옥경黃庭外景玉經》과 《황정내경옥경黃庭內景玉經》, 양진兩晉 연간에 《중경경中景經》이 새로 추가되었다. 저자는 노자老子로 위화존魏華存이 스스로 문호를 열고 세상에 널리 알렸다.

   《황정경黃庭經》은 도교 상청파上淸派의 중요한 경전이며 내단가內丹家에서도 내단 수련의 주요 경전으로 추앙받고 있는 동현부洞玄部에 속한다. 현재 전하는 《황정경》에는 《황정외경옥경黃庭外景玉經》, 《황정내경옥경黃庭內景玉經》, 《황정중경옥경黃庭中景玉經》의 3가지가 있다. 책에서는 인체 도처에 신선이 있다고 보고 삼단전三丹田 이론을 처음 제시하는 등 많은 생각을 품는 방법이 소개되었다. 내외경의 저자, 책을 만든 연대 및 그 상호 관계에 대해서는 항상 여러 가지 설이 있다.

《황정경》은 중국 도교의 중요한 경전으로 《황정외경경》과 《황정내경경》을 포함하며, 이를 총칭하여 《황정경》이라고 한다. 전설은 서진西晉왕조(서기 265~317년) 때 유명한 여도사女道士 위화존魏華存이 지은 것이라고 하지만. 고증에 따르면 남선男仙이 지었다는 주장도 있다. 한의학 이론에 기초하여 해부학과 결합하여 건강을 유지하는 법 등 의학 역사에서 보기 드문 귀중한 재산이라는 평가다. 그러나 행문行文이 모호하고 설유設喩가 많아 당시 상층 선비들 사이에서만 전해졌다. 이후 의학, 해부학, 건강관리에 큰 영향을 미치고 발전을 촉진시켰다.

《황정경》의 핵심을 요약하면 다음과 같다.

⑴ 주요 논술의 문제점은 토납행기吐納行氣를 강조하고, 항상 정력을 보존하기 위해 부지런히 토납행기로 고정하며, 담담하고 무욕無欲을 유지하여, 수일법守一法을 공고히 하는 것이다.

⑵ 장생구시의도長生久視道를 논술 하였고 인체의 주요 기관 및 주요 생리학적 효과에 대해서도 논했다. 수련의 방법을 얻어서, 인체를 상중하 3부로 나누어 각각 팔경신八景神이 진수鎭守하여 합쳐서 24진신二十四真神이라 하고. 사람이 진기를 다스릴 수 있다면 질병을 없애고 불로장생할 수 있다는 것이다.

⑶ 황정삼궁黃庭三宮과 삼단전三丹田과 양생 사이의 밀접한 관계를 설명했다.

⑷ 황정黃庭을 생각하고 단전丹田을 단련하고 기력을 축적하는 것을 목표로 하고 행하는 것이 거의 핵심이다.

이어서 《황정경》의 역사를 더듬어 보자.

현존하는 사료에 따르면 《황정경》의 연대 상하한上下限을 엿볼 수 있

다:《외경경外景經》의 운례韻例는《내경경內景經》보다 훨씬 이전인 것 같다.
《외경경》의 운례는 양한兩漢에 이르지만, 늦어도 삼국에 지나지 않는다.
《내경경》의 운례는 동한東漢의 위진魏晉 시문용운詩文用韻과 일치하는데,
위진魏晉이 특히 가능성이 있다. 이런 용운用韻 낙인烙印의 시대에 입각한
사료를 재조명하는 것은 우리에게 새로운 시사점을 줄 것이다.

동한東漢과 연계하여 황노黃老의 도道가 급속히 전파되어 동한東漢 연
희 8년(서기 165) 변소邊韶가 환제桓帝의 명을 받들어 지은《노자명老子銘》
은 이미 '출입단려出入丹廬, 상하황정上下黃亭' 등의 말이 있다는 사실이
있다.

당시 단려丹廬, 황정黃庭, 도교道教 등 노자가 이미 긴밀하게 연결되어
있었음을 알 수 있다. '황정내수결黃庭內修訣'《노군황정경老君黃庭經》의 명
칭을 음미하는 것은 그래서 신기하지 않을 것 같다. 한漢나라 말 조위曹魏
에 이르러 장로張魯가 수십 년 동안 한漢을 다스리며 오두미도五鬥米道가
크게 변성하였다.

《대도가교령大道家教令》에 따르면 서기 255년에《외경경外景經》이 정형
화되어 천사도天師道 내부의 교과서로 사용되었음을 확신할 수 있다. 그
해 상청파上清派 초대 태사太師로 추앙받은 위부인魏夫人의 나이는 세 살
이었다. 부인의 이후는 천사도 제주祭酒로서 상청파上清派의 지위가 매우
중요하였다. 많은 문헌의 기록은 부인은 일찍이《황정》을 위해 주소注疏
같은 전설을 썼다는 것을 다양한 각도에서 드러내고 있으므로《내경경內
景經》은 위부인魏夫人이 짓거나 그 가공加工을 거쳐 윤식潤飾하여 전해 내
려온 것임을 알 수 있다.

현재 왕명王明 선생은《황제경고黃帝經考》에서 상세한 고증을 한 바 있
는데, 위진魏晉 시대에 이미 민간에 칠언운어체七言韻語體《황정黃庭》초본

이 숨겨져 있었다고 생각한다며, 진무제晉武帝 태강太康 9년(288년)에 여도
사 위화존魏華存이 이《황정黃庭》의 초본을 받아 주술하거나, 도사道士가
구수口授하여 위화존魏華存이 기록하여 정본《황제내경경黃帝內景經》으로
썼다. 진진 성제成帝 함화咸和 9년(334년), 위화존魏華存이 사망하고,《황정
외경경》이 이 무렵 간행되었는데, 이는《내경內經》을 기초로 하여 저술된
것으로 저자는 미상未祥이다. 내경이 외경보다 먼저 나왔다는 주장이다.
역사에서도 구양수歐陽修 등 외경 이후에 내경이 등장했다고 보는 시각
이 있다.

위화존魏華存(251~334)의 자字는 현안賢安, 임성任城(지금의 산둥성 지닝시) 출신으로 서
진西晉 사도문강공司徒文康公 위서魏舒의 딸이다. 어려서부터 도를 좋아하여 항상 벽
곡辟穀 등 섭생수정攝生修靜하며 신선神仙을 사모한다. 24세에 남양南陽 류문劉文과
결혼하여, 류박劉璞과 류하劉瑕를 낳았다. 그의 마음은 유은幽隱하여 별침別寢에 머
물며 신서神書의 비적秘籍을 구하여 읽으면서 삼가 도법道法을 닦는다. 서진西晉 건
흥建興 5년(318) 여름, 남악형산南岳衡山 집현봉集賢峰 아래 자허각紫虛閣을 찾아 도를
닦았으며, 16년 동안 호남湖南 최초의 도교 전파자가 되었다. 도가의《원시대동진경
元始大洞真經》 3권,《원시대동옥경소요십이의元始大洞玉經疏要十二義》 1권,《대동옥경
단의大洞玉經壇儀》 1권과《총론總論》 1권은 모두 위화존魏華存 소의疏義에 속한다. 동
진東晉 함화鹹和 9년(334), 황정관 쪽의 큰 바위 위에서 백일비승白日飛升했는데, 그
바위가 아직 남아 있어 '비승석飛升石'이라고 한다.
위화존의 행적은 역대 남악지南嶽志와 형양衡陽 지방지地方志에 기록되어 있는데,
도홍경陶弘景은《진호真誥》를 저술하여 위화존을 '위부인魏夫人'이라고 불렀고, 후
대에서는 위화존을 '남악부인南嶽夫人'이라고 불렀다. 이백李白의 '송녀도사 저삼청
왕 남악시送女道士褚三清往南嶽詩'에는 '지쳐서 남악으로 향하니 위부인을 만나야 한
다'는 구절이 있고, 두보의 '망악望嶽'에도 '위부인을 공문恭聞하고 군선群仙들이 날
고 있다'는 구절이 있다. 송宋나라 인종仁宗은 위화존에게 '자허원군紫虛元君'이라는

2) 외경경外景經

내용은 7언운문七言韻文의 형식으로 존사법存思法을 수련하는 요결을 서술하였으나, 문풍文風은 약간 달랐다. 언어는 간단명료하고 평이해야 하며, 말은 명료해야 하며, 의미는 유창해야 한다. 《외경경外景經》은 원래 장이 따로 없고, 무성자務成子의 주본은 상·중·하 3부로 나뉘며, 《내경경 內景經》과 내용이 같은 것은 더 이상 소개하지 않았다. 다음은 《내경경》 과 달리 중요한 몇 가지 내용을 소개한다.

① 행기行氣를 토납吐納하는 방법에 관한 것이다. '코끼리 거북이 영근 靈根까지 기를 끌어당긴다.' '숨을 쉬는 순간 단전丹田에 들어간다.' 와 같 은 이 방면의 내용을 강조하면 사람은 장수하는 거북이를 본받아 단전 에 기를 끌어당겨 몸의 원기를 유지해야 한다는 것이다. 또 다른 예로 "사 람은 곡식과 오미五味를 다 먹고, 음양의 기氣를 독식한다." "호흡하는 여 간廬間은 스스로 보상하고, 견신수경堅身受慶으로 보완한다"는 말이 있는 데, 보통 사람들은 모두 오곡을 먹고, 오미를 맛보고, 황정경을 수련하는 사람의 형상은 식태食太와 음양기陰陽氣만 먹고, 실체 몸 안의 원기를 충 만하게 하는데, 자주 이렇게 하면 원기가 충분하고, 신기가 합일하여 신 체가 손상되지 않는다고 했다.

② 인진咽津, 보정寶精, 고정固精에 관한 문제이다. 도교에서는 흔히 진

230

액津液을 옥액玉液, 옥장玉漿, 예천醴泉, 영액靈液 등으로 부르는데, 이 액은 기체氣體를 정제하여 만든 것으로 오장의 정수로 달콤하고 향긋하다.

사람들이 인액咽液을 자주 닦고 씻으면 질병을 제거하고, 예방하며 몸을 튼튼하게 한다.

《외경경外景經》은 진액의 작용을 중시하는데, 예를 들어 "옥지玉池 맑은 물에 영근靈根의 물을 주게 되면 심능수지審能修之가 영원할 수 있다", "옥지 맑은 물에 살이 찌고 영근이 튼튼하여 노쇠하지 않는다", "진액예천津液醴泉이 육부六腑를 통하여, 코를 따라 두 귀를 열고 천지의 동자童子를 들여다보며 정수를 조화시켜 발치發齒(머릿니)를 다스리고 색깔과 광택은 희지 않다"는 것을 볼 수 있다. 이를 자주 두드리면(叩齒) 이가 튼튼해지고 동안童顔이 오래도록 남을 수 있다는 것을 알 수 있으니 그 오묘함은 무궁하다. 예로부터 도경道經은 보정寶精과 고정固精의 문제를 매우 중시해 왔으며,《태평경太平經》은 "사람은 장수하기를 원한다."고 주장하였고,《내경경內景經》도 "정실精室을 지키는 것을 망설이지 말라"고 했다.《외경경》에서도 고정固精과 보정寶精의 의의를 강조하였는데, 예를 들면 "장생은 방중房中의 급함을 삼가고 음속淫俗 정자精子를 사정하는 것을 삼가 해야 한다. 정자精子의 문을 닫으면 오래 살 수 있다"며 "고정시키는 것은 정자가 알아서 하며 급하게 하면 정신은 다시 늙어간다"고 말했다.

③ 담담하고 욕심이 없는 사상이다.《외경경》은 이러한 사상을 거듭 강조하면서 "물질은 자연의 도가 있어도 번뇌하지 않고, 신체는 무위無爲의 상태로 편안 하여야 하며, 적막함은 입 밖에 내지 않는다." "목숨을 기르고 허무함을 지키며, 태연자약하고" "자신을 스스로 지키고, 청정무위의 신神은 머무르게 한다." "화려함의 줄기를 기르고 싶은 욕망을 없애고, 현기玄氣를 먹으면 생이 따라올 수 있다"는 등 수련자는 태연무욕하고 청정

무위하고 허정자수虛靜自守해야 함을 강조하고 있다. 이러한 사상은 노장
老莊으로 대표되는 도가의 철학사상을 계승하고 발전시켜 존사存思수련
에 응용한 것이다.

3) 내경경內景經

《내경경》은 일명 《태상금심문太上琴心文》, 《동화옥편東華玉篇》, 《대제금
서大帝金書》라고도 한다. 역대 위진간魏晉間 도사를 양생하는 서書라고 불
렀지만 사실 일반 약물양신藥物養身, 술수연명術數延命 같은 책에서 멀리
떨어져 있고 한漢나라의 '오장신五髒神' 설을 계승한 것으로 신체장부에
각각 주인이 있다는 이론을 바탕으로 사람 몸의 백맥관규百脈關竅에 각각
신神이 있다는 설을 결합해 칠언운문七言韻文의 형식으로 '존사存思' 위주
의 수련요법을 다뤘다. 초기 상청파가 숭배했던 경전이라 하여 《상청황정
내경옥경上清黃庭內景玉經》이라고도 한다.

《내경경內景經》에는 인체 주요 기관의 대략적인 상황과 주요 생리적
기능에 대해 논의하는 몇 가지 의학 이론이 포함되어 있으며, 그중 14장
은 인체 오장과 담부膽腑의 생리학적 역할을 중점적으로 설명하였다. 마
음이 내장의 왕으로 여겨져 한열寒熱을 알고 영위營衛와 위세를 유지하
고 혈맥血脈을 통하며 음양을 조절할 수 있으며, 마음을 열고 혀를 훔치
면 오장의 기를 토吐하고 오행의 맛을 식별할 수 있다. 그러므로 사람이
마음이 평안하면 몸이 병들지 않고 몸이 마르지 아니하고 간肝은 피로를
풀어주고 혼백魂魄이 편안해진다.

이 경經에서는 간장肝臟이 눈에 트이는 것이 일월日月의 밝음과 같고 오
행의 관경關鏡이 있다고 생각한다. 간기肝氣는 위로는 삼초三焦의 기氣와
합하고 아래로는 입안의 진액이며 진액은 현응玄膺(가슴)을 지나 명당明堂

을 지나 단전丹田으로 들어가, 진기가 흐르고 백해百骸가 젖으면 질병이 없다.

비장脾臟은 창름倉廩(창고)의 기본이며 곡물을 넣으면 맛이 나고 찌꺼기가 녹는다. 비장이 중앙에 가로로 있고 뺨의 색이 바깥쪽에 있어야 하며, 비장과 위장이 결합하여 영양을 공급하면 혈맥이 원활하고 근육과 뼈가 튼튼하며 피부가 풍부하고 몸 전체에 영양을 공급하면 장수할 수 있다고 한다. 따라서 비장의 기능을 중시하여 비장을 하황정궁下黃庭宮이라 칭하고, 인체의 근본, 오장의 중추라고 한다.

폐肺는 기氣의 근본으로 콧구멍을 뜨게 하고, 칠규七竅에 기를 배포하고 특히 귀와 눈을 총명하게 한다. 폐의 기운이 삼초에서 일어나 오장의 원기를 다스릴 수 있다고 믿으며, 사람이 진액을 단전에 삼킬 수 있다면 피부색이 윤기 있고 백맥이 원활하며 이가 단단하고 검고 노쇠하지 않는다.

신장腎臟은 선천적인 근본, 원기의 근원, 주 골격이다. 이 경經에서는 신장이 오장육부의 주가 되고, 구절진액九竊津液의 연결이 귀에 열려 있고 신장의 기운이 충분하면 귀가 밝고 근육이 강하고 뼈가 튼튼하며 맥박이 원활하다고 한다. 신장은 정자를 저장하므로 정자를 멈추면 장수할 수 있다고 한다. 만약 담膽이 결단하는 것은 육부六腑의 정精이다. 사람이 담력과 힘을 서로 쓰면 호랑이도 잡을 수 있다. 또 담膽 외의 양미간에 있는 천목혈天目穴은 인체우주와 천체우주를 연결해 주며 기쁨과 분노가 이곳으로 오고, 분노가 머리 위로 솟구친다고 생각한다.

《내경경》은 또한 《하상공노자장구河上公老子章句》와 《태평경太平經》의 '오장신五髒神' 관념을 흡수하여 3부三部 8경八景 24신二十四神으로 발전시켜 인체의 모든 부분에 신령神靈이 거주한다고 보았다. 3부, 8경, 24신은 인체를 상원궁上元宮, 중원궁中元宮, 하원궁下元宮의 세 부분으로 나누는 것으로, 각 부분의 원궁은 팔경신진八景神鎭을 지키고 있다. 즉, 상부팔경 신진은 인체의 상원궁에 있고, 중부팔경신진은 사람의 몸속 중원궁에 있고, 하부팔경신진은 하원궁에 있다.

경전에서는 사람들이 삼부팔경 이십사신을 생각할 수 있다면 삼전三田과 오장의 참된 기운이 조화롭고 질병이 없으며 구름을 타고 신선으로 승승장구할 수 있다고 생각한다. 특히 이들 신의 이름은 함부로 지은 것이 아니라 신체 각 기관의 기능, 위치, 색깔, 상태 등을 따져 요약한 것이다.

《내경경內景經》은《외경경外景經》을 고쳐 쓴 내용에서 주로 존사신存思身 내內의 신神을 말하는 것 외에, 존사신 이외의 것, 즉 존사일월성신存思日月星辰에 대해서도 이야기한다. 대략적인 과정은 체내의 원기元氣를 조절하여 섭취한 일월성신의 외기外氣와 서로 결합하는 것이다. 해와 달이 출입하는 호흡이 있으니 해와 달이 나의 상도上道이다. 옥같이 맑고 텅 비어있어 늙지 않는 것을 보니, 얼굴을 붉게 하고 혈血과 뇌腦를 채울 수 있다. 존사일월성신存思日月星辰과 상응하는 선인仙人의 보호가 있으면, 동안童顔으로 돌려주고, 혈맥과 뇌를 충만하게 할 수 있다.

존사신存思身내 여러 신神을 생각하든, 존사신외 일월성신을 생각하든, 《내경경》에서는 존사의 법을 수련하려면 반드시 정성을 다해야 한다고 강조하며, 도道가 이르러서 번거롭지 않으면 진실만 남는다. 현진玄真을 보존할 수 있으면 만사가 끝나므로, 혼신의 정신을 잃지 말아야 한다. 낮과 밤, 이레 동안 잠을 자지 말고, 이것을 행할 수 있으면 영원히 살 수 있고. 공을 쌓고 단련하는 것은 자연스럽지 않으니, 정성이 전문이어야 한다. 이러한 것들은 수련에 전념하고 뜻을 굽히지 않는 것을 강조하며, 그래야 신선이 도에 들어갈 수 있다.

이상은 『내경경』의 주요 내용을 대략적으로 소개한 것이다.

4) 내외경 양자적관계內外經兩者的關系

《내경》과 《외경》의 뜻이 통한다는 것은 의심할 여지가 없다. 예로부터 본경本經을 비교한 것이 비교적 많은데, 지금 본 최초의 주본注本은 당唐 현종玄宗 때 은사隱士 백이충白履忠(號 양구자梁丘子)이 주注한 것으로 《운급 칠첨雲笈七籤》과 《수진십서修眞十書》에 수입收入되었다. 구양수歐陽修, 유처 현劉處玄, 장신수蔣愼修 등은 모두 《황정경》에 주석을 달았고, 청나라 사 람 동덕녕董德寧의 《황정경발미黃庭經發微》는 비교적 잘 알려져 있고 이해 하기 쉬우며, 진영녕陳攖寧의 《황정경강의黃庭經講義》는 분류 해석하여 풀 기가 어렵다고 한다.

《운급칠첨》본에 따르면, 《내경경內景經》은 36장章으로 되어 있는데, 각 장은 글머리에 두 글자를 제목으로 하여 본문은 416구句, 2912字자 이다.

《외경경外景經》은 상중하 3부로 나누어 98구, 686자로 되어 있다. 별본 別本은 이와 대체로 같다. 경經의 이름인 '황정黃庭'이라는 단어의 의미는 다르게 해석되고 있다. 《정통도장正統道藏》의 염구자染丘子 주서注序에는 "황黃이란 중앙의 색이고, 정庭이란 사방의 중심이다. 바깥은 천중지중인 중天中地中人中이다.

안에는 뇌중심腦中心과 비脾 중심中心이니 '황정黃庭'이라고 한다. 속은 마음이요, 경景은 상象이다. 외상外象은 해와 달, 별, 구름, 노을의 상象이 고, 내상內象은 혈육, 근육, 뼈, 장부髒腑의 상象이다. 마음은 몸 안에 있고, 보이는 것은 일체적인 상象과 색色이라 하여 내경內景이라 한다.

"왕명王明의 《황정경고·석제黃庭經考·釋題》는 황정삼궁에 따르면 상궁上宮에 뇌중腦中, 중궁中宮에 심중心中, 하궁下宮에 비중脾中이라 하고, 황黃은 중앙의 색이고, 정庭은 사방의 중심이다. 내경內景이라는 것은 기氣를 머금고 정精을 보양하며 신神의 상象을 내시內視할 수 있다.

오늘날 진영녕陳攖寧은 정庭이 계단 앞의 공터라고 생각하기 때문에 황정은 중심이 비어있음을 의미하며 인체에 있어 배꼽의 빈 공간이다. 한마디로 '황黃'은 중앙의 색(오행설에 따르면 동방갑을목東方甲乙木, 남방병정화南方丙丁火, 중앙무기토中央戊己土, 서방경신금西方庚辛金, 북방임계수北方壬癸水)이다. 흙빛이 황색이기 때문에 황색은 중앙의 색이고, '정庭'은 사방 가운데 또는 계단 앞의 공터를 가리킨다. 그러므로 '황정'은 도가의 내수內修 수련을 하는 중 안이 비어있는 현상을 가리킨다고 말했다.

5) 존사법存思法

《내경경》은 '존사법存思法'에 대해서도 상세히 기술하고 있다. 초기 도교 『태평경』에는 존사存思법을 써서 오장신五臟神에 있는 만병이 모두 없어질 수 있다는 설이 있고, 《내경경》은 이 사상을 계승하여 더욱 발전시켰다. '존사백념시절도存思百念視節度'라고 생각하는 것은 몸에 있는 백신百神을 생각하고 호흡이 위아래와 같아 잡념을 없애야 한다는 것이다. 그리고 존사存思를 써서 허공虛空에 오를 수 있다고 생각하기도 하여 존사存思의 법을 학선의도學仙之道로 삼는 것이다. 존사는 도교 상청파上淸派의 전형적인 수련 방법이자, 《내경경》의 핵심 내용이라고 할 수 있다. 존사지법存思之法이란 《내경경》에는 몸 안에 있는 여러 신을 존사存思하는 것과 몸 밖에 있는 사물을 존사存思하는 두 가지 내용이 담겨 있다.

도교는 인체가 다신多神적이고 오장신이 지배적이라고 생각하기 때문

236

에 오장신의 색, 모양, 기, 복식, 이름 등을 생각하는 것을 중시한다. 《내경경》은 심, 간, 비장, 폐, 신장 등 오장신에 대해 따로 논하고 있는데, 그 중 심신心神에 대해 가장 많이 논하고 있다.

간肝은 동방목위東方木位, 청청색이기 때문에 간의 기운이 왕성하고 맑고 오래 지속되며, 봄과 같이 간은 생기生氣의 근본이며, 눈을 감고 명상하고 생기는 체내의 오장의 내부를 두루 비추고, 오장육부에 상응하며, 위는 오색운五色雲으로 일월성진日月星辰과 같이 빛이 밝고 명철하여 오랫동안 스스로 장부를 내시할 수 있다. 내시內視는 존사법의 중요한 사상으로 수련자가 눈을 감고 생각에 잠긴 후 내관內觀하여 형체를 관찰하면 신기神氣가 충만하여 체내를 맑고 깨끗하게 하는 모습을 말한다.

비신脾神을 존사하는 것에 대하여 비장은 중궁에 머물며 비신脾神을 생각하면 정기精氣가 늘어나고 수명이 연장되며 심허동감心虛洞鑒이 되어 신령神靈과 스스로 소통할 수 있다.

폐신肺神을 존사하는 것에 대하여 폐肺는 금궁金宮으로 오장 위에 화개華盖처럼 생겼다. 동자童子, 백운白雲은 모두 폐신肺神을 가리킨다. 숨이 차고 숨이 가쁘고 몸이 불쾌할 때 빨리 폐신을 생각하여 6기六氣를 조화시킬 수 있으면 재해가 없으며 이 방법을 자주 사용하면 몸이 시들지 않도록 할 수 있다.

신장腎臟은 수궁水宮이다. 현궐원玄闕園은 신장의 외형을 비유한다. 동자童子, 수왕水王은 모두 신신腎神을 가리킨다. 사람이 병이 났을 때 즉시 신장을 존사해서 흉凶이 길吉을 만나 질병을 예방하고 신선이 될 수 있다.

이들 신녕은 모두 해당 장기를 형상화한 것으로 각각 특색이 있다. 경전에서는 인체가 이러한 신의 지배에 의존하여 정상적인 생리 활동을 유지하고 형상과 신神을 갖추었다고 믿고 있다. 이 신들은 초자연적인 힘의 신들과 달리 인체의 생리 활동을 지배하는 '기능신'이다. 이것은 또한 고대 사람들의 인체 장기 기능에 대한 정확한 이해를 반영하지만, 그들이 인체 장기 기능의 주체를 신에게 돌리는 것이 아니고 표현을 할 수 있는 방법을 선택한 것이다.

《황정경》의 존사법存思法은 고대 도교가 추진한 주요 수련법 중 하나로, 의념을 중시하고 묵상하며 간편하고 실행하기 쉬워 사대부士大夫의 입맛에 잘 맞아 동진東晉 이래 사회에 널리 퍼졌다.《황정경》에 기술된 일부 내수양생술內修養生術은《주역참동계周易參同契》의 연단술과 결합하여 당송唐宋 시대에 내단도內丹道로 변하여 중당中唐 이후 도교에서 연단양생방술煉丹養生方術을 연마하는 주류가 되었기 때문에《황정경》과《주역참동계》는 모두 후대 도교에 중요한 영향을 미쳤다.

그러나 중당中唐 이후 도교가 전파한 '황정경'은 진남북조晉南北朝와 크게 달랐으니, 진남북조는 묵송默誦을 강조했고, 중당 이후, 사람들은 끊임없이 그것에 관심을 기울이고, 해석을 더 붙였다.

6) 삼단전三丹田

《내경경》은 '삼단전三丹田'에 대해서도 언급했다. 삼단전이라는 명칭은 이 경經, 이전의 초기 도교道教에는 등장하지 않는다.《태평경太平經》《대동진경大洞真經》에는 이환泥丸·심心·제臍 등 이와 관련된 명칭이 언급되어 있는데,《내경경》에 이르러서야 '삼단전三丹田'이라는 개념이 명확하게 제시된다. 단전은 상, 중, 하의 구분이 있으므로 '삼전三田'과 협력한다. 각 단전에는 신이 한 명씩 있어 '삼신三神'이 있다. 또한 단전의 방은 사방이 1촌이기 때문에 촌전寸田이라고도 한다.

① 상단전上丹田

미간眉間 안에 세 치(三寸)를 들어온 상단전궁上丹田宮을 니환궁泥丸宮이라고 한다. 경經의 원문을 소개하면

니환백절개유신泥丸百節皆有神 니환에는 백 마디에 신이 있다.

일면지신종니환一面之神宗泥丸 한쪽 면의 신은 니환의 종조이고,

니환구진개유방泥丸九真皆有房 니환구진 모두 집이 있고,

방원일촌처차중方圓一寸處此中 사방 일촌이 여기에 있으니,

동복자의비라상同服紫衣飛羅裳 자색의 비라상을 함께 착복하되,

단사일부수무궁但思一部壽無窮 한 부분의 수는 무궁무진하여,

비각별주구뇌중非各別住俱腦中 각자 따로 살지 않으니 뇌 속에 있고,

열위차좌향외방列位次坐向外方 열위는 바깥쪽을 향에 앉는다. 라고 말했다.

니환궁泥丸宮이 신체의 머리 위에 있고, 백신百神의 주인이며, 니환백절泥丸百節 모두 신이 있어 뇌를 주관하여 앉는 순서를 정한다. 니환구진泥丸九真은 모두 자색紫色 옷을 입는다. 사람들은 단전을 지키고 구진신九真神을 존사存思만 하면 장수할 수 있다.

② 중단전中丹田

심장을 가리키며 강궁絳宮이라고도 한다. 경經 중에는 '육부六腑와 오장의 신체는 모두 마음속에서 천경天經을 운수하며, 주야간 스스로 자랄 수 있다'고 서술되어 있는데, 육부와 오장은 서로 밀접하게 관련되어 있으며, 공동으로 인체의 정상적인 작동을 유지하고, 그것들은 각각 관할이 있으며, 다른 작동 방식이 있지만, 모두 마음의 지배를 받으므로, 심장은 오장육부에게 명령을 하면 정상적으로 작동한다. 사람들이 중단전을 지

키면 존사存思를 놓지 않고 저절로 살아날 것이다.

　③ 하단전下丹田

　하단전下丹田의 명칭을 기해氣海, 정문精門, 관원關元, 명문命門이라고도 하며 배꼽 아래 세 치에 있다. 경전에서는 하단전의 중요성을 다음과 같이 말하고 있다: "혹 정精 또는 태胎를 따로 처방을 받으면 씨를 받은 아이가 화사하게 자란다." "도경은 하단전을 인명人命의 근간, 음양의 문호, 오기의 본원, 남자가 정자를 숨기고 여자가 태를 숨기는 곳, 안에 진신적자真神赤子가 살기 때문에 하단전을 '명문命門', '생문生門', 또는 '생궁生宮'이라고도 불렀다. 씨를 가진 아이는 궁중宮中의 음양의 신명을 가리키기도 하고 '백도伯桃'라고도 하며 자字는 '합연合延'이다. 사람들이 단전을 지키고 음양의 신을 생각한다면 음양의 기운이 시들지 않고 생명이 마르지 않는다."

　삼단전三丹田을 《내경경》에서는 삼황정三黃庭이라고도 한다. 상황정궁上黃庭宮은 머리의 뇌腦속에 있고 상단전과 상응하고, 중황정궁中黃庭宮도 중단전과 일치하여 모두 마음에 있고, 하황정궁下黃庭宮은 비脾속에 있을 뿐 하단전과 일치하지 않는다. 한마디로 《내경경》은 삼단전과 삼황정을 중심으로 삼부팔경 이십사진신(三部八景二十四眞神)을 존사(存思)하고 정기를 쌓는 것을 장생의 요결로 강조한 것이다.

7) 《황정경》의 내력

　《황정경》은 역사상 두 차례나 금지된 적이 있는데, 1차에는 북주北周 무제武帝가 불도佛道를 금할 때 재난을 당한 적이 있다. 내용적으로 말하

240

면,《황정경》은 이미 초기 도서에 민중의 바람과 요구를 반영한 정치사상을 완전히 배제하고, 주로 장생구시의 도리를 중시하며, 도리에 따라서는 지배계급의 이익에 저촉되지 않으며, 부정적인 사회적 영향을 가져오지도 않기 때문에, 그것은 완전히 서기 6세기의 그 대논쟁 이후 불도佛道 양교가 금지된 희생물이었다.《황정경》은 원대元代에 또 한 번 금지되었다.

《황정경》에는 지영智永, 구양순歐陽詢, 우세남虞世南, 저수량褚遂良, 조맹부趙孟頫 등 여러 가문이 대대로 전해 내려오고 있는데, 이들은 모두 왕희지王羲之 서書의 경로를 탐색하여 미적美的 계시를 얻었다. 그러나 일부 사람들은 소해小楷체로 쓰였던 황정경의 필법이 왕희지王羲之체와 유사하지 않기 때문에 진위를 가릴 수도 있다고 생각한다.《황정경》은 왕희지의 서書는, 소해小楷, 백 줄로 쓰여 졌다. 원래는 황소견본黃素絹本으로 송나라 때 상석上石을 모각하여 탁본拓本이 전한다. 이 글은 그 법이 매우 엄격하고, 그 기백도 편안하며, 수려하고 명랑한 뜻을 가지고 있다.

현재 전하는《황정경》에는 내경內景, 외경外景, 중경中景의 세 가지가 있다. 일반적으로《중경경》이 늦게 나왔다고 생각하지만《황정경》은《중경경》을 포함한다. 양구자梁丘子 주설注說에 의하면 황黃은 중앙의 색, 정庭은 사방의 중심, 밖은 천중지중인중天中地中人中이고, 안에는 뇌중심중비중腦中心中脾中을 가리킨다고 하여「황정黃庭」이라고 한다. 마음은 몸 안에 있고, 일체 형상의 색을 관찰하기 때문에 내경內景이라고 한다. 황정지경黃庭之景이란 도교 수련 중에 생긴 경상景象을 말한다.

《외경》과《내경》은 모두 진晉나라에 차례로 등장하였으며, 진晉나라의 위화존魏華存이 전하였다고 한다.《황정경》은 도교의 수련과 양생학설을 칠언가결七言歌訣 형식으로 묘사한 것으로 도교사상과 옛 의학醫學을 결합한 수진서다.《황정경》은 도교 모산종茅山宗의 주요 경전으로 도교에서 매우 성행하였으며, 후에 전진도全眞道의 주된 수업의 하나가 되었다.

8) 작품 내용 및 목록目錄

(1) 외경경外景經

① 第一章 上部經

노군한거작칠언老君閑居作七言으로 시작하여, 수덕명달신지문修德明達神之門으로 끝나는 제1장은, 칠언가결七言歌訣 형식으로 65행 455자로 구성되어 있다.

② 第二章 中部經

작도우유심독거作道優遊深獨居로 시작하여, 우유좌묘시오실右酉左卯是吾室로 끝나는 제2장은 역시 칠언가결七言歌訣 형식으로 64행 448자로 구성되어 있다.

③ 第三章 下部經

복어지문후천도伏於志門侯天道로 시작하여, 오언필의물망전吾言畢矣勿妄傳으로 끝나는 제3장도, 칠언가결七言歌訣 형식으로 64행 448자로 구성되어 있다.

(2) 내경경內景經

제1장 상청上清	상청자하허황전上清紫霞虛皇前 ~	13행 97자
제2장 상유上有	상유혼령하관원上有魂靈下關元 ~	10행 70자
제3장 구위口爲	구위옥지태화관口爲玉池太和官 ~	7 행 49자
제4장 황정黃庭	황정내인복금의黃庭內人服錦衣 ~	11행 77자

제5장 중지中池	중지내신복적주中池內神服赤珠 ~	4 행 28자
제6장 천중天中	천중지악정근수天中之嶽精謹修 ~	11행 77자
제7장 지도至道	지도불번결존진至道不煩訣存真 ~	17행 119자
제8장 심신心神	심신단원자수령心神丹元字守靈 ~	10행 70자
제9장 폐부肺部	폐부지궁사화개肺部之宮似華蓋 ~	9 행 63자
제10장 심부心部	심부지궁련함화心部之宮蓮含華 ~	9 행 63자
제11장 간부肝部	간부지중취중리肝部之中翠重裏 ~	10행 70자
제12장 신부腎部	신부지궁현궐원腎部之宮玄闕圓 ~	9 행 63자
제13장 비부脾部	비부지궁속무기脾部之宮屬戊己 ~	13행 91자
제14장 담부膽部	담부지궁육부정膽部之宮六腑精 ~	11행 77자
제15장 비장脾長	비장일척엄태창脾長一尺掩太倉 ~	22행 154자
제16장 상도上睹	상도삼원여련주上睹三元如連珠 ~	14행 98자
제17장 영태靈台	영태울애망황야靈台鬱藹望黃野 ~	13행 91자
제18장 삼관三關	삼관지중정기심三關之中精氣深 ~	5 행 35자
제19장 약득若得	약득삼궁존현단若得三宮存玄丹 ~	18행 126자
제20장 호흡呼吸	호흡원기이구선呼吸元氣以求仙 ~	10행 70자
제21장 경실瓊室	경실지중팔소집瓊室之中八素集 ~	18행 126자
제22장 상념常念	상념삼방상통달常念三房相通達 ~	14행 98자
제23장 치생治生	치생지도료불번治生之道了不煩 ~	14행 98자
제24장 은영隱影	은영장형여세수隱影藏形與世殊 ~	13행 91자
제25장 오행五行	오행상추반귀일五行相推反歸一 ~	10행 70자
제26장 고분高奔	고분일월오상도高奔日月吾上道 ~	7 행 49자
제27장 현원玄元	현원상일혼백련玄元上一魂魄煉 ~	9 행 63자
제28장 선인仙人	선인도사비유신仙人道士非有神 ~	13행 91자
제29장 자청紫清	자청상황태도군紫清上皇太道君 ~	10행 70자

제30장 백곡百穀	백곡지실토지정百穀之實土地精 ~	7행 49자
제31장 심전心典	심전일체오장왕心典一體五髒王 ~	6행 42자
제32장 경력經曆	경력륙합은묘유經曆六合隱卯酉 ~	5행 35자
제33장 간기肝氣	간기울발청차장肝氣鬱勃清且長 ~	21행 147자
제34장 폐지肺之	폐지위기삼초기肺之爲氣三焦起 ~	10행 70자
제35장 은장隱藏	은장우개간천사隱藏羽蓋看天舍 ~	32행 224자
제36장 목욕沐浴	목욕성결기비훈沐浴盛潔棄肥薰 ~	22행 154자

《황정경》은 《참동계》에 이어 또 하나의 기공학의 기초를 닦은 고전으로, 이 책은 지금도 반드시 읽어야 할 진본이다.

6 황제음부경黃帝陰符經

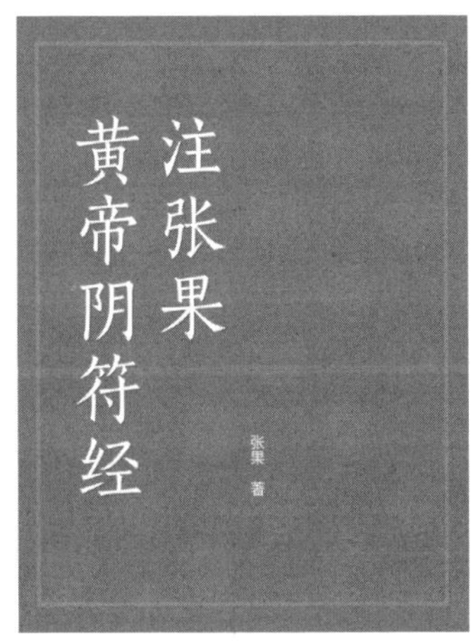

《황제음부경黃帝陰符經》은 《음부경陰符經》이라고도 한다. 음부경은 이전李筌이 지은 '신선포일지도神仙抱一之道', '부국안인지법富國安人之法', '강병전승지술強兵戰勝之術'로 구분되며, 모두 은유적으로 양생에 대해 논하고, 우자불찰愚者不察하며, 병법권모兵法權謀 등의 설이나 소진蘇秦의 '태

공음부지모太公陰符之謀'는 모두 취지와는 거리가 멀다.《순양연정부우제군기제진경純陽演正孚佑帝君既濟真經》과 같이 전편은 모두 군사용어로 쓰여져 있어서, 모르는 자는 처음부터 병서로 인정한다.

《혼원양부경混元陽符經》과 어울리며 양생養生의 요지要旨, 기공氣功, 팔괘八卦, 천문역법天文曆法 등을 논하고 있다. 고도로 정제된 도교경서로서《황제음부경》은 다른 많은 이성理性정신의 도교학자들이 저술한 작품과 같이 단순히 역학易學, 의리義理파의 언사를 답습하는 것이 아니라 그 의리사유義理思維를 이용하여《역易》으로《노老》를 통하고 있고, 모든 내용은 은유로 양생養生을 논술하고 있다. 이 때문에 이전李筌, 장과로張果老, 주희朱熹 등이 잇따라《음부경》에 주석을 달았다. 주희朱熹는 위선이라고 생각했지만 '도보다 깊은 사람이 아니면 할 수 없다'고 생각했다.

이 글의 제작 시기는 전국시대 소진蘇秦이었다고 하는데, 근대近代 학자들은 남북조南北朝 시대에 이 글이 완성 되었다고 보는 경우가 많다.

이렇듯《음부경》의 출처와 저자에 대한 정설이 모호하다. 이 경은 예로부터 기서奇書 또는 비서秘書라고 하여 은밀히 전해진 것이다. 여러 가지 정황으로 보아 황제 헌원軒轅의 저작으로 알려지고 있을 뿐이다. 음부경의 내용이 천기天機를 담고 있어서 태공망 여상이나 귀곡자, 제갈량 등을 거쳐 위나라 구겸지에 이르러서는 전할 사람을 찾지 못하여 숭산嵩山에 감추어 놓았다고 한다. 당唐대에 이르러 이전李筌이 주석을 달아 이것이 세상에 알려지게 되었다. 이전이 이 경을 입수한 경위를 그가 저술한 황제음부경소서黃帝陰符經疏序에 기록하고 있다.

황제음부경소서黃帝陰符經疏序 (이전李筌의 서문)

"소실산의 달관자 이전李筌은 신선의 도를 좋아하여 항상 이름난 산을 돌며 방술을 널리 찾아다녔다. 어느 날 숭산嵩山 호구암虎口巖에 이르러 석벽 가운데에서 비단으로 된 음부경과 두루마리에 주사朱砂로 쓰여 진 소서素書를 얻어 이를 비단으로 감싸서 간직하게 되었다. 봉하여 이르기를 위진군魏眞君 2년 7월 7일 상청도사上淸道士 구겸지寇謙之가 명산에 감추어 동호인에게 전한다고 했으며 그 본래의 겉모양이 문드러지고 낡아서 희미해진 것을 이전이 다시 본떠서 기록하였다. 이전이 밤낮으로 이를 외우고 그 뜻을 헤아렸으나 끝내 그 이치를 깨닫지 못하였다.

후에 진秦나라 때 여산驪山 아래에 이르러 한 노파를 만나니 좌계髽髻(상투머리)를 틀고, 남은 머리카락이 해진 옷을 덮었는데 지팡이를 짚고 길 옆에 서서 불이 나무를 태우는 것을 보고 스스로 말하기를 “불이 나무에서 일어나서 반드시 나무를 다 태우리라(火生於木火發泌剋)”고 하였다. 이전이 놀라 묻기를 “이는 황제음부 상문에 있는 글이니 모母가 어찌 얻었음이요?”하니 이에 노파가 이전의 나이를 묻고서 말하기를 “내가 이 부符를 받아 삼원육갑주가 지났으니 일 갑자도 안 되는 네가 어찌 살펴 알 수가 있겠는가?”하였다.

「태일둔갑경太一遁甲經」에 이르기를 일원은 60세이니 일 갑자를 행함이 된다. 그러므로 삼원은 180세이며 3갑자는 1주周가 된다. 6주를 계산하게 되면 1,080세가 되는 것이다. “그러니 네 나이 어려서 어찌 그 진의를 안다고 할 수 있겠는가?” 이전이 거듭하여 머리 숙여 절하며 책을 얻게 된 경위를 설명하니 노파가 웃으며 말하기를 “나이 젊어서 권협顴頰이 생문生門에 꿰고 명륜命輪이 월각月角에 가지런하여 혈뇌血腦가 함몰되지 않았고 마음이 공평하고 성질이 어질며 법을 좋아하고 신이 용맹스럽고 지혜를 좋아하니 이에 나의 제자라. 그러나 나이 56세에 크게 대액이 있을 것이다.” 하며 이전에게 앉을 것을 권하고 말하기를 “하늘과 땅이 서

246

로 보호함이 있을 것이다"하고 나무 아래에서 음부의 현묘한 뜻을 설하였다.

"황제음부는 300자로 이루어져 있으니 100자는 도道를 말하고 100자는 법法을 말하며 100자는 술術을 말한 것이다. 그러나 그 셋은 하나로 통일되는 것이니…중략.

매년 7월 7일 한 권을 베껴서 명산 바위틈에 감추면 계산해 보아 1200본명을 얻게 될 것이다. 하루에 7편을 외운다면 사람이 지혜가 많아지고 심기가 더해져 사사됨을 물리치고 재해를 벗어나며 삼시구충三尸九蟲을 제거하게 된다. 성인이 금궤에 감추어서 전함을 잊지 않는다."

노파가 말을 마치니 날이 이미 저물게 되었다. 노파가 웃으면서 말하기를 "내게 보리밥이 있으니 같이 먹자"하고 소매 속에서 표주박 하나를 꺼내어 이전으로 하여금 물을 떠오라고 하였다. 이전이 계곡 가운데로 내려가서 표주박에 물을 채우니 갑자기 표주박이 무거워져서 무게가 가히 백여 근에 달함이라, 힘으로 도저히 들 수가 없게 되었다. 하여 문득 샘 속에 표주박을 빠뜨리니 황급히 놀라서 표주박을 잡으려 했으나 찾을 수가 없었다. 할 수 없이 되돌아와 노파를 찾으니 노파는 간곳없고 오직 보리밥 한 됫박만이 남아 있었다. 이전이 슬피 울며 노파를 찾아다녔으나 해가 다 지도록 다시는 볼 수 없었다. 이전이 이에 보리밥을 먹고서 되돌아가게 되었다. 이때부터 점차 배고픔을 잊게 되니 이전은 능히 수일 동안 먹지 않거나 또는 하루에 여러 번을 먹더라도 아무런 장애가 없게 되고 기력이 어느 때나 왕성하였다."

이전은 여산의 노파가 설명한 바에 힘입어 음부를 터득하게 되니 이는 이전이 자신의 능력으로 이룬 바가 아니다. 후세의 동호인들은 천기를 공경하고 인연 있는 자에게 전함을 잊지 말라고 하였다.

1) 작가 이순풍李淳風 원천강袁天罡

《추배도推背圖》는 중국의 예언서이다. 중국의 미래를 예언한 것으로, 이순풍, 원천강이 지은 것으로 알려져 있다. 이 책의 내용은 노스트라다무스의 예언과 비교된다. 홍콩, 마카오, 중국에서 널리 알려져 있으며, 중국에서는 오랫동안 금서로 지정되었으나, 1990년대에 노상이나 서점에서 베스트셀러로서 다시 등장하였다. "등을 미는 그림"을 의미하는 추배도라는 제목은 마지막 장의 그림에서 유래한 것이며, 모호한 시가 함께 첨부된 60개의 일련의 초현실적인 그림을 통하여 전달되는 중국의 미래에 대한 단서를 포함하고 있다.

이 책은 경전이라고 할 수는 없지만 도가에서는 지금까지도 너무나 비중 있게 다루고 있으므로 여기에 소개하고자 한다.

《추배도推背圖》는 당나라 정관貞觀 연간年間에 당唐 태종太宗 이세민李

世民이 천문학자 이순풍李淳風, 상사相士 원천강袁天罡에게 명을 내려서, 대당大唐의 기운을 추산해 지은 것으로 전해진다. 책 제목 《추배도推背圖》는 제60상象(마지막 괘)의 송頌이 '만만천천설부진萬萬千千說不盡, 불여 추배거귀휴不如推背去歸休'(만만천천을 다 말할 수 없으니 밀어서 귀휴하는 것이 낫다)고 한 데서 따온 이름이다. 두 예언대사大師가 당나라와 그 이후 왕조의 중요한 사건에 대해 예측한 내용이라고도 한다. 추배도는 '주역' 64괘의 이름으로 상순을 배열하고 천간지지天幹地支에 맞추어 갑자甲子, 을축乙丑 순으로 일주하며, 모두 60상象이며, 각 상은 간지幹支를 순번으로 하여 주로 하나의 괘상卦象, 한 폭의 그림(圖像), 참어讖語와 함께 각 '송왈頌曰'에서 율시律詩 한 수 등 4개 부분을 포함하고 후세의 흥망성쇠를 예언하였다. 그러나 서춘위徐春偉는 추배도가 당나라 작품이 아니라 역대 왕조 사람들이 끊임없이 수정한 작품이라고 주장하기도 했다.

《추배도》는 당 태종 이세민이 당나라의 국운을 계산하기 위해 원천강과 이순풍에게 명하여 쓴 것으로 중국 역사상 가장 고전적인 미래학의 큰 저작물이라고 전해진다. 그 창작의 치밀함, 사유의 치밀함, 응험의 신기함은 모두 서양의 위대한 예언 《제세기諸世紀》를 크게 능가한다고 보고 있다.

그것은 중국 역경의 상수철학象數哲學을 그 이론의 기초로 삼았으며, 60개의 도참송圖讖頌을 통해 중국의 정치철학과 역사철학을 숙명적으로 표현하였다. 한편, 그것은 천하가 분구필합分久必合, 합구필분合久必分의 치란사관治亂史觀을 설명하였다. 한편, 일음일양一陰一陽이라는 도道에서 파생된 남녀의 간격집정間隔執政적 천도天道 정치관을 설명하고, 결국 중국과 세계사는 제정시대帝制時代-공화시대共和時代-대동시대大同時代라

는 역사관에 따라 정석으로 발전한다는 이론체계를 구축하여 인류역사
는 결국 불분남북不分南北, 무성무부無城無府, 무이무아無爾無我, 천하일가
天下一家, 만교귀일萬敎歸一이 되는 대동大同세계로 나아갈 것임을 후세에
조서詔書하였다.

《추배도》는 도가의 정치적 이상이자 추배도가 제시하는 역사적 숙명
이다.

전설에 의하면 이 두 사람은 음양팔괘의 기문술수에 능통하고 도술
이 깊으며 미래를 꿰뚫어 보는 천안통天眼通을 가지고 있다고 한다. 이순
풍은 밤에 천상을 관찰하고 '무주대당武周代唐'의 말과 결합하여 일시적
으로 일어나 예언과 추산을 시작했고, 이순풍은 술수로 역괘易卦를 추리
하여 계산하면 중독되어 걷잡을 수 없이 발전하여 당나라 이후 2천 년의
역사를 추산하였다. 원천강이 등을 밀치고 "천기天機는 더 이상 새지 말
고 돌아가서 쉬어라"고 말할 때까지. 즉 육십상六十象이 말한 것을 《추배
도》라는 이름으로 유래한 것이다.

《추배도》는 역학易學, 천문天文, 시사詩詞, 미어謎語(수수께끼), 도화圖畫들
이 한데 어우러져 있다. 당唐 목운木運에서 시작하여 청수운淸水運의 세정
世程에 이르기까지 거의 2천 년, 사회공산공화국의 세계 대동에 이르기
까지 중대한 사회역사적 사건이 곧 발생할 것이라고 예언하였다.

《추배도》는 현재 적어도 여섯 개의 판본이 있다고 한다.

그중 하나인 유행본(金聖批)은 1860년 원명원圓明園을 태울 때 원명원圓
明園에서 유출되었다고 하며, 인터넷에 떠도는 것이 대부분 이 판본이지
만, 이 판본은 도서관이나 학술기관에서 소장하고 있는 곳이 없다.

유명한 역학易學자이자 석학인 왕정王亭은 표현이 저속할수록, 연대가 늦어질수록, 참송은 입에서 입으로 나오게 되는데, 이는 분명히 문인의 수정을 거쳤으며, 6가지 판본은 모두 진본이 없으며, 채색본은 본래의 모습에 가깝다고 비교하였다.

송 태종 때 송나라가 송 태종 대代에서 망했다는 추배도의 예언이 세간에 전해져 한동안 술렁거리자 송 태종은 금서를 명하였으나 번번이 금기시되다가 대신의 건의로 가짜 판본을 내어 백성들이 마음대로 사들이게 하여 추배도의 진위가 뒤섞여 사람들이 믿지 않게 되자 송나라도 그때서야 질서를 회복하였다고 한다.

21세기까지 《추배도》는 다른 판본이 등장했는데, 현존하는 것은 명청明淸시대 판본이 대부분이며, 중국 본토 내의 도서관에는 장서가 거의 없고 미국과 대만에 많이 소장되어 있다. 또 각 판본의 내용이 계속 수정 보완돼 진위를 가리기 어렵게 되었다.

일부 학자들은 《추배도》는 당나라 작품이 아니라 역대 왕조 사람들이 끊임없이 수정한 작품이다. 현재 김성탄의 평을 빌미로 한 '추배도'가 유행하고 있는데, 거의 민국 연간에 책으로 출간된 것이 확실시된다면서. 그 내용은 청나라 말기에도 분명치 않아 어찌할 바를 몰랐다고 말하기도 한다.

◆ 이순풍李淳風

이순풍李淳風(602-670)도사道士, 기주岐州 옹현雍縣 출신. 당나라의 천문학자, 수학자, 역학자, 천문天文, 역산曆算, 음양陰陽, 도가道家설에 정통하다.

수隋나라 인수仁壽 2년(임술년602년) 출생, 이순풍은 기주옹岐州雍에서 태어나 어려서부터 총명하고 학문을 좋아하여 많은 책을 읽었으며, 특히 천문, 역법, 수학 등에 정통하였다. 당 고조高祖 무덕武德 2년(619년), 이순풍은 추천으로 당왕唐王 이세민의 기실記室이 되어 참군하게 되었다. 당 태종唐太宗 정관(貞觀) 원년(627년), 25세의 이순풍이 도사원 외산기랑外散騎郎 유인균이 지은 《무인원력戊寅元曆》에 대하여 18조의 의견을 상서上書하였고, 태종은 7조條의 의견을 받아들여 이순풍에게 사랑仕郎을 주어 태사국太史局에 봉직職職하여 40년간 혼신의 힘을 다하였다.

이순풍은 세계에서 처음으로 바람의 등급을 매겼다. 그의 명작 《을사점乙巳占》은 세계 기상사상氣象史上 최초의 전문저서다. 그와 원천강은 추배도의 저자로도 알려져 있다.

함형鹹亨 원년(670년), 이순풍 졸卒, 당 고종高宗 이치李治가 '추복조追複詔'를 내려 이순풍을 '태사령太史令'으로 추복하였다.

◆ 원천강袁天綱

원천강袁天綱(생몰년 미상), 익주益州 성도成都 출신, 수隋 말末 당唐 초初의 현학가玄學家, 천문학자天文學家이다.

원천강은 소고빈少孤貧하여 수나라에서 일찍이 자관령資官令을 지내고 당나라에 들어와서는 화정령火井令을 지냈다. 정관貞觀 8년(634년) 당 태종은 그 명성을 듣고 조정에 징집하여 서한西漢의 학자 엄군평嚴君平과 비교하기도 하였다.

원천강은 상술相術에 능했는데, 신구新舊 《당서唐書》에 따르면 그는 일찍이 어린 무측천武則天에게 상을 보아 "천하의 주인이 될 수 있다"고 말했다고 한다.

외국에서도 이 《추배도》를 출간했다. 1895년 영국 선교사 리티모테는 《추배도》를 번역해 출판했는데, 이를 통해 서양에 '중국 선비의 흥쇠치란興衰治亂에 대한 생각을 알 수 있을 것'이라고 기대했다. 1950년 미국에서 찰스리의 영어 번역 《추배도》가 출간됐고. 1973년에는 독일 한학자 포오강鮑吾剛이 《추배도》의 독일 번역본을 출간하기도 했다. 우리나라에도 번역본이 많이 나와 있다.

◆ 이 밖에도 도가 경전으로 《남화진경南華眞經》《태평경太平經》《도인경度人經》《옥황경玉皇經》《심인묘경心印妙經》 등 많은 경전들이 있으나 《주역참동계》를 제외하고는 우리나라에서는 많이 알려지지 않은 경전들이다.

이 밖에 도가 도서로서는 《영보필법靈寶畢法》《종여전도집鐘呂傳道集》《태을금화종지太乙金華宗旨》 등은 수련자로서는 반드시 탐독해야 할 수련서이다.

제6장 우리나라의 선도仙道 역사

도교道敎는 고대 중국에서 발생한 종교로서, 신선사상을 근본으로 하여 음양·오행·복서·무축·참위 등을 더하고, 거기에 도가道家의 철학을 도입하고, 다시 불교의 영향을 받아 성립했다. 도교는 하나인 도道의 세 가지 모습인 옥청(玉淸: 원시천존)·상청(上淸: 영보천존)·태청(太淸: 도덕천존)의 삼청三淸을 최고신으로 하는 다신교이다. 경전經典으로는 도교 성전의 집성인 《도장道藏》이 있다. 도교의 신자를 도교인 또는 도교도라고 하며, 우화등선羽化登仙을 목표로 하는 무리라는 뜻에서 우류羽流라고 하기도 한다. 도사道士는 도교의 전문적 종교가이며 여성 도사는 여관女冠이라고 한다.

도교는 크게 도교 경전으로서의 《도장》, 도교 사원으로서의 도관道觀, 도교의 성직자 또는 전문적인 종교인으로서 도사道士, 女道士의 체제를 갖춘 교단 도교 또는 성립 도교와, 여기서 벗어난 도교 단체 또는 도교 신앙을 통칭하는 민중 도교로 구분한다. 교단 도교는 현세이익적인 면도 있지만 수행을 통해 신선이 되는 길을 가르치는 것을 중심으로 하는 교단이라면, 민중 도교는 전적으로 현세이익적이라는 특징을 지닌다.

도교의 창시자는 오두미도 또는 천사도의 창시자인 후한後漢(25~220)시대의 장도릉張道陵(34~156)으로 알려져 있다. "도교"라는 말을 최초로 사용한 사람은 북위(386~534)의 구겸지寇謙之(365년~448년)로, 구겸지는 도교를 집대성한 사람 또는 최초의 교단 도교의 창시자로 알려져 있다.

도교는 고대 중국의 전설상의 통치자인 황제와 도가의 이론가라 할 수 있는 노자老子를 신봉한다고 하여 황로사상 또는 황로교라고도 한다. 노자와 장자를 중심으로 한 도가사상과는 구별되어야 한다.

1 우리나라 최초의 도교와 천존상天尊像

중국의 당대唐代 고조高祖가 천존상을 주어 도사를 고구려에 보내어 도덕경을 강의하게 하였더니 영류왕榮留王과 국인國人들이 들었다는 기록이 삼국유사에 있다. 당나라의 천존상은 높이 3자 5치로서, 운관雲冠을 쓰고 안개와 같은 옷을 몸에 걸쳤으며 손에는 손잡이가 달린 향로와 향을 들고 있다. 관冠에는 새가 앉아 있고 발에는 방두리方頭履란 앞이 사각으로 되어 있는 신발을 신고 신발 밑에 연화蓮花을 밟고 있으며 천존 뒤에는 잎이 보인다.

잎 위에 거북이 엎드려 있으며 왼쪽 팔굽에 구름 모양이 있고 빛이 등에 있다. 빛 속에서 청룡靑龍이 목을 쳐들고 있으며 오른쪽 어깨 앞에 범이 왼쪽을 향하고 있다. 몸 주변에 부동不動과 같이 화염이 둘러싸고, 눈썹, 수염, 머리카락은 그림붓으로 그린 듯이 가늘다. 구름이 전신을 둘러싸고 군데군데에 천화天花가 붙어 있다. 머리 위에 있는 빛 위에 큰 꽃이 우산雨傘 모양으로 덮고 있다. 이 신상神像이 도교영험기道敎靈驗記 권4 목

문천존험木文天尊驗에 기록되어 있는 원시천존상元始天尊像이다. 고려 예종睿宗 2년(1107)에 처음으로 천존상을 옥촉정玉燭亭에 안치하고 월초月醮를 올렸다. 그 옥촉정은 연경궁후원延慶宮後苑(개성開城)에 있었다.

《삼국유사》는 624년 고구려의 도교 수용을 다음과 같이 전하고 있다.

"〈고구려본기〉에서 말하기를 고구려 말기인 무덕 정관 사이에 국인들이 다투어 오두미교를 신봉하였다. 당고조가 그것을 듣고, 도사와 천존상을 보내어 《도덕경》을 강론하여 왕과 국인이 그것을 들었는데 곧 제27대 영류왕 즉위 7년, 무덕 7년 갑신년이었다.

기록에 따르면 당고조가 고구려의 오두미교 신봉을 알고 도교를 전해 주었다는 것이다. 오두미교의 성행은 이미 고구려에 도교적 기반이 존재했음을 보여준다. 이것은 고구려 고분 벽화의 도사 모습의 인물, 사신도, 산수도 및 다양한 도교적 요소와 《노자》강의를 청강한 도사의 존재를 통해서도 확인할 수 있다. 624년 이전 고구려에서는 불교·유교와 함께 도교적 기반이 이미 존재하였고, 지배층과 민중 사이에서 현실과 사후세계를 넘나들며 하나의 사상으로 존재했던 것으로 생각한다.

연개소문의 도교요청 이후에는 고구려 사상계의 변화가 더욱 뚜렷이 나타나는데 도교와 불교의 본격적인 대립 양상이 이를 대변한다. 연개소문 정권의 적극적인 도교 진흥책에 반발하여 대척점에 선 스님이 있었으니 그가 보덕스님이다."(김수진(서울대). 7세기 고구려의 도교수용 배경. 중에서)

선도란 인간이 인간 이상의 상태로 진화하여 현재의 인간 한계에서 일어나는 모든 불행과 질곡에서부터 자유로워지는 길이다. 선인은 인간의 기존 가치관이나 고정관념에 매이지 않고 생로병사에서도 자유로움을 추구하는 사항을 말하고 이러한 개념은 문명이 발달한 어느 곳이나 존재하였다. 우리나라는 고대 환인, 환웅, 단군으로부터 신라의 김가기, 최승우, 최치원 등과 조선의 김시습, 서경덕 등을 거처 오늘에 이르고 있다.

2 신라사선新羅四仙

〈청학집淸鶴集〉에 의하면 환인桓仁이 동방의 최초 선조仙祖이고 맥맥이 문박文朴에 대대代가 이어지며 다시 영랑永郎에 전해져서 마한馬韓 때 보덕신녀寶德神女가 영랑의 도(永郎之道)를 이어받았다고 한다.

신라의 화랑을 국선國仙이라고도 칭하는데 영랑永郎·술랑述郎·남랑南郎·안상安詳을 사선四仙이라고 부른다. 이 사선은 모두 영남 사람이라는 것이고 고성高城 삼일포 남쪽에 있는 조그마한 산봉의 돌벽에 영랑도남석행(永郎徒南石行)이란 여섯 글자가 쓰여 있으며 그 조그마한 섬에 후세인이 사선정四仙亭을 세웠다고 한다.

통천通川에 사선들이 소요하였다는 사선봉이 있고 간성杆城에 선유담仙遊潭·영랑호永郎湖가 있다. 금강산에 영랑봉이 있는데 선도仙徒들이 놀았던 곳이라 한다.

장연長淵에 아랑포阿郎浦가 있고, 강릉江陵의 한송정寒松亭이 있는데 사선들이 노닐던 곳이다.

〈청학집〉은 이외에도 선가仙家를 열거하고 있다. 선가로서는 호공瓠公 물계자勿稽子, 대세大世 구칠仇柒, 옥보고玉寶高 우륵于勒, 장미선녀薔薇仙女 연주連珠, 김가기金可紀, 최승우崔承祐, 자혜慈惠, 최치원崔致遠, 이청李淸, 명법明法, 권청權淸 등이다. 이 선파는 고려·조선조의 단학파로 이어졌다.

우리나라 신선 중에도 중국 역사에 기록된 신선이 두 분 있으니 신라시대의 김가기金可記와 최치원崔致遠이 그 주인공이다. 김가기는 스승 종리권鐘璃權의 문하에서 40여 년의 수련행공 끝에 신선의 반열에 올라, 중국 16仙의 한분으로 추앙받고 있으며, 최치원은 12살의 나이에 당唐에 유학하여 18년을 공부하고 귀국하여 국내에서 활약했으나 당시 신라말기의 풍전등하風前燈下의 정치적 환경에서 직접 나라의 멸망을 지켜보는 기로에서 뜻을 펴보지도 못한 채 가야산에서 신선의 세계로 등선하였다고 한다.

1) 김가기金可記 (?~859)

김가기가 많은 사람들이 보는 가운데 하늘로 승천했다는 종남산 석벽에 기록되어 있는 석각 탁본 등. (국립중앙박물관에서 보관)

신라시대 중국으로 유학 중 장안長安현령 등을 지낸 김가기의 사적비가 중국 시안시 장안현 종남산終南山 계곡에서 발견됐다. 이 사적비는 10×7m 크기의 암석 가운데 2×4m 정도를 다듬어 그 안에 4백여 자를 새겼다.

김가기金可記는 신라 문성왕 때에 중국 당나라에 유학해서 뛰어난 성

적으로 학업을 마치고 외국인을 대상으로 치르는 과거시험인 빈공과賓貢
科에 합격 진사가 되었다. 최치원도 빈공과를 치러서 급제한 사람 중 한사
람이다. 김가기는 성품이 침착하고 도를 좋아하였으며 사치스러운 것을
거들떠보지 않았다. 그리고 복기服氣(도가의 수양법)로 몸을 단련함을 스스
로 낙으로 여겼다. 그는 박학하고 기억력이 뛰어났으며 문장을 잘 지었다.
깨끗하고 아름다운 용모를 지녔으며, 거동과 말함에 깊은 멋이 풍겼다는
평을 받았다.

그는 중국 종남산 자오곡에 있는 띠풀로 엮은 집에서 살고 있었는데,
은밀하게 숨어서 손수 기이한 꽃을 심고 이상한 과수를 많이 길렀다. 그
는 늘 향불을 피우고 조용히 앉아 깊은 생각을 하면서 일상을 보냈다. 또
한 그는 도덕경과 여러 신선경을 외우고 익히는 것을 중단하지 않았다.

그는 늘 두고 온 고향을 잊지 못하다가 3년 후 고국인 신라로 돌아왔
다. 이때 당나라의 시인 장효표가 신라로 돌아가는 김가기를 안타까워
하면서 김가기의 문장을 높이 받들어 남긴 시가 있다. 그 시를 감상해
보자.

- 送金可記歸新羅 송김가기귀신라 -
登唐科第語唐音 당나라 과거에 급제하고 당나라 말을 하지만
望日初生憶故林 해가 뜨는 곳을 바라보고 고향을 그리워한다네.
鮫室夜眠陰火冷 교실(鮫室)에서 잠을 자는데 음화(陰火)가 썰렁하고
蜃樓朝泊曉霞深 아침에는 상서로운 기운이 머물고 새벽안개가 깊어
지네.
風高一葉飛漁背 바람이 거칠어 나무 잎이 물고기의 등위로 날아가고,
湖淨三山出海心 호수는 고요하여 삼신산이 바다 가운데서 솟아오

260

르네.

想把文章合夷樂 생각에 잠겨 문장을 동이의 음악에 맞추니
蟠桃花中醉人蔘 복숭아(蟠桃)꽃 속에서 인삼향기에 취하리라.

- 당나라 장효표 -

그리워하던 고국 신라로 돌아왔지만 정세가 어지럽고 백성들이 도탄에 빠져있던 현실을 직면하고 희망을 찾을 수 없어서였을까? 아니면 그동안 보아 왔던 신선神仙에 대한 미련을 버리지 못하고 그것을 완성하기 위해서였을까? 그는 다시 당나라로 떠났다. 당나라에서 관직에 등용되어 몇 해를 보냈으나, 신선술에 매료되어 관직을 버리고 종남산 자오곡으로 들어가 수련에 전념했다.

그리고는 남몰래 덕을 베푸는데 힘써 남들이 청하는 바가 있으면 처음부터 거절하지 않았다. 정확하고 부지런히 일을 하되, 남들과 함께 생활하지는 않았다. 차츰 명성이 높아졌다.

김가기는 영보필법으로 수련하였고, 이 영보필법은 전진도 용문파의 수련법 가운데 하나이다. 영보필법의 특정은 성명쌍수性命雙修, 천인합일天人合一, 동정상겸動靜相兼, 역반동선逆返童先이다. 역반동선은 수련을 통해 인생의 과정을 돌이켜 아이의 몸으로, 태아의 몸으로 나아가 천지자연의 몸으로 돌아가는 것을 말한다.

그의 수련이 익어가자 금세 소문이 자자했다.

'김가기는 신선이다.'

'김가기는 하늘을 날고 구름과 비를 내리게 한다.'

김가기의 명성이 당나라에 널리 퍼지자 당나라 宣宗2년 3월 어명으로 그를 불렀다. 김가기는 황제에게 상주하기를

261

"신은 옥황상제의 조서를 받자와 영문대시랑英文臺侍郎이 되어 내년 2월 25일에 하늘로 올라가야 하옵니다" 하였다.

그리고는 종남산에서 나오지 않았다. 宣宗은 매우 이상하게 생각하고 그를 궁내로 불러들이라고 하였으나 김가기는 한사코 사양하며 나아가지 않았다.

'신라인 김가기가 옥황상제의 영을 받았다니 신기하지 않은가?'

당나라 선종이 대신들에게 물었다.

'그는 이미 신선술을 통하였으니 능히 상제의 령을 받았을 것입니다.'

대신들이 일제히 아뢰었다.

'짐은 아직 신선을 만나지 못했다. 김가기에게 궁녀 네 명과 향, 악, 금과 비단을 하사하라. 또한 내시 두 사람을 파견하여 김가기의 시중을 들게 한 뒤에 그가 과연 승천하는지 자세히 살피고 아뢰도록 하라.'

내시들과 궁녀들은 宣宗의 영을 받아 종남산으로 와서 김가기의 시중을 들면서 그의 동태를 살피기 시작했다. 김가기는 홀로 방에 가부좌를 틀고 앉아 있어도 그의 표정이 너무나 엄숙하고 선기가 가득하여 감히 범접할 수 없었다. 그런데 김가기가 선도에 심취해 있는 자오곡의 초옥에는 방 안에서 남녀의 담소하는 소리가 들리어, 내시들과 궁녀들이 창틈으로 몰래 들여다보니, 선관仙官과 선녀가 각기 용과 봉 위에 앉아서 의젓하게 담소를 나누고 있지 않은가.

'저분이야말로 진정 이인이로구나.' 라고 판단, 다시는 그를 감시하지 않았다.

해가 바뀌어 2월25일이 되었다. 봄 경치가 아름답고 꽃들이 만발한 가운데 종남산 자오곡 위로 오색구름이 일고, 학이 울며, 봉황이 날고, 생황, 퉁소, 금석악기의 소리가 천상에서 고요하게 들려오면서 푸른 옥으로 만든 화려한 수레가 형형색색의 깃발을 앞세우고 하늘에서 내려왔다.

'옥황상제의 사자가 도인을 모시러 왔다.'

이 때 종남산 자오곡 일대에는 김가기가 승천하는 것을 보기위해 조정 대신들과 인근의 사람들이 구름처럼 몰려와 있었다. 김가기는 수많은 사람들이 지켜보는 가운데 수레에 올라타 하늘로 올라갔다. 이때가 당 대중12년(859년) 2월 25일이었다.

「속신선전續神仙傳」에 의하면 신선술을 공부하여 하늘로 올라간 사람은 모두 16명인데 김가기도 그 중 한 사람이라고 기록하고 있다.

참고문헌 「해동역사海東歷史」「동사강목東史綱目」「속신선전續神仙傳」「열선전列仙傳」「태평광기太平廣記」

2) 최치원崔致遠 (857~?)

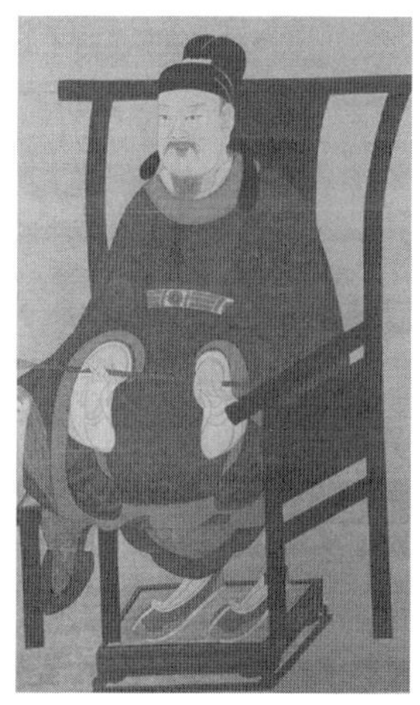

최치원의 초상

계원필경

최치원은 신라 말의 학자이며. 우리 한문학의 비조鼻祖이다. 자字는 해운海雲, 호號는 고운孤雲이며, 작호爵號는 문창후文昌侯, 본관은 경주이다.

6두품 출신인 부친은 최견일崔肩逸이며, 857년(憲安王1) 경주 사량부沙梁部에서 출생하였다. 최치원의 정확한 사망 시기는 알 수 없지만, 52세(908, 孝恭王12) 이후 사망 년대 및 장소가 불명하며, 그의 죽음에 대하여는 이설이 많다.

12세에 당나라에 유학한 후 18세(874, 景文王14, 唐 僖宗 乾符1) 봄 서경西京, 장안長安에 체재하면서 9월 당나라 빈공과賓貢科에 응시하여 차석으로 급제하였다.

20세(876, 憲康王2, 唐 僖宗 乾符3) 중국 선주(宣州, 현재 강소성의 양주揚州)의 종9품인 율수현위溧水縣尉에 임명되었으나, 21세 때 겨울 율수현위를 사직하고 박학굉사과博學宏詞科에 응시할 준비를 위해 입산入山하였으나, 22세 때 경제적 어려움으로 굉사과의 준비를 중도에 그만두고 고변高駢의 추천으로 관역순관館驛巡官, 도통순관都統巡官이 되었다.

23세 때 10월 황소黃巢의 난亂이 일어났는데, 고변의 종사관從事官이 되어 서기書記 임무를 맡았다. 25세(881년, 憲康王7, 唐 僖宗 中和1) 7월 토황소격문(討黃巢檄文)를 지어 이름이 크게 났다.

27세(883년, 憲康王9, 唐 僖宗 中和3) 군사(軍事)에 종직(從職)하여 모든 서역(書役)을 담당한 이래 4년 동안 지은 글 1만 여수를 모아 『계원필경집(桂苑筆耕集)』(20권)을 저술하였다.

29세(885, 憲康王11, 唐 僖宗 光啓1) 1월 산동반도에서 출항하여 3월 귀국하였다. 귀국한 뒤에 시독겸한림학사侍讀兼翰林學士, 지서서감사知瑞書監事 등에 임명되었으며, 「봉암사鳳巖寺 지증대사智證大師의 탑비명塔碑銘」을 지으라는 왕명을 받았다.

당시 어지러운 시국에 진성여왕에게 개혁책인 시무책을 올려 6두품에 오를 수 있는 최고 관등인 아찬이라는 중앙관서 벼슬에 올랐으나 골품제의 한계와 의심 시기 질투 등으로 그 뜻이 용납되지 못하므로 곧 실망하고, 대산군大山郡 태수(현 전북 칠보 태인일대)를 자원하여 지방으로 나가 뜻을 펼치려 했으나, 때는 이미 계림황엽鷄林黃葉으로 기울어가는 국운이었다. 양길, 궁예, 견훤, 왕건 등 지방 군웅등이 할거하니, 난세를 비관 벼슬을 버리고 각지를 유랑하다 마침내 가야산에 은둔 종적을 감추고 나중에 신선이 되어 승천하였다고 전해지는바, 중국의 문헌에도 신선의 반열에 올라있다.

고려 현종 때 문창후文昌侯로 추봉되었고 학문과 문학에서 깊은 업적을 남겨 문인들은 그를 동국문종東國文宗으로 추앙하고 있으며, 조선시대에동방 18현 중의 한 분으로 문묘文廟 (공자를 제사하는 묘당)에 배향되었다.

『신증동국여지승람(新增東國輿地勝覽)』에는 "세상에 전하기를 최치원은 가야산에 숨어 살았는데 어느 날 아침에 일찍 일어나서 문을 나가 관과 신을 수풀사이에 남겨두고 어디를 갔는지를 알 수 없다"고 적고 있으며, 김부식의『삼국사기』「최치원열전」말미에는 "고려 태조가 일어날 때, 최치원은 태조가 비상한 사람으로 개국할 것을 알고 편지를 보내어 문안을 드렸는데, '계림은 누런 잎이요(雞林黃葉), 곡령은 푸른 소나무이다(鵠嶺靑松)'라는 구절이 있었다.

최치원은 재당 시절에 금단도金丹道를 중심으로 신선도神仙道를 이해하였고, 재사齋詞를 작성하면서 유교의 '좌국부민佐國扶民' 사상과 관련된 도교 사상을 익혔다. 재당 시절 그의 도교 인식은 유교를 중심으로 이해되었는데, 귀국 후에 그는 신선도를 중시하면서 외형보다 내면의 수련을 강조하는 방향으로 도교 사상을 정립해 나갔다. 도교 사상에 대한 이해를 위해 노자老子와『도덕경道德經』을 중시하는 경향을 내세웠다. 신라 사회에서는 이미 유학 사상과 관련하여『도덕경』을 이해하고 있었다. 유학을 익혔던 6두품 출신은 은일적 노장 사상에 심취되어 심신의 수련을 통해 득선(得仙)을 구하려고 하였다.

귀국 후 그의 도교 사상은 신라의 유교, 불교와 관련되어 나타났지만, 특별히 불교적인 기반을 가졌다. 최치원은 불교에 토대를 둔 수련적 신선 사상을 제시하였다. 그는 불교와 도교를 함께 이해하는 경향을 가졌다.

3) 김시습金時習(1435-1493)

김시습 초상

금오신화

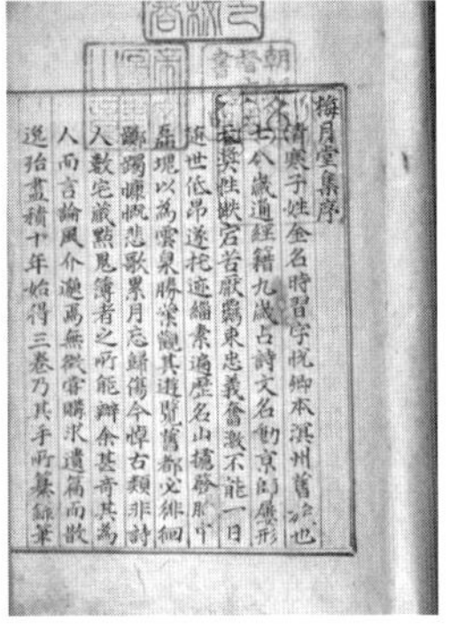

매월당집

김시습은 충절로 이름난 생육신生六臣의 대표적 인물로서, 한국 고소설의 효시인 『금오신화金鰲新話』의 작자로서 많이 알려져 왔다. 그러나 그가 뛰어난 도인으로서, 그것도 조선 도교의 문호를 여는 개창자로서 주목받기 시작한 것은 비교적 근래의 일이다.

그는 세종 17년(1435) 강릉 김씨 집안에서 태어났다. 그의 자字는 열경悅卿, 호는 매월당梅月堂 이외에도 청한자清寒子, 동봉東峰, 벽산청은碧山清隱 등이 있으며 후일 불문에 귀의했을 때에는 설잠雪岑이라는 법명을 사용하기도 하였다.

전도가 양양했던 청년 김시습의 삶은 역사적인 한 사건으로 인해 크게 굴절되고 만다. 조카 단종에 대한 수양대군의 왕위찬탈 사건이 그것으로 이후 그는 입신양명의 꿈을 버리고 중이 되어 반항적인 인생을 살게 되는 것이다.

성종 24년(1493) 김시습은 오랜 방외인(方外人)으로서의 삶을 마감하고 충청도 홍산鴻山 무량사無量寺에서 생을 마감하게 되니 향년 59세였다.

죽기 전에 그는 화장하지 말라고 당부하여 중들이 절 곁에 잠시 묻었다가 3년 후에 이장하려고 관을 여니 얼굴빛이 생시와 다름없어서 부처가 된 줄로 여겼다고 한다.

김시습은 방랑을 시작한 동기를, "나는 어려서부터 성격이 질탕跌宕하여 명리名利를 즐겨하지 않고 생업을 돌보지 아니하여, 다만 청빈하게 뜻을 지키는 것이 포부였다. 본디 산수를 찾아 방랑하고자 하여, 좋은 경치를 만나면 이를 시로 읊조리며 즐기면서 친구들에게 자랑하곤 하였지만, 문장으로 관직에 오르기를 생각해 보지는 않았다. 하루는 홀연히 감개한 일(세조의 왕위찬탈)을 만나 남아가 이 세상에 태어나서 도道를 행할 수 있는데도 출사하지 않음은 부끄러운 일이며, 도를 행할 수 없는 경우에는 홀로 그 몸이라도 지키는 것이 옳다고 생각하였다."고 적은 발문이 있다.

『해동전도록海東傳道錄』에 의하면 김시습은 설도인으로부터 도를 전수받았다고 한다. 설도인은 곧 설현으로 본래 원元나라 사람인데 고려 때 귀화하여 무주茂朱 적상산赤裳山의 권청權淸이라는 도인으로부터 도를 배웠다. 이 권청은 권진인權眞人이라고도 하며 후일 허균許筠과 동시대의 도인 남궁두南宮斗에게도 도를 전해 주었다 하니 그는 고려·조선 두 왕조에 걸쳐 수백 년간 생존한 셈이 된다.

『해동전도록』에 의하면 설현은 처음 김시습을 춘천에서 만나 그가 선도를 닦을 자질이 있음을 알고 수도를 권유해 보았으나 김시습은 여전히 현실에의 뜻을 버리지 않고 있어 관심을 보이지 않았으나. 수년 후 단종 복위의 꿈이 사라지고 세상에 나갈 희망이 없어진 상황에서 김시습은 산수간山水間을 방랑하다가 한계령寒溪嶺에서 다시 설현을 만나게 된다.

결국 현실 변혁의 꿈이 좌절된 김시습은 내면의 혁명을 추구하는 수련으로 방향을 바꾸게 되고 설현으로부터 선도의 요체를 전수받게 되는 것이다.

순수한 유학자에서 불자로 변신하고 다시 그 위에 도교 수련을 겸하여 김시습의 사상적 폭은 더욱 넓어졌다.

신라 말기 최치원은 일찍이 「난랑비서鸞郎碑序」에서 민족 고유의 풍류도風流道가 유·불·도 3교의 취지를 다 포괄하고 있다고 말한 적이 있는데 이러한 전통이 김시습에게도 면면히 계승되고 있음을 알 수 있다.

김시습의 도교사상이 계승하고 있는 자주적 역사의식은 그의 소설 『금오신화』에서 매우 선명하게 표현되고 있다. 예컨대 「취유부벽정기醉遊浮碧亭記」는 홍생洪生이라는 개성 상인이 평양 부벽루에서 신녀神女를 만나 고조선 멸망의 역사를 듣고 슬퍼하다가 헤어졌는데 후일 신녀를 그리워하다가 꿈속에서 그녀의 부름을 받고 죽어 시해선屍解仙이 되었다는 내용이다.

김시습의 학문에 대해서는 종래 유교와 불교 그리고 문학 방면으로는 연구된 바가 많았으나 도교 쪽으로는 그다지 다루어지지 않았었다. 근래에 이르러 국문학자들에 의해 그의 문학사상에서 차지하는 도교의 비중이 특히 부각되었다. 김시습의 수련 행적 및 도교사상은 『매월당시집梅月堂詩集』권卷3 ,「선도仙道」와 『매월당문집梅月堂文集』권卷17, 「잡저雜著」에 주로 담겨 있다. 「잡저」 중에서도 「수진修眞」·「복기服氣」·「용호龍虎」 편에 그의 도교사상이 집약되어 있다.

『해동전도록』에 의거할 때 그는 대체로 종리권鍾離權·여동빈呂洞賓으로부터 시작되는 전진도全眞道 내단학을 계승하고 있는 것처럼 보인다. 이 외에도 그는 당唐의 도사이자 명의인 손사막孫思邈의 『천금요방千金要方』「양성편養性篇」에서 전개된 호흡법 및 양생법으로부터 많은 영향을 받았고 내단학 계통의 기본 경전인 위백양魏伯陽의 『참동계參同契』와, 위화존魏華存의 『황정경黃庭經』 등을 두루 섭렵하였다.

김시습은 38세부터 수락산에서 지냈다. 그는 노년에 접어들기 전, 근 10년 동안 도교인으로 살면서 새로운 삶의 돌파구를 모색한다. 도교 경전을 공부하는 한편, 도교 수련에 정진하였다. 금류동천金流洞天은 바로 그가 수련했던 곳이다. 김시습은 금류폭포 인근에 집을 짓고 동천을 조성하였다. 금류폭포 주변에는 사찰 내원암의 영산전을 중심으로 각자刻字바위, 거북바위와 월암月巖과 제천단祭天壇, 그리고 기감氣感이 존재한다. 금류동천에는 이른바 동천문법이라 할 수 있는 도교 수련처를 구성하는 요소들이 선명하게 존재한다. 이로부터 금류동천 지역은 매월당이 실제로 도교 수련을 한 장소임을 확인할 수 있다. 아울러 이 과정에서 수락산이라는 산이름의 유래를 확인했고, 옛 집터의 위치를 비정했으며, 내원암의 원래 자리를 추정할 수 있었다.

한국도교사상 그의 불멸의 공적은 그가 고려 중엽 이후 조선 초기까지의 공백기를 깨고 선도의 맥을 다시 이었을 뿐만 아니라 그것을 후학들에게 계승시켜 조선 중기 단학파의 발흥勃興을 가져오게 했다는 사실에 있다. 그는 홍유손洪裕孫에게 「천둔검법연마결天遁劍法鍊魔訣」을, 정희량鄭希良에게 「옥함기내단법玉函記內丹法」을, 윤군평尹君平에게 「참동용호비지參同龍虎秘旨」 등을 각기 전수하였는데 이러한 기초 위에서 후일 정렴의 『용호비결龍虎秘訣』, 허준許浚의 『동의보감東醫寶鑑』 등이 창작된 것이라고 유추해 볼 수 있다.

'유학에 마음을 두었으나 불교를 실천하였다'는 이이李珥의 평가나, '유학을 실천하면서 불교의 자취를 남겼다'는 평가처럼, 출가하여 승려로 살았던 김시습의 행적이 문제가 되기도 했으나, 뒤 늦게나마 김시습의 도교에 관한 학술적 연구가 활발하게 전개되고 있다는 점에서 도교 수련을 하는 후학들은 매우 기대가 크다.

3 선도仙道 수련에 관한 소고小考

신선神仙으로 가는 길은 정좌수련靜坐修煉으로부터 시작된다. 정좌수련의 가장 기초적이고 기본적인 것은 자신의 육신을 기반으로 수련한다는 것이다. 이것은 수련 초보자나 고급 공능을 가진 고승대덕 모두 똑같이 육신을 기반으로 한다. 육신이 없고 기체로만 되어 있는 귀신도 수련하여 신선계에 오르고 싶으나 육신이 없는 고로 수련을 할 수 있는 몸을 얻기 위해서 다시 사람으로 태어나기를 원하며, 천 년 묵은 여우도 동물의 몸으로는 수련이 불가능해서 사람 몸 받기를 위하여 갖은 고행을 하는 것이다. 그래서 "세간에서 가장 얻기 어려운 것이 사람 몸 받는 일이다. 사람으로 태어나서 가장 얻기 어려운 것이 도이다."라는 이 말은 득도의 세계로 들어간 선각자의 말이다.

여동빈 조사도 "사람 몸 얻기 어려우나 이미 사람 몸을 얻었고, 대도가 훤히 드러나기 어려우나 지금 이미 드러났는데, 이 몸을 금생에 제도하지 못한다면, 다시 어느 때를 기다려 제도할 것인가?"라고 말한 것이다.

우주가 탄생하기 이전이 있었다. 무극無極의 세상이었다. 헤아릴 수도 없는 홍몽鴻濛한 기운은 혼돈混沌의 소용돌이 속에서 분열하기 시작하였다. 그리고 무극의 선천先天에서 태극太極의 후천後天의 세상이 열리더니 다시 음양陰陽으로 나누어진다. 가볍고 맑은 기운은 위로 떠서 하늘이 되었으니 그 성질은 양陽이다. 무겁고 탁한 것은 아래로 내려와 엉긴 것이 땅이 되었는데 그 성질은 음陰이다. 하늘의 맑은 기운과 땅의 탁한 기운이 섞인 것을 사람이라고 하며 그 성질은 음양이 반반으로서 조화를 이루고 있다. 이렇게 세상에 우주가 탄생한 것이다. 선천에서 후천세계가 도래한 것이다. 당연히 사람도 천지인天地人 삼재三才가운데 끼여 천지와 동격을 이룬다. 그래서 사람을 소우주라고 말함이다.

천지와 동격을 이룬 인간은 사람의 육체를 가진 만큼 누구나 득도의 문은 열려있다. 다만 의지가 있느냐와 명사明師를 만나는 것이 성공을 좌우한다.

이 공부를 처음 시작하는 사람은 배우고자하는 문중이 얼마나 오랜 전통과 정통성이 있느냐를 알아 본 다음, 지금 배우는 공법으로 진선들이 배출되었느냐, 그리고 직접 가르치는 선생님의 공능은 실재 존재하느냐, 또 선생님 은사의 경지는 어느 정도냐, 정도는 검증해야 된다고 생각한다. 콩에서 팥이 생기지 않으며 봉황이 까마귀를 기르지 아니하는 것과 같이 삿된 스승이나 이상한 지파들은 모두 당대에 만들어져서 수 천, 수만 명의 회원을 거느린다고 자랑했지만 결국 당대에 사라져 버리고 말았지 않았는가? 도가의 도조는 노자다. 노자의 맥을 이어받아 그 공법을 계승하는 종파의 정통성을 이어가는 것이 우리가 해야 할 선도 공부다.

또 하나는 반드시 명사明師와 만남이다. 대개는 항간의 잡설과 주워들은 학설로서 지엽적인 것만 추구하다 보니 대도가 날로 멀어지게 되고, 이단이 다투어 일어나는 풍속은 예나 지금이나 변함이 없으며 만고의 진리를 가장하여 배우는 이들을 미혹에 빠트리면서 요결을 가르치고 법식을 전수하니 섬뜩하지 않을 수 없다. 하늘을 감동시키는 공덕을 쌓아야 명사와의 인연을 짓는 법. 만약 명사의 지점이 없다면 어떻게 화로를 앉히고 솥단지를 세울 것이며 어떻게 채약하여 약을 얻는다 하겠는가, 간을 가리켜 용이라 하고 알지만 어떻게 빼고 더함을 얻을 수 있겠는가. 어떻게 하거河車를 굴리고 화후조절은 폐를 호虎라 하나 어떻게 교합시킬 수 있으며, 감坎이 연鉛이 되고 이離가 홍汞이 됨을 어떻게 할 것이며 어떻게 활자시를 기다려서 공양하며 어떻게 결태와 결단은 할 것인가. 이것을 명사의 지점 없이 삿된 스승을 만난다거나 또는 책이나 보고 혼자 공부한다면 옆길로 빠져 버리게 되는 것은 자명한 일, 털끝만한 차이도 결국 천리의 거리를 갖게 한다는 것을 머리가 아닌 몸으로 익혀야 한다.

달마가 서쪽에서 한 글자도 가지고 온 것이 없고 오직 마음과 뜻에만 의지하여 공부 하였으며 만약 '책속에서 불법을 찾을 수 있다면 붓 끝으로 동정호洞庭湖의 물을 찍어 다 말릴 것이다.' 라고 한 것은 선禪의 수행은 글자에 매달리지 말라는 말이다.

도가의 공부 역시 수학修學이나 수행修行이아닌 수련修煉이니만큼 명사의 지점 없이 책속에서 답을 찾으려고 한다면 그 결과는 그림자(陰功)만을 보게 될 것이고 또 그것만을 갖게 될 뿐이라는 것을 명심해야 한다.

도道 자체는 본래 숨어 있는 것이 아니다. 세상에 훤히 드러나 있지만 이것을 마음으로 전하는 일은 지극히 비밀스러웠다. 그렇게 하는 것은 비밀을 지키기 위한 것이 아니고 마음으로 남몰래 가르쳐 주고 또 가르쳐 받지 아니하면 서로 가르쳐 주고받을 수 없기 때문이라고 한다.

우리가 실제로 공부를 처음 시작함에 있어서는 얕은 곳에서부터 점점 깊은 곳으로 들어가고 거친 곳에서부터 차차 세밀한 곳으로 들어가야 한

272

다. 더 중요한 것은 사이사이에 끊어짐이 없어야하며 그렇게 하다보면 우리 몸은 반드시 그에 대한 화답을 보내오게 되니 수련의 보람이 저절로 생겨나기 마련이다.

다만 단도丹道에 대한 의지가 있는 가, 의지가 없는가에 따라 나뉨이 있을 뿐이다. 만약 의지만 있다면 재가와 출가를 논할 것 없이 모두가 다 수련할 수 있다. 재가자라면 장소나 시간에 구애됨이 없이 혼자서도 할 수 있는 공부이기도 하다.

우리가 배우고 익히는 법은 대뇌에서 몸 전체를 주재하는 신神을 근본 줄기(本)로 삼고 아래 단전에서 나타나는 황금꽃 이라고 하는 빛을 끝 가지(末)로 삼는다. 근본과 끝가지가 서로 도우니 병 없이 오래 살 수 있고 나중에는 공과功果가 원만해져서 누구나 가히 성현이 될 수 있고 누구나 가히 선불이 될 수 있다.

단을 배우는 법들은 모두 유위有爲한 것들을 빌려서 무위無爲함에 이르고 있는 것들이지 유위를 단번에 뛰어넘어서 무위로 곧바로 들어가는 내용을 가지고 있지 아니하다.

그러하기 위해서는 반드시 있음有에도 머물지 말고 없음無에도 머물지 말고 기氣의 기틀이 막힌 곳을 통하여 흐르도록 하여야 한다.

단도丹道에는 정精이라는 수水와, 신神이라는 화火와, 의意라는 토土, 이 세 가지를 위없는 보물로 삼는다. 정이라는 수는 무엇인가 하면 다름 아니라 태어나기 이전부터 있었고 참되고 하나뿐인 선천일기先天一氣이다. 신이라는 화는 곧 빛이다. 뜻이라는 토는 곧 가운데 궁궐 속에 있는 천심天心이다. 신의 화는 작용(用)이 되고 의라는 토는 본체(體)가 되고 징의 수는 터전(基)이 된다.

유가에서는 내면의 세계를 반성하는 것을 높이 사고 도가에서는 내면의 세계를 살피는 것을 높이 산다. 불가에서도 "마음을 한곳에 두게 되면 무슨 일인들 처리되지 아니하겠는가?(置心一處 何事不辨)라고 말하고 있다. 결국 모든 경우에 있어서 무상대도無上大道는 오직 하나의 마음 그 전체를 완전히 얻는 것이다. 전체라는 것은 어떠한 것인가? 텅 비고(虛) 맑고(淨) 얼룩지지 아니한 것(無雜)이다.

옛말에도 "사람 몸 받기가 어렵고 명사明師(밝은 스승)가 있는 곳에 태어나기가 어렵고 불법 만나기가 어렵고 대도 만나기가 어려운 것을 알라"고 하였다. 이제 사람 몸을 얻었으니 명사를 만나서 몸 가운데 천지와 몸 가운데 일월을 지시받아 무형無形과 무정無情과 무명無名의 도를 닦고 삼보(神寶와 氣寶와 精寶)의 단을 연마하여야 하는바 먼저 성명性命 두 글자의 중요함을 파악하고 식신識神과 원신元神을 마땅히 분간하고 진신眞身과 가신假身을 마땅히 알아야 하며 인심人心과 도심道心을 마땅히 밝히면 절대 인심이 도심을 당해내지 못 할 것이고 식신이 원신을 당해내지 못할 것이며 가신이 진신을 당해내지 못하리라. 이러한 수련을 통해 신선의 과果를 증득證得하면 물物 밖에서 소요자재하며 끝없이 긴 세월의 겁을 장존할 수 있다고 했다.

항간에는 예나 지금이나 요사한 사술로 종교를 만들고 스스로 창안하여 단체를 만들어 잘못된 가르침으로 백성들을 어리석게 만들고 거짓되고 삿됨 속으로 현혹시켜서 개개인의 몸과 영혼을 손상시키며, 거짓 진리로 영혼을 타락시켜 단체를 조직해 후학들을 혼란에 빠뜨리고 나아가서 사람의 목숨까지도 해칠 수 있는 사회악이 눈앞에서 펼쳐지는 세상이다.

선인은 반드시 천하의 명백한 정도를 따르나니 오직 바른 인재를 양성하고 반드시 성인의 가르침을 따라 교敎을 펼치고 오직 바른 수행을 하여 선을 행하고 덕을 쌓는 것만이 최선이라고 할 수 있다. 사술로써 가르침을 전하여 단체를 만들어 사람의 몸을 상하게 하고 영혼을 타락시키면 천신天神이 모든 일을 기록하여 반드시 그 과보를 받게 되는 것이다.

어느 선인이 방문의 길을 가는 것을 경계하여 경고한 글을 인용한다.

"…상략, 임제선사臨濟禪師는 말하기를 "진불眞佛은 형상이 없고 진성眞性은 체體가 없으며 진법眞法은 상相이 없는 것이다" 하였고 옛 선인은 이 몸에 집착하면서 그것이 도道라 하지 말라, 이 몸 외에 진신眞身이 있다. 고 하였다. 자고로 도를 이룬 선불仙佛들은 모두 이 형상을 잊어버리고 도를 지키는 것을 묘妙로 삼았다.

아, 탄식할 일이로다! 세상에 어리석은 사람들이 있어 그 형상을 잊어버리지 못할 뿐만 아니라 오히려 이 가신假身을 진신眞身이라 여기고 으르렁거리며 술과 고기로 이 몸을 살찌우고 아름다운 옷에만 연연하여 이 몸을 치장하고 미색만 탐애貪愛하여 이 몸의 반려로 삼고 있다. 수련에 이르러서는 팔단금八段錦과 육자기六字氣 소주천小周天이 아님이 없다 하나 이 모두가 다 색신色身 위에서 노는 것이다. 혹자는 삼황약초를 먹는다 하고 오금 팔석을 외단이라 하며, 혹자는 삼봉채전공을 행한다 하고 나이 어린 여자를 노爐와 정鼎으로 삼아 여자의 정기를 잡아 탈취하는 것을 이름 하기를 음기陰氣를 채취하여 양기陽氣를 채운다고 하며, 혹자는 정기精氣를 흡수하여 뇌腦를 보양한다 하고, 혹자는 홍연紅鉛을 먹는 것을 이름 하여 선천매자先天梅子라 하며 혹자는 백유白乳먹는것을 보리주菩提酒라 하고, 혹자는 나무토막처럼 앉아 있으면서 참선參禪을 한다 하고, 혹자는 수심守心하는 것을 연성煉性이라는 등 가지가지 삼천육백방문을 다 열거하기는 어렵다. 이런 것들은 모두다 색신 위에서 일을 만드는 것으로 지옥부地獄府의 길을 스스로 찾는 것이며 신선을 이룰 수 없을 뿐만 아니라 일단 양기가 모두 소진되면 사대 색신은 각각 뿔뿔이 흩어져 버리고 일점 영성靈性은 영원히 지부地府에 깊이 떨어져 버릴진대 육신이 어느 곳에 있다 할 것인가? 오호라! 진실로 탄식할 일이로다.

차례대로 공부하는 것은 그대들 나름대로 공空을 관觀하며 정좌靜坐하겠으나 설령 삼화가 있다 하더라도 어느 솥(鼎)에다 어떻게 모을 것이며 오기(五氣)가 있다 하더라도 어느 원元에다 어떻게 조회朝會하겠는가? 다만 몸은 고목처럼 되어 버리고 마음은 꺼져 버린 재(灰)가 되어 하루아침에 수명이 꽉 차면 맑은 영靈은 좋은 귀鬼로 화하여 그 오고 감이 명백하여 귀선鬼仙이라 부르는데 혹은 뭇 신들의 우두머리가 되어 향연香煙을 받거나 혹 세상에 다시 태어나면 관리가 될 것이다. 그러나 만약 성性이 미혹했다면 미혹된 채 타락하여 이전에 한 공부는 모두 쓸데없이 허비한 것이 되고 마니 깊이 통곡할 일이구나! 도를 좋아하는 자여! 신중히 하고 근신할지어다.”

옛날에는 선도에 관한 책을 펴내는데 생각보다는 신중을 기했다. 중국의 어느 선인은 선도에 관한 글을 쓰는 소회를 다음과 같이 밝히기도 했다.

“무릇 무극진도는 자고로 입에서 입으로만 서로 전하며 감히 붓으로 기록하여 글로 남기지 아니한 것은 행위가 바르지 못한 사람들이 얻으면 반드시 하늘의 견책譴責을 만날 것을 두려워 한 것이다. 비록 글을 써서 그 가운데 도를 담아 놓는다 해도 반드시 비유의 말로 하였는데 어머니는 숨겨두고 아들만 말하고 뿌리는 숨기고 가지만 말 하였다. 대개 이런 것은 사물을 빗대어 도를 밝힌 것인데 마치 장씨의 관을 이씨가 쓰고 있는 격인 것이다. 나 역시 함부로 누설하지 못하고 이제 이 진도를 어렴풋이나마 대강만 드러내어 도를 찾는 증빙이 되게 하고, 자칫 잘못하여 사도방문에 떨어지는 일이 없도록 할 뿐이다.”

도가의 책들을 보자면 대부분 은어가 많고 비유를 써서 이야기 하는데 간단한 예를 들면 “삼성三姓이 이미 회합하고 이물二物이 서로 끌어안아서……” 의 문장 중에서 삼성은 정精·기氣·신神을 말한 것이고 이물은 연鉛과 홍汞을 말한 것이다. 또 몸 부위 어느 지점을 상징하는 단어도 혼란스러울 정도다. 즉 상단전을 지칭한 용어만도 약 50개 중단전을 말하는 용어도 70여 개에 이른다. 그것뿐이 아니다. 수련을 시작할 때 가장 기본적인 호흡만 해도 자연호흡으로 시작해서 코로 숨을 쉬는 비 호흡에서부터 발뒤꿈치로 쉬는 종식踵息과 마지막 태식胎息까지 20여 종류가 된다. 어찌 간단하고 쉽다고 할 것인가? 사정이 이렇다 보니 그것들을 이해하기 위해서는 총명聰明하지 않으면 여간한 노력으로는 불가능하다. 예로부터 천기를 가벼이 누설하지 않는다는 원칙이 있었고 그것을 경직되게 따르다 보니 이 같은 가르침이 지극히 자연적인 현상으로 받아들여지고 있다.

고구려 시대 선도가 도입된 이후 우리나라에서 신선의 반열에 오른 김가기, 최치원도 결국 중국에 유학, 종리권, 여동빈 등 스승의 지점을 받고 정과正果를 얻을 수 있었던 것이다. 이러함에도 명사의 지점 없이 책만 보고 수련을 하거나, 책만 보고 그것을 그대로 번역한다면 털끝만한 차이도 결국 천리의 거리를 갖게 한다는 것을 명심해야 한다.

우리나라에는 선도에 관한 역사를 기록한 저술은 많으나 전통 선도를 공부하는 과정 즉 교육용으로 저술한 것은 16세기 전반기를 살아온 북창 정염鄭磏(1506~1549)의 『용호비결龍虎秘訣』을 꼽을 수 있고 그 밖에는 일반에게 잘 알려지지 않는다. 북창은 그 시대 기인으로 유·불·도를 넘나들면서 소요자재 한 분으로 『용호비결』이란 걸작을 세상에 내놓았다. 470년이 지난 지금까지도 선도를 지망하는 후학도들에게 귀감이 되고 있으며, 그로인해 선도의 맥은 단절됨이 없이 면면히 이어지고 있다.

그러나 북창의 수련방법, 용어해설 등을 관찰해 보면, 명사明師의 지점 없이 도서에만 의존하여 수련하다 보니 방도傍道로 빠져 버리게 되어 정도正道는 천리나 멀어지고 있었다는 것을 지울 수 없다. 그 증거로 43세에 요절夭折했다는 부분이다. 선도의 수련자가 40대에 명을 다했다면 요절이다.

"진정한 대도는 말과 글로써 전할 수 없다. 오직 스승님께서 마음으로 주고 제자가 마음으로 받는 것이다." 어느 선각자가 후학들에게 남긴 말이다. 이렇게 말이나 글로서도 전할 수 없는 공부를 스승도 없이 책이나 보고 독학 한다는 것은 상상할 수 없다.

북창과 동시대를 살았던 화담 서경덕徐敬德, 토정 이지함李芝涵, 격암 남사고南師古 전우치田禹治, 서기徐起 등도 선도공부를 지향했으나 정통 명사를 만나지 못해 정과正果를 얻지 못하고 결국 기인奇人으로 생을 마감했다고 보아진다.

우리나라에서는 중국에 건너가 명사에게 직접 지점을 받고 수련한 김가기, 최치원 이후 등선登仙한 인물은 없다는 결론이다.

도가수련에서는 신선을 5종의 품계로 나누니 곧 귀선鬼仙, 인선人仙, 지선地仙, 신선神仙, 천선天仙이다. 귀선이라고 하는 것은 단지 심성心性만을 수련하며 아직 진정한 구결口訣을 얻지 못한 관계로 순양지체純陽之體를 이루지 못하였고, 단지 음신陰神만이 출신出神 되기 때문에 영귀靈鬼라고도 한다. 비록 이름이 신선이긴 하지만 사실은 귀신鬼神에 속한다. 그러나 영통靈通하기 때문에 보통의 귀신과는 다르다. 귀선은 세상에서 오백년 좌우의 시간동안 머물 수 있고, 오백년 후에는 다른 태胎를 통하여 환생하여야 계속해서 생존할 수 있게 된다.

인선人仙은 밖으로는 사람과 구별되는 점이 없으나 늙고 병들고 죽고 하는 고단함이 없이 장생하게 된다.

지선地仙은 수련의 단계가 인선의 위에 있는데 이미 한서寒暑가 불침하고, 기아飢餓에 의해 영향을 받지 않는 정도이다. 비록 양신陽神을 출신하지는 못하지만 의식주衣食住의 부담을 완전히 벗어 버렸기 때문에 생과 사를 스스로 통제할 수 있게 된다. 신선神仙은 양신陽神을 이미 이루어 신통변화神通變化의 능력이 있고, 머물고 떠남이 자유롭고 생사의 굴레에서 완전히 해방되었다. 몸을 벗어버리고 혼자 표연히 존재하며, 뭉쳐지면 형체를 이루고 흩어지면 무無로 화하게 된다.

천선天仙은 신선에서 다시 진일보한 경지로 인류가 살고 있는 환경을 벗어나 또 다른 하늘 밖의 하늘에 살게 된다. 이와 더불어 천지는 파괴되더라도 스스로는 파괴되지 않는다. 라는 경지에 이르러 우주와 더불어 존재하는 도가수련의 최고경지를 이룬 것이다.

구조별이 〈오진편십가주〉에서 옹연명의 주석을 이용하여 오등선五等仙에 대해 논술한 것이 가장 간단하다. 옹연명의 주석에는 이렇게 되어 있다. 신선의 단계에는 몇 가지 종류가 있다. 음신陰神이 영통靈通하지만 형形이 없는 것을 귀선鬼仙이라 하고, 세상에 살면서 질병 없이 장수하는 것을 인선人仙이라 하며, 하늘을 날며 안개 속을 거닐고 배고프지도 목마르지도 않고 한서寒暑가 불침하며 장생불사長生不死를 이룬 이를 지선地仙이라 하고, 질質이 없어진 상태를 이루어 숨김과 드러남이 자유롭고, 혹은 노인이나 혹은 어린이로 변하며 귀신조차 추측할 수 없는 경지에 이룬 것을 신선神仙이라 하고, 우주와 더불어 존재하는 도가수련의 최고경지를 이룬 것을 천선天仙이라 한다.

이상의 다섯 가지 등급은 반드시 실제 수련을 거치고 효험을 통하여 입증되어야 하며, 세속의 이론으로 미루어 생각해서는 안 된다.

제2편

단
丹

제2편 丹은

'선단仙丹' '內丹' '外丹' '金丹' 등을 총칭한다.

제1장 단丹

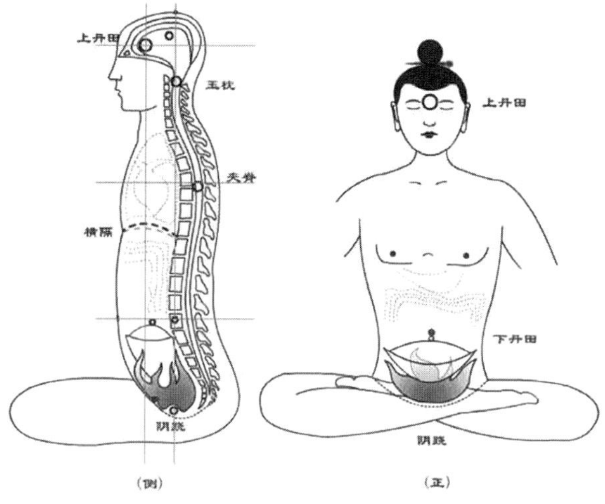

1 선단仙丹

선단仙丹은 다양한 화학물질을 원료로 하여 단로丹爐 등의 용기에 넣은 후 고온처리하여 최종적으로 추출한 혼합물이다. 도사는 이 방법으로 선약을 만들어 복용하면 우화성선羽化成仙이 될 수 있다고 한다. 그러므로 이 물건은 선단이라 한다.

원소元素는 수은汞, 황硫, 탄소碳, 주석錫, 납鉛, 구리銅, 금金, 은銀 등이 있다.

선단의 역사를 보면, 진시황秦始皇의 영향을 받은 한 무제漢武帝도 구리를 시켜 높이 30장, 둘레 1장 7의 로반露盤을 만들었는데, 이 로반에 받은 로露를 섞어 옥가루를 먹으면 장수할 수 있다고 해서, 이 같은 시험 결과 한 무제도 실패로 끝났다.

진시황의 불로장생 실천은 성공하지 못했지만 그 파장이 적지 않았고, 세간에는 그의 행보로 인해 불로장생약에 대한 전설이 많이 퍼졌다. 금단金丹을 쓰면 오래 살 수 있다는 설이 있는가 하면, 인생과를 먹으면 오래 살 수 있다는 설이 있기도 하며, 운모편雲母片을 먹으면 오래 살 수 있다는 설도 있다. 이러한 전설이 있기 때문에 수양제隋煬帝, 양광楊廣, 당 태종 이세민唐太宗李世民, 당 헌종 이순唐憲宗李純, 당 목종 이항唐穆宗李恆, 명 세종의 주후明世宗朱厚 등 많은 황제가 수은납이 함유된 불로장생약 '금단金丹'에 중독되어 수명을 다하지 못했다.

황제들의 실패는 장생을 불가능하게 만들었다는 평가를 받게 한다. 게다가 현실에는 장생하는 사람이 하나도 없는 것이 사실이기 때문에 인간은 결코 인간의 장생을 이룰 수 없으며, 장생은 법칙에 어긋난다는 자신감이 더욱 강해지고 있다. 그러나 유전자 기술의 발전으로 미래의 인류는 불로장생을 실현할 수 있을 것이라고 믿고 있다.

당나라 때에는 단약을 만드는 과정에서 뜻밖의 화약을 발명하고 과학기술의 발전을 추진했다.

도가 외단황백술道家外丹黃白術은 중국에서 거의 2천 년 동안 성행했다. 연단술煉丹術은 근대 화학의 선구자였으며, 이에 사용된 실험 기구와 약물은 화학 발전 초기에 필요한 물질적 준비가 되었다. 고 보고 있다.

비록 도가 외단황백술道家外丹黃白術은 끝내 소기의 목적을 달성하지 못했지만 도가 금단가金丹家의 끈질긴 실천과 탐구 활동은 객관적으로 중국 고대 과학의 발전을 자극하고 촉진시켰다.

도가외단황백술道家外丹黃白術의 금단사상金丹思想은 중국 고대 화학사상사에서 매우 중요한 위치와 의의를 가지고 있다.

역사상 최초의 선단은 사실 선과仙果와 선초仙草를 복용하여 장생을 달성했었다.

도가의 이념을 인용하고 양생과 수행에 대한 많은 이론이 언급되어 있는데, 중국의 연단술은 서양의 연금술보다 장수에 이르는 방법에 더 많은 관심을 기울이고 있다. 중국은 진시황이 6개국을 통일한 뒤 바다로 사람을 보내 선인불사의 약을 구했다. 한 무제 자신도 신선과 장생불사의 약을 구하는 데 열심이었다. 동한 시대에는 연단술이 더욱 발전하여 위백양魏伯陽과 같은 연단가들이 많이 배출되어 장생불사의 설을 밝히기 위해 '주역참동계周易參同契'라는 책을 저술하였다. 이어 진晉나라 연단가 도홍경陶弘景이 '진고眞誥'를 지었다. 당대에 이르러 연단술과 도교의 결합으로 전성기에 접어들었는데, 이때 연단술가 손사막孫思邈이 '단방결요丹房訣要'를 저술하였다. 이러한 연단술 저서에는 많은 화학 지식이 있으며 통계에 따르면 60가지 이상의 화학 원소가 있으며 화학적 변화에 대한 기록도 많이 있다. 물론 식물성, 동물성 의약품이 등재되지 않았을 뿐만 아니라 금석약金石藥만 놓고 보더라도 60여 종에 그치지 않을 것 같아 이 통계는 완전하지 않다.

그러나 대부분의 소위 '선약'은 납, 수은 등의 중금속으로 만들어지며, 사람이 섭취하면 불로장생할 수 없을 뿐만 아니라 중독될 가능성이 높다고 한다.

도가의 연단술에는 두 가지 주요 신조가 있다. 첫째, 다른 금속이 황금으로 변할 수 있다는 믿음과 둘째, 금단을 먹으면 신선이 될 수 있다는 믿음이다.

1) 선단仙丹의 종류

仙丹	다양한 화학물질을 원료로 하여 단로丹爐 등의 용기에 넣은 후 고온처리하여 최종적으로 추출한 혼합물
無極仙丹	무림 속 사람들이 꿈꾸는 선단仙丹이다. 무술의 가장 귀중한 보물 중 하나로, 무술계의 사람들이 꿈꾸는 최고의 명약이다.
吃仙丹	만병통치약
仙丹花	산단화山丹花, 용선화龍船花라고도 불리는, 상록 관목
紅仙丹	선단꽃의 일종에 속한 산단화, 용선화라고도 하는 상록 관목
長春不老仙丹	기능은 주로 허약백손虛百損, 오로칠상五勞七傷을 치료함
天仙丹	고름을 돋우고 독을 뽑고 악취를 제거하는 효능이 있는 한약
八仙丹	단약으로 열을 내리고 해독하며 가래를 삭이고 기를 행하는 데 주로 쓰임
五仙丹	어린아이의 몸이 뜨거워지고 얼굴이 붉어지고 입이 다물어지지 않으며 경련이 발생할 때 쓰임
水仙丹	진사辰砂 2냥, 백렴白蘞 1냥으로 이루어진 약
一粒仙丹	약의 일종으로, 주요 제조 재료로는 파두巴豆 120개 반모斑蝥 60개 천산갑穿山甲 5전이 있다.
止痛仙丹	중악中惡, 중담中痰의 주치를 하는 약의 명칭
回生第一仙丹	압상, 타박상, 칼상, 총상, 목 베기, 목매달기, 놀라 죽거나 익사하는 것을 치료함
十仙丹	다양한 약재로 구성된 어린이의 머리와 손, 발, 치료에 좋은 약
煉丹	도교의 단어. 정제된 외단과 내단의 총칭. 외단술은 황노도黃老道에서 유래한 것으로, 단로에서 광물을 구워 '선단'을 만드는 것이다. 인체를 노정爐鼎으로 만들어 7가지 이상 내약과 외약을 연마하는데, 이를 내단술內丹術이라 한다.

이 밖에도 췌선단 등 약물 치료용 선단이 많으나, 수련으로 연마하는 도교의 단丹과는 무관하므로 이만 생략한다. 이 밖에도 췌선단 등 약물 치료용 선단이 많으나, 수련으로 연마하는 도교의 단丹과는 무관하므로 이만 생략한다.

출처 : 중의학

2 연단煉丹

　연단은, 도교에서 말하는 정제된 외단과 내단의 총칭이다. 외단술은 단로에서 광물礦物을 구워 '선단仙丹'을 만들고, 그 후 인체를 용광로로 만들어 정기를 단련하는 데 사용했는데, 이를 내단술이라고 한다. 외단술은 도가가 다양한 비법을 통해 단약을 구워 먹거나 특정 지초芝草를 직접 복용하여 자신의 음질陰質을 점화하고 양기陽氣로 만드는 것을 말한다.

　"도가道家에서는 금석을 삶아 외단을 만들고, 용호龍虎는 태식胎息낳고, 토고납신吐故納新으로 내단內丹을 만든다"고 말했다.

1) 내단술內丹術

　내단술은 도가와 도교인들이 기공에 대해 부르는 말로, 신선이 되어 불로장생할 수 있도록 수련하는 것을 궁극적인 목적으로 한다. 이 술術은 인체를 용광로로 사용하기 때문에 '내단'이라고 하며, '외단'은 다른 용도의 용광로를 사용한다.

　전통적으로 기공의 주요 수련과 연구자는, 도가 도사와 도가 의학의 영향을 많이 받은 의사였다. 전통 기공은 모두 내단공에 속한다. 내단공의 뿌리는 음양의 변화, 오행의 생과 극, 천인합일天人合一, 천인상응天人相應 등 도가의 이론과 단사가 습득한 풍부한 중국 의학 지식이다. 외기外氣를 공급하고 내기內氣를 보양하며 음과 양, 경락을 통하게 하고 연정화기煉精化氣, 연기화신煉氣化神, 연신환허煉神還虛로 관철시킨다. 한·진·당漢晉唐 시대에 내단공은 도가 무학武學과 융합하여 내가무학內家武學이 되었다. 내가의 무학은 내단술을 숨기고 사용할 수 있으며, 많은 수도자들도 내가의 무학을 연단 수련의 지름길로 삼고 있다.

내단을 수련하면 일반적으로 약자의 체력이 1~2년 이내에 빠르게 강해질 수 있다.

2) 외단술外丹術

외단술은 도가가 다양한 비법을 통해 단약을 구워 먹거나 특정 지초를 직접 복용하여 자신의 음질을 점화하고 양기로 만드는 것을 말함이다. 또 도가道家의 외단外丹은 허공虛空의 청령淸靈한 기운이라고도 한다.

「단정파丹鼎派」는 도교에서 연단구장생선炼丹求長生仙을 위주로 하는 각 종파의 통칭이다. 가장 먼저 고대의 황노黃老의 도가道家 등에서 발전해 왔다.

단丹은 중국 전통 의학의 제형劑型으로 고대와 현대의 많은 약방에서 '단丹'이라고 불렀으며 천왕보심단天王補心丹, 지보단至寶丹, 산해단山海丹 등과 같은 영험을 나타낸다. 이러한 처방은 주로 동식물 약으로 만들어지며 원래 의미의 단과 조금도 다르지 않으며 '단'이라는 이름을 차용했을 뿐 고대 연단술이 후세에 깊은 영향을 미친다는 것을 알 수 있다.

외단황백술外丹黃白術 또는 금단술金丹術이라고도 하는 연단술은 장수진인구처기전진룡문파長壽真人丘處機全真龍門派의 '내단' 안내술과 구별하기 위해 약칭 '외단술'이라고 한다. 연단술은 전국 중기에 시작되어 진한秦漢 이후 성행하기 시작하였는데, 양송兩宋 이후 도교에서는 내단內丹 수련을 제창하였는데, '단정파'가 한때 성행하여 외단술을 배척하였고, 명말明末에는 외단화련법外丹火煉法이 쇠퇴하여 '본초학本草學'에 자리를 내주었다. 도가 외단황백술은 중국에서 거의 2천 년 동안 성행했다.

연단은 '장생'을 추구하기 위해 단약을 만드는 옛사람들의 방술이다.

단사丹砂는 단사 또는 황화수은硫化汞이라고 하며 황과 수은汞의 무기화합물로 붉은색을 띠기 때문에 '단사는 주사砵砂'라고 불린다. 단사는 초목과 달리 불에 타도 타지 않을 뿐 아니라 오래 탈수록 변화가 심하다. 단사화 수은에서 생성된 수은은 금속 물질이지만 액체 상태이며 금속 광택을 가지면서도 철물(금, 은, 구리, 철, 주석)과는 다른 형질이 독하고 성질이 정체되어 있다.

진나라 사람 포박자抱朴子 갈홍葛洪은 금단편金丹篇에서 '모든 초목을 태우면 잿더미가 되고, 단사를 정련하면 수은이 되고, 쌓이면 다시 단사가 되니, 그 초목을 제거해도 멀기 때문에 사람은 오래 살 수 있다'고 했다.

3 단도丹道

내단학은 일종의 양생술이다. 내단학을 수련하면 건강하게 장수할 수 있어서 중국 철학사상 3대 이론의 최고봉 중 하나다 라고 말하고 있다. 또한 내단학은 동서양이 처음으로 정신적 소통의 진리를 찾았다고 보고 있다.

단도수련丹道修煉의 근원은 자신의 성性과 심心을 양생養生하는 사상에서 온 것이며, 사람들이 자아의식自我意識을 깨달았을 때에 자기생명을 유지하는 수련방식이다. 즉, 인간이 가지고 있는 잠재의식의 가장 심층적인 처리와 감성의 깨달음, 인간의 운명에 대한 근본적인 변화, 영원한 삶, 궁극적인 추구와 열망이라고 보아야 한다. 송대宋代부터 현대까지의 주류를 이루는 수행방식으로 내련內煉은 성단成丹으로 하고 외용外用은 성법成法으로 한다고 했다.

4 도교내단학道教內丹學

내단학內丹學은 형이상形而上의 도체道體에 대한 실증이고, 형이상의 도체와 형이하形而下의 경험세계의 관계 등 다양한 학문으로서 도교道教의 중요한 부분이다.

내단학은 고대에 도를 닦은 고수들이 정성껏 남긴 고등방술高等方術로, 자신의 세 가지 보물인 정기신精氣神을 이용하여 초범입성超凡入聖의 경지에 이르도록 수련하는 체계를 제시한 것이다.

중국도교 전진도全真道의 창시자인 왕중양王重陽의 내단심성철학사상內丹心性哲學思想을 탐구해 보면 그는 인간이 "금단金丹"이라고도 하는 "본래진성本來真性"을 품부稟賦받았다고 보았는데, "성주명종性主命從"설과 "선성후명先性後命"설을 기초로 항심연성降心煉性과 제정거욕除情去欲을 위해 수성修性의 방법을 제기하였고, 또한 인치함구忍恥含垢와 고기이인苦己利人을 처세의 방법으로 삼았다. 그의 최종 목적은 돈견진성頓見真性과 초출삼계超出三界에 도달하는 것이었다.

내단은 천인합일天人合一사상에 따라 인체를 화로로, 정기精氣를 약으로 삼아, 체내에서 결단을 연마하는 수련방식이다. 도교 종조인 헌원 황제가 광성자에 도를 구했다는 기록으로 미루어 볼 때 내단은 5천 년의 발전 과정을 거쳤다고 보인다.

선인仙人의 경계境界는 진실하고, 선하고, 아름답고, 생명의 가치를 가장 잘 드러내는 인생 최고의 예술적 경지라고 하면, 내단학은 선인의 경계境界로 가는 터널이다. 내단학은 백절불굴의 수련을 거쳐 수천 개의 단경을 남겼는데, 바로 그들이 인체 계통 공학을 실시한 실험 기록이다. 그러나 이 단경들은 은어隱語와 시어詩語로 쓰여져 있고, 내단공법은 사제들 사이에서만 구전되고 있어 객관적으로 지적재산권을 보호하는 역할도 하고 있고, 사람의 생명을 보호하는 역할도 하고 있다고 믿고 있다.

수련할 때는 반드시 지도자가 필요한 것은, 한 치의 오차도 없이 천리를 가야하기 때문에, 이것을 바로잡아주는 스승이 없다면 불가하므로 수련자가 독수獨修하지 않는 이유다.

내단학內丹學은 단도성명학丹道性命學이라고도 하며, 약칭은 단도丹道이다.

내단학은 중화도학中華道學의 기둥으로, 도서道書에서는 대단大丹, 금단金丹, 내금단內金丹, 환단還丹 등과, 외단外丹인 황백술黃白術도 천지天地의 기氣를 함께 융화시켜 단련하니 이것을 천인지삼원단법天人地三元丹法의 계통이라고도 한다.

1) 내단학 개념槪念

'기공氣功'은 오랜 역사를 가지고 있으며, 기공에 관한 내용은 고대에는 흔히 토납吐納, 도인導引, 행기行氣, 복기服氣, 연단煉丹, 수도修道, 좌선坐禪 등으로 불렸다고 한다. 고서적 기록에는 '기공氣功'이라는 단어가 거의 없고 가끔 등장한다.

내단內丹은 기공 수련의 한 형태이다. 내단은 천인합일天人合一사상을 끌어들여 인체를 정로鼎爐로, 정기신精氣神의 약물藥物을 약으로 하여 체내에서 결단結丹을 단련하는 수련방식이다.

이론과 사상은 중의학 사상과 일치하며 단丹은 만능이라는 지속적인 소통으로 '경락은 완전히 통하고 백해는 따뜻하다'는 고품질의 생활 상태에 도달하는 것이다. 이것을 이루기 위한 수련 단계는 "연정화기煉精化

炁、연기화신煉炁化神、연신환허煉神還虛、연허합도煉虛合道"로 가는 기초단계인 축기연기築基煉己의 과정이 있다. (축기연기築基煉己:연정화기, 연기화신, 연신환허, 연허합도의, 수련 중에도 반드시 축기연기築基煉己, 명심견성明心見性의 과정을 동시에 진행해야 한다. 그렇지 않으면 도리가 분명하지 않고 몸이 따라주지 않아 도저히 연정화기를 수련할 수 없다. 연기화신의 단계도 말할 것도 없고, 이후의 연신환허, 연허합도도 이와 같다)

2) 내단학의 원류源流

내단학은 만당晩唐 이래 도교가 수련한 정통 공법이다. 내단학은 형성 준비에서 성숙까지 오랜 역사적 과정을 거쳤으며 내단학의 역사적 원류를 연구하는 것은 내단학의 역사적 의의와 내단학의 실체를 이해하는 데 도움이 되어 도교사道敎史 연구에 더욱 중요한 가치가 있다.

특히 송원대宋元代를 맞아 도道파와 단丹파가 합일하여 내단 수련이 이루어졌으며 내단 수련은 도사道士의 궁극적인 수지방술修持方術이 되었다. 다른 모든 훈련 방법들은 방문소술旁門小術로서 비전문적인 것으로 간주되었다.

도교문헌을 체계적으로 읽고 학계의 연구 성과를 광범위하게 참조하는 기초 위에서 내단학 이론과 도가의 수도, 내단학 및 각종 수련방술, 내단학 및 외단소련外丹燒煉, 내단학 및 불학佛學 등의 역사적 연원과 내적 이론적 연관성을 심도 있게 연구하여 미시적微視的인 역사적 고증을 할 뿐만 아니라 거시적巨視的 이론적 사고를 전개하여 내단학의 역사적 원류에 관한 많은 중대한 문제를 해결하고 학계의 일부 단편적인 설법을 고변考辨하여 내단학 원류源流에 대한 체계적인 이해를 제시함으로써 내단학의 역사적 원류에 대한 명확한 단서와 이해를 얻을 수 있다.

내단학은 복희伏羲와 황제黃帝, 노자老子 등이 개종開宗하여 한漢나라 말 위백양魏伯陽에서 널리 알려졌으며, 당대唐代 종리권鐘離權과 여동빈呂洞賓이 체계화 시키고 송원宋元의 장백단張伯端, 왕중양王重陽, 구처기丘處機, 유영년劉永年 등에게 전해졌으며 내단가內丹家는 음양陰陽을 다시 주조鑄造하여 건곤乾坤을 재창조하는 내단 법결을 재창조하였고. 천기天機를 장악掌握하여 생명역전生命逆轉의 비결을 파악하고 인체생명人體生命과학과 인지심리認知心理과학에 귀중한 유산을 남겼다.

5 도교 내단술內丹術

1) 내단술 개념概念

내단술은 '인체는 작은 천지'로서 '천인합일天人合一'과 '천인상응天人相應'의 사상을 근본으로 하여 성性과 명命의 수련을 하는 것을 말하며, 사람을 정로鼎爐로 삼아 '정精, 기氣, 신神' 등을 수련하여 신체를 튼튼하게 하고 인체의 생명 기능을 향상시키며 수명을 연장하고 나아가 신선이 되어 불로장생의 목적을 달성하는 일종의 술術이다.

도교의 내단술內丹術은 인체를 절묘한 방법으로 수련을 통하여 내단內丹을 형성하여 결단結丹 결태結胎를 이루는 수련과정을 이르는 말이다. 이 수련을 완성하면 금강불괴金剛不壞의 몸이 만들어져 연년익수延年益壽할 수 있으며 인체의 잠재능력도 개발되면서 천인합일天人合一의 경계에 이르러서 성선成仙과 불로장생에 도달하는 것이 최종 목표이다. 이 연단술煉丹術은 인체에 단丹을 만들기 위한 노爐를 설치하여야 가능하며 이 내단內丹과는 달리 외단술外丹術은 솥에서 다린 약물을 먹고 연단煉丹하는 것을 말한다.

우리가 하는 도가의 수련은 처음부터 호흡으로 시작해서 호흡으로 끝난다. 호呼 상태에서는, 하늘 변두리(천근天根)에 접接하고 흡吸인즉 땅속까지(지근地根) 접한다. 그리고 호흡呼吸의 위력으로 말하면 용이 호흡을 하게 되면 용음운기龍吟雲起라 하여 구름을 일으키고, 호랑이가 호흡을 하면 호소풍생虎嘯風生이라고 표현하여 바람을 생기게 한다고 말한다. 이렇게 힘을 강조한 호흡을 무식武息호흡이라고 하고, 고요하고 교묘하게 한다는 문식文息호흡은 또 다르다. 우리가 심장으로 숨을 쉬는데 그 심장 소리를 듣는다는 것은 불가능하다. 그러나 반좌 수련을 통해서 안정되고 무위정적無爲靜寂 한 상태에서는 그 심장 소리를 들을 수 있고 그 심장소리보다 더 작고 가늘게 하는 호흡도 있다. 신선의 길로 가기 위해서는 이렇게 20여 가지가 넘는 호흡을 섞어가며 적절한 화후火候를 가미하고 공양供養하여 만들어진 진양眞陽이 호흡을 통해서 팽련烹煉되고 엉기어서 원신의 몸 상태에서 금액金液을 이루고 금단의 몸을 만든다.

내단술은 전국시대부터 전해오다가 당송시대에 번성하였다.

내단을 단련하는 공법의 뿌리는 음양의 변화를 가져오는 것이다. 오행의 생生과 극剋, 천인합일天人合一, 천인상응天人相應 등으로 단을 이루는 논리이다. 이런 것을 관철하기 위해서는 외기를 들여 마시고 내기를 기르고 음양을 조화롭게 하고 경락을 타통打通 하고 병행해서 연정화기煉精化氣, 연기화신煉氣化神, 연신환허煉神還虛를 수련을 통해 7금8석의 약물을 제련하여야 한다.

인체의 삼보三寶인 정·기·신精氣神의 약물 중에서 정精은 생명의 물질을 정화精華하고 정액精液 등 내분비물의 질을 원래 상태대로 유지시키는 역할을 한다. 기氣도 선천원기와 후천호흡지기 모두 질량과 에너지를 함유하고 있어 정精과 기氣 공히 생명력을 회복시켜준다. 신神도 생명력의 의

식계통意識系統이다. 기본적 원리로 연정화기煉精化氣, 연기화신煉氣化神, 연신환허煉神還虛의 과정을 거쳐 최후에 체내에서 내단을 결성하여 장생불사의 약이 되게 하는데 이것을 소위 내단술內丹術이라고 하는 것이다.

이 내단술內丹術을 완성하기 위해서 3가지 관문을 거쳐야 하는데 처음에 연정화기煉精化炁 과정이 유위법有爲法이라면 연기화신煉炁化神 과정은 유위有爲에서 무위無爲로 넘어가는 과도기적 공부이고 연신환허煉神還虛 과정은 무위법無爲法의 공부이다. 여기서 연허합도煉虛合道의 공부에 도달하면 도道를 얻게 되며 우화등선羽化登仙의 경계에 이른다.

여기서 7금8석七金八錫의 소약과 대약의 약물을 채취하여 하전에 봉하여 아래의 3음의 기를 위의 하전으로 신장의 기를 아래의 하전으로 9번 당기는 호흡을 하고 이런 호흡을 9번 반복하여 81번의 연단煉丹 과정을 거쳐 결단結丹하는 과정을 거치게 된다.

은밀히 전해지는 내단술은 대부분 스승과 제자가 계승하고 구전되어 외부인이 이해하기 어렵다.

2) 내단술 원류源流

중화도가의 종조宗祖 헌원軒轅 황제黃帝가 광성자廣成子에게 구도求道했다는 기록부터 계산하면, 내단은 이미 5,000년의 발전 과정을 거쳤다. 황제 이전부터 선민先民들이 기공을 닦은 것으로 보이는 대목이다.

기공 내단술은 동한도교東漢道敎의 산물이 아니라. 고대민족의 산물이며 양생에 대한 보살핌으로 생성된 한의학은 모두 여기에서 나온 것이다.

노자의 《도덕경》은 금단대도金丹大道의 이론을, 발전사의 첫 번째 절정에 올려놓았다. '도생일道生一, 일생이一生二, 이생삼二生三, 삼생만물三生萬物'(도덕경, 제42장 일부) '무위자화無爲自化, 청정자정淸靜自正, '무위무불위無

爲而無不爲'는 그의 도덕관의 근본이자 고전적 도생술道生術 이론의 고도의 개괄槪括적 표현이다. 특히 '곡신불사, 시위현빈, 현빈지문시위천지근, 면면약존, 용지불근穀神不死, 是謂玄牝, 玄牝之門是謂天地根, 綿綿若存, 用之不勤'(도덕경, 제6장)이라고 말한 것 등도 그렇다.

'칠규七竅(이,목,구,비의 규)가 서로 통 한다'는 말은 도를 깨우친 후, 감각은 서로 통용될 수 있다는 뜻으로 쓰이고, 심지어 감각 없이 외부 사물을 볼 수 있다는 것을 표현하는 데 사용되는 말이다. 이러한 깨달음의 체험은 선진先秦 전적에도 유사한 기록이 있다.《열자·황제편列子·黃帝篇》에 열자가 학도學道한 지 9년이 지난 후의 깨달음의 경지를 서술하는데, 이목구비耳目口鼻가 다르지 않다고 이 경에서 말하는 것과 비슷하다.

다음으로 동한東漢 때 도교 기공 내단학의 기초를 닦은 저서로 알려진 위백양魏伯陽의《주역참동계周易參同契》는 후대에 만고단경왕萬古丹經王으로 추앙되어 "단도" 수련 체계를 개척한 최초의 금단대도 이론 전문 저서이다. 인체를 용광로 삼아 체내의 정과 기를 약으로 하여 신을 이용하여 정, 기, 신이 서로 뭉쳐 진종자를 만들어 금단을 형성한다.《참동계》는《역경》의 괘를 이용하여 인체의 진정한 주천운행周天運行의 법칙을 묘사하고, 공법의 요령을 요령 있게 서술하였다. '참동계'의 출세표시는 내단학의 형성이며, 세계 연단사상 가장 오래된 이론적 저서로 인정받고 있다. 상·중·하 세 편으로 나뉘며, 하편에는 '정기가《鼎器歌》'가 첨부되어 있는데, "진양眞陽이 자동으로 원정元精을 출로出路케하여 회음혈會陰穴로 내려가서 솥으로 되돌아가 감로甘露가 된다"고 되어 있다. 위백양은 인체의 진기 운행의 법칙은 천지간의 일월 운행, 음양소장의 법칙과 통일시키고 또 처음으로 금단술金丹術과 기공炁功을 하나의 이론적 틀에 포함시켰는데, 이는 기공炁功이 금단술(外丹)에 비하여 내단內丹을 수련하는 효시

296

가 되었다. 《참동계》 내단수련은 성명쌍수性命雙修의 성과 명의 중요함을 말했으며, 내단학을 위한 일련의 이론적 틀과 명사 술어를 마련하여 후대 내단가에서 '만고단경왕'으로 추앙받았다.

또한 진한秦漢 시대에 쓰여진 《황정경黃庭經》은 도교 상청파上淸派의 초기 경전이다. 상청파는 기공을 생각하는 데 능하고, 상신신想身神(발신發神, 뇌신腦神, 눈빛眼神, 심신心神, 간신肝神) 등을 빌려 인체 기관의 기능을 동원하고, 목구멍을 통과해 정精을 고정하고 기氣를 축적하여 기공을 수련한다. 《황정경》에서는 삼단전의 위치를 명시하고 진기真炁 운행에서의 역할을 논하며 원기元炁를 '현단玄丹'이라고 하여 경전에 초기의 기공 공법이 포함되어 있음을 설명한다. 《황정경》은 《참동계》에 이어 또 하나의 기공학의 기초를 닦은 고전으로, 이 책은 지금도 반드시 읽어야 할 진본이다.

초기의 기공 공법은 갈홍葛洪의 《포박자내편抱樸子內篇》에도 기록되어 있다. 이러한 단공丹功은 모두 생각으로 행기行氣와 인진咽津(목구멍)을 결합하여 원기를 의념으로 끌어들여 삼단전 사이에서 운행하도록 유도하였다. 갈홍은 이를 '진인수신연형지술(真人守身煉形之術)'이라 불렀는데, 그 공법은 푸르름이 시작되는 것은 다음 달 초하루에, 양쪽이 같이 상승하여 하나가 되어 저 옥지玉池를 떠나 금실金室로 들어가니 환丸처럼 탄彈하고 귤橘처럼 노랗고 꿀처럼 달콤하니 얻을 수 있는 것을 놓치지 말라 하면서 과거를 밀어내지 않으면 장래에는 몸에 재난이 있을 것이고, 순백의 기운이 미밀微密하여, 유관幽關에 오르면 세 곡절曲折이 있으니, 중단전中丹田의 황홀함에 맞서는 이 없고, 세워둔 명문命門은 형체의 무리가 없어 심오하니, 트집을 잡아 따지고 물을 수 어렵다 하였다. 특히 갈홍의 《내편》에서는 이미 삼단전三丹田의 위치를 상술하고 있다는 것이다.

당나라 말기 5대五代는 내단학이 점차 완성되고 성숙해지는 시기였다.

금송金宋에 이르러 내단학은 점차 외단의 도교의 수련방술修持方術에서 지배적 지위를 차지하는 것을 배격하여, 도교수지방술이 갈홍의《포박자, 내편》의 틀에서 벗어나게 하였다.

송원宋元에 이르러서는, 노화爐火로 내단과 음양을 단련하고, 원기를 혼합하여 태식胎息을 복식하여 도를 삼는 것을 배척하고, 금석金石이나 부적符咒을 방문傍文으로 삼고, 황백현소黃白玄素를 사술邪術로 삼았으며, 오직 성명쌍수性命雙修하여 곡신불사穀神不死와 우화등진羽化登真 만을 맺게 했다. 이후 내단학은 유儒·불佛·도道 전통문화의 정수를 끊임없이 흡수하고, 발전하여 종파를 나누어 서로 촉진하여 천여 년을 거쳐 점차 순청純青한 경지에 이르렀다.

당나라 때 종리권鍾離權, 여동빈呂洞賓, 유현영劉玄英은《주역참동계》를 단경의 시조로 삼아 도교 남북의 금단파를 개종할 수 있는 기초를 세웠다고 전해진다. 시견오施肩吾는《종려전도집鍾呂傳道集》을 저술하여 그들의 내단학설을 천명하였다. 진박陳樸은《진선생내단결陳先生內丹訣》을 저술하여 종려단법鍾呂丹法을 자신의 수련실천에서 다시 체험하고 창조하였다. 또 다른 도교학자인 최희범崔希範은《입약경入藥鏡》을 저술하였는데, 내단사에 영향을 준 저서로 알려졌으며, 여동빈은 최공의《입약경》을 보고 마음을 맑게 했다고 전해진다. 여동빈은《채금가采金歌》를 썼고, 청나라 부금전傳金銓은《제일자도서濟一子道書》를 썼으며, 그 중《채금가》는《도서오편주道書五篇注》의 한 권이다.

내단사의 핵심 인물은 당唐 5대 말 송나라 초의 유명한 도교학자 진단陳搏이다. 전설에 따르면 진단은 종리권, 여동빈 단법, 담초譚峭와 사우를 맺고, 부요자扶搖子가 지은,《지현편指玄篇》81장에 있는, 양생과 환단의 도를 이야기하였다. 宋代의 진단陳搏은《무극도無極圖》를 화산 석벽에 새겼고, 저서로는 《삼봉우화三峰寓言》, 《고양집高陽集》, 《구담집鉤潭集》 등이 있다. '무극도'는 '순리를 따르면 사람이 되고 역행하면 단을 이룬다'는 원리와 '연정화기煉精化炁, 연기화신煉炁化神, 연신환허煉神還虛'의 기본 단계를 마련하여 내단학의 뼈대가 되었다. 중국 도교 내단학內丹學은 수천 년 동안 위백양魏伯陽이 그 흐름을 인도하고, 종리권鍾離權과 여동빈呂洞賓이 그 물결을 퍼뜨렸다. 진단陳搏이 뭉친 후, 장무몽張無夢, 진경원陳景元, 유현영劉玄英(일명 유조劉操, 호는 해섬자海蟾子)에게 계승되어 내단학을 최고봉으로 발전시키고, 각각의 특색을 지닌 문파로 분화시켰다.

6 내단술內丹術의 발전

중의학中醫學 전문 저서인 《황제내경黃帝內經》에는 진인眞人, 지인至人, 성인聖人, 현인賢人의 수련 경지는 '천지를 거느리고 음양을 파악하며, 정기를 호흡하고, 독립적으로 신神을 지키며, 근육이 하나같다고 말하고. 정력을 쌓고 정신을 가다듬고, 정기를 바꾸고 기질을 바꾸다 등의 수련 및 치료 방법이 기록되어 있다. 정精을 옮기고 기氣를 변화시키는 것은 후대 내단학에서 연정화기煉精化氣, 즉 정을 단련하여 기를 정화하는 방법, 연기화신煉氣化神, 기를 단련하여 신을 정화하는 방법이라고 볼 수 있다.

수隋나라 때 나부산羅浮山 청하곡靑霞谷의 도사 청하자靑霞子 소원랑蘇元朗이 '귀신단어심련歸神丹於心煉의 수련'을 내세워 성명쌍수性命雙修를 부르짖으며 심신의 전면적인 수련을 강조한 것이 내단 수련의 핵심이다. 성명쌍수 이론은 내단술 이론의 발전을 더욱 촉진 시켰다.

당唐나라와 오대五代는 내단도內丹道의 발전의 중요한 시기로서 최희범崔希範은 《입약경入藥鏡》, 사마승정司馬承禎은 《천은자天隱子》, 《좌망론坐忘

論》,《복기정의론服氣精義論》, 이전李筌, 장과張果 등은 《음부경陰符經》을 주해하고, 종리권鍾離權은 《영보필법靈寶畢法》,《환단가還丹歌》,《파미정도가破迷正道歌》를 저술하고, 여동빈呂洞賓이 전통 단도를 계승하여《구진옥서九眞玉書》,《직지대단가直指大丹歌》,《지현편指玄篇》,《백자명百字铭》 등을 지었고, 시견오施肩吾는《종려전도집鐘呂傳道集》, 진단陳搏은《태극도太極圖》,《무극도無極圖》를 지어서 내단內丹의 이론과 방법을 더욱 완비하였고, 송宋나라의《운급칠첨雲笈七簽》에는 '제가기법諸家氣法'과 '내단결법內丹訣法'이 나열되어 있으며, 대부분이 당나라 작품이다.

북송北宋의 장백단張伯端 '감진인수금단약화후지결感真人授金丹藥物火候之訣'이라며 '도덕경'과 '음부경'을 내단內丹의 조서祖書로 삼아《오진편悟真篇》을 짓고, 노자의 내련內煉 사상을《오진편悟真篇》 내단 속에 녹여냈다. 장백단의《오진편悟真篇》은 또한 내단을 단련하기 위해 먼저 공덕을 쌓아야 한다고 강조하고, 도교 상청파上清派의 주요 경전인《황정경黃庭經》의 몸속 장부에 각각 신神의 소주所主가 있다는 오장신五髒神의 설을 이어받아 동한東漢 위백양魏伯陽의 주역참동계周易參同契의 연단煉丹을 결합했다.

1) 각 계파의 형성

장백단張伯端 일파가 전하는 단법은 장백단張伯端-석태石泰-설도광薛道光-진남陳楠-백옥섬白玉蟾으로, 단도丹道를 이루는 유파流派를 내단남종內丹南宗이라 한다.

또 다른 왕중양王重陽은 전진파全真派를 개창開創하고 종리권鍾離權과 여동빈呂洞賓의 전설을 설파하고 수련역시 내단을 으뜸으로 삼아 성명쌍수性命雙修를 주장하며 명심견성明心見性을 내세워 성性수련을 우선시하였다. 《성명규지性命圭旨》는 "성성이란 무엇인가? 원시진여元始真如이고, 일영형형一靈炯炯, 이것이 성性이다. 명命이란 무엇인가? 선천지정先天至精, 일기인온一炁氤氳, 이것이 명命이다. 라고 했다. 왕중양이 전하는 단법 유파는 내단북종內丹北宗이라고 한다.

이후 원元나라 이도순李道純이 내단중파內丹中派, 명明나라 육잠허陸潛虛가 동파東派, 청淸나라 이한허李涵虛가 서파西派를 창시했다. 명·청明淸시대 오수양伍守陽, 유화양柳華陽이 창시한 전진파全眞派의 분파인 오류파伍柳派도 있다. 원명元明시대의 도사 장삼풍張三豐은 화룡진인火龍眞人에게 단법丹法을 전하여 은선파隱仙派라 하였으며, 그 법결은 청수파淸修派와 음양파陰陽派의 장점을 취하여 《무근수사無根樹詞》, 《대도론大道論》, 《현기직강玄機直講》 등을 저술하였다. 그 밖에 은전隱傳된 내단 유파流派도 적지 않다고 한다. 은밀히 전해지는 내단술은 대부분 스승과 제자가 계승하고 구전되어 외부인이 이해하기 어렵다.

일부 연구자들은 중국 고전인 《서유기西遊記》, 《봉신연의封神演義》를 문학 뿐 아니라 내단술을 다룬 '단경丹經'으로 보고 있기도 하다.

제2장 외단外丹

외단을 조제하는 모습

1연단로煉丹爐 2증유기蒸餾器 3미제로未濟爐 등의 도구가 갖추어져있다

1 외단술外丹術

외단外丹술은 7금8석七金八石을 다려서 외약을 만든다면 내단內丹술은 몸 안의 물질에서 7금8석을 추출 팽련 하여 내약을 만드는 것이다.

외단술外丹術 또는 연단술煉丹術은 중국 도교의 한 수련 방법이자 화학의 모태이기도 하다. 동시에 그것은 중국 전통 의학에도 큰 영향을 미쳤다.

외단술에는 황백술黃白術, 즉 연금술煉金術이 포함된다. 납鉛, 수은汞 등의 약물을 정제하여 불로장생의 단약을 만들던 것이 시초였다. 처음에는 금단金丹이라고 부르다가 나중에는 내단內丹과 구별하기 위해 외단外丹이라고 불렀다고 한다. 외단술을 믿는 사람들은 단사丹砂는 반복적으로 변할 수 있지만 황금黃金은 영구적일 수 있기 때문에 그들이 만든 황금색의 단약丹藥을 먹으면 불로장생할 수 있다고 믿었다.

외단 정제는 다양한 비법을 통해 단약을 만들어 먹거나 특정 지초芝草를 직접 복용하여 자신의 음질陰質을 점화하여 양기陽氣로 만드는 것이었다.

또 도가의 외단外丹은 '허공중虛空中에 있는 청령淸靈의 기운'이다. 외계外界의 자원은 당연히 필요하지만 그것을 허공에서 찾는다. 신선을 닦는 자는 허공에 있는 맑은 영혼의 기운을 모으는 것을 몸 속에 소중히 여기고, 그 기운과 함께 우리의 신神을 수양修養하면, 시간이 지나면 신기神氣가 하나로 뭉쳐지고, 대단大丹이 이루어진다.

이도순李道純은 말하기를 "외음양外陰陽이 왕래하면 그것이 외약外藥이다. 몸 안에서 감리坎離가 폭주輻輳한 것은 내약이다."라고 했다.

《천선정리天仙正理》는 내약과 외약은 모두 선천적인 조기祖氣라고 믿고 있는데, 이른바 외약은 '조기祖氣가 살아있을 때 단전에 숨어있지만 외부로 일어날 때, 외부에서 발생한 것을 취하여 내부에서 다시 발생한 것으로, 내부에서 살아있지만 외부에서 나온 것을 의미하므로 외약이라고 한다. 소위 내약이란 외약을 채취하여 환단대약還丹大藥으로 만드는 것을 말하며, 외부에 있지 않고 발생하는 장소에만 움직이며, 내약과 떨어져 있지 않기 때문에 내약이라고 한다. "외약은 살아있을 때 채취하지만(生而後采), 내약은 채취한 후에 살아있는(采而後生) 것이어서, 실제는 하나의 기氣일 뿐이다."

'호흡 또는 도인導引과 초근목피草根木皮의 약은 어느 정도까지는 사람의 수명을 연장 시킬 수 있지만 죽음을 면할 수는 없다. 신단神丹을 복용하고서야 인간의 수명은 무한해 진다. 천지와 함께 영원히 살 수 있을 뿐만 아니라 구름을 타고, 용을 타며 푸른 하늘을 오르내릴 수 있다.' 이 말은 「황제내경」의 저자 황제皇帝의 말이다. 황제는 이 처방을 현자玄子에게 전하면서 이르기를 '이 도는 지극히 귀중한 것인즉 반드시 현인賢人에게만 전수할 것이다. 그만한 상대가 못되면 아무리 산처럼 보석을 쌓는다 할지라도 이 도를 전해서는 안 된다.'고 했다.

외단은 또한 부적符籙, 뇌법雷法 등과 같은 도가의 법술을 가리킬 수도 있다.

2 외단의 기원外丹起源

중국의 금단술金丹術은 원래 은상殷商시대에 발달한 야금冶金제조업에서 비롯되었는데, 진한秦漢시대에는 장인匠人들의 야금冶金공법이 방사方士들의 실험실 연금술煉金術로, 그리고 연금술에서 연단술煉丹術로 발전하였다.

연금술은 점금술點金術이라고도 하며, 방사들은 선약仙藥을 통해 값싼 금속을 황금黃金과 백은白銀으로 점화할 수 있다고 생각하여 점금술이라고도 하며, 또한 황금과 백은을 상징한 황백술黃白術이라고도 한다.

실제로 만들어진 약금藥金과 약은藥銀은 대부분 동銅의 합금合金인데, 방사들은 이를 '금액金液'으로 만들어 먹거나 동銅으로 식기食器를 만들어 사용하였다. 사람이 먹는 음식도 금으로 만들 수 없으면 목숨도 고치기 어렵다'며 점금點金을 복식함으로써 신선이 될 수 있다고 생각했고, 점금點金하지 못하면 단丹이 완성되지 않는 것으로 보았으니 짐금술點金術과 연단술煉丹術의 관계를 알 수 있다.

외단술은 각종비법의 약물을 소련燒煉하고 달여서 단약을 만들어 복용하는 것이다. 이렇게 천지의 정화精華를 직접 섭취攝取하여 음질화陰質化 되어있는 자기의 체질을 양기화陽氣化 시키는 것이다.

도가에서는 두 가지 방법으로 경락과 위락의 존재를 확인 할 수 있다. 그 하나는 수련이 일정한 단계에 오르면 내공으로써 인체를 내시內視하는 방법이고 또 하나는 내공의 탄탄한 기초위에서 외단外丹을 복용하고 따뜻한 물속에서 정좌를 하여 독기를 뽑아낸 후에 인체 표면에서 경락과 위락을 살펴보는 방법이다.

그 외에도 도가의 외단술은 '허공중에 있는 청량하고 영靈적인 기운을 탈취하는 것'이라고 말한다. 외단술은 연금술이고 도가의 법술이며 부록(부적)과 같다고 말하기도 한다.

3 외단술外丹術의 발전發展

약금藥金이라는 먹이를 복용한 것은 서한西漢 말기에 이미 나타났으며, 동한東漢 때 《황제구정신단경黃帝九鼎神丹經》과 《태청금액신단경太淸金液神丹經》의 단서丹書가 나타나 수은(汞)을 주원료로 하는 환단還丹을 만들기 시작하였으며, 한말漢末 음장생陰長生 《자서自敍》에는 "불사의 요체는 도道가 신단神丹에 있다." 역사자료에 따르면 외단술은 진秦나라와 한漢나라 때 시작된 것으로 추정된다. 일찍이 춘추전국春秋戰國시대부터 신선방사神仙方士는 자연계에서 죽지 않고 살아남기 위해서 먹을 수 있는 천연 약물이 존재한다고 믿었다.

《산해경山海經》과 《초사楚辭》에는 불사약不死藥이라는 기록이 있는데, 《전국책·초책戰國策·楚策》에는 형왕荊王에게 불사약을 바친 사람이 있고, 《사기·봉선서史記·封禪書》에는 제위왕齊威王과 직왕直王과 연소왕燕昭王이

306

바다에 들어가 불사약을 구한 일이 있다. 전국戰國 말기 야금冶金 제조업에 능한 장인들이 방사그룹에 유입되어 선도仙道가 천연 불사약을 찾는 것에서 인공人工으로 제조한 약금藥金과 약은藥銀으로 전환하게 되었다. 한漢 무제武帝 때 방사 이소군李少君은 사조즉치물祠灶則致物이고 치물이단사致物而丹砂는 황금으로 변하고 황금이 식기食器가 되면 장수한다. 고 믿었다. 《사기·봉선서史記·封禪書》에 회남왕淮南王 유안劉安은 방사를 불러 《침중홍보비서枕中鴻寶秘書》로 기준 삼아 신선황백神仙黃白의 술법을 논했다. 한말기漢末期에 사자심史子心은 부태후傅太後를 위해 약을 지어 장수하는 약으로 먹게 하였다.

외단술은 양한兩漢 시대에 발전한 후 위魏나라와 진晉나라에 이르러 신선도교에서 금단대약을 등선登仙의 요지로 삼았다. 갈홍葛洪은 말하기를, '양성養性의 책에서 구집구시방鳩集久視方은 천계千計에 이르는데 모두 환단과 금액還丹金液을 중요한 잣대로 삼는 것'이라고 했다. 그렇다면 이 두 가지 일은 선도仙道의 극치를 가리킨다. 이것을 복용해도 신선이 되지 못한다면 예로부터 신선과 인연이 없다며 환단還丹과 금액金液을 먹는 것을 상승선술上乘仙術로 삼았다.

외단술은 당唐나라 때 절정에 이르렀다가 쇠퇴하였으나 다시 내단술이 부흥했다. 명明나라 선학가仙學家들은 내단술을 인원대단人元大丹이라 칭하였고, 약금藥金, 약은藥銀을 만드는 황백술黃白術을 지원영단地元靈丹이라 칭하고, 지원地元이 만든 것을 신실神室에서 일정월화日精月華로 만든 것을 천원신단天元神丹이라고 하였다. 후대의 황백술은 강호江湖 술사들의 손에 들어가 위조지폐를 만들고, 재물을 사취하는 등 그들의 생계 수단이 되었다.

송원宋元 이래 도교의 선학仙學이 내단술을 주류主流로 삼았었지만 외단술은 여전히 대대로 계승되어 왔으며, 일부 유명한 내단학자들도 동시에 외단을 소련燒煉하였다. 근세까지 진영녕陳攖寧 등은 거의 10년 동안 황백술을 연마했으며 쓰촨성(四川)의 장각인張覺人 선생은 단약을 정제하여 세상을 구제하였다.

선풍仙風이 있는 천재적인 시인. 이백李白도 선도仙道공부를 하였다고 한다. 그래서 두보杜甫를 시성詩聖이라 일컫는다면, 이백李白을 가리켜 시선詩仙이라고 추앙한다. 그러한 그가 「초창대환증류관적草創大還贈柳官迪」이라는 시를 남겼는데 내용상으로 외단술外丹術 공부를 하였을 것이라고 짐작해 본다. 그 시를 음미해 보자.

초창대환증류관적草創大還贈柳官迪

이백李白

天地爲橐籥 周流行太易.　　천지위탁약 주유행태역.

造化合元符 交媾騰精魄.　　조화합원부 교구등정백.

自然成妙用 孰知其指的.　　자연성묘용 숙지기지적.

羅絡四季間 綿微無一隙.　　나락사계간 면미무일극.

日月更出沒 雙光豈雲只.　　일월갱출몰 쌍광기운지.

姹女乘河車 黃金充轅軛.　　차녀승하차 황금충원액.

執樞相管轄 摧伏傷羽翮.　　집추상관할 최복상우핵.

朱鳥張炎威 白虎守本宅.　　주조장염위 백호수본댁.

相煎成苦老 消鑠凝津液.　　상전성고로 소삭응진액.

仿佛明窗塵 死灰同至寂.　　방불명창진 사회동지적.

擣冶入赤色 十二周律曆.　　잠야입적색 십이주율력.

赫然稱大還 與道本無隔.　　혁연칭대환 여도본무격.

308

白日可撫弄 淸都在咫尺.　백일가무롱 청도재지척.

천지는 탁약(풀무)이요, 주나라의 유행은 태역 이다.

원부를 조화시켜 정과 백을 교구하여 오르게 하니,

자연이 묘용 될 줄 누가 알았겠는가?

나락은 사계절 내내 섬세하여 빈틈이 없다.

해와 달이 계속 출몰하는데 어찌 쌍광이 구름에만 있을 수 있겠는가?

화려한 여인이 수레를 타고 황금으로 채우는구나.

지도자를 거느리고 서로를 관할하여 부상당한 깃발을 제압하니.

주조 장염위와 백호가 본가를 지키다.

서로 달여서 쓴맛이 나고 응고된 진액을 녹인다.

마치 창문의 티끌과 같이 맑고, 죽은 재와 같이 고요하다.

빨강 빛깔을 붙잡고 따서 야금야금, 십이주 율력 까지.

별안간 대환단이 도의 근본과 간격이 없으니.

대낮에 어루만져도 청정은 지척에 있다.

4 현대화학실험과 약물학

단은 중국의 전통의학 제조의 일종이라고 해도 좋다. 고금의 많은 처방이름에 모두가 단이 허다하다. 이 '단의 영험함을 천왕天王의 마음과 같다.'고도 하며 단은 보물이다. 라고 말한다. 미래 세대에 고대의 연금술은 이름만큼 영향이 크다는 것은 분명하다.

갈홍葛洪과 호강자狐剛子는 위진魏晉 시대 연단가煉丹家로 유명했고, 남조南朝 시대 도홍경陶弘景은 모든 물질 조성과 화학 반응을 탐구하는 데 탁월한 공헌을 했으므로 연단술은 현대 실험 화학의 선구자라고 할 수 있다. 당나라의 연단가는 《주역참동계周易參同契》를 조경祖經으로 삼았고, 서로 다른 이해로 인해 연홍파鉛汞派(납, 수은), 유홍파硫汞派(유황, 수은) 및 금사파金砂派(금가루)가 형성되었다. 금사파는 황금黃金, 금액金液, 단사丹砂를 먹자고 주장하며 금金으로 불멸의 수명을 연장할 수 있다고 믿었다.

유홍파硫汞派는 유황과 수은을 반응시켜 유황 수은을 제조하고 단사로 승화 및 결정화하는 것을 주장했다. 진소미陳少微와 장과張果는 모두 단사를 정제하고 복용해야 한다고 주장하기도 했다. 당시 황제의 총애를 받던 유비柳泌, 조귀진趙歸真도 연홍설鉛汞說을 주장했다. 납 수은으로 '참동계'를 해설한 도사들은 납과 수은으로 단을 정제하여 독이 함유된 산화수은과 산화납의 혼합물을 만들어 많은 귀족, 관료, 황제를 독살시켰고, 이는 외단술의 쇠퇴를 가져왔다. 당시 단약은 주로 유황과 수은, 산화수은, 산화납, 산화비소 및 수은의 염화물이었다.

외단술은 고대 자연과학의 화학실험과 구선求仙활동의 기묘한 혼합물로 많은 원소와 화합물의 성질과 반응反應을 발견했지만 화학공업의 생산방향은 아니다. 긍정적인 측면은 광물약의 의학적 효과를 중시하는 것으로 대체로 고대 약물학의 분지分支로 볼 수 있다. 《도장道藏》 및 기타 도서는 많은 외단황백술 자료를 남겼는데, 여기에는 많은 화학적 발견뿐만 아니라 오늘날에도 여전히 가치가 있는 많은 의약 처방이 포함된다.

5 기본사상基本思想

외단술外丹術의 본질은 연단로煉丹爐에서 시간과 공간을 농축하여 우주의 진화와 반전의 법칙을 시뮬레이션하여 환단還丹이라고 하는 응고된

'도道'를 만드는 것이다. 그 과정이 실제로 도의 철학에 대한 모의 실험이 었기 때문에 외단가는 사람이 이렇게 만든 환단을 복용하는 것은 고체 상태의 도를 복용함으로써 소요逍遙를 통해 신선이 되는 것이라고 여겼 다. 이것이 바로 외단학의 기본 사상이다. 송宋나라 이후의 외단서는 내단 용어와 이론을 주로 인용하였는데, 그 중 정精, 기氣, 신神, 양태養胎, 탈태 脫胎 등의 용어도 연단煉丹 과정의 술어術語이다.

이러한 외단술을 신봉하는 단정파丹鼎派도 많이 있는데 이는 도교의 연단과정에서 단을 복용하여 장생성선長生成仙을 위주로 하는 종파이다.

6 주요저작主要著作

동한東漢의 《황제구정신단경黃帝九鼎神丹經》과 《태청금액신단경太淸金 液神丹經》을 시작으로 청淸나라 말기까지 옛사람들은 많은 외단술 저작 著作을 남겼으며, 주로 《도장道藏》의 태청부太淸部에 수록되었다. 5대五代 때 연단가煉丹家 일화자日華子를 연마했던 단결丹訣은 《연홍갑경지보집성 鉛汞甲庚至寶集成》, 《제가신품단법諸家神品丹法》 등에 수록됐고, 송宋대에는 《단방수지丹房須知》 등이 나왔다.

명대明代에는 《경신옥책庚辛玉冊》, 《건곤비온乾坤秘韞》, 《조화겸추造化 鉗鎚》, 《황백경黃白鏡》 등의 단서丹書가 전래되었다. 청淸나라 때 내단가內 丹家인 부금전傅金銓도 《외금단外金丹》을 편찬하였다. 청淸나라 말기까지 《금화대성金火大成》이 1874년에 초간初刊 되었고, 그 후로 《금화집요金火 集要》가 중간重刊 되었다.

장생불사하기 위해 복식服食할 수 있는 선약仙藥이라는 것은 체외에서 생성된 약물을 인체 내에 흡수하여 양생할 수 있도록 하는 것이다.

복식할 수 있는 초목草木약으로는 갈홍의 「포박자」에서 인용하여 소개한다.

이 중에서 중요한 약 재료로는 오지五芝이다. 즉 석지石芝, 목지木芝, 초지草芝, 영지靈芝, 균지菌芝를 말한다. 이어서 복령茯苓, 지황地黃, 맥문동麥門冬, 천문동天門冬, 중루重樓, 황정黃精, 석위石韋, 호마胡麻, 저실楮實, 감국甘菊, 구기枸杞, 송백지松柏脂, 괴자槐子, 원지遠志, 택사澤瀉, 오미자五味子, 계桂, 창포菖蒲 등이고 기타 인삼人蔘, 감초甘草, 대조大棗, 행인杏仁, 도인桃仁, 죽실竹實, 간강干姜, 복분자覆盆子 등이다.

복식服食용 금석류金石類로는 웅황雄黃, 자황雌黃, 석류황石硫黃, 운모雲母, 운영雲英, 운액雲液, 운사雲沙, 운주雲珠, 증청曾靑, 여석礜石, 자석磁石, 석영石英, 융염戎鹽, 종유석鍾乳石, 적석지赤石脂, 태을우여량太乙禹余粮(태산에서 생산된 석뇌石腦) 등이 있다.

외단을 합성하기 위한 원료로는 황금黃金, 홍汞, 연鉛, 동銅이 기본이고 웅황雄黃, 자황雌黃, 비황砒黃, 유황硫黃, 단사丹砂, 여석礜石, 석담石膽, 붕사鵬砂, 뇨사硇砂, 반석矾石, 융염戎鹽, 초석硝石 등 '4황8석四黃八石'이 들어가고 약초로는 영지靈芝, 복령茯苓, 계혈등鷄血藤 등이고 동물에서는 피皮, 모毛, 골骨, 혈血 등이 원료이다.

연鉛이란 7금七金 중에서 으뜸이 되는 흑연이다. 이 흑연이 은을 낳기 때문에 연이 곧 은의 어미이다. 사람으로 말하면 연은 부모의 정기이니 본래 오장을 만들 때 정과 혈이 형상을 만드는데 먼저 신장을 만든다. 신장 중의 수水는 수태한 부모의 진기를 감추고 있으니 이 진기가 곧 연이다. 신장가운데 기가 생기고 기 가운데 진일의 수를 진호眞虎라고 하니 이른바 연 가운데 은이란 것이 이것이다.

홍汞이란 뭇 돌八石 들의 으뜸이 되는 주사朱砂이다. 이 주사가 홍을 낳으므로 홍이 곧 사砂의 자식이다. 취하기 어려운 것이 연 중의 은이고 흩어지기 쉬운 것이 사砂 중의 홍이다.

포박자 갈홍葛洪은 이 신단을 합성하기 위한 방법으로 제1단에서 제9단까지로 분류했는데 여기서는 제1단의 방법을 인용 소개한다.

"이름하여 단화丹華라고 한다. 우선 현황玄黃을 만들지 않으면 안 된다. 웅황수雄黃水(유화비소의 용액), 반석수礜石水, 융염戎鹽(단 돌소금), 노염滷鹽(쓴 소금), 여석礜石(비소를 포함한 돌), 모려牡礪(감껍질의 분말), 적석지赤石脂(풍화한 돌껍질), 활석滑石(매끈매끈한 돌), 호분胡粉을 각 수십 근을 사용하여 육일니六一泥(6가지 재료를 물에 섞는 것)를 만든다. 이것을 불에 쬐면 36일 만에 완성 된다.

이것을 마시면 7일에 선인이 된다. 또 현고玄膏로 환丸을 지어 높은 온도의 불 위에 두면 곧 황금이 된다. 또 240주硃(1주는 0.6그램)의 단을 백근의 수은에 혼합하여 불에 쬐면 이 또한 황금이 된다. 황금으로 변하면 약은 완성되는 것이다. 만약 황금이 만들어지지 않으면 다시 약을 밀봉하여 불에 쬔다. 일수는 전과 같다. 이렇게 하면 반드시 완성된다."

이렇게 제9단까지 약재의 처방이 있는데 이 아홉까지 중에서 하나만 얻어도 곧 신선이 될 수 있다고 한다. 이 구단 모두를 복용할 경우 하늘에 오르고 싶으면 그대로 세상을 떠나도 좋고 세상에 머물고 싶으면 그것도 마음대로이다. 아무리 틈이 없는 곳이라도 출입할 수 있으며 어떠한 물건으로도 그 사람을 상하게 할 수는 없다. 고 했다.

　이러한 약재들은 사람의 질병을 치료하고 생명을 연장해주는 탁월한 효력을 가지고 있어서 의학적으로도 인류에게 큰 공헌을 하고 있다고 보아진다.(갈홍 저 포박자 중에서)

8 제조 장소의 중요성

　단약丹藥을 합성하는 장소로는 명산 깊숙한 사람 이 없는 곳이 아니면 안 된다. 동반자가 있다 해도 세 사람을 넘으면 안 된다. 사전에 백일동안 제계齊戒하고 오향五香(靑栢)의 탕에서 목욕한다. 될 수 있는 한 청결하여야 하며 더러운 것에 가까이 해서는 안 된다. 속인들과 왕래해도 안 된다. 도를 믿지 않는 사람에게 알려서도 안 된다. 신약神藥을 나쁘게 말하면 약이 만들어지지 않기 때문이다. 약의 합성이 완성되면 본인 혼자만이 아니고 가족 모두가 선인이 된다. 초근목피의 약은 땅에 묻으면 금방 썩으며, 삶으면 금방 녹으며, 태우면 그대로 재가 되고 만다. 그 자신도 살리지 못하는 약이 어찌 사람을 살릴 수 있겠는가?고 했다.

　선도의 경전(갈홍 저 포박자)에 의하면 조용히 마음을 가다듬고 선약을 합성하는데 적당한 산으로는 화산華山(섬서성), 태산泰山(산동성), 곽산霍山, 항산恒山(하북성), 숭산嵩山(하남성), 소실산少室山, 장산長山, 태백산太白山, 종남산終南山, 여궤산女几山(산동성), 지패산地肺山(하남성), 왕옥산王屋山(산서성), 포독산抱犢山(산서성), 안구산安丘山(산동성), 잠산潛山(하북성), 청성산靑城山(사천성), 아미산蛾眉山(사천성), 수산綏山(사천성), 운대산雲臺山(사천성), 나부산羅浮山(광동성), 양가산陽駕山, 황금산黃金山(요녕성), 별조산鱉祖山(절강성), 대소천대산大小天臺山, 사망산四望山, 개죽산蓋竹山, 괄창산括蒼山 등이 있다.

이들 산을 주관하는 것은 옳은 신들이며 여기에는 때로 지선地仙들이 살고 있다. 산 위에는 지초芝草가 난다. 다만 약을 만드는 일만 아니라 대전쟁과 대란을 피하는 데도 적격이다. 만약 도를 아는 사람이 이곳에 오르면 산신은 반드시 도와서 복을 줄 것이며 약 또한 반드시 이루어질 것이다.

만약 산에서 할 수 없는 여건이라면 차선책으로 바다 속에 있는 큰 섬에서 단약을 제조하는 것이 좋을 것이라고 했다.

제3장 금단金丹

1 금단金丹의 어원

금단金丹이란 금액金液과 환단還丹의 합칭어이다. 금액과 환단의 제조 방법은 각각 수련水煉과 화련火煉을 대표하는 것으로 보아도 무방하다. 수水를 제련한다는 것은 금석金石을 녹여서 액체화 되면 그 약물은 금옥金玉이 되는 것이다. 화火를 제련한다는 것은 금석을 화로 솥에 넣어 단약으로 만드는 것으로, 그 약으로는 사수은(砂汞)이 가장 유명하다.

인심人心이 항상 죽어있으면 도심道心은 항상 살아있고 도심이 항상 살아있으면 망념妄念이 생기지 않는다. 망념이 생기지 않으면 항상 선천先天에 복귀하게 되고 항상 선천에 복귀해 있으면 약묘藥苗가 항상 생하고 약묘가 항상 생하면 진성眞性은 항상 깨어있고 진성이 항상 깨어있으면 진상眞想이 항상 반응을 일으키고 진상이 항상 반응을 일으키면 하거下車가 항상 돌고 하거가 항상 돌면 해수亥水가 항상 조회하며 해수가 항상 조회하면 화후火候가 항상 단련을 하고 화후가 항상 단련을 하면 금단金丹이 항상 결실을 맺고 금단이 항상 결실을 맺으면 목욕沐浴이 항상 정하고 목욕이 항상 정하면 법신法身이 이미 이루어지고 법신이 이루어졌으면 전혀 조금도 할 일이 없다.

그러므로 상응상정相應常靜 즉 상청정常淸靜이라 말하는 것이다.

《태을금화종지太乙金華宗旨》에서 말하는 금화金華는 황금 꽃을 말하는 것이고 이것은 다름이 아니라 금단金丹이다. 신의 밝음(神明)이 변하여 이루어진 것인데 여러 스승들이 누구나 마음에서 마음으로 전하여 가르친 것이다. 처음부터 끝까지 하나로 되지 아니하면 흩어지고 믿음이 없으면 들뜨게 되는데 흩어지면 빛이 모이지 아니하고 들뜨면 빛이 엉기지 아니한다.

그러므로 유가에서는 내면의 세계를 반성하는 것을 높이 사고 도가에서는 내면의 세계를 살피는 것을 높이 산다.

이렇게 무한無限한 세월 속에서 지난至難한 고행苦行으로 몸 안의 해독解毒을 거쳐야 금단金丹은 이루어진다. 이 금단을 이루기 위한 해독解毒에서부터 결단結丹까지의 각론적各論的 성격을 띤 각 단락段落들은 무수히 많다. 이 각론적 단락들이 몸에 배도록 수련을 통해 뇌腦의 기억記憶이 아닌 몸의 기억記憶으로 각인시켜야 한다. 그러기 위해서는 끝없는 수련 외에 왕도는 없다. 그런 연후에 총론적으로 총체적인 정좌수련靜坐修煉으로 결단에 필요한 7가지 이상의 내약內藥을 채집採集하고 영단靈丹인 외약外藥을 추가하여 정鼎속에 넣고 가열해서 결단結丹을 얻어낸다.

진晉나라 갈홍葛洪도 《포박자·금단抱樸子·金丹》에서 "금단金丹은 물건으로 오래 태울수록 변화가 심해지고, 황금이 불에 들어가면 백 번 단련해도 없어지지 않고, 묻어두면 영원히 불멸한다. 이 두 가지를 신체에 단련하면 불로불사 할 수 있다."고 했다.

도가의 내단술內丹術에 의해 금단金丹이 이루어진다면 불교에서는 이에 대응하는 용어로 사리舍利가 있다.

사리舍利는 불교 용어로서, 원래는 신체 또는 석가모니나 성자聖者의 유골을 지칭하는 용어이나, 오랜 수행을 한 스님을 화장한 결과 나오는 구슬을 이르기도 한다. 불교에서는 사리舍利를 오랜 기간 수행한 공덕의 결과물로 이해한다. 사리舍利는 전신사리全身舍利, 쇄신사리碎身舍利 등으로 나눌 수 있다. 전신사리全身舍利란 온 몸이 사리인 것을 말하고 쇄신사리碎身舍利는 구슬처럼 낱알로 된 것을 말한다. 사리舍利는 보통 절에서 탑 속에 보관되는데 한국의 5개 사찰에 부처의 사리舍利가 보관되어 있다. 이 절들을 5대 적멸보궁寂滅寶宮이라 하는데 양산의 통도사, 오대산 상원사, 설악산 봉정암, 사자산 법흥사, 태백산 정암사가 그것이다.

과학적으로 보면 사리舍利는 담석의 일종으로 식물성 단백질이 둥글게 뭉친 것이다. 스님은 교리에 따라 채식 위주의 식습관을 가지며 오랜 시간 결가부좌를 틀고 수행하므로 연골을 쓰지 않는다. 담석은 콜레스테롤이 많이 쌓여 생기기도 하지만 운동 부족의 결과로 생기기도 한다. 담낭의 수축이 약화된 결과인 것이다. 이렇듯 사리는 오랜 시간 몸을 움직이지 않는 경우에 생길 수 있기 때문에 거동이 불편한 사람이 죽었을 때 나오는 경우도 더러 있다. 일부 불교계에서는 반드시 오랜 기간 수행하고 그로 인해 공덕이 쌓여야만 그 증거로 사리가 나온다고 주장하지만, 사리가 오랜 수행의 증거는 될 수 있지만 반드시 수행을 해야만 사리가 나오는 것은 아닌 것이다.

2 종여금단도 鍾呂金丹道

종여금단도鍾呂金丹道는 도교 교파로서 수·당隋唐에서 흥기興起하여 종리권鍾離權과 여동빈呂洞賓이 주창하였으며, 도교에서는 내단수련술內丹修煉術이라고 한다. 즉 자신을 '노정爐鼎'이라 보고 인체 내 '정精·기炁·신神'을 약으로 하여 '신神'을 운용하여 소련燒煉하였으며, 태식胎息·도인導引·행기行炁·존상想想 등의 내양방술內養方術을 통하여 정精·기炁·신神을 '성태聖胎'로 응결시킬 수 있다. '성태聖胎'는 몸 밖으로 나가 영원히 존속할 수 있으며, 이 '성태'는 신단神丹 또는 내단內丹이라 한다.

내단도內丹道는 수隋나라 때 청하자青霞子 소원랑蘇元朗이 처음 설을 폈는데, 이미 유지고劉知古, 최희범崔希範, 종리권鍾離權, 여동빈呂洞賓, 시견오施肩吾, 팽효彭曉, 진단陳摶 등이 도의 중요성을 밝히자, 내단도內丹道의 경전 도서가 잇달아 나타났다.

최희범崔希範의 《입약경入藥鏡》, 장원덕張元德의 《단론결지심감丹論訣旨心鑒》, 도식陶植의 《도진인내단부陶真人內丹賦》, 양삼미羊參微의 《원양자금액집元陽子金液集》, 유지고劉知古의 《일월현추편日月玄樞篇》, 환양자還陽子의 《대환단금호백룡론大還丹金虎白龍論》, 오균吳筠의 《남통대군내단구장경南統大君內丹九章經》, 임태고林太古 《용호환단결송龍虎還丹訣頌》, 동사원董師元 《용호원지龍虎元旨》, 종리권鍾離權의 《영보필법靈寶畢法》과, 《운방39장雲房三十九章》, 여동빈呂洞賓의 《직지대단가直指大丹歌》와, 《지현편指玄篇》, 또한 종리권이 여동빈에게, 대도천둔검법大道天遁劍法과, 용호금단비결龍虎金丹秘訣 등을 수여하여 종려금단도鍾呂金丹道를 형성하였고, 북송北宋 장백단張伯端의 저서인 《오진편悟真篇》에 이르러 그 도를 천명하자 내단도內丹道는 도교에서 더욱 성행하여 도교의 가장 오묘하고 은밀한 수선지법

修仙之法이 되었다.

3 금단의 생성 과정

1) 소약小藥의 형성

금단金丹을 이루기 위해서는 체내에서 최소한 7가지의 약藥이 있어야 한다. 그것은 체내 음양陰陽의 기氣를 합하여 하나로 모았고, 체내 천지天地의 기氣를 운행하여 하나로 모았고 다섯 가지 기운氣運 즉 목木, 화火, 토土, 금金, 수水(五臟의 기)의 오행五行의 기운氣運을 한 곳에 모았다. 이 7가지 기운은 몸 안에서 채취한 것으로 내약內藥 즉 소약小藥이라고 한다. 금단은 외약外藥, 즉 대약大藥을 우주에서 끌어와 이것이 하전下田에서 합성되어야 금단이 완성되고 그렇게 됨으로서 하전에서 하단전下丹田이 완성된다.

몸 안에서 일곱 가지 기운이 하전에 모여 있는데 일곱 가지 숫자數字가 차게 되면 단丹을 만드는 수數가 채워진다. 이후 하전에 모아서 가열加熱하는 과정을 거친다.

가열加熱한 후에는 그 결과물을 하전에 오래 두지 않는다. 내 몸이 필요로 할 때 몸으로 확산시키는 과정이 있다. 예로부터 전하는 연단술煉丹術에 따르면 하전에 생성되는 물질이 꼭 단단해야 하는 것은 아니다. 고 한다.

일단 정기精氣가 합하여 하나로 되고, 하나로 된 후에는 몸 전체의 필요에 따라 확산을 시킨다. 이 때 몸에 보충되는 물질은 음식이나 호흡을 통해서 얻을 수 있는 부분이 아니다. 신神과 기氣와 의意를 사용하여 한 곳으로 집결시키고 몸으로 확산시키는 과정이다. 가열하는 과정을 설명한다.

몸을 노로爐로 보고 하전을 정鼎으로 본다. 그 속에 음양陰陽의 기氣, 천지天地의 기氣, 오행五行의 기氣가 들어 있어서 약藥으로 된다. 단丹을 만드는 과정에 강행적인 가열加熱과정이 있다.

몇 가지 노선이 있다. 하나는 흡기하면서 후음後陰을 당기고, 전음前陰도 하전방향으로 당기고, 하복부도 하전방향으로 당긴다. 좌우신장左右腎臟도 하전 방향으로 당긴다. 도인사에서는 후음과 전음을 당기고 하복부 당기고 좌우신장도 당긴다. 라고 일깨워준다. 다른 하나는 후음을 당기고 전음을 당기고 좌우신장을 당기고 하복부도 당긴다. 순서적으로 후음 전음 좌우신장, 하복부 이러한 순서로 하면 좀 쉬울 수 있다.

예전에는 삼리진화三理眞火로 단丹을 가열한다. 고 표현하였다. 삼리진화三理眞火는 좌우신장左右腎臟과 방광膀胱을 말한다. 좌우신장도 음과 양으로 나뉜다. 부동한 물질이 가열을 시작한다는 말이 있다. 전음을 하전방향으로 당길 때 방광을 하전으로 당기는 것이다. 좌우신장과 방광을 동시에 당길 때 원기元氣를 사용하여 당긴다고 하거나 선천先天의 기氣를 사용하여 당긴다고 표현하기도 한다.

좌우신장은 선천의 기를 생성하고 비위는 후천의 기를 생성한다는 말이 있다. 비위가 후천의 기를 생성한다는 말은 음식물의 소화, 기화되는 과정과 기가 몸으로 흡수되는 과정을 담당한다는 뜻이다. 좌우신장의 기는 이와는 달리 혈과 내기로 인하여 생성된다. 예전부터 삼리진화로 정속의 약을 가열한다고 표현하였다. 후음과 전음 그리고 하복부와 좌우신장을 동시에 당기는 것을 1회로 하여 한번 시작하면 9회를 반복한다. 초련 시에는 9회를 1조로해서 3개조를 진행하는 데 전음과 후음 그리고 하복부와 좌우신장 당기기를 9회를 1개 조로 해서 3회 반복한다. 9회를 진행한 후 잠시 멈추고 휴식하고 다시 9회 진행하고 잠시 멈추고 휴식하고 다시 9회 진행하여 3회를 진행한다. 물론 9개조로 진행하는 과정도 있다. 내단 하기 위해 가열하는 횟수에 관한 것이다.

한번 진행할 때 9회를 기준으로 하였지만 반드시 9회여야 하는 지는 연구해 볼 필요가 있다. 4, 5회를 진행하게 되면 끌어올릴 내용이 없다는 사실을 본인들이 알게 될 것이기 때문이다. 처음 시작하여 3, 4회 진행하였을 때 더 이상 끌어올릴 물질이 남아 있지 않음을 느끼면 더 이상 진행하지 말고 공양하는 절차로 들어가야 한다. 그러나 신장과 방광을 하전 쪽으로 끌어당길 때 완벽하게 해내기는 퍽 어렵다. 선천원기가 이미 손실되어 더 이상 진행이 어려운 경우가 많았다.

선천원기의 손실은 본인들이 느끼지 못한다. 후천의 기 손실은 본인들이 느낄 수 있다. 비위에 음식물이 들어가지 않으면 배가 고프고 기력이 떨어지게 된다. 반대로 신장과 방광의 선천원기가 모두 소모된 경우 우리의 몸은 그러한 메시지를 전달받지 못한다. 예전부터 연단 수련을 하는 이유도 이와 같은 선천원기를 보충하려는 것이었다. 훈련을 거치면 몸의 선천원기의 손실과 소모를 느낄 수 있게 된다. 방법을 터득하면 개인적으로 9회를 1개조로 하여 3개조를 가열할 수 있다. 9회를 원만하게 진행하였다면 온몸이 불에 가열한 듯한 느낌을 받게 된다. 사람에 따라 다르지만 9회를 진행하다 보면 몸이 메마른 듯한 느낌 즉 생각대로 되지 않고 끌어올려지지 않는 느낌이 들 때는 이미 자기의 원기가 손실되었거나 부족함을 의미한다. 이상은 소약을 이용한 금단金丹을 만드는 1차 과정이고 다음으로 선천원기인 대약을 채취하여 진정한 금단金丹을 결단結丹하는 과정이 있다.

2) 대약大藥의 채취採取

대약大藥은 소약 채취의 공부가 완성된 후 있게 된다. 양관陽關을 막고 육후六候의 경상이 도래할 때 선천일기를 채취하는 것이 대약이다. 대약은 반드시 내약, 즉 소약을 채취한 후에 생긴다. 대약을 채취하게 되면 전신의 음陰의 질이 점點으로 화化하여 순양체純陽體로 이루어지므로 이 대약을 대단大丹이라고도 한다.

정좌 수련 중 무위無爲의 상태에서 내단內丹 형성에 필요한 소약을 하전下田에 모으고 영성靈性있는 외약 중 대약을 끌어와 합일 시키며 몸 안의 용호龍虎가 교구交媾하고 감리坎離도 부합하고 연홍鉛汞이 상투하여 진식眞息이 발동하고 진종자眞種子가 생기는 등 어려운 수련 과정을 거쳐서 오랜 기간 수련으로 이를 팽련烹煉 시킴으로서 금단金丹을 만들어낼 수 있다. 금단의 몸이 얻어지면 무너지지 않는 금강불괴金剛不壞의 몸이 된다.

대약수련의 과정을 살펴보면 정신이 곤궁坤宮(하전)을 지키면 진화眞火가 저절로 나타난다. 곤궁坤宮은 곧 약을 생산하는 원천이며 음양이 사귀는 장소이다. 만약 진화로 단련하지 못하면, 금金과 수水만이 섞일 것이며 만약 마음을 전일專一하게 하고 뜻을 하나로 하지 못한다면 양화陽火가 흩어질 것이니 대약이 어찌 생산되겠으며 선천의 기운을 무엇으로 얻을 수 있겠는가? 단련이 오래되면 수水가 화火를 만나게 되면 자연히 변화되어 하나의 기운이 될 것이다.

훈증熏蒸된 기운이 독맥을 타고 운반되어 돌아감이 그침이 없다. 진정眞精이 이로부터 생겨나며, 원기元氣가 여기서 배태胚胎된다. 호흡이 서로 합하여 지고 맥脈이 편안해지고 기운이 멈추며 고요하여 안정된다. 크게 안정된 가운데에서 선천의 한 기운이, 허무한 중에 나타난다. 이리하여 선천의 엄마 기운으로 후천의 자식 기운을 굴복시킨다. 이렇게 그 자연을 따라 하며 급하게 욕심내지 않으면 선천이 자연히 발생한다.

혼돈混沌의 처음에 천지가 나뉘지 않고 현황(玄黃:천지)이 섞여 있다가 때가 이름에 기운이 변화하여 고요한 중에 움직임이 생겨나게 된다. 이 움직이는 자리에서 바야흐로 조화를 알 수 있다. 만약 한 물건이 있어서 혹 드러나기도 하고 숨기도 하며 안에 있는 것도 아니고 바깥에 있는 것도 아니면 이것이 바로 대약大藥이 싹트는 것과 같다. 급히 캘 필요가 없으니 만약 한 터럭이라도 어떻게 해보려는 생각이 일어나게 되면 천진天眞(대약. 선천의 기운)을 잃게 될 것이다.

정신이 건궁乾宮(상전)을 지키면 진기眞氣가 자연히 돌이켜 진다. 건궁乾宮은 조화의 근원이며 이 살아있는 몸이 기운을 받아들이는 처음이다. 이것을 알아서 수련하는 이가 바로 성인聖人 이다.

처음에는 곤궁(하전)에 정신을 응결시켜서 음정陰精을 단련하여 양기陽氣로 변화되게 하여 훈증된 기운을 상승시켜 독맥으로 운반하여 돌아감에 쉬지 않게 하여야 한다. 그 다음에는 건궁(상전)에 정신을 응결시켜서 조금씩 단련시키고 응결시켜 한 알의 "현주玄珠"(金丹)를 결성하게 된다.

크기는 "기장쌀 알" 만 하며 면전面前에 있게 되니 한 번 얻으면 영원히 얻게 된다.

선천의 허무의 진기가 자연히 회복된다. 한 점의 영광靈光이 원만하고 빛이 나서 위아래를 두루 비추고 안으로 참되고 밖으로 감응해서 선천의 기운이 자연히 허무한 중에 나타나게 된다. 이것은 엄마 기운으로 자식 기운을 굴복시켜서 자연히 조화의 묘함과 감응하여 합하여진 것이다. 처음에 단丹을 수련할 시에 수중水中에서 그것을 찾는다면 종내 완고하고 헛되이 되어 필경 이루어지는 바가 없을 것이다. 그 일월이 서로 교감하는 즈음에 선천이 알맞게 이르는 시기에 상전上田에서는 바람이 불어 바다의 파도를 맑게 하며 이 몸은 만장萬丈의 바다 속에 있는 것 같게 되어 수水가 있음을 알지 못하고 화火가 있음을 알지 못하게 되며 천지와 남과 내가 있음을 알지 못하게 되니 혼몽하여 취하여 꿈을 꾸는 듯 하게 된다. 이것이 바로 용호龍虎가 서로 사귀는 때이다.

금목金木이 서로 탐하고 수화水火가 서로 흐르게 되며 경상이 나타나 기를 신속하기가 벼락과 같이 하니 매우 잽싸게 채취하여야 한다. 그 약을 채취하는 묘妙는 천 개의 화살이 일제히 발사되는 것과 같으니 오로지 일촌一寸의 기틀을 활용하여야 한다. 채취한 듯 채취하지 않은 듯 채취하지 않은 것 같아도 실은 채취한 이것이야말로 진정한 약의 채취이다.

정신이 현궁玄宮(상단전)을 지키고 생각으로 빈부牝府(하단전)를 맞이하면, 정신과 생각이, 서로 합하여져서 선천의 기운이 스스로 얻어진다. 황홀하고 아득하며 한 점의 붉은 빛이 하원下元으로 들어오면 자신의 진기眞氣가 들이마시듯 서로 버무려진다. 음은 양을 껴안고 양은 음으로 흘러서 지극한 정은 발현되어 바다는 넘치고 물결은 용솟음친다. 하단전에서부터 상단전으로 올라가서 금액으로 화하여서 삼켜져서 내복內服되면 향기가 달고 맑으며 신선하다.

모든 구멍에 봄이 오고 온몸에서 빛이 생겨난다. 이것이 바로 건곤乾坤의 사귐이니 한번 얻으면 영원히 얻는 묘결 이다. 오로지 그 위험 됨을 방지하고 잘 막아서 봉고封固하여 조금도 세지 않게 하는 것을 바로 온양溫養한다고 하는 것이다.

육후六候

육후는 대약을 생산하는 여섯 가지의 징조가 나타나는 시점을 말한다.
① 단전이 뜨거워지는 징조, ② 양 신장이 물이 끓어서 달여지는 징조, ③ 눈에서 금광이 토해 나오는 징조, ④ 귀 뒤에서 바람이 일어나는 징조, ⑤ 뇌 뒤에서 독수리가 우는 징조, ⑥ 몸은 뜨거운 물이 끓은 듯 용솟음 치고 코는 경련이 일어나는 징조를 말한다. 이러한 경상을 정자시라고도 한다.

약물藥物

도가의 내공수련에서 정精·기炁·신神을 삼보三寶라 하는데 이는 상품 약물이다. 하늘에 삼보는 일·월·성이고 사람의 삼보는 정·기·신이다.
이 삼보를 약으로 삼으니 단도수련의 약물이다. 단지 수련의 층차에 의해 약의 질과 양에 층차가 있다.
연정화기 단계에서는 선천원정이 발생하여 약으로 삼는다.
연기화신 단계에서는 선천일기가 도달함을 약으로 삼는다.
연신환허 단계에서는 신도 아닌 허무의 신을 일컬어 약으로 삼는다.

소약小藥

단도 수련에서 연정화기 단계의 정이 극에 도달해 움직임이 생기는데 이때 활자시가 도래하고 양이 생겨 약을 생산하여 선천원정이 발생하는 것을 소약이라고 한다.
일반적으로 소주천 공부단계에서 소약을 채취한다.
소약은 반드시 외약이 생긴 후에 채취한다.

대약大藥

대약은 소약 채취의 공부가 완성된 후 있게 된다. 양관陽關을 막고 6후六候의 경상이 도래할 때 선천일기를 채취하는 것이 대약이다.
대약은 반드시 내약을 채취한 후에 생긴다.
대약을 채취하게 되면 전신의 음陰의 질이 점點으로 화하여 순양지체로 이루어지며 고로 이 대약을 대단大丹이라고도 한다.

3) 온양溫養 목욕沐浴

정신이 황방(黃房: 도태가 맺어지는 자리)을 잘 지키면 금태(金胎: 황금빛 도태)가 저절로 이루어진다.

황방은 건궁의 아래에 있고 곤궁의 위에 있다. 중中의 묘함을 법규삼아서 12시 중에 생각 생각마다 이곳에 이르게 하여 빛을 머금고 갈무리하며 행주좌와行住坐臥 시時에 숨을 고요히 하여 끊어지지 않게 하여야 한다.

닭이 계란을 감싸듯 하며 용이 여의주를 기르듯 하여 그 근원을 감싸서, 하나로 지키면, 선천 원신의 기운이 서로 시시각각으로 합하여져서 점점 서로를 변화시킬 것이다. 단지 정신을 그치고 쉬게 하면 화후를 쓰지 않아도 저절로 화후가 일어나게 될 것이다. 100일이면, 그 공력이 신령스러워질 것이며 10달이면, 태胎가 원만해질 것이다. 음백陰魄은 저절로 변화될 것이며 양신陽神은 출현할 것이다.

1000일(대략 3년)이 지난 후에는, 온양溫養의 화후가 족하여서, 일체의 음이 다 벗겨져서 몸이 순양체로 변하여 "영아嬰兒"의 형상이 나타나고 몸 바깥에 몸이 있게 될 것이니 형체는 연기와 구름과 같고, 정신은 태허太虛와 한 가지가 될 것이다.

숨어 있은즉 형체가 정신으로 돌아가며, 들어난즉 정신은 기운과 하나가 된다. 일월 아래를 거닐어도 그림자가 없고, 금석金石을 뚫고 지나가도 막힘이 없다.

온양溫養을 3년간 한 후에야 영아가 노성老成하게 되니 멀리 가서는 안 된다. 그대로 9년을 더해야 태허太虛와 더불어 한 몸이 되어 형체와 정신이 모두 신묘해지고 도道와 함께 참眞으로 합하여지게 된다. 천지산천은 붕괴할 때가 있으나 나의 도체道體는 영겁을 장존長存할 수 있다.

인간세계에 숨어 살며 공적을 쌓고 덕행을 이루어서 천지를 이끌고 음양을 붙잡아서 음양이 사물을 만들 수 없게 하여야 한다.(윤회를 벗어버리는 것을 말한 것이다)

천선天仙의 도道는 여기서 마쳐진다. 불가佛家에서는 부처님의 경지이다.

4 금단공 양생수련養生修煉

금단공金丹功은 역대로 전해 내려오는 일종의 양생 수도법이다. 공법은 천태밀종전인정도생명수지공정天台密宗傳人正道生命修持工程의 창시자인 홍덕대사弘德大師가 '정도기공正道氣功'에서 전수하였다.

본문의 공법은 정도생명수지공정正道生命修持工程의 기초를 닦는 공법의 하나이다.

금단金丹, 또는 내단內丹이라고도 한다. 금단공은 역대로 전해 내려오는 일종의 양생 수도 방법이다. 금金을 말하는 자는 견고하고 변하지 않으며 영원하다는 것을 안다고 했다.

《중화집中和集》에서는 "금자견야金者堅也하고, 단자고야丹者固也한다. 석씨유위원각釋氏喻爲圓覺(불교에서는 원각)하고, 유가유위태극儒家喻之太極(유가에서는 태극)인데 처음부터 다른 물체가 아니라 단지 본래의 영靈일 뿐이다. 본래 진성眞性은 영겁永劫이 어렵지 않아, 마치 단丹이 원圓처럼 정제될수록 더욱 분명해진다.'고하여 금단金丹이라고 도가에서 말하였고, 불교에서 말하는 '사리보주舍利寶珠'도 마찬가지이다.

금단대도金丹大道에 대한 도가의 천술闡述과 수증修證은 독특한 특징을 가지고 있는데, 여기서는 삼원구품三元九品의 소개로 요약한다면 삼원단법三元丹法은 천원天元, 지원地元, 인원人元을 말한다. 천원天元이란 무엇인가? 볼록렌즈를 사용하여 빛을 모으는 것처럼, 모든 에너지 영성법기靈性法器를 사용하여 천지일월의 정화精華를 수집하고, 일정한 법도에 따라 의념意念을 사용하여 지킴으로써 완성하는데 그 단丹의 이름은 신단神丹이다.

《현부론玄膚論》은 "'신단神丹'이라는 것은 물 위에서 불을 피워 신실神室에서 단련하고, 무질생질無質生質을 하고, 아홉 번 백설이 되고, 3년 동안 단련하여 신부神符가 되고, 어떤 미끼를 얻어 표연히 가볍게 들어올린다."고 했다. 티베트의 대원大圓이 가득한 최고법문과 매우 유사한 점이 있다.

지원단법地元丹法은 대부분 5석五石을 정제하여 만든 외단外丹을 말하며, 완성된 단의 이름은 영단靈丹으로, 유황처럼 질병을 치료할 수 있는 화학 약품이다.

지원단법은 음양쌍수陰陽雙修의 다른 의미도 있는데 여자는 정로鼎爐로, 수련을 하므로 여자는 곤坤으로, 곤坤은 땅이라 하여 지원단법이라 하였다.

인원단법人元丹法은 우리에게 가장 흔한 방법으로 원정元精, 원기元氣, 원신元神이 응집된 물질을 말하며, 완성된 단의 이름은 현주玄珠이며 옥액환단玉液還丹과 금액환단金液還丹의 구분이 있다.

9품이라고 하는 것은 근기根器가 상승上乘하는 사람을 3품으로 나누고, 근기가 중승中乘하는 사람도 3품으로 나누고, 근기가 하승下乘하는 사람도 3품으로 나누는 것을 말한다. 수련 방법상 매번 승乘랄 때마다 연정煉精, 연기煉氣, 연신煉神을 단련하는 삼품三品으로 나누고 있다.

하승삼품下乘三品은 단전丹田을 정로鼎爐로, 심장心臟과 신장腎臟을 물과 불로, 정혈精血의 골수骨髓와 기액氣液을 약재로, 삼아 화후火候를 조절하고 존상存想을 오르고 내리게 하는 것을 1년 만에 완성하고 단련하여

9년 만에 성공시킨다. 그 법은 괘효卦爻를 논할 뿐만 아니라 근량斤兩도 논하고 법칙이 복잡하기 때문에 문자로 그 닦는 법을 세상에 전할 수 있다. 지선地仙의 공과는 하사下士가 이를 배우고 연마하기에 적합하다.

중승中乘 3품은 신기神氣를 연홍鉛汞으로, 자오子午를 수화水火로, 오맥五脈을 약재로 하고, 정로鼎爐의 연, 월, 일을 화후火候로 하고, 포원수일抱元守一을 운용 하여 백일百日을 혼합하고, 3년 동안 상象을 이루니, 비록 괘효卦爻가 있지만 근량斤兩은 없다. 반드시 구전口傳으로 전해야 하며, 단련하면 물에 들어가도 익사하지 않고 불에도 타지 않으며 있는 것은 나가고 없는 것은 들어온다.

최상승은 상사上士가 승광乘光한 돈오법문頓悟法門으로 맹자의 '호연정기浩然正氣'에 가깝다. 부처의 평정심이란 즉 도道이다. 이는 '금단金丹'이라는 시詩에서 말하기를 '원래 진성真性을 금단金丹이라 한다.'는 것과 같은 이치다.

환단還丹

환단還丹은 도가 술어로서 단사丹砂를 태워 수은水銀으로 만든 후 일정 시간이 지나면 수은을 다시 단사로 환원시켜 환단이라고 한다. 또 환단은 기공학 용어이기도 하다. 또한 외단外丹 정제 방법의 순환 변화와 완성된 선단仙丹을 말하기도 한다. 내단술을 연공 중 정기신精氣神의 상호작용이 변화 과정에 영향을 미치고 단丹이 결성되어 진단真丹으로 다시 본처로 돌아오니, 환단還丹이라 하고, 이런 경우 입안을 씻어내지 않고 그대로 침을 삼킨다.

◆ 소환단小還丹
《대단직지大丹直指》 등은 내단이 기초를 쌓는 단계에서 진기를 단련하여 신기腎氣로 하여금 간기肝氣에 전달하게 하고, 간기肝氣에서 심기心氣로 전달하고, 심기心氣에서 비기脾氣로 전달하고, 비기脾氣에서 폐기肺氣에 전달하고, 폐기肺氣에서 신기腎氣에 전달하여 오장 사이를 순환시키는 것을 소환단小還丹이라고 한다.

◆ 옥액환단玉液還丹

정좌 수련 중 축기築基 단계에서 혀를 상악上齶에 붙이고 옥액玉液을 삼키면 형形이 다듬어 지는데 이것을 옥액환단玉液還丹이라고 한다.

◆ 금액환단金液還丹

단서丹書에서는 일반적으로 축기築基 단계에서 옥액을 단으로 환원玉液還丹하고 연정화기煉精化炁가 완료된 후 얻은 대약을 금액환단金液還丹이라고 한다.

◆ 구전단九轉丹

도가어로 아홉 번 금단을 연마하는 것을 말한다.

구전단九轉丹은 구전금단九轉金丹이다. 오랜 시간 끈질긴 노력 끝에 성공한 것을 비유한다. 포박자抱樸子 금단金丹편에서는 '팔공산이 아홉 번 단丹을 이루어 피바람과 비를 다 씻어 낸다'고 말했다.

일반적으로 말해서, 외신外腎경련, 양관陽關경련, 안마按摩, 인진咽津을 유도하는 등은 수단에 편중되어 유위법有爲法의 하승단법下乘丹法에 속한다. 처음부터 심기心氣를 함께 중시하여 기氣를 연마하는 것을 중승지법中乘之法이라고 하며, 무위無爲를 근본으로 하여 진심으로 사용하는 것을 상승돈법上乘頓法이라고 한다.

위의 많은 수련법칙으로 볼 때 고대인들은 모두 양생 수련술에 대해 깊은 이해와 조예가 있었지만, 논법을 세우고 자기 견해를 많이 고집하며 한쪽으로 치우친 것은 반쪽 공부에 속한다. 신神의 수양을 중시하고 기氣의 운용을 중시하며 일부는 정액精液의 배양에 치중하여야 한다.

내부 단련에서 잘 알려진 부차적인 것으로 항상 변하지 않는 것은, 연정화기煉精化炁, 연기화신煉炁化神, 연신환허煉神還虛, 연허합도煉虛合道이다. 그리고 이 네 가지 수준에는 오행五行을 모으고, 사상四象이 화합하고, 오기조원五氣朝元과 삼화취정三華聚頂을 이루고 태胎를 기르는 등의 단계가 포함된다.

　여기서 오기조원五氣朝元이란 희喜를 비운즉 혼魂이 안정되고 혼魂이 안정되면 동방청제의 기氣가 조원하게 되고 노怒를 비운즉 백魄이 안정되고 백이 안정되면 서방백제의 기가 조원하게 되고 애哀를 비운즉 신神이 안정되고 신이 안정되면 남방적제의 기가 조원하게 되고 락樂을 비운즉 정精이 안정되고 정이 안정되면 북방흑제의 기가 조원하게 되고 욕심을 비운즉 의意가 안정되고 의가 안정되면 중앙황제의 기氣가 조원하게 된다. 고로 이를 오기조원이라 한다.

삼화취정三花聚頂과 오기조원五氣朝元

1 삼화취정三花聚頂

삼화취정三花聚頂은 내단학 술어로 고대에는 '화花'와 '화華'가 통했고 '화華'는 '화花'의 본 자 이기 때문에 '삼화三花'는 '삼화三華'로 인체의 정기신精氣神의 영화榮華를 의미한다. "취정聚頂"이란 정기신이 하나가 되어 현관일규玄關一竅에 모이는 것을 말한다.

◆ 인화人花

연정화기煉精化氣는 본래 정精에서 생겨나므로 정은 종자種子이다. 수도자의 마음은 반드시 하초下焦에 비우니 음욕을 끊고 정을 함부로 사정하지 않는다면 음탕한 생각이 없어지고, 花를 연鉛으로 삼으니 이것이 인화人花이다.

◆ 지화地花

연기화신氣氣化神은, 사람의 생존은 기氣에 의지하며, 수도자의 마음은 반드시 중초中焦에 비우니, 놀라움도 두려움도 없고, 분노도 원망도 없으면 기氣가 순조롭고, 길이 통하며, 그 가운데 기氣가 충만하여 먹을 생각을 하지 않고 花를 은銀으로 삼으니 이것이 지화地花이다.

◆ 천화天花

연신환허煉神還虛는 정기가 충만하지만, 신神이 없는 자이니 그 몸에 빛이 없고, 그 사람은 명命이 없으므로, 신이 주재하는데, 지금 마음이 상초上焦에 공허하니 집착하지 않으며, 신이 가득 차서 잠을 잘 생각하지 않고, 항상 맑고 항상 깨어있으니 허물을 벗고 허공의 경계로 돌아가면 화花를 황금黃金으로 삼으니 이것이 천화天花 이다.

2 오기조원五氣朝元

◆ 심장心藏의 신神은 후천의 식신識神을 말함이고, 선천의 예禮이며, 슬픔(哀)을 비우는 것은 신神이 정하고, 남방적제南方赤帝의 화기火氣가 조원朝元한다.

◆ 간장肝藏의 혼魂은 후천의 유혼遊魂을 말함이고, 선천은 인仁이며, 기쁨(喜)을 비우는 것은 혼魂이 정하고, 동방청제東方靑帝의 목기木氣가 조원朝元한다.

◆ 비장脾藏의 의意는 후천의 망의妄意이고 선천의 신信이며 욕망(慾)을 비우는 것은 의意가 정하고 중앙황제中央黃帝의 토기土氣가 조원朝元한다.

◆ 폐장肺藏의 백魄은 후천의 귀백鬼魄이고, 선천의 의義이며, 성냄(怒)을 비우는 것은 백魄이 정하고, 서방백제西方白帝의 금기金氣가 조원朝元한다.

◆ 신장腎藏의 정精은 후천의 탁정濁精이고, 선천의 지智이며, 즐거움(樂)을 비우는 것은 정精이 정하고, 북방흑제北方黑帝의 수기水氣가 조원朝元한다.

이상이 삼화취정, 오기조원의 이치이다. 사람의 수도修道는 반드시 오행에서 五氣로 돌아가야 하고, 삼화취정三花聚頂에서 삼청화三淸化하면 원래의 무극 본체로 돌아갈 수 있어서, 정수리에서 회음까지 원통圓通으로 끝까지 통할 수 있다.

《금단대성집金丹大成集》에서 누군가 '삼화취정'에 대해서 물었는데. 답하기를 '정기신이 합하여 하나가 되는 것이다. 현관일규는 바로 정기신의 혈이다.'라고 했다.

여기서 "정頂"은 '천궁내원天宮內院'을 뜻하는 특별한 의미가 있다. 천궁이란 뇌腦를 뜻하고, 내원은 인당혈과 백회와의 수직선을 중심으로 뇌 속 공간을 말한다.

삼화 취정'은 내단공內丹功의 상승 상태이며 이러한 상태의 출현은 점진적인 연양煉養 과정을 거쳐야 한다. 고대 도교 내단가는 천기天機가 새어나가거나, 대도가 실전失傳될까 두려워 함축적인 상징으로 표현했다.

따라서 '삼화'라는 명칭에 대한 많은 전환轉換 형식이 있었다. '삼화'의 본질적 의미는 "삼양三陽"이다. 이른바 '삼양'은 음중의 양, 양중의 양, 음양중의 양이다.

삼양三陽이란 말은 오행五行과 천간天幹의 전환轉換에서 나왔다.

고대 사람들은 '수水'를 방향은 북쪽, 천간으로는 임계壬癸, 인체에서는 신장腎臟에 대응했고, '화火'로는 남쪽을, 천간으로는 병정丙丁, 인체에서는 심장心臟에 대응했고, '금金'은 서쪽을, 천간으로 경신庚辛, 인체에서는 폐장肺髒에 대응했다.

신장腎臟은 정자精子의 주인이고, 심장心臟은 정신精神의 주인이고, 폐장肺髒은 기氣

의 주인이다.

수水는 북방北方의 음방陰方이고, 대응하는 천간은 임계壬癸이며, 일음일양一陰一陽으로 말한다면, 임壬은 양陽, 계癸는 음陰이며, 이른바 '음중의 양'은 북방의 두 천간 중 '임壬'을 의미한다.

화火는 남방南方의 양방陽方이고, 대응하는 천간은 병정丙丁이며 일음일양으로 말한다면, 병丙은 양이고 정丁은 음이며, 이른바 '양중의 양'은 남방의 두 천간 중 병丙을 의미한다.

금金은 서방西方의 음방陰方이고, 대응하는 인체의 장기는 폐장肺臟이며, 폐장은 토고납신吐故納新하여 내외표리內外表裏를 인수인계하므로 음양전환의 성질을 가지고 있으며, 이른바 '음양중의 양'이란 서방과 폐장을 대표하는 천간 경신庚辛 중의 '경庚'을 말한다.

내단학에서 연정화기煉精化氣는 신수腎水 중 계癸를 제거하고 임壬을 연마하는 것이며, '연기화신煉氣化神은 폐금肺金 중 신辛을 제거하고, 경庚을 연마하는 것이며, '연신환허煉神還虛는 심화心火 중 정丁을 제거하고 병丙을 연마하는 것이다. 그 임壬, 경庚, 병丙은 정기精氣의 신神 중 '삼양三陽'을 상징하며, 화가 들어와 승화해 니환궁泥丸宮에 모이게 되는데 이를 '삼화취정三花聚頂'이라고 한다. 정頂은 정鼎을 의미한다. 삼화취정으로 변화하여 새로운 정鼎이 생기서, 환골탈태換骨脫胎하면 성명聖明의 경지가 되고, 이런 경지에 이르면 뼈가 화사하고 빛난다. 이때 정기신精氣神은 이미 나누어진 상태에서 합습의 상태로 돌아와 마치 금화金花 조각이 공중에 나타나는 것 같은 내공의 아름다운 결과에 이르므로, 이른바 "화花" 는 곧 "화華"이다.

　　여기서 가장 중요한 것은 어디서부터 손을 대느냐 하는 문제이다. 문파의 전승이 다르기 때문에 방법도 자연히 다르다. 선성후명자先性後命者는 주로 신수정입神守靜入을 생각하고 의념은 상단전上丹田과 산근山根에 집중하여야 하고, 선명후성자先命後性者는 하단전下丹田에서 시작한다. 경성중명輕性重命과 경명중성輕命重性의 차이가 더 크지만, 후학자後學者들은 점차 한漢나라에 융합되어 사람에 따라 시행하게 되었다. 파체자破體者는 아래 단전에서 정력을 보충하고 허점을 보완하도록 가르치며, 파체자破體

者가 아닌 사람은 상단전에서 신神을 지키는 일을 하며 허무명심虛無明心의 경지로 직행한다. 이것은 모두 기초를 쌓는 공부를 하는 내용이다.

기초 공功을 쌓는 데 있어 크게 세 가지 측면을 포함하는데 다음과 같다.

첫째는 행동과 도덕적 수양이다. 부정한 행위와 습성을 버리고, 사실상의 도덕규범에 따라 자신의 언행을 구속하고, 세상을 이롭게 하는 선행을 적극적으로 실천하는 것은 덕을 쌓고 선을 행하며, 선기仙氣를 세우는 것이고 자신을 단련하는 중요한 요소이다. 《오진편悟真篇》은 "행수양덕行修陽德이 악마를 움직여 인연을 만든다." 전통 공법 중 회과천선법悔過遷善法도 심신수행의 범주에 든다고 했다.

두 번째는 마음 단련이다. 마음을 가다듬고(수심收心), 생각을 멈추고(지념止念), 마음을 저장하며(존심存心), 내시內視하고, 눈을 지키고(守竅), 신을 안정시키는(安神) 등의 내용이 있으며, 자신의 생각과 심리활동을 스스로 통제하는 능력을 단련하고, 마음을 가라앉히고, 한 곳에 오랫동안 집중할 수 있도록 하는 것이다.

세 번째는 손실을 보충하는 것인데, 주로 정기精氣를 보충하는 것이다. 질병이 있는 경우 먼저 그 병을 치료하고 운동을 통해 다양한 질병을 치료해야 한다. 몸이 허약하고 정기가 부족하면 식이요법에 주의하고 영양을 높여야 한다.

《영보필법靈寶畢法》은 10년의 손해를 1년 동안 열심히 보양하려면 약초를 캐서 단丹으로 되돌리는 것이라고 말한다. 기초를 쌓는 데 걸리는 시간은 나이가 들수록 늘어난다. 남성은 16세부터 10년마다 약 1년씩 터를 쌓아야 한다. 정精을 보충하고 토대를 완성해야 하는데도 일반적으로 16세 전으로 회복되지 않으니 이런 현상은 정이 새기 전의 동체의 생리적

특성이다. 남자는 누정漏精 하지 않고, 여자는 생리를 끊는다고 말하기도
한다.

예를 들어, 《전진집全真集》은 '형形을 보補하는 자는 정精을 보하는 것
보다 약하고, 정精을 보하는 자는 기炁를 보하는 것보다 약하고, 기炁를
보하는 자는 신神을 보하는 자보다 같지 않고 신神을 보하는 자는 형形과
기炁가 영안永安하다.'고 했다.

그런데 요즘엔 단전丹田을 지키면서 정精을 보補하는 공법이 유행이다.
고대인들이 양생법을 수련하고 공부하는데 많은 노력을 기울였고, 많은
이론들이 인생의 유한성에 대한 인식에서 요약되어 과장되었다. 추측하
는 말을 억지로 둘러대기도 했다. 명공命功으로 말하자면, 대부분 단전을
지키면서 정기를 보양하자는 것들이다.

우리는 하단전이 남자의 정규精竅이고, 여자의 혈실血室이라는 것을 알
고 있다. 만약 오랫동안 의수意守를 한다면, 기혈이 점점 더 많이 모이게
되고, 어느 정도 모이게 되면 기혈이 겹치게 되고, 여자는 대帶가 많아져
서, 혈血이 붕괴崩壞 되는 등의 심각한 결과를 초래할 수 있으며, 남자는
활정滑精을 조성하여, 귀신과 교제 등으로 번뇌를 일으킬 수 있다. 정이
마음에서 나고 흐트러져 색色에 사로잡히게 되니, 마음을 비우면 마음이
새어 나가지만, 한번 발산은 걷잡을 수 없게 되어 옛사람들은 이를 경단
도로傾丹倒爐라 불렀다.

그렇다면 단전을 지킬 의향이 있을까? 대답은 긍정적이다. 그러나 이
단전은 장삼풍張三豐 진인이 말했듯이 '사람 몸 곳곳이 단전丹田이다.' 우
리가 어디를 지키려고 하면 그곳이 바로 단전인 것이다. 마음을 지키면
마음이 단전이고. 손을 지키면 손이 곧 단전이다. 그러나 이것은 실체가
아니라 표면일 뿐, 진기真氣가 어디에서 작동하는가? 바로 그곳이 당신의

진정한 단전이다. 이것이 바로 당신의 기능 포인트이자 하수처下手處이다. 지키다 보면 단전결단丹田結丹의 지경에 이를 것이다. 축기築基하고 연기煉 己 수련을 하는 것도 여기에 있기 때문이다.

이런 말을 하는 이유는, 공을 들이는 데는 두 가지 내용이 있는데, 하나는 기초를 쌓는 것이고 다른 하나는 자신을 단련하는 것이다. 축기築基는 정기精氣를 보양하는 것인데, 단전에 가서 약을 생산하는 움직임이 생겨서 이것을 보양하면 입문入門을 마쳤다고 할 수 있다. 이러한 현상을 단전동상丹田動象, 또는 단전성상丹田成象이라고 한다. 연정煉精된 정精이 있는 단전동상, 연기煉氣된 기氣가 있는 단전동상, 연신煉神된 신神이 있는 단전동상이다.

하수축기下手築基의 단전동상丹田動象은 진기眞氣가 작동하면서 스스로 형성되는 깊은 호흡呼吸이다. 이 공功에는 온몸의 경맥과 혈도穴道의 정확한 부위를 명확하게 알 수 있으며, '기 속에 사람이 있고(人在氣中), 사람속에 기가 있다(氣在人中)'는 실감이 있다. 이것 또한 양적인 변화의 초급단계이고, 공부가 몸에 익어서, 연공練功을 마쳤다라고 할 수 있다. 단전동상의 특수한 공功에서 진액津液은 맑은 샘물처럼 입천장에서 솟아나 시원하고 감미롭고 향기로워서 삼킬 때 소와 같이 물을 마실 기세가 있다.

이 단련된 진津이 단전을 움직이면 진津은 능히 정精이 되고, 정精은 스스로 기氣화될 수 있다. '자自'는 천연신화天然神火를 가리킨다. 신화神火는 화후火候의 법도法度이다. 이것은 정精의 단전동상丹田動象이다. 그리고 정精을 기화氣化할 때 기氣를 내뿜는 단전동상이 나타난다. 그렇다면 기氣의 단전동상丹田動象은 또 무엇일까? 단지 진실한 현규玄竅일 뿐이고, 이것은 생사지규生死之竅의 진실한 상相이다. 신神의 단전동상은 스스로 그쳐야 한다. 단전동상丹田動象을 확인할 수 있다면, 망언으로 판단할 수 있는 사람이 아니라는 점을 분명히 해야 한다.

그리고 자신을 단련하는 것은 심성心性과 의식意識을 다스리는 것으로, 바로 이것을 화火라고도 하고, 또 연화煉火라고도 하며. 이는 우리가 공부하고 있는 만고의 비밀이기도 하다. 성인은 약을 전하지만 화火를 전하지 않는다. "화후火候는 여태껏 거의 알지 못했다." 후候는 불의 법도法度를 말한다. 화火가 크면 진음眞陰을 상하게 하여 음허陰虛하고 화가 왕성하여 입이 마르고 입과 혀에 종기가 생기기도 하며, 화가 작으면 가래가 축축하고 비장과 위가 곤란하며 수곡이 녹지 않는다. 후천적으로 운화運化가 힘이 없으면 기혈이 모두 허해진다. 단전에 화가 부족하고 신양腎陽이 부족하기 때문에 추위를 많이 타서 방광의 기화氣化 기능이 많이 떨어지는데 이것은 바로 내화內火가 부족하기 때문이다. 아랫배에 정精이 꽉 차서 화火가 일어나지 않으면 음성양쇠陰盛陽衰해지고 정신적으로도 쇠약해진다.

화火는 수련의 중요한 요소이다. 옛 선현들은 깨달음을 얻을 수 있는 것은 모두 전할 수 있지만, 글을 쓸 수는 없다고 말했다. 반드시 스승의 말과 가르침, 즉 입으로 마음을 전해 공功을 이루어 내야 한다. 문자를 사용하면 착오가 생기고, 그 착오는 문자를 만든 사람이 아니라 후학들의 의심으로 잘못되어 가는 것으로 그래서 문자로 남길 수 없다는 것이다.

《오진편悟眞篇》은 "구결口訣이 현玄을 꿰뚫을 수 있으려면 진선眞仙과 함께 자세히 토론해야 한다고 했다." 옛 선사先師들의 화후火候론에 대해 토론하고 정각正覺을 얻는 것이 중요하다. 옛사람들은 내단전內丹田 수련의 모든 단계에는 화후火候가 중요하다고 여겼다.

예를 들어 유일명劉一明의 《수진후변修眞後辯》에서는 "내화후內火候가 있고, 외화후外火候가 있고, 채약의화후采藥之火候가 있고, 합단전의화후合

丹田之火候가 있고, 결단전의화후結丹田之火候가 있고, 탈단의화후脫丹之火候가 있고, 수성의화후修性之火候있고, 수명의화후修命之火候가 있고, 문팽화후文烹火候가 있고, 무련화후武煉火候가 있다"고 하며 연정화기煉精化炁 단계에서 화후의 중요성은 활자시活子時, 문무文武, 목욕沐浴, 육후六候 등이 있다. 무화武火는 의념이 무겁고 강하며 지舐, 흡吸, 촬撮, 폐閉의 4가지 비결을 배합과 함께 채약采藥하고 혼침昏沉시 사용하는 것을 말한다. 문화文火는 안을 오로지 온화하게 하는 것이다. 빛을 머금고, 온화하고, 면면약존綿綿若存하고 있는 것이 문화文火이다.

화후火候

내단內丹 문헌에는 "진화眞火란 나의 신神이다. 진후眞候란 나의 숨息이다. 화후는 최고의 비밀이고 그 묘함을 하나의 개념으로 논하지 않는다." 했고, 설도광薛道光선인은 말하기를 "성인은 약은 전했으되 화후는 전하지 않았다. 그래서 화후를 알고 있는 사람은 많지 않다."라고 했다.

선생님(왕리핑)도 예부터 공법은 전하지만 화후는 전해주지 않았다고 말씀하는 것으로 보아 화후가 얼마나 중요하고 비밀스러운 것인지를 알 수 있을 것 같다.

화와 후를 따로따로 생각해야 한다. 화는 어떤 세밀한 힘을 상징한다면 후는 정교하면서도 교묘해야 한다. 이것이 화후의 전부이며 화후를 행하는 관건이라고 생각해도 좋다.

화후를 두 가지 측면으로 보면 하나는 호흡을 가리키는 것이고 하나는 자신을 검증해 볼 수 있다는 것이다. 화후 안의 내용을 살펴보면 검증방법과, 호흡방법, 연공시간을 들 수가 있다. 아랫배에 열이 나고 심장이 뜨거운 것도 화후의 징후이다.

화후는 호흡조절이기도 해서 문식文息이 있고 무식武息이 있다. 이것을 각 공법에 일률적으로 적용하기는 불가하다.

연공하는 각 공법의 단계마다 화후가 있는데 그것들이 다 같지 않다. 그 종류를 대략이나마 살펴보면 양태養胎할 때 하는 화후, 채약할 때의 화후, 봉고封固할 때의 화후, 소주천 행공시하는 주천화후, 진퇴전도進退顚倒의 화후, 목욕하는 화후, 화火가 만족하여 화를 그치게 하는 화후, 대약을 채취하는 화후, 대약을 얻어 복식하는 화후, 대주천의 화후, 신을 온전하게 하는 화후, 신이 출입하는 화후 등이 있으니 밝게 분별하여 연공을 해야 한다.

여기서 소주천 행공 시 하는 주천화후를 예로 든다면 주천을 넘어갈 때의 화후는 방향이 있고 의념이 있고 목적이 있다. 그러나 양태 시 하는 화후는 내기를 길러서 자신을 보양하는 화후이기 때문에 움직임이 없고 고요한 가운데 이루어진다. 즉 주천을 넘어갈 때의 화후는 주천의 행로를 따라 움직이는 것이다. 오장의 기를 운행하고 그 기를 하전에 모아서 인체 뒤에 있는 삼관三關 즉 미려관尾閭關 협척관夾脊關 옥침관玉枕關을 관통하고 머리에 있는 천문을 부수고 천목을 열고 아래로 삼전三田 즉 상전, 중전, 하전으로 내려올 때 화후를 적절히 이용하여야 하는데 여기서의 화火는 흡吸이고 후候는 호呼이다. 그래서 무화武火(힘)를 써서 흡吸 하면서 삼관을 뚫고 백회까지 올라가야 하며 백회에서부터는 문후文候(교묘하게)의 호呼를 써서 온양하면서 하전으로 내려와야 하는 것이 주천 화후이다.

내기를 소련燒煉하는 과정에 불의 힘이 왕성하게 하거나 쇠약하게 하는 조절이 호흡인데 이것이 화후이다. 최상의 화후는 숨이 없이 이루어짐에 도달하는 것이며 이러한 화후가 무위에 의한 순수한 화후 이다. 대주천의 화후가 이러한 경지이다.

(이승훈 저 『신용호비결』 중에서)

스승에게 최후最後에 화火를 얻은 사람은 모두 한 마디에 지나지 않는다. 전해지지 않은 이유는 너무 간단해서이다. 종이 한 장처럼, 찌르기만 하면 깨진다. 만약 공功이 후후에 도달하지 못하면 스승도 그 속을 알 수 없다. 우리가 천종千種의 단경丹經에 들어가면 천종千種의 조사祖師가 있고 천종千種의 단법丹法이 있다는 것을 알게 될 것이다. 천종千種의 단경에는 사실 정精, 기氣, 신神이라는 세 글자만 있다. 이렇게 상승천원上乘天元 법은 우주 천지의 해와 달의 영기靈氣를 채취하는 것이고, 단지 멀리 쓰는 수단이 특수할 뿐이다.

반면 중승中乘은 기의 수련, 음양의 배합, 남녀 쌍수 등에 치우쳤다. 하승형기下乘形氣를 모두 중시하고 연마하여 기초를 쌓는 데 중점을 두었다.

옛사람들은 귀한 것은 낮은 것을 근본으로 하고, 높은 것을 밑바탕으로
한다. 축기의공築基之功을 닦는 것은 우리가 생명을 인식하고 본원을 바로
깨닫는 근본적인 법이지만, 시대에 따라 세상에 대한 인식(감성과 이성을 포
함한)도 다르다.

채약采藥

내단학內丹學에서 '채약采藥'에는 '채소약采小藥'과 '채대약采大藥'이 있다. 이른바 '채
소약'은 연정화기煉精化氣 과정에서 완성되고, '채대약'은 연기화신煉氣化神 과정에서
완성된다. 원정元精이 단련되어 진기真氣를 일으키면 이때 그 생각으로 약간 인도引
導하는데, 이 과정이 바로 '채소약采小藥'이다.
진기真氣가 단련되어 용솟음칠 때, 다시 의념으로 관문을 인도하는 것이 '采大藥'이
다. 채약 시에는 두 가지 핵심에 주의를 기울여야 한다. 일양래복一陽來復은 채약하
는 시기다.
이른바 '일양래복'은 '주역'의 복괘複卦 부호符號로 약을 생산하는 상태를 나타내며,
복괘는 6효六爻 중, 5음五陰의 효爻가 위에 있고, 1양一陽의 효爻가 밑에 있다. 아래
는 양기가 처음 생하는 것을 나타내는데, 하루로 말하면 이것은 한밤중 자시子時를
말한다. 그러나 이 '자시'는 엄밀한 의미의 시간 눈금이 아니라 단을 제련하는 과정
에서 내재된 느낌이기 때문에 이를 '활자시活子時'라고도 한다. 그 다음으로 '채약采
藥' 시 화후火候를 장악해야 한다.
적절한 화후火候는 스승과 제자가 구두로 전수해 온 비법이기 때문에 내단 수련은
스승의 조언 없이는 제대로 할 수 없다.

금단金丹은 주로 금진옥액金津玉液을 정제하는 과학성이 있으며, 의학
에서 진액津液은 다량의 활성효소를 함유하고 있을 뿐만 아니라 인공적
으로 합성하기 어려운 십여종의 장수소長壽素를 함유하고 있어 선천적인
정기로 전환될 뿐만 아니라 오장육부를 촉촉하게 하고 혈액을 맑게 한

다. 옛날 지선地仙들이 수련 중에 그 주체적인 것은 바로 진津을 삼키고 인도하는 것이며, 이 두드리기(叩齒), 혀를 굴리며, 지맥운반 등 많은 방술로 맥액분심脈液分沁을 자극하여 금진옥액金津玉液의 양을 증가시킨다. 심지어 피를 하얗게 정련하여 마음이 크고 청양淸凉함을 얻어서 천 년 동안 장수하며 항상 세상에 살 수 있다.

고인古人이 지적한 정精, 즉 인체의 정미물질精微物質은 선천先天과 후천後天의 나눔이 있고, 동정動靜은 항상 이치에 맞고, 걸핏하면 기능이 소모되는데, 많은 공법이 단전의 기를 운반하여 정화精化의 목적을 달성하는 데 있다. 우리의 기초 쌓는 과정은 양의 축적과 그것을 육화育化하는 과정이다. 그리고 다시 질적 변화가 일어나 승화한다. 정精이 가득차서 수련을 통해서 기화炁化되고 기炁가 충족하여 신神이 왕성하며 온몸의 맥이 스스로 통한다. 이것이 바로 금단대도金丹大道이다.

우리가 축기築基를 하는 것은 단지 연진煉津만이 아니라, 행공行功 중에 대정도장大正道場에서 시시각각 우주 천지의 영기靈氣를 채취하여 거두어들이는 것이다. 이 현묘한 과정은 천지의 운화와 동시에 이루어진다. 이것이 바로 대정도장의 위력이고, 정공正功의 큰 비밀이며, 천연天然의 신화神火(진화眞火)의 비밀이다. 조결照訣대로 행동하면 백일 동안 금단金丹의 원만함을 증명할 수 있을 것이다.

일당삼관一撞三關이란 말은 한번 쳐서 세 번의 고비라고 할 수 있는 관문을 넘긴다.
라는 말로 내단 학술어의 하나이다.

일당삼관一撞三關은 내단학에서 독맥督脈통로에 있는 세 개의 관문을 통하는 것을
말하며, '후삼관' 하거河車삼관이라고도 한다.

임맥을 통과하는 관문을 일반적으로 '전삼관'이라고 하는데. 하단전下丹田, 강궁絳宮,
니환泥丸을 '전前3관'이라고 한다. 내단학에서 독맥 통로의 세 가지 관문은 하거의 세
가지 관문이 있는데, 제1미려관, 일반적으로 척추뼈 끝에 있고 신장과 통한다. 고 하
고. 두 번째 제2협척관第二夾脊關은 척수 관문 뒤쪽 중앙에 있다. 셋째 제3옥침관第三
玉枕關은 머리 뒤쪽, 한의사들이 말하는 옥침혈에 있다. 정기精氣는 3관문을 통과할
때 장애에 부딪히는 경우가 많아 발을 뻗어야 통과가 수월 하다.

정력이 충만하여 단전丹田에서 회음會陰으로 내려와 뒤로 미려尾閭를 지나 협척夾脊
을 뚫고 옥침玉枕을 뚫고 니환泥丸에 들어가는 것을 '1당3관一撞三關'이라고 한다. 위
의 세 가지 관문이 일반적으로 '후삼관後三關'이다. 하단전, 강궁, 니환까지를 '전3관前
三關'이라고 한다. 황정내경'은 입(심관心關), 족(지관地關), 손(인관人關)을 세 가지 관문으
로 보기도 한다.

실재로 전진도 용문파 수련과정의 하나인 독맥 통과를 진양화進陽火라고 하며 임맥
을 통하는 것을 퇴음부退陰府라고 하여 이 임독맥 타통 수련과정을 매우 중요시 한
다. 또한 이 노선路線은 소주천小周天의 경로이기도 하다.

제4장 도가기공입문道家氣功入門

　도가道家는 노자老子와 장자莊子의 '도道'에 관한 학설을 중심으로 한 학술파이다. 전통적인 견해로는 노자가 도가의 창시자이고, 장자가 계승하여 노자의 사상을 발전시켰다고 보고 있다.

　이후 발전한 일부 노자를 신봉하는 도교 조직은 노자를 도가의 시조로 인정하고 있으며 실제로 노자도 선인들의 수련사상을 배워 도道와 덕德의 학설을 총결산했다.

　수천 년 동안 '도덕道德' 학설을 숭배해 온 사람들은 이런 이론에 따라 스스로를 수련했고, 어떤 이들은 종교를 조직해 다른 목적을 가미했지만 공통적으로 수련 내용만은 같았다. 일반적으로 도가의 기공은 '염담허무恬淡虛無'와 '청정무위淸靜無爲'에 따라 수련되는 공통적인 특징이 있다.

345

1 수련입문修煉入門

도가 기공 수련 중 입문 후 첫 번째 단계가 축기築基 단계다. '백일축기百日築基'라고도 한다. 축기築基란 말 그대로 터를 닦는다는 뜻이다. 모두가 알고 있듯이, 고층 빌딩이 평지에서 시작하려면, 관건은 기초를 잘 다지는 데 있다. 기초를 다져야 빌딩을 지을 수 있다. 만약 기초가 튼튼하지 않으면, 빌딩을 잘 지어도 하루아침에 기울게 된다.

도가 기공의 수련은 빌딩을 짓는 것과 같이 기초도 쌓아야 하는데, 여기서 말하는 기초 쌓기는 크게 두 가지이다. 하나는 선택한 공법의 요구로 명사明師의 지점指點에 따라 연정화기煉精化氣(여자는 연혈화기煉血化氣)를 연마하여 누설漏泄을 막아야 하고, 다른 하나는 정精과, 혈血을 화기화기化氣로 형성된 체내의 진기真氣(생명 에너지)를 사용하여 몸의 병변病變을 소통시키고 수련修煉하여 보補해 주어야 한다.

노자는 사람은 연약하고 강인하지 않아야 하며, 사람은 우둔하고 총명하지 않아야 하며, 사람은 무위無爲, 무아無我, 무욕無欲, 거하居下, 청허淸虛, 자연自然스러워야 한다고 했다. 내가 연약하면 겸손할 수 있고, 우둔하면 화華를 버리고 실實을 얻을 수 있다. 모든 것은 자연에 따라야 한다고 했다.

도가道家는 '도道'를 가장 숭배하며, 노자는 '도道'는 만물의 이치를 담고 있고, 모양도 없고, 소리도 없고, 실체도 없고, 영원불변하다고 말했다. '도'는 말로 표현할 수 없으니, '도'는 마음으로 깨달아야 한다. 우주의 본체는 '무無'이며, 도道가 창조적 작용을 일으키면 만물이 그에 따라 생겨나 '유有'라고 할 수 있다. 이 '있다有'가 곧 '도道'의 작용이다.

사람은 무위無爲, 무사無事, 무지無智, 무지無知, 무욕無欲, 무아無我, 무사無私해야 '도'의 최고 경지에 도달할 수 있다. 노자는 도덕적인 사람을 '물'에 비유했다. 물은 세 가지 특성이 있는데, 첫째는 만물에 자양滋養분을 공급하여 베풀지만, 그 공功을 취取하지 않고, 둘째는 품성稟性이 유약柔弱하고 자연에 순응하여 다투지 않고, 셋째는 물이 낮은 곳에 향하고 거기에 있기 때문이다.

도덕적인 사람은 물이 만물에 베풀 듯이, 베풀고 보답을 바라지 않으며, 물이 낮은 곳에 있는 것처럼 겸손하고, 또한 물은 깊고 맑다는 것이다. 도덕적인 사람은 허정虛靜하고 침묵沉默하며, 물이 만물을 비추어도, 각기 그 모양은 같으며, 도덕적인 사람의 말은 지극히 진실하며, 결코 거짓이 아니다. 물이 유약하고 힘이 약해야 둥글 수 있다. 사람이 물을 본받으면 '만물을 이롭게 하고 겸하謙下한다'는 효과가 생겨 '도'에 가까워진다.

도가에서는 도덕 수양을 도道, 덕德, 인仁, 의義, 예禮, 지智로 나누어 도道가 사회영역에 합치하므로 모든 것이 자연스러워야 한다고 생각한다. 그리고 사람은 몸과 생명을 소중히 여겨야 하며, 지나치게 명리名利를 추구해서는 안 되며, 명리를 얻기 위해서는 반드시 생명의 근원인 정력을 소모해야 하니, 생명을 잃는 것은 얻는 것보다 잃는 것이 많다고 했다.

하늘의 도리는 사심이 없고 만물에 이롭고 남을 도우려고 노력하면, 오히려 자신이 더 넉넉하고 부유해지는 것이다. 결국 천하에서는 싸우지 않고, 베푸는 자는 받는 자보다 복이 있고, 다른 사람과 공명을 다투지 않는 정신은 위대한 도덕 행위이다.

무술기공武術氣功은 무술武術을 기본 공으로 하여 호신, 기술 타격의 목적을 달성하는 공으로 일반적으로 무공武功이라고 한다. 여기에는 정공靜功, 동공動功, 추수推手(밀기), 점혈點穴, 발력發力, 기격훈련技擊訓練, 실작實

作 등이 포함된다.

2 영보필법靈寶畢法의 수련법

《영보필법靈寶畢法》은, 5대후한五代後漢 종리권鍾離權이 저작했으며. 전체 이름은 《비전정양진인영보필법秘傳正陽眞人靈寶畢法》이고, 일명 《종리수여공영보필법鍾離授呂公靈寶畢法》이다.

종리권鍾離權의 자字는 운방이고 도호道號는 '정양자正陽子'이다. 《영보필법靈寶畢法》과 《종려전도집鍾呂傳道集》, 《태극수진지현도太極修眞指玄圖》 등은 종려단법의 정통이며 서산파西山派 단법의 주요 경전이다. 후대의 용문북파龍門北派의 구처기丘處機조사의 《대단직지大丹直指》는 내용적 특징으로 볼 때 《영보필법》의 연화演化에 속한다.

종남산終南山 석벽간에 《영보경靈寶經》 30권을 입수하였으니 상부上部 《금고서金誥書》, 원시元始가 지은 것, 중부中部 《옥서록玉書錄》, 원황元皇이 서술한 것, 하부下部 《진원의眞源義》, 태상太上에 전한 것에 기인한 것으로 도합 수천 글자이다.

이 책은 종려금단파鍾呂金丹派가 가장 존중한 기본 교전으로, 한말漢末 삼국시대 도가의 교리, 철학적 관점을 서술하여 송원宋元 이후 내단학의 이론적 토대를 마련하였다. 종려금단파는 이를 통해 당송唐宋 시대의 내단학을 최고 수준으로 끌어 올리었으므로, 내단을 연구한 모두는 필독서로 여겼다.

또 다른 학설에 의하면 「영보필법」은 종·여 두 조사에 의해 완성된 「영보필법」의 완전한 명칭은 「영보통지능내공술靈寶通智能內功術」이다.

영보통靈寶通이란 영보필법의 공리功理에 기초한 수련방법을 말한다.

지능智能이란 지능법을 말하며 주로 9종류의 법술이 있다. 내공內功이란 수련자의 인체 안에 한 개의 몸으로부터 몇 개의 면을 단련하고 한 개의 면으로부터 몇 가닥의 선에 이르게 단련하고 한 가닥의 선으로부터 몇 개의 점에 이르게 단련하고 다시 점으로부터 선에 이르고 면에 이르러서 몸 안의 내기內氣를 운행하는 것을 가리킨다. 또 몸에 형성된 것과 몸 밖의 다른 우주와 서로 감응하여 규율적으로 기가 운행하는 노선을 갖게 하는 것을 말한다. 술術이란 역의 원리를 이용하여 수련의 기술과 방법을 지도하는 것인데 명술命術, 복술卜術, 상술相術, 의술醫術, 산술山術을 오술이라고 부른다.

또한 도가 내공술 공법 가운데 하나로 동정상겸動靜相兼과 성명쌍수性命雙修를 원칙으로 좌坐(앉아서), 와臥(누워서), 참站(서서), 동動(움직이며), 행行(걸으면서) 등 여러 가지 공법으로 시간과 공간에 제약 없이 할 수 있는 엄밀하면서 완벽하게 정리된 수련 공법체계를 갖추고 있으며 때와 장소 사람과 병에 따라서는 다르게 여러 가지로 운용할 수도 있다.

《진원真源》에서 말하기를 "하늘과 땅 사이에서, 위는 양陽이고, 위에서 아래로 4만 2천 리를 내려가면 양위陽位라고 하고, 아래는 음陰이고 아래에서 위로 4만 2천 리를 올라가면 음위陰位라고 한다. 형形과 명名이 있으면 도수度數를 피하기 어렵고 도수度數로 말하면, 1세一歲이면 4시四時, 8절八節은 24기二十四氣, 72후七十二候는 360일三百六十日, 4320진四千三百二十辰이다."

12辰은 1일一日, 5일은 1후一候, 3후三候는 1기一氣, 3기三氣는 1절一節, 2절二節은 1시一時, 4시四時는 1세一歲이다. 1세一歲는 동지절冬至節의 시작이니 이것이 시時이다. 지중양승地中陽昇하니 무릇 1기一氣가 15일이면 7천리를

상승하니, 삼기三氣가 1절一節, 1절一節이 45일이고, 양승陽昇이 총 21,000리, 2절二節이 1시一時, 1시一時는 90일이다. 양승陽昇이 총 42,000리로 천지 가운데에 이르렀고 양합음위陽合陰位는 시음時陰 중 양반陽半이며 그 기氣는 온溫하고 그 시기는 춘분春分의 절기이다. 이 양승陽昇이 지난 뒤에 양위陽位 자리에 들어가니, 비로소 득기이승得氣而昇이라 하고, 역시 입하立夏 45일 전과 같다.

입하立夏 후, 45일이 하지夏至이다. 하지절은 양陽이 오르고, 84,000리를 통하여 하늘에 닿으면, 양陽 중에 양陽이 있고, 그 기氣는 뜨겁다. 양이 쌓이면 음이 생기고, 1음은 2양에서 태어난다. 하지의 절기를 시작으로 하는 것은 시時이니, 천중天中에서 음陰이 내려온 것이다. 무릇 1기가 15일이면 7,000리를 하강하고, 3기三氣가 1절一節이니 1절은 15일이고, 음陰이 내려오는 거리는 총 21,000리이다. 2절二節은 1시一時, 1시는 90일이다. 음陰이 내려오는 거리는 총 42,000리로 천지 가운데에 이르고 음교양위陰交陽位는 양중음반陽中陰半이며 기氣는 서늘하고 당연히 추분秋分의 절기이기도 하다.

이 음이 내려가 음위陰位에 들어가면 비로소 득기得氣가 내려온다고 하는데, 역시 지난 사십오일간의 입동立冬이다. 입동 이후 45일은 동지이다. 동지절에 음이 내려오는데, 84,000리를 내려와 이 땅에 닿으면 음중에 음이 있고 그 기는 차고 음이 쌓이면 양이 생기고, 1양은 2음에서 태어난다. 동지 이후 1양이 되살아나 예전과 같이 끊임없이 운행되고, 주위가 다시 시작되어 길을 잃지 않는다. 동지에는 양생하여 상승하니 하늘로 오르고, 하지에는 음생하여 하강하니 땅으로 돌아온다. 하지는 양이 하늘로 올라가고, 1음도 따라오고, 동지는 땅으로 내려가고, 1양도 따라온다. 그런고로 하지夏至, 동지冬至라고 한다. 양이 위로 올라가고 춘분이 지나면 양위陽位로 들어가 음위陰位에서 떨어져 음이 아래로 떨어지고, 추분이 지나면 음위陰位로 들어가 양위陽位에서 떨어지니 고로 춘분春分, 추분秋分이라고 한다.

무릇 동지에 양이 상승한 후에는 위에서 아래로 음이 내려가지 않는 것이 아니고, 내려온 음은 양중에 남아 있는 음이어서 양위陽位 속에서 그쳐 없어질 뿐이며, 설사 하강하여 올라오는 양과 만나면 그 기氣가 막힌다. 무릇 하지에 음이 내려온 후에는 아래에서 위로 양이 위로 오르는 것이 아니라 상승된 음중에 남아 있는 양이 음위陰位속에 그쳐 없어질 뿐이다. 음양이 오르내리면 위아래가 84,000리에서 나오지 않고, 왕래가 360일, 즉 온양한열溫涼寒熱의 4기四氣로 음양을 인식하며, 즉 양승음강陽昇陰降의 팔절八節로 천지를 알 수 있다.

이상은 천기天機를 예측하여 천도天道의 오해를 풀었다. 이렇게 구이지학口耳之學으로 천지의 도리를 겨루어 어떻게 계산하여 풀어낼 수 있었는지 상상만 해도 감탄할 뿐이다.

3 수련체계修煉體系

1) 인선법引仙法

‘인선법引仙法’은 도가 내단 수련법 중 보루補漏, 환원還原, 축기築基의 공법에 속한다.

《도장집요道藏輯要》에서는 《영보필법靈寶畢法》 즉 「삼선공三仙功」, 「여단공女丹功」을 닦으려면 ‘인선법引仙法’을 먼저 닦아야 한다고 했다. ‘인선법’을 닦지 않으면 「삼선공」과 「여단공」에 들어갈 수 없으며 인선법은 「영보필법」의 각 단락을 수련하는 필수 공법으로, 도가道家에서 상승上乘단계인 진대법眞大法을 수련하여 보루補漏, 환원還原, 축기築基의 공功을 쌓아서 「영보필법」 전체에 들어갈 수 있다. 보루補漏, 환원還原, 축기築基의 공법은 내단 수련의 아주 기초적인 공법으로 인선법의 전부이다. 라고 말할 수 있다. 또한 인선법의 수련 방법은 무극無極을 닦은 것에서부터 구궁九宮까지 도달하는 것이라고 했다.

무극無極을 닦아내는 것에서부터 구궁九宮까지 도달하는 과정을 오언시五言詩로 표현한 한시漢詩가 있어 여기에 소개한다.

① 無極原爲氣, 一元混成體. 무극원위기, 일원혼성체.

무극은 원래 기氣로 이루어져, 일원론적 혼합물이다.

② 太極本無根, 相抱生兩儀. 태극본무근, 상포생양의.

태극은 본래 뿌리가 없으니, 서로 껴안고 兩儀(음양)를 낳았다.

③ 三才見本性, 方知天地人. 삼재견본성, 방지천지인.

자신의 본성을 볼 때 비로소 하늘 땅 사람(三才)을 알 수 있다.

④ 陰陽生四相, 河圖定東西. 음양생사상, 하도정동서.

음양은 사상을 낳고, 하도는 동서를 결정한다.

⑤ 五行配兩氣, 萬物神靈生. 오행배양기, 만물신령생.

오행은 두 가지 기와 짝을 이루고, 만물은 신령에 의해 태어난다.

⑥ 乾坤應六合, 運行日月星. 건곤응륙합, 운행일월성.

건곤은 육합(東西南北上下)에 응답하고, 日月星을 운행한다.

⑦ 七政定君主, 四季更分明. 칠정정군주, 사계경분명.

칠정이 군주를 정하는 격으로 사계절이 더욱 뚜렷하다.

⑧ 八卦分先後, 洛書數術淸. 팔괘분선후, 락서수술청.

팔괘를 선후로 나누고, 낙서로 술법을 세는 것은 분명하다.

⑨ 九宮知世界, 易傳聖人經. 구궁지세계, 역전성인경.

구궁이 세상을 알면 성인은 경을 쉽게 전할 수 있다.

인선법引仙法의 연신섭기煉身攝氣 수련과정은 새어나간 정을 보충하여 축기 환원을 목적으로 하며 삼선공과 여단공 수련에 들어가기 위한 입문 과정이다.

인선법은 체내를 연煉하는 수련이다. 호흡을 통해서 천체 우주의 기氣를 인체 우주로 받아들이면 두 번째의 기炁가 되는데 이 기를 오장으로 보내고 또 기화시키면 정精을 생성하고 이것을 하전에 들어가게 한다.

이렇게 사람이 태어나서 소모된 에너지를 정좌수련을 통해 흡수하여 보충하면서 축기를 시작한다. 축기의 목적은 남자는 정자를 더 이상 소모하지 않게 하고 여자는 난자를 더 이상 소모하지 않게 하기 위해서이다. 이렇게 되면 체내의 음양이기가 조화되어 오장이 오행을 따라 돌게 된다. 수련을 통해 천지간의 정기精氣를 흡수해서 보존하는 것이 보루 과정이다. 또한 이렇게 체내의 부족한 정자를 보충해서 우리의 본원으로 환원시키는 것이 환원 과정이다.

연신섭기를 수련함으로 자신의 병을 제거하고 명을 보전하면서 신체를 강하고 튼튼하게 하고 다음으로 경락을 소통하는데 도움을 주며 음양을 조화시켜 화합한다. 새어나간 것을 보충하고 기초를 쌓아 감으로써 동체童體로 돌아가 근본을 굳게 한다.

형식은 행行, 주住, 좌坐, 와臥, 동動의 다섯 가지 형식을 다 들 수 있는데 사람마다 그 체질과 나이에 따라 수련자가 신속하게 감응되는 방법을 선택 체내의 정精, 기氣, 신神이 점진적으로 변화하게 함으로써 윗 단계로 가기 위한 기초를 튼튼하게 다져야 한다.

인선법引仙法은 12단계가 있는데 체력이 딸리고 피곤할 때 인선법으로 피로를 풀고 양심養心 양신養腎하며 마음을 온정 시킨 다음 안신조규安神祖竅를 할 수 있다. 인선법과 안신조규는 명공命功과 성공性功이 갈라지고 신神 이리 기氣를 하나로 합일시키는 완전한 하나의 단락이다. 시간의 제약을 받는다면 인선법만 하여도 완전한 하나의 단락이 된다.

인선引仙12법法과 수련 체계

축기 築基	제12법養心沐浴	①유욕관규有欲觀竅 ②무욕관묘無欲觀妙
	제11법聽息隨息	①청인심聽人心 ②청도심聽道心
	재10법凝神寂照	①조식연형調息煉形 ②진식연신眞息煉神 ③응신적조凝神寂照
보루 補漏	제9법 內觀返聽	①단행주구單行走句 ②오행상생五行相生 ③오행상극五行相剋
	제8법 修無漏	①봉주하삼음封住下三陰 ②봉주상칠규封住上七竅
환원 還原	제7법 調眞息	①모공毛孔 ②취산聚散 ③진식眞息 ④자신우주호흡自身宇宙呼吸
	제6법安神三步功	①안신安神 ②생신生神 ③수신收神
	제5법 調凡息	①균균均勻 ②심후深厚 ③세면細綿 ④장구長久 ⑤자연호흡自然呼吸
	제4법 收視返聽	①수시收視 ②반청返聽
	제3법 無視無聽	①제양이制兩耳 ②규대규竅對竅
	제2법 調身	①조신調身 ②생형生形
	제1법 收心靜坐	①반좌盤坐 ②정좌靜坐 ③수심정좌收心靜坐

이상은 12법과 수련 순서를 제시하였고 수련방법은 지면 관계상 다루지 않았다. 그러나 인선법에서 제시한 수련기초가 되는 구결을 아래에 인용했다.

354

망자편忘字篇

忘物可以養心 忘情可以養性. 망물가이양심 망정가이양성.

사물物을 잊어야 심心이 길러지고, 정情을 잊어야 성性을 기르게 된다.

忘靜可以養神 忘色可以養精. 망정가이양신 망색가이양정.

정靜조차 잊어야 신神을 기르고, 색色을 잊어야 정精을 기르게 된다.

忘欲可以養形 忘形可以養炁. 망욕가이양형 망형가이양기.

욕欲을 잊어야 형形이 길러지고, 형形을 잊어야 기炁가 길러진다.

忘我可以養虛 忘事可以養道. 망아가이양허 망사가이양도.

아我를 잊어야 허虛가 길러지고, 사事를 잊어야 도道가 길러진다.

과자결寡字訣

寡言可以養炁 寡事可以養名. 과언가이양기 과사가이양명.

말言이 적으면 기炁가 길러지고, 일事이 적어야 명名이 길러진다.

寡聽可以養聰 寡思可以養心. 과청가이양총 과사가이양심.

듣聽는 것이 적으면 총명聰明 하고, 생각이 적으면 심心이 자란다.

寡欲可以養性 寡動可以養神. 과욕가이양성 과동가이양신.

욕欲이 작으면 성性이 자라고 동動이 적으면 신神이 길러진다.

기자결炁字訣

少言語可以養內炁 寡色欲可以養精炁. 소언어가이양내기 과색욕가이양정기.

少言이면 영내기養內炁 되고, 색욕이 적으면 양정기養精炁 되고

薄滋味可以養血炁 抑津液可以養髒炁. 박자미가이양혈기 억진액가이양장기.

滋味를적게하면 養血炁 되고, 津液을 억제하면 養髓炁 되고

戒嗔怒可以養肝炁 節飲食可以養胃炁. 계진노가이양간기 절음식가이
양위기.

嗔怒를 경계하면 養肝炁 되고, 飲食을 절제하면 養胃炁 되고

均胎息可以養肺炁 少思慮可以養心炁. 균태식가이양폐기 소사려가이
양심기.

胎息이 고르면 養肺炁 되고, 思慮를 적게하면 養心炁 되고

不漏精可以養腎炁 謹行藏可以養神炁. 불루정가이양신기 근행장가이
양신기.

漏精이 없으면 養腎炁 되고, 行藏을 삼가면 養神炁 된다.

여기서 조금은 생소한 기炁자가 등장했다. 도가에서는 氣, 炁, 氣자의
3종류의 기자를 각각 쓰고 있는데 이것을 왕리핑선생님이 설명한 7언시
를 소개한다.

氣天体自然之息, : 기氣는 천지우주자연이 숨 쉬는 것이고

炁人体宇宙之秘, : 기炁는 인체우주 안에서 생기는 신비이고

氣修真成仙之密, : 기氣를 수진하는 것은 신선을 이루는 비결이다.

奧妙無窮氣炁氣 : 세상에서 오묘하고 무궁한 것이 氣, 炁, 氣이다.

이 인선법의 공법은 수 천 년을 통해 선각자들이 수련을 하여 얻어낸
고귀한 유산이다. 세계적으로도 이러한 수련공법은 찾아보기 힘들다고
하며 너무 완벽한 공법이라서 누구도 이를 고치지 못한다고 한다.

2) 인체 내공선內功線

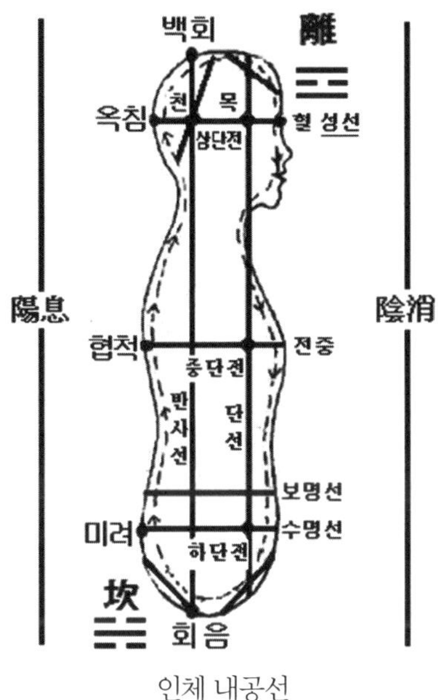

인체 내공선

'영보통 지능내공술'은 도가의 성性과 명命을 함께 닦는 금단대법(金丹大法)으로, 그 중 성性 부분을 수련하는 것은 표현형식으로 보면 신神, 혼魂, 지志, 영靈, 정靜, 정定을 포함하고 있으며, 가장 핵심은 신神을 연마하는 것이다. 신神을 연마함으로써 다양한 사고력을 얻을 수 있고, 따라서 우주와 우주의 다른 차원을 인식할 수 있다.

성을 수련하는 입문방법은 내공선內功線을 수련하는 것이다. 내공선은 여동빈이 만들었다.

기록에 의하면, 당시 여조呂祖는 3천 명의 제자를 받고, 8백 명을 희생하고서야 비로소 내공선 수련 방법을 총결總結해냈다. 이후 이 방법이 여러 산도山道에 유전되었으나 세상 사람들은 들으려고 해도 듣지 못했다.

북오조北五祖의 왕중양王重陽이 창립한 전진도全真道에서 그 수련 방법

이 전해져 성性을 닦고 성性을 열어 먼저 명심견성明心見性하게 하고 다음
으로 연정煉精 연기煉炁 연신煉神 하였다. 성을 닦고 성을 여는 것은 내공
선內功線을 수련하여야 한다.

(1) 3관三關

인체의 척추 뒤에 있는 독맥督脈이 지나는 노선이다.

① 미려관尾閭關 : 척추에서 제일 끝나는 부분에 있다. 포괄적으로 7개
의 골절이 있으며 7개의 혈혈의 위치이다.

② 협척관夾脊關 : 쌍관雙關, 중관中關이라고도 하며 제11흉추절 밑에 있
으며 내기內炁가 통과하는 곳이다.

③ 옥침관玉枕關 : 철벽鐵壁이라고도 한다. 인체 머리 부분 뇌뇌腦의 뒤에
있다.

도가의 연단 수련 중 1차 적으로 이 3관을 개통해야 한다. 3관 개통 후
양기陽氣가 그 노선을 따라 니환泥丸에 까지 올라가고 다시 하강하여 옥
액환단玉液還丹이나 금액환단金液還丹으로 변한다.

(2) 3전三田

사람은 본래 전田이 없었다. 인체내공선人體內功線을 수련하고 하복부
를 소가 쇠로 된 밭을 갈 듯이 연마하여 十자 모양의 하전을 이루었다.
이 과정을 철우이전鐵牛犁田이라고 하였다. 단선斷線과 성선性線, 장력선壯
力線, 수명선修命線의 교차점이고 따로 상전, 중전이 있다. 수련이 수승하
여 금단을 이루면 상단전, 중단전, 하단전이라고 부른다.

① 상전上田 : 니환궁泥丸宮이라고도 하며 따로 부르는 명칭은 많다. 원
신元神을 숨기는 곳이다.

358

② 중전中田 : 토부황정궁土釜黃庭宮 등 이명異名은 많다. 기炁가 있는 곳이며 빈 공간의 1혈穴이다. 연단지정煉丹之鼎 즉 단약을 연마하는 솥이기도 하다.

③ 하전下田 : 하전 이름은 화지華池이며, 또한 허간일혈虛間一穴이기도 하며, 사방 1촌 2푼으로 정精이 보관되어 있는 창고이며, 약재를 채취하는 곳이다. 화지에서 약 1촌 2푼, 즉 배꼽 뒤, 신장 앞, 가운데 혈穴, 이름은 언월로偃月爐, 일명 기해炁海(기해氣海혈이 아님)이다.

(3) 6선六線

① 성선性線

성선性線은 미간에서 옥침玉枕 사이의 연결을 말하며 천목혈玉枕이라고도 한다.

사람은 태어날 때 뇌문腦門 앞에 세로로 틈이 있는데 사람마다 길이가 다르다. 사람이 나이가 들수록 이 틈은 점점 더 커지나 미간에 구멍이 뚫려 있어 옛사람들은 '혈'이라고 불렀다. 이 혈은 1촌一寸이 명당궁明堂宮, 다시 1촌 더 들어가면 동방洞房, 다시 1촌 더 들어가면 니환궁泥丸宮 다시 3촌 더 들어가면 후천경後天鏡이다.

② 장력선壯力線

장력선은 전중膻中에서 협척夾脊까지의 연결을 말한다. 장력선은 힘을 키우고 힘줄을 튼튼하게 하는 효과가 있다. 내공을 수련할 때, 먼저 상하 양현兩弦을 수련하라. 남자는 중전을 지킬 수 없으니 다음 하삼계下三界에서는 장력선을 수련하지 말고, 여자는 중전中田을 지킬 수 있다.

③ 보명선保命線

보명선은 배꼽에서 명문命門까지의 연결을 말한다. 배꼽, 즉 신궐神闕은 인간의 선천적인 명규明竅이자 공양供養 부위이며 후천에서 선천적으로 돌아오는 첫 번째 도의 관문이다.

④ 수명선修命線

수명선은 기해氣海에서 미려尾閭까지 이어지는 선을 말한다. 기해氣海는 수곡水穀의 원기가 인체의 기炁로 운반되는 장소이다. 이곳을 수련하면 체내 기화의 정도와 질을 높이고 사람들이 다품질의 순수한 후천의 기炁를 얻을 수 있다.

⑤ 반사선反射線

반사선은 백회百會에서 회음會陰까지의 연결선을 가리킨다.

⑥ 단선斷線

단선은 천문天門에서 전음前陰까지 이어지는 선을 가리킨다. 천령개天靈蓋라고도 불리는 천문(天靈盖)은 니환궁泥丸宮 위 3촌三寸 지점에서 선천적인 원신元神들이 정보를 주고받는 관문이자 양신陽神이 빠져나가는 곳이다.

⑷ 4면四面
① 천문면天門面

성면性面, 영면靈面이라고도 하는 천문면은 단전이 자리를 잡으면서 형성되었고, 그 윗부분이 천문天門이라 하여 붙여진 이름이다.

② 반사면反射面

소뇌면小腦面이라고도 하는 반사면은 후천경後天鏡에서 투시透視 또는 내시內視를 위해 천목혈天目穴에서 방출되거나 회수되는 신광神光의 각도를 제어하는데 사용된다.

③ 전음면前陰面

전음면은 정혈면精血面이라고도 하며, 남자는 정精을 보호하고 고정하며 환원시켜 정精을 체내로 되돌려 오행五行으로 운반하고, 여자는 혈액을 끌어올려 운반한다.

④ 후음면後陰面

후음면은 명면命面이라고도 하며 좌골坐骨과 회음會陰을 잇는다.

인체의 내공선을 보면 종으로 반사선과 단선의 두 선이 있고 횡으로 성선 장력선 보명선 수명선의 4선이 있으며, 성면과 반사면, 정혈면과 후음면의 4면이 있는데 이 6선 4면을 수련함으로써 인체의 내시와 투시를 할 수 있다.

그중에서도 성선性線을 상현관上玄關이라고도 하고 천목혈天目穴이라고도 하는데 신광神光이 직통하는 관규關竅이다. 여동빈은 이 천목혈 수련을 위한 공법을 연구하면서 3,000명의 제자를 받아서 800명을 희생시키면서 완성했다고 한다.

여동빈은 이렇게 말했다.

"천목혈은 오묘한 가운데 오묘함이 들어있고 규竅중에 규가 있는 곳이다. 안과 밖의 길을 합쳐주는 곳이니 현자賢者는 이를 열고 우자愚者는 이를 닫아버린다. 열린 자는 지혜를 얻을 수 있고, 닫힌 자는 영혼靈魂이 열리지 못한다."

이것을 열기 위한 공법을 익히는 것은 정성을 보존 하여 모든 연분을 내려놓고 나서 오직 이 ∴세 점만을 이용하는 것이다. 이 ∴세 점은 곧 해와 달과 천강성인데 사람의 몸에 있어서는 왼쪽 눈과 오른쪽 눈과 두 눈썹 사이의 편편한 곳이다. 사람이 선천에는 눈이 감기어서 인당을 통해 감지하게 되므로 눈을 셋으로 본다. 사람이 수련을 통해 두 눈썹 사이의 편편한 곳 즉, 인당이 열리게 되는데 이렇게 하여서 열리게 된 눈을 천목혈天目穴 이라고 한다.

천목혈이 열려 있다고 해서 완전한 현관이 형성된 것은 아니다. 이제는 천목혈과 하늘과의 사이에 내공內功의 힘을 빌려서 하늘 사다리 즉 통로를 연결해야 한다. 이 통로는 하늘과 나와의 사이를 마치 터널과 같은 상태로 연결 되니 이 통로를 통해 삼세(전세轉世, 현세現世, 내세來世)를 가고 올 수가 있는데 이 삼세로 갈라지는 교착점이 현관이다. 이 통로 즉 현관을 통해 육도六道 윤회輪廻가 이루어지고 전세轉世와 내세來世의 길을 왕래한다. 천당도 지옥도 다 이 현관을 통해서 볼 수 있고 갈 수 있다. 그리고 내가 어떤 경로를 통해서 현세의 이 자리에 와 있는가도 이 통로로 들어가서 보고 알 수 있다.

안신조규安神祖竅 수련 중 신광神光을 거둬들이면서 천목혈天目穴의 위치를 자극하는 과정이 있다. 성선의 맨 뒤 천天, 즉 후천경後天鏡을 자극한 것이다. 후천경의 위치에는 영혼靈魂이 머무는 곳이다. 후천경을 자극하면 사람의 본래 영감이 살아날 수 있다. 그래서 성선을 지혜의 선이라고도 한다.

인선법의 축기築基과정 중에 반드시 수련할 부분이고, 천목혈天目穴 수

362

련이라고도 불리는 역개천목 수련은 어떠한 과정을 거치는지 알아본다.

태을금화종지太乙金華宗旨는 여조사가 구술하면 제자들이 이를 받아 적어서 저술이 완성되었다. 왕선생님이 어렸을 때 세분 스승님과 공부를 할 때 태을금화종지는 총21장으로 되어 있었다. 하지만 지금은 13장으로 되어 있다. 나머지 8장은 볼 수 없다. 8장이 빠진 이유는 입으로만 전달되고 문자로는 이를 전달하기 곤란한 내용이었기 때문이라고 한다. 역개천목의 내용은 빠져버린 8장 속에 포함되어 있는데 사실은 말로서도 설명하기 어려운 부분이 있다.

예전에는 천목을 ∴ 이렇게 세 점으로 표현하였다. 세 점 중 아래 두 점을 日과 月이라 하고 나머지 위쪽 점은 玄竅라고 표현하였다. 현규는 일월의 중간이고 그 위에 위치한다. 현규가 뒤편의 천天과 목目에 연결되어 있다. '현규'라는 말도 설명이 쉽지 않다. 모든 사람은 각자 위치가 각자 다르다. 사람마다 왼쪽으로 치우치거나, 오른쪽으로 치우치거나, 상하로 치우칠 수 있다. 모든 사람들의 이러한 차이점들은 내가 전세轉世하여 넘어오면서 발생한 것이다. 길이와 넓이도 시간이 흐르면서 내가 전세하는 과정에 이승에서 얻은 것이라고 전한다. 전세라고 하였는데 유전은 아니다. 전세의 개념 속에 유전이 일부 포함되는 점은 사실이지만 이것은 유전이 아니다. 여조사의 말씀 중에 "태어나서 부모와 똑같다는 말은 할 수 없다"는 말이 있다. "몇백 년 전의 나와 닮은꼴이 지금의 나다" 라는 말이 전해져 온다. 태어나서 부모와 다르고 할아버지를 닮거나 그 윗세대를 닮을 수 있다. 이러한 점들을 보면 우리의 몸 속에는 아주 옛날부터 전해 오는 것들이 남아 있음을 알 수 있다. 우리 몸속에는 수백 년, 수천 년 전부터 내려오는 것들이 숨어 있다.

'수진도'의 그림에 보면 머리 쪽으로 할아버지의 형상이 있는 데 그 의미는 우리 몸에는 아주 옛날부터 전해져 오는 것들이 잠재해 있다는 뜻이다. 혈목천穴目天 등 3점을 연결통로라고 표현한다.

혈穴은 인체의 표면에 존재하면서 인체의 내부와 외부를 감지할 수 있는 역할을 한다.

목目은 혈穴로부터 3촌 거리 뒤에 존재한다. 수련을 거쳐서 그 위치를 상전上田이라고 표현한다. 상전은 신神이 거주하는 곳이다. 지금 말하는 위치는 육체가 있고 나서 존재하는 곳을 말한다. 이 위치는 육체의 지혜의 원천이라고 할 수 있다.

천天은 목目의 뒤에 있는데 후천경後天鏡이라고 부른다. 이 위치는 영靈이 존재하는 곳이다. 여기의 영은 육체와 비교하였을 때 선천적先天的인 성격을 갖는다. 이 위치에서 나오는 지혜는 전세轉世하여 내려오는 지혜이다.

목目의 위치의 神은 육체가 생긴 이후에 성장하면서 가지게 되는 지혜이다. 역개천목은 인체의 내부와 외부를 교류시키는 과정이다. 天目穴의 穴을 통하여 인체의 외부적인 인식과 내부적인 인식을 연결하고 교류시키는 것이다.

여기서 穴은 호흡이 가능하다. 그 뒤로 가면서 선천과 후천간의 교류가 있다. 후천적인 지혜와 선천적인 영靈의 교류가 있게 된다. 이 통로에서 몸으로 들어오는데 이를 세 점으로 표현하였다. 혈목천穴目天이 모두 열린 상황에서는 이를 천목天目이라고 부른다. 열려 있지 않은 상황이면 천목혈天目穴이라고 부른다. 천목이 열린 상황에서는 시작한다. 기동된다는 표현을 쓴다. 열리지 않으면 닫혀 있는 상태이다. 천목이라는 말을 썼을 때는 열려 있다는 의미가 있고, 천목혈이라고 표현할 때는 닫혀 있다는 의미가 있다.

이 ∴ 3점을 합하여 천심天心이라고 표현하기도 한다. 천심을 표현할 때 체내의 삼재가 합해진 것이다. 라는 말도 있다. 인체 내의 내용만을 설명하는 것이다. 머리를 하늘로 하고 하복부 쪽을 땅으로 한다는 의미도 담겨있다. 천심이라는 자체가 현규玄竅 이다. 위치는 눈 바로 앞이다. 현규는 몸속에도 있고 몸 안에도 있고, 사람마다 있다. 현인은 열려 있는 상태이고, 우매한 자는 닫혀 있다고 전한다. 열려 있으면 장생하고, 닫혀 있으면 길게 갈 수 없다고 한다. 닫혀 있으면 단명短命 한다. 짧아진다는 말은 사람이 죽는다는 말이 아니라 영혼靈魂이 닫혀서 열리지 못하고, 그 상황에서는 전세轉世해서 내려오는 영靈이 열리지 못한다는 뜻이다. 완전히 닫혀 있는 사람은 일을 처리함에 있어 본인 스스로에게 하지 못하고 남에게 의존하려 한다. 후천後天의 지혜를 가지고 문을 두드려 선천先天의 지혜를 열려고 한다. 본인이 평소에 한 행위를 스스로 돌이켜 보고, 일의 잘못에 관하여 자기 자신에게 질문한 적이 있는지 돌아보아야 한다. 자기에게 그러한 질문을 던지지 않았다면 천심이 없다고 한다. 천목이 닫혀 있는 상황이다. 자기 몸으로 바깥을 경험하고 느낀 바에 따라 행동하는 것임에도 천목이 닫혀 있는 상태이다. 천목이 열려 있는 사람들은 항상 자기 자신에게 질문을 던진다. 모든 것을 자기 자신으로부터 시작한다면 그 사람을 현인이라고 부를 수 있다.

우리 인간의 육체는 정해진 수壽가 있다. 정해진 수가 있지만 신령神靈의 변화에 의하여 그 수壽는 늘어지거나 줄어들 수도 있다. 천목天目의 수련은 후천의 신神과 선천의 영靈이 서로 교류하는 것이라고 볼 수 있다.

수련과정에 관하여는 「극히 고요함속에서 명계冥界상태를 유지할 때 효과가 있다.」고 전한다. 체내와 체외를 연결하는 통로를 통하여 상대편의 몸을 관찰할 수 있다고 한다. 반관내시하면 자기의 내장을 관찰할 때는 내관한다고 하며, 내관할 때는 중심이 천심에 있다고 한다. 천심 속에 신령의 변화가 있다고 한다. 신령의 변화에 따라 내강內腔에서 작용을 한다. 역개천목 수련을 하는 목적 중 하나이다.

⑸ 역개천목力開天目 수련방법

도가 내공수련의 매우 중요한 부분인 인체 내 여섯 개의 내공선內功線 수련 방법도 여동빈呂洞賓이 완성했다. 현대 과학은 아직까지 인체 경락의 존재를 증명하지 못하고 있다. 여기서는 도가 수련 방법과 내용을 영보필법과 왕리핑(王力平)선생님이 지도하신 강의 내용을 인용하였다.

반좌盤坐자세를 한다. 손 자세는 평안식平安式으로 하여 장심掌心이 손 아래로 향하게 한다. 평안식은 내가 하늘과 땅에 뭔가를 위하여 비는 자세가 아니다. 하늘과 땅 사이의 압력을 내가 자원하여 받는다는 의미가 있다. 압력이 클수록 천지간 기의 교환이 크고 많아진다. 우리 몸을 꿰뚫고 움직이는 천지간의 기의 교류가 더 많아진다.

몸을 조절하여 심신이 안정되고 전신의 긴장을 풀고 양어깨, 양팔, 양팔꿈치, 양손목, 양손 모두 긴장을 풀고 척추는 똑바로 세우고 입술은 살짝 다물고 이빨은 가볍게 다문 다음 혀끝은 상악에 붙이고 자연호흡을 한다. 의념은 하전인 곤궁에 두고 모공호흡을 이용하여 전신의 모공을 봉한다. 흡기하면서 전신모공으로 기가 들어오고 깊고 고요하게 몸으로 거두어들인다. 호기하면서 전신을 밖으로 방사한다. 5회 정도 한 다음 천천히 호흡의 힘을 약하게 하면서 자연호흡을 하고 의념은 전신모공에 둔다.

그 몸을 조절하고 나면 머리를 들고 나서 눈을 감고 앞을 본다. 멀리 볼 수록 좋다. 하늘 끝을 보라는 표현도 있다. 하늘 끝은 사람마다 모두 다르다. 하늘 끝의 거리도 사람마다 다르다. 몸과 가까이 있으면 근시라고 표현한다. 눈이 나쁘다는 말이 아니라 안목이 적다는 의미이다. 하늘 끝이 멀리 있는 사람은 원시라고 표현한다. 사람의 신령은 근시와 원시 사이에서 작용한다. 사람이 육체를 이탈해서 나갈 때는 일정한 고도가 있다. 본인의 의념과 의식으로서 멀리 내보내는 것이다. 하늘 끝에서 밝은 지를 보고 빛이 있는지를 본다. 밝은 것과 빛이 있는 것은 같지 않다. 밝다고 해서 빛이 있는 것이 아니다. 하지만 빛이 있으면 항상 밝다고 표현한다. 식광識光과 신광神光으로 나누어진다. 신神이 볼 수 있는 것은 밝은 것이다. 후천경後天鏡과 신神이 합쳐서 볼 수 있는 것은 빛이다. 불을 보았을 때 밝은 것으로 표현할 수도 있다. 밝은 것이 대부분이고 빛은 적다. 우리는 빛 광光이 필요하다.

먼 곳에 의념을 보내고(이때 체내에서 체외로 보낼 때는 빠르게 내보낸다) 먼 곳의 신광을 눈앞에 거두어들여서(이때 거두어들일 때는 아주 천천히 한다) 안신조규를 한다. 좌우 두 눈을 잘 이용하여 천천히 눈앞으로 거두어들이고 두 눈동자를 중앙으로 모은다. 좌우 두 눈과 천목혈의 이∴ 세 점이 합하여 한 점이 되게 하여, 보는 듯 마는 듯 무심으로 바라본다. 상현관일규上玄關一竅 위치에서 약간의 호흡을 진행할 수 있다. 천목혈天目穴 중 목目으로 거둬들인다. 초련자들은 목目의 위치를 잘 모를 수 있다. 애매하면 그냥 안으로 거두면 된다. 이렇게 하는 과정에 반관내시하여 그 위치를 살펴보아야 한다. 나의 그 위치에 아무것도 보이지 않는다고 하더라도 수련자는 '내가 신이 존재하는 목目으로 신광을 보내었다'는 의식을 견지해야 한다. 다시 후천경 쪽으로 거둬들인다. 수련 중에 후천경 말이 나오면 지금 역개천목을 하고 있구나, 를 알아야 한다. 수련 중에 천이라고만 표현하였다면 역개천목이 아닐 수도 있다. 이때 후천경이 밝은지 밝지 않은지 살펴본다. 도인사에서 그렇게 표현하지만 후천경이 밝든지 밝지 않던지 별 상관이 없다. 그리고 후천경으로부터 빠른 속도로 눈앞으로 보낸다. 그리고 평시 하여 눈을 감고 다시 멀리 본다. 이때는 두 눈을 사용하여 천목을 이끌어서 앞을 본다. 다시 하늘 끝을 바라본다. 이로써 후천의 의식과 빛이 다시 한번 합해졌다. 다시 한번 신광을 눈앞으로 거둬들인다. 혈목천의 위치를 따라 천천히 몸 안으로 들어온다. 다시 멀리 보낸다. 여기서 왕복을 3회 이상을 하지 않는다. 이 훈련으로 인하여 혈압 또는 뇌압이 쉽게 상승할 수 있다. 이 과정을 역개천목力開天目이라고 한다. 여기서 내가 3회 왕복훈련을 한 후에 눈을 백회百會 쪽을 향하여 바라본다. 백회에서 회음으로 내려 보낸다. 이 선線도 2, 3회 왕복을 한다. 백회는 인체의 최고점에 있다. 회음은 인체 최저점에 있다. 백회는 하늘의 뜻이 포함되어 있고, 회음은 땅속 지하의 뜻이 담겨 있다고 전한다. 따라서 반사선 훈련을 잘 하였을 때는 천지사이의 규율을 잘 알 수 있다. 마지막에 회음혈에 내려와서는 잠시 회음혈을 지켜본다. 밝은지를 살펴본다. 회음혈에 밝은 빛이 보이면 나의 후천경이 형성되어 있음을 알 수 있다고 전한다. 회음혈에 아무것도 보이지 않지만 어떤 느낌이 있을 수 있다. 이때는 영이 곧 활동하려고 하는 상황일 수 있다. 회음만 느낌이 있을 때는 나의 영이 금방 움직이려 한다고 볼 수 있다. 지금 말하는 상황은 역개천목 훈련을 잘했을 때 나타날 수 있는 것들이다.

수련을 한 사람들은 회음의 존재를 알 수 있다. 회음혈이 굳이 밝지 않더라도 백회혈로부터 뭔가 도달하였다는 느낌만 들어도 매우 잘한 것이다. 물론 이상적이라면 백회혈로부터 뭔가 도달하였다는 느낌과 더불어 밝은 빛을 회음에서 볼 수 있으면 가장 좋다.

백회에서 뭔가 내려왔다는 느낌도 들지 않고 백회의 위치도 느낄 수 없다면 이는 곤란하다. 회음혈會陰穴은 인체의 최저점으로서 위로는 백회로 연결되고 아래로는 용천혈湧泉穴로 연결되는 매우 중요한 위치이다. 음중양혈陰中陽穴로서 기경팔맥奇經八脈을 연결하는 중간점이 될 수 있다.

내가 회음혈을 열고 닫는 것을 자유자재로 할 수 있다면 건강에 도움이 되고 많은 이점이 생긴다. 사람이 장수할 수 있는 중요한 조건이기도 하다.

회음혈會陰穴을 지켜보다가 하늘 끝에 보낸다. 머리를 들면서 회음에서는 사선으로 하늘 끝으로 하고 천목에서는 수평선으로 하늘 끝으로 보낸다. 하늘 끝에서 만나는 위치를 감리상교坎離相交의 지점이라고 표현한다. 여기서 두 가지 상황이 있을 수 있다. 동시에 내보냈지만 눈에서 나간 신광이 먼저 도달하고 회음에서 내보낸 신광이 더 늦게 도달할 수도 있다. 회음은 음중양혈陰中陽穴이고, 눈을 감은 상태에서 천목에서 나간 것은 양중음陽中陰이다. 밑에서 얻을 수 있는 것은 의意이고, 위에서 얻을 수 있는 것은 신神이다. 앞에서 신의神意가 합해진다. 이 위치에서 합해지는 것은 반려伴侶가 만나는 상황이라고 표현한다. 합해진 이후에 다시 눈앞으로 당겨온다. 정상적인 훈련이라면 눈앞에 당겨와서 안신조규安神祖竅를 할 수 있다.

신광을 눈앞에 가져 온 후로는 있는 듯 없는 듯 신광을 눈앞 공간에 남겨둔다. 안신조규를 더 진행하려 한다면, 일월합벽日月合璧하는 과정, 양안과 천목 등 세 점을 하나로 한 점에 맞추는 과정, 신광을 눈앞 위치에 고정시키는 과정도 있을 수 있다. 사람에 따라 밝지 않을 수 있고 빛을 보지 못할 수 있다. 이때 양안을 돌리는 동작을 한다. 신광이 드러나게 하기 위함이다. 돌리게 되면 빛과 밝음이 하나가 되어 서로 얽혀져 있을 수 있다. 그 뒤로 천목혈의 호흡을 할 수 있다. 눈앞의 빛을 앞으로 밀어가고 당겨오는 과정에서 자기 우주 안에서 자기에게 가장 적합한 위치를 찾는다. 그리고 다시 일월합벽을 하여 신광을 눈앞에 모은다. 그리고 천강天罡으로 눈앞의 신광에 자극을 주어서 신광을 돌려볼 수도 있다. 쉽게 표현하면 천목혈의 선으로 신광의 테두리를 돌리는 것이다. 돌리는 목적은 눈앞의 신광을 눈앞에 항상 떠 있게 하기 위한 것이다. 여조사의 표현에 의하면, 사람을 큰 우주라고 할 때 사람은 지구라는 큰 우주 안에 떠 있는 것으로 볼 수 있는데, 신광도 사람의 우주 안에서 늘 떠 있으라고 천강선으로 돌리는 것이다. 이 과정의 기본적인 훈련방법과 기교에 관하여는 설명을 하였지만 더 세밀한 부분은 말로 표현할 수 없다.

역개천목을 거치고 나면 안신조규가 이어져 있다. 그리고 눈앞의 신광을 관찰하고 모으고 난 뒤에 흡기를 통하여 천목혈 중 목을 지나 중전, 하전으로 끌어들이는 과정이 있다. 이를 태을함진太乙含眞이라고 한다. 태을太乙은 가장 크다는 의미가 있는데 내가 이렇게 거둬들인 신광이 가장 크다는 의미가 있다. 눈앞에서 하전까지 거둬들이는 과정이다. 한 번에 하전으로 내려오지 않고 중전에 있을 수도 있고 상전에서 내려오다가 중전 쪽을 지나가지 못하는 경우도 있다. 하전에 한 번에 내려오지 못한다는 말은 눈앞의 먼 곳을 보았을 때 거리가 부족하였다는 것을 알 수 있다. 하전을 거쳐서 더 내려갈 수도 있다. 이때는 정이 누설되었다는 표현을 쓴다. 하전이 전음과 연결되어 있기 때문이다. 때문에 하전을 초과하여 지나치지 않도록 주의하여야 한다. 몸으로 거둬들이는 과정을 태을함진太乙含眞이라고 한다.

그리고 하전에서 호흡을 진행한다. 신을 사용하여 하전에서 호흡을 진행한다. 그리고 하전에 움직임이 생기거나 약간의 열감이 생기거나 좋기는 약간 밝아지는 느낌이 있는지 본다. 약간 밝아지는 느낌이 있을 때를 태을함진이라고 표현한다. 하전까지 내려와 태을함진의 내용이 포함된다.

태을금화종지에서 8장이 빠져 있다. 하였는데 지금은 역개천목, 안신조규, 태을함진 등 몇 개의 장이 보충되어 있다. 태을금화종지에 나와 있는 부분 중 중심적인 내용은 방법도 기재되어 있지 않고 훈련도 할 수 없다. 지금 말하는 이 부분도 문자로는 표현이 불가능하다. 문자로 표현도 할 수 없고 문자를 보고도 이해를 할 수 없다. 입으로 전하고 표정과 행동이 섞인 상황에서야 듣는 사람이 비로소 이해가 가능하다. 태을금화종지 중 이성적인 부분은 문자로 적고 구체적인 방법은 기술하지 않았다. 구체적인 방법에 들어가더라도 기교나 화후에 관한 내용은 기재가 없다. 어느 부분은 기술에 속하고, 어느 부분은 수단에 속하고 어느 부분은 결말에 속하지만 책을 보고 도저히 알 수 없다. 적어 놓지도 않았고 적어도 알 수 없다. 선천오행의 기를 거둬들이는 기초이고 기본이 되는 공부이다. 사람은 모두 영성靈性이 있다. 누구나 천체의 기운을 눈앞에 가져올 수 있다. 하지만 눈앞에 가져왔지만 몸 안으로 거두지 못할 수도 있다. 지금 이야기한 통로와 역개力開의 위치가 아주 중요하다.

(6) 진양화進陽火 퇴음부退陰府 수련

비호흡과 모공호흡을 주로 사용하여 대자연에 있는 오행의 기를 인체우주로 가져와서 체내에서 기화시키는 것이 체내의 수련이었다면 다시 이 기를 오장으로 들어가게 하여 다시 기화 시킨다. 다시 기화된 후에는 그것이 오장의 정精을 생성시켜서 하전에 들어가게 한다. 여기까지가 인선법引仙法이다.

이제부터는 하전에 모인 기를 철우이전鐵牛犁田 하듯이 죽을힘을 다하여 압력을 가해 밀도를 배가 시킨다. 압력이 커지면 한줄기 열류가 여기서부터 올라간다. 이것이 경락주천이다. 이 단계에서는 채약귀로朵藥歸爐 해야 한다.

채약귀로 하기 위해서는 몸 안의 정기를 밖으로 내보내어 대자연의 오행기와 교합하는 것이다. 교합한 두 기만을 비교할 때 자연의 기는 양기에 속하고 체내의 기는 음기에 속한다. 안신조규로 음양의 기가 눈앞에서 합하게 되면 빛이 나타난다. 바로 이때 두 눈을 드리우고 두 눈으로 코를 보고 다시 코에서 심을 보고 심에서 기혈을 관하여 이 기를 기혈로 보낸 다음 강행적인 호흡법을 사용해서 철소가 밭을 갈듯이 4가지 호흡법을 동시에 시행한다.

첫째 비호흡으로 가늘고 균일하고 길게 해야 한다.

두 번째는 외행호흡 즉 모공호흡이다. 모공호흡을 할 때는 반드시 힘이 있어야 한다. 84,000의 모공을 통해 흡기하여 4면 8방에서 거둬들이고 호기하여 4면 8방으로 내 보낸다.

세 번째는 내행호흡이다. 흡기하여 배꼽아래 하전에 이르게 하고 호기하면서 심을 넘지 않아야 한다.

네 번째 호흡은 흡기하면서 강행적으로 아랫배를 거두어들이고 호기하면서 아랫배를 통하여 밖으로 방사하는 호흡이다.

이 네 종류의 호흡을 동시에 함으로써 기가 하전으로 모여서 발동할 수 있다. 하전에 기가 발동했을 때 흡기하여 하전에 모으고 호기 하면서 하전의 기를 생사규로 보낸다. 이 생사규는 회음혈의 생사혈과는 다르며 남자의 요도에 있는 한 개의 구멍으로써 아주 작은 수정관의 구멍이다. 생사규로 보내진 다음 흡기하여 미려 협척 옥침을 지나 정문에 이르고 정문에서 호기하여 아래 생사규 까지 내려오고 생사규에서 다시 흡기하여 다시 위로 올라가고 호기하여 다시 아래로 내려오고를 반복하여 아홉 번 할 수 있다. 이렇게 아홉 번 한 다음 잠시 멈추었다가 다시 하전의 발동이 있는 후에 다시 아홉 번 하고 다시 발동을 기다렸다가 아홉 번 하여 총 4번까지 하여서 4×9=36번까지 할 수 있다.

이 과정을 36번의 진양화 라고 한다. 이 진양화는 체내의 소약을 채취하는 과정이다.

퇴음부의 공법도 진양화와 거의 비슷하나 기가 정문에서 내려올 때 생사규로 가는 것이 아니고 수명선 까지 내려와 흡기하면서 하전에 모으고 하전에서 호기하여 생사규로 가는 과정이 다를 뿐이다. 그리고 여섯 번까지 순행하고 이것을 4번까지 하여 4×6=24번까지 할 수 있다. 이것이 24번 퇴음부이다.

퇴음부 과정에서 앞가슴에 열감이 있으면 답답하고 숨이 막히는 듯하면 그 위치가 황정黃庭이다. 황정이 열리면 기가 위로 가서 폐로 들어가면 금액환단이라고 하고 폐를 거쳐 입으로 올라오면 옥액환단 이며 황정의 기가 오장을 통해 등으로 올라가면 주후비금정 이고 머리까지 올라오면 환정보뇌 라고 하며 기혈에 내려가면 강궁絳宮이라고 한다. 퇴음부는 얻어진 약을 하전에 봉고하는 과정이다.

인선법의 끝은 삼선공의 시작이다. 이제 수련자는 명사明師의 지도 아래 '삼선공三仙功' 수련에 들어갈 수 있다.

「영보필법」은 종리권과 여동빈의 두 조사가 수련한 내용이기도 하다. "9년간 면벽하고 10년만에 공을 이루어 2년을 더해서 목욕한다" 는 내용을 책으로 엮은 것이다. 이 「영보필법」에는 인선공人仙功과 삼선공三仙功,

여단공女丹功을 수련하는 방법이 나와 있다.

3) 삼선공三仙功

① 유래由來 및 내용內容

'삼선공'은 도가수진대법 중 하나로 우리나라에 현존하는 도가수진대법의 명저《영보필법靈寶畢法》중에 나와 있는 수련 방법이다.

종리권鐘離權은《영보필법靈寶畢法》을 얻게 된 경위를 그 책 서문에 남겨 놓았다. 그 일부를 옮겨본다.

"종남산 석벽사이에서 「영보경靈寶經」30권을 얻었다. 상부《금고서金誥書》는 원시元始께서 저술한 것이고 중부《옥서록玉書錄》은 원황元皇께서 술설한 것이며 하부《진원의真源義》는 태상太上께서 전한 것이었다. 모두 수천 글자였으며 나는 침식을 잊고 열심히 공부하고 멀리 생각하며 깊이 성찰하여."…하략

"대도의 거룩한 말씀은 자기 한 몸이 사사로이 갖지 못하니 동빈洞賓에게 전한다. 도를 이룸은 비밀로 하지 못할 것이니 응당 후인들에게 남겨주어야 한다.

정양진인 종리권이 운방에서 서序 하노라."

여조呂祖는 왕중양王重陽 조사祖師에게 전했고, 중양 조사는 종鍾과 여呂 두 조사의 참된 법을 열심히 공부하여 대업을 완성한 후 '삼선공三仙功'이라 이름하고, 제자인 북칠진인北七真人 구처기邱處機조사에게 전수하였으며 '삼선공'을 열심히 수행한, 구조邱祖를 사람들은 '천선장원天仙狀元'이라고 불렀다. 구조邱祖는 '삼선공'을 세상에 전하기 위해 도가의 용문파龍門派를 창설하였고, 이때부터 '삼선공'은 도가의 비밀이니 만큼, 구전심기口傳心記하며, 밖으로 전하지는 않았다.

삼선공은 인체人體가 일구日球, 월구月球, 지구地球에 합치하는 것으로 인체는 천체에 후천적으로 합치하는 공법이다.

'삼선공'은 인체가 천체에 후천적으로 합치하는 수련 방법으로 총 3승三乘, 10법十法, 45단四十五段으로 나뉜다. 각 단을 차례로 모두 9년 동안 면벽面壁 수련하여 10년차에, 2년 동안 온양목욕溫養沐浴을 하는 과정이다.

"삼선공"에는 "인선공人仙功", "지선공地仙功", "천선공天仙功"이 포함된다.

◆ '인선공'은 몸을 노爐로 삼고 기炁를 약藥으로, 심장을 화火로, 신장을 수水로 삼아 구환칠반九還七返하여 돌아오게 하는 것으로, 이것이 금액환단金液還丹의 시작이다.

◆ '지선공'은 신神을 노爐로 삼고, 기炁를 약藥으로, 일日을 화火로, 월月을 수水로 삼아, 그믐날 바다에서 보물을 찾듯 행공망월行空望月하며 음양상합陰陽相合하는 수련공법이다.

◆ '천선공'은 신神을 노爐로 삼고, 성性을 약藥으로, 혜慧를 화火로, 정定을 수水로 삼아, 구궁九宮은 불멸하고, 건곤乾坤은 상전常轉하여 천인동화天人同化되는 수련공법이다.

이 내단술內丹術을 완성하기 위해서 3가지 관문을 거쳐야 하는데, 처음에 연정화기煉精化氣 과정이 유위법有爲法이라면 연기화신煉氣化神 과정은 유위有爲에서 무위無爲로 넘어가는 과도기적 공부이고 연신환허煉神還虛 과정은 무위無爲法의 공부이다. 여기서 연허합도煉虛合道의 공부에 도달하면 도道를 얻게 되며 우화등선羽化登仙의 경계에 이른다.

'삼선공'의 수련 목록은 다음과 같다.

삼선공三仙功 내용 및 목록

1 인선공人仙功 : 소승안락연년법사문小乘安樂延年法四門

- 몸을 노爐로 삼고 기炁를 약藥으로, 심장을 화火로, 신장을 수水로 삼아 구환칠반九還七返하여 돌아오게 하는 것으로, 이것이 금액환단金液還丹의 시작이다. -

 1) 필배음양匹配陰陽 : ① 음양교환陰陽交換—양태음식陽胎陰息

       ② 음양필배陰陽匹配—진태식眞胎息

       ③ 음양귀위陰陽歸位—배감리配坎離

 2) 취산수화聚散水火 : ① 태을함진기太乙含眞氣

       ② 소연형小煉形

       ③ 천동천노天童天老

 3) 교구용호交媾龍虎 : ① 채보환단采補還丹

       ② 양태선養胎仙

       ③ 수화기제水火旣濟

       ④ 진부처상견眞夫妻相見

       ⑤ 기교형불교氣交形不交

 4) 소련단약燒煉丹藥 : ① 화후火候

       ② 소주천小周天

       ③ 주천화후周天火候

       ④ 취신양기聚神養氣

       ⑤ 취기양신聚氣養神

       ⑥ 연양양신煉陽養神

2 지선공地仙功 : 중승장생불사법삼문中乘長生不死法三門

- 신神을 노爐로 삼고, 기炁를 약藥으로, 일日을 화火로, 월月을 수水로 삼아, 그믐날 바다에서 보물을 찾듯 행공망월行空望月하며 음양상합陰陽相合하는 수련공법이다.

 5) 주후비금정肘後飛金晶 : ① 환정보뇌還精補腦

        ② 기하거起河車

        ③ 교룡호交龍虎

        ④ 추연첨홍抽鉛添汞

        ⑤ 반로환동返老還童

 6) 옥액환단玉液還丹 : ① 옥액연형부玉液煉形符

② 목욕태선沐浴胎仙

③ 소환단小還丹

④ 대환단大還丹

⑤ 칠반단七返丹

⑥ 구전단九轉丹

7) 금액환단金液還丹 : ① 금액연형부金液煉形符

② 기화분신起火焚身

③ 금화옥로金花玉露

④ 대랑제大朗濟

⑤ 황백법黃白法

3 천선공天仙功 : 대승초범입성법삼문大乘超凡入聖法三門

- 신神을 노로爐로 삼고, 성성性을 약藥으로, 혜慧를 화火로, 정定을 수水로 삼아, 구궁九宮은 불멸하고, 건곤乾坤은 상전常轉하여 천인동화天人同化되는 수련공법이다. -

8) 조원련기朝元煉氣 : ① 초내원超內院

② 연기성형煉氣成形

③ 자금단紫金丹

④ 연양신煉陽神

⑤ 정취삼화頂聚三花

9) 내관교환內觀交換 : ① 집양신集陽神

② 마천화摩天火

③ 교환선범交換仙凡

④ 인간천상화서국人間天上華胥國

10) 초탈분형超脫分形 : ① 출입분형出入分形

② 신선탈질神仙脫質

③ 초범입성超凡入聖

영보필법에 의한 도가 내공술의 정좌공은 다섯 단계로 나눈다. 그것은 연신섭기煉身攝氣(연신섭기), 연정화기煉精化氣(인선공), 연기화신煉氣化神(지선공), 연신환허煉神還虛(천선공), 연허합도煉虛合道(무극공)이다.

인선법引仙法, 삼선공三仙功을 마치면 마지막 무극공無極功수련만 남아 있다.

무극공無極功은 연허합도煉虛合道 단계인데 이 단계에서는 허虛 하여 무극에 이르나 공空은 다함이 없다. 허를 단련하여 도와 합하니 근본을 구해 원천으로 들어감이다.

이 정좌공靜坐功 말고도 외동공外動功(평형공 등)과 보조공補助功(수공, 자연환기법, 도일정월화귀기법 등) 이 있는데 함께 수련함으로써 공능을 배가 시킬 수 있다.

《영보필법》은 수련의 구체적인 이론으로, 그 상세한 방법은 반드시 명사明師의 지도하에 직접 전수해야 한다고 한다.

여기서는 왕리펑(王力平) 선생님께서 지도하신 삼선공중에서 인선공의 1~3단 수련 방법과 기타 수련방법을 소개한다.

② 수련방법

㉮ 음양교환陰陽交換

수련자는 '인선법引仙法'으로 조신調身, 조식調息, 조심調心을 취하고 심신이 매우 고요하고, 뜻이 기炁에 융합될 때 '음양교환'을 시작한다.

흡기吸氣 : 천체 우주의 원기元氣는 사면팔방에서 인체 우주 내의 전신 모공으로 압착된다.

호기呼氣 : 인체 우주 중의 전신 모공은 천체 우주의 가장자리를 향해 사면팔방으로 방사된다.

호흡은 균일(均)하고 깊(深)고 가늘(細)고 길어야(長) 하며 호와 흡 시간은 각각 1분 정도로, 느려야 좋다. '영보필법'은 한 번의 연공호흡 때마다

378

6000회(一呼一吸이 1회)를 요구한다. 위에서 언급한 호흡 방법은 기氣를 흡입하여 내강內腔과 배꼽아래까지 압축시키고 호기呼氣할 때는 팽창시키되 위로 심心을 넘지 않아야 한다. 이것이 바로 '인선공'의 호흡총칙을 구성한다.

㉯ 음양필배陰陽匹配

음양의 교환을 수련한 공적이 있는 자만이 음양필배陰陽匹配를 수련할 수 있다.

흡기吸氣 : 천체 우주의 기氣는 사방에서 인간 우주의 전신 모공毛孔으로 압착된다.

호기呼氣 : 인간 우주의 전신 모공은 천체의 우주 구체球體를 향해 방출된다. 호흡은 균일하고 깊으며 가늘고 길어야 한다.

㉰ 음양귀위陰陽歸位

'음양필배陰陽匹配' 수련에 성공한 사람만이 '음양귀위陰陽歸位' 수련을 할 수 있다. 구체적인 수련방법은 반좌盤坐시, 양손을 무릎 위에 올려놓고 "인선법引仙法"으로 몸을 조절하고(調身), 호흡을 조절하고(調息), 마음을 조절한(調心) 후, 호흡에 맞추어 행공行功을 시작한다. 흡기吸氣~~폐기閉氣.~~호기呼氣~흡기吸氣~~폐기閉氣~~호기呼氣로 이어진다. 호흡은 균일하고 깊고 가늘고 길게 한다.

吸氣:선천적인 우주 공간의 원기가 인체 우주를 향해 압착한다.

閉氣:호흡을 잊어버리고 아무 생각이 없다.

呼氣:인체의 하전下田으로 나가는 기氣 또는 오장의 제자리로 돌아오는 기氣는 전신 모공을 통해 전환되며 후천적인 것은 선천적인 기운과 일치

된다.

4) 영보통지능내공술靈寶通智能內功術

영보통지능내공술은 고전 내공內功으로 도가공법에 속한다. 정靜과 동動을 겸비하고, 성명쌍수性命雙修이며, 정靜도 지키지 않으며, 공空도 지키지 않으며 잡념을 피하지도 않고, 일념으로 문제를 처리하지 않으며, 연공자가 뛰어난 판단력을 연마하고, 문제를 빠르게 처리할 수 있도록 하게 한다. 움직이면서 하는 수련은 사람과 나무가 기氣를 교환하고, 내기內氣를 외부로 배출하고, 외기外氣를 거두어들이고, 타인의 질병 치료 능력을 습득하고, 외기를 사용하여 질병을 진단하고 치료하는 것이다.

영보통 지능내공술은 3공三功 9법九法으로 구분되는데, 3공은 ① 3선공(靜坐功), ② 평형공平衡功(外動功), ③수공睡功(聞餘之功)이 있으며, 9법은, 지능법智能法, 단질법斷疾法, 치질법治疾法, 전령법傳靈法, 정심법定心法, 정군생사법定君生死法, 구선법求仙法, 단혼법斷魂法과 승상법承象法이다.

삼공구법 중에서 지능공智能功과 평형공平衡功이 가장 중요하다. 이것은 오래된 내공술로서 안락장수安樂長壽 후를 모토로 한 그 주요 취지를 위한 것이다.

① 지능공智能功

지능智能은 ① 회영억망回嬰憶望, ② 진가분명真假分明, ③ 신지청청神志清清, ④ 지아전정知我前程, ⑤ 정식구생停食求生, ⑥ 중환신의重換新衣, ⑦ 간파천기看破天機, ⑧ 회환우세回環宇世, ⑨ 등월망행登月望行의 9단계로 나뉜다.

지능적 기능은 주로 반좌盤坐수련을 기반으로 하는 것이며, 인간의 특별한 사고 능력이나 의수意守도 수공守空도 아니다.

㉮ 회영억망回嬰憶望

자연스럽게 반좌盤坐 중 상체를 곧게 펴고 두 눈을 똑바로 하여 점차 정신을 가다듬는다. 먼저 판단의 형태로 잡념을 처리하고 잡념이 점차 사라지면 조용해지기 시작하고 머릿속에는 다양한 환각이 나타나며, 날짐승이나 수목, 화초 등의 물체나 경상이 보일 수 있다. 심지어 이미 죽은 사람과 이미 지나간 일이 나타날 수도 있다. 그런 사람들을 경험하는 시간을 의식하게 되고 점점 더 거슬러 올라가 자신의 어린 시절로 돌아가게 될 수도 있다. 사고가 반전된 것이다. 하지만 사람, 물건, 또는 경상이 나타날 때마다. 그것을 확실히 인식하고, 주의 깊게 보고, 절대 가볍게 지나치지 말아야 한다. 이것이 '회영억망回嬰憶望'의 단계이다.

㉯ 진가분명真假分明

회억回憶하다 보면 자연스레 고요해 진다. 이때 골각骨胳(뼈) 안정眼睛(눈), 취파嘴巴(입), 두頭, 내장內髒까지 볼 수 있다. 놀라지 말고, 겁먹지 말고, 움직이지 말고, 자신의 몸에 있는 뼈가 얼마나 많은지, 어떤 모양인지, 어떤 구조를 가지고 있는지 주의 깊게 관찰하고 판별해야 한다. 마치 인체의 어느 한 부분을 연구하는 것과 같다. 진가真假는 분명分明해 진다.

위의 두 단계는 인간 사유의 내수內收 과정이며, 내기內氣가 발산하는 과정이기도 하다.

㉰ 신지청청神志清清

위에서처럼 사고를 뒤집고 자신을 들여다보는 두 단계가 지나면 실제 작은 동물들이 계속 다가온다. 쥐, 족제비, 깃털이 달린 일부 동물과 같은 가장 흔한 것들이다. 이때 절대 두려워하지 말고, 전혀 아랑곳하지 말고, 더욱이 움직임이 나타나지 않도록 내버려두면 이 작은 동물들은 스스로 떠나게 될 것이다. 이는 인체가 일정 주파수의 생체 전기를 방출한 결과이다. 꾸준히 하다 보면, 정신이 맑아지는("神志淸淸") 단계는 지나간다.

㉣ 지아전정知我前程

이 과정이 사라진 후 의식적으로 사유를 훈련시키면 터무니없는 생각을 하지 않는 단계로 접어들고, 연공자들은 일상생활에서 해결하기 어렵고 해결해야 할 중요한 문제를 명확하게 제시하고 진지하게 생각하며 문제를 해결하는 방법을 생각하게 된다.

첫 번째, 두 번째 과정이 두뇌 사고의 내적 과정이라면 세 번째, 네 번째 과정은 두뇌 사고의 외적 과정이다. 이것은 서로 대립하고 통일되는 두 개의 완전한 과정이며 두뇌 사고에 대한 특별한 수련이다. 꾸준히 하면 지능 향상 효과를 얻을 수 있으며 뇌의 신경계를 조절하고 몸을 회복하는 데 도움이 된다.

지능을 수련하는 사람들은 종종 '지체백동肢體百動'을 경험하게 된다. 두려워하지 말고 마음 편히 수련하고 자연에 맡긴다. 이러한 자발적 움직임은 모두 자체 운동 법칙을 가지고 있으며, 이는 '의기합일意氣合一', '의도기합意到氣合', '기동체동氣動體動'의 표현이다.

자발적인 움직임이 잠잠해지면 수련자는 특정한 손짓에서 멈춘다. 이때 서서히 손을 모아 '팔괘자오식八卦子午式'으로 정좌를 시작한다. 이때가 인체의 정定의 시작, 즉 옛사람들이 행하던 환신還神의 시작이다. 정좌하는 시간이 길수록 수련자 자신의 잠재 지능에 대한 자극이 빨라진다.

용문파龍門派의 수련 도인導引들은 오직 《영보필법》만을 위주로 하는데 이 책의 완전한 명칭은 '영보통지능내공술靈寶通智能內功術'이라 한다.

"영보통지능내공술"이란 내공과 법술을 말하는 것으로, 역의 원리와

382

오술을 서로 유기적으로 결합하여 구년면벽법九年面壁法의 수련단계를 거쳐 십년이면 완성되는데 2년간은 목욕沐浴하는 공부이다. 이러한 것은 도가의 대표적인 수진오도修眞悟道하는 도가의 대표적인 금단대법의 수련 체계이다.

《영보필법》에서 가리킨 영보통靈寶通이란 공리功理에 기초한 수련방법을 말하며, 지능智能이란 지능법을 가리키며 아홉 가지의 법술法術을 말한다.

"내공內功이란 수련자가 자신의 몸에서 몇 개의 면을 단련하고, 한 개의 면으로부터 몇 개의 선에 이르게 하고, 한 개의 선으로부터 몇 개의 점에 이르게 수련하며, 점에서 선에 이르고 면에 이르러 몸 전체에 내기內炁를 운행하는 것을 말한다."(인체내공선 참조)

체내 우주와 천체 우주가 감응하여 규칙적으로 기氣가 운행하는 노선을 갖는 것이니 내공수련이 진전되면 높고 심원한 경지에 나아가게 되는데 이것을 '술術'이라 한다. 술術이란 역易의 원리를 이용하여 수련의 기능과 방법을 나타낸다.

② 오술五術

제1편 도道, 제1장 도교기원道敎起源, 6 도교법술道敎法術, 1) 명命 (팔자), 2) 상相, 3) 복卜, 4) 산山, 5) 의醫 참조

③ 구법九法

구법九法이란 아홉 종류의 법술을 말한다.

구법은 ❶ 지능법智能法, ❷ 단질법斷疾法,(질 병을 차단하는 법) ❸ 치질법治疾法,(질병을 치료하는법) ❹ 전령법傳靈法,(영을 전달하는법, 텔레파시) ❺ 정심법定

心法, ❻ 정군생사법定君生死法, ❼ 구선법求仙法, ❽ 단혼법斷魂法, ❾ 승상법承象法의 아홉 가지 법술이 있다.

법술이란 특수한 방법을 사용하여 특수한 기능을 수련하여 성취하는 것으로 이것을 특이공능 이라고도 한다.

거시적으로 보면 그 형식이 다양하며, 단계가 분명하고, 구성이 엄밀하고, 범위가 넓어서, 대도가 삼라만상을 싸고 있는 큰 기백氣魄을 채현 하기에 충분하다.

미시적으로 보면 이성에 따라, 동정을 서로 겸하며動靜相兼, 성명을 함께 닦으며性命雙修, 천인합일하여 동선童仙으로 돌아가는 수련이 전체과정에서 잘 나타나 있다.

요컨대 영보통지능내공술은 흔하게 얻을 수 없는 높은 가치를 지닌 인류의 소중한 문화유산이다.

5) 여단공女丹功

여단공女丹功은 여자 정좌공靜坐功으로 옛 도가인 곤도坤道의 수진대법 중 하나로 현존하는 완전한 여자수진대법女子修真大法이다. 여단공 12법 중 1법은 도가 내의 덕리德理 교육이기 때문에 11법만 전해져 오고 있다.

'여단공'의 총론 부분은 고대 중의학 이론이 인간의 변화, 성장 및 발달 과정을 설명하고 인체와 천체의 자연 관계 및 남녀 수진의 차이점을 입증한 것이다.

여단공 11법은 1. 인선법引仙法, 2. 금모관심金母觀心, 3. 수경修經, 4. 참적룡斬赤龍, 5. 연형煉形, 6. 안정결태安鼎結胎, 7. 액환태성液還胎成, 8. 태식胎息, 9. 연화양신煉化陽神, 10. 신광원神光圓, 11. 조원초범朝元超凡으로 구성되어 있다.

6) 기타其他 보조공

① 팔괘의구, 역개경락, 맥로, 골도삼법八卦意球,力開經絡,脈路,骨道三法

팔괘의구八卦意球와 역개경락力開經络, 맥로脈路, 골도骨道의 세 가지 방법으로 정좌공靜坐功과 외동공外動功의 두 종류이다. 옛 도가는 구궁팔괘연기법九宮八卦煉己法, 내오행內五行, 외오행外五行으로 경락, 맥락, 골도를 여는 법이라고 했다.

팔괘의구, 역개경락, 맥로, 골도의 3법을 열고, 염념念, 의意, 사유思維, 천투력穿透力, 태력抬力, 추력推力, 압력壓力, 분력分力, 합력合力, 창력漲力, 전력轉力, 각도角度, 력도力度의 결합은 인체우주와 천체우주의 특수한 유로선有路線을 결합하는 토눌吐呐 방법으로 인체우주를 강제로 여는 구궁팔괘九宮八卦의 방법을 사용하여 인체 경락經络, 맥락脈絡, 골도骨道의 3법을 힘껏 연다.

이 방법은 3승으로 나눈다. 첫째 자체 우주를 형성하고 질병을 제거하고 수명을 연장하는 방법, 둘째 자기 우주로 몸 밖의 우주를 감지하여, 자신의 생사를 구하는 방법. 셋째, 다른 사람을 투항시키고 제압하는 방법이다.

② 도일정월화귀기법盜日精月華歸己法

'도일정귀기법盜日精歸己法'과 '도월화귀기법盜月華歸己法'은 인체와 태양, 인체와 달의 대련을 수련하는 일종의 수련방법으로, 인체와 태양, 인체와 달의 기운을 채집, 운송, 연마, 보존, 양생, 환원하는 일련의 수련방법이다. "도일정월화귀기법"은 도가의 수진자가 "천인합일"을 총결산한 수련방법으로, 수련자는 자신의 우주로 선천우주를 감지하여 인체우주와 천체우주에 합치하여 선천일월의 정화精華를 훔치고 후천 인체의 원기를 보충하는 수련방법이다. '도일정월화귀기법'은 분참식分站式, 동식動式, 좌식坐式의 3승三乘으로 나누어 먼저 참站, 다시 동動, 후에 정靜하여야 한다. 옛날에는 "납태양기納太陽氣, 납월양기納月亮氣"라고 했다.

③ 평형공平衡功

평형공은 도가道家의 외동공법 중 하나로 오래된 토납술吐納術이다. 수련자의 '지체유순지공肢體有循之功'과 엄밀한 호흡법을 통해 의意와 기氣의 쓰임을 배합하고 백규百竅의 쓰임과 식물, 동물, 사람을 '신령信靈'으로 교환하여 이것으로 수련자가 사람과 천체, 사람과 식물, 사람과 동물, 사람과 사람 사이의 '신령'의 상대적인 균형을 이룰 수 있도록 하여 '평형공'이라고 한다.

'평형공'은 주로 인체의 미세물질과 생물전기의 송수신을 수련하는 것으로 수련자가 스스로 단련하는 방법일 뿐만 아니라 수련자가 외기를 방출하여 다른 사람의 질병을 치료하는 방법이며 수련자 자신의 불균형 상태를 자동으로 조절하여 병을 치료하고 건강을 유지하는 목적을 달성할 수 있다. 수련자는 또한 '신령'을 사용하여 환자의 균형을 맞추고 다른 사람의 질병을 진단할 수 있다. '평형공'을 삼승三乘으로 나눈다면 소승小乘은 발사 및 접수, 질병 퇴치 및 건강법, 중승中乘은 침투 및 격파, 자기 방어법이고, 대승大乘은 사람을 제압하여 항복받고, 악을 제거하는 선법 등 세 가지 급으로 나뉜다.

④ 참장站樁

참장站樁은 '평형공'의 참장정공站樁靜功으로, 수련자는 외형의 참식站

式과 체내의 동식動式으로, '자신의 우주로 몸 밖의 우주를 감지한다'는 일종의 수련 방법이다. 참장은 모두 9식으로 나누는데, 1.무극장無極椿, 2.일장日椿, 3.월정月椿, 4.춘장春椿, 5.하장夏椿, 6.추장秋椿, 7.동장冬椿, 8.칠성장七星椿, 9.구궁장九宮椿이다.

참장은 인체의 '반조反照'를 수련하는 특별한 방법으로 '평형 기능'을 수련해야만 인체가 '반조 환원'할 수 있다. 참장도 삼승으로 나누는데, 소승은 감응感應, 중승은 발사發射, 대승은 환원還原이다.

⑤ 자연환기법自然換氣法

'자연환기법'은 본 공법의 납기법納氣法 중 하나로 옛날에는 '자연납기법自然納氣法'이라고 불렀다. 수련자는 '가볍고 자연스러우며 걷는 형식을 취한다'라는 의념意念 과 행行은 우주에 있고, 우주는 변화하며, 만물은 움직여야 하며, 움직이면 영靈이 살아난다는 뜻으로 수련자가 자신의 우주를 언제든지 확대 축소할 수 있는 자신 우주의 생물전자장生物電磁場을 수용하여 움직이는 것이다. 또한 자신의 우주의 생물전자장生物電磁場을 사용하여 다른 사람의 질병을 진단하고 치료하는, 행공行功을 성공적으로 수행할 수 있다.

⑥ 수공睡功

'수공(수면공)'은 옛 도가에서 '수선공睡仙功'이라고 불렀다. 수련자의 몸가짐이 수면자세를 행한다고 해서 수면공이라는 이름이 붙었다. '수면공'은 인체의 자세와 수면 태도와 자세가 움직이는 태도로 '몸은 고요하게 움직임을 의미하며 움직임과 정적이 조화를 이루는' 인체의 정, 기, 신 및 오장과 음양을 조절하는 특별한 수련 방법이다. 수공 기술은 모두

11식이다.

"자연 환기법"과 "수면공"은 삼승으로 나눈다.

소승 : 병을 물리치고 장수하는 것, 건강하고 안락한 법.

중승 : 자신의 수련과, 대중을 위해 서약하는 법.

대승 : 악을 제거하는 것이 선이요, 몸을 방어하는 법.

이 밖에 외동공外動功으로 천강칠성보天罡七星步 등 많은 공법들이
있다.

제5장 우주宇宙의 삼계三界

1 삼계의 분류

도가道家에서는 우주를 삼계三界로 나누고 있다. 하삼계下三界와 중삼계中三界, 상삼계上三界가 그것이다. 노자의 도의 승화 과정과 운동방향을 3단계 4종류로 분류해 보았다.

삼계표三界表						
하삼계 下三界	인 人	사 事	물 物	유형유질 有形有質	인대 人大	
중삼계 中三界	천 天	지 地	인 人	유형무질 有形無質	지대 地大	도대 道大
상삼계 上三界	우주 宇宙	시간 時間	공간 空間	무형무질 無形無質	천대 天大	

도가의 공부과정은 하삼계 단계에서 중삼계 단계로 다시 중삼계 단계에서 상삼계 단계로 올라가는 공부이고 다시 상삼계로부터 하삼계로 돌아오는 순환을 끊임없이 반복하여 변화하면서 새로운 것을 추구해야 하는 삶이다. 매번 발전이 있을 때마다 사람의 사유 활동은 시간과 공간에서 모두 넓어지고 깊어지게 된다. 처음에는 보통사람들이 생각하는 하삼계의 인·사·물 세계의 모든 일과 이치를 궁구窮究하고, 다음으로 중삼계인 천·지·인의 세계를 연구한다. 천·지·인은 인·사·물을 포괄하고 있으나 보다 넓고 깊다. 마지막 상삼계에서는 시공時空을 초월하여 시간·공간·우주를 연구하게 된다. 따라서 도가의 사유는 개방적이고 발산적이다. 그러면서도 외부의 세계만 연구하는 것이 아니라 높은 경지에 오를수록 자기

의 내부세계를 중시하고 자기 계발啓發에 역점을 두고 힘을 기울인다.

인간의 사유 범위에서 삼계를 구체적으로 논한 설명을 보기로 하자.

1) 하삼계下三界

우리가 하삼계 속의 사유로 세계를 바라보면 자연 규칙을 연구하여 양생과 장수에 힘쓰고 인간과 자연, 인간과 사회와의 관계를 조화시키면서 나라의 부흥, 문명의 진보 및 번영을 도모하는 등 우리가 살아가는 이치 그대로이다. 하삼계의 인人·사事·물物 그 자체는 유형유질有形有質한 세계이다. 그래서 하삼계를 이해하기는 매우 쉽다. 이것은 우리 일반인들이 익히 알고 있는 보통의 존재이며 일반 철학과 서로 대응되는 개념이다. 하삼계 속의 세계는 눈에 보이는 모든 사물의 객관적인 존재를 의미한다. 따라서 인간은 직접 보는 사물에 대해서는 인정하지만 보지 못한 사물에 대해서는 그 존재를 인정하지 않는다. 여기에는 그것의 장·단점이 있다.

장점으로는 하삼계에 존재하는 사물에 대한 판단의 표준이 되고 있으며 그것은 과학기술 발전의 기초가 되었다는 것이다.

단점으로는 하삼계 속에 존재하는 인간의 감각기관은 국한성局限性을 가지고 있는 것이다. 그들은 고정적인 포착구간을 가지고 있어서 외계 사물의 존재 방식이 이 구간을 초월하면 감각기관은 그것들을 느낄 수가 없다. 혹은 느끼는 바가 있어도 두뇌에서 그 정보에 대해 정확히 처리를 못해 명확한 결론을 얻을 수 없다.

과학수단은 어떤 면에서 하삼계에 존재하는 인간의 감각기관의 결함을 보완하였다. 그러나 그것은 발전 과정에서 마찬가지로 자신의 국한성을 가지게 된다. 어떤 의미에서 과학수단은 인간의 감각기관보다 더 큰 결함을 가지고 있다. 보이지는 않지만 실제로 존재하는 사물에 대해 인정을 거부하는 것은 인류문명의 진보에 영향을 미치는 커다란 장애障碍이다.

2) 중삼계中三界

중삼계의 천天·지地·인人은 일반적으로 알고 있는 천天·지地·인人과의 의미가 근본적으로 다르다. 중삼계의 천天은 크고 작고를 가리지 않은 공간空間을 말하며, 지地는 물질物質의 덩어리이고 인人은 영靈이 들어있는 사물事物이다.

사람이 중삼계 속의 사유로 세계를 바라보면 우주 만물에 대한 견해와 시각이 하삼계 속의 인간과 다르다. 문제를 제기하는 방법도, 결론도 다르다. 소위 하삼계에서 중삼계로 상승하는 것은 곧바로 사물을 보는 견해에 있어서 사물의 외부 연계에서 사물의 내부에 이르기까지 사물 외부의 큰 환경, 큰 계통으로 확대하여 총체적인 안목으로 부분적인 사물의 존재와 변화 규율을 바라보며 부분적인 변화 규율로 사물의 존재의 전 과정과 총체적인 변화에 대한 영향을 바라보는 것이다. 그리고 한 단계 깊이 들어가 사물 내부의 세밀한 구조와 공작 원리를 보는 것이다.

중삼계에서는 인간이 사물을 보는 것은 주동적이며 보고자하는 사물은 피동적이다. 우리는 사물과 천·지·인의 변화 규율을 유기적으로 결합하여 하늘이 변하고 땅이 변하고 인간 역시 변하는데 항상 무無에서 사물의 본질本質을 보고 항상 유有에서 사물의 표면表面을 본다.

가령 둔갑술의 원리는 무無 속에 유有가 있음을 전제로 한다. 유는 극히 작을 수도 있고 극히 클 수도 있어 보통사람들의 눈에는 보이지 않는다. 이는 중삼계에 오른 사람만이 알고 또 행할 수 있다.

중삼계는 유형무질有形無質의 상태를 말한다. 수련을 하여 내공內功이 쌓이면 몸에서 광체가 발산되는데 이것을 휘광輝光이라고 한다. 이 휘광이 유형무질이다.

하삼계와 중삼계에서는 모두 인간이 있다. 그러나 이것은 각각 질이 다른 것이다. 한 인간이 하삼계에서 중삼계로 상승하려면 본질적인 변화의 과정을 거쳐야 한다. 이 변화에는 총체적인 질적 변화와 부분적인 질적 변화가 있다.

3) 상삼계上三界

상삼계는 우주宇宙·시간時間·공간空間의 세계이고 무형무질無形無質의 세계이다. 지구에서 모든 사물이 유형유질 하다면 무형무질은 하늘의 세계이다. 상삼계는 인간이 사유할 수 있는 최고의 경지이다. 여기서 말하는 우주는 일반적으로 지칭하는 우주가 아니다. 그것은 무한한 우주이며, 많은 우주이고, 어는 곳에나 존재하는 우주이다. 여기서 말하는 시간은 일반적인 시간이 아니다. 여기서의 시간은 무한한 시간이며. 변화하는 시간, 일정하지 않는 시간, 많은 시간, 어느 곳에서나 다 존재하는 시간이다. 여기서 말하는 공간은 일반인이 말하는 공간이 아니다. 무한한 공간이며, 많은 공간이고, 어느 곳에나 다 존재하는 공간이다.

도가의 이론과 수련을 통해서 인체우주人體宇宙와 천체우주天體宇宙를 하나로 합일시키고 우리가 장수할 수 있는 공간을 찾아내고 앞으로 흐르는 시간을 0 으로 만든다면 장수할 수 있다. 사람이 수련을 통해 고요함이 극에 달해 인체의 진동과 지구의 진동이 합일을 이룰 때는 시간은 0 으로 변한다. 사람이 자연에서 와서 자연으로 돌아가는데 만족하지 않고 자연과 공존하고자 한다면 도가의 수련으로 시간을 0 으로 멈춰놓고 천체와 더불어 장생할 수 있다는 것이 상삼계의 세계를 열어가는 논리이다.

4) 삼계三界와 도道

2500여 년 전, 노자老子는 하삼계(유형유질)인 인·사·물의 사물로부터 중삼계(유형무질)인 천·지·인의 인과 인, 인과 사, 인과 물, 인과 천, 인과 지, 인과 우주의 각종관계에 통달했다. 그리고 다시 위로 향해 올라가 상삼계(무형무질)인 우주·시간·공간으로 진입하였다. 그는 우주를 파악하였고 일체 현상이 형성되고 변화하는 까닭을 파악하였다. 이것은 노자 개인의 지식과 지혜에 의해서 인가? 아니면 또 다른 오묘함이 있는가? 한 시대의 학술 사상을 반영했을 뿐만 아니라 고금을 초월한 그의 위대한 발견은 결코 우연히 얻을 수 있는 것이 아닐 것이다. 그는 탁월한 지혜를 이용하여 최초의 만물이 형성되기 시작해서부터 전혀 만물이 없고 음양이 시작되는 시점, 천지개벽의 최초를 깨닫게 되었고 다시 천지개벽이 열리기 전 음양이 나누어지지 않고 대기가 혼돈했던 시기를 깨달았다. 그는 위로 향하여 올라갈수록 몸과 마음이 고요한 상태에서 그 실체를 느꼈으며 명상冥想으로 관조觀照하여 우주·공간·시간을 벗어나는 세계를 관찰하였다. 그리하여 기氣가 시작하기 전의 구역을 넘어 종래에는 사람이 발견하지 못했던 경지 속으로 뛰어들었다. 그는 무궁무진하며 밝은 것 같으면서도 어두운 것 같고, 있는 것 같으면서 없는 것 같으며, 규율이 있으면서 측정할 수 없고, 양量이 있으되 같지 않으며, 질質이 있어도 형태가 없고, 그 모양을 예측할 수 없는 것이 황홀하게 운행 변화한다는 것을 느끼게 되었다. 그래서 노자는 이렇게 말하였다.

"보려고 해도 보이지 않으니 이름 하여 이夷라 한다. 들어도 들리지 않으니 이름 하여 희希라 한다. 잡으려 하나 잡히지 않으니 이름 하여 미微

라 한다.(혹자는 夷, 希, 微를 精氣神으로 해석하기도 한다.) 이 세 가지는 규명할 수 없는 것으로, 본래 뒤섞여 하나가 되었기 때문이다. 그것은 위라 해서 밝지 않고, 아래라 해서 어둡지 아니하며, 끝없이 이어져서 이름 지을 수는 없으나, 다시 아무것도 없음으로 돌아간다. 이를 일러 모습 없는 모습이며, 사물이 없는 형상이라 하며, 이를 일러 황홀이라 한다. 앞에서 마주 보아도 그 머리를 볼 수 없고, 뒤따라도 그 꼬리를 볼 수가 없다. 태고의 도를 붙잡아 지금의 유有를 다스린다. 능히 태고의 시원을 안다면 이것을 일컬어 도의 기원이라고 한다."(도덕경 제14장)

　　노자는 이 황홀하고 오묘한 가운데, 다 비어있는 것이 아니라 어디에도 다 들어있다는 것을 느꼈다. 그래서 그는 말하였다.

　　"도라는 물건은 오로지 황하고 홀하다. 홀하고 황하니, 그 가운데 상象이 있고, 황하고 홀하니, 그 가운데 물物이 있다. 그윽하고 어두우니 그 가운데 정精이 있으며, 그 정은 진실로 참되며, 그 가운데 믿음이 있다.(道之爲物, 惟恍惟惚。惚兮恍兮, 其中有象 ; 恍兮惚兮, 其中有物。窈兮冥兮, 其中有精 ; 其精甚眞, 其中有信。도덕경 제21장 중)

　　노자는 이 경지에 확실히 물物과 질質이 존재한다고 여겼다. 그는 이렇게 말하였다.

　　"혼연히 이루어진 것이 있어 그것(道)은 하늘과 땅보다 먼저 생겼다. 소리도 없고 형체도 없건만, 홀로 우뚝 서서 영원히 변하지 않으며, 두루 운행하여 그치지 않는다. 가히 천하의 어머니라 할 수 있다. 나는 그 이름을 알지 못해, 글자로 나타내어 도道라 하고 억지로 이름 하여 크다고 한다. 큰 것은 가게 되고 가는 것은 멀어지고 멀어지는 것은 되돌아온다."(有物混成, 先天地生。寂兮寥兮, 獨立而不改, 周行而不殆, 可以爲天下母。吾不知其名, 字之曰

道, 强爲之名, 曰大。大曰逝, 逝曰遠, 遠曰反。도덕경 제25장 중)

　노자는 마침내 그 안에 매우 심오하고 현묘함이 깃들어 있음을 알 수 있었다. 그는 많은 묘사를 했고 억지로 그것에 이름을 붙였지만 여전히 설명하지 못한 것과 설명할 수 없는 더욱 많은 것들은, 그 이상 말로 표현할 수 없다는 것을 깨달았다. 그는 세상 사람들이, 그 이름에 집착하여 진실 된 면을 잃을까 봐 두려워하였다. 그로 인해 그는 5천여 자에 이르는 '도덕경'을 지을 때 후세 사람들이 추리하고 생각하여 말로 표현할 수 없고, 의식이 도달하지 못하는 미묘한 경지를 예상할 수 있었다. 그것은 결국 황홀하고 심오하며 하삼계나 심지어 중삼계의 인간이 잡을 수도 없고, 이해할 수도 없는 경지이다. 그러면 그것은 도대체 무엇인가?

　노자는 그것을 도道라고 칭하였다. 노자는 '도덕경'의 첫머리에서 이렇게 말하였다.

　"도道는 무극 상태의 도이므로 밀로 할 수 없고, 가도는 태극에서 열려 생이 있으므로 멸할 수 있어 영원한 도가 아니다. 명 가명 비상명도 같은 이치이다. 이름 없음은, 천지의 시작이고, 이름 있음은, 만물의 어미이다. 그러므로 늘 하고자 함이 없으면, 도의 미묘함을 보고, 늘 하고자 함이 있으면, 세상 사람들이, 향해 가는 곳을 바라보게 된다. 이 두 가지(도와 가도)는, 같은 곳에서 나왔지만, 각각 이름을 달리(도와 가도)하는데, 이것을 현이라고 한다. 현하고 또 현하니, 뭇 미묘한 문이다."(道可道, 非常道 ; 名可名, 非常名。無名, 天地之始 ; 有名, 万物之母。故常無欲, 以觀其妙 ; 常有欲, 以觀其徼。此兩者同出而異名, 同謂之玄。玄之又玄, 衆妙之門。(도덕경 제1장.)(이상 이승훈저, 신용호비결2에서 발췌)

2 삼종三種 에너지

1992년 서안노자사상연토론회西安老子思想硏討論會에서 도교 용문파 제18대 계승자 왕리핑(王力平) 선생이 제출한 우주 생성 공식이라는 글에서 처음으로 우주 에너지를 제시하며 우주 에너지는 상삼계上三界인 우주 시간 공간의 에너지라는 것을 처음으로 제시하였다. 왕리핑 선생은 최근 몇 년 동안 여러 차례 강의에서 우주宇宙 에너지, 본체本體 에너지, 전세轉世(환생) 에너지에 대해 강의를 해 오고 있으며 이 세 가지 에너지와 서로 관련된 이론理論을 전체적으로 깊이 이해하고, 수련자들이 실재 수련을 잘 할 수 있도록 지도하고 있다.

1) 삼종三種 에너지 개념

세상에는 우주宇宙 에너지, 본체本體 에너지, 전세轉世(환생) 에너지 등 '세 가지 에너지'가 있다. 세계와 우주, 자연을 제쳐두고, 먼저 우리 인간에 대해 말하자면, 인간에게도 "세 가지의 에너지"가 있다: 한 가지 에너지는 우주 에너지다. 우주 에너지는 대자연에서 스스로 나온다. 대자연은 대자연의 공간뿐만 아니라 현재 우리의 현재 생활공간에서도 나온다. 이것은 모두 우주 에너지에 속한다. 우리 공간의 물체에서 나온 것이다. 더 나아가서 오대행성五大行星과 28성수星宿에 관한 우주 에너지를 말할 수 있을 것이다. 우주의 에너지는 우리 몸으로 들어와서 본체 에너지와 하나가 될 것이다.

두 번째 에너지는 본체 에너지이다. 우리가 육체를 가지고 있으므로 육체 에너지가 곧 본체의 에너지이다. 본체의 에너지는 우리 부모님에게서 나오는데, 부모님은 지금의 모양을 만들어 주시고, 또 그런 몸을 주셨다.

우리가 먹는 음식과 먹는 것에서 온 것도 있다. 우리는 영양을 공급받아서 몸은 점점 자라게 된다. 첫째 가장 큰 에너지는 부모가 주는 에너지이다. 그리고 둘째 우리가 섭취하는 음식에서도 나오고 있다.

세 번째는 전세轉世(환생) 에너지인데, 지금은 과학자들이 유전 에너지라고 부른다. 어떤 과학자가 나(王力平)와 토론한 적이 있는데, 너의 이 전세轉世 에너지가 유전 에너지냐? 고 물었더니 아니라고 했다. 유전 에너지는 전세轉世 에너지의 일부분이다. 아주 작다. 어느 과학자는 말하기를 전세轉世는 일종의 에너지이지만, 이 에너지가 어떻게 전환되는지 모르겠다고 했다.

2) 삼종三種 에너지 상호관계

'세 가지 에너지'는 서로 연결돼 있고, 서로 전환할 수 있다. 인체 내에서 이 세 가지 에너지는 공존한다. 어느 것 하나 부족하면 안 된다. 이 세 가지 에너지는 인체 내에서 반드시 균형을 이루어야 한다. 세 가지 에너지가 체내에서 균형을 이룰 때, 그 사람은 정상인이다. 만약 당신이 화를 내면 정상적인 상태는 아니다. 이 세 가지 에너지는 변화가 있다. 어떤 에너지가 크고 어떤 에너지가 작은지 본인 스스로 느낄 수 있다. 지금도 세계 최고의 과학자 호킹박사가 우주가 어떤 모습인지 말하기 전에는 모르고 있다가 호킹박사가 말한 후 모두들 그의 주장을 인정하였다.

그의 우주 에너지는 본체 에너지보다 크고 전세 에너지보다 크다. 그래서 그는 눈 앞의 가까운 거리에 있는 것은 아무것도 보이지 않고, 그의 눈에는 우주가 보이고, 우주의 대폭발과 외계인, 우주 공간이 보이는 그런 모습을 하고 있다. 우리의 눈에는 그러한 우주가 보이지 않기 때문에, 우리의 우주에너지는 크지 않고, 호킹이 보는 우주의 에너지는 매우 크다. 반면에 본체의 에너지는 아주 작아서 눈앞에 사물을 볼 수 없다. 마찬가지로 전세에너지도 작다. 그는 바로 그렇게 해서 평생 말이 없으나, 그가 전한 것들은 모두 유용하니, 우리는 그가 전한 것이 옳다고 믿을 수 있다. 이것은 우주 에너지의 가장 좋은 예이다.

(註) 스티븐 윌리엄 호킹 : 영국 케임브리지대 응용수학 및 이론물리학과 교수, 당대 가장 중요한 광의의상대성이론과 우주론가로 오늘날 세계적인 명성을 얻고 있는 위인 중 한 명으로, 가장 위대한 과학자로 불리며 '우주의 왕'으로도 불린다. 21세 때 근육이 위축되는 루게릭병에 걸려 손가락 두 개만 움직일 수 있고 강연과 질의응답은 음성 합성기로만 이뤄졌었다.

우리는 호킹이 쓴 논문이나 그의 영화를 보고, 그는 눈이 매우 나쁘게 변해 있어서 사람이 그의 눈앞에서 손을 흔들면, 그는 볼 수가 없었다. 그러나 아주 먼 곳의 물건은 볼 수 있다. 노자의 도덕경에서 말한 커서 그 모양이고, 멀어서 그 모양이고, 작아서 그 모양이라고 말한 것에 부합한다. 노자의 도덕경은 2천여 년 전부터 큰 것은 그 모양이니 어떻고 작은 것은 그 모양이니 어떠냐고 했다. 중국의 도교에서는 이 세 가지 에너지는 언제든지 변할 수 있다고 하는데, '나는 그것이 크면 크게 취하고 그것이 작으면 작게 취해서 변화를 가져오면 되는 것이다.'라고 말한다. 도교는 이 수련 방법을 가지고 있다.

3) 삼종三種 에너지 운용

2010년 8월 왕리핑 선생이 호남湖南 창더에서 개최한 중국 제1회 도교 폐간道教閉關 캠프의 강의를 녹취해서 정리한 것이다.

왕리핑 선생님의 "세 가지 에너지"에 관한 논술 발췌문.

① 우주 에너지는 천성天性이며 본체 에너지는 근원根源이며 전세 에너

지는 인과因果이다.

② 사람은 '세 가지 에너지'를 가지고 있는데, 이 '세 가지 에너지'는 서로 전환이 가능하기 때문에 잘 전환하려면 수련을 해야 한다.

③ 폐관閉關은 에너지를 전환해야 한다. 에너지 전환이 안 된다면 에너지 전환을 할 수 없으므로 절대 폐관閉關할 수 없을 것이다.

④ 우주의 에너지를 흡수하는 방법은 실제로 매우 쉬우며, 방법을 잘 알고 교묘히 운용할 줄 아는지 아니면 교묘히 운용할 줄 모르는지를 보고 있다.

⑤ 자연환기법은 우주의 에너지와 본체의 에너지가 서로 전환되는 아주 좋은 공법이다.

(註) 폐관閉關 : 의식이나 호흡이 출입하는 기운을 차단하는 것을 가리킨다. 행공行功 시 호흡을 조절하여 안에서 나오지 않고 밖에서 들어가지 않도록 하여 상대적으로 안정되게 한다. 천규天竅가 코이다. 천규로 통하는 것을 막는다. 백魄의 주인은 폐肺이다. 폐를 꿈쩍하지 못하게 하여 숨의 왕래를 끊는 것. 이것을 폐관이라 한다.

제6장 사람의 운명運命과 영생永生

1 사람의 선천先天과 후천後天

1) 선·후천先·後天의 정의

선천先天이란 형이상학形而上學이다. 감각으로는 파악할 수 없으며 형체가 없는 것 시간, 공간을 초월한 추상적, 철학적, 초경험적인 것이 선천이라면, 후천後天이란 형이하학形而下學이다. 형체를 가지고 있어 감각으로 알 수 있는 것을 말한다. 후천세계에는 태극太極이 이미 결정되어지고 음양이 나누어지면서 황황홀홀恍恍惚惚하다고 한다. 마음이 고요하면 선천이요 마음이 7정6욕에 떨어지면 후천이며 기氣가 순수하고 맑으면淸 선천이요 탁濁하면 후천이다.

선천의 다른 이름은 태허太虛이다. 음양이 나누어지지 않고 일기一氣가 혼혼돈돈混混沌沌하는 가운데 있는 무극상태를 선천이라고 한다. 적연부동寂然不動하고 묘묘명명杳杳冥冥하며 태극이전의 고요한 상태를 말함이다. 고요함이 극에 달하면 일양一陽이 생기고 고요함이 극에 달하면 움직임이 생기는데 이것은 기가 움직이는 것이다. 즉 선천의 기이다. 기공 수련 시에는 망형망상亡形罔象 한 연후에 선천의 일기一氣를 얻을 수 있다. 선도의 수행은 방선천倣先天하여 반선천返先天 하는 것이다. 즉 선천을 모방하여 선천으로 돌아가자는 것이다.

사람도 소우주라서 자연과 같이 선·후천으로 나눌 수 있는데 부모의 교합으로 태가 만들어진 태아는 모궁母宮 안에서 어머니와 탯줄을 통해 교류하면서 오장 육부가 만들어지고 주천을 이루는 365골절이 이루어져 이로 말미암아 84000 모공毛孔이 생기고 선천의 기氣가 만족하게 되면 세상에 나와 첫 울부짖는 외마디 소리에 오이가 익어 꼭지가 떨어지듯 한 덩어리가 땅으로 곤두박질치며 선천 무극규無極竅가 터지고 이어서 탯줄을 끊으면서 세상 속으로 떨어지는데 여기까지가 사람의 선천이다. 다음으로 호흡을 하면서 천지의 기운을 마시고 엄마의 젖을 먹으면서 후천의 세계로 접어든다.

잉육孕育(포태중)	生活(생후)	명계冥界(사후)
先天	後天	先天
	先天	

(그림에서 보는 바와 같이 태어나서 사망할 때까지는 후천後天이다. 태어나기 전과, 사망한 이후는 선천先天이라고 한다. 명계冥界는 죽어서 가는 공간을 말한다.)

2) 선천에 관한 여러 학설

① 선천은 우주의 본체이자, 만물의 본원이다.

무릇 천지는 태공太空을 근본삼아 사람과 짐승 만물을 생겨나게 하였다고 한다.

사람은 아버지의 정精과 어머니의 혈血, 하늘의 양기와 땅의 음기, 태양의 양혼陽魂과 달의 음백陰魄, 화火의 양신陽神과 수水의 음정陰精을 받아 생겨나는 것이니 사람의 몸은 천지의 기가 조화를 이루어 생겨난 것이다.

② 하늘보다 먼저이기 때문에, 때로는, 선견지명先見之明이라고도 한다.

무릇 대인大人은 천지와 그 덕을 같이 하고, 일월과 그 밝음을 같이 하며, 사계四季와 그 서열을 같이 하며, 귀신과 그 길흉을 같이 하며, 선천은 하늘을 어기지 아니하고 후천은 하늘을 받드는 것이다.

③ 타고난 것, 감각적 경험과 직접적 실천에 선행한다.

“사람이 명命이 있음은 선천이다. 사람이 수긍하는 것은 후천이다. 선천이 일어나지 않으면 후천이 없고 후천이 이루어지지 않으면 선천이 없다.”고 말했다.

④ 사람이나 동물이 태어나기 전 배아시기를 말한 것이다.

여기서 생명이 탄생하는 신비를 다시 한번 새기기 위해서 병아리가 탄생하는 과정을 살펴보기로 하자. 암수의 닭이 수정란(알)을 만든 후 어미 닭이 그 알을 품어 21일 만에 병아리로 깨어나게 하는데 이것이 중요하고 묘하다. 영양공급이나 어떤 화학적 작용도 없이 단지 알을 품고만 있었는데 날 수가 차면 껍질을 깨고 병아리가 되어 나오는 것은 정말 신비스런 일이 아닐 수 없다.

도가道家의 단丹에 관한 책에서 언급한 것을 보면 “닭은 알을 품고서 마음으로 변함없이 알 속에서 나오는 소리를 들을 수 있다”고 했는데 이것이 참으로 중요하고 묘한 방법이라고 한다. 닭이 알을 깔 수 있는 것은 따뜻한 기운 때문이다. 따뜻한 기운은 다만 껍질을 따뜻하게 함에 그치고, 그 알 속으로 들어가지는 못하는데 닭이 마음으로 그 기운을 이끌어서 그 속으로 들어가게 한다. 그렇게 하면서 속에서 나오는 소리를 듣는데 그렇게 하기 위하여 한결같은 마음을 그곳에 쏟아붓는다. 마음이 그 속으로 들어가면 기氣도 들어가게 되고 따뜻한 기운으로 생명을 얻어서 알이 깨어져 나오게 된다는 것이다. 암탉이 모이를 먹기 위해서 가끔씩 둥지 밖으로 나가는 경우가 있더라도 변함없이 알 속에서 나오는 소리에 귀를 기울이고 있어서 그 신神을 쏟아붓는 바에 조금도 틈이 없게 하니 따뜻한 기운도 역시 밤이나 낮이나 틈이 없게 된다. 항상 신이 살아 있게 하는 것이다.

알은 선천 무극의 상태이다. 선천 무극에서 어미 닭의 따뜻한 기운 즉 진기眞氣가 조화를 이뤄내서 위대한 새 생명을 탄생시킨 것이다. 여기서 우리는 한 가지 배우고 넘어가야 할 것이 있다. 위대한 생명이 탄생하는 신비는 값진 영양의 공급이나 어떤 화학적 조합이 아니라 진기眞氣의 조화이다. 이것을 닭의 부화에서 똑똑히 보았고 그 근원은 진기眞氣의 조화라는 것도 확실히 알았다.

이 진기眞氣는 알을 깔 때의 암탉이나, 또한 임신을 한 어머니 등 만물이 각기 자기 자손을 복제할 때 모태에서만 생성된다고 하니 이것은 자연을 형성하고 유지하기 위한 자연의 방편이며 자연의 위대한 섭리이다.

⑤ 이 밖에도 선천은 복희 황제가 지은 역易을 가리키기도 한다.

위에 언급한 5가지 학설은 단경丹經에 나와 있는 말들이다. 복희나 황제가 지은 역易은 전해지지 않는 것으로 보아 아마 실전되었으리라 유추해 본다.

도덕경 제1장에서 보듯 도가도비상도道可道非常道를 해석함에 있어서, '도를 도라고 하면 영원한 도가 아니다.'라는 뜻의 의미를 이해 못하다가, 문득 나는 선천과 후천을 떠올리면서 도道, 가도可道로 읽어야 한다고 깨닫고 그것을 알리기 위해서 『도덕경』과 『도·가도』를 저술하기까지 하였다. 즉 도道는 선천의 무극無極상태를 말하므로 우주가 탄생하기 전이었음에도 도道라는 것은 존재하였으니 그것을 도道라고 표현하였으며, 그 도가 진화하여 홍몽鴻濛에서 혼돈混沌을 거쳐 후천의 태극太極의 세상이 열려서 우주만물이 생성된 것을 가도可道로 보는 것이다. 즉 도를 선천으로 본다면 가도는 후천인 것이다.

3) 후천後天의 세계

후천이란 형이하학形而下학이다. 형체를 가지고 있어 감각으로 알 수 있는 것을 말한다. 우주와 인간이 태어나기 이전, 선천의 형이상학적 인연에서부터, 인간이 세상에 태어나 후천의 형이하학적 삶을 살아가는 데서 오는 인위人爲적이며 작위作爲적인 것이 후천이다. 도교에서 수련을 하는 것은 작위적인 윤리 등을 배제하고 순리에 따라 순응하여, 부자연不自然과 반자연反自然이 만연하지 못하도록 경계하여 결과적으로 끊임없이 수련하고 연마하여 득도得道하고 성선成仙하여 종국에는 선계仙界. 즉 선천인 무극으로 돌아가야 한다는 것이 도가의 공부이다.

육체의 본체적 에너지는 어머니의 태중(선천)에서부터 모양을 갖춘 신체를 받았고 후천적으로는 음식물을 섭취하여 신체가 점점 커가면서 에너지가 최대화되고 또한 운동을 통해서 그리고 음식물을 통해서도 얻어지며 또한 지식을 쌓은 사유思惟나 사상思想 등도 본체(후천)에너지에 모두 포함된다.

육신肉身은 나의 유형유질有形有質이다. 육신은 후천의 '나'이기도 하다. 모든 수련은 육신(有形有質)이 존재하므로 이루어진다.

세상에 드러내 보인 사물이나 보이지 않는 사유思惟까지 후천의 삶은 모두 상대적이다. 동양철학에서는 이것을 음양陰陽으로 표시하였다.

인체의 삼보三寶인 정기신精氣神의 약물 중에서 정精은 생명의 물질을 종화精華하고 정액精液 등 내분비물의 질을 원래 상태대로 유지시키는 역할을 한다. 정기신精氣神의 기氣도 선천원기와 후천호흡지기 모두 질량과 에너지를 함유하고 있어 정精과 기氣가 공히 생명력을 회복시켜 준다. 精氣神의 신神도 생명력의 의식계통意識系統이다. 기본적 원리로 연정화기煉精化氣, 연기화신煉氣化神, 연신환허煉神還虛의 과정을 거쳐 최후에 체내에서 내단內丹을 결성하여 장생불사의 약이 되게 하는데 이것을 소위 도가道家에서는 내단술內丹術이라고 하는 것이다.

우리의 몸은 先天에서 갓 태어날 때는 순양체純陽體로 몸속이 진공眞空상태 그대로 맑고, 밝고, 빛이 있었다. 이러한 상태를 명심明心이라고 한다. 나이를 먹고 성장하면서 후천세계의 삶을 살아가면서 차츰 순양체의 몸이 퇴색해 간다. 생후5000일(15세)이 되면서부터는 음과 양이 반반으로 조화를 이루었다. 이때가 인체의 최절정기였다. 15세를 지나면서부터는 누정漏精, 즉 정精이 새어나가게 되면서 우리의 몸은 엄청난 변화를 일으킨다. 천목혈天目穴이 막히고 12경락經絡이 막히고, 기경팔맥奇經八脈도 막히고, 오장五臟과 육부六腑 등 모든 몸의 기능이 반전되면서 음질화陰質化 되기 시작한다. 특히 현대에서는 문명의 이기利器 때문에 발생하는 공해와 더욱 풍요해진 음식 등으로 노폐물老廢物을 더 많이 생산하지만 환경악화로 인한 자연적인 몸의 기능은 떨어져서 자연 배출이 미약하다 보니 몸에만 쌓여있어서 더 빠르게 음질화陰質化로 치닫고 있다. 이러한 결과가 지속되면서 우리의 몸은 나이가 들어 갈수록 만병의 수렁 속에서 헤매다 보니 노화를 막을 수도 없고 수명은 단축되어 가고 있다. 체내를 완전히 비우기는 쉽지 않다. 일상생활을 하다 보면 좋지 않은 환경과 부닥칠 때도 있고 다른 사람들과 접촉도 해야 하는데 이 과정에서 우리 체내는 새로운 것들을 접하고 그것이 쌓이게 된다. 때문에 체내를 완벽하게 비우는 것은 쉽지 않다. '몸속을 비운다'는 말은 몸속에 나쁜 요소들이 제거되었다는 뜻이다. 나쁜 요소가 제거되면 빛이 보이게 된다. 원정元精과 원기元氣로 채워졌다는 징조이다. 예전에는 이를 명심明心이라고 했고 明心은 내 마음속에 좋지 않는 요소들과 나쁜 생각까지도 없어진 상태를 뜻하기도 한다. 정좌수련 시 느낌이 따르고 통함을 알 수 있는 것은 후천이다. 태극이 이미 결정되어 음양이 나누어지면서 황황홀홀하다.

선천의 원기元氣 손실은 본인들이 느끼지 못한다. 후천의 기氣 손실은 본인들이 느낄 수 있다. 비위脾胃에 음식물이 들어가지 않으면 배가 고프고 기력이 떨어지게 된다. 반대로 신장과 방광의 선천원기가 모두 소모된 경우 우리의 몸은 그러한 메시지를 전달받지 못한다. 예전부터 연단 수련을 하는 이유도 이와 같은 선천원기를 보충하려는 것이었다. 훈련을 거치면 몸의 선천원기의 손실과 소모를 느낄 수 있게 된다.

성性을 닦는 수련에서 선천의 자리에 있을 때에는 원신元神이라 부르고 후천에 있게 되면 사려의 신이라 부른다. 따라서 명命을 닦는 수련은 선천의 자리에 있을 때에는 원기元氣 또는 원정元精이라 하고, 그것이 후천에 오게 되면 호흡의 기氣 또는 교감의 정精이라고 한다.

후천이란 유행하는 氣이니 후천은 천시를 받드는 연명술延命術인 것이다. 그래서 알 수 없는 것이 선천 무위의 道이며 후천 유위의 술術인 것이다. 만약 후천이 없다면 선천을 무슨 수로, 불러내겠는가? 만약 후천이 선천을 얻지 못한다면 어떻게 변화하고 통달할 수 있겠는가? 이것은 바로 무無속에서 유有가 생긴 것이며 유속에서 무가 생긴 것이다. 무는 유로 인하여 흘러서 상象을 이루고 유는 무로 인하여 감응하여 신령과 통한다. 선천 후천의 두 기운은 계곡이 소리에 응하는 메아리와 같다 할 것이다.

선·후천先·後天의 표

선천先天	후천後天
홍몽←혼돈←무극 鴻濛←混沌←無極	태극→음양→사상→8괘→16관→64괘→만수 太極→陰陽→四象→八卦→十六官→六十四卦→萬殊
하도河圖	낙서洛書
무위無爲의 도道	유위有爲의 법法. 가도可道
형이상학形而上學	형이하학形而下學

원신元神	식신識神
태아의 모궁10개월	태아가 모궁에서 세상에 나와 호흡을 할 때부터

우주宇宙

우주宇宙도 후천이다. 우주는 물리적 의미에서 다양한 형태의 모든 에너지를 포함하는 모든 공간과 시간 및 그 함축으로 정의되며, 그중 일반 물질은 행성, 위성, 항성, 은하, 은하단 및 은하 간 물질을 포함한다. 우주에는 보존법칙, 고전역학, 상대성이론 등 물질과 에너지에 영향을 미치는 물리법칙도 포함되어 있다.

도가에서는 우주 대폭발 직전까지를 중심과 끝이 없는 혼돈混沌의 상태로 봤다. 우주 대폭발 이전에는 하늘과 땅이 따로 없어서 선천先天이라 하고, 우주 대폭발 이후에야 하늘과 땅이 따로 탄생 했기에 후천後天이라고 한다.

우주宇宙라는 어원語源을 살펴보면, 사방四方과 상하上下, 즉 육합六合을 우宇라고 하고, 옛날부터 지금까지의 시간을 주宙라 한다.

《장자莊子 경상초莊子·庚桑楚》에는 "사실만 있고 실속이 없는 사람은 우宇이고, 길이만 있고 본질은 없는 사람은 주宙이다." 라고도 했다.

"宇出無本 有實繼無實 無何處 處在四方上下.(우출무본 유실계무실 무하처 처재사방상하)

宙入有邊 無量容有量 有乎長 長於千秋古今.(주입유변 무량용유량 유호장 장어천추고금.)

우宇가 나오면 근본이 없고 실재는 있으나 계속 이어지면 실재가 없으니 어디에도 없는 사방과 상하上下이고.

주宙가 변두리에 들어오면 분량은 없으나 담을 수 있으니 분량이 있어 어찌나 긴지 천추고금이 그곳에 있네."라고 했다.

위의 글은《장자》,《시자屍子(시체)》와 관련된 우주에 관한 개술槪述이다. 도학우주道學宇宙는, 이 때의 사물, 고금古今의 일, 두 가지 범주가 명명백백하다. 장자莊子는 우주를 36자로 묘사한 것인데, 문장의 대구對句가 완벽하여 놀라지 않을 수 없을 정도로 뛰어나다. 도학우주道學宇宙는 과학우주科學宇宙보다 더 넓고 명확하다.

2 사람의 영靈과 신神

1) 영靈

만물은 천기의 하강과 지기의 상승함을 얻어 음양이 서로 엉킴으로서 형상이 된다. 진도眞道는 형상이 생기게 된 최초의 원인이 된다. 사람은 아버지의 정과 어머니의 혈이 교합하여 태어나는데 이때 세 개의 성性을 부여받는다. 부모의 성과 자연에게 받은 성 그리고 독자적으로 가진 성이다. 부성과 모성이 결합하여 육신을 얻었고 자연에서 또 하나의 성을 받았으며 나머지 하나의 성은 아버지와 어머니 그리고 자연을 닮지 않은 독자적인 성이다. 즉 도가나 불교에서 말하는 견성성불見性成佛의 그 성이다. 그러면 과연 이 성性은 누가 부여 했을까? 우리의 육체는 유한하여 언젠가 없어지게 되지만 우리의 영靈은 천지와 함께 영원히 존재한다.

이 성性은 바로 영靈이 주었다. 이것이 과학적으로 증명이 되었다고 한다. 아버지의 정과 어머니의 혈이 교합 할 때 즉, 수정란이 이루어지면서 빛이 반짝이는 것을 포착했다고 한다. 이때의 빛이 곧 영靈이다. 만일 이때 빛이 나지 않을 경우에는 무정란으로 그치고 만다. 우리의 육체는 유한하여 언젠가 없어지게 되지만 우리의 영靈은 천지와 함께 영원히 존재한다.

즉 전세前世의 공과功果와 업보業報를 가지고 태어난다는 것이 불교나 도가의 입장이다. 이것은 육신은 사라져도 영원히 존재하는 영靈의 실체를 입증하는 말이기도 하며, 이 영이 그것들을 기억했다가 윤회를 통해 다시 사람으로 태어나는 수정란에 투합되어 있어서 영靈이 성명性命과 원신元神을 부여할 때는 이미 영겁의 공과와 업보가 그 속에 다 들어 있었다. 도가의 수련이나 불교의 수행을 통해 이것을 나타나게 하는 것이 부모미생전의 자기의 본성이며 이것을 밝게 펼쳐 보이는 것이 견성見性이다. 사람이 짓는 선악에 따라 그 갚음을 받는 것을 말한 인과응보因果應報란 말도 여기서 연유되었음이다.

영靈

영靈과 신神을 구분해서 이야기하기가 쉽지 않다. 도가에서는 '사람의 몸이 생긴 것은 그 영靈이 존재하여 연결고리가 되어서 이러한 몸을 받았다.'라고 가르치고 있다. 인체우주기장人體宇宙氣場(팔을 뻗어서 한 팔 거리가 인체우주장이다. 한 팔 거리 내에서는 신神이 주제한다.) 밖에서 나를 조절하는 것이 있으니 그것은 영靈이다. 육체肉體에도 비육체非肉體에도 속하지 않는 꿈을 꾸었을 때가 영靈의 작용이다. 이 영靈은 우리가 태어나기 전에도 있었고 우리가 죽어도 소멸하지 않고 영원히 존재한다. 정신은 육체가 없으면 사라지지만 영靈은 육체, 정신, 모두 소멸해도 영원히 존재하기 때문에 기억력도 사람이 가지는 사유思惟의 수억만 배나 된다고 한다. 도가道家의 수련은 내 몸 안에 살고 있는 영靈을 깨어나게 해서 지혜를 넓히고 이를 내 육신肉身에 보존하기 위해서 수련을 하는 것이다. 육체는 유한有限하여 언젠가 없어지게 되지만 영靈은 천지天地와 함께 영원히 존재한다.

우리가 반좌수련 중 안신조규를 할 때 눈앞의 기점에서 아주작고 밝은 빛의 점이 펼쳐지면서 경상景象이 나타나기도 하는데 도면이 나타나거나 선경仙境이 펼쳐 보여진다. 대게 자기가 보았던 것들을 모아서 떠오르게 되는데 그 자체는 영靈의 변화이다. 그 영靈이 커질 수도 있고 작은 점으로 집결될 수도 있다. 이 과정에서 두 가지를 수련할 수 있는데 하나는 사실적 현상을 볼 수 있고, 또 하나는 죽은 사람의 영靈적인 공간을 볼 수 있다.

이 영靈은 우리가 모체 내에 있을 때나 한 살에서 세 살 때까지나 늙어서 죽기 전인 찰나 간에 많은 변화가 있는데 특히 한 살에서 세 살까지의 사이에 우리 인생에 많은 영靈의 영향력이 포함되어 있으므로 영靈이 사람에게 많은 영향을 주게 되는 것이 이 한 살에서 세 살 때까지이다.

여동빈 조사의 저술에 의하면 사람의 몸은 신神이 중심이 아니고 영靈이 가장 중심적이며 영靈은 영존永存하는 것이라고 하였다. 이러한 경우 반좌수련 중에 몸을 움직이지 않고 안정시킨 후 영靈의 괘도를 살펴 볼 수 있다. 영靈은 무게가 많지 않고

410

가볍다. 수련 중에 산과 강 등의 경물景物이 보이는 것은 영靈이 수련장 밖으로 나가서 산과 강 등 경물에 있을 때 생기는 현상이다.

내가 수련하는 상황은 신神과 영靈이 합하여진 합일영合一靈이라고 할 수 있다.

사람이 생명을 얻기까지는 전생前生의 공과功果와 업보業報를 가지고 태어난다는 것이 불교나 도가의 입장이다. 이 말은 육신은 사라지더라도 영원히 존재하는 영靈의 실체를 입증하는 말이기도 하여서, 이 영靈이 그것들을 기억했다가 윤회를 통해 다시 사람으로 태어나는 수정란受精卵에 투합되어 있어서 영靈이 성명性命과 원신元神을 부여할 때는 이미 영겁의 공과와 업보가 그 속에 다 들어 있었다. 도가의 수련이나 불교의 수행을 통해 이것을 나타나게 하는 것이 부모미생전父母未生前의 자기의 본성本性이며, 이것을 밝게 펼쳐 보이는 것이 견성見性이다.

2) 신神

신神이란 부모로부터 받은 성性을 원신元神이라 하고 천지로부터 받은 성을 식신識神이라 하는데 원신은 알음알이도 없고 지각도 없으나 능히 조화를 주제할 수 있으며, 식신은 가장 두드러지고 가장 신령스러워 능히 반응하고 변화를 부림이 쉼이 없는데 이 신이 바로 사람의 주인이다. 그 신(識神)은 원래 무극에서 나온 것으로 도가에서는 철한鐵漢이라 부르고, 불가에서는 금강金剛이라 부르며 유가에서는 혼령魂靈이라 부르는데 생生함도 없고 멸滅함도 없으며, 늘지도 않고 줄지도 않으며 몸에 있으면 혼이라 하고, 몸 밖으로 나가면 귀신이 되는 것인데 선善을 닦으면 신선이 되고 부처가 되고, 악惡을 지으면 날짐승으로 변하고 들짐승으로 변하는 것이다.

육체 안은 물질적인 것이고 육체 밖의 것은 정신 또는 신이라고 하는데 이 신은 양신陽神과 음신陰神으로 나누어진다. 육신(물질)과 육신 밖(비물질)의 교착점에 양신이 있으며 육신 밖의 비물질에서 나타난 신이 음신이다. 우리가 수련을 하는 목적 가운데 하나는 육신 즉 물질을 가지고 육신밖에 있는 비물질(정신, 음신 등)을 마음대로 조절할 수 있는 공력功力을 키우는데 있다. 육신과 육신 밖의 물질 내지 비물질은 넓게 보아서 사람의 인체우주기장人體宇宙氣場 안에 포함된다.

그러나 인체우주기장 밖에서 나를 조절하는 것이 있으니 그것은 영靈이다. 육체에도 비육체에도 속하지 않는 꿈을 꾸었을 때가 영靈의 작용이다. 이 영靈은 우리가 태어나기 전에도 있었고 우리가 죽어도 소멸하지 않고 영원히 존재한다. 정신은 육체가 없으면 사라지지만 영靈은 육체 정신 모두 소멸해도 영원히 존재하기 때문에 기억력도 사람이 가지는 사유의 수억만 배나 된다고 한다. 도가의 수련은 좋은 영靈을 많이 받고 이를 보존하는 것을 위주로 한다.

사람의 신神은 인체의 삼보 중의 하나로, 단도丹道의 기록을 보면 이를 선천과 후천으로 구분해 선천적인 신을 원신元神이라고 한다. 원신이란 신기神氣이다. 태어난 후 사물을 마음으로 삼아 점차 생겨나는 후천後天의 식신識神과는 본질적인 차이가 있다. 장백단은 '신이란 원신이 있고 식신이 있다. 원신이란 것은 한 점의 신령스런 빛이고, 식신이라는 것은 사람들이 신에 대한 욕심으로 후세에 물든 천성이다.'라고 했다. 여기서 말하고자 하는 신은, 초인간적 또는 초자연적 힘을 지닌 신앙 대상을 의미하는 신神이 아니다.

① 원신元神

무릇 원신元神은 몸이 있고 없음에 따르게 되는데 태를 받음에 쫓아 그 생을 얻음으로서 무극의 중앙에 응결하여 생겨난 몸의 조화를 주제하게 되는데 태가 열 달을 채우면 오이가 익어 꼭지가 저절로 떨어지듯

412

천지가 뒤집히듯 하나의 덩어리가 땅으로 곤두박질치면서 큰 소리로 울부짖고 원신은 무극에서 육단완심肉團頑心으로 재빨리 내려오게 된다.

수행자가 환생할 때 원신은 태아를 따라 함께 세상으로 나와 몸 안에 갇혀 사물과 직접 접촉할 수도 없고 속성도 알지 못해 일정한 방식으로 원신이 깨어나서 지금까지 수행해 온 모든 것을 금세今世와 함께 엮어낸다. 대뇌는 지식과 정보를 축적할 때 대뇌에 일정한 지식과 정보를 저장한다. 원신이 깨어나기 전에 식신識神이 인식하여 대뇌를 제어한다. 원신이 깨어나지 않아 지식과 정보가 너무 적은 상태이다. 행동이 맹연盲然하고 유치하게 표현된다. 식신은 원신과 뇌의 소통을 가로막고 심지어 통제하여 영성이 약해지고 상실하게 되는데, 이것이 바로 원신을 잃어버리게 되는 원인이므로 어떻게 원신을 수련하여 깨우치게 하고, 다시 식신을 대신하여 자신의 운명을 장악하게 하는 것이 도교 내단파가 원신을 수련하는 이론의 기초이다.

외부의 물질적 유혹과 자아를 인식한 후 생기는 이기적인 욕망의 식신識神은 사람의 감정과 욕망을 끊임없이 발생시키고 통제하며 정상적인 범위 안에서도 욕망이 사람의 행동 동력으로 바뀌지만, '구하지 않으면 안 된다'는 반응이 점점 많아지면, 의식은 사회가 규정한 윤리 도덕의 범위를 벗어나기 시작하고 욕망을 달성하려는 행위를 하게 된다. 사람은 반드시 원신을 단련함으로써 의식을 제약해야 한다. 왜냐하면 원신은 사람의 자제력과 이상 사유의 근원이기 때문이다. 원신이 뇌와 생명 행위를 통제하는 전제조건은 점진적으로 식신을 대체하고 생명 통제권을 장악하는 것인데, 이는 성명性命 수련을 거쳐야 도달할 수 있는 것이니 인류가 존재하는 한 성명性命 수련 현상의 근본을 아는 것이 도가수련이다.

심리와 영혼은 자신의 본래 소질과 외부 조건에 구속되어 있지만, 인간은 의도적이거나 의도하지 않게 심경心境과 영혼靈魂 상태를 조절할 수 있다. 인간의 감지에는 잠재의식 상태와 무의식 상태 두 가지 비의식적인 심리도 있다. 의식- 잠재의식- 무의식 세 가지 마음가짐은 일정한 연계를 가지고 있다. 의식적인 것은 목적을 위한 것이고, 잠재의식적 무의식적 자주성의 그 연결고리는 인체 스스로 유지한다. 그것은 신神만이 할 수 있다.

본질적으로 말하면 원신은 결코 초자연적 힘이 아니다. 원신은, 부모의 교접으로 선천先天의 무극에서 한 점을 찍을 때 이미 생겨서 모궁母宮에서는 니환궁에 거주했지마는 세상에 태어나면서 울음소리와 함께 호흡에 딸려 들어온 후천後天의 식신識神과 함께 동거하게 된다. 그러나 후천에서는 식신이 주인 노릇을 하고 있기 때문에 원신은 5차원 이하의 어떤 시공간에 존재할 수 없으며 시간이 지날수록 점점 약화되어 해체될 위기에 있는 것이다. 도가의 인식에서 원신은 사람의 잠재의식을 가리키며, 한 사람의 인격 존재의 근간이다. 이런 감각은 인간이 태어날 때부터 가지고 있던, 지혜로운 생명의 특징이다. 이러한 감각 기관은 원신으로부터 나온 것으로, 그것은 완전히 과학적이다. 어떠한 신비로운 색채도 없으며, 인류의 가장 기초적인 본능 중의 하나이다. 원신을 소생시켜 그 감각을 되살리려면 자신의 도덕적 수양과 여러 방면의 소양을 높여야 한다. 그래서 예나 지금이나 모든 수련인들은 큰 지혜를 가지고 초연하게 대처해야 한다. 후천의 '오안五眼(肉眼, 天眼, 法眼, 慧眼, 佛眼)'을 만들려면 원신을 깨워야 한다.

② 식신識神

식신識神은 태아가 어머니의 포태에서 빠져나와 처음으로 울부짖는 흡

414

기吸氣를 쫓아 호흡을 따라 빨려 들어가 수태되어 원신과 합해져 하나 되어 심장에 동거하게 되는데 이 식신識神이 마음의 주재가 되고 원신은 설자리를 잃어버리게 되고, 식신이 권리를 잡아 칠정육욕을 행사하여 밤낮 모산耗散 되고 원신도 모산 소진됨에 지수화풍地水火風이 제각기 나뉘어 달아나 버리니 그 몸이라는 것은 쇠락에 빠져버리게 된다. 식신을 자신의 진성이라 하며 몸을 버리고 밖으로 나가니 수명이 백세까지 산다 해도 한바탕 일장춘몽을 면치 못하고 반듯이 귀졸鬼卒에 압송되어 지옥에 끌려가 평생의 선악善惡을 장부와 대조해서 상과 벌을 받게 되는 것이다. 선한 자는 혹 전생轉生시켜 오는 세상에 복의 응보를 받게 되거나 혹은 귀신이라 해도 향연을 향수하도록 하고, 악한 자는 혹 세상에 다시 태어나 악보를 받거나 혹은 인신을 잃어버리고 태胎, 란卵, 습濕, 화化 4생으로 변하여 만겁이 지나도 헤어 나올 수 없게 되는 것이다.

식신識神은 생명체의 행동을 통제할 수 있는 주관적인 능동의식을 신체 뇌에서 형성한 신화적 별칭으로, 생명체는 탄생하는 순간부터 천지간의 다양한 사물에 대한 정보 에너지를 신체(피부 및 신경 포함)와 감각으로 끊임없이 전달받아 왔다. 바람과 구름, 빛과 그늘, 맑고 흐림, 춥고 더운 것들, 그리고 소리를 비롯해 인간 생명체에서는 끊임없이 인문적인 사물, 특히 지식과 삶의 가르침을 많이 받아 뇌에 많은 지식 정보와 사물 정보를 축적한다. 뇌에는 특수한 생물학적 정보 가공 기능이 있다. 대뇌 기능과 정보 에너지 사이에 에너지 회전기가 생겨 뇌의 사유를 형성한다. 끊임없이 새로운 정보를 복사하고 진화하며 창조하고 정제하고 있다. 대뇌 내의 정보를 빠르게 팽창시키고 정보 에너지도 덩달아 증대한다. 정보 에너지장을 형성하고, 에너지의 감응성을 가지기도 한다. 이런 감응성이 강해져 생겨난 뇌에서 결국 뇌 기능과 함께 분별기능과 신체 제어기능을 가진 의식체를 합성하는 것이 식신이다. 식신은 뇌의 기능과 뇌에 저장된 정보의 에너지에 의해 결정되는데, 어떤 뇌의 기능이 있고 어떤 정보 에너지가 저장되느냐에 따라 어떤 식신이 파생된다. 동물은 동물의 식신이 있고, 인류는 인류의 식신이 있다. 인간의 뇌 기능은 동물의 뇌 기능보다 생체 성능이 더 강하기 때문에 흡수할 수 있는 정보 에너지는 동물의 흡수 종류보다 많고 정보의 양이 더 크며, 이로 인해 식신의 생물성生物性이 더 고급스럽고, 식신의 의식성意識性과 의식력意識力이 더 강하다. 아무리 식신이 강해도 뇌 기능과 정보 저장에 제약을 받아 인간의 사상은 천차만별일 뿐 뇌 기능을 초월하는 사고력이 생기지 않고, 저장된 지식 정보 이상의 사고력이 생기지 않으며, 사람의 사상은 뇌 기능과 저장된 지식의 범위에 국한될 수밖에 없다. 식신과 뇌 기능의 혼성混成은 생명체의 유기적인 구성으로 사람의 감정, 욕망 등은 모두 식신識神과 밀접한 관련이 있으며 모두 식신의 작용과 통제하에 발생하며, 사람의 식신은 감정과 욕망의 요소를 가지고 있다. 사람의 뇌 기능이 손상되면 식신識神이 영향을 받고, 뇌에 저장된 지식정보가 문란紊亂하게 되면 역시 식신도 같은 방법으로 문란紊亂이 발생한다. 이 두 가지 상황은 사람의 정신과 행동상태를 이상하게 만드는 근원이다. 식신은 사람의 생명이 끝날 때, 대뇌 기능이 상실되고, 사람의 의식도 혼백이 떨어져 나가면서 사라진다.

도교에서 인식하고 있는 식신識神은 인간이 세상을 인식하고 신체의 행동을 통제하는 의식체로 후천적 의식에 속한다고 본다. 《태을금화종지》에 따르면 식신은 백魄에 의해 존재하며, 유형有形의 범심凡心으로, 이것은 전체 몸의 주요 핵심으로서 배고픔, 졸음, 심지어는 화냄 짜증, 슬픔까지 모두 이러한 부정적인 감정을 식신識神이 느끼는 것이다. 외부와의 직접 접촉에서도 식신도 자신을 구별하는 다른 인식을 갖게 되고, 이를 통해 식신도 이에 대응해 욕구를 내고 동력으로 전환해 자신에게 유리한 행동을 하도록 유도한다.

3 사람의 성性과 명命

성性이란 사람의 양기陽氣로서 마음도 따르고 생명도 따르는 성품이 좋은 것을 말한다. 인간의 본성은 생명력, 창조력, 향상력을 가지고 있다. 천명天命을 성性이라 하고, 성性으로 나아가는 것을 도道라 하며, 도道를 닦는 것을 교敎라고도 한다.

도덕경에서는 성性을 '만물의 본시 타고난 성질'이라고 말하고 명命은 '만물에게 주어진 갈길'이라고 하였다.

《성명규지性命圭旨》는 "성性이란 무엇인가? 원시진여元始真如이고, 일영형형一靈炯炯, 이것이 성性이다. 명命이란 무엇인가? 선천지정先天至精, 일기인온一炁氤氳, 이것이 명命이다." 라고 했다.

"성性이란 타고난 천성天性이 강하고 유연함과 더디고 먼 것의 차이가 있고, 명命이란 사람이 품성을 받은 것이 귀천貴賤의 차이가 있는데 이는 천명天命에 속하는 것이다." 라는 말도 있다. 성의 본질은 마음이 생겨서 성이 되는 것이다. 이것을 심心과 생生과 성性으로 나눌 수 있다. 창의력(心)과 생명력(生)을 갖춘, 위를 향해 올라가는 능력이 성性이다. 이것이 우리가 현재에도 살아갈 수 있는 끊임없는 본질이다. 우리의 창의력과 생명력은 세로로 뻗어나가 인류문명을 창조하고, 넓게 무리지어 뻗어나가면 끊임없이 번성한다.

우리가 귀로 들을 수 있고 눈으로 볼 있고, 손으로 가질 수 있고 발로 다닐 수 있는 것이 사람이 살아있는 것이고 원기元氣도 살아있다. 이것을 기氣로 말하면 '명命'이라고 한다. 성性이란 심心속에 있는 것을 성性이라고 한다. 도가의 수련은 성과 명을 분리해 놓았지만 행공만은 동시에 할 수 있도록 설계되어 있다.

8괘八卦상으로는 리離☲괘가 성性을 상징한다. 리☲괘는 바깥은 양이고 속은 음인데 본바탕은 건乾☰괘이다. 본바탕인 건☰괘의 속에 있는 효爻에 하나의 음이 들어와서 주인이 된 괘인 것이다. 감坎☵괘는 명命을 상징한다. 감☵괘의 가운데에 있는 양이 위로 올라가게 되는데 본바탕이 되는 곤坤☷괘의 속으로 건☰괘 중에서 하나의 양이 들어와 이루어진 것으로 본다. 리☲괘 가운데 음과, 감☵괘 가운데 양이라는 두 물질이 교차하게 되면 우주자연의 근원을 이루고 있는 것과 같은 기운이 가득차서 살아 움직이는 조화를 부리는데 이것이 性과 命의 합일이다. 성性이란 몸이 없은즉 함도 없다. 선하면 현인이고 악하면 우매하다. 명命이란 터가 있은즉 닦아야 한다. 귀해지면 수를 누리고 천해지면 요절한다.

인선공과 지선공이 명命에 관한 수련이라면 천선공은 성性에 관한 수련이다. 도가공부는 성명쌍수性命雙修를 원칙으로 하기 때문에 인선공이나 지선공을 수련할 때 공력의 수준에 맞춰 천선공도 병행해서 수련한다.

본성本性은 존재로부터의 선물이다. 본성이란 어떤 가면도 없는 나의 본래 얼굴이다. 본성은 내가 어머니의 모궁 속에 있을 때부터 가지고 있던 것을 이 세상에 태어날 때 그대로 가지고 온 것이다. 부모미생전父母未生前의 본래면목本來面目인 진정한 나는 영靈이라는 이름으로 구천을 떠돌다가 부모의 정과 혈이 하나가 될 때 나의 본성이 합쳐져서 부모의 옷(육체)을 입고 이 세상에 태어난 것이다. 진정한 자아는 부모의 옷을 벗어버릴 때만이 무극의 한 점이 드러나게 되고 그것이 견성見性이다.

개성個性은 부모와 학교와 사회와 문명으로부터의 선물이다. 이 사회는 개성을 강요한다. 부귀와 명예와 권력을 미끼로 개성을 살리라고 최면을 걸고 있다. 심지어 종교에서까지 개성에 최면을 걸고 포교활동을 하고 있다. 개성은 나의 진짜 자아自我가 아닌 가짜이다. 그러함에도 우리는 출세하기 위해서라도 계속해서 이 개성을 가꾸며 본성을 완전히 잊어버렸다. 진정한 삶은 개성을 죽이고 본성의 삶을 살아가야 하는데도 말이다. 본성이란 그것을 영혼이나 자신 속의 하나님 또는 어떤 것으로라도 부를 수 있다. 그러한즉 그 차이를 기억해야 한다. 껍데기 즉 육체는 내가 아니며, 심리학적 껍데기조차 내가 아니다.

도덕경에서 말하기를 도는 1을 낳고, 1은 2를 낳고 2는 3을 낳고, 3은 만물을 낳는다고 했다. 음과 양 그리고 영이 합쳐져서 만물을 낳는다고 보는 것이다. 그래서 1은 체體가 되고 2는 용用이 되며 3은 조화造化가 된다. 이 조화는 다 교합에서 기인한다.

이 성이 육신에 존재할 때에는 인성人性이라 하고, 육신을 벗어나면 본성本性이라 한다. 수행修行과 수련修煉을 통해 육신 밖으로 나올 때가 독자적인 자기의 성, 즉 참 나다. 그때 자신이 누구인지 알 수 있다. 도가의 수련이나 불교의 수행 목적은 부모의 옷을 벗어 던지는 것이다. 그렇게 할 때만이 우리의 본성이 훤히 나타날 수 있으니 이것이 견성見性이다. 이것이 바로 무극 선천으로 돌아간 부모미생전父母未生前의 본래면목本來面目인 진정한 자기이다. 흔히 견성은 성을 본다는 것으로 알고 있는데 사실은 성을 밝게 드러나게 하는 것을 말함이다.

성性을 부여한 영靈은 다시 신神도 부여한다. 영과 성과 신은 육신肉身을 벗어난 것인데 이것들이 도가나 불교에서 추구하는 죽지 않는 그 무엇이다. 이 세 가지가 합쳐져서 정신이 존재하고 이후에 사유思惟가 규칙적으로 생긴다고 본다.

대도는 이미 쪼개져서 형形이 있고, 형으로 인하여 수數가 있게 된다. 하늘이 ☰乾道를 얻어서 1을 몸으로 삼으니 가볍고 맑아서 위에 있으면서 쓰임으로 삼는 것이 陽이다. 땅은 ☷坤道를 얻어서 2를 몸으로 삼으니 무겁고 탁하여 아래에 있으면서 쓰임으로 삼는 것이 음陰이다. 양은 상승하고 음은 하강하여 서로 교합하고 건☰과 곤☷이 작용하여 도를 잃지 않는다.

만물 중에 오직 사람만이 이러한 이기理氣를 건☰과 곤☷이 받아 교류를 일으켜 성性이 되었으며 음양이 받아서는 감感을 일으켜 형체(命)가 만들어졌다. 五行의 천지자연의 이치로 만물을 만들어 길러서 사람의 오장五臟(간,심장,비장,폐,신장)도 얻었고 오덕五德(온화,양순,공손,검소,겸양)과 오령五靈(麟,鳳,龜,龍,白虎)이 모두 이로 말미암아 완전해 졌으며 육합六合(동,서,남,북,상,하)에서 일어나는 교감交感을 받아 육부六腑(대장,소장,위장,담,방광,삼초)와 육근六根(안,이,비,설,신,의)과 육신六神(심장의 신 단원丹元, 간의 신 용연龍煙, 비의 신 상재常在, 폐의 신 백화魄華, 신장의 신 현명玄冥, 담의 신 용요龍曜) 모두가 다 이로 말미암아 갖추어지게 되어, 마침내 삼재품三才品(천,지,인) 대열에 끼어 만물의 영장이 되었다. 이렇게 귀하게 받아낸 몸이라서 여동빈 조사呂洞賓祖師는 '세간에서 가장 얻기 어려운 것이 사람 몸 받는 일이다'라고 하였다.

이렇게 귀하게 받아낸 몸을 관리 유지하는 것은 자신의 몫이다. 유가에서 이르기를 "보이지 않는다 하더라도 경계하고 삼가 하라, 듣지 않는다 하더라도 두려워하고 무서워할지라." 불가에서는 "안眼, 이耳, 비鼻, 설舌, 신身, 의意의 육근六根을 없게 하고 색色, 성聲, 향香, 미味, 촉觸, 법法의 육진六塵을 없애라" 하였다. 도가에서는 "선도 수련은 더할 나위 없는 황홀에 더할 나위 없이 깊고 아련한 경지로다" 하였다.

삼교三敎 성인께서는 모두 사람들에게 사욕私慾을 떼어버리라고 가르치셨는데 무엇 때문인가? 사욕私慾은 바로 음陰에 속한다. 음에 순응하면 귀신鬼神이 되고 양陽에 순응하면 신선神仙이 된다.

사람의 탄생도 무극無極이 황극皇極으로 말미암아 태극太極이 되고, 음양陰陽과 사상四象과 팔괘八卦와 십육관十六官이 몸에 두루 365골절과 84,000의 솜털 구멍이 모두 무극無極의 한 점으로부터 사람 몸이 생기게 된 것이다. 회태懷胎한지 10개월째 되면 선천先天의 기氣가 만족하게 되어 포태胞胎를 찢고 오이가 익어 꼭지가 떨어지듯 한 덩어리가 곤두박질치며 울부짖는 외마디 소리에 무극無極 규규가 터지면서 원신元神과 원기元氣와 원정元精이 무극無極의 선천先天세계를 나와 태극太極의 후천後天세계에 자리를 잡게 된다. 이때까지만 해도 사람의 몸은 순양체이다. 여기서 중요한 것은 원신元神과 원기元氣와 원정元精의 활동이다. 즉 이 셋은 후천後天의 정·기·신精·氣·神이다.

성性을 닦는 수련에서 선천의 자리에 있을 때에는 원신元神이라 부르고 후천에 있게 되면 사려의 신이라 부른다. 따라서 명命을 닦는 수련은 선천의 자리에 있을 때에는 원기元氣 또는 원정元精이라 하고 그것이 후천에 오게 되면 호흡의 기氣 또는 교감의 정精이라고 한다.

성과 명이 서로 갈라지는 과정은 이렇다. 어머니의 태중에 있을 때에는 하나의 기(一氣)가 하나로 엉켜 왕성하고 따뜻하게 쪄져서 하나로 합쳐 있다가 그 기가 가득차서 태가 원만해지면 형체가 요동하여 포가 찢어지는데 마치 높은 산에서 실족하여 땅에 떨어져 크게 비명을 지르듯이 울음을 터트린 그때(혼돈의 과정을 마치고 선천과 후천으로 갈라질 때) 성과 명이 나누어진다. 성은 그 뿌리를 심장에 두고 간직되며 명은 그 뿌리를 신장에 두고 있다. 이 후부터 영원히 성은 명을 볼 수 없게 되고 명 또한 성을 영원히 볼 수 없게 된다. 도가 수련은 이것을 선천 상태로 되돌리는 데 있다.

4 사람의 혼魂과 백魄

혼魂은 얼이고 백魄은 넋이다. 혼魂은 인체를 떠나서 존재하는 정신이고, 백魄은 형체를 따라 나타나는 정신이다.

혼魂은 사람의 정신적 영기靈氣를 가리킨다. 고대에는 혼을 양기陽氣로 여겨 인간의 사유와 지혜를 구성하였다. 백魄은 거칠고 탁한 음기陰氣로 사람의 감각 형체를 이룬다. 혼백(음양)이 조화를 이루면 인체는 건강해진다. 사람의 죽은 영혼(양기)은 하늘에 귀속되고 정신과 백(형체)은 떨어져

422

나와 이룬 골육(음기)은 땅속에 귀속된다.

혼은 양신陽神, 백은 음신陰神 이라고 한다. 도교에는 "3혼7백三魂七魄" 이라는 말이 있는데, 오늘날 과학에서는 인간의 혼백이 종교가 말한 대로 되는지, 윤회인지, 혼백의 조성이 옳은지를 증명하지 못하고 있다.

혼백은 음양의 두 기를 머금고 붙어산다. 혼이라는 것은 진정眞精의 양이다. 백이라는 것은 진정의 음이다. 혼백의 처음 이름은 진영眞靈이다.

'자산'께서 말씀하시기를 "사람의 시작은 백이다. 이미 살아서 양이 되고 혼이 된다. 두 기가 발생하여 진영이 응함으로 혼백이 아님이 없다. 살아가는데 변화가 많으면 천변만화를 이루고 생도 그 속에 있고 죽음도 그 속에 있다. 하늘에 있는 일월과는 다 상象이 통한다. 일월이라는 것은 천지의 혼백이다. 고로 혼은 해이고 낮의 주인이며 하늘의 진정이다. 백은 달이고 밤의 주인이며 땅의 진정이다. 대개 사람의 혼백은 모두 일월의 상으로 통한다."고 하셨으며 또 '회남왕'은 말씀하시기를 "하늘의 기는 혼으로 이루어졌고 땅의 기는 백으로 이루어졌다."고 했으며 또 「오장내경五臟內經」에서는 "아버지의 정기는 혼이고 어머니의 정기는 백이다." 라고 했다. 앞에서 달의 차고 기우는 이치와 추위와 더위의 변화가 모두 혼백과의 유관함을 말하기도 하였는데 사람이나 생물에 붙어사는 백은 자기가 붙어있었던 생물이 죽은 뒤에는 피로 된 음식을 받아먹는다고 하며 되살아나는 경우 음한 것들이 음한 것에게로 돌아가서 같은 것끼리 뭉치게 되면 불행한 일이 일어나게 되는 것은 당연한 이치, 도가 수련은 정과 기와 신을 단련하는 과정에서 이 음한 백을 모조리 불태워 버리고 잡된 것 하나 없이 순수한 양으로 만드는 것이 수련의 요체이다. 옛사람들은 세상을 벗어나는 방법으로 음한 찌꺼기들을 모조리 불로 태워서 잡된 것 하나 없이 순수한 양으로 다시 돌아오게 하는 것이었으며 백을 녹여 없애고 혼을 온전하게 하는 것이었다.

 "마음이 정미하고 상쾌할 때를 혼백이라 하는데, 그 상태가 오래갈 수 있겠는가? 혼백은 신령이라는 이름으로 본래 형기形氣가 있었으나 형기도 다르고 혼백도 다르다. 형形에 의지하는 영靈을 백이라 하고, 기氣에 의지하는 신神을 혼이라 한다. 부형지영附形之靈이라 하여 처음 태어날 때 귀와 눈이 마음을 알고, 손과 발이 운동을 하고, 울음소리를 내는 것을 백의 영靈이라 한다. 의지하는 것은 기氣의 신神이고 정신과 본성을 점차 알게 되는데, 이것이 부기지신附氣之神(기에 의지하는 신)이라 한다.

 《황제내경》을 보면. "오장五臟은 심장신心臟神, 폐장신肺臟魄, 간장신肝藏魂, 비장의脾藏意, 신장정腎藏精의 뜻이 있다고 했다. 번역하자면 심장신은 마음을 품고 사람의 생명을 지배하는 것, 우리가 흔히 말하는 심신불만이 그것이다. 폐장백은 폐에는 7백七魄이 있고 간장혼肝藏魂은 간에는 3혼三魂이 있고, 비장의脾藏意는 비장은 사람의 사혈死穴과 관계가 있으며, 신장정腎臟精은 신장의 정精은 골수가 되며 골수는 뇌에 통하기 때문에 신장이 허약하면 사람의 기억력에 영향을 줄 수 있다.

 혼백魂魄 중 주혼主魂은 사람의 의식을 지배하고, 각혼覺魂은 사람의 선악을 지배하며, 생혼生魂은 사람의 수명을 지배한다. 사람이 죽으면 7백七魄을 관장하는 생혼生魂(命魂)은 소멸되고, 각혼覺魂(守屍魂)은 인간 세상에 남아서 혼백魂魄(主魂)의 인과因果에 따라 순환하는데 육도六道 가운데서 사람이 만약 선한 일을 하면 신神에게 돌아가게 되고 혼백과 각혼覺魂이 하나가 될 것이다. 각혼覺魂(시신을 지키는 혼)이 죽으면 대부분 세상에 남아 시간이 지나면 자연히 사라지는데, 시신을 지키는 훈련을 하면 어느 정도 새로운 영혼이 되어 환생 자격을 얻을 수 있다고 했다.

 하나의 생명이 생길 때 영靈이 건궁乾宮에 떨어지면 그것은 곧 혼과 백으로 나누어진다. 혼은 하늘의 중심에 자리를 잡고 활동하게 되는데 그 성질은 양陽이고 가볍고 맑은 기氣다. 백은 음陰하고 무겁고 탁한 기의 성질을 가졌는데 모양이나 모습이 있는 모든 생물의 육체에 붙어 기식한다.

혼은 살기를 좋아하지만 백은 죽기를 바라는 성질이 있다. 이 세상의 물질적인 것을 좋아하며 움직이는 모든 기氣는 백이 그렇게 만들어 가는 것이라고 한다.

우리 몸에 있는 백(넋)은 의식에 붙어서 작용을 하게 되고 의식은 백에 힘입어서 생겨난다. 이 의식은 곧 식신識神을 말함이다. 백은 의식을 바탕(體)으로 삼는데 의식은 끊임없이 이어지니 생겨나고 생겨나서 한 세대에서 다음 세대로 이어지고, 한세상에서 다른 세상으로 이어지면서 백의 모습이 바뀌어지거나 그 백이 몸 담고 있는 그릇이나 그것을 이루게 되는 재료가 변하게 되는 일은 끝나지 아니한다. 오직 이것을 갈무리하는 것은 혼(얼)이다.

도가의 수련법 중에는 "눈으로 보지 못해도 혼魂은 간肝에 있고, 귀로 듣지 못해도 정精은 신장에 있고, 혀로 소리 내지 못해도 신神은 심장에 있고, 코로 향기 맡지 못해도 백魄은 폐肺에 있고, 사지四肢로 움직이지 못해도 의意는 비장에 있다. 오행이 받아 이룬 기氣가 생生과 극剋을 다스리고 변화시켜서 중앙 토土의 원황정元黃庭으로 돌아가 조회하는 것을 도가에서는 오기조원五氣朝元이라고 한다."고 했다. 달의 차고 기우는 이치와 추위와 더위의 변화가 모두 혼백과의 유관함을 말하기도 하였는데 사람이나 생물에 붙어사는 백은 자기가 붙어있었던 생물이 죽은 뒤에는 피로 된 음식을 받아먹는다고 하며 되살아나는 경우 음한 것들이 음한 것에게로 돌아가서 같은 것끼리 뭉치게 되면 불행한 일이 일어나게 되는 것은 당연한 이치다. 세상살이를 하면서 변화무쌍함을 지키면서 쫓아가는 것은 하나의 안녕을 얻기 위한 것이다. 만 가지로 변화하는 것은 혼백이 움직이고 또 붙어살기 때문이다. 우리가 어떤 형태에 사로잡힌다는 것은 다름 아니라 그 넋(백)에 사로잡힌다는 것이므로 수련을 함으로서 얼(혼)을 단련하면서 신을 보존하게 되면 넋을 제압하게 되고 결국은 넋의 바탕이 되는 의식을 끊어 버리게 된다.

삼혼칠백三魂七魄

삼혼三魂은 천天, 지地, 명命을 말하는데, 3혼 중 천天, 지地, 두 혼은 항상 밖에 있지만 오직 생명의 혼만 홀로 몸에 있다. 천天, 지地, 명命, 3혼은 결코 자주 머리를 맞대지 않는다. 7백七魄 중, 두 개의 天(백), 두 개의 地(백), 세 개의 人(백)은 음양이 상응하여 결코 분리되지 않기 때문에 인체에 항상 붙어 있다.

인간의 칠백七魄을 비밀스럽게 설명한다면 인체의 머리 위부터 사타구니 아래 회음혈의 중맥 위에 있는 7개의 맥륜脈輪을 말하며, 7개의 에너지장이라고 할 수 있다. 그중에서도 천충백天沖魄은 머리 꼭대기 바퀴 정륜頂輪에, 영혜백靈慧魄은 눈썹 심륜心輪에, 기백氣魄은 목 바퀴 후륜喉輪에, 역백力魄은 심륜상心輪上에, 그리고 두 손과 두 발과 동시에 연결되어 있다. 중추백中樞魄은 탯줄 바퀴 제륜臍輪에, 정백精魄은 생식 바퀴 생식륜生殖輪에, 영백英魄은 해저 바퀴 해저륜海底輪에 있다. 인체의 칠백은 모두 명혼命魂이 장악하고 있다. 명혼命魂은 인혼人魂 또는 색혼色魂이라고도 한다. 인간의 생명은 이때부터 혼이 빠져서 생겨난 것이다. 혼이 빠진 뒤에는 인체의 중맥에 있는 일곱 개의 맥륜 위에 에너지를 분포시킨다. 인간의 칠백이 형성된다. 백은 육신肉身의 소유자였고, 사람이 죽으면 칠백은 사라지고, 그 영혼은 스스로 떠나고 생명은 끝이 난다.

5 사람의 정精·기氣·신神

정·기·신의 근본은 고대 철학에서 나온 개념으로 우주 만물을 형성하는 원시 물질로 원소를 함유하고 있다는 뜻이다. 한의학에서는 정·기·신을 인체 생명활동의 근본으로 여기고 있다.

세상의 모든 것은 미시적으로 말하면 모두 정미물질로 이루어져 있다. 예를 들면 소립자들이다. 유형과 무형, 주관적 관심사와 관련하여 사람들이 형태구조에 관심을 가질 때 관찰되는 것이 물질의 유형상태이고, 기능변화에 관심이 있을 때 관찰되는 것이 물질의 무형상태이다.

'정精'은, 형태가 있으면서 떠있는 상태의 정미물질이다. 예를 들면 입자粒子 상태의 기본 입자를 말한다. 이 입자가 사람에게 있어 인체의 생명활동을 구성하는 각 층의 유형원소를 가리키며 고체나 액체 상태를 말한다.

'기氣'는 무형 상태의 정미물질을 가리키는데 예를 들면 파동 상태의 기본 입자를 가리킨다. 사람에게 있어 인체의 생명활동을 구성하는 기본 무형원소를 말하며, 항상 기체 상태를 나타낸다.

'신神'은, 떠있는 정기精氣의 활력이다. 예를 들면 기본 입자의 형태와 기능이 변화되는 것을 말한다. 사람의 경우, 인체의 생명활동을 구성하는 각 층의 형태 기능변화 활력을 가리킨다. 예를 들면, 신진대사를 원활히 하고, 호흡하는 과정이 순조로운 것 등은 분명히 자연의 이치이며, 타고난 자기 신체조직의 안정적인 자동제어 시스템이 작동한 것이다.

고대에는 양생을 중시하던 사람들이 모두 정·기·신을 신체의 삼보라고 불렀다. 흔히 "하늘에는 삼보로 日·月·星이 있고 땅에는 삼보로 水·火·風(사람에게는 神·氣·精)이 있다. 그래서 정·기·신은 건신健身, 노화방지의 주요 원칙이며, 특히 정·기·신이 점차 쇠퇴하여 변화하고, 사람이 이미 노년에 접어들었을 때 이 삼보를 더욱 소중히 여겨야 했다. 병이 나지 않게 정·기·신을 기르고, 행동하는 것이 고요하면, 하늘도 어찌하지 못한다."고 했다.

첫째는 '정·기·신'의 물질 보충에 신경 쓰라는 뜻이고, 둘째는 삼보三寶를 낭비해서는 안 된다는 뜻이다.

「황정경黃庭經」에서는 "최고의 약에는 세 종류가 있는데 신神과 기氣와 정精이다."라는 구절이 있어서 정·기·신을 강조하게 되는 단서가 되었다고 한다. 정·기·신은 사람에게만 있는 것이 아니다. 우주에도 있으며 모든 만물에 정·기·신은 존재한다. 정·기·신은 모든 생명을 유지하기 위해 구성된 3개의 요소다. 정·기·신을 쉽게 설명하자면 정은 생명의 열에, 기는 힘에, 신은 빛에 비유될 수 있다. 만약 인간의 생명에서 빛과 열과 힘의 작용을 제거 한다면 이는 곧 죽음을 의미한다. 이 정·기·신에서 신의 작용은 두뇌 부분에서 일어나며, 기의 주요 작용은 가슴 부분에서, 정의 주요 작용은 신장과 아랫배 부위에서 일어난다. 이 정·기·신 이론 중, 정을 팽련하여 기화시키고 기를 신화시킨다고 하지만 빛, 열, 힘의 원리에 입각해서 보면 열과 힘은 모두 빛의 작용에 의해서 생기듯이 상호 혼합되어 보완해 가는 것으로 보아야 할 것이다. 여기서 알아두어야 할 것은 인체 내의 쾌감은 정으로부터 생기며, 의지와 결단력은 기력이 충만해짐으로써 생기며, 지혜는 신의 고요한 정으로부터 생긴다는 사실이다.

선도仙道에서는 정·기·신을 인체의 삼보三寶라고 한다. '정'은 사람의 생명조직을 구성하는 정화精華를 말하는데, 이는 선천적 측면과 후천적 측면에서 이해할 수 있다. '선천지정先天之精'은 타고난 것으로 무위 상태에서 자연히 본능적으로 생산하는 원정元精, 또는 진정眞精이다. '후천지정後天之精'은 남녀가 성교할 때 나오는 정액을 말한다. 후천적 정精이란 체내의 매우 정밀한 물질로서 우주에서 채취하는 기와 섭취하는 음식물 등에서 만들어지는데 유년기 및 청소년기의 성장발육도 본질적으로 이 정精의 작용이다. 만질 수 없고 보이지도 않지만, 우리 체내에서 움직이면서 생명을 유지시켜 준다. 만약 정이 부족하거나 없다면 체내에서는 당연히 정밀한 물질이 운행되지 않으므로 무력해지고 몸에 있는 털도 윤기가 없고 빠지게 된다. 마치 몸의 활력을 주는 건전지와 같은 역할이라고 할 수 있다. 정은 신장에 저장되어 있으며 오행으로는 수에 속하고 삼전가운데는 하단전에 해당한다.

'기氣'는 힘(에너지)이다. 선천적 기氣를 원기 또는 진기라고 하고 후천적 기氣를 호흡지기라고 한다. 기氣는 정精에 상응하는 선천적先天的인 것과 후천적後天的인 것이 구분이 있다. 선천적 氣는 인체에서 근원적으로 발생하는 氣이기 때문에 '원기元氣'라고도 불리며, 이는 선천적 근원이 화火의 추진력을 나타내므로 기炁 자字를 쓴다. 자형으로 보면 기炁 자 아래 네 점으로 불이 아래에서 타오르고 있음을 나타내는 '火'가 생명의 원동력이다. 후천적인 기는 호흡기, 즉 우주 공간의 외적인 氣를 말하는데, 사람의 생존을 위해서도 호흡기는 필수적이지만 이것은 신화神火의 온양을 통해서만 내단 수련으로 에너지가 될 수 있다. 기氣라는 것은 형체는 없지만 분명하게 존재하면서 인체의 생명활동에 필요한 운동적 기능을 할 수 있도록 어떤 작용을 하는데 그것을 에너지라고 볼 수 있다.

기氣는 생명활동의 원동력일 뿐만이 아니고 체내에서 볼 수 없는 미미한 물질인 동시에 인체의 각 장부를 움직이는 능력이 있음을 뜻한다. 그래서 한의사가 말하는 기氣는 물질이자 기능이다. 기氣는 특정한 기능을 수행하고 발휘할 수 있는 물질이며 에너지와 정보를 총괄한다.

기氣는 몸 밖의 에너지 몸 안의 에너지 그리고, 몸 안에서 몸 밖으로 발산하는 에너지의 3가지가 있다. 몸 밖의 에너지는 천원지기 라고 하는데 우주만물을 운행하는 에너지로서 모든 기의 총칭이며 "기氣"라고 표기한다. 이 에너지가 몸속으로 들어와 생체내의 힘으로 변화된 것을 특별히 내기內炁라고 부르고 기氣 자와 구별하여 기"炁"라고 표기한다. 이 기炁는 정이 변환하여 생긴 것으로 정이 충실한 사람은 저절로 기炁도 왕성하다. 체내의 기炁를 발사하여 몸 밖으로 나오는 기炁를 휘광이라고 하는데 기"炁"라고 표기한다. 수련이 수승하면 이러한 기炁가 충만 하는데 예수님이나 성인들의 영안을 보면 몸 주위에 밝은 휘광이 있는데 바로 이것을 말한다. 체내의 기를 발사할 때의 기는 특별형태의 기炁인데 치료에너지가 담겨있다. 기공치료가 그것이다. 기氣는 오행으로는 토에 속하고 삼전 가운데는 중단전에 해당된다. 사람이 일단 모태에서 나오게 되면 정이 주主가 되지만 모태 속에 있을 때는 기가 주가 된다. 정좌수련을 할 때는 사람이 모태 속에 있는 태아처럼 사고활동思考活動도 줄어들고 정과 신을 사용하지 않게 되며, 따라서 기가 주가 되는 태아상태를 유지하게 된다. 이런 경지를 황홀하다고 한다.

'신神'이란 양신과 음신으로 나눈다. 그리고 이 둘 사이의 교착점에 중성中性이 있어서 영이 매개체 역할을 한다. 또한 체내의 신神과 체외의 신神으로도 구별한다. 선천의 신神은 원신이라고 하며 맑음이 극에 달해 사유가 없는 상태에서 신령스럽고 밝은 성性을 말한다. 후천의 신神은 사려의 신神이라고 한다. 신神은 정이나 기를 통제하면서 사유의 중심을 잡아주는데 만약 신神이 없거나 부족하다면 식물인간이거나 바보가 되는 것이다. 엄밀하게 말하면 신神이 없는 것이 아니고 신神이 몸에 깃들이지 못하는 경우다. 신神은 오행으로는 화이고 삼전가운데 상단전에 해당한다. 신神은 일종의 능력의 표현이며, 어떤 때는 형상에서 유형 무질의 상태로 출현하기도 한다. 인체 오장을 예로 들어 보면 간肝의 신肝神은 청룡靑龍의 형상을 띠고 있으며, 심心의 신心神의 형상은 주작朱雀, 비脾의 신脾神의 형상은 봉황鳳凰, 폐肺의 신肺神의 형상은 백호白虎, 신腎의 신腎神은 현록玄鹿의 형상으로 나타난다.

　精·氣·神은 서로 자생하고 조장하는 관계다. 한의학에서 인간 생명의 기원은 精이고, 생명을 유지하는 동력은 氣이고, 생명의 발현은 神의 활동이다. 그러므로 정기가 충분하면 기운이 왕성하고 정기가 부족하면 기운이 약하고 기운이 약하면 신이 약해진다. 뒤집어 말하면, 신이 왕성하다는 것은 기가 찬 것을 뜻하고, 기가 왕성하다는 것은 정이 충만함을 뜻하는 것이다. 한의학이 한 사람의 건강 상태, 혹은 질병의 순역順逆을 평가하는 것은 모두 이 세 가지 방면에서 고려하는 것이다. 그러므로 옛사람들이 정·기·신을 인체의 삼보三寶라고 불렀던 데는 일리가 있다. 옛사람들이 '정을 벗어난 자는 죽고, 기를 벗어난 자도 죽고, 정신이 나간 자도 죽는다.'고 했던 것을 보면 '정·기·신'이 인간 생명의 근간임을 알 수 있다. 여기서 알아두어야 할 것은 인체 내의 쾌감은 정으로부터 생기며, 의지와 결단력은 기력이 충만해짐으로써 생기며, 지혜는 신의 고요한 정으로부터 생긴다는 사실이다.

　도교 내단학의 정·기·신 개념은 선진철학과 의학에서 비롯되었다. 정교한 氣가 응집돼 물형物形이 되고, 氣가 흩어지면서 변화가 일어난다. 물형物形의 변화를 관찰하면 귀신鬼神의 실상을 알 수 있다고 한다. 상고철학에서는 '정기精氣'라는 개념뿐 아니라 '정신精神'이라는 개념이 있기도 하다.

기·기·기氣·炁·気

기천체자연지식氣天體自然之息, 기氣는 천지우주 자연의 숨이고,
기인체우주지비炁人體宇宙之秘, 기炁는 인체우주 안에서 생기는 신비이고,
기수진성선지밀気修眞成仙之密, 기気를 수진하는 것은 신선을 이루는 비밀이다.

오묘무궁기기기奧妙無窮氣炁気. 기氣炁気를 수진하는 것은 신선을 이루는 비밀이다.

★ 精 : 하복부 공간의 중심이 下田(결단 상태에서는 下丹田)이다. 정기신의 精이 거주하고 본체本體에너지가 모이고 원기元氣가 모이는 곳이어서 우리에게 힘을 준다. 결단結丹시에는 기혈氣穴. 결태結胎시에는 포중胞中이라고 한다.

★ 氣 : 가슴공간의 중심은 中田(결단 상태에서는 中丹田)이다. 정기신의 氣가 거주하고 전세轉世에너지가 모이는 곳이다. 내시內視해 보면 육질로 말미암아 암담하다. 기억이 저장되어 있어 우리에게 기억을 준다. 황정黃庭이라고도 한다.

전세轉世에너지를 종교적 표현에 의하면 수천수억 년 동안의 요소다. 유전적으로 내려오는 요소들을 모두 포함한다. 轉世에너지는 자기의 후대로 계속 전해 내려가는 것이기도 하다. 中田은 하나의 공간이기도 하다. 따라서 그 공간에는 심장에서 옮겨온 칠정육욕七情六欲을 모두 소화할 수 있는 능력이 있다. 그리고 그것을 下田으로 보내서 본체에너지로 전환 시킨다. 사람 몸에서 中田과 下田은 가까운 거리에 있지만 하나는 하늘이고 하나는 땅에 해당한다. 도교나 불교에서는 中田과 下田사이의 운용을 거치면서 업장業障을 소멸시킬 수 있다고 한다. 본인의 수련만으로 지나온 수천 년의 업장을 본인 스스로 소멸시킬 수 있다는 것은, 회개하고 기도하면서 신에게 의지하면서 소멸시켜달라고 비는 것과 대비된다. 그래서 전세轉世에너지를 윤회輪回를 거쳐 다시 태어나는 환생還生에너지라고도 한다.

★ 神 : 머리공간의 중심은 上田(결단 상태에서는 上丹田)이다. 정기신의 神이 거주하고 신이 드나드는 곳이기도 하며 우주宇宙에너지가 모이는 곳이다. 우리에게 지혜를 준다. 니환궁尼丸宮이라고도 한다. '소문의 이정변기론'에서도 "신을 얻는 자는 창성하고 신을 잃은 자는 망한다."고 했고, 신이 차 있으면 몸이 강해지고, 신이 쇠하면 몸이 약해지며, 신이 존재하면 살고, 신이 가면 죽는다고 했다.

6 사람의 탄생誕生

1) 사람의 생명력生命力

① 태아胎兒의 생성生成과 성장成長

무릇 천지는 태공太空을 근본삼아 사람과 짐승 만물을 생겨나게 하였다고 한다. 사람은 아버지의 정精과 어머니의 혈血, 하늘의 양기와 땅의 음기, 태양의 양혼陽魂과 달의 음백陰魄, 화火의 양신陽神과 수水의 음정陰精을 받아 생겨나는 것이니 사람의 몸은 천지의 기氣가 조화를 이루어 탄생한 것이다.

사람은 지선至善을 근본삼아 여러 모습으로 태어나는데 부모의 二氣가 교합함에 이르러서 부父는 곧 양이니 먼저 나아가고 음이 뒤를 따르는데 진기가 진수를 만남으로서 순수한 정精(정자)을 이룬다. 이 순수한 정이 이미 나와 있으면 모母의 음陰이 나아가서 만나면 쓰임이 없게 되어 그것을 씻어 내지만 모의 양陽이 먼저 나아가서 만나면 자궁의 앞에서 血(난자)이 이어받음으로써 정과 혈이 포태胞胎를 이루니 비로써 무극無極이 맺혀진다.

이처럼 사람은 순수한 공空에서 시작된다. 처음 교합 할 때 부의 정이 먼저 나가고 모의 혈이 뒤에 가서 혈이 정을 감싸면 여자가 된다. 여자는 속이 양이고 겉은 음이니 모의 형상이요 대개 혈이 바깥에 있기 때문이다. 만약 모의 혈이 먼저 나가고 부의 정이 뒤에 가서 정이 혈을 감싸면 남자가 된다. 남자는 속이 음이고 겉은 양이니 부의 형상이요 대개 정이 바깥에 있기 때문이다.

모의 자궁으로 들어간 포태는 어머니의 기와 호흡에 의해 줄이 생기게 된다. 그 줄은 어머니와 연결되어 있고 점차 늘어지며 그 속이 대롱처럼 텅 비어 있어 氣가 그 줄을 통해 왕래한다. 그 줄은 앞에는 배꼽, 뒤로는 콩팥에 통하고 위로는 협척에서 인당 산근(양 눈썹사이)에 이르러 구멍이 쌍을 이룬다. 쌍을 이룬 구멍은 아래로 코끝에 이르러 두 개의 콧구멍을 이루어 내니 인체 부위의 제일 첫 번째 작품이다. 비조鼻祖라는 어원은 여기에서 연유되었다. 이때부터 나의 기는 어머니의 기와 통하게 되며 어머니의 기는 천지의 기와 통하게 되고 천지의 기는 태허의 기와 통하게 되면서 구멍과 구멍이 서로 통하여 닫히고 막히는 일이 없어지면서 반달은 양을 생하고 반달은 음을 생하니 이로 말미암아 오장이 생성되고 육부도 생기면서 주천을 이루는 365골절이 만들어지고 84,000의 솜털구멍이 생기는 등 인체부위가 차례로 완성 되어간다.

수정란受精卵 중 최소부분의 양이 머물러 있으면서 최초로 장부를 만든 곳이 양신장兩腎臟이다. 인체 최초의 원양元陽이 실제로 양 신장 속에 있어서 신장을 생生한 다음 신장은 비장脾臟을 낳고, 비장은 다시 간장肝臟을 낳고, 간장은 다시 폐장肺臟을 낳고, 폐장은 다시 심장心臟을 낳으니 인체의 오장五臟이 완성된다. 이로써 인체 주요 장부인 오장을 완성했으니 다음은 육부六腑를 만들 차례다. 오장 중 마지막으로 만들어진 심장은 자기와 짝을 이룬 소장小腸을 낳는다. 다음으로 소장은 대장大腸을 낳고, 대장은 담膽을 낳고, 담은 위장胃腸을 낳고, 위장은 방광膀胱을 낳아서 육부도 완성 시킨다. 이 모두는 정과 혈을 조화하여 형체를 이루어 놓은 것이다.

여기서 재미있는 것은 각 장부의 생성하는 과정이 모두 오행의 상생관계가 아닌 상극관계에서 이루어진다는 점이다. 오행의 상극에 관한 인식을 새롭게 하는 대목이기도 하다. 오행이 각각 그 성질이 달라 적으로 삼는 것이 상극이니 목은 금으로서 적을 삼고, 금은 화로서 적을 삼고, 화는 수로서 적을 삼고, 수는 토로서 토는 목으로서 적을 삼으니, 이것을 다시 역으로 조화를 베풀어 금이 본래 목을 극하는 것이나 목은 도리어 그로 인해 기물을 만들고, 목은 본래 토를 극하는 것이나 토는 오히려 이로 인해 생영生榮하게 된다. 토는 본래 수를 극하는 것이나 수는 도리어 이로 인해 넘치지 않게 되며, 수는 본래 화를 극하는 것이나 화는 도리어 이로 인해 지나치게 건조하지 않는다. 화는 본래 금을 극하는 것이나 금이 도리어 이로 인해 화를 받아들여 청명함을 이루니 극하는 가운데 새로운 생이 있게 된다. 그래서 상극은 생산을 의미하는 것임을 알 수 있다.

태아의 생장 과정

太初 ; 기의 시작, 우주본체의 원시단계, 남녀 음양 2기가 교합하기 이전단계, 태시
　　太始라고도 함,
二氣 ; 음양 2기, 현대과학논리 ; 정자의 기와 난자의 기,
精血 ; 정자와 난자
胞胎 ; 수정란
太質 ; 形의시작, 음양 2기가 교합하여 새로운 생명을 생성하는 時候, 質은 물질, 혹
　　은 물체
陰承陽生 ; 태아의 질을 잡아 承著시켜, 태아의 기가 생장함. 양은 태아의 기를 이루
　　고 음은 태아의 물질을 이룸
氣隨胎化 ; 태아의 기와 태아의 질이 붙어서 함께 운화하는 것
太素 ; 質의시작. 태아의 生長적 단계. 즉 선천단계, 이후에는 오르내림이 있어 황아
　　가 자란다.
黃芽 ; 진양의 기와 진음의 액이 서로 교합 한 상태.
二百八十日形圓 ; 기와 질은 280일이면 기가 족하고, 형이 원만해짐. 태아가 모체 내
　　에 있는 시간.
(남자 선천 수 8과 여자 선천 수 7을 곱하고, 만물을 생하는 오행의 5를 곱한 답이 280일)

② 태아胎兒의 성장成長

우주가 탄생하기 전, 무극無極의 헤아릴 수 없는 홍몽鴻濛(하늘과 땅이 아직 갈라지지 아니한 상태)한 기운이 음陰과 양陽으로 분열을 시작했는데 음양陰陽 이전에는 태극太極이 있었다. 태극이전에는 무극이 있었다. 태극과 무극사이에는 황극皇極이 있다. 사람의 몸도 아버지의 양과 어머니의 음

이 교접하여 한 점을 찍으면서 무극에서 태극을 만들어 내었다. 이때부터는 후천의 세계이고 질質은 순양체純陽體이다.

이것은 부의 정과 모의 혈로서 조화하여 형체를 이뤄낸 것이어서 처음으로 하나의 기(一氣)가 생긴 것이다. 티끌하나 없는 순수한 무극상태의 태胎는 진기를 품고 모의 자궁으로 들어가 날이 지나고 달이 차면 진기의 조화로 사람이 이루어진다.

세상에 나와서 태를 자른 후 부터는 심장과 폐의 기능이 분리되고 생존환경이 우주와의 상관관계에 놓이게 되면서 오장도 상호 관계를 이루고 그 기능을 발휘하게 된다. 후천세계에 접어든 것이다.

후천세계는 우주 만물이 氣이다. "천지에 하나의 기운이 흘러 다닌다." "천하를 관통하는 것은 하나의 氣일 뿐이다."라고 하여 선현들은 천지간에 가득 차 있고 천지 사이에 존재하는 것을 氣로 파악하였다. 氣는 우주 일체의 모든 것을 관통하고 있다. 하늘도 땅도 우주안의 모든 것의 본질은 氣이다. 이 모든 것이 氣이므로 당연히 하늘도 땅과 같이 우리들 가운데 함께 있다. 그리고 氣는 모든 유형, 무형의 사물에도 존재한다. 사람에 있어서 氣도 마음이 한번 움직이면 곧 氣가 생기게 되는데 그 이유인즉, 氣라는 것은 본래 마음이 변화되어서 이루어진 것이기 때문이다.

氣의 뜻을 설명한다면, 일정한 형상과 부피가 없이 자유롭게 흩어지는 물체, 호흡 ; 자연계의 한냉, 따뜻, 흐림, 맑음 등의 현상을 말한다. 코에서 나는 냄새 ; 사람의 정신 상태, 화가 나거나 사람을 화나게 하거나 괴롭히는 것도 기의 현상 또는 작용이라고 한다. 한의학계에서는 인체의 기관에 기능을 발휘하게 하는 동력을 가리키기도 한다. 기공氣功, 기혈氣血, 기허氣虛 등이 그것이다. 다른 측면에서는 경상景象을 말하기도 한다. 화기和氣, 기분氣分, 기운氣韻(문장이나 서예 회화의 아담한 멋과 운치) 등이다.

인체 음양의 생성 과정

부모가 交合후 受胎하여				
일수	변화 과정	일수	변화 과정	懷胎기간
15일	陽이 생기고	15일	陰이 생긴다	1개월째
15일	無極이一動하여 皇極의陽이生하고	15일	無極一靜하여 皇極의陰이生한다	2개월째
15일	皇極이一動하여 太極의陽이生하고	15일	皇極이一靜하여太極의陰이生한다	3개월째
15일	太極이一動하여 老陽이 生하고	15일	太極이一靜하여 老陰이 生하고	4개월째
15일	老陽이一動하여 太陽이 生하고	15일	老陰이一靜하여 太陰을 生하고	5개월째
15일	老陽이一靜하여 少陰이 生하고	15일	老陰이一動하여 少陽이 生하고	6개월째
15일	太陽이一動하여 乾이 生하고	15일	太陰이一靜하여 坤이 生하고	7개월째
15일	太陽이一靜하여 兌가 生하고	15일	太陰이一動하여 艮이 生하고	8개월째
15일	少陰이一動하여 離가 生하고	15일	少陽이一靜하여 坎이 生하고	9개월째
15일	少陰이一靜하여 震이 生하고	15일	少陽이一動하여 巽이 生한다	10개월째

③ 사람의 출생出生

사람의 탄생도, 아버지의 정精과 어머니의 혈血의 교접으로 무극의 한 점을 찍으니 수태되어, 맨 처음에 무극이 먼저 맺히고 이 무극을 쫓아서 황극이, 황극으로 말미암아 태극이 되었고, 그로 말미암아 양의와 사상과 팔괘 등이 몸에 두루 365골절과 84,000의 솜털 구멍을 이루니 이 모두는 무극無極으로 말미암아 생기게 된 것이다. 회태한지 10개월째 되면 선천의 기氣가 만족하게 되어 포태를 찢고 오이가 익어 꼭지가 떨어지듯 한 덩어리가 곤두박질치며 울부짖는 외마디 소리에 즉, 혼돈의 과정을 거치면서 무극규無極竅가 터지면서 원신元神과 원기元氣와 원정元精이 무극의 선천세계를 나와 태극의 후천세계에 자리를 잡게 되는 것이다.

이렇게 우주의 탄생에서 보듯이 무극에서 태극으로 전화轉化 될 때 즉 선천에서 후천으로 바뀔 때는 반드시 혼돈이라는 대가를 치러야 한다. 이 혼돈은 선천의 세계를 뛰어넘는 과정에서 생기는 소용돌이이다. 이 소용돌이에 말려드는 것은 선천의 기억을 잊어버리기 위해서라고 하니 자연의 신비는 경이롭기만 하다. 이 혼돈을 거치면서 도道에서 가도可道로 이어지고 있는 것이다.

천지의 탄생도 이럴지니 하물며 사람과 생명력을 갖는 모든 만물의 탄생도 예외일 수는 없어서 모두 자기의 격에 맞는 혼돈을 거쳐서 탄생하게 된다.

사람도 선천에서 후천으로 바뀔 때 반드시 거쳐야 하는 과정이 있으니 혼돈이다. 태아가 10개월을 모태 안에 있을 때 머리는 높고 꼬리뼈는 낮은 자세로 탯줄을 통해 어머니와 교류하다가 달이 차서 출산을 앞두고는 선천의 기억을 잊어버리기 위해 위치가 180도 바뀌면서 포태를 찢고 세상에 나와 탯줄을 끊는 그 순간까지가 혼돈의 과정이다. 출산하는 어머니의 산고産苦도 이루다 말 할 수 없겠지만 어머니의 깜깜한 모궁에서 아무것도 모르는 체 좁은 자궁을 거쳐 넓고 밝은 세상을 처음 대하는 소용돌이에 말려든 신생아에게도 대변혁이며 죽음을 담보로 한 대가가 아닐 수 없다.

세상에 나와 태를 자른 후 부터는 심장과 폐의 기능이 분리되고 생존 환경이 우주와의 상관관계에 놓이게 되면서 오장도 상호 관계를 이루고 그 기능을 발휘하게 된다. 후천세계에 접어든 것이다. 육신肉身은 나의 유형유질有形有質이다. 육신은 '후천後天의 나'이기도 하다. 육신肉身의 변두리에 또 다른 나의 형상이 있는데 이것을 '유형무질有形無質의 나'라고 표현한다. 인체표면을 감싸는 광환光環 즉, 휘광輝光이 나의 유형무질이다.

신외신身外身이라는 표현도 쓴다. 이 유형무질은 '심령心靈이 나에게 주는 나의 형상이다.' 유형무질의 질양質量은 기氣로 형성되어 있어서 일반인은 그 형상을 볼 수 없다. 부모의 정精과 혈血이 하나가 되었을 때부터 이 형상이 생겼다고 한다. '사람은 그 형상에 따라서 자라고 성숙한다.'고 전해진다. 우리가 성숙되기 전에 이미 그러한 형상이 있었고 그 형상에 의하여 그 형상대로 우리가 자란다고 도교에서는 말하고 있다.

2) 사람의 선천先天의 기수起數

사람은 출생할 때 선천의 숫자를 가지고 태어난다. 선천의 숫자는 남자와 여자가 다르다. 남자는 8이라는 숫자를 가지고 태어나고 여자는 7이라는 숫자를 가지고 태어난다. 이것은 2000년 전 「황제내경」에서 말한 것이다. 여자와 남자를 음양으로 보고 음양이기陰陽二氣(7과 8)를 만물을 생하는 오행과 곱해주면(7×8×5=280, 음력으로 1달을 28일로 보면 만 10개월, 태아가 모궁母宮에 있는 기간이다.

여성의 경우 여성의 기수 7×4=28일 이것은 여성의 생리기간으로 만약 생리가 28일 미만이면 질병이 있는 징조이고 28일을 초과하면 정서가 불완전한 징조이다. 여성이 난자를 생성하는 숫자도 정해져 있다. 49세-14×12달이 정상적인 난자의 생성숫자이며 이보다 부족할 경우 체질이 허약하다고 보아야 한다. 그러나 남자의 경우 정자의 숫자는 정해져 있지 않다. 64-16×?=정자 수, 가 공식 이지만 이것은 수련하여 얼마만큼의 영靈을 얻는가에 따라 정자가 정해진다.

수련을 통해 천지간의 정기精氣를 흡수해서 보존하는 것이 보루補漏 과정이고, 이렇게 체내의 부족한 정자를 보충해서 우리의 본원으로 환원시키는 것이 환원還源 과정이다.

정자와 난자가 조화되어 원정, 원기가 신장 속에 감추어지는데 이 신장의 기가 성하고 쇠함에 따라 인체의 건강이 좌우된다.

① 남자 기수의 영향

남자는 선천에서 가지고 나온 신장 속에 감추어진 신기腎氣가 8세가 되면 실해져서 머리가 길게 자라고 치아를 갈게 된다.

다시 8에다 2를 곱하여 16세가 되면 신기腎氣가 성하여져 유정遺精하며, 정기가 넘쳐 몽정夢精 등으로 새어 나가니 음양이 화합하므로 아이를 낳게 할 수 있다.

다시 8에서 3을 곱하여 24세가 되면 신기가 고르게 되어 뼈와 살 등 근골이 강해지며 사랑니가 나고 신체는 제일 크게 성장한다.

다시 4를 곱하여 32세가 되면 근골이 융성하고 피부에 살이 꽉 차고 단단하다.

다시 5를 곱하여 40세에는 신이 쇠하여 모발이 빠지고 이가 약해진다.

다시 6을 곱하여 48세에는 양기陽氣가 위에서 다하여 얼굴이 초췌하고 모발과 수염이 희게 된다.

다시 7을 곱하여 56세에 이르면 간기肝氣가 쇠하여 근육이 제대로 움직이지 못하고, 다시 8을 곱하여 64세에는 유정遺精이 없어지면서 신장이 쇠하여 몸의 모양이 모두 극에 달하여 치아와 두발이 잘 빠져서 없어진다.

처음 태어날 때에는 신장이 水를 주관하여 오장의 정기를 받아 저장함으로서 신이 성해졌는데 지금은 오장도 쇠하여져 근골이나 골수가 다 풀어져 버리고 정액도 다하고 모발도 희어지며 신체도 무겁고 행보도 바르지 못하게 된다.

② 여자 기수의 영향

여자는 선천에서 가지고 온 신기가 성해져서 7세가 되면 치아를 갈고 머리털이 길게 자라며 2를 곱하여 14세가 되면 임맥이 통하고 태충맥이 성해져 월경이 시작된다.

다시 3을 곱하여 21세가 되면 신기가 고르게 되어 사랑니가 생기고 신체도 제일 크게 성장한다.

다시 4를 곱하여 28세에 이르면 근골이 견실해지고 두발도 가장 길게 자라며 신체도 왕성하고 건강하게 된다.

다시 5를 곱하여 35세에 이르면 양맥陽脈이 쇠하여 얼굴이 초췌해지기 시작하고 두발도 빠지기 시작한다.

다시 6을 곱하여 42세에 이르면 삼 양맥이 위에서 쇠하여 얼굴이 모두 초췌해지고 두발이 희어지기 시작하며,

다시 7을 곱하여 49세에 이르면 임맥任脈이 허해지고 태충맥이 쇠하여 작아지고 월경이 고갈되며 지도地道가 불통하니 몸이 무너져 아이를 갖지 못한다.

위 내용은 「황제내경黃帝內經」에 있는 황제黃帝와 기백岐伯의 문답 내용 중 일부인데 황제가 다시 묻기를 "도를 가진 사람은 100세가 넘어도 자식을 가질 수 있는가?"라는 물음에 기백이 답하기를 "도를 가진 사람은 늙어도 몸이 온전하여 비록 나이가 들었어도 아이를 낳을 수 있습니다."라고 대답했다고 한다.

사람이 이와 같이 인체의 출생에서부터 성장 노쇠의 과정과 생육능력의 발생과 소실 등 전 생리과정을 도가에서는 다시 태체胎體, 동체童體, 누체漏體, 파체破體, 쇠체衰體, 약체弱體 등으로 분류하고 있다.

남녀 공히 수정란이 되어 어머니의 모태에 있을 때는 태체 이다. 여기서 선천수 남8 여7의 수에 따라 각기 분류가 되는데 남성 16세 이전 여성 14세 이전을 동체로 분류한다. 남성 16세 여성 14세부터는 모두 정자와 난자를 생산하기 시작하고 교합하여 아이를 낳으니 남성 32세 여성 28세까지를 누체로 분류한다. 또 남성 48세 여성 35세까지를 파체라 하고, 남성 64세 여성 49세까지를 쇠체로 분류하고 남성 64세 이후 여성 49세 이후를 약체로 분류했다.

도가에서 분류한 인체 생리과정 표

→順則凡. 순리대로 순행하면 나이가 들어 죽게 되고 결국 귀신이 되는 이치					
태 체→	동 체→	누 체→	파 체→	쇠 체→	약 체→
모태안의 10개월→	1~16세	16~32	32~48세	48~64세	64세이상
←胎體	←童體	← 漏體			
		←	破體		
		←		衰體	
		←			弱體
←天仙功	←地仙功	←人仙功	← 인선법 引仙法		
煉神還虛	煉炁化神	煉精化炁	← 연신섭기 煉身攝氣		
←선 천(返先天으로)		←후 천 (방선천倣先天하여)			
← 逆則仙. 역행하는 법을 써서 후천에서 선천으로 가는 수련하면 신선이 됨					

→순행, ←역행   나이는 남자의 경우

3) 사람의 생애生涯

사람의 생명은 자연과 도道의 흐름에 따라 어머니의 포태에서 10개월간 자라서 그 포태를 찢고 한 덩어리가 곤두박질치며 울부짖는 외마디 소리에 즉 혼돈의 과정을 거치면서 무극규無極竅가 터지면서 원신元神과 원기元氣와 원정元精이 무극의 선천세계를 나와 태극의 후천세계에 자리를 잡게 되었다.

이렇게 선천세계에서 후천세계인 세상에 갓 태어난 갓난아이는 천진난만하고 순진무구하여 몸속에는 잡것 하나 없는 순수한 순양체純陽體의 몸이다.

몸이 그러한즉 몸에서 발현되는 휘광도 그렇게 투영된다. 도가에서는 이 휘광을 유형무질有形無質이라고 하며 '허무虛無한 나'라고 한다. 이것을 사람들이 육안으로는 볼 수 없으나 짐승들은 사람의 눈보다 더 발달되어 있어서 그 휘광을 볼 수 있으며 상대의 마음쓰임을 그것을 보고 판단한다. 그러나 후천세계에서 살다 보니 7정6욕으로 가득 채워져서 순수함은 찾아볼 수 없게 되고 마찬가지로 몸에서 발현되는 휘광은 차츰 없어지게 되는 것이다. 도가수련은 7정6욕七情六欲을 몰아내고 몸을 청정하게 하므로 함덕지후含德之厚가 되어가는 과정이다. 200살이 넘은 도인들의 얼굴이 동안이라는 말은 그것을 뒷받침한다.

그러나 후천세계에서 살다 보면 오곡 등 음식물을 먹고 살아야 하기 때문에 몸 안에 탁기濁氣로 가득 채워져서 괄약근括約筋에 때가 끼어서 본래의 기능을 해내지 못하게 되니 위에서 말한 세 가지가 부실하게 되고, 더 나아가 대소변도 지리게 되고 이목구비 오장육부 모든 기능이 둔화된다. 도가의 수련은 이를 원래대로 복원시키는 데 목적이 있다.

갓난아이가 처음 태어났을 때에는 뼈는 약하고 근육은 부드러운데도 손목의 웅켜짐이 굳세다. 즉 손아귀의 힘이 강하다는 것이다. 움켜쥐고 있는 주먹을 풀어주어도 다시 움켜쥔다. 또한 남녀의 교합은 모르지만 성기가 온전하게 서있어서 누워서 오줌을 싸는데도 오줌은 위로 올라간다는 것은 그 정기의 지극함이라 할 수 있고, 종일 울어도 목이 쉬지 않음은 화기가 지극하기 때문이다.

이것은 갓난아이의 생명력을 말한 것이다. 갓난아이는 여기서 말한 손목, 암수의 생식기, 기관지를 관장하는 괄약근이 잡것 하나 없이 깨끗하여 아무런 장애를 받지 않기 때문이다. 그러나 후천세계에서 살다 보면 오곡 등 음식물을 먹고 살아야 하기 때문에 몸 안에 탁기로 가득 채워져서 괄약근에 때가 끼어서 본래의 기능을 해내지 못하게 되니 위에서 말한 세 가지가 부실하게 되고, 더 나아가 대소변도 지리게 되고 이목구비 오장육부 모든 기능이 둔화된다. 도가의 수련은 이를 원래대로 복원시키는 데 목적이 있다.

도가의 수련은 역행逆行이다. 그래서 도가 용어로 순즉사역즉선順則死逆則仙(순리대로 살면 죽어 귀신이 되고, 역행하는 수련을 하면 신선이 된다)이란 말이 있다. 내가 태어난지 5000일이 지났다면, 몸을 5000일(약15세) 이전 상태의 몸으로 되돌리는 것이 수련의 목표이다. 그 시기에 사람의 몸은 변화가 가장 심한 때여서 남자나 여자 공히 누정이 되고 월경이 시작되면서 몸의 변화가 몸 전체에서 이루어지기 때문에 그 이전 상태로 되돌리고 또, 다음으로 어머니의 뱃속에서 갓 태어난 그 몸으로 되돌아가는 수련을 하고, 더 나아가 아버지의 정과 어머니의 혈이 처음 만나 한 점을 찍었을 때로 되돌아가는 것이 도가 수련이다.

4) 사람의 숨呼吸

① 인류人類의 호흡계통呼吸系統

호흡은 공기를 폐로 이동시켜 체내 환경의 가스 교환을 촉진하는 과정으로 주로 산소를 흡입하고 이산화탄소를 내뿜는다.

모든 유산소 생물은 세포細胞 호흡을 위해 산소를 필요로 하는데, 세포 호흡은 산소를 이용하여 음식을 에너지로 분해하고 폐기물로 이산화탄소를 생성한다. 호흡 또는 '외부 호흡'은 공기를 폐로 가져와 폐포에 퍼짐으로써 가스 교환을 수행한다. 몸의 순환계는 이 가스를 세포와 세포 사이로 보내 '세포 호흡'을 한다.

일 분낭 호흡 주기의 수는 호흡 또는 호흡 빈도이며 생명의 4가지 주요 활력 징후 중 하나이다. 정상적인 상황에서 호흡의 깊이와 속도는 동맥혈의 이산화탄소와 산소분압을 일정하게 유지하는 여러 정상 상태 메커니즘에 의해 자동으로 무의식적으로 제어된다.

호흡에는 언어, 웃음 및 유사한 감정 표현에 대한 메커니즘을 제공하는 다른 중요한 기능도 있다. 호흡은 하품, 기침, 재채기와 같은 반사 동작에도 사용된다. 사람과는 달리 충분한 땀샘이 없기 때문에 땀을 배출하여 체온을 조절할 수 없는 동물은 헐떡임과 증발을 통해 열을 잃을 수 있다.

도가에서는 사람이 갓 태어났을 때는 발뒤꿈치로도 숨을 쉰다고 하여 이를 종식踵息이라고 하며 실제로 코나 입으로 쉬는 숨도 기맥氣脈을 통해 발바닥까지 내려가 오장과 육부를 관장한다고 한다. 나이가 들면서는 차차 밑에서부터 차차 약해지기 시작하여 생후 5000일(15세) 때에는 배꼽에 이르고 이후 어깨까지 올라가는데 사람이 슬퍼서 울 때 어깨가 들썩이는 것이 호흡의 작용이라는 것이다. 이후 죽음을 앞두고는 목까지 올라가는데 그 숨, 즉 목숨이 끊어지면 생명을 다한 것이라고 한다.

사람의 열도 마찬가지이다. 태어났을 적은 열이 발바닥에 모여서 두한족열頭寒足熱의 현상을 보이기 때문에 어린 애들이 맨발로 뛰어놀아도 전혀 발시려워 하지 않는 것이 그 증거이다. 하지만 나이가 들면서 그 열은 머리로 모여서 여러 질병을 유발하는 것이다.

생명은 호흡呼吸에서 시작되나 마침내는 호흡呼吸으로 마감한다.

호흡은 신체와 외부 환경 사이의 가스 교환 과정을 나타낸다. 인간의 호흡 과정은 폐 환기 및 폐 활기, 혈액 내 가스 수송, 조직 세포와 혈액 사이의 가스 교환 및 조직 세포 내 산화 대사를 포함한 외부 호흡의 세 가지 연결고리를 포함한다.

날숨呼과 들숨吸은 유기체와 외부 사이의 가스 교환 활동이다. '사람이 한 번 呼하면 맥이 다시 움직이고, 한 번 吸면 맥도 다시 움직이며, 호흡이 안정되고 맥이 요동 한다'고 말한다. 정상인은 한 번 숨을 呼하면 손의 맥박이 두 번 뛰고, 한 번 숨을 吸하면 손의 맥박도 두 번 뛰고, 呼와 吸, 사이에 멈춤 맥이 한 번 뛰기 때문에 사람이 呼吸 한 번에 맥박을 다섯 번 뛰게 된다. 안정적인 호흡은 사람이 감정적으로 긴장할 때 심호흡을 통해 심리적 감정을 조절하고 완화할 수 있으며, 많은 심리학자들은 이를 사용하여 환자가 긴장을 풀 수 있도록 도와주기도 한다.

② 도가에서 호흡呼吸과 호식呼息

숨(息)이라는 것은 자기 스스로의 마음이다. 스스로의 마음이 숨으로 되는 것이다.

숨이란 것은 태어나기 이전부터도 있었다. 태어나기 이전의 숨이란 사람의 본바탕을 이루고 있는 원신元神과 원기元氣와 원정元精이다.

올라가거나 내려가거나(昇降) 서로 떨어지거나 서로 합쳐지는(離合) 것이 모두 마음을 따라서 일어나는 것이며 유와 무, 허와 실은 모두 생각(念) 가운데 들어 있는 것이다. 일식一息은 한평생 지켜나가야 되는 것이니 이 일식이 멎으면 생명도 다하는 것이다.

호흡은 육체의 본질이다. 호흡이 육체의 본질이기 때문에 호흡이 어떤 신체에서 사라져 버렸다면 그 신체는 말라 죽어버린다. 호흡은 생生의 길이 이기도 하다. 생의 길이는 호흡이다. 이 육체 속에 호흡이 머물러 있는 동안만큼 생은 지속된다. 호흡이 건강에도 좋다는 것은 오늘날에도 잘 알려져 있는 과학 상식이다. 살아있는 모든 생물들은 생명을 유지하는 데 가장 기본적이고 중요한 에너지원이 산소이다. 체내에 산소가 부족하면 아무리 영양섭취를 잘해도 연소가 되지 않아 에너지로 전환할 수 없고 불완전 연소물인 노폐물만 축적되어 몸에 이상이 생기게 된다. 호呼는 탁기濁氣가 나가는 것이며 흡吸은 청기淸氣가 들어오는 것이다. 호흡은 묵은 탁기를 몸 밖으로 내보내고 새로운 맑은 청기를 몸 안으로 이끌어서(吐故納新) 음양을 평온하게 하는 비밀의 열쇠이고 또한 오장육부를 조화롭게 조절하는 공능을 갖고 있다. 호기呼氣는 양陽 으로 분류되며 코를 통해 나가면서 양을 내리고 심장과 폐장을 돕는다. 흡기吸氣는 음陰으로 분류되며 코를 통해 체내에 들어오면서 음을 내리고 간장과 신장을 돕는다. 이런 호흡과정에서 체내는 음과 양으로 분리되어 태극 모양이 되는 것이다. 인체를 음양으로 나누면 머리 쪽은 양, 아래 하복부는 음이고, 등 쪽은 양, 앞쪽은 음, 좌측은 양, 우측은 음이다. 좌우의 음양 관계만은 남자와 여자가 달라 여자는 좌측이 음 우측이 양이 된다.

수련자는 호흡을 통해서 정좌수련을 이끌어가므로 사람의 두 눈으로는 일월을 삼고, 머리와 복부를 음양으로 나누어서 좌측 눈은 양 우측 눈은 음이며, 머리는 양 복부는 음으로 보아서 호흡으로 조화를 이루어 낸다. 머리호흡도 하는데 하나는 머리 모공을 수축, 팽창하는 호흡이고 또 하나는 머릿속 니환궁의 공간을 수축 팽창하는 호흡이다. 이는 매우 감각적인 부분이라서 쉬운 일이 아니다. 바깥에서 안쪽으로 압축하다 보면 머리가 움직이려는 느낌이 있게 되는데 이때는 두개골까지도 안으로

447

움직이는 호흡을 강행하여서 압력을 조절한다. 사람의 머리는 몸 가운데서 압력이 제일 많은 곳으로 머리뇌압이 커지면 수면방해나 두통 심지어 신장에까지도 나쁜 영향을 끼친다. 머리 모공호흡을 통해서 뇌압을 조절하고 그 압력(양중의 음)을 하복부로 끌어내린다. 하복부는 우리 몸 중에 압력이 가장 적은 곳이다. 머리에서 끌어 내린 압력을 하복부에서 호흡을 통해 하복부 압력(음중의 양)과 조절하여 몸 전체의 비례 균형을 맞춘다. 이와 같이 가끔 머리압력이 크게 나타나고 상기가 되면 머리의 압력을 호흡으로 끌어 내려서 하복부에서 조절하여 감소시킬 수 있고 머리와 복부를 호흡으로 조절한 뒤에는 전체 모공호흡을 통해 몸의 일체를 조절한 뒤에 호흡을 통해 모아진 기는 하전에 저장한다. 이러한 조절과정을 거치면 체내가 음과 양으로 나누어지면서 태극모양이 된다. 이 과정이 진정한 호흡이라고 할 수 있다.

호기呼氣는 양陽으로 분류되며 코를 통해서 나가면서 양을 내리고 심장과 폐장을 돕는다. 흡기吸氣는 음陰으로 분류되며 코를 통해서 체내에 들어오면서 음을 내리고 간장과 신장을 돕는다. 이런 호흡과정에서 체내는 음과 양으로 분리되어 태극모양이 되는 것이다. 머리 쪽은 양, 아래 하복부는 음이다.

정좌 수련에서 호흡과 호식은 구별되어야 한다. 그것을 분류하면 다음과 같다.

호흡呼吸의 종류로는 비호흡鼻呼吸, 자연호흡自然呼吸, 머리호흡頭部呼吸, 하복부호흡下腹部呼吸, 외행호흡外行呼吸, 내행호흡內行呼吸, 모공호흡毛孔呼吸 전신호흡全身呼吸 하전호흡下田呼吸 상전호흡上田呼吸 두강頭腔, 흉강胸腔, 복강腹腔호흡 내강內腔호흡, 우주공간 호흡 등이며 모두 식신識神을 사용한다. 즉 의식으로 호흡을 강행하는 것이다.

이 밖에도 정좌 시 귀를 수축시키는 호흡, 삼음三陰(전음, 후음, 회음)을 봉하고 하는 호흡, 그리고 두강頭腔, 흉강胸腔, 복강腹腔을 진공상태로 만들기 위한 수축, 팽창호흡을 한 다음 행하는 내강內腔호흡 유형무질有形無質의 자아自我를 수련하는 공간으로 내보내(이런 현상을 단경丹經에서는 분형分形이라고 함) 수축, 팽창하여 기장氣場을 형성하는 호흡, 일, 월, 성日月星이 있는 한없이 넓은 우주공간에 유형무질의 자아를 보내 수축, 팽창하는 호흡 등, 약 20여 종류의 호흡법으로 정좌 수련을 하게 된다.

내강內腔호흡은 두강, 흉강, 복강을 각각 호흡하여 진공상태가 된 뒤 이 3강이 몸 안의 천天, 인人, 지地가 되어 이것을 합일하여 수축, 팽창하는 호흡으로 몸 전체를 진공상태로 만드는 것인데 이런 호흡은 처음 수련할 때부터 하는 것은 아니고 공력이 어느 단계에 오르면 하는 것들이다.

식息은 휴식한다. 쉬어간다. 정지한다. 는 뜻이 함유되어 있으며 원신을 취하게 되므로 고도의 정좌수련을 거치게 되면 호흡은 지극히 미세해져 마치 숨이 중단된 것처럼 된다. 이때 호흡기관의 수축 확장 작용은 정지되며(신체 각 부분에서의 호흡까지 정지된 것은 아님) 아랫배 부위에서 호흡과는 상관없이 일종의 열리고 닫히는 작용이 발생하는데 이것이 식息이다. 종류로는 범식凡息, 수식數息 수식隨息, 청식聽息 정식停息 정식定息 진식眞息, 지식止息, 종식踵息, 호식呼息 태식胎息 등을 꼽을 수 있다. 이러한 식을 할 때는 모두 원신元神을 사용하여 고요한 상태를 유지하여 저절로 이루어져야 한다. 호흡은 가늘고 길고 균일하게 하여야 하는 것이 관건이다. 그리고 중요한 것은 면면약존綿綿若存이다. 끊어질 듯 끊어지지 않고 있는 듯 없는 듯 이어지는 호흡이 중요하다. 그리고 반식半息 반호半呼도 있는데 이 호흡은 안신조규安神祖竅 수련시 하는 것으로 여동빈은 "반식 반호가 선仙으로 가는 길이다." 라고 말하였다.

호흡과 호식의 종류와 방법

호흡의 종류	호흡 내용 (식신을 사용)
비호흡	일반적으로 코로 숨을 쉬는 것을 말 한다.
자연호흡	숨을 몸에 맡기서 하는 것을 말한다. 均,細,深,長.
두부호흡	머리모공과 두개골을 수축 팽창하는 호흡이다.
하복부호흡	복부를 밀고 당기는 복부 수축 팽창 호흡이다.
외행호흡	천체우주와 인체우주를 감응하는 호흡이다.
내행호흡	몸안의 천(심장)과 지(신장)를 왕래하는 호흡이다.
모공호흡	84,000모공으로 수축 팽창하는 호흡이다.
전신호흡	전신을 수축 팽창하는 호흡이다.
하전호흡	하전에 약물을 넣고 팽련하는 호흡이다.
상전호흡	상전에 약물을 넣고 팽련하여 하전에 내린다.
내강호흡	두강, 흉강, 복강을 각각 수축 팽창하고 이3개를 통일해서 수축 팽창하는 호흡.
우주공간 호흡	유형무질의 나의 신을 日,月,星이 있는 우주공간에서 우주공간, 그리고 수련공간을 수축 팽창하는 호흡.

호식呼息

종류	내용 (원신 상태에서)
범식凡息	가볍게 쉬어 있는 자세로. 비 호흡의 일종이다.
수식數息	잡념을 없애기 위해 하나, 둘, 수를 새며 하는 호흡 또는 호흡간의 간격을 동일하게하는 호흡
청식聽息	정좌 중 호흡을 느끼면 청식이다.
수식隨息	하전호흡을 할 경우 호흡이 하전에 따라 움직이고 하전이 호흡에 따라 움직이고, 다른 대상도 동일
정식停息	수식을 하다 잠깐 멈추었다가 다시 시작 되는 상태

정식定息	호흡이 있는것도 같고 없는것도 같아 느낄 수 없는.
진식眞息	호흡을 멈추고 조절하는 과정, 하전에서 자체로 움직임이 계속되는 상태, 내단 수련의 어려운 과정
지식止息	호도 없고 흡도 없고. 하늘과 통하는 첫 번째 단계.
종식踵息	발뒤꿈치로 쉬는 숨, 종식 이후에는 태식이 가능
호식呼息	호나 흡 할 때의 사이에서 찰나적으로 정지한 상태, 체내 내장이 호흡을 따라가지 못해서 생기는 현상
태식胎息	사람의 의식세계를 벗어나 어떤 알 수 없는 힘에 의하여 이루어지는 숨. 신령한 숨 즉 신식神息이라고도 함

③ 태식胎息

태식胎息은 위에서 나열한 범위를 뛰어넘는 한층 더 높은 경지의 호흡이다. 결태가 되고 태체胎體가 생성되면서 태체의 움직임과 심장박동이 있어야 태식을 할 수 있다. 포태 중의 태아는 심장박동이 엄마를 따라하지 않고 독립적으로 한다고 보아야 한다. 박동 수가 엄마는 60정도라면 태아는 100 이 될 때도 있는데 이것이 독립적인 태식을 말해준다.

진정한 태식胎息이 그 안에 들어간 경지를 말하게 되면 안과 밖을 나눌 수 없다고 한다. 안과 밖으로 구분됨이 없다는 것은 움직일 때나 고요할 때나 한결같아서 움직임과動 고요함靜이 하나로 합쳐져서 서로 섞여가지고 한 덩어리로 이루어져서 변화를 한다는 말이다. 변화가 아니면 신령하다고 말할 수 없을 것이다.

그래서 태식胎息이라는 것은 사람의 의식세계를 벗어나 있는 어떤 알 수 없는 힘에 의하여 이루어지는 것이므로 신령神靈한 숨 즉, 신식神息이라고도 불리 운다.

8선중 한사람이며 여동빈의 스승인 종리권은 발뒤꿈치로 깊이 숨을 쉰다(종식踵息)고 했는데 바로 이 종식踵息은 갓 태어난 아이가 할 수 있는 것으로 이것도 태식이라고 말한다. 이렇듯 태식은 몸이 잡것 하나 없이 순양체純陽體를 이룬 상당한 수준 즉, 진인들이나 할 수 있는 높은 단계의 숨쉬기이다.

④ 폐기閉氣

폐기불식閉氣不息이란 말이 있다. 즉 기를 닫는다는 것은 숨을 쉬지 않는다는 말이다.

정좌 수련의 동력은 호흡이다. 하전도 하복부 호흡을 통해서 만들어지며 주천을 돌리고 화후를 쓰고 약을 캐고 약을 얻고 내기內氣를 움직여서 금단을 이루어 내는 모두가 호흡이다. 처음부터 끝까지 모든 것을 호흡으로 이끌어가고 호흡으로 조절해야 한다. 호흡이 잠깐의 단절도 있어서는 아니 된다. 농사에 비유한다면, 농사는 수확을 목표로 하는데 폐기는 농부가 가을의 수확을 기대하고 종자를 가지고 밭에까지만 가고(정좌자세) 씨도 뿌리지 않고 그냥 보고만 있는 것이나 같다. 수확을 기대하기 위해서는 씨를 뿌리고 물도 주고 김도 메고 걸음(호흡)도 주면서 정성들여 가꾸어야 열매(단丹)를 맺을 수 있게 되는데 이 작업을 호흡에 비유할 수 있다.

중요한 것은 호흡이 길고 가늘게 균일하게 해야 한다. 균일하게 한다는 것은 호와 흡이 같게 한다는 말이다. 그런데 호흡을 길게 하기 위해서 즉 3분 호흡이니 5분 호흡이니 하여 인위적으로 호흡을 참는 등 어떤 작용을 해서는 안 된다. 수련의 정도에 따라 자기 몸이 만들어진 상태 수준만큼만 유지하여 호흡을 함으로써 원신元神의 작용을 도와야 한다. 호흡도 깊게 들어갈수록 식신의 작용을 견제하고 원신이 주도할 수 있어야 한다.

452

정좌 수련 중 폐기閉氣를 할 때도 있다. 그것은 수련을 진행하는 중에 어느 한 가지 호흡법을 실행하다가 잠깐 호흡을 멈추고 그 호흡에서 생기는 내기의 움직임을 감지하거나 심장의 박동소리를 듣는다거나 할 때 한 숨만큼만 잠깐 숨을 멈추는 경우이다.

그리고 상대방이 나의 공력을 탈취하려고 할 때는 부득이 폐기상태를 유지하여 그것을 방지하기도 한다.

북창北窓 정염 선생의 「용호비결」에서 폐기閉氣를 강조한 것은 숨을 쉬지 말라고 하는 말이 아니라고 믿고 싶다. 입정入定에 들어가기 위해서 거쳐야 하는 인선引仙12법의 수심정좌收心靜坐, 조신調身, 무시무청無視無聽, 수시반청收視返聽… 등의 수련과정에서 호흡은 가늘고 길고 균일하게 하여야 하는바 이것은 한마디로 숨이 없는 것 같이하여 몸의 흐름에 맡기고 최대한의 고요함을 유지하는 것이 관건인데 이 과정이 몸 안에서는 내기가 움직이고 있지만 몸 밖에서는 숨을 쉬지 않는 것처럼 보이는데 북창北窓께서는 이 과정을 강조하기 위해 위의 수련과정을 폐기閉氣로 표현한 것으로 이해하고 싶다.

5) 인심人心과 도심道心

도道라고 하는 것은 성性과 천도天道인데 얻을 수도 만질 수도 없지만, 후천세계를 살아가는 사람들이 꼭 알아야 할 것이 있으니, 그것은 몸속의 청탁동정淸濁動靜이다. 청淸은 하늘의 기운이며 탁濁은 땅의 기운이다. 동動은 양기陽氣이며 정靜은 음기陰氣이다. 천청天淸은 순양純陽이며 지탁地濁은 순음純陰이다. 천동天動은 건원乾圓이며 지정地靜은 곤방坤方이다. 이 '맑음과 탁함과 움직임과 고요함(淸濁動靜)'의 이치는 하늘에서는 해와 달로 형상이 나타나고, 땅에서는 춘하추동 4계절로 형상이 나타나며, 사람에게 있어서는 성인과 범부의 차이로 그 모습을 나타낸다.

해는 양陽이므로 항상 둥글고 항상 가득 차 있으며, 달은 음陰이므로 그믐날이 있고 이지러짐이 있는 것이다. 봄은 양이므로 만물이 움을 트고 나오고, 가을은 음이므로 만물이 잎을 떨구고 앙상하게 가지를 드러내는 것이다. 성인聖人은 양이므로 해탈하여 신선되어 승천하고, 범부凡夫는 음이므로 수명이 끝나면 귀신이 되고 마는 것이다. 이러한 것을 일러서 청淸과 탁濁, 동動과 정靜의 이치이다 라고 말하고 있다.

일월日月이 빛이 비추게 되면 탁한 음기는 아래로 내려가고 맑은 양기는 위로 올라가게 되어 적연부동寂然不動해 지는데 이를 일러서 정靜이라 한다. 정靜할대로 정靜하여져 감흥이 사무치면 이를 일러서 동動이라고 한다. 항상 하고자 함으로서 그 규竅를 관觀하면 동動이다. 항상 하고자 함이 없이 그 규竅 중의 묘妙를 관觀하면 정靜이다. 몸속의 약을 캘 때는 동動이요 약을 얻을 때는 정靜이다.

청淸은 가볍고 맑은 것이고 탁濁은 무겁고 탁한 것이다. 정靜은 무위無爲이고 동動은 유위有爲이다. 도가에서는 어찌하여 맑은 것을 탁함의 근원이라 하는가?

하늘은 본래 맑은 기운이 위로 떠오른 것인데 이 맑은 기운은 도리어 땅에서 생겨 피어오른 것이다. 땅은 본래 음하고 탁濁한 몸체인데 음이 극에 달하면 양이 생기고 탁濁이 정靜하여 사무치면 맑음이 생기는 것이다. 남자는 본래 청정체淸靜體이며 여자는 오탁신汚濁身이다. 남자가 비록 청양체淸陽體라 하지만 그 근원은 오탁신汚濁身에서 나왔다. 단도에서 신神은 청양체淸陽體라 하는데 이는 신神의 기원이 된다. 교감의 탁정濁精으로 말미암아 변하여 양정陽精이 이루어지고 양정으로 말미암아 기氣가 생기고 기氣로 말미암아 신神이 생기는 것이다. 그러한고로 이르기를 정

精을 단련하여(煉精化氣) 기氣로 변화시키고 기를 단련하여(煉氣化神) 신神이 화현케 된 것이다. 이 어찌 청淸이 탁濁의 원천이 아니겠는가!

고요함(靜)을 움직임(動)의 터라 한다. 이는 무슨 뜻인가? 땅은 본래 고요한데 그 근원은 도리어 천기로 쫓아 응결된 것이다. 단도에서 무위를 고요함이라 하고 유위를 움직임이라 하는데 그 근원은 도리어 유위를 쫓아 기초가 세워진 것이므로 이르기를 움직임은 고요함의 기초라 한다.

도道의 수련은 자기 몸에 있는 탁기를 모조리 다 뽑아 없애 버리고 청기를 위로 떠오르게 하여 응결되면 단丹이 이루어지고 장생불사 할 것이며 공을 쌓고 덕이 누적되면 단서의 조칙詔勅이 내려 해탈하고 승천하여 물物 밖에서 소요자재 할 것이며 곧 나를 낳아준 부모도 함께 천당에 올라 모두 극락을 향유할 것이다. 이러함에도 道가 멀리 있는 것도 아닌데 사람들이 하고자 하는 이 도가 멀리 있다고 하면서 사람들 스스로 자포자기하고 고해 속으로 빠져들면서, 깊이 생각해 보려 하지도 않는다. 사람은 음양과 오행을 타고 태어나 만물의 으뜸이 되어 가히 천지의 전공全功을 행사할 수 있고, 천지의 대도에 가득 넘칠 수도 있는 것이다. 천지의 도는 해와 달로 그 형상을 나타내고 해와 달의 도는 음과 양으로 그 형상을 나타내며 이 음양의 도는 또한 흥망성쇠로 형상을 나타낸다. 양기는 쇠약해지고 음기가 왕성해지는 것은 범부의 도이고 양기가 다하여 소진됨에 이르러서 음만 남아 순음이 되면 귀신이 되지만, 음기를 소진시키고 양기를 일으켜 많아지게 하는 것, 이것이 道인데 음이 다하여 소진됨에, 양만남아 순양이 되면 신선이 된다.

하물며 사람은 순양체로 타고나지만 생후 5000일이 지나면 반은 음이고 반은 양이 되는 변화가 오게 되며 차차 양기가 소멸되면서 64세에는 음기만 남게 된다. 이 음기를 단련하여 물리치면 어린아이로 돌아가 순양이 이루어진다. 순양이란 신선이다. 이 말은 사람마다 가히 성현이 될 수 있고 사람마다 가히 선불이 될 수 있다는 말이다. 다만 의지가 있는가, 없는가에 따라 나뉨이 있을 뿐이다. 의지만 있다면 재가在家와 출가出家를 논할 것 없이 모두가 다 수련할 수 있다. 재가자라면 아내는 벗이 되고 아들은 도반이 되니 몸은 비록 홍진紅塵에 있어도 마음은 홍진을 벗어난 것이니 이 얼마나 편의便宜한 일인가!

천기가 땅으로 돌아가는 것을 홍汞이 연鉛에 들어간다 하는 것이다. 지기가 하늘로 돌아가는 것을 연鉛이 홍汞에 들어간다는 말이기도 하다.

신神이 곤坤에 있을 수 있는 것은 이 청정의 공功을 수련함으로써 몸 가운데의 천기가 모두 돌아옴으로 하여 몸 밖의 천기가 따라 주기 때문이다. 신神이 건乾에 있을 수 있는 것은 청정의 공을 수련함으로써 몸 가운데의 지기가 모두 돌아옴으로 하여 몸 밖의 지기가 따라 주기 때문이다.

소위 몸 가운데의 건乾이란 곧 道心을 말하는 것이고 몸 가운데의 땅이란 곤坤을 이르는 것이다. 道心은 선천의 건乾에 속하는데 건乾은 하늘이다. 그러므로 도심道心은 하늘이 되는 것이다.

이 몸속의 천지가 몸 밖의 천지와 감동을 일으키고 몸 밖의 천지가 몸 안의 천지에 반응함으로써 몸 안의 천지가 주재하면 몸 밖의 천지의 기가 모두 몸 안으로 돌아오게 된다. 만약 몸 안에 주재가 없으면 몸 안의 천지의 기운이 모두 몸 밖으로 돌아가 버리게 되니 道를 이루기는커녕 오히려 대도에 해害가 있게 된다.

인심人心이란 보통사람의 마음이다. 인심은 본래 고요함을 좋아하지 않으나 원신이 안에 있으므로 인해서 때때로 원신이 일을 주관하는 고로 마음은 때때로 고요함을 좋아한다. 인심은 본래 움직임을 좋아하지 않으나 식신이 안에 있으므로 인해서 때때로 식신이 일을 주관하는 고로 마음역시 때때로 움직임을 좋아하게 되는 것이다.

서경에 이르기를 인심人心은 오직 위태롭고 도심道心은 오직 미약하니 오직 정미롭게 한결같이 진실로 그 중中을 잡으라 하였는데 이는 곧 사람들에게 인심人心을 버리고 도심道心을 지키라 가르친 것이다. 세상 사람들은 이 도심道心을 지키기 위해서는 책속에서 大道만 찾으려 하지 말고 명사明師의 지점을 받고 따라서, 도심道心이 더할 나위 없이 존귀함을 알아야 할 것이다.

이제 사람 몸을 얻었으며 다행히 명사가 있는 곳에 태어났으니 절대로 어리석고 흐리멍텅하게 한 평생을 허비하지 말고, 성명性命 두 글자의 중요함을 파악하고 식신과 원신을 마땅히 분간하고 진신과 가신을 마땅히 밝게 하며 인심과 도심을 마땅히 밝히면 절대 인심이 도심을 당해내지 못할 것이고 식신이 원신을 당해내지 못할 것이며 가신이 진신을 당해내지 못할 것이다.

6) 사람의 꿈(夢)

꿈은 수면 중 신체 내외內外부의 각종 자극이나 또는 뇌에 남아 있는 외부 자극에 의한 경상景象 활동 등을 말한다. 비유하자면 환상이나 또는 혹은 소망을 상상하는 몽상이다.

꿈을 과학적인 측면에서 묘사한 것을 보면 "꿈은 수면 중에 발생하는 것으로, 수면 중에는 뇌파의 주파수가 빨라지는 빠른 안구운동 수면과 느린 안구운동 수면으로 구분된다. 이러한 수면 단계에서 뇌는 여러 가지 활동을 수행한다. 예를 들어, 빠른 안구운동 수면 단계에서는 뇌파 주기가 빨라지며, 신체의 근육 활동이 억제되는데, 이 상태에서 뇌는 활발하게 일어나는 화학반응을 통해 꿈을 만들어 내게 된다. 기억과 꿈은 때로는 지난 경험을 반영하는 것처럼 보이는데. 이는 뇌의 기억과 연관이 있을 것으로 추정 된다” 고 말하고 있다.

도가에서는 ‘사람의 몸이 생긴 것은 영靈이 존재하여 연결고리가 되어서 이러한 몸을 받았다.’라고 가르치고 있다.

인체우주기장人體宇宙氣場(팔을 뻗어서 한 팔 거리가 인체우주장이다. 한 팔 거리 내에서는 신神이 주제한다.) 밖에서 나를 조절하는 것이 있으니 그것은 영靈이다. 육체肉體에도 비육체非肉體에도 속하지 않는 꿈을 꾸었을 때가 영靈의 작용이다. 이 영靈은 우리가 태어나기 전에도 있었고 우리가 죽어도 소멸하지 않고 영원히 존재한다. 정신은 육체가 없으면 사라지지만 영靈은 육체, 정신, 모두 소멸해도 영원히 존재하기 때문에 기억력도 사람이 가지는 사유思惟의 수 억만 배나 된다고 한다. 도가道家의 수련은 내 몸 안에 살고 있는 영靈을 깨어나게 해서 지혜를 넓히고 이를 내 육신肉身에 보존하기 위해서 수련을 하는 것이다. 육체는 유한有限하여 언젠가 없어지게 되지만 영靈은 천지天地와 함께 영원히 존재한다.

우리 몸에 있는 혼魂(얼)은 낮이면 두 눈에 깃들어 있다가 밤이 되면 간肝에 가서 머문다. 혼이 두 눈에 깃들이게 되면서 눈이 볼 수가 있어 눈의 구실을 할 수가 있으며 간에서 머무르면 꿈이 이루어진다. 꿈이라는 것은 영계에서 신이 떠돌아다니는 것을 말한다. 위로는 아홉 단계의 하늘(九天)과 아래로는 아홉 층계의 땅(九地)을 눈 깜짝할 동안에 모두 다녀오는데 깨어나면 그 모든 것이 언제 있었냐는 듯이 어둠속으로 사라지고 마치 깊은 연못 속 같이 되는 것이 꿈이다.

막 꿈을 꾸고 있을 때에는 그것이 꿈인 줄 알지 못하고 꿈속에서도 그 꿈을 점치기도 하다가 깨어난 후에야 꿈이었음을 안다. 또 큰 깨달음이 있은 후에야 인생이 한바탕 꿈이었음을 알게 된다. 어리석은 자들은 자기

458

가 깨어 있다고 생각하고 아는 체하며 임금이니 목동이니 하는데 옹졸한 짓이다. 출신出神도 강행적이다. 내가 신을 움직이겠다는 뜻이 들어 있다. 신입神入을 제압할 수 없는 경우가 있다. 우리가 꿈을 꾸는 것도 혜안慧眼의 작용인데 꿈같은 것이 나타나면 현재로서는 꿈을 자유자재로 제압할 수 없을 수 있다.

꿈은 유형무질有形無質인데 상상해서 모습을 본 상태이며, 형체 이전의 것이다. 영혼의 존재이며 꿈, 상상 등 이라고 볼 수 있다.

우리 몸의 암광暗光은 본인의 체내에 이미 존재하는 빛을 가리킨다. 육체가 생기고 나면 육체에 이미 빛이 있다. 사람이 체내에 빛이 없으면 꿈이 없고 어떠한 구상을 할 때도 도형이 펼쳐지지 않는다.

육체 안은 물질적인 것이고 육체 밖의 것은 정신 또는 신이라고 하는데 이 신은 양신陽神과 음신陰神으로 나누어진다. 육신(물질)과 육신 밖(비 물질)의 교착점에 양신이 있으며 육신 밖의 비 물질에서 나타난 신이 음신이다. 우리가 수련을 하는 목적가운데 하나는 육신 즉 물질을 가지고 육신밖에 있는 비 물질(정신, 음신 등)을 마음대로 조절할 수 있는 공력功力을 키우는데 있다. 육신과 육신 밖의 물질 내지 비 물질은 넓게 보아서 사람의 인체우주기장人體宇宙氣場 안에 포함된다.

그러나 인체우주기장 밖에서 나를 조절하는 것이 있으니 그것은 영靈이다. 육체에도 비 육체에도 속하지 않는 꿈을 꾸었을 때가 영靈의 작용이다. 이 영靈은 우리가 태어나기 전에도 있었고 우리가 죽어도 소멸하지 않고 영원히 존재한다. 정신은 육체가 없으면 사라지지만 영靈은 육체 정신 모두 소멸해도 영원히 존재하기 때문에 기억력도 사람이 가지는 사유의 수 억만 배나 된다고 한다. 도가의 수련은 좋은 영靈을 많이 받고 이를 보존하는 것을 위주로 한다.

내가 수련하는 상황은 신神과 영靈이 합하여진 합일영合—靈이라고 할 수 있다.

사람이 생명을 얻기까지는 전생前生의 공과功果와 업보業報를 가지고 태어난다는 것이 불교나 도가의 입장이다. 이 말은 육신은 사라지더라도 영원히 존재하는 영靈의 실체를 입증하는 말이기도 하여서, 이 영靈이 그것들을 기억했다가 윤회를 통해 다시 사람으로 태어나는 수정란受精卵에 투합 되어 있어서 영靈이 성명性命과 원신元神을 부여할 때는 이미 영겁의 공과와 업보가 그 속에 다 들어 있었다. 도가의 수련이나 불교의 수행을 통해 이것을 나타나게 하는 것이 부모미생전父母未生前의 자기의 본성本性이며, 이것을 밝게 펼쳐 보이는 것이 견성見性이다.

사람의 탄생도 무극無極 규窺가 터지면서 원신元神과 원기元氣와 원정元精이 무극無極의 선천先天세계를 나와 태극太極의 후천後天세계에 자리를 잡게 된다. 여기서 중요한 것은 원신元神과 원기元氣와 원정元精의 활동이다. 즉 이 셋은 후천後天의 정·기·신精·氣·神이다. 이 중에서 원신元神의 생태를 설명하자면, 원신元神은 몸이 있고 없음에 따르게 되는데, 부모의 교접으로 처음 태胎를 받을 때 영靈으로부터 그 생생生을 얻음으로서 그 태胎의 중앙에 응결하여 막 생겨나는 몸의 주인이 되어 조화를 주제하게 된다. 니환궁(上田)에 머물러 있던 원신元神은 무극의 선천에서 후천의 심장心臟으로 내려오게 된다. 한편 후천세계에서 태아가 태어나자 말자 울음을 터트리면서 처음으로 호흡할 때 천지로부터 몸속으로 빨려 들어오는 신神이 있으니 이것을 식신識神이라고 한다. 태아의 호흡을 따라 빨려 들어가 수태되어진 식신識神은 원신元神과 같이 심장에서 동거하게 된다. 그러나 이 식신識神이 마음을 주제하게 되면서 주인노릇을 하다 보니 원신元神은 설 자리를 잃어버리게 되고 식신識神이 모든 권리를 잡아 7

정七情(기쁨喜, 성냄怒, 슬픔哀, 두려움懼, 사랑愛, 미움惡, 욕심慾心.) 과 6욕六欲(眼, 耳, 鼻, 舌. 身, 心)을 행사 한다. 처음 영靈에게 받을 때의 원신元神은 거울처럼 맑고 순수했으나 식신識神의 작용에 의해 7정6욕의 티끌에 가려져 거울은 때가 끼고 마음은 순조롭지 않으니 이것이 사람의 행동에 나타나게 된다. 원신元神은 식신識神의 활동이 없는 잠든 후에라야 활발하게 작용을 하게 된다. 우리가 꿈을 꾸는 것은 원신元神의 작용이다. 도가道家의 수련은 이 식신을 몰아내므로 때가 낀 거울을 맑고 순수함을 되찾아서 원신을 회복하여 선천으로 돌아가자는데 있다. 그럴 때만이 마음도 거울처럼 맑고 순수해지므로 저절로 선善을 닦아 공과功果를 얻게 된다는 것이다.

선생님도(王力平) 강의를 통해서 말씀하시기를 간밤에 꾼 꿈이 선명하게 기억에 남는다면 그 꿈을 꾼 날자와 내용을 기록해 두고 염원한다면 반듯이 그렇게 이루어진다고 하셨다.

7) 사람의 기억記憶

우리가 기억해야 할 것 중, 영혼靈魂의 기억들은 지구에서 주기적으로 몸을 얻어 환생하는 영속적인 개체個體가 인간의 기억 속에 저장되어 있다는 것이다. 이 기억을 되살리기 위해서 명상을 통해 의식의 활동을 잠재우고 끊임없는 생각의 소용돌이를 초월하게 되면 무위의 상태가 되어 선정禪定 상태에서 인격자아의 의식의 중심은 영혼 자아의식의 중심과 일체가 된다. 전생의 기억이 또렷이 떠오르는 것은 바로 이런 상태에서다. 명상(정좌수련)은 정상적인 공법으로 적절하게만 행하면 최고의 영적, 심리적 보호 수단이 된다. 명상은 결코 기억들이 표면으로 떠오르도록 강요하지 않고 자연적으로 떠오르게 하며 그 기억들에 대한 지식 또한 설익은 것으로 나타나지 않는다.

유의有意나 무의無意로 표현하는 유의有意는 대뇌大腦의 기억작용이다. 유의有意는 눈으로 보고 귀로 들어서 남아 있는 기억들을 말하고 있다. 반대로 무의無意의 표현은 머릿속이 아닌 몸 안의 마음속의 표현이다. 기억을 되살리기 위해서 정좌수련을 통해 의식의 활동을 잠재우고 끊임없는 생각의 소용돌이를 초월하게 되면 무의의 상태가 된다. 전생의 기억이 또렷이 떠오르는 것은 바로 이런 상태에서다.

우주의 탄생 과정에서 보듯이 무극에서 태극으로 전화轉化 될 때 즉 선천에서 후천으로 바뀔 때는 반드시 혼돈이라는 대가를 치러야 한다. 이 혼돈은 선천의 세계를 뛰어넘는 과정에서 생기는 소용돌이 이다. 이 소용돌이에 말려드는 것은 선천의 기억을 잊어버리기 위해서다. 사람도 선천에서 후천으로 바뀔 때 반드시 거쳐야 하는 과정이 있으니 그것은 혼돈이다. 태아가 10개월을 모태 안에 있을 때 머리는 높고 꼬리뼈는 낮은 자세로 탯줄을 통해 어머니와 교류하다가 달이 차서 출산을 앞두고는 선천의 기억을 잊어버리기 위해 위치가 180도 바뀌면서 포태를 찢고 세상에 나와 탯줄을 끊는 그 순간까지가 혼돈의 과정이다.

사람이 생명을 얻기까지는 전생前生의 공과功果와 업보業報를 가지고 태어난다는 것이 불교나 도가의 입장이다. 이 말은 육신은 사라지더라도 영원히 존재하는 영靈의 실체를 입증하는 말이기도 하여서, 이 영靈이 그것들을 기억했다가 윤회를 통해 다시 사람으로 태어나는 수정란受精卵에 투합 되어 있어서 영靈이 성명性命과 원신元神을 부여할 때는 이미 영겁의 공과와 업보가 그 속에 다 들어 있었다.

사람이 가지고 있는 기억은 두 가지다. 하나는 머릿속에서 사유화된 기억이다. 일상생활을 하면서 눈으로 보고 귀로 듣고 글을 읽어서 머릿속에

462

남아있는 기억이다.

또 하나는 몸속에 배인 기억이다. 눈, 귀, 코, 입을 떠나서 존재하는 기억인 것이다. 즉 젖을 물고 먹는 법을 배우지 않았는데도, 전생의 그 기억은 몸에 배어있어서 억겁億劫이 지나도 그렇게 할 수 있는 것처럼 말이다. 이러한 기억을 원시적인 기억이라고도 한다. 우리가 모태母胎속에서 보낸 시절은 물론이고 태어난 이후라도 우리의 기억들은 머릿속의 기억으로 남아 있지 않은 부분들이 많다. 머릿속에서는 사라졌지만 우리의 육체는 그 기억들을 그대로 보존하고 있는 것이다. 몸으로는 기억을 갖고 있지만 머릿속으로는 기억이 적을 수 있는 것이다. 이 두 가지 기억들은 벽곡(단식)수련과정에서 모두 드러날 수 있고 또 부딪힐 수도 있다. 정상인이라면 벽곡 3일째 되는 날에는 위장과 간의 독소들이 밖으로 배출되어 깨끗이 청소된다. 그때가 되면 몸속에 보존되어 있는 기억들이 더 많이 드러날 수 있다. 도가에서는 우리는 '육체적인 나'가 있고 그 속에 '진정한 나'가 있다는 말이 있다. 이 경지에 이르면 육신은 잠시 머무는 것이고 그 육체 속에 우리의 '진정한 나'가 있는 것이다.

이것은 육신은 사라져도 영원히 존재하는 영靈의 실체를 입증하는 말이기도 하며 이 영이 그것들을 기억했다가 윤회를 통해 다시 사람으로 태어나는 수정란에 투합되어 있어서 영靈이 성명性命과 원신元神을 부여할 때는 이미 영겁의 공과와 업보가 그 속에 다 들어 있었다.

정신은 육체가 없으면 사라지지만 영靈은 육체, 정신, 모두 소멸해도 영원히 존재하기 때문에 기억력도 사람이 가지는 사유思惟의 수 억만 배나 된다고 한다.

우리 모두도 어렸을 때는 약간의 젖만 먹어도 잘 자랄 수 있었다. 그것은 밥 대신 기氣를 몸으로 받아들이는 식기食氣 과정이 월등히 뛰어났기 때문이다. 이때가 몸의 기억이 머릿속의 기억을 훨씬 초과 하였을 때이고 성장해서는 반대로 머릿속 기억이 마음속 기억을 뒤덮고 있는 상황이다. 벽곡은 이런 현상을 극복하기 위한 방법으로 억눌리고 있는 마음속 기억을 되살리자는 수련공법이기도 하다.

벽곡수련의 또 다른 목적은 내 안의 기억을 모두 되살리는 데 있다. 나의 한두 살 이전 또는 모태 속에 있을 때의 기억은 남아 있지 않다. 하지만 9개월 이상 모태 속에 살았었는데도 머릿속의 기억에는 남아 있지 않지만 내 마음속의 기억에는 남아 있다.

우리 몸에는 3대의 공간에 3가지 에너지가 있는데 이것을 분류한다면 머리 공간에는 우주宇宙에너지, 가슴 공간에는 전세轉世에너지, 복부 공간에는 본체本體에너지가 모여 있다.

머리공간은 우리에게 지혜를 준다. 가슴 공간은 우리에게 기억을 주고 하복부 공간은 우리에게 힘을 준다. 3개의 공간은 하나의 선 즉 단선單線에 의하여 하나로 이어져서 전체적인 큰 공간으로 형성될 수 있는데 기억을 저장하는 전세轉世에너지가 모이는 가슴 공간에서는 수련을 통해 7정6욕七情六慾을 소멸하는 기능이 있다.

우주공간에 존재하는 모든 세상 만물은 생명활동을 유지하는데 세 가지의 기氣, 즉 에너지에 의해서 지탱 발전해 간다. 하나는 우주宇宙에너지, 또 하나는 전세轉世에너지, 또 하나는 본체本體에너지가 그것이다. 이 세 가지 에너지는 생명이 있는 우주만물 어디에도 존재 한다. 이 세 가지 에너지가 인체에서는 어떻게 생성되며 영향은 어떻게 미치는지 알아보기로 한다.

우주에너지는 우주에 무한대로 산재해 있다, 우주라는 것은 하늘아래 땅위의 공간을 모두 말한다. 공간이 크고 작음이 있을 뿐이다. 대자연의 공간이나 우리가 생활하는 현재의 공간, 이 모든 것이 우주에너지에 속한다.

우주에너지는 삼라만상이 삶을 영위하는데 절대적으로 필요하며 모든 생물이 다 사용하고 있다. 사람은 이 에너지가 부족하다면 지혜가 없다고 하며 이 에너지가 없으면 생존이 불가하다.

전세에너지는 조상대대로 전해져 내려오는 것으로서 유전적 성격을 갖고 있으며 그 밖에도 형제자매 스승 친구 등에서 영향을 받아 상호 전환되는 것을 말한다. 전세에너지는 비몽사몽간에 잘 표현되고 잘 나타난다. 과학에서 말하고 있는 조상들의 유전성은 전세에너지의 아주 작은 부분이다.

본체에너지는 육체의 본체적 에너지다. 대부분 어머니의 태중에서부터 모양을 갖춘 신체를 받았고 후천적으로는 음식물을 섭취하여 신체가 점점 커가면서 에너지가 최대화되고 또한 운동을 통해서 그리고 음식물을 통해서도 얻어지며 지식을 쌓은 사유思惟나 사상思想 등도 본체에너지에 모두 포함된다.

우주에너지는 우리에게 지혜, 전세에너지는 기억, 본체에너지는 힘을 주는데, 이 3가지 에너지는 인체 내에서 상호 전환되는 것으로 서로가 평형을 이루어야 하며, 어느 하나가 부족하거나 돌출해도 정상에서 벗어난다. 예를 들면 영국의 세계적 물리학자 스티븐 호킹 박사는 우주에너지가 특출하게 강하다. 그러므로 우주공간의 변화를 보고 판단하는 능력이 뛰어 나지만 실제로는 자기 앞에 있는 사람도 알아보지 못한다고 한다. 그렇게 우주 에너지가 강하다 보니 본체에너지가 다 소모됨으로 평형이 깨져서 정상인의 체질을 벗어난 것이다.

전세에너지가 강한 사람은 무속인 이거나 과거를 잘 알아맞히는 예언자, 죽은 사람과의 교류를 연결하는 사람 등이다. 이런 사람들은 전세에너지가 특출하게 강하니만큼 우주에너지와 본체에너지를 보완하여 상호평행이 이루어지면 앞일을 예언한다든지 과거에 있었던 일을 알아내는데 탁월한 능력을 발휘할 수 있다.

도가道家의 수련방법 중에 안신조규安神祖竅를 중요시하는데 우주공간의 에너지를 압축하여 몸으로 걸어 들여 몸속에서 펼치면 경물景物이 보이고 과거가 보이는데 이것은 전세에너지가 재현된 것이다. 3가지 에너지를 증강하는 방법 중 전세에너지 증강이 가장 어렵다고 한다.

그리고 본체에너지는 인간이 태어날 때부터 가지고 나온 기본적인 에너지에다 성장하면서 계속 보강하여서 정상적으로 활동할 수 있게 받쳐주는 것으로서 3가지 에너지 중 가장 중요하다. 그리고 우주에너지는 천성天性이라하고 전세에너지는 인과因果이며 본체에너지는 근원根源에서비롯되었다고 한다.

8) 사람의 형形 질質 색色

① 형形

육신肉身은 나의 유형유질有形有質이다. 육신은 '후천後天의 나'이기도하다. 세간世間에서 얻기 어려운 것이 사람 몸 받는 일이다. 나에게 대환大患이 있게 된 것은 나의 몸이 있기 때문이다. 사람으로 태어나서 가장얻기 어려운 것이 도道이다. 도道를 얻기 위한 모든 수련은 육신 즉 유형유질有形有質이 존재하므로 이루어진다. 육신肉身의 변두리에 또 다른 나의 형상이 있는데 이것을 '유형무질有形無質의 나'라고 표현한다. 유형무질의 나를 '허무虛無한 나'라고도 표현한다. 육신의 나는 실제로 존재하면서, 실實과 허虛로 나누어져 있다. 유형무질有形無質의 나는 본래 완벽한 형상形象이 없다. 유형무질의 나는 원래 형이 없지만 육신에 의해서 형이 형성된다. 단경丹經은 유형무질有形無質의 나는 클 수도 있고 작을 수도 있다고 한다. 내 육신肉身의 질質이 변화함에 따라 유형무질有形無質의 나도 변화하게 된다.

인체표면을 감싸는 광환光環 즉 휘광輝光이 나의 유형무질이다. 신외신身外身이라는 표현도 쓴다. 이 유형무질은 '심령心靈이 나에게 주는 나의 형상이다.' 유형무질의 질량質量은 기氣로 형성되어 있어서 일반인은 그 형상을 볼 수 없다. 부모의 정精과 혈血이 하나가 되었을 때부터 이 형상이 생겼다고 한다. '사람은 그 형상에 따라서 자라고 성숙한다.'고 전해진다. 우리가 성숙되기 전에 이미 그러한 형상이 있었고 그 형상에 의하여 그 형상대로 우리가 자란다고 도교에서는 말하고 있다. 그래서 도교에서는 외형의 형상을 개선시킴으로써 나의 모습도 변화를 가져올 수 있다고 가르치고 있다. 하나의 결과물인 우리의 육신자체는 변화시키기 어려우나 자신의 외형인 유형무질부터 개변시켜 변화를 가져오면 우리의 육신이 맞추어 변화할 수 있다는 논리이다. 우리 인체에는 육체적인 나와 유형무질의 나가 하나로 합쳐있었으나 수련을 통해서 유형무질의 나가 육체적인 나를 둘러싸고 있다고 보면 된다. 인체의 유형무질은 사람마다 크기와 면적이 모두 다르다. 이는 모태 속에 있을 때부터 혹은 태어나서부터 모두 다르다고 보아야 한다. 태어나서 7정6욕의 변화에 따라 인체주위의 휘광이 달라질 수 있기 때문이다.

이 둘의 마음의 속성屬性을 들여다보면 육신肉身의 나는 육심肉心이어서 이기적 속성屬性을 갖는 반면 유형무질은 진심眞心이어서 이기적인 속성을 벗어나는 진실성을 가지고 있다.

나의 유형무질은 독립적으로도 움직일 수가 있는데 그것은 직접 느낄 수 있다. 또한 나의 유형무질도 자체 의념이 있을 수 있는데 이러한 의념이 나에게 영향을 주어서 공포감을 느끼게 할 수도 있다.

유형무질의 나는 항상 나와 함께 하는데 가령 내가 앉았던 자리에 나의 유형무질도 함께하다가 떠난 후에도 흔적이 남아 있는데 나의 수련 수준에 따라 오래 남아 있기도 한다.

나의 유형무질이 실제로 존재하는지를 검증하는 방법이 있다. 수련 중에 유형무질의 나를 통해서 모공과 육신에 압력을 가할 수 있다. 이때 육신 밖으로 나가 지금보다 크게 보일 수 있는데 이것은 유형무질의 영향이다. 수련으로 유형무질의 나를 더 크게 더 두텁게 만들 수 있다. 불교에서도 이 수행을 하는데 '커지게 하고 더 커지게 해서 끝이 없을 정도로 크게 해서 전 세상을 비추게 한다.'라고 말한다.

수련 방법으로는 모공호흡을 통해서 빛과 열을 방출하여 그 크기를 키워나가면서 더욱 뚜렷하게 나타나게 하는데 이는 수련자의 내공의 힘에 의하여 모두 다르게 나타난다.

육신肉身을 유형유질有形有質의 실체로 표현하였다면 육체 밖에는 유형무질有形無質의 나(기체로 이루어진 허무의 나의 형체)가 있다고 하였다. 자신의 유형유질有形有質이 실實이라면 유형무질有形無質의 자신은 허虛이다. 실實과 허虛가 하나로 합해지면 좋은 것이다. 수련하는 중에 인체 내부로부터 방사되는 열량이 몸을 다시 비출 때 몸의 테두리에서 빛을 띠게 되는데 그것이 바로 유형무질有形無質의 나이다. 부모의 정精과 혈血이 하나가 되었을 때부터 이 형상이 생겼다고 한다. '사람은 그 형상에 따라서 자라고 성숙한다.'고 전해진다. 우리가 성숙되기 전에 이미 그러한 형상이 있었고 그 형상에 의하여 그 형상대로 우리가 자란다고 도교에서는 말하고 있다.

이것은 과학적으로 증명되었다. 즉 아버지의 정과 어머니의 혈이 처음 만나 수태 되었을 때 빛이 난다고 하는데 그 빛을 유형무질로 보는 것이다. 영국의 과학자들은 이 모습을 사진으로 남겼다고 한다.

사람을 3개의 공간으로 분류해 본다면 몸 안과, 몸, 몸 밖을 말할 수 있는데 몸 안을 진아眞我라고 한다. '진실한 나'이다. 다음 몸을 육신肉身이라고 한다. 후천에 물들어있는 사람 본연의 모습인 유형유질有形有質이다. 육신은 진실 되게 존재하지만 잠시 존재하는 것이고 영원히 존재하지 않는다. 몸 밖은 '허무虛無한 나'라고 한다. 이 유형무질有形無質인 '허무虛無한 나'는 원래 색상色相이 없고 형상形象도 없었다. 우리의 육신肉身이 존재하기 때문에 '허무虛無한 나'가 나타날 수 있는 것이다. '허무虛無한 나'는 모공毛孔의 외부에 있다. 일반인들에게는 나타나지 않지만 예수나 부처의 사진에서 보이는 후광이 '허무한 나'라고 하는 유형무질이다.

사람들은 빛이나 거울 속에 비친 그림자나 유형무질이 허상이고 실제의 인체와는 아무런 관계가 없다고 생각한다. 그러나 도가에서는 이 유형무질의 그림자에도 영기靈氣가 들어 있으며 그림자를 건드리면 인체의 같은 부위에서 감각이 있다고 한다. 다만 수련을 거치지 않은 사람은 느끼지 못할 뿐이다. 수련을 거쳐 높은 경지에 오른 사람은 그림자를 살짝 건드려도 느낄 수 있으며 설사 그것이 아주 미세한 변화라도 마찬가지이다.

② 질質

기질氣質은 형形, 또는 질質을 지니고 있는 유전적 본성이라고 보아야 할 것이다. 기질氣質의 기본 의미는 타고난 기품과 성질을 말하며, 심리적인 의미로는 사람의 행동이나 성격에서 뚜렷하게 드러나는 유전적, 생물학적, 감정적 경향을 말한다. 그래서 기질은 타고난 천성, 본성, 기질로 표현될 수 있다. 이러한 기질은 유전적인 측면, 즉 원래 만들어져 있어 변화하기가 어려운 것이며, 잘 안 바뀌지만 또한 절대 바뀌지 않는 것은 아니라고 말을 한다.

선천에서 후천세계인 세상에 갓 태어난 갓난아이는 천진난만하고 순진무구하여 몸속에는 잡것 하나 없는 순수한 질質의 순양체純陽體의 몸이다. 갓 태어난 갓난아이의 품성稟性까지는 사람의 눈으로 보거나, 알 수 없지만 몸의 상태나 동작을 자세히 살펴보면 다음과 같은 생명력을 발견할 수 있을 것이다.

첫째 갓난아이는 태어날 때 손목을 꼭 쥐고 있으며 이것을 풀어주면 다시 꼭 쥐는 데 그 아귀의 힘이 대단하다. 갓난아이의 뼈는 약하고 근육은 부드러운데도 움켜쥔 힘이 굳세다는 것을 알 수 있다. 두 번째 갓난아이는 남녀의 교합은 모르지만 생식기生殖器가 온전하다는 것이다. 즉 갓난아이가 누어서 오줌을 싸도 그 오줌발이 아래로 흐르지 않고 천장을 향해 올라가는 정기精氣를 보여주는 것이다. 세 번째 하루 종일 울어도 목이 쉬지 않는다. 기관지를 관장하는 괄약근括約筋이 잡것 하나 없이 깨끗하여 아무런 장애를 받지 않고 화기和氣가 지극한 때문이다. 갓 태어난 이이는 처음 발뒤꿈치로 숨을 쉰다고 한다. 도가에서 말하는 종식踵息이다. 나이가 들면서 숨쉬기는 발뒤꿈치에서 차차 올라가면서 나중에는 어깨까지 올라가 숨을 쉴 때 어깨가 들썩이기도 하며, 마지막 목까지 올라가 숨을 쉬지 못하면 목숨을 거뒀다고 한다. 또한 갓 태어난 아이는 열熱이 발바닥에 집중되어 있다고 한다. 즉 한의학에서 말하는 두한족열頭寒足熱 상태인 것이다. 그래서 맨발의 어린아이도 발이 차가운 것을 느끼지 못한다. 나이가 들면서 그 열은 머리로 올라가 두열족한頭熱足寒 상태가

470

되니 정신병은 물론이고 온갖 질병을 불러들인다. 현실적으로 남자보다 여자가 더 오래 산다고 하면서도 왜 오래 사는지에 대해서는 무관심이다. 그것은 남자의 경직된 기질과는 달리 여자의 기질이 부드럽고 유연하기 때문이다. 조물주造物主는 여자들에게 출산을 해야 하는 임무를 부여하고, 그러기 위해서는 신체가 부드럽고 유연해야 하므로 임신을 할 나이부터 1달에 한 번꼴로 생리를 하도록 하여 몸 안에 있는 음기陰氣 등을 배설하게 하여 경직되지 않고 유연함을 유지하도록 설계하였다. 경직된 피부는 죽은 것이나 다름 없다. 마치 꾸불꾸불 유연성을 자랑하며 움직이는 뱀도 죽으면 경직되어 일자로 쭉 뻗어버리게 되는 것처럼! 모든 살아있는 만물은 부드럽고 유연하면 살아있어서 기가 통함이요, 뻣뻣하고 경직되어 있으면 기가 통하지 않아 죽음을 부르는 것이다. 하늘거리는 나뭇가지도 끊어지면 뻣뻣해지는 것도 마찬가지 이치이다.

여성의 생리生理 때에는 혈血(난자)이 활동하는 시기로 본다. 이때의 혈은 영靈이 있어서 보이지는 않는 어떤 힘을 발휘한다. 이 생리대를 처마 밑이나 울타리에 걸어 두면 일정기간 잡귀雜鬼들이 접근하지 못하고 마魔도 피할 수 있다고 한다.

육신肉身은 머리끝부터 발끝까지 매 순간마다 변화한다. 매 순간 질質의 변화에 따라 인체人體주변의 형상形象과 색상色相도 변화가 뒤따른다. 유형무질有形無質의 나에 관한 변화가 나타날 때 의도적으로 이를 변화시키려 하지 말아야 한다. 무위無意의 변화가 이루어지는 것이 좋다. 변화를 거친 후 다시 반관返觀하여 형상形象과 색상色相이 완벽한지 살펴보아서, 만약 유형무질有形無質의 나가 나의 형상形象과 색상色相이 좋지 못하다면 그날 나의 심리心理와 신체身體의 상태가 좋지 못함을 의미한다. 단경丹經은 '겉으로 나타나는 반응들은 심성心聲으로 인한 변화이다.'라고 전하고 있다. 수련修煉하면서 나의 육신肉身이 유형무질有形無質의 나에게 영향을 준 것인지 반대로 유형무질有形無質의 내가 실체적인 육신肉身에 영향을 준 것인지를 스스로 바라보아야 한다.

　신선이나 산신령들이 호랑이를 옆에 데리고 다니거나 호랑이를 타고 다니는 그림을 볼 수 있다. 이런 현상은 호랑이가 경지에 이른 도인들에게 순종한다는 말이 된다. 그럼 호랑이는 보통사람과 도를 닦은 도인들을 어떻게 구별할까?

　모든 짐승들의 눈이 사람들의 눈보다는 더 발달되었다고 한다. 사람들은 볼 수 없는 기체氣體를 개나 고양이 등은 볼 수 있다. 즉 사람은 기체氣體로 되어있는 귀신을 볼 수 없지만 개나 고양이 같은 짐승들은 이를 볼 수 있다는 것이다.

　이러한 기체는 수련을 많이 해서 경지에 이른 사람은 그것이 몸 밖으로 발현되는데 이것은 휘광輝光, 오로라 등으로 불린다. 예수나 석가의 사진을 보면 몸 밖으로 빛이 발하는 것을 볼 수 있는데 이것이 휘광이다. 도가에서는 이것을 무형무질無形無質이라고 하며 '허무虛無한 나'라고 한다. 몸 밖의 휘광輝光이 상당히 확장되어 타인에게 영향을 줄 수 있을 때 불교에서는 성불成佛하였다고 하고, 도가道家에서는 성선成仙하였다고 한다. 저 빛이 타인에게 얼마만큼 좋은 영향을 줄 수 있는지에 따라 이와 같이 표현한다. 이것을 사람들이 육안으로는 볼 수 없다. 그러나 다른 짐승들은 그것을 볼 수 있다고 한다. 이 무형무질의 휘광은 수련을 하여 경지에 이르면 나타나는데 이 경우 속세의 야성野性이 하나도 없어야 하고 청정무위淸靜無爲 해야 발현한다. 그것을 빛의 색깔만 보고도 알아차린 짐승들은 자기들을 해치지 않을 것을 알기 때문에 절대로 공격하지도 않고 오히려 따르게 된다는 것이다. 마치 갓난아이가 호랑이를 무서워하지도 않고 같이 놀자고 하고, 호랑이도 절대로 아이를 해치지 않는 것도 이 때문이다. 원시 시대에는 인심이 순박하고 본성이 청정하여 품은 욕심도 없어서 짐승과 함께 살면서 협조하였으나 살아가면서 탐욕스런 마음으로 변하여 짐승들을 사냥하기에 이르러 결국 원수가 되었다는 이야기도 있다.

코뿔소는 그 뿔로 들이받을 곳이 없고 호랑이도 그 발톱을 댈 곳이 없으니 그때의 갓난아이의 기질氣質이 사람의 본질이라고 보고 도가 수련은 그때의 몸으로 되돌아가는 것이다. 그래서 도가 수련을 순행順行이 아닌 역행逆行 한다고 한다.

형形·질質의 유有·무無 비교

사람은 무형무질에서 왔다. 왜냐하면 내가 태어나기 전, 나는 이 세상에 없었으니까. 그래서 무無에서 유有로 왔다가 다시 무無로 돌아간다.
유형유질有形有質 : 7정6욕七情六欲의 감각능력이 있는 상태. 즉 살아서 활동하는 현재의 모습.
유형무질有形無質 : 상상해서 모습을 본 상태. 형체 이전의 것. 영혼으로 존재. 꿈, 상상 등.
유질무형有質無形 : 나의 생명의 근원인 정자精子는 질質은 있지만 형形을 이루지 못한 상태다.
무형유질無形有質 : 죽은 후의 뼈는 형은 없고 질은 있다. 유형유질에서 무형유질로 가게 된다.
무형무질無形無質 : 내가 태어나기 전 나는 무형무질(靈)의 상태에서 부모의 교접으로 유질무형이 합쳐져서 내가 탄생한다. 무형무질은 다시 유형무질, 무형유질이 되면서 순환한다.
유형무질 → 무형유질로 승화하여 유형유질이 된다. 형과 질이 합일되면 유형유질로 변한다.

③ 색色

도가의 수련과정은 유형무질有形無質의 형상形象과 색상色相을 완벽하고 아름답게 만드는 데 있다고 볼 수 있다. 이러한 색상을 유위有爲의 상태가 아닌 무위無爲의 상태, 즉 무의식적인 상태에서 순간적으로 색을 추가함으로써 변화되어 나타나는 색상을 견성見性이라고 한다. 수련은 인체人體에너지와 인체 밖의 에너지를 이용하여 유형무질有形無質의 외형外形과 색상色相을 변화시키는 내용이다. 마음속의 변화로 인하여 유형무질有形無質의 나의 외형外形이 변화할 수 있다. 수련을 거치고 나서 다시 자기의 마음속으로 되돌아와서 변화를 일으키는 과정도 있다.

체내에서는 7정과 6욕의 변화에 따라 여러 가지 심리적인 변화가 일어나는데 그 변화에 따라 인체외부의 휘광의 색상이나 크기에 변화가 있을 수 있다. 휘광의 색은 오행의 색으로 변화하는데 나의 체내와 관련성이 있다.

'나의 속도 밝고 내 겉도 밝으면 어떠한 일을 해도 잘 풀린다.'고 한다. 반면에 만약 '내 속도 어둡고 겉도 어둡다면 무슨 일이 있더라도 처리하지 않는 것이 좋다'고 한다. 이 속과 겉을 자기의 마음에 드는 형상形象과

474

색상色相으로 전환한 후 일을 처리하는 것이 좋다고 한다. 우리가 겉표면의 색상色相을 변화시켜서 상대방이 나를 바라보았을 때 그 기분이 좋아지게 하거나 우리가 겉과 속을 일치시켜서 우리의 속마음에서 나오는 말을 듣고 상대방이 기분을 좋게 할 수 있게 될 때, 즉 몸 밖의 능력이 상당한 정도에 이르러서 만인에게 상당한 영향을 줄 수 있을 때를 견성見性이라고도 한다. 수련은 인체에너지와 인체 밖의 에너지를 이용하여 유형무질有形無質의 외형外形과 색상色相을 변화시키는 내용이다. 마음속의 변화로 인하여 유형무질有形無質의 나의 외형外形이 변화할 수 있다. 수련을 거치고 나서 다시 자기의 마음속으로 되돌아와서 변화를 일으키는 과정도 있다.

체내에서는 7정6욕七情六慾의 변화에 따라 여러 가지 심리적인 변화가 일어나는데 그 변화에 따라 인체외부의 휘광의 색상이나 크기에 변화가 있을 수 있다. 휘광의 색은 오행의 색으로 변화하는데 나의 체내와 관련성이 있다. 수련修煉을 진행함에 따라 3개의 공간은 상像과 색色과 양亮에 변화가 나타난다.

상像은 형상形象을 말하고, 색色은 그대로 색상色相을 말하며, 양亮은 밝음의 변화, 즉 빛의 변화를 말한다. 예전에는 이러한 변화들은 사람의 심적 부분 즉 내적인 부분과 외적 부분으로부터 영향을 받는다고 표현하였다. 그러나 물질적인 영향이라고 표현하지는 않았다.

상像	색色	양亮
형상形象	색상色相	광光
배配	선選	취聚

배配의 의미는 배분한다는 것이다. 자기에게 필요한 형形을 배분 즉 추

가한다는 뜻이다. 자기의 외형은 자기의 인체보다 작아서도 안 되고 지나치게 커서도 안 된다. 외형을 육신보다 작게 그렸다면 세 개의 공간 가운데 하나가 없어졌다는 뜻이다. 《도덕경》에 보면 "하나가 둘을 낳고 둘이 셋을 낳고 셋이 만물을 낳는다"는 표현이 있다. 모든 것은 숫자 3이 채워져야 많은 변화가 일어나고 지혜가 생긴다. 외형이 몸보다 작다는 것은 하나가 없어지게 되므로 숫자 3을 채우지 못했다고 한다. 외부를 견성見性으로 표현하는 데 그 견성見性이 있을 수 없다는 뜻이 된다. 따라서 몸보다 외형이 작게 그려지는 경우는 몸보다 외형이 훨씬 더 큰 경우보다 못한 결과를 가져온다. 외형이 지나치게 크면 마음이 오만해지게 되지만 마음의 위축은 오만보다 못하다고 할 수 있다. 결국 큰 것이 하나 없는 것보다 더 낫다.

선選의 의미는 각자 자기가 색을 선택한다는 뜻이다. 색상의 종류는 오행의 색에 맞추어 5가지로 분류된다.

취聚의 의미는 빛을 집결시킨다는 뜻이다.

즉 형形을 분배하고 색色을 선택하고 빛을 집결시키는 것이 요점이다. 그렇게 함으로써 상象이 생기고 밝아지는 것이다.

수련과정에 색色의 첨가는 무의식중에 순간적으로 하나의 색깔을 선택해야 한다. 그 색은 당일 우리가 사용하여야 할 색깔이라고 말한다. 수련 중에 반관返觀하여 형상形象과 색상色相이 완벽한지 살펴보아서 유형무질有形無質의 나의 형상과 색상이 좋지 못하다면, 그날 나의 심리心理와 신체身體의 상태가 좋지 못함을 의미한다. 단경丹經은 '겉으로 나타나는 반응들은 심성으로 인한 변화이다.'라고 전하고 있다.

도가道家에서는 5가지의 근본적인 색色이 있다고 한다. 그림을 그릴 때 색의 삼원색三原色으로 빨강, 노랑, 파랑을 사용한다. 도가에서는 여기에 천지天地의 색인 흰색과 검정색을 추가하여 5가지 색으로 오행五行에 맞추어 설명하고 있다.

❶ 오행의 목木에 청색靑色을 추가하는 의미는 생발지력生發之力의 상태를 말한다.

봄이 되면 만물이 자라고 솟아나듯이 내 몸도 그와 같은 상태 즉 생발지력生發之力의 상태가 필요함을 의미한다. 아침에 깨어나서 저 청색을 생각하였다면 당일에는 저 색의 기운氣運이 부족하다는 것을 의미한다. 자기가 더 발전하려고 하는 힘, 또는 업그레이드되려고 노력하는 힘을 의미하거나, 더 발전이 요망되고 업그레이드가 요구되는 현재의 부족한 상태를 의미한다. 몸에 병 또는 이상이 있는데 청색을 선택하였다면 건강이 좋아지는 상태임을 뜻하기도 한다.

❷ 오행의 화火에 홍색紅色을 추가하는 의미는 상재충천上災冲天의 상태를 말한다.

이 상재충천上災冲天은 화염이 하늘로 치솟는 것처럼 적극적이고 돌파력을 과시하는 어쩌면 독선적이고 직설적인 의미를 내포하고 있다. 청색의 생발지력生發之力은 나무처럼 뿌리가 있는 경우이다. 그러나 홍색의 상재충천上災冲天은 뿌리가 없다는 점이 크게 다르다. 생발지력生發之力은 차츰차츰 조금씩 올라가는 것이지만 상재충천上災冲天은 뿌리 없이 급속하게 올라가려는 속성이 있다. 생발지력生發之力은 인자함의 뜻이 포함되어 있으나, 상재충천上災冲天은 하늘을 치솟을 정도로 적극성의 의미가 내재되어 있다. 생발지력生發之力은 정靜이고 상재충천上災冲天은 동動이다.

❸ 오행의 토土에 황색黃色을 추가하는 의미는 종합평행綜合平衡의 상

태를 말한다.

종합적이고 평형적인 힘이 나타날 수 있다. 무위無爲로 황색黃色을 선택하였다면 내가 당일 평형을 이룰 수 있도록 일을 처리하려는 기미가 있음을 의미한다. 평형적平衡的으로 일을 해결하려면 규범規範에 기초하여 신용信用을 지키면서 일을 처리하여야 한다. 힘이 작용하는 방향을 살펴보면 토土(황색)는 옆으로 작용하는 속성이 있는 반면 앞의 두 가지, 즉 목木(청색)과 화火(홍색)는 위로 작용하는 속성이 있다.

❹ 오행의 금金에 백색白色을 추가하는 의미는 연경고태軟硬固態의 상태를 말한다.

약간 단단하면서도 고정적인 상태를 뜻한다. 자기自己를 작게 수축하려는 기미가 있고, 자기를 작게 수축하다 보면 단단해진다는 의미가 있다. 두 가지 현상이 나타날 수 있다. 상해傷害 위망威望이다. 무위無意로 흰색을 추가하였다면 당일 너무 자기自己를 수축하여 행동하면 아니 된다. 수축하여 일을 처리하게 되면 상대방에게 상해를 줄 수도 있다. 반대로 많이 수축함으로 단단하여진다는 의미도 있다고 하였다.

❺ 오행의 수水에 흑색黑色을 추가하는 의미는 액하암명液下暗明의 상태를 말한다.

물은 아래로 흐르게 되어 있다. 검은색은 무색無色의 색色이라고 표현한다. 즉 색色이 없지만 색色이 있다고 한다. 백색과 흑색은 천지天地의 색色이라고 표현한다. 백색은 천天이고 흑색은 지地이다. 우리가 보고 느끼고 가장 많이 접하는 색깔이다.

우리가 어두운 곳에서 생활하다 보면 흑색을 느끼지 못할 수도 있다. 검은색에서 밝은색이 나타날 수 있다. 이 때문에 암명暗明이라고 표현하였다. 총명함과 영리함이 여기에서 나올 수 있다. 많은 사람들이 검은색에 거부감이 있어서 색을 추가할 때 검은색을 기피한다. 하지만 이것은 잘못이다.

무위無爲로 검은색을 추가하였다면 몸의 건강에 이상이 있거나 자신감이 부족한 경우이다. 하지만 어둠 속에서는 쉽게 밝음을 찾을 수 있다. 어둠에서 두려움이 느껴진다면 반좌하면서도 이러한 느낌이 드는 경우가 있는데 이러한 경우에는 더욱더 견지하여야 한다. 그 속에서 총명함과 영리함을 발견할 수도 있다. 이것이 암명暗明의 원리原理이다.

오행의 색과 생태 등

오행	목木	화火	토土	금金	수水
색	녹색綠色	홍색紅色	황색黃色	백색白色	흑색黑色
상태	생발지력 生發之力	상재충천 上災沖天	종합평형 綜合平衡	연경고태 軟硬固態	액화암명 液下暗明
해석	곡曲 직直	정靜 동動	규범規範 신용信用	상해傷害 위망威望	총명聰明 영리榮利

앞의 3가지 색깔 즉 3원색은 혼합되어 여러 가지로 사용될 수 있다. 뒤의 2가지 색깔 즉 백색과 흑색은 천지색天地色으로서 두개의 색은 서로 융합이 되지 않는다. 또 두 가지 색으로는 앞의 세 가지 색깔이 나오지 않는다. 또한 삼원색으로 백·흑색을 만들어낼 수 없다. 앞의 삼원색에 흰색을 추가하면 당연히 그 색깔이 옅어진다. 목木의 생발지력生發之力은 약해지고, 화火의 상재충천上災沖天도 약해지고, 토土의 종합평형綜合平衡도 약해지게 된다.

이러한 방법으로 당일에 발생할 돌발적인 상황을 피하거나 대비하고 있다. 수련하다 보면 눈에 보이는 색과 추가하는 색이 다를 수도 있다. 종합적으로 비교해서 생각을 잘해야 한다. 색을 추가하는 훈련을 거치게 되면 수련 과정에 보게 되는 경물景物의 색상이 훨씬 더 아름다워진다. 색에 대한 표현은 도가道家에서도 잘하고 있지만 티벳불교의 탱화와 만다라에서도 매우 잘 되어 있다.

미수련자未修煉者는 눈을 통해서만 색상을 볼 수 있고 눈을 떠나서는 색상을 분별할 수 없다. 하지만 수련자修煉者는 눈을 감은 상태에서 마음의 눈으로 색을 찾을 수 있고 그 색은 정확성이 있다.

9) 사람의 음양陰陽과 오행五行

① 음양陰陽

우주가 탄생하기 이전이 있었다. 무극無極의 세상이었다. 헤아릴 수도 없는 홍몽鴻濛한 기운은 혼돈混沌의 소용돌이 속에서 분열하기 시작하였다. 그리고 무극의 선천先天에서 태극太極의 후천後天의 세상이 열리더니 다시 음양陰陽으로 나누어진다. 가볍고 맑은 기운은 위로 떠서 하늘이 되었으니 그 성질은 양陽이다. 무겁고 탁한 것은 아래로 내려와 엉긴 것이 땅이 되었는데 그 성질은 음陰이다. 하늘의 맑은 기운과 땅의 탁한 기운이 섞인 것을 사람이라고 하며 그 성질은 음양이 반반으로서 조화를 이루고 있다. 이렇게 세상에 우주가 탄생한 것이다. 선천에서 후천세계가

480

도래한 것이다. 당연히 사람도 천지인天地人 삼재三才 가운데 끼여 천지와 동격을 이룬다. 그래서 사람을 소우주라고 말함이다.

고대 중국에서 발생한 이론으로 음양陰陽은 우주만물과 자연의 현상은 서로 상대성 있는 두 가지 기운으로서 이원적 대립관계를 나타내는 것, 즉 하늘과 땅, 해와 달, 겨울과 여름, 남과 북, 여자와 남자 등은 모두 음陰과 양陽으로 구분되어진다. 음양을 쉽게 구분 짓자면 활동적이고 동적인 특성을 가진 것이 양陽이며, 발산형發散形 이라고 하고, 반대로 고요하고 정적인 특성을 가진 것을 음陰이며, 수렴형收斂形 이라고 한다.

음양이론은 자연현상을 설명하는 중요한 개념이다. 또한 만물의 모든 구분은 음과 양의 조화로 이루어져 있다. 자연주의 사유 방법은 인간이 임의대로 설정한 인간 중심의 철학과는 다르다고 보아야 한다. 음양이라는 자연의 비밀을 푸는 열쇠를 쥐고 있는 사람의 능력에 따라 그 쓰임이 달라질 수도 있다. 음과 양의 구분은 절대적으로 상대성이다.(표 참조) 불과 물을 예로 든다면 불이 양이고 물은 음이다. 그러나 물과 산으로 말하면 물이 양이고(물은 움직이므로) 산은 음이다. 이렇게 상대적相對的, 대구적對句的 설명 방법으로 사물의 본질을 파악하려고 하는 사고방식이 습성화되어 사물을 상대적으로 파악하려다 보니 음양사상으로 귀결되었다고 보아지며 상대적으로 사물을 파악하려고 하는 사고방식은, 중국 고대에서부터 이어져 왔던 것이다.

이 음양사상은 상대적으로 사물을 파악한다는 점에서 과학적이고 또한 동양의 철학적 사고의 틀이다. 고대 중국인들은 모든 환경을 음양을 가지고 해석했다. 음은 여성적인 요소로 양은 남성적인 요소로 간주하여 동아시아 특유의 의미 중첩 방법으로 확장되었고, 다양한 분류의 기준과 그 분류로 양분된 두 부분의 총칭이 되었으며 그 음양사상을 근간으로 인간 사회의 현상을 예측하고 인간의 길흉화복을 해석하고 판단하려고 한 것이 바로 '역易'의 탄생이다. 음양을 떠나서는 '역易'은 있을 수 없다. 그리고 인체도 마찬가지다. 한의학에서는 인체의 현상과 질병을 이해하는데 음양이론을 가장 근본으로 하고 있으며 인체에 음양의 균형을 잃으면 그것이 곧 병으로 보고 치료 방법으로는 음양의 균형을 맞추는 것이었다. 즉 어떤 물건이나 상황을 설명할 때 그것이 어떤 성질을 가지고 있는가를 자세히 묻다 보면 대답이 나오는 것처럼, 서로의 상반되는 성질과 비교되는 성질을 이용하여 인체를 관찰하는 방법이 음양을 통한 방법이라는 것이다.

우주는 태극으로 존재하여 다시 음양으로 나뉘고, 양이 다하면 음이 시작되고, 음이 다하면 양이 시작되는 자연의 법칙에 따라 음과 양은 끊임없이 순환하면서 우주 만물과 함께하고 있다.

우리의 민속적인 풍속의 하나로 매달 음력 초 3일이면 나이 드신 보살(여자)들이 사찰이나 무속인을 찾아 공양도 드리면서 기도를 하는 풍습이 있다.

그런데 왜 초 3일이어야 하는가? 이래 표에서 답이 나왔다. 즉 월중 초 3일에 처음으로 천기天機가 한번 움직여서 원양元陽이 생겼기 때문이다.

이 원양을 일양시생一陽始生이라고 하며 이것이 한번 움직이는 것을 일양초동一陽初動이라고 하는데 년 중으로 말하면 동지가 되고 사계절로 말하면 봄이 되고 하루로 말하면 자시가 된다. 수련 시에는 이 원양이 한번 움직여서 변한 것을 원정元精이라하고 그것이 다시 한번 동動하여 욕화慾火가 된 것을 탁정濁精이라고 한다. 천심은 진심이다. 마음은 태극의 뿌리이다. 허무한 몸은 음양의 조상이다. 이것이 천심이다.

482

매월 달의 운행에 따른 음양의 소장과 괘상

일 시	음양의 진행으로 消長되어가는 과정	괘상
初一日 亥時	天上日月竝行. 천상의 해와 달이 병행하여 ☷ 곤괘가 되어	坤爲地 괘
初三日 巳時	進一陽. 一陽이 나아가서 ☳ 복괘가 되고	地雷復 괘
初五日 亥時	進二陽. 二陽이 나아가서 ☱ 임괘가 되고	地澤臨 괘
初八日 巳時	進三陽. 三陽이 나아가는데 鉛八兩이 되어 ☰ 태괘가 되고	地天泰 괘
初十日 亥時	進四陽. 四陽이 나아가서 ☳ 대장괘가 되고	雷天大壯 괘
十三日 巳時	進五陽. 五陽이 나아가서 ☱ 쾌괘가 된다.	澤天夬 괘
十五日 亥時	進六陽. 六陽이 나아가는데 ☰ 건괘가 된다. (君子終日乾乾. 純陽之體也. 若不用火鍛煉. 過此必又生陰矣 역경에 군자는 종일토록 건하고 더욱 건하여서 순양체이다. 만약 화를 써서 단련하지 않으면 이것이 지나쳐 반드시 음이 생긴다.)	乾爲天 괘
十八日 巳時	進一陰. 一陰이 나아가서 ☴ 구괘가 되고	天風姤 괘
二十日 亥時	進二陰. 二陰이 나아가서 ☶ 돈괘가 되고	天山遯 괘
二三日 巳時	進三陰. 三陰이 나아가서 汞半斤이 되어 ☷ 비괘가 되고	天地否 괘
二五日 亥時	進四陰. 四陰이 나아가서 ☴ 관괘가 되고	風地觀 괘
二八日 巳時	進五陰. 五陰이 나아가서 ☶ 박괘가 된다	山地剝 괘
三十日 亥時	進六陰. 六陰이 나아가서 ☷ 곤괘가 된다.	重地坤 괘

생후 5천일이 지나면 인체의 기氣가 최고에 도달 선천의 기와 후천의 기가 총화를 이룸으로 그 수數는 저절로 양수陽數의 제일 높은 9×9=81장丈에 가득 차고 바야흐로 이 시기가 15살 되는 때이며 이때를 동남童男이라 한다.

이때가 음陰과 양陽이 반반이 되니 음양조화의 최절정이어서 마치 떠오르는 태양에 비유할 수 있겠다. 이때를 지나면 원양元陽을 상실하고 기

氣가 흩어지니 이때부터 양陽이 쇠퇴하면서 그 자리를 음陰이 성장하여 차지하니 기가 약해지고 저항력抵抗力이 차츰 상실해 가므로 동시에 면역력免疫力도 떨어져서 몸 안에 병균이나 독소가 침입하여도 병에 걸리지 않을 만한 저항력이 약해져서 이겨내지 못하고 병들고 늙어가면서 죽음을 맞이하는 것이다. 따라서 15세 때에는 신체적으로 누정漏精이 되면서 그동안 열려 있었던 천목혈天目穴이 막히고 인체의 12경락과 기경8맥 등 온몸의 솜털구멍까지 막히게 되면서 체질이 완전히 바뀌는 시기이다.

우리 조상들은 원양이 생기는 계기를 매우 상서롭게 보았는데 그래서 입춘 일에는 입춘대길立春大吉 건양다경建陽多慶 이라는 입춘 축을 대문 앞에 붙이고 양을 맞이하였다. 이런 풍습은 음에서 양으로 바뀌면서 천지운용의 기미에 변화가 생기는데 그 변화를 놓치지 말고 받아들여서 좋은 쪽으로 이용하자는 취지이다. 그리고 숫자에도 음과 양이 있는데 홀수를 양으로 보고 짝수를 음으로 본다. 그래서 양의 달에는 월과 일에 같은 숫자가 중복되는 날을 상서롭게 여겼다. 즉 1월 1일은 설날이고 3월 3일은 삼진일이고, 5월 5일은 단오절이며, 7월 7일은 칠석이고, 9월 9일은 중구일이다. 우리 조상들은 이렇게 양이 겹치는 날을 상서롭게 받아들여서 거기에 걸맞는 미풍양속을 만들어 즐기기도 했다.

만물은 천기의 하강과 지기의 상승함을 얻어 음양이 서로 엉킴으로써 형상이 된다. 진도眞道는 형상이 생기게 된 최초의 원인이 된다. 지기地氣가 상승하여 올라간 것은 구름이 되고 흩어지면 비가 되어 내린다. 천기天氣가 하강하여 흩어지면 안개가 되고 응결하면 이슬이 된다. 음기가 쌓여 과해지면 이슬, 비, 서리, 눈이 되고 양기가 과해지면 안개, 연기, 구름과 노을이 생긴다.

② 음양의 정신적 심리적 분류 및 인체 음양 관계

양陽	음陰		양陽	음陰
미래 지향적	현실을 중시		담膽	간장肝臟
적극적	소극적		소장小腸	심장心臟
강함	약함		위장胃腸	비장脾臟
대범	소심		대장大腸	폐장肺臟
명분중시	실리 중시		방광膀胱	신장腎臟
이상적	현실적		배복(몸 안은 반대)	등背(몸 안은 반대)
대인 지향적	자기중심적		좌左(女子는 반대)	우右(女子는 반대)
남성적	여성적		상부上部	하부下部

인체에서 음양陰陽 관계는 몸 앞쪽이 음陰, 등쪽이 양陽(몸속에서는 앞쪽이 양, 뒤쪽이 음이다), 머리 부분이 양陽, 하복부 부분이 음陰, 좌측이 양陽, 우측이 음陰(여자는 반대로 좌측이 음陰, 우측이 양陽), 몸 밖이 양陽, 몸속이 음陰, 오장이 음陰, 육부가 양陽, 심장이 양陽, 신장은 음陰, 등으로 나뉜다. 사람의 몸을 사지四肢를 뺀 몸통으로만 보아 머리의 최고 높은 점의 혈穴 자리를 백회百會(陽中陰)라고 하는데 이는 자연으로 보면 하늘이어서 맑고 가벼운 기운, 즉 양기가 모인다고 해서 붙인 이름이며 최저로 낮은 전음前陰과 후음後陰사이 중간에 있는 혈穴 자리를 회음會陰(陰中陽)이라 하는데 이는 자연으로 보면 땅이므로 탁한 음기가 내려와 모이는 곳이다. 회음會陰에서 위로는 하늘과 닿은 지점에 백회百會와, 회음會陰 아래로는 땅에 닿은 발바닥의 용천혈湧泉穴이 서로 통로가 이어져 있어서 기氣가 움직일 수 있다. 이 세 혈穴 자리가 막히지 않고 서로 기氣가 통하여 조화를 이루는 것이 가장 이상적인 몸 컨디션이다.

음양의 성질과 구분

	현상	공간	시간	명암	온도	습도	무게	계절	심리	생리
음 -	수렴 收斂	땅	밤	어둠	차가 움	축축 함	중重	추 동	침울	오한 惡寒
양 +	발산 發散	하늘	낮	밝음	따뜻 함	마름	경輕	춘 하	경쾌	발열 發熱

「금오신화金鰲新話」에서도 김시습金時習은 "귀자鬼者 음지령陰之靈이고 신자神者 양지령陽之靈"이라 하였다. 즉, 그의 귀신관鬼神觀을 요약하면, 천지 우주만상을 음양陰陽, 양기兩氣의 활동으로 보고 이것을 생사의 두 범주로 나누어, 살아 있는 상태에 있는 것이 인人이나 물物이고, 생물이 죽은 상태인 경우를 귀신이라 하였다. 귀신은 사람의 사령死靈이며, 죽은 후 잠시 동안은 존재하지만 결국은 없어진다고 하였다.

도교의 음양이론陰陽理論은 협력과 경쟁, 평등과 계급, 직관과 논리, 여성과 남성처럼 반대의 성격을 설명하는 데 사용되므로, 기氣에도 음기陰氣와 양기陽氣로 나뉘어 서로 협력 보완하고 경쟁하면서 대립적 관계를 펼쳐간다.

대도에는 음양이 있다. 음양에는 동정이 있다. 사람의 아득한 규竅가 정靜이라고 한다면 동動은 황홀함을 감응한다. 동은 움직이는 것이고 정은 정지해 있는 상태이다. 동이라는 것이 싹이 틔어져 쑥쑥 자라면서 어떤 기미가 생기는 것이라면 정이라는 것은 사유 활동이 허극정독虛極靜篤하여지는 상태이다. 이때 동과 정이 서로 사귀는 작용을 한다. 이것을 음양의 뿌리가 이루어지고 음양교구 작용을 한다고 한다.

해는 양이므로 항상 둥글고 항상 가득 차 있으며 달은 음이므로 그믐날이 있고 이지러짐이 있는 것이다. 봄은 양이므로 만물이 움을 트고 나오고 가을은 음이므로 만물이 잎을 떨구고 앙상하게 가지를 드러내는 것이다. 성인은 양이므로 해탈하여 신선 되어 승천하고 범부는 음이므로 수명이 끝나면 귀신이 되고 마는 것이다. 이러한 것을 일러서 청淸과 탁濁, 동動과 정靜의 이치이다라고, 대체적으로 그렇게 말하고 있다.

우리가 알아야 할 것은 몸 중의 청탁동정淸濁動靜이다. 탁한 음기는 아래로 내려가고 맑은 양기는 위로 올라가게 되어야 적연부동 해 지는데 이를 일러서 정靜이라 한다. 정할대로 정하여져 감흥이 사무치면 이를 일러서 동動이라고 한다. 항상 하고자 함으로서 즉, 유위有爲로써 그 규竅를 관하면 동動이다. 항상 하고자 함이 없이 즉, 무위無爲로써 그 규竅 중의 묘妙를 관하면 정靜이다. 약을 캘 때는 동動이요 약을 얻을 때는 정靜이다. 수련자가 음陰속의 양陽을 취하는 것은 극음極陰 속에서 처음으로 살아나는 진양眞陽이 하전에서 일양초동一陽初動하므로 약藥이 되어 결단結丹이나 결태結胎를 이루는 재료가 될 수 있기 때문이다. 토굴土窟 속에서 용맹정진 하는 것도 이렇게 음陰속의 양陽을 취하기 위해서이다.

여기서 우리 주변에서 삶을 이어가는 동식물의 음양의 관계와 조화를 살펴본다면, 당연히 식물은 음이고 동물은 양이다. 자연이 부여한 식물들의 생명활동을 본다면 생태계가 갖는 음양의 조화를 유추해 볼 수 있다. 음양의 분류상 땅 속에 있는 뿌리는 양이고, 그 땅을 나와 지상에 있는 줄기나 잎, 꽃, 열매 등은 음이다. 여기서 생각해 볼 수 있는 것은 음기운인 땅속에 음기운인 수분만을 섭취했는데도 몸체는 양질로 전환하였고 막상 양의 세상인 지상에서는 양의 기운을 받아 자라지만 모두 음질로 분류되고, 식물이 내뱉는 산소는 양 기운이다.

사람을 예로 들어보아도 사람이 섭취하는 모든 음식은 입에서 씹어지면서 모두 음질 화 되어서 그 영양분으로 몸이 발육 성장하는데 이것이 과다하면 비만 체질이 된다. 이러한 비만을 예방하고 몸의 균형을 유지하기 위해서는 양의 기를 섭취해야 한다. 그러면 무엇이 양의 기운인가? 모든 음식이 몸 속에 들어가면 음질 화 되지만 한 가지 양의 성질을 가지고 있는 것이 있으니, 그것은 공기, 즉 식물에서 뱉어낸 산소이다. 산소는 몸 속에 들어가면 양의 가운인 불이 되어 몸속의 노폐물과 병균 등을 태워 소화 시킨다는 것이 나의 지론이다. 산소를 효과적으로 많이 흡수하기 위해서는 등산이나 공기 좋은 곳에서 혁혁대며 뛰다 보면 몸속의 나쁜 기는 밖으로 나가고 그만큼 신선한 공기를 몸속으로 섭취함으로써 몸의 균형을 자연에서 얻을 수 있으니, 우리의 건강을 지키는 것도 자연의 섭리에 따라야 할 것이다.

사람의 음양과 消長 이치와 괘상

나 이	음양진퇴	괘의 변화	괘 상
처음 태어나면 ☷ 곤괘에 속하고 (960일마다 1爻가 변한다)			
2년 8개월이 되면	進一陽하여	☷ 곤괘가 변해서 ☳ 復괘가 되고	지뢰복괘
5년 4개월이 되면	進二陽하여	☷ 복괘가 변해서 ☱ 臨괘가 되고	지택임괘
8살이 되면	進三陽하여	☱ 임괘가 변해서 ☰ 泰괘가 되고	지천태괘
10살 8개월이 되면	進四陽하여	☰ 태괘가 변해서 ☳ 大壯괘가 되고	뇌천대장괘
13세 4개월이 되면	進五陽하여	☳ 대장괘가 변해서 ☱ 夬괘가 되고	택천쾌괘
열여섯이되면	進六陽하여	☱ 쾌괘가 변해서 ☰ 乾괘가 된다	건위천괘
이상 6효六爻가 변한 것 까지는 순양純陽의 동체童體로서 상사上士의 자리이다. 이때 수련修煉하면 성역聖域에 올라설 수 있다. 이후 96개월(8년)마다 효爻가 하나씩 변하는데 이때 수련하지 않으면 점점 하사下士가 되고 만다. (8년마다 효爻가 하나씩 음으로 변한다)			

24세가 되면	進一陰하여	䷀ 건괘가 변하여 ䷫ 姤괘가 되고	천풍구괘
32세가 되면	進二陰하여	䷫ 구괘가 변하여 ䷠ 遯괘가 되고	천산돈괘
40세가 되면	進三陰하여	䷠ 돈괘가 변하여 ䷋ 否괘가 되고	천지비괘
48세가 되면	進四陰하여	䷋ 비괘가 변하여 ䷓ 觀괘가 되고	풍지관괘
56세가 되면	進五陰하여	䷓ 관괘가 변하여 ䷖ 剝괘가 되고	산지박괘
64세에 이르러	進六陰하여	䷖ 박괘가 변하여 ䷁ 坤괘가 된다	곤위지괘

이때는 순음純陰으로 양기陽氣가 없고 괘기卦氣가 이미 가득 찼으나 이때를 놓치지 않고 쫓는다면 양陽이 조금은 남아 있어 만약 수련하려 애쓴다면 음중陰中에서 양陽으로 가해 돌이킬 수 있어서 죽음에서 도망쳐 나와 생명生命을 유지할 수는 있겠으나 혹시라도 만약 다시 수련하지 않으면 남은 양기陽氣마저 소진消盡됨에 이르러 무상無常이 닥치면 한번 나간 기운氣運은 다시 돌아오지 않는다.

③ 오행五行

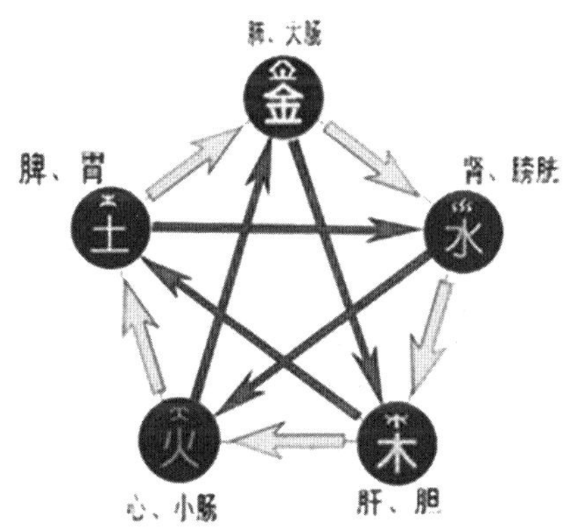

오행五行은 우주 만물을 이루는 다섯 가지 원소. 목木, 화火, 토土, 금金, 수水를 이른다. 이러한 다섯 가지의 기운氣運이 운행하면서 각각의 기운은 서로 생生하여 도와주고, 극剋 하여 서로 이기려고 하고, 모侮 즉 서로 업신여기고 승乘 하면서 다양한 변화가 나타나지만, 일정한 법칙에 의해 순환하고 그에 따라서 우주만물은 생성, 쇠퇴, 소멸의 반복 과정을 거쳐

발전하는 것이다. 사람은 머리가 둥글고 발은 네모나니 하늘과 땅의 형상을 갖고 있다. 음은 하강하고 양은 상승하니 사람 또한 하늘과 땅의 기미를 갖고 있어서 오행으로 보면 신장腎臟은 수水가 되고 심장心臟은 화火가 되고 간肝은 목木이 되며 폐肺는 금金이 되며 비장脾臟은 토土가 된다.

고인古人들도 우주만물은 음양오행의 기氣로 이루어졌다고 말했다. 온갖 만물은 다섯 가지 요소要素로 이루어졌고 온갖 만물을 이루는 물질物質 또한 다섯 가지로 이루어졌다는 것이다. 이는 오행五行이 어떤 실체적 요소라기보다는 다섯 가지의 속성적인 힘으로 보는 것이 더 타당함을 보여준다. 어떤 사물이든지 음陰과 양陽의 두 측면을 가지고 있으며 이 둘의 조화를 궁극적으로 만족 된 세계로 보고 이 개념이 복합되어 우주를 구성하는 개념이 된다고 말한다. 기일원론氣一原論은 결국 자연과 인간이 하나라는 천인합일 론의 길로 나아가게 된다.

사물의 속성과 오행에 귀속 표

五脈	五臟	五腑	五體	五華	五志	五液	五官	五聲	五變	五行	五色	五方	五季	五氣	五化	五音	五味	五藏	五行樹
弦	肝	膽	筋	爪	怒	淚	目	呼	握	木	青	東	春	風	生	角	酸	魂	松
洪	心	小腸	脈	面	喜	汗	舌	笑	忧	火	赤	南	夏	署	長	徵	苦	神	梧桐
緩	脾	胃	肉	脣	思	涎	口	歌	哕	土	黃	中	長夏	濕	化	宮	甘	意	柳
浮	肺	大腸	皮	毛	悲	涕	鼻	哭	咳	金	白	西	秋	燥	收	商	辛	魄	白楊
沉	腎	膀胱	骨	髮	恐	唾	耳	呻	栗	水	黑	北	冬	寒	藏	羽	鹹	精	側柏
人體											自然界								

불교 전설에 의하면 용은 신비로운 힘을 가지고 구름과 천둥, 비를 부리는 동물로 석가의 가르침을 수호하는 팔대용왕八代龍王이 있다고 하는데 네다리를 가진 거대한 구렁이의 모습에 사슴 같은 뿔과 빛나는 눈, 촉수처럼 긴 혀를 가지고 있다. 오행설에 의하면 용은 기린, 봉황, 거북,(麟鳳龜龍)과 함께 재액을 막아주고 재산을 지켜주는 신령스런 동물로 여겨졌다.

오행의 기본성질

목木	봄에 나무의 새싹이 굳은 땅을 뚫고 나오는 형상. 겨울동안 얼어붙었던 땅이나 초목에서 새로운 생명을 탄생시키는 것이 목의 기운이다. 강하게 상승하고 뻗어나가는 성질을 갖고 있다. 초목은 굽고 곧은 성질이므로 곡직성曲直性을 갖고 있다.
화火	타오르는 불의 형상이다. 양의 기운이 극에 달한 상태로 여름에 잎이 무성하고 꽃이 화려한 모습을 기리 킨다. 목기木氣가 발전하여 나타나는 현상으로 기운이 최고조에 달해 극한 상태를 대표한다. 불은 위로 타오르는 성질과 빛을 발산하는 염상성炎上性을 갖고 있다.
토土	흙은 후덕하고 묵묵한 형상이다. 목木과 화火의 양기陽氣와 금金과 수水의 음기陰氣의 중간에서 중재자 역할을 한다. 즉 봄, 여름의 외형적 생장을 내부적 성숙으로 전환하기 위한 중간 역할을 맡고 있다. 흙은 곡식과 초목을 심고 자라게하는 가색성稼穡性을 갖고 있다.
금金	딱딱하고 서늘한 쇠의 형상이다. 가을에는 봄, 여름에 이루었던 외형적 성장을 멈추고 내부적으로 정리하여 열매를 이룬다. 음기陰氣가 시작되는 시기이다. 쇠는 따르고 바뀌는 것이고 환경의 영향으로 다양한 형체의 종혁성從革性을 갖고 있다.
수水	차갑고 얼어붙은 물의 형상이다. 겨울에는 얼어붙은 물처럼 속에 모든 것을 간직하고 새봄을 준비한다. 음기가 강하지만 완전히 속까지 얼어붙은 것은 아니듯이 다시 봄을 준비하는 양의 기운이 남아 있다. 물은 적시고 아래로 흐르려는 성질로 윤하성潤下性을 갖고 있다.

오행五行과 오미五味

목	신맛	곡직작산曲直作酸	굽고 곧은 것은 신맛을 만들고
화	쓴맛	염상작고炎上作苦	타고 올라가는 것은 쓴맛을 만들고
토	단맛	가색작감稼穡作甘	심고 거두는 것은 단맛을 만들고
금	매운맛	종혁작신從革作辛	따르고 변화하는 것은 매운맛을 만들고
수	짠맛	윤하작함潤下作鹹	적시고 내려가는 것은 짠맛을 만든다.

중의학에서는 오행의 생리生理적 관계에서는 상생相生과 상극相剋을 설명하고 병리病理적 관계에서는 상생相生과 상승相乘 및 상모相侮를 설명하지만, 일반적으로 오행의 두 가지 관계를 말할 때는 생리적 관계에서의 상생과 상극을 뜻한다. 생리生理적 관계에서 상생은 하나의 요소가 다음번 순서의 요소를 촉진하고 자생하며 조장하는 것으로 목생화木生火, 화생토火生土, 토생금土生金, 금생수金生水, 수생목水生木이라고 한다. 상극은 하나의 요소가 다른 요소를 제약하거나 억제하는 것으로 목극토木剋土, 토극수土剋水, 수극화水剋火, 화극금火剋金, 금극목金剋木이라고 한다. 생리적 관계에서 상생과 상극은 정상이며, 다섯 가지의 요소가 서로 도와주고 제어하며 운동함으로써 사물의 동태적 평형을 유지한다. 병리病理적 관계에서 상생은 생리적 관계의 상생에 이상이 생긴 것으로 상생하는 순서를 따라 질병이 전변되는 것을 뜻한다. 목생화木生火가 안 되면 목이나 화에 병이 생길 수 있는데, 이때 목에 생긴 병은 화로 전변될 수 있다. 상승相乘은 생리적 관계의 상극에 이상이 생긴 것으로 제어하는 쪽이 너무 강하거나 제어를 받는 쪽이 너무 약할 때 일어난다. 목극토에서 목이 너무 강해도 토에 이상이 생기고 토가 너무 약해도 토에 이상이 생긴다. 상모相侮도 생리적 관계의 상극에 이상이 생긴 것이나 제어하는 쪽이 너무

약할 때 일어난다. 목극토는 정상적인 상태지만 목이 너무 약해서 토를 제어하지 못할 경우 반대로 토에 의해서 목에 이상이 생기는 경우다. 오행은 사람이 자연에서 얻을 수 있는 재료의 개념에서 만물을 구성하는 원소의 개념으로 발전했고, 오늘날에는 만물에 대한 추상화로 이해되고 있다. 중의학에서는 여기에 장상론藏象論에서 설명하는 장부臟腑와 연계시켜 오행의 상생과 상극의 개념을 적용시키고 있다.

오행五行과 장부臟腑의 상관표

五行	나무 木	불 火	흙 土	쇠 金	물 水
五臟	간장肝臟	심장心臟	비장脾臟	폐장肺臟	신장腎臟
六腑	담膽	소장小腸	위장胃腸	대장大腸	방광膀胱
相生	木生火 (肝生心)	火生土 (心生脾)	土生金 (脾生肺)	金生水 (肺生腎)	水生木 腎生肝)
相剋	木剋土 (肝剋脾)	火剋金 (心剋金)	土剋水 (脾剋腎)	金剋木 (肺剋肝)	水剋火 (腎剋心)
相侮	木侮金 (肝侮肺)	火侮水 (心侮腎)	土侮木 脾侮肝)	金侮火 (肺侮心)	水侮土 (腎侮脾)

★ 상생相生

목생화木生火: 나무는 불을 낳는다. 나무에서 불이 난다.

화생토火生土: 불은 흙을 낳는다. 불이 나면 재가 흙을 비옥하게 만든다.

토생금土生金: 흙은 쇠를 낳는다. 흙에서 쇠가 난다.

금생수金生水: 쇠는 물을 낳는다. 쇠에서 물이 맺혀 물을 맑게 한다.

수생목水生木: 물은 나무를 낳는다. 물은 나무를 살린다.

★ 상극相剋

목극토木剋土: 나무는 흙을 이긴다. 나무가 흙에 뿌리를 내린다.

토극수土剋水: 흙은 물을 이긴다. 흙은 물을 가둔다.

수극화水剋火: 물은 불을 이긴다. 물은 불을 끈다.

화극금火剋金: 불은 쇠를 이긴다. 불은 쇠를 녹인다.

금극목金剋木: 쇠는 나무를 이긴다. 쇠는 나무를 자른다.

★ 상모相侮

목모금木侮金: 나무가 강하고 쇠가 약하면 나무가 쇠를 업신여긴다.

화모수火侮水: 불이 강하고 물이 약하면 불이 물을 업신여긴다.

토모목土侮木: 흙이 강하고 나무가 약하면 흙이 나무를 업신여긴다.

금모화金侮火: 쇠가 강하고 불이 약하면 쇠가 불을 업신여긴다.

수모토水侮土: 물이 강하고 흙이 약하면 물이 흙을 업신여긴다.

★ 상승相乘

상승相乘은 생리적 관계의 상극相剋에 이상이 생긴 것으로 제어하는 쪽이 너무 강하거나 제어를 받는 쪽이 너무 약할 때 일어난다. 즉 목극토木剋土에서 목이 너무 강해도 토에 이상이 생기고 토가 너무 약해도 토에 이상이 생긴다.

오행의 상생 상극 상모

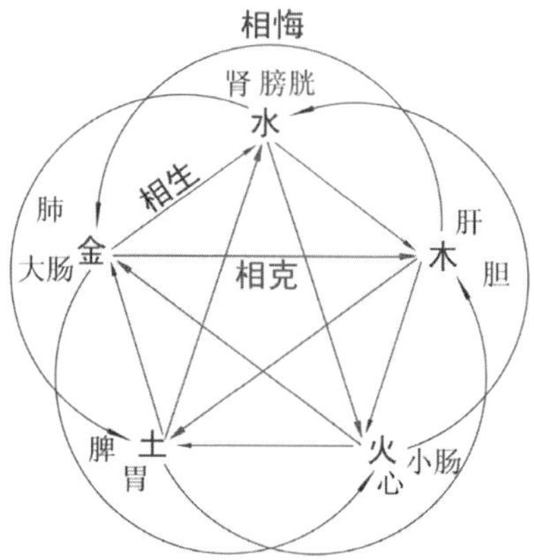

도가에서는 천지天地를 제일 큰 사물로 보고 인간을 사물 중에서 제일 큰 영기靈氣를 지니고 있는 존재로 본다. 소우주인 인체 내에는 천지, 일월, 음양이 들어있고 금, 목, 수, 화, 토의 오행이 운행되는데 그것들은 상생相生과 상극相剋, 상승相乘과 상모相悔의 상호 작용으로 균형을 이룬다.

사람이 잉태될 때 수정란受精卵 중 최소부분의 양이 머물러 있으면서 최초로 장부를 만든 곳이 양兩 신장腎臟이다. 인체 최초의 원양元陽이 실제로 양 신장 속에 있어서 신장을 생생生한 다음 신장은 비장脾臟을 낳고, 비장은 다시 간장肝臟을 낳고, 간장은 다시 폐장肺臟을 낳고, 폐장은 다시 심장心臟을 낳으니 인체의 오장五臟은 완성된다. 이로써 인체 주요 장부인 오장을 완성했으니, 다음은 육부六腑를 만들 차례다. 오장 중 마지막으로 만들어진 심장은 자기와 짝을 이룬 소장小腸을 낳는다. 다음으로 소장은 대장大腸을 낳고, 대장은 담膽을 낳고, 담은 위장胃腸을 낳고, 위장은 방광膀胱을 낳아서 육부도 완성 시킨다. 이 모두는 정과 혈을 조화하여 형체를 이루어 놓은 것이다.

여기서 재미있는 것은 각 장부의 생성하는 과정이 모두 오행의 상생관계가 아닌 상극관계에서 이루어진다는 점이다. 오행의 상극에 관한 인식을 새롭게 하는 대목이기도 하다. 오행이 각각 그 성질이 달라 적으로 삼는 것이 상극이니 목은 금으로서 적을 삼고, 금은 화로서 적을 삼고, 화는 수로서 적을 삼고, 수는 토로서 토는 목으로서 적을 삼으니, 이것을 다시 역으로 조화를 베풀어 금이 본래 목을 극하는 것이나 목은 도리어 그로 인해 기물을 만들고, 목은 본래 토를 극하는 것이나 토는 오히려 이로 인해 생영生榮하게 된다. 토는 본래 수를 극하는 것이나 수는 도리어 이로 인해 넘치지 않게 되며, 수는 본래 화를 극하는 것이나 화는 도리어 이로 인해 지나치게 건조하지 않는다. 화는 본래 금을 극하는 것이나 금이 도리어 이로 인해 화를 받아들여 청명함을 이루니 극하는 가운데 새로운 생이 있게 된다.

오행의 목木을 놓고 보면 목은 화火를 생하고 토土를 극한다(木生火, 木克土). 그러나 목이 살아남을 곳은 자기가 극하는 토 밖에 없다. 화는 생해주지만 나머지 금金이나 수水에서는 살아남지 못한다. 토를 만남으로써 뿌리를 박고 성장할 수 있으며 자손을 번성시킬 수 있는 씨앗도 거둘 수 있으며 목 자체의 본성을 펼칠 수 있다. 수극화水克火도 마찬가지이다. 물이 불을 만나야 밥이나 기타 음식 등을 만들 수 있고 불을 만나 물이 뜨거워져야 물의 효능이 극대화되어 나타난다. 다른 상극관계도 다 이와 같다. 그래서 상생관계를 모자母子지간이라 하고 상극관계를 부부夫婦지간이라고 하는 것은 위의 장부를 생하는 과정에서 보았듯이 상극관계에서만이 또 다른 생물이 태어나기 때문이다. 그래서 상극관계는 생산을 의미한다고 보아야 한다.

오장과 사물과의 동질성

오장	오행	형상	색	사계	오상	방위	천간	나무	괘상
간장	목	청용	청	봄	인	동	갑을	소나무	☳진괘
심장	화	주작	적	여름	례	남	병정	오동나무	☲리괘
비장	토	구진	황		신	중앙	무기	버드나무	☶간괘
폐장	금	백호	백	가을	의	서	경신	백양나무	☱태괘
신장	수	현무	흑	겨울	지	북	임계	측백나무	☵감괘

수련 중에 오색 중에서 붉은 색채가 나타나면 오규의 혀(舌)가 열리게 되고 혀에는 오신 중에 신神이 들어 있다. 이때는 성공性功을 하는 것이 바람직하다.

만약 흑색이 나타나면 귀가 열린 것이며 귀에는 정精이 있다. 정에는 신腎이 들어있고 귀로 정을 흘려버려서는 안 된다. 이럴 때는 동공動功을 하는 것이 바람직하다.

오행의 속성 분류

오행 五行	목 木	화 火	토 土	금 金	수 水
오재 五材	나무	불	흙	쇠	물
오색 五色	청 靑	적 赤	황 黃	백 白	흑 黑
오방 五方	동 東	남 南	중앙 中央	서 西	북 北
오계 五季	춘 春	하 夏	장하 長夏	추 秋	동 冬
오시 五時	오전 平旦	한낮 日中	오후 日西	저녁 日入	밤 夜半
오정 五正	초하루	上巳 3일	端午 5일	七夕, 7일	重陽, 9일
오성 五星	목성 木星	화성 火星	토성 土星	금성 金星	수성 水星

오성 五聲	부름 呼	웃음 笑	노래 歌	울음 哭	읊음 呻
오체 五體	힘줄 筋	경맥 脈	근육 肉	피부 皮	뼈 骨
오체 五體	마음 心	체온 溫	살 肉	호흡 息	피 血
오지 五志	성냄 怒	희 喜	생각 思	슬픔 悲	공포 恐
오지 五指	식지食指	중지 中指	大拇指	無名指	소지小指
오관 五官	눈 目	혀 舌	입 口	코 鼻	귀 耳
오각 五覺	색 色	촉 觸	맛 味	향기 香	소리 聲
오액 五液	눈물 泣	땀 汗	침 涎	콧물 涕	가래 唾
오미 五味	신맛 酸	쓴맛 苦	단맛 甘	매운막辛	짠맛 鹹
오취 五臭	누린내羶	탄내 焦	향기 香	비린내腥	썩은내腐
오기 五氣	살 筋	혈액 血	근육 肉	숨 氣	뼈 骨
오화 五華	손톱 爪	얼굴 面	입술 脣	눈썹 毛	터럭 髮
오수 五獸	청용 龍	주작 朱雀	등사螣蛇	백호白虎	현무玄武
오축 五畜	개 狗	염소 羊	소 牛	닭 鷄	돼지 猪
오곡 五穀	보리 麥	기장 黍	쌀 稻	조 粟	콩 菽
오과 五果	자두 李	살구 杏	대추 棗	복숭아桃	밤 栗
오상 五常	인 仁	예 禮	신 信	의 義	지 智
오정 五政	관 寬	밝음 明	공손 恭	힘 力	고요 靜
오악 五惡	바람 風	무더위 熱	축축함 濕	마름 燥	차가움寒
오화 五化	태어남生	자라남 長	되어감 化	수확 收	감춤 藏
오사 五祀	집 戶	부엌 灶	처마 霤	문 門	우물 井
오행 數字	3.8	2.7	5.10	4.9	1.6
병위 病位	목 頸項	흉협 胸脅	등 脊	견배肩背	요고腰股
질환 疾患	신경얼굴	편두고혈압	피부,당뇨	근골,사지	자궁생기
괘상 卦象	진震 ☳	이 離 ☲	곤 坤 ☷	태 兌 ☱	감坎 ☵

10) 사람의 장臟과 부腑

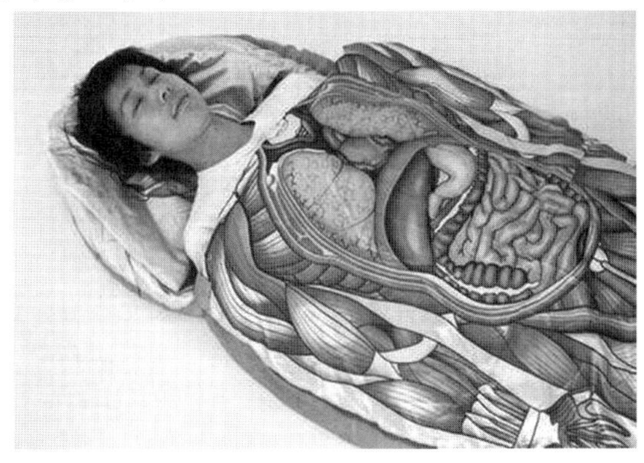

　태아가 태어날 때 즉, 탯줄을 끊을 때 모든 움직임이 그치면서 일순간 사망했다가 다시 움직이면서 살아난다고 한다. 탯줄을 끊을 때는 임맥과 독맥도 끊어지고 다시 열릴 때 후천의 정기신精氣神이 진입하는 것이 인체의 생명활동이라고 본다.

　인체 오장五臟의 예를 들어보면 간장의 신肝神은 청룡靑龍의 형상을 띠고 있으며, 심장의 신心神의 형상은 주작朱雀, 비장의 신脾神의 형상은 봉황鳳凰, 폐장의 신肺神의 형상은 백호白虎, 신장의 신腎神은 현록玄鹿의 형상으로 나타난다. 신神은 일종의 능력의 표현이며 어떤 때는 형상에서 유형 무질의 상태로 출현하기도 한다.

　음맥陰脈은 오장에서 다스려지고 양맥陽脈은 육부에서 다스려져서 음양이 서로 관통하여 흐르는 것을 되풀이 한다. 12경락에서 맥의 기가 융성하면 그 기는 8맥으로 들어가서 안으로는 오장육부를 따뜻하게 적셔주고 밖으로는 피부를 윤택하게 해준다.

　① 신장의 정精은 주로 뜨고 그 성품은 어리석(痴)고 감응은 슬픔(哀)을

낳는다.

② 비장의 기氣는 주로 움직이고 그 성품은 어지럽(亂)고 감응은 욕심(欲)을 낳는다.

③ 심장의 신神은 주로 신령스럽고 그 성품은 탐貪하고 느낌은 즐거움(樂)을 낳는다.

④ 간장의 혼魂은 주로 생生하고 그 성품은 선善하고 감응은 기쁨(喜)을 낳는다.

⑤ 폐장의 백魄은 주로 사死하고 그 성품은 악惡하고 감응은 노여움(怒)을 낳는다.

이것을 희노애락욕을 가지는 인체의 후천적 성품이라고 한다.

탯줄을 끊은 후부터는 생존환경이 천지와의 관계에 들어서면서 심장과 폐의 기능이 분리되고 위장은 영양분을 공급받고 비장은 혈액성분을 조절하고 골수가 혈을 만들고 호흡을 하기 위해서는 폐가 산소를 받아들이는 작업을 하며 체내에 받아들인 영양분 중 독소는 간이 걸러내고 수분과 액체를 받아들이면 신장이 작용을 하면서 출생 후의 오장역할은 이렇듯 선천과 다르게 됨으로 사람으로서 후천세계에 들어선 것이다.

"신장腎臟은 선천적 근본이고 비위脾胃는 후천적 근본이다." 그러므로 사람의 비위 기능의 강건함은 정기를 보양하는 관건이다. 황제내경이 강조한 "득곡자창 실곡자망得穀者昌 失穀者亡"(곡식을 얻는 자는 번영하고 곡식을 잃은 자는 망한다) 이다. 라고 믿었다. 옛사람들은 이렇게 사람이 정말 기력이 소모되고 오장이 쇠약해진다고 믿고서 모두 음식을 자기 기혈로 먹는다고 생각하였다. 따라서 영양이 전반적으로 균형 잡힌 식사를 하는 것이 후천적으로 선천을 기르는 중요한 수단이다.

① 오장五臟과 육부六腑의 관계

장臟과 부腑는 겉과 속이 서로 조화를 이루며, 장臟은 음陰에 속하고 리裏로 표현하고 부腑는 양陽에 속하고 표表로 나타난다. 장부臟腑의 표리表裏에는 경락이 연결되어 있는데, 즉 장부의 경맥은 장에 의해 서로 호흡이 통하고 상호작용하기 때문에 장과 부는 병변病變에 서로 영향을 미쳐 서로 변하게 된다. 장부 표리 관계는 다음과 같다. 심心과 소장小腸의 표리, 간肝과 담膽의 표리, 비장脾臟과 위胃의 표리, 폐肺와 대장大腸의 표리, 신장腎臟과 방광膀胱의 표리, 심포心包와 삼초三焦의 표리가 그것이다.

㉠ 심장心臟과 소장小腸

경락이 서로 통하는 겉과 속(表裏)이 된다. 심경에 열이 있으면 구설口舌이 붉은 죽같이 문드러질(糜爛) 수 있다. 신경을 써서 소장에 열을 가하면 소변이 짧고 붉은 색의 증상이 생기고 요도에 통증 등을 동반할 수 있다.

㉡ 간肝과 담膽

담이 간에 부치니 장부가 서로 연결되어 있고 경락이 서로 통하여 표리表裏를 이루고 있다. 담즙은 간에서 유래한 것으로 간을 제대로 배출하지 못하면 정상적으로 배설하는 데 지장을 줄 수 있다. 반대로 담즙의 배설이 제대로 되지 않으면 간에도 영향을 준다. 그러므로 간과 담의 증후症候는 종종 황저黃疸, 협통脅痛, 구설口苦, 현기증眩氣症 등이 동시에 나타난다.

㉢ 비장脾臟과 위胃

특성상 비장은 건조하고 습하며 위는 윤택하고 건조하며 비는 주로 오르고 위는 주로 아래로 낮아진다. 생리기능상, 위는 수곡지해水穀之海이어서 주기능이 소화시키는 것이다. 비장은 위장이 하는 그 진액津液을 운화運化 시킨다. 비위脾胃는 조습상제燥濕相濟, 승강협조昇降協調, 위납비화胃納

脾化의 상호작용으로 대립적이면서도 통일된 갈등운동을 구성하여 수곡의 소화, 흡수하여 나르는 임무를 함께 수행하였다. 위기胃氣는 내려오는 것이 순조로우며 비기脾氣는 위로 오르는 것이 순조로우니 비기脾氣가 정미물질精微物質을 위로 나르게 된다. 만약 위기胃氣가 내리지 못하면 오히려 상역上逆이 일어나기 쉬운데, 구토 등의 증상이 나타난다. 비기가 오르지 못하고 오히려 함몰되어 오래 세거나 탈항脫肛하거나 자궁하탈子宮下脫 등이 생기기 쉽다. 비脾와 위胃는 생리적으로 밀접한 관련이 있고 병리적으로 서로 영향을 주기 때문에 임증臨證 시 비위脾胃를 치료할 때 특별히 많은 신경을 써야 한다.

㉣ 폐肺와 대장大腸

경락이 연결되어 있으며 서로 겉과 속(表裏)이 된다. 폐기肺氣가 숙강肅降되면 대장의 기기氣機가 원활하게 작동해 전도傳導 기능을 발휘한다. 대장이 원활하게 전달되어야 폐가 맑아진다. 예를 들어, 폐가 막히면 폐의 숙강肅降 기능을 상실하게 되며, 대장전도가 막히고 변비가 생길 수 있다. 대장전달이 막히면 폐肺의 숙강肅降이 불능상태가 되며 천식喘息 등을 일으킬 수 있다. 또 폐에 열이 있으면 대장으로 쏟아서 대장으로 열이 내려오게 한다. 대장이 막히면 폐를 통하게 하여 대장의 기기氣機 를 떨어뜨릴 수 있다.

㉤ 신腎과 방광膀胱

경락이 통하고 서로 겉과 속(表裏)이 된다. 생리적으로 하나는 수장水臟, 하나는 수부水腑로 수액대사의 균형을 유지(콩팥 위주)한다. 신腎의 양陽이 증화蒸化되어 수액水液이 아래 방광으로 내려오게 되고, 신양腎陽의 작용으로 자신의 기능을 통해 소변을 배설하게 된다. 병리상 신양이 부족하면 방광의 기능이 약해져 소변 빈도가 잦고 양이 적게 나오게 된다. 방광이 너무 습하거나 열이 있으면 신장에 영향을 미쳐 요통腰痛, 요혈尿血 등이 생길 수 있다.

㉿ 심포心包와 삼초三焦

경락이 서로 통하고 겉과 속(表裏)이 된다. 예를 들어, 임상적으로 열병 중의 습열합사濕熱合邪의 증상으로 삼초를 남겨두면 가슴이 답답하고 몸이 무거우며, 소변당小便塘조가 나타나게 되면 병이 기분氣分에 있음을 알게 낸다. 이를 막지 못하면 온열溫熱이 병사病邪가 되어 기氣를 타고 영營에 들어가므로 병영病營에 들어가 삼초三焦가 속수무책으로 혼수상태에 빠진다. 내장 사이의 연계는 매우 광범하다. 그것들 사이에는 구조상의 연락聯絡도 있고, 기능상의 연계聯系도 있다. 예를 들어 비장의 주요 기능은 주로 운화運化이다. 전신의 영양 공급원으로 생각하면 된다. 하지만 비장의 운화는 위를 주요 배합으로 하는 것 외에 간장의 소설疏泄, 폐기肺氣의 수포輸布에 의존해야 한다. 심혈心血의 영양은 신양腎陽의 온후溫煦와 담膽 역시 그 사이에 관여 한다. 내장 사이의 상호관계는 인체 활동의 정체성을 이루며, 각종 생리 기능을 더욱 조화롭게 한다. 이는 인체의 생명 활동을 유지하고 건강을 유지하는 데 중요한 의미가 있다.

② 장臟과 장간臟間의 관계

㉠ 심心과 폐肺

심은 혈血이 주主가 되고 폐는 기氣가 主가 된다. 인체 장기 조직의 기능 활동 유지는 기혈氣血 순환에 의지하여 양분을 수송한다. 血의 정상운행은 心이 主된 것이긴 하지만 폐의 기운을 빌어 움직여야 하고, 폐에 고여 있는 종기宗氣는 심맥心脈에 주입해야 전신이 잘 통한다.

㈏ 심心과 간肝

마음은 혈액순환의 동력이니만큼 간肝은 혈액을 저장하는 중요한 장기이다. 따라서 심혈心血이 왕성하면 간혈肝血 저장도 충분하고 근맥筋脈에 영양을 주며 인체의 사지四肢의 활동이 촉진되고 백해百骸 등의 정상적인 활동을 촉진한다. 心血 결핍으로 肝血이 부족하면 혈이 근筋을 키우지 못하고 근골격통, 수족구련拘攣, 경련 등이 생길 수 있다. 또 간肝에 울화鬱火가 치밀어 심장에 폐를 끼치고 불면증 등이 생길 수 있다.

㈐ 심心과 비脾

비장의 운명은 정미精微하다. 혈액을 이용하여 움직여서 전신에 수송되게 한다. 또한 심혈은 비장이 흡수하고 전송하는 수곡장미水穀精微 생성生成에 의존해야 한다. 또 심주혈心主血, 비통혈脾統血의 입장에서 비장의 기능이 정상적이어야 혈액을 통섭統攝할 수 있다. 만약 비기脾氣가 허약하면, 혈을 경맥에 따르지 않게 할 수 있다.

㈑ 심心과 신腎

심장과 신장은 상호 작용, 또는 상호 제약으로 생리 기능의 상대적 균형을 유지하고 있다. 생리生理상태에서 심양心陽은 끊임없이 떨어지고, 여음女陰은 끊임없이 상승하며, 위아래로 교차하는 음양상제陰陽相濟 현상을 심신상교心腎相交라고 한다. 병리 상황에서 신장에 음이 부족하면 마음에 도움이 되지 못하고 곧 심양心陽 편향을 일으킬 수 있다. 양자가 조화를 이루지 못하는 것을 심신불교心腎不交라고 한다.

㈒ 간肝과 비脾

간장은 혈이 주가 된다. 비脾는 수곡장미水穀精微를 주로 운화하여 혈血을 생산한다. 비脾가 허虛하여 혈의 생성에 영향을 끼쳐서 간혈肝血이 부족하면 어지럼증, 눈부심, 시물불명 등이 생길 수 있다. 간기肝氣가 울결鬱

結하고 비장이 횡역橫逆하면 복통, 설사 등이 나타날 수 있다.

㉕ 간肝과 폐肺

간의 경맥은 지방을 간貫하여 폐에 따르게 된다. 肝과 肺는 일정한 관계가 있다. 간기가 승발昇發하고 폐기는 역으로 숙강肅降이 일어나 인체의 氣를 안정되게 한다. 만약 간의 氣가 상하면 폐가 숙강肅降을 잃어서 가슴이 답답하고 가쁜 것을 알 수 있다. 간화肝火가 폐에 걸리면 흉협통胸脅痛이나 기침, 가래에 피를 머금는 등의 증세가 보일 수 있다.

㉖ 간肝과 신腎

신장은 정精이 주가 되고 간장은 혈血이 주가 된다. 간의 혈은 신장의 정이 공급하는 영양에 의존하고 있다. 신장의 精 또한 간의 氣를 끊임없이 보충해야 하므로 이 둘은 서로 의존하며 서로 자생한다. 신정腎精 부족은 간혈肝血 결핍을 초래할 수 있다. 반대로 간혈이 부족하면 신장 생성에 영향을 줄 수도 있다. 신장이 음이 부족하고 간에 자양이 없으면 간陰이 부족하여 간 陽이 들뜨거나 간풍내동肝風內動의 증후로 현기증, 이명, 떨림, 무감각, 경련 등이 생길 수 있다.

㉗ 폐肺와 비脾

비장은 수곡水穀의 정기精氣를 폐에 전달하고 폐가 흡입한 정기와 결합하여 성종기成宗氣(일명 폐기)가 된다. 폐기의 강약은 비장의 운화의 정미함과 관계가 있기 때문에 성질이 강하면 폐기가 충만하게 된다. 비가 허虛해서 폐에 영향을 줄 때, 적게 먹는 것, 게으른 것, 기침 등의 증상을 알 수 있다. 자주 비장을 보補하고 폐를 유익하게 하는 방법으로 치료해야 한다. 또한 만성 기침에 걸리면 가래가 많이 나오고 쉽게 기침을 하게 되는데 체권소등증體倦少等症에 걸리게 된다. 병의 증상은 폐에 있지만 병은 비장에 있다. 반드시 건비조습健脾燥濕하고 가래를 녹이는 방법을 사용해야 효과를 거둘 수 있다. '폐는 가래를 담그는 그릇이고 비장은 가래가 나오는 근원'이라는 것은 비장과 폐의 관계를 나타낸다.

㉣ 비脾와 신腎

비양脾陽은 신양腎陽의 온양에 의지해야 운화작용을 할 수 있다. 신양이 부족하면 비양을 허약하게 할 수 있고, 운화가 제대로 되지 않으면 설사하고 식곡이 소화되지 않는 등의 증상이 나타날 수 있다. 반대로 비양이 허약하면 신양 부족을 초래하고 요등腰膝, 폐랭廢冷, 수종水腫 등이 나타날 수 있다.

㉤ 폐肺와 신腎

폐는 숙강肅降이 주主이고 수도水道를 조절하여 수액이 신장으로 내려가게 한다. 신장의 주 수액은 신양의 증화를 거쳐 청중清中의 청清을 폐로 귀속시키고 비양의 운화에 의지하여 공동으로 수액 대사의 기능을 완성한다. 폐, 비, 신의 세 장臟 중 한 장臟의 기능이 실조失調하면 모두 수액이 미류媚留하여 부종이 발생할 수 있다. 폐는 호흡하고, 신은 주로 기운을 내주게 된다. 두 장臟은 협동하여 인체의 기기氣機를 드나들며 승강昇降시키는 기능을 하고 있다.

《황제내경》을 보면. "오장五臟은 심장신心臟神, 폐장신肺臟魄, 간장신肝藏魂, 비장의脾藏意, 신장정腎藏精의 뜻이 있다고 했다. 번역하자면 심장신은 마음을 품고 사람의 생명을 지배하는 것, 우리가 흔히 말하는 심신불만이 그것이다. 폐장백은 폐에는 7백七魄이 있고 간장혼肝藏魂은 간에는 3혼三魂이 있고, 비장의脾藏意는 비장은 사람의 사혈死穴과 관계가 있으며, 신장정腎臟精은 신장의 정精은 골수가 되며 골수는 뇌에 통하기 때문에 신장이 허약하면 사람의 기억력에 영향을 줄 수 있다.

506

③ 오장의 수련

인체에는 아주 큰 2개의 계통이 있다. 하나는 기炁가 움직이는 계통이고 다른 하나는 혈血이 움직이는 계통이다. 우리 체내의 오장에서 간의 기운이 부족할 때는 심장에 에너지가 제대로 공급이 안 된다. 수련으로 볼 때 간의 훈련을 거쳐서 간의 기화현상을 진작(振作)하여 심장의 기운을 보충할 수 있도록 해야 한다.

인선법引仙法 중 묵운오행默運五行은 오행의 상생노선을 따라 오장을 순환하는 것이다. 묘유주천은 지구의 자전을 따르는 것인데 묘시卯時(5시~7시)에 해가 뜨고 유시酉時(17시~19시)에 해가 지는 것을 옛날 선인들은 수련을 통해 지구가 한 바퀴 도는 동안 오행도 한 바퀴 도는 것을 발견하여 오행의 상생노선을 따라 인체오장을 한 바퀴 도는 것, 즉 자시子時에 신장에서 시작하여 묘시에 간장, 오시에는 심장을 거쳐 비장에 이르고 유시에는 폐장을 거쳐 하루 동안 자시에 신장으로 다시 돌아오는 것을 묘유주천이라고 한다. 그리고 이것을 소환단小還丹의 과정 이라고도 한다. 묘유주천 행공 시 자신의 오장五臟과 명규明竅와의 대응관계를 찾아 반응을 알아볼 수 있다.

오장五臟과 오신五神과 명규明竅

오장五臟	간肝	심心	비脾	폐肺	신腎
명규明竅	눈目	혀舌	입술脣	코鼻	귀耳
오신五神	혼魂	신神	의意(기氣)	백魄	정精

도가 수련 중 오장五臟의 수련은 매우 중요하다. 하복부 하전에서 시작하여 에너지가 전달되는데 오장 기운의 발원지는 하전으로부터 시작된다. 소승小乘 단계에서는 묵운오행으로 오장을 다스리는 법法을 수련하

였다면 중승中乘단계에서는 상대방의 마음을 읽을 수 있고 몸 안과 밖을 투시할 수 있는 등 고급단계인 법술法術을 익힐 수 있다. 수련방법을 간단한 예를 들어 설명한다면 아래 표에서 보듯이 천간天干이 甲乙 일에는 간장 수련을 하는데 방위는 동쪽을 향해 좌선한 다음 동쪽의 우주 끝에서 선천의 원기인 청색을 천목혈天目穴을 통해 몸 안의 간장으로 끌어들여 호흡을 통해 토납법吐納法을 사용하고 삼궁三宮(하궁, 간궁, 중궁)을 순환하는 수련을 통해 간장이 청색화靑色化 되고 이것이 기화氣化되어 형상이 청색의 상징인 청용화靑龍化 되어 이 청룡이 실제로 보여야 되며, 이 기운을 주후비금정肘後飛金晶을 통해 하전에 봉고 해야 하는 아주 지난至難한 과정이다. 이하 심장, 비장, 폐장, 신장도 같은 방법으로 수련하여 오장의 기운을 마음대로 운용할 수 있을 때 비로써 법술法術을 익혔다고 할 수 있을 것이다.

오장과 ~ 천간

오장	오행	형상	색	방위	천간
간장肝臟	木	청용靑龍	청색靑色	동東	갑을甲乙
심장心臟	火	주작朱雀	홍색紅色	남南	병정丙丁
비장脾臟	土	구진勾陳	황색黃色	중앙中央	무기戊己
폐장肺臟	金	백호白虎	백색白色	서西	경신庚辛
신장腎臟	水	현무玄武	흑색黑色	북北	임계壬癸

토납법에는 내약을 사용한 토납과 외약을 사용한 토납이 포함되는데 천간 일에 따라 토하는 음이 다르게 하는데 자세한 내용은 아래 표와 같다.

508

音 자체에는 소리가 없는 無聲이다. 音에는 율律이 있을 뿐이다. 音은 소리가 없고 律이 있지만 聲에는 響(울림)을 내는 소리가 있다. 音이 수평선으로 아무런 변화가 없이 움직인다면 소리가 없다. 律이 하나의 선이라면 소리가 나지 않는다. 律이 비정상적이거나 흐트러짐이 있을 때 소리가 난다. 律의 변화에 의하여 聲이 생기고 聲을 순서에 따라 배열하면 음악이 된다.

그러면 音은 어디에서 발생하는가?

체내體內에서 오장五臟의 기화氣化 현상이 발생하고 나면 여기에서 音이 생긴다. 音은 소리가 없고 律만 있을 뿐이고 音律이 정상적이지 않은 상황에서 聲 즉 소리가 나타난다. 즉 音과 律의 변화에 따라 聲이 나타나는 것이다. 이후로 소리가 생기고 그 소리는 우리 귀에도 들릴 수 있다.

체내에서 기화된 소리가 나타날 때 다섯 가지의 기본음으로 소리가 나게 된다. 이것을 五正音 이라고 하고 오정음 외에 6번째 음을 합쳐 六字決 이라고 한다.

五正音과 五臟과의 관계 發聲 등을 도표로 만들어 보면 다음과 같다.

五音	音의 根源	五臟	發音	作用
宮 궁	喉音 후음	脾臟 비장	呼호: 후이	呼可以 去風
商 상	齒音 치음	肺臟 폐장	呬희: 쓰이	呬可以 靜虛
角 각	牙音 아음	肝臟 간장	噓허: 쉬이	噓可以 散寒
徵 치	舌音 설음	心臟 심장	呵가: 크이	呵可以 下氣
羽 우	脣音 순음	腎臟 신장	吹취: 취이	吹可以 去熱
오정음 외에 6번째 음		三焦 내강	嘻희: 시이	嘻可以 去煩

★ 發音은 중국식 발음이어야 하며 우리말로 번역을 하면 발음이 달라지기 때문에 불가하다.

경지에 이른 선인은 소리만 듣고도 오장五臟 어느 곳에서 음이 발생하고 그 상태에서 어떤 병의 원인을 알 수 있으며 그에 상응한 치료까지도 가능하다고 한다.

11) 사람의 경락經絡과 팔맥八脈

하늘에는 천도와 황도가 있으며 땅에는 경도와 위도가 있고 사람에게
는 경락과 맥락이 있다. 천지인은 상호 상승상응 한다. 사람의 몸은 하나
의 소천지小天地이다. 땅에는 도랑과 호수가 있듯이 몸에도 12정경과 기경
8맥이 있다.

정경에는 경맥經脈과 낙맥絡脈이 있다. 곧게 흐르는 것을 경經이라고 하
고 갈라져 흐르는 것을 낙絡이라 한다. 경맥에는 12개가 있으니, 손의 3음
과 3양, 발의 3음 3양이 바로 그러한 것들이다. 낙맥은 15개가 있으니, 이
것은 12경맥에 각각 하나의 낙맥이 있고 비장에 대 낙맥이 있으며 임맥
과 독맥에 두 개의 낙맥을 합쳐 15개가 된다. 이 27개의 경락이 기氣를 따
라서 상하로 쉬지 않고 흐른다. 음맥陰脈은 오장에서 다스려지고 양맥陽
脈은 육부에서 다스려져서 음양이 서로 관통하여 흐르는 것을 되풀이 한
다. 12경락에서 맥의 기가 융성하면 그 기는 8맥으로 들어가서 안으로는
오장육부를 따뜻하게 적셔주고 밖으로는 피부를 윤택하게 해준다.

경락經絡은 한의학에서 장기와 내장을 연결하고 사지를 소통시키며 기
와 혈액 경로를 작동시키는 것으로 여겨지며 '경락'의 본줄기는 경맥이고
'경락'의 지점은 맥락이다. 인간의 생기는 기와 혈액의 유지와 영양에 달
려 있다. 늠름하고 밝은 얼굴은 사람의 혈기가 왕성하고 균형이 잡혀 있
으며 원활하게 작동한다는 것을 보여준다.

경락經絡은 인체 내의 기혈氣血이 흐르는 통로와 거기서 흩어져 나온
통로인 경맥經脈과 낙맥絡脈을 아울러 부르는 말로 고대 중국 및 한의학
에서 인체 내의 기혈의 여러 통로 및 다양한 작용점과 관련해서 이를 인
식하기 위해 고안되어 왔다. 경맥經脈은 간선幹線으로, 낙맥絡脈은 지선支

線에 비유해 볼 수 있다.

동양 의학에서 말하는 기혈氣穴 및 기혈氣血은 현대의학에서 언급하는 신경이나 혈액 등 생존에 필요한 요소 또는 에너지 운행과정 같은 대사처럼 인간의 신체활동을 이해하기 위한 유효한 개념으로 알려져 있다.

경락을 말하자면 심포를 시작으로 삼초에서 뻗어 내려가 온몸의 혈맥을 돌고나면 방광에까지 미치는 것이다. 경맥을 중심으로 해서 낙맥이 뻗는다. 삼초로부터 내려가 구별되며 방광에까지 이르는 것이다.

이러한 경맥經脈에 속해 있는 혈穴을 가리켜 경혈經穴이라고 부르는데 이는 경락經絡의 기혈氣血이 신체 표면에 모여 통과하는 부위로, 침을 놓거나 뜸을 떠서 자극을 내부 장기臟器로 전달하기도 하고 내부 장기의 징후를 드러내기도 한다. 이것은 곧 경맥이 경혈이라는 특정 점들의 연결선상에 흐름을 갖는 집합으로 이해할 수 있게 한다. 의학을 배우자면 경락을 자세히 이해하지 않을 수 없다. 경맥에는 크게 나누어 12경맥과 기경8맥으로 대별 할 수 있다.

① 12경맥十二經脈

팔 안쪽에 위치한 폐경, 심경, 심포경을 시작으로 팔 바깥쪽에 위치한 대장경, 소장경, 삼초경이 6경으로 뻗어있고 발 안쪽에 신경, 비경, 간경, 위경이 발 뒤쪽에 방광경과 담경으로 6경이 위치해서 모두 12경맥으로 오장육부(五臟六腑)에 심포를 더한 6장6부에 대응하여 분포하고 있는 것이다.

도가에서는 두 가지 방법으로 경락과 위락의 존재를 확인 할 수 있다. 그 하나는 수련이 일정한 단계에 오르면 내공으로써 인체를 내시內視하는 방법이고, 또 하나는 내공의 탄탄한 기초위에서 외단外丹을 복용하고 따뜻한 물속에서 정좌를 하여 독기를 뽑아낸 후에 인체 표면에서 경락과 위락을 살펴보는 방법이다.

기원전 5세기경에 활약했다는 전설적인 명의 편작扁鵲은 장상군長桑君이라는 신선에게 불가사의한 약을 받았는데 그것을 먹으면 사람의 신체가 투명하게 보였다고 한다. 그는 환자의 맥脈 즉, 혈액의 순환으로 몸의 상태를 파악했고 진맥으로 병을 진단하는 방법은 오늘날에도 사용되고 있다. 또한 몸속에는 혈액과 함께 기가 순환하고 있다는 것을 발견, 이 경락을 바탕으로 침구鍼灸(침과 뜸)라는 치료방법이 생겨나기도 했다. 경락마사지로 경혈을 자극해 질병을 예방하고 오장육부를 자극해 소화기능을 촉진하기도 한다.

이들 인체의 기본이 되는 십이경맥十二經脈의 명칭은 아래 표와 같다.

오장 육부 12경락과 괘상

독 맥			☰건괘	기	
간, 담	족궐음 간경	족소양 담경	☴손괘	음경	다혈소기 多血小氣
신, 방광	족소음 신경	족태양 방광경	☵감괘	음경	
비, 위장	족태음 비경	족양명 위경	☶간괘	음경	
삼초,심포	수소양삼초경	수궐음 심포경	☳진괘	양경	다기소혈 多氣小血
심, 소장	수소음 심경	수태양 소장경	☲리괘	양경	
폐, 대장	수태음 폐경	수양명 대장경	☱태괘	양경	
임 맥			☷곤괘	혈	

② 기경8맥奇經八脈

기경8맥奇經八脈은 인체 경맥의 하나로 12경맥十二經脈과 달리 오장 육부 및 심포와 직접적인 관련이 없는 여덟 가지 종류의 경맥을 이르는데, 12경맥의 기혈 순행을 돕는다. 또한 신체의 앞쪽에 위치하며 배 아래쪽

512

에서 얼굴까지의 정중앙에 뻗어있는 임맥과 신체의 뒷면 정중앙에 뻗어 위치하는 독맥은 기경8맥 중 유일하게 12경맥이 그러하듯이 자신의 경혈들을 연결선상에서 가지고 있다. 그러나 나머지 기경6맥인 대맥, 충맥, 음교맥, 양교맥, 음유맥, 양유맥은 자기 자신만의 경혈은 없으며 12경맥 중에서 특정한 연결점(경혈)들이 모인 연결선상의 임의의 경맥을 말한다.

현대 과학은 아직까지 인체 경맥의 존재를 증명하지 못하고 있지만. 12경맥, 기경8맥과 도가 내공수련의 매우 중요한 부분인 인체 내 여섯 개의 내공선內功線 수련 방법도 여동빈이 완성했다.

기경奇經의 기奇자는 기이하다는 의미가 아니고 '독립된 줄기'란 뜻으로 이해하면 된다. 8맥은 12경락의 구속을 받지 않고 겉과 속에서 일정한 비율로 섞어짐이 없으므로 기경이라고 한다. 경맥은 도랑 같고 기경은 호수와 같다.

기경은 팔맥으로 임任, 독督, 충冲, 대帶, 음유陰維, 양유陽維, 음교陰蹻, 양교맥陽蹻脈이다.

㉮ 임맥은 회음혈(會陰穴:음부와 항문 사이의 혈)에서 시작하여 배를 경유하여 몸의 앞부분으로 운행되니 음맥陰脈을 이어 받아서 '음맥의 바다'라고 한다. 현대 의학에서 말하는 자율신경과 관련되어있는 내장기관을 말한다.

㉯ 독맥은 회음혈에서 시작하여 등을 따라 신체의 뒷부분으로 운행되니 양맥陽脈의 총독總督이 되므로 '양맥의 바다'라고 한다. 의학적으로 중추신경계통인 척추신경이다.

㉰ 충맥은 회음에서 시작하여 배꼽을 끼고 곧바로 위로 올라가서 모든 맥의 요충지가 되므로 '십이경맥의 바다'라고 한다. 이와 같이 독맥은 몸 뒤의 양을 주재하고, 임맥과 충맥은 몸 앞부분의 음을 주재하니, 이는

남쪽과 북쪽으로 이야기 한다.

㉑ 대맥은 허리 부위를 횡으로 둘러싸서 형상이 마치 허리를 묶은 것과 같으니, 모든 맥을 다 묶은 것이다. 이같이 모든 맥을 묶었으니, 이는 육합(六合:사방+상하)으로 이야기 한 것이다. 현대 의학의 신장신경계통과 유사하다.

㉒ 양유는 몸의 표면을 주관하며 음유는 몸의 속을 주관하므로 이는 하늘乾과 땅坤으로써 말한다. 양유맥은 여러 양이 모이는 곳인 방광경膀胱經의 금문혈(金門穴:바깥 복사뼈 앞쪽 하단) 부위에서 시작하여 외과(外踝:발목의 바깥 복사뼈)를 경유하여 위분(衛分:신체의 표층)으로 올라가고, 음유맥은 여러 음이 모이는 곳인 신경腎經의 축빈혈(築賓穴:발목 안쪽 복사뼈 위쪽) 부위에서 시작하여 내과(內踝:발목 안쪽 복사뼈)를 경유하여 영분(營分:기분氣分과 혈분血分의 사이)으로 올라가니, 양유맥과 음유맥이 한 몸의 중요한 맥이 되는 것이다.

㉓ 양교는 몸의 좌우의 양을 주관하고 음교는 몸의 좌우의 음을 주관하므로 "동서東西"로써 말함이다. 양교맥은 근중(跟中:발꿈치)에서 시작하여 외과(外踝:발목의 바깥 복사뼈)를 거쳐서 몸의 좌우로 올라가고, 음교맥은 근중(跟中:발꿈치)에서 시작하여 내과(內踝:발목 안쪽 복사뼈)를 거쳐서 몸의 좌우로 올라가니, 양교맥과 음교맥은 신체의 기관으로 하여금 빨리 순환하게 하는 것이다.

모든 사람은 팔맥이 있으나 음신이 닫혀 열리지 않는다. 오직 신선이 양기로서 충격해 열 수 있으니, 이것이 열리면 능히 득도한다고 한다.

의사가 이것을 모르면 병을 보지 못하며, 신선이 이것을 모르면 노정爐鼎을 안치하지 못한다. 오직 이 팔 맥만이 선천대도의 뿌리가 되며 일기一氣의 원조가 된다. 이것을 얻으려고 하면 음교맥을 먼저 캐어서 음교맥을 움직여 모든 맥을 통하게 해야 한다.

다음으로 독맥, 임맥, 충맥의 삼맥이 총체적으로 경맥 조화의 근원이다.

그리고 음교맥은 단경에 산재되어 있는 그 이명異名이 너무도 많다 즉, 천근天根, 사호死戶, 복명관復命關, 풍도귀호酆都鬼戶, 사생근死生根, 그리고 신神이 주관한다 하여 도강桃康이라고 부른다. 위로는 니환궁과 통하고 아래로는 용천을 뚫는다. 이 음교맥의 능통함을 알아보면 모이고 흩어지는 그 진기는 모두 이 관규關竅에 종속되면서 천문은 항상 열려있고 땅의 문은 영원히 닫힌다. 이 맥이 꽁무니에서부터 온몸 주위를 흘러서 상하를 관통해 온화한 기가 자연히 위로 뜨며 양이 자라고 음이 소멸하여 물 속에서 불이 일어나고 눈 속에 꽃이 피는 것 같으니. 어느 선인은 "천근天根이 월굴月窟에서 한가로이 왕래하며 삼십육궁 모두 봄이로다."라고 말했다. 이것을 얻은 자는 몸이 가볍고 건강하며 반노환동 한다. 혼혼묵묵昏昏黙黙하여 마치 취한 듯 어리석은 듯하며 그것이 기의 효과이다.

도가 수련 중에 임·독맥을 타통하여 기를 돌리게 되면 소주천小周天이라고 하며, 팔맥을 다 통과 하게 되면 대주천大周天 이라 한다. 그러나 소주천도 기로氣路주천, 맥로脈路주천, 단도丹道주천 등 여러 단계가 있으니 대주천도 같은 맥락으로 보아야 한다.

서남지향西南之鄕의 곤지坤地의 위치는 미려의 앞 방광의 뒤 소장의 아래 영귀靈龜의 위로서 천지가 나날이 기근이 생하는 곳이며 연鉛이 나오는 땅이다.

12경락을 열거해 보면 수태음폐경手太陰肺經, 수양명대장경手陽明大腸經, 족양명위경足陽明胃經, 족태음비경足太陰脾經, 족소음심경足少陰心經, 수태양소장경手太陽小腸經, 족태양방광경足太陽膀胱經, 족소음신경足少陰腎經, 수궐음심포경手厥陰心包經, 수소양삼초경手少陽三焦經, 족소양담경足少陽膽經

족궐음간경足厥陰肝經이 있으며 여기다 독맥과 임맥을 더해 14경락이라고도 한다.

12경락은 대게 몸의 표면에 혈 자리를 지나는 도랑 같은 경로이므로 침을 놓고 뜸을 뜨는 등으로 병을 치료한다. 그래서 한의학에서 12경락을 주로 이용하지만 기경8맥은 몸속에 있으면서 호수와 같아서 이것을 이용하기가 용이하지 않다. 그러나 선도 수련에 있어서는 매우 중요한 비중을 차지하므로 기경8맥을 타통 하는 수련에 역점을 두고 있다. 그 공법으로는 외동공의 하나인 평형공平衡功 등이 경락을 여는데 도움이 되고 8맥을 여는 수련은 참장공站樁功의 공법을 이용한다.

내단을 단련하는 공법의 뿌리는 음양의 변화를 가져오는 것이다. 오행의 생生과 극剋, 천인합일天人合一, 천인상응天人相應 등으로 단을 이루는 논리이다. 이런 것을 관철하기 위해서는 외기를 들여 마시고 내기를 기르고 음양을 조화롭게 하고 경락을 타통打通 하고 병행해서 연정화기煉精化氣, 연기화신煉氣化神, 연신환허煉神還虛를 수련을 통해 7금8석의 약물을 제련하여야 한다.

12) 사람의 상중하 단전上中下丹田

① 3전三田

사람은 본래 전田이 없었다. 인체내공선人體內功線을 수련하고 하복부를 소가 쇠로된 밭을 갈 듯이 연마하여 +자 모양의 하전을 이루었다. 이 과정을 철우이전鐵牛犁田이라고 하였다. 단선斷線과 반사선反射線 사이의 성선性線, 장력선壯力線, 수명선修命線의 교차점에 상전, 중전, 하전이 있다. 수련이 수승하여 금단을 이루면 상단전, 중단전, 하단전이라고 부른다.

㉮ 상전上田 : 니환궁泥丸宮이라고도 하며 따로 부르는 명칭은 많다. 원

516

신元神이 거주하는 곳이어서 신의 집이다.

㉯ 중전中田 : 토부황정궁土釜黃庭宮 등 이명異名은 많다. 기炁의 창고이며 빈 공간의 1혈穴이다. 연단지정煉丹之鼎이기도 하다.

㉰ 하전下田 : 화지華池라고도 하며 언월로偃月爐 기혈氣穴 등 이명이 많다. 빈공간의 1혈이며 정精의 구역이다. 채약치처採藥之處이다.

진수眞水와 진기眞氣를 합하여 정精을 이루고 정 가운데서 기氣가 생기고 기 가운데서 신神이 생긴다. 도가 수련자는 3전을 모두 갖고 있다.

상전, 중전, 하전은 상호 연결하는 공간이 있는데 이 공간 속에서 소리가 들릴 수 있으니 그 공간 속에서 소리를 들어야 한다. 이것을 통해서 소리자체가 움직일 수 있다는 사실을 알아야 한다. 소리는 움직일 수 있고 의념으로 소리를 움직이게 할 수도 있다. 우리가 소리를 의념으로 움직일 수 있다면 다른 것도 움직일 수 있다는 뜻이 된다.

도가의 표현대로라면 머리공간은 정·기·신精氣神의 신神이 주재하고 중심은 상전上田이며 니환泥丸이라고 표현한다. 가슴공간은 정·기·신精氣神의 기氣가 존재하고 중심점은 중전中田이고 황정黃庭이라고 한다. 복부공간은 정·기·신精氣神의 정精이 머무르며 중심점은 하전下田이고 기혈氣穴이라고 부른다. 3개의 공간은 한 개의 노선위에 있다. 연단煉丹하는 공부과정에서는 3곳의 중심점을 상전, 중전, 하전으로 부르는데 이는 반좌 중 정기精氣를 하전에 모았을 때 움직이지 않는 상태에서 이 상·중·하전에 정착되었을 경우이다. 여기서 결태結胎 현상이 나타나는 공부과정에서는 하전의 위치를 기혈氣穴이라고 부르고 이미 결태가 되었을 경우 즉 하전의 중심에서 움직임이 시작된 이후에는 포중胞中 이라고 부른다.

② 상단전上丹田

머리공간의 중심점을 상전이라고 하고 니환 이라고도 한다. 정·기·신의 신이 거주하는 곳이다. 우주에너지가 모이는 곳이기도 하며 우리에게 지혜를 줄 수 있는 곳이다.

상단전은 천天·목目·혈穴로 이루어져 있다. 이는 밖에서 안쪽으로 세 점이 한 줄로 나란히 놓여있다. 혈穴은 양미간에 놓여있고 목目은 그 안에 있으며 니환泥丸이라고도 하고 천天은 반사선의 교차점에 있으며 후천경後天鏡이라고도 한다. 혈穴은 늘 저절로 열려 있으나 목目은 수련을 해야 열린다. 목目이 열리면 비로써 내시內視를 할 수 있고 천天이 통하면 빛을 뿌리며 반사하여 투시를 할 수 있다.

상단전上丹田의 정중앙은 니환궁泥丸宮이며 양陽이 오르는 부府이다. 상단전上丹田은 둘레의 거리가 1촌 2푼이며 텅 비어 열려있는 하나의 규竅로 곧 신神을 저장하는 곳이다. 도가에서 부르는 이름은 여러 가지이다. 그 명칭을 열거해 보면, 곤륜정崑崙頂, 취미궁翠微宮, 원각해圓覺海, 중일궁中一宮, 타라니문陀羅尼門, 뇌혈지경방腦血之瓊房, 혼정지옥실魂精之玉室, 청허부淸虛府, 상천관上天關, 교감궁交感宮, 삼마지三摩地, 최고봉最高峰, 공동산崆峒山, 현실玄室, 황방黃房, 천궁天宮, 진제眞際, 상도上島, 천근天根, 현문玄門, 피안彼岸, 요지瑤池, 이환泥丸, 천곡天谷, 천당天堂, 내원內院, 요천廖天, 제을帝乙, 증산甑山, 천부天府, 현도玄都 축융봉祝融峰, 태미궁太微宮, 마니주摩尼珠, 자금성紫金城, 유주궁流珠宮, 옥경산玉京山, 자청궁紫淸宮, 태연지太淵池, 상토부床土釜, 위광정威光鼎, 반야안般若岸, 파라밀지波羅蜜地, 백영지명택百靈之命宅, 진액지산원津液之山源 등이다. 상단전은 천지영근天地靈根이며, 조규祖竅이며, 조기祖氣이고, 지보지귀至寶至貴하다. 기炁가 하단전에서 상단전으로 들어가는 것을 주후비금정肘後飛金晶이라 하고, 또 하거河車에

518

서 일어나 용호로 달린다고하며, 또 환정보뇌還精補腦하여 장생불사長生不
死한다고 한다.

③ 중단전中丹田

중단전中丹田은 전중膻中에 소재하고 후관喉管을 거쳐 황정黃庭에 이르
러 인체 내 중심의 텅 비어있는 규竅이다. 이 규竅의 정 위치는 건지하乾之
下, 곤지상坤之上, 진지서震之西, 태지동兌之東이다. 8맥八脈과 구규九竅, 경
락經絡이 모여 있는 곳이며 텅 비어있는 규竅이다. 이 중단전도 그 명칭이
여러 가지이니 이를 열거하면 선천주인先天主人, 만상주재萬象主宰, 태극지
체혼돈지근太極之蒂混沌之根, 지선지지至善之地, 응결지소凝結之所, 허무지
곡虛無之谷, 조화지원造化之源, 불이법문不二法門, 심심법계甚深法界, 귀근규
歸根竅, 복명관復命關, 중황궁中黃宮, 희이부希夷府, 총특문恩特門, 극락국極
樂國, 허공장虛空藏, 서남향西南鄉, 무기문戊己門, 진일처眞一處, 황파사黃婆
舍, 수일단守一壇, 정토淨土, 토부土釜 서방西方, 황중黃中, 정위正位, 신실神室,
진토眞土, 황정黃庭, 조기혈祖氣穴, 천지영근天地靈根, 부동도장不動道場, 현
빈지문玄牝之門, 진주인眞主人, 사리자舍利子, 혼돈규混沌竅, 원시조기元始祖
氣, 지선지근至善之根, 호흡지근呼吸之根, 자연체自然體, 법왕성法王城, 현관玄
關, 공중空中, 파병把柄, 규중規中, 무극無極, 단경丹局, 화광장華光藏, 여의주
如意珠, 현태정懸胎鼎, 적재해寂災海, 흑백상부黑白相符, 선천지주先天地主, 황
중통리黃中通理, 허무지곡虛無之谷, 봉래도蓬萊島, 조화천굴造化泉窟, 우주
주제宇宙主宰, 기제정기既濟鼎器, 중묘문衆妙門, 감리교구지향坎離交媾之鄉,
천변만화지조千變萬化之祖, 생사불상관지지生死不相關之地, 귀신불처파지기
鬼神覷不破之機 등이다.

④ 하단전下丹田

하단전下丹田을 정단전正丹田이라고도 한다. 음양陰陽이 화합하여 단약丹藥을 생산하며 심心과 신腎, 수水와 화火, 용호龍虎가 교구交媾하는 처소處所이다. 하단전下丹田의 전田 가운데 기氣가 있고 좌는 청색 우는 황색 아래는 흑색 위는 백색 이면서 하단전에는 진호眞虎, 감坎, 영아嬰兒가 있는 곳이고 부조궁扶燥宮, 기해氣海, 빙정궁氷晶宮, 빈호牝戶 가운데 1혈一穴로 실재로 나의 진정眞精이다. 배꼽이 위에 있고 크기는 1촌 3푼이며 실재로 나의 조화를 이끄는 곳이다. 천지의 근본이기도 하다. 백두노자白頭老子 청현靑玄이 사는 곳이고 실재로 나의 명命을 조화시키는 산천山川이다. 진일眞一의 곳으로 물水 가운데 금金이 있으니 금정金精이라 하고 실재로 나의 선천先天의 지극한 정精이고 호랑이가 물을 향해서 그 가운데서 일양이 다시 살아난다(虎向水中生)고 하였다. 자시子時에 해저海底의 달이 사람을 밝히고 처음으로 내가 태어난 근본의 기초가 된다. 그 수數와 이름을 수진修眞하는 사람은 꼭 알아야만 한다. 하단전의 명칭도 여러 가지로 불리는데, 천인합지기天人合之機, 자모분태지로子母分胎之路, 임독교접지처任督交接之處, 음양변화지향陰陽變化之鄕, 구영철고九靈鐵鼓, 삼족금섬三足金蟾, 태현관太玄關, 장금두藏金斗, 미려혈尾閭穴, 생사혈生死穴, 조천령朝天岭, 기해문氣海門, 조계로曹溪路, 삼분구三岔口, 평이혈平易穴, 함지咸池, 음단陰端, 금문禁門, 회음會陰, 장강長强, 백문魄門, 지축地軸, 음교陰蹻, 도강桃康, 입문入門, 귀로鬼路, 회양會陽, 곡도谷道, 용호혈龍虎穴, 삼분골三岔骨, 하거로河車路, 상천재霜天梯, 포태胞胎, 기혈氣穴, 옥지玉池, 언월로偃月爐 등이다.

복부는 배꼽을 기준으로 윗부분을 상복부, 아랫부분을 하복부로 나눈다. 하복부 부분은 매우 커 보이는데 하복부 공간의 중심을 하전이라고 한다. 하전은 선천적으로 가지고 태어나는 것이 아니고 우리가 수련으로 자궁모양의 하전을 만들어 낸다고 한다. 이 하전은 수련의 정도에 따라 명칭이 따로 붙는데 그 명칭은 기혈氣穴, 포중胞中, 언월로偃月爐 등 많은 명칭이 있으며 단丹이 형성되면 하단전下丹田이라고 한다. 마찬가지로 중전中田, 상전上田도 단의 형성으로 중단전中丹田, 상단전上丹田으로 불리운다.

하전에 의념을 두고 하복부와 하전의 움직임을 진행하면서 하전에 공간을 형성할 수 있다. 하전의 공간은 좌우 신장腎臟과 방광膀胱의 기氣 등 인체에너지를 축적하는 창고와 같다. 이와 같이 하전에 모인 기는 선천원기先天元氣 라고 할 수 있다. 하전에 공간이 형성되고 기를 축적할 수 있는 상황이 되면 묵운오행黙運五行을 진행할 수 있고, 안신조규를 할 수 있고, 몸에 불편한 곳이 있으면 내기內炁를 아픈 부위로 옮겨서 치료를 진행할 수 있다. 하전 호흡을 요약하면 이렇다.

의념을 인체의 중심선을 따라 하전으로 내려 보낸다. 내려가는 과정에 두 눈을 드리워서 코를 보고 심을 보고 하전을 본다. 표피가 아닌 몸속의 중심을 따라 내려간다. 인체의 공간은 머리, 가슴, 복부에 있는데 인체의 공간을 따라서 하전까지 내려가는 것이다. 하복부 움직임을 통해서 하복부의 압력을 조절한다. 호기를 통해서 밀고 흡기를 통해서 당긴다. 7~8회 반복한다. 주의할 점은 호흡이 느리게 진행되어야 한다는 점이다. 느리게 안으로 당기고 느리게 밖으로 밀어낸다.

3가지 에너지를 분류한다면 머리 공간에는 우주宇宙에너지, 가슴 공간에는 전세轉世에너지. 복부 공간에는 본체本體에너지가 모여 있다. 전세轉世에너지가 모이는 가슴공간에서는 수련을 통해 7정6욕七情六慾을 소멸하는 기능이 있다. 하복부 공간은 좌우 신장의 기운이 모이고 선천원기先天元氣가 있는 공간이다.

단경에 의하면 머리공간은 상공上空이라 하고 우리에게 지혜를 준다. 가슴공간은 중공中空이라 하고 우리에게 기억을 주고 하복부 공간은 하공下空이라 하고 우리에게 힘을 준다. 3개의 공간의 하나의 선 즉, 단선單線에 의하여 하나로 이어져서 전체적인 큰 공간으로 형성될 수 있는데 이곳이 텅 비어 있을 때 불교에서는 보병기寶甁氣라고 한다. 이 과정도 불교의 수행과 유사한 점이 많다.

인체내人體內 3개의 공간空間

인체 내에는 3개의 공간이 있다. 머리, 가슴, 복부공간이 그것이다. 도가의 표현대로라면 머리공간은 정·기·신의 신이 주재하고 중심은 상전이며 니환이라고 표현한다. 가슴공간은 기가 존재하고 중심점은 중전이고 황정이라고 하고 복부공간은 정이 머무르며 중심점은 하전이고 기혈이라고 부른다. 3개의 공간은 한 개의 노선위에 있다. 연단하는 공부과정에서는 3곳의 중심점을 상전, 중전, 하전으로 부르는데 이는 반좌 중 정기를 하전에 모았을 때 움직이지 않는 상태에서 이 상·중·하전에 정착되었을 경우이다. 여기서 결태 현상이 나타나는 공부과정에서는 하전의 위치를 기혈이라고 부르고 이미 결태가 되었을 경우 즉 하전의 중심에서 움직임이 시작된 이후에는 포중胞中 이라고 부른다.

3가지 에너지를 분류한다면 머리 공간에는 우주에너지, 가슴 공간에는 전세에너지, 복부 공간에는 본체에너지가 모여 있다. 전세에너지가 모이는 가슴공간에서는 수련을 통해 7정6욕을 소멸하는 기능이 있다. 하복부 공간은 좌우 신장의 기운이 모이고 선천원기가 있는 공간이다.

13) 몸속의 정情과 욕欲

대도는 이미 쪼개져서 형形이 있고, 형으로 인하여 수數가 있게 된다. 하늘이 ☰ 건도乾道를 얻어서 1을 몸으로 삼으니 가볍고 맑아서 위에 있으면서 쓰임으로 삼는 것이 양陽이다. 땅은 ☷곤도坤道를 얻어서 2를 몸으로 삼으니 무겁고 탁하여 아래에 있으면서 쓰임으로 삼는 것이 음陰이다. 양은 상승하고 음은 하강하여 서로 교합하고 건☰과 곤☷이 작용하여 도를 잃지 않는다.

만물 중에 오직 사람만이 이러한 이기理氣를 건☰과 곤☷이 받아 교류를 일으켜 성性이 되었으며 음양이 받아서는 감感을 일으켜 형체(命)가 만들어졌다. 오행五行의 천지자연의 이치로 만물을 만들어 길러서 사람의 5장五臟(간,심장,비장,폐,신장)도 얻었고 오덕五德(온화,양순,공손,검소,겸양)과 오령五靈(麟,鳳,龜,龍,白虎)이 모두 이로 말미암아 완전해졌으며 육합六合(동,서,남,북,상,하)에서 일어나는 교감交感을 받아 6부六腑(대장,소장,위장,담,방광,삼초)와 6근六根(안,이,비,설,신,의)과 6신六神(심장의 신 단원丹元, 간의 신 용연龍烟, 비의 신 상재常在, 폐의 신 백화魄華, 신장 의 신 현명玄冥, 담의 신 용요龍曜.) 모두가 다 이로 말미암아 갖추어지게 되어, 마침내 삼재품三才品(천,지,인) 대열에 끼어 만물의 영장이 되었다. 그래서 여동빈呂洞賓조사祖師는 "세간에서 가장 얻기 어려운 것이 사람 몸 받는 일이다"라고 하였다.

① 몸속의 진가眞假

사람이 몸을 받으면 6근六根이 있고 6식六識이 있으며, 6식이 있으므로 6진六塵이 있게 되고, 6진이 있음으로 하여 6적六賊이 있게 되고, 6적이 있음으로 하여 6神이 소모되고, 6신이 소모됨으로 하여 6道에 떨어지게 되면서 생을 마감한다.

6근을 받아서 7정6욕七情六欲의 세상의 파고를 넘나들면서 6신이 소모되어 6도의 나락으로 떨어질 때 선악의 경중에 따라 다음 생으로 가는 길이 갈라지는데 표에서 본 6도 중 천도와 인도까지가 극락으로 분류되어 사람으로 다시 태어나고, 마도나 지옥도는 지옥으로 분류되어 사람의 몸을 받아 다시 태어나더라도 윤회를 거듭하면서 태胎, 난卵, 습濕, 화化의 네 가지 생으로 변하여 만겁이 지나도 헤어 나올 수 없게 되는 경우가 생길 수 있으며 나머지는 사람의 몸을 받지 못하고 축생으로 태어난다고 한다.

6에 관련된 기공 용어 모음

6근六根 : 안眼, 이耳, 비鼻, 설舌, 신身, 의意,

6식六識 : 6근과 동일

6진六塵 : 색色, 성聲, 향香, 미味, 촉觸, 법法,

6적六賊 : 안眼, 이耳, 비鼻, 설舌. 신身, 심心,

6신六神 : 심의신 단원心神丹元,　간의신 용연肝神龍烟,　비의신 상재脾神常在,
　　　　　폐의신 백화肺神魄華,　신의신 현명腎神玄冥,　담의신 용요膽神龍曜.

6도六道 : 천도天道, 인도人道, 마도魔道, 지옥도地獄道, 아귀도餓鬼道, 축생도畜生道.

6욕六慾 : 안眼, 이耳, 비鼻, 설舌, 심心, 신身. (불교에서는 색욕色欲, 형모욕形貌欲, 위의자태욕威儀姿態欲, 언어음성욕言語音聲欲. 세활욕細滑欲, 인상욕人相欲,을 6욕 이라고도 한다.)

6합六合:東, 西, 南, 北, 上, 下,(또는天,地)　　6문六門 : 눈. 귀, 코, 입, 배꼽, 니환궁.

6친六親 : 부父, 모母, 형兄, 제弟, 처妻, 자子.　6부六府 : 금金, 목木, 수水, 화火, 토土, 곡穀,

6기六氣 : 기氣, 혈血, 진津, 액液, 정精, 맥脈,　6계六界 : 지地, 수水, 화火, 풍風, 공空, 식識,

6구六垢 : 뇌惱, 해害, 한恨, 첨諂, 광誑, 교憍,　6해六害 : 욕欲, 지志, 병病, 독毒, 사邪, 풍風,

6음六淫 : 풍風, 한寒, 서暑, 습濕, 조燥, 화火,　6액六液 : 정精, 누淚, 타唾, 체涕, 한汗, 약溺,

　사람이 죽을 때 영성靈性이 빠져 나가는 문이 눈, 귀, 코, 입, 배꼽, 니환궁의 6문이라고 한다. 눈으로 영성이 나가면 난생이 되어 새의 종류로 태어나고, 귀로 나가면 태생이 되어 개, 고양이로 태어나고, 코로 나가면 화생이 되어 파리 개미 등으로 태어나고, 입으로 나가면 습생이 되어 새우 물고기 등으로 태어나고, 배꼽으로 나가면 일반 보통사람으로 태어나고 니환궁(상단전)으로 나가면 부자나 귀인으로 태어나게 된다.

　사람이 생명을 마감하는 임종시에 오관五官의 변화와, 육체의 부드러움과 딱딱하게 굳음과, 얼굴의 단정 여부를 관찰하면 망자亡者가 천상에서 소요하는지, 지옥에 떨어지는지를 가히 알 수 있다.고 하였다. 임종 시에 오관이 단정하고 신체가 부드러우며 얼굴색이 마치 살아있는 것과 같으면 망자의 영혼은 이미 극락에 이르렀다. 임종 시에 신체가 경직되고 얼굴색이 검고 오관이 공포와 두려움에 가득 차게 변하여 있으면 망자는 지옥에 떨어진 것이다. 임종 시에 신체가 굳고 얼굴색이 검게 변하며 오관이 공포와 두려움에 가득차고 눈에는 눈꼽이 있으며, 귀에는 먼지 등 귓밥이 있고 코에는 콧물이 흐르고, 입에는 침이 흐르는 사람은 이미 사생전륜四生轉輪의 문이 열려 영혼이 임종 시에 사방 문으로 흩어진 사람으로 다음 생에 사생四生(태란습화)윤회로 태어난다. 사람이 죽을 때 영성이 빠져나가는 이 6문을 6적의 문이라고도 하는데 그것들을 열거한 어느 선인의 표현이 재미있어 인용해 본다.

　○ 눈이 미색을 탐하기만을 즐기고 그 고리를 끊지 못하면 임종 시에 눈동자가 확대되고 본성이 눈으로 나오는데 윤회하여 이 영성靈性이 난생지옥卵生地獄에 떨어져 변하여 날짐승인 까치나 독수리나 까마귀가 되는데 깃털을 가진 조류는 온 몸에 오색찬란한 깃털을 입고 있어 보기는 좋다 하겠으나 어디 사람만 하겠는가!

　○ 귀로 삿된 말만 많이 듣기를 즐기고 그 고리를 끊지 못하면 임종 시에 양 귀의 끝이 높아지며 영성이 태생지옥胎生地獄에 떨어져 변하여 낙타나 코끼리 말과 같은 길짐승이 되는데 달리는 짐승들은 목에 방울을 달았으니 그 얼마나 듣기 좋다 하겠는가!

○ 코로 육향의 냄새를 탐하여 끊지 못하면 임종 시에 코 구멍이 확대되어 영성이 코로 나와 흩어져 습생濕生지옥에 떨어져 변하여 내세에는 물고기, 새우, 자라, 게 등으로 태어나 일체 모든 악취를 코로 맡고 사는데 물에서 사는 어류는 맑지 못한 습기 속에 깊이 가라앉아 항상 물을 들이키고 내 뿜고 있으니 그 얼마나 냄새 맡기가 한가하다 하겠는가!

○ 입으로 시비를 가리고 비방하고, 혀는 파, 마늘, 달래, 부추, 담배와 날짐승 길짐승 어류를 탐하여 끊지 못하면 임종 시에 입이 벌어져 닫히지 않아 영성이 입으로 나오며 내세에는 화생化生지옥에 떨어져 변하여 모기, 파리, 등의 다른 생명에 기생하여 태어나는데 기슬蟣虱류는 도리어 입으로 사람을 상하게 하고 물건을 상하게 하며 냄새를 맡지만, 그 얼마나 맛이 있다 하겠는가!

○ 마음으로 재물을 탐하여 싫어함이 없으면 죽은 후에는 이 영성이 타각駝脚류에 떨어져 평생을 사람과 같이 해야 하는 낙타 같은 동물이 되어 재화나 금, 은 따위를 늘 몸에 지니고 다니므로 몸에서 떠날 날이 없으니 그 어찌 부자라 하여 만족하겠는가!

○ 몸으로 음욕을 탐하여 즐기기만 한다면 죽은 후에는 이 영성이 연화지옥에 떨어져 계압鷄鴨류가 되어 하루에도 수없이 교감을 하니 그 얼마나 즐겁다 하여 사람에 견주겠는가!

무릇 습생과 화생으로 태어나는 것은 그 죄가 가장 무겁고 깊으며 혼백과 영은 흩어져 없다. 이상의 말들은 6적에 마음이 이끌려 받는 인과응보이다. 그리고 이 6개의 문은 모두가 곁문으로서 우리가 취하는 문이 아니다. 오직 그 영성이 출입해야 할 문은 천기天機와 서로 통하고 있는 니환궁을 통한 현관玄關뿐이다. 영성이 현관으로 빠져나가면 드디어 윤회의 고리를 끊게 되니 마침내 선불仙佛의 세계로 돌아가게 된다.

그런가 하면 7정으로도 상하는 것들이 있으나 사람들은 이것을 알지 못하고 있다. 7정이란 기쁨喜과 성냄怒과 슬픔哀과 두려움懼과 사랑愛과 미움惡과 욕심慾心이다.

○ 기쁨이 지나치면 심장이 상하고, ○ 화가 지나치면 간이 상하고, ○ 슬픔이 지나치면 폐가 상하고, ○ 두려움이 지나치면 담이 상하고, ○ 애착이 지나치면 신이 상하고, ○ 미움이 지나치면 정情이 상하고, ○ 욕심이 지나치면 비장이 상한다.

이상은 7정에 연루되어 마음이 상하는 것을 열거한 것인데 세상을 살아가면서 눈만 뜨면 7정6욕과 부딪치고 마주하며 살아가야 하는데 어떻게 외면하고 살아가란 말인가, 이 7정이야말로 삶의 윤활유요 살아가는 지혜와 방법이요 삶을 팽팽하게 긴장하게 하는 수단이다. 이러한 삶 속에서 자기가 지향하는 목표를 성취함으로써 살아가는 보람을 얻게 되는 것인 만큼 7정에 연루되지 않는 세상을 살아가는 것은 출세出世한 출가出家자들의 몫이다. 그러나 일반 속가俗家자들도 명심해야 할 것은 이 7정에서 상하는 것들이 모두 지나침에서 오는 것이니만큼 너무 집착해서는 아니 되며 정도를 지키고 지나침을 경계해야 하는 것을 개을리해서는 안 될 것이다.

또한 이 외에 십손十損이 있으니 이 또한 사람들은 불가부지라. 이것들을 열거해 보면 ○오래 걸으면 근육이 손상되고 ○오래 서 있으면 뼈가 손상되고 ○오래 앉아 있으면 피가 손상을 입고 ○오래 잠을 자면 맥이 손상되며 ○오래 들으면 精이 손상되며 ○오래 보면 신이 손상되고 ○오래 말하면 기가 손상되고 ○배부르게 먹으면 심장이 손상되며 ○오래 생각에 빠지면 비장이 손상입고 ○오래 음탕함에 빠지면 명命이 손상된다. 이것이 지나치면 모자람만 못하다는 열 가지 과유불급過猶不及이다.

대체로 세상 사람들 그 누구도 이 육적과 칠정과 십 손의 굴레에서 해방되어 피해를 받지 않고 살아가는 자는 없다.

노자는 말하기를 "재앙과 복록은 문이 없으니 오직 사람이 스스로 부른다. 선과 악은 반드시 보응이 있나니 마치 그림자가 그 형상을 따르는 것과 같도다."라고 했다. 하늘과 땅엔 과거를 관장하는 신이 있어 사람이 지은 죄의 경중에 따라 응당한 벌을 내리는데 악을 지은 사람은 모든 사람들이 그를 싫어하며 반드시 형벌을 받고 재화災禍를 받을지니 복이 변하여 화가 되고 상서로운 일이 재앙으로 되어 버리니 스스로가 던진 그 물에 걸린 것이다.

② 몸속의 삼시三尸와 구고九蠱

사람은 머리 위에 삼태북두신군三台北斗神君이 있어 죄과를 모두 기록하는데 죄과에 따라 사람의 수명 중 일기一紀(12년)를 감 한다고 한다.

또한 사람은 태어나면서부터 삼시三屍와 구고九蠱(구충九蟲이라고도 함)를 가지고 태어난다. 즉 몸에 삼시신三尸神이 있는데 이것은 삼독이다. 상시上尸는 이름을 팽거彭琚라 하는데 사람의 상초에서 선악을 관장하고 중시中尸는 이름을 팽질彭瓆이라 하는데 사람의 중초에서 선악을 관장하며 하시下尸는 이름을 팽교彭喬라 하는데 사람의 하초에서 선악을 관장한다.

상시는 옥침관에서 살고 중시는 협척관에서 살며 하시는 미려관에서 사는데 매번 경신일과 갑자일마다 천상에 올라 그 사람이 행한 선악을 천신에게 알리어 매월 한 번씩 결산하니 사람이 큰 죄악을 지으면 12년의 수명을 빼앗고 작은 죄악은 100일의 수명을 감한다.

또한 구고九蠱가 있어 해를 일삼고 삼관三關(미려, 협척, 옥침)과 구규九竅(이, 목, 구, 비, 전음, 후음)를 가로막아 봉쇄하여 수련자에게 그 진양眞陽을 상승할 수 없게 방해한다.

또한 우리 몸 안의 구고九蠱들도 몸에 해를 일삼고 삼관三關과 구규九竅를 가로막아 봉쇄하고 그 진양眞陽으로 하여금 상승할 수 없게 하는 독毒을 가지고 있어서 수련자들의 수련을 방해하고 있다고 보아서 이를 박멸하는 수련법을 개발했으며 특히 이 삼시와 구고들은 곡기穀氣를 먹고 살기 때문에 벽곡辟穀으로 이를 물리칠 수 있다고 믿고 있다.

이 구고九蠱에 모두 이름이 있는데 ① 복고伏蠱라고 하는데 옥침규玉枕竅에서 살고 ② 용고龍蠱라고 하는데 천주규天柱竅에서 살고 ③ 백고白蠱라 하는데 도도규陶道竅에서 살고 ④ 육교肉蠱라 하는데 신도규神道竅에서 살고 ⑤적고赤蠱라 하는데 협척규夾脊竅에서 살고 ⑥격고隔蠱라고 하는데 현추규玄樞竅에서 살고 ⑦ 폐고肺蠱라 하는데 명문규命門竅에서 살고 ⑧ 위고胃蠱라 한는데 용호규龍虎竅에서 살고 ⑨ 강고蚣蠱라고 하는데 미려규尾閭竅에 산다.

삼시三屍는 삼관三關에 살고 구고九蠱는 구규九竅에 사는데 모두 변화무쌍하여 그 숨고 드러남을 예측할 수 없다. 미색으로 화하여 꿈에 양정陽精을 유실하게 하고 환영幻影으로 화化하여 잠잘 때 번뇌가 생기게 함으로 하여 수련을 방해하고 대도를 이루기 어렵게 한다.

도가의 단경에서는 "삼시와 구고가 사람 몸에 있으면서 황하를 가로막고 봉쇄하여 독기가 깊으니 수행자는 삼동부三洞府(삼독:팽거,팽질,팽교)를 때려 쳐서 열고 구고를 소멸시키면 장생불사하리라."하였다.

삼시라는 것들은 경신 일에 사람이 잠을 자는 시간에 빠져나와 그동안 그 사람의 죄상을 모두 천상에 고해바침으로 수련하는 사람들은 경신일과 갑자일 에는 잠을 자지 않으므로 삼시가 빠져 나가지 못하게 하기도 하고, 또 다른 방법으로는 삼시를 박멸하는 부적을 사용한 다음 그것을 태워서 복용하는 방편을 쓰기도 한다.

선현들은 이 삼독을 없애기 위해서는 명사를 찾아 대도를 구하고 지점받아 수련을 한다면 삼시三屍는 죽고 구고九蠱는 흔적도 없이 소멸하고 삼관과 구규가 막힘없이 뚫리고 법륜은 항상 돌며 성근은 장존하고 명기가 영영 견고해지며 칠정은 문득 숨을 죽이게 되고 육욕은 생기지 못하게 되며 삼독은 소멸하리라.”라고 하였다. 결국 결단을 이루는 과정에는 삼시와 구고도 제거된다고 하니 우리 몸 안에서 마지막까지 삼독三毒으로 버티면서 마지막까지 발악하며 수련을 방해하다가 나중에는 장렬하게 사라져 간다고 보여 진다. 이 삼독을 물리침으로써 우리 몸의 전체적인 해독은 다 이루어진 것이다.

노자께서 말씀하시길, “악을 피하고 죄를 짓지 말라. 이미 지은 죄과는 진실로 뉘우치고 다시 짓지 말아야만 모든 일이 여의하고 장수 할 수 있다. 반드시 먼저 죄악을 피하고 바르고 선한 일을 행하는 데서 도道가 생긴다. 천지간에 생명이 있는 모든 곤충과 나무와 동물들을 함부로 상해하지 말며 보호하고 생명을 구하여야 한다. 악인이 지은 죄는 어둡고 어두워서 죽음에 이르며 선인이 행한 선업은 밝고 밝아서 생명의 밝음에 이른다.” 고 하였다.

모든 사람은 태어나면 반드시 죽는다. 사망의 전조는 반드시 질병으로 나타나는데, 마치 나뭇잎이 누렇게 말라 바람에 떨어져 땅에 묻히듯이 사람의 병세와 임종도 이와 같다.

그리고 사람이 태어나면 지옥에 이미 명부가 올라가는데 그 기록이 마치 나무와 형상이 비슷하다 하여 사람의 명적을 기록한 장부를 “원형수原形樹”라고 한다. 지옥에서 현세 사람의 명부인 이 “원형수”를 살피어 원형수의 나무가 변하면 명부의 관원이 “생사적生死籍”을 관찰하여 시간이 도달하면 지옥의 사자를 현세에 보내어 혼백을 데려오면 이 때를 현세에서는 사망이라고 한다.

죽은 사후에는 흑인 백인 황인종의 육체적 구별이 없고 사람의 본성인 영혼만이 존재한다. 혼백이 사람의 육체에 수십 년을 마치 나무의 가지처럼 붙어 동화되어 있어서 그것들이 육체에서 벗어나려면, 마치 가지가 끊어지고 거북이 껍질을 벗는 듯이 고통을 느낀다. 사람이 죽을 때의 모습을 살피어 보면 이빨을 악물고 눈을 부릅뜨고 얼굴이 변하며 극심한 고통에 시달리는 것은 좋지 않은 현상으로 원한과 분노와 두려움 같은 업장이 많고 횡사하는 죽음으로 지옥에 떨어진다. 또한 사망 시에 얼굴이 인자하고 마치 조용히 잠을 자는 것같이 살아생전과 같은 고요한 모습은 그 혼백이 평안하고 안정되어 있어서 선업과 음덕이 많은 사람으로 공덕에 따라 천상에 오른다.

사람이 사망하면 그 혼백은 황망하고 불안한 중에 황천의 길을 가는데, 가족은 각자의 인연에 따라 신선과 부처의 명호冥護를 부르며 황천의 길을 가는 혼백을 도와야 한다. 그리고 명부의 제신들에게 향과 공양을 올리며 배례하고 정성을 드려야 한다. 어떤 사람은 이렇게 말하기도 한다. "현세의 고통과 고난이 너무 힘들고 어려워서 죽었으면 한다고". 그러나 지금 이 현세에서 병마의 고통이 아무리 힘들어도 지옥의 고통에 비교하면 천만배의 천상 극락과 같다고 한다. 지옥에서는 형벌을 가하여 완전히 숨이 끊어지면 다시 온전히 살아나서 다시 형벌을 받고, 또 극형을 받고 죽으면 다시 살아나서 또 다른 극형을 받는 과정이 수백 년 이어진다. 죽으면 느낌이 없지 않을까? 아니다. 죽으면 그 공포와 느낌은 살아 있었던 생시 때보다도 더욱더 강렬하다. 목련존자는 지옥에서 형벌을 받고 있는 자기 어머니의 참혹한 모습에 부처님에게 어머니를 구할 수 있는 방법을 물으니, 부처님께서는 보시를 사면의 대안으로 제시해 어머니가 살아생전 모아두었던 재산을 보시하여 어머니를 구한 불교의 일화는 한 치의 거짓이 아니다. 이 날이 음력 7월 15인데 지금도 불교에서는 많은 불자들이 이날을 찾아 불공을 드리고 있다.

죽으면 모든 것이 끝나는 것이 아니요 새로운 시작과 윤회의 또 다른 과정이다.

내가 지금 병마에 시달리면 현세이든 전생이든 반드시 그 원인이 있으며 그 원인을 찾아서 해결해야 한다. 우주의 모든 일은 인과의 법칙과 윤회의 원칙에 한 치의 어긋남이 없다. 수행자는 죽음의 시기와 날짜를 미리 알아 몸과 마음을 정결히 하고 반좌를 하며, 그 시간을 기다려서 귀천하는 것이 높은 수행자의 긴 여행의 또 다른 시작이다. 그러나 수행자가 자신의 죽음의 시간을 미리 아는 것 또한 쉬운 경지는 아니다. 모든 사람은 임종이 가까워오면 남에게 빌린 물건 등 아주 작은 것 하나라도 모두 돌려주고 자신의 물건은 모두 인연 따라 베풀어서 신변을 정리해야 한다. 빈손으로 가기 위한 사전 작업이다.

③ 공덕功德

"빈손으로 왔다 빈손으로 간다.空手來空手去"라지만 이 말은 후천의 물질적인 것을 말한 것일 뿐이고, 실제로는 내가 살면서 쌓아온 공덕功德과, 저지른 업보業報는 가지고 간다고 한다. 이 공덕이라는 것을 이루기 위해서는 하루에 한 번은 선한 일(善事)을 하여야 한다. 선한 일이란 천지天知, 지지地知, 아지我知이다. 즉 하늘이 알고 땅이 알고 나만이 알아야 한다. 수혜자인 상대방이나 다른 사람이 영원히 몰라야 하며 만약에 알게 되면 선한 일이 아니다. 그것은 단지 좋은 일(好事)이 될 뿐이다. 그리고 시혜자인 본인도 그 일을 바로 잊어버려야 한다.

인생을 살아가면서 무엇이 좋다. 또는 나쁘다 하고 단정적으로 판단한다는 것은 쉬운 일이 아니다. 그리고 내가 좋은 일을 했다고 해서 그것을 마음속에 새기고 집착해서 우쭐대는 것은 더더욱 좋지 않다. 공덕은 수혜자도 모르게 해야 하며 배려한 자도 바로 잊어버려야 참다운 공덕이라고 할 수 있기 때문이다.

우리 조상들은 이웃에게 덕을 쌓는 일을 즐겨 했던 것으로 보인다. 그 자체가 행복이라고 여겼기 때문이다. 호덕은 남에게 베풀고 나누는 덕을 갖추어야 한다는 것을 강조한 것이다. 행복을 혼자서 독식하는 것은 진정한 행복이 아닐 것이니 이웃과 함께 베풀고 나누는 미덕을 살려야 할 것이다. 행복은 우연히 주어질 수도 있지만 또한 우연히 없어질 수도 있다는 것을 감안한다면 이웃과 하는 행복은 더욱더 든든할 것이기 때문이다.

호덕은 일생동안 앞일을 계획하여 덕을 쌓아야 하고 많은 공부를 해서 이를 실천해야 하므로 아무나 할 수 있는 일이 아니다. 진정으로 남을 배려하는 마음을 행동으로 실천해야 하므로 이기주의가 팽배한 현 세태에서는 더더욱 쉬운 일이 아닐 것이다.

도덕 지키기를 낙으로 삼는 일상이 되었으면 한다. 호덕은 그 의미의 깊이가 너무 깊다.

순음純陰에서 양陽이 없는 것이 귀신鬼神이고 순양純陽에 음陰이 없는 것이 신선神仙이며 음양이 서로 섞여 있는 것이 사람이다.

우리가 수련을 하는 것은 인간세계에 공덕을 쌓고 덕행을 이루어서 천지를 이끌고 음양을 붙잡아서 음양이 나를 만들 수 없게 하여야 한다. 그렇게 되었을 때만이 해탈되고 신선되어 윤회를 벗어날 것이다.

사람이 한 세상을 살면서 이렇게 천 번의 선한 일을 하게 되면 그 공덕으로 신선이 되고 부처가 된다고 하였다. 이것을 실행하는 것은 쉬운 일은 아닐 것이다.

이렇게 부처나 신선이 되려면 이기주의利己主義에서 벗어나 이타주의利他主義적 행行으로 많은 공덕을 쌓으므로, 윤회輪廻의 고리를 끊고 영원히 하늘 밖의 하늘나라에서 소요자재逍遙自在 하는 것이다. 한시바삐 공덕을 쌓아 하늘을 감동시키고 빨리 명사明師를 만나 신중대도身中大道를 지시 받으라.

④ 업보業報

업業은 식물에 비유된다. 씨앗을 심으면 그것은 싹이 나고 자라서 열매가 열리고 그리고 익어서 떨어진다. 이 열매들의 맛은 심은 씨앗에 달려 있다.

이와 마찬가지로 업을 지으면 그것은 성숙하게 되고 언젠가는 반드시 과보를 초래하게 된다. 이 과보의 성질은 업의 성질에 달려 있다. 업이 일단 이루어지면 업을 행한 사람에게 그 과보가 떨어지는 것을 막을 수 있는 길은 전혀 없다. 업들은 업들을 지은 장본인의 뒤를 마치 뗄 수 없는 그림자처럼 따라 다닌다. 과보果報가 나타나기 전에는 업은 여기 있다든지 혹은 저기 있다고 말하면서 업이 머물고 있는 장소를 보여줄 수 없는 것이다.

업이 발생하는 데는 반드시 업을 짓는 사람의 의지작용이 개입해야 하므로 과보는 전적으로 개인적인 것이고 타인에게 이전내지 전가 시킬 수 없는 것이다. 또한 두개의 동일한 업을 지었을 경우 그 과보가 반드시 동일한 것으로 나타나는 것은 아니다. 상황에 따라 그 결과는 다르게 된다.

가령 똑같은 보시를 하더라도 그 보시를 누구에게 했는가에 따라 그 공덕은 다르게 나타난다. 음식물을 짐승에게 주는 것보다는 사람에게 주는 것이 좋고 보통사람 보다는 수도자에게 주는 것이 좋다. 만약 짐승을 죽여도 그 죄는 무겁지만 사람이나 성인을 죽이면 그 죄는 더욱 무겁다.

일단 업이 이루어진 뒤에는 외부의 영향은 미칠 수 없다고 해서 이미 지어진 업에 대해서 속수무책인 것은 아니다. 결정된 업도 어떤 한도 내에서는 우리 자신들의 노력에 따라 예상되는 결과를 변화시킬 수 있다. 그렇다고 해서 일단 이루어진 업의 결과를 나타나지 않게 할 수 있다는 것을 의미하는 것은 아니고 단지 예상된 과보를 다르게 나타나게 할 수 있다는 것을 말하는 것이다. 경전은 이것을 소금물의 비유로 설명하고 있다. 한 덩어리의 소금을 한 잔의 물에 넣으면 그 물은 마실 수 없지만 같은 소금덩어리를 넓은 강에 던져 넣으면 그것은 다르게 된다. 같은 양을 사용했지만 물의 양에 따라 마실 수도 마시지 못할 수도 있다는 것이다. 이처럼 어떤 업에 대해서 다른 업으로써 영향을 미칠 수 있다는 것이다. 즉 나쁜 업을 지었어도 좋은 업을 많이 지으면 이미 지은 악업에 대한 과보는 나쁘게 나타나지 않을 수도 있다는 것이다.

빈손으로 세상에 나와 공덕도 쌓고 과업도 남기면서 평생을 살아온 나는 과연 몇 점짜리 인지 가늠해보는 공과功過의 격格을 살펴보는 것도 재미있을 것 같다.

이 격格은 제일 낮은 점수의 1점부터 제일 높은 100점까지로 분류하였는데 1점짜리 공덕을 예로 든다면 *한 사람 배고픈 것을 구제해 주는 것 *돌아갈 곳이 없는 사람을 하룻밤 잠재워 주는 것 *선법을 강연하여 열 사람에게 가르침이 미치는 것 *좋은 일을 일으켜 그 이익이 열 사람에게 미치는 것 *육식을 하는 사람이 하루 동안 육식 않고 재계하는 것 *한 생명을 구해서 살려(방생) 주는 것. 등이고 1점짜리 과업은 *남이 한 가지 나쁜 일을 하도록 돕는 것. *남이 근심하고 놀라는 것을 보고도 위로하지 않는 것. *한 번 약속을 어기는 것 등이다.

제일 높은 단계의 100점짜리 공덕으로는 *한 사람 죽는 것을 구제해 주는 것. *한 여자의 정절을 지켜주는 것. *한 자녀를 물에 빠뜨려 죽이려고 하는 것을 저지하는 것(기타 여러 죽음을 저지하는 것) *다른 사람의 자손(후사)을 이어 주는 것 등이고 높은 단계의 100점짜리 과업은 *한 사람을 죽게 만드는 것. *한 부녀자의 정절을 손상시켜 잃게 하는 것. *다른 사람이 한 자녀를 물에 빠뜨려 죽이도록 방조하는 것(기타 여러 죽음으로 유도하는 것) *한 사람의 후사를 끊는 것 등이다.

그러면 불교나 도가에서 말하는 최상의 삶을 살아온 사람의 액면가는 어떻게 기제 했는지 죽어서는 어떤 예우를 받는지 도가의 입장에서 본 그 실상을 알아보자.

"도를 이루고 덕이 갖추어지고 공과功果가 원만해져서 양신陽神이 들어 올려지면 삼궁三官의 보주保奏로 선동이 인도하여 구소九霄를 지나 옥경玉京에 올라 제불諸佛을 친견하며 상제上帝를 배알하고 중조衆祖가 모여 금모金母께 조회朝會할제 공공功의 대소大小를 대조하여 품급을 정하시고 과과果의 원만圓滿과 결缺에 따라서 천작天爵을 봉封함받고 선의仙衣를 받아 입어서 그 몸이 영화롭고 옥과玉果와 경장瓊漿으로 그 배(腹)를 불리게 한다.

삼승三乘과 구품九品은 공공功에 의하여 정해지고 오선팔부五仙八部는 과과果를 보아서 주어지는데 혹은 중천中天에 거거居하기도 하고 혹은 서천西天에 거거居하기도 하니 이 모두가 극락極樂이다. 혹은 36동천에 머물기도 하고 혹은 72복지에 머물기도 하니 이 모두가 복지福地이다. 혹은 삼청에 머물기도 하고 혹은 십지十地에 머물기도 하니 모두가 청정淸靜에 속한다.

높고 낮음 크고 작음이 공功에 의해 획득하여 정해지는바 털끝만큼도 사사로움에 꺾임이 없고 인연과 분수에 따라 청정淸靜의 복을 누리게 될지니 이 어찌 아름답지 아니하며 어찌 즐겁지 아니 하리요, 헛되이 하지 말고 사람이 되어 단 한 장면에 세상을 뛰어난다면 이것이 바로 대장부이고 사람위의 사람인 것이다. 이 경지에 이르면 곧 청정할 것이다.

이제야 비로소 방도訪道하고 구도求道하고 득도得道하고 오도吾道하고 수도修道하고 수도守道하고 성도成道하고 요도了道하는 이 여덟 개의 도 자道字를 대장부는 능히 마쳐야 할 일이다." (태상노군설상청정경, 수정자주해본 중에서)

⑤ 몸 속의 탁기濁氣 배출

독毒이란 육체적인 측면에서 본다면 급격한 감정변화로 인한 음양陰陽의 조화 및 기혈의 균형파괴로 이어지며, 과로로 인한 기력부진 등을 수반하게 되어 만병의 근원이다. 이러한 것을 개선하기 위해서는 정신적 치유방법으로 접근해야 한다. 즉 명상과 수양을 통해 마음을 맑게 해야 오장이 편안하고 심장과 폐와 신장에 긴장이 풀어지면서 병이 없어지게 해야 한다. 이런 현상을 약물로 치료하기 위해서 약을 복용했다면 결국 화학적 물질로 제조된, 독물만 몸속에 남게 돼 결국 독을 하나 더 보태게 되는 것이다.

요즘 세간世間에는 몸속에 있는 노폐물을 어떻게 효과적으로 해독解毒하느냐에 대한 관심과 함께 이를 해결하려는 접근방식에 매우 적극적이다.

우리 몸속에는 탁기濁氣, 사기邪氣, 병기病氣, 냉기冷氣 등 나쁜 기운들이 활발하게 움직이고 있는데 이런 기운을 총칭해서 음기陰氣라고 한다. 그중에서도 특히 인체의 노화 및 질병들의 주요 원인은 대장大腸속의 숙변宿便이 퇴적堆積되어 발효되어서 유해물질을 생산하고 있고, 또한 목구멍에서 기관지를 따라 생성되는 가래, 콧물 등에도 음기를 가진 병균의 서식처가 되고 있으니. 이 음기들의 활동으로 우리 몸은 병들고 노화되는 과정을 거쳐서 그 음기들의 활성 여부에 따라 늙어가고, 병을 얻고, 그래서 음기들의 노예가 되어 결국에는 고통 속에서 투병생활을 하다가 끝내는 목숨을 내놓기도 한다. 몸속의 탁기는 만병의 근원이다. 이 근원을 차단하는 기능을 활성화 시키는 것이 해독解毒이다. 이 해독解毒으로 모든 병의 발생도 사전에 막을 수 있다는 것이 나의 지론이다.

조물주造物主는 사람, 또는 만물에게 생명을 주었을 때, 병이라는 것을 만들었다면 반드시 그것을 치유시킬 수 있는 치료법도 만들어 주었다. 다만 우리가 모르고 있을 뿐이다. 그래서 고인古人들은 "산에서 넘어졌다면 약도 산에서 찾으라."고 하였다. 그러나 21세기 현대 문명의 시대는 문명이기文明利器의 반대급부로 자고나면 공해公害의 바닷속에 빠져야 한다. 자동차 배기가스 등에서 품어 나오는 미세먼지, 도시의 매연, 대기 속의 오염물질이 안개모양의 기체가 되어 시야가 뿌옇게 보이는 스모그 현상, 서풍을 따라 시작되는 황사의 공습 등은 우리 생활의 일상이 되어버려 감기나 천식 등을 달고 살게 되었다. 가습기 살균제, 살충제 계란 등 일상을 둘러싼 화학제품 독성에 대한 두려움이 날로 심각해지는 상황이다. 이에 약이나 주사 등 화학작용에 의한 약물치료를 받고 또 계속 반복되다 보니 오히려 그 약물이 우리 몸에 독毒이 되어 병기病氣, 사기邪氣, 탁기濁氣만 키우다보면 그만큼 면역력免疫力만 퇴화退化 되어가는 그런 삶

538

을 살아가고 있는 것이다. 과학문명의 시대를 산답시고 배가 아파도 머리가 지끈거려도 약물이나 주사로 간편하게 치료를 하게 된다. 그러나 이러한 경우, 병의 뿌리를 근본적으로 뽑아버리지 못하고 통증은 잠시 정지되었을 뿐이다. 그리고 병의 뿌리는 척추에 기억되어 있다가 기운이 약해지면 언제든지 튀어나와 재발할 수 있다. 그리고 약물은 병을 이기기 위해서라도 병보다 독하게 써서 계속 진행하다 보면 그것이 몸에 독이 되어 면역력免疫力만 떨어뜨리게 된다.

이러한 부작용 없이 병의 뿌리까지 뽑아내자는 것이 내가 이야기하고자 하는 해독解毒이다. 해독解毒을 위한 탁기배출濁氣排出 방법은 시간이나 공간의 구애를 받지 않고, 남녀노소 모두 쉽게 할 수 있으며, 집에서 편하게 할 수 있고, 모든 것이 자연의 힘으로 치유의 방법을 찾으니 부작용도 전혀 없으며, 무엇보다도 돈이 들지 않는다. 그리고 탁기가 빠져나오는 상황을 몸으로 느낄 수 있고, 눈으로 볼 수도 있고, 냄새로 확인할 수도 있는 것이니 이보다 더 완벽할 수가 없다.

사람의 몸 안을 음기와 양기로 구분한다면 음기陰氣가 탁기濁氣나 병기病氣이다. 이 탁기는 액체가 되어 몸 안을 흐르고 있다. 살갗을 다치게 되었을 때 맨 먼저 달려와서 물집이 생기고 나중에 고름이 되는 것, 이것이 탁기이다. 이 탁기를 몸 밖으로 배출시킬 때는 이 액체를 기화시켜 모공을 통해서 밖으로 나오게 한다. 그런데 이 탁기가 제일 무서워하는 것은 불이다. 불은 곧 산소를 말함이다. 산소가 몸속으로 들어가면 불이 되어 이 탁기들이 맥을 못 춘다. 등산이나 운동을 하게 되면 많은 양의 산소를 몸 안에서 흡수하게 되니 자연히 몸 안의 탁기는 그만큼 타격을 입게 되는 것은 뻔한 이치, 이것이 운동의 효과이다.

탁기를 배출하는 데는 정좌수련만한 것이 없다. 내 경험으로는 이 공부 초기에 손가락이나 다리에서 살갗이 일자로 갈라지면서 하얀 물 즉, 탁기가 나오기 시작하였다. 얼마큼 나왔다 싶으면 바로 그 옆이 갈라지면서 또 나오기를 반복하였다. 신기한 것은 갈라진 살갗이 아물면 아무런 상처의 흔적도 남기지 않는 것이다. 그런데 문제는 가려움증이다. 손가락과 다리 부분이 아닌 곳에서는 살갗이 갈라져서 액체가 나오는 것이 아니고 기화되어 모공을 통해 나오기 때문에 피부가 가려운 것이다. 이 가려움의 정도가 심해서 도저히 참아내지 못할 만큼 가렵다. 이때 뜨거운 물을 그곳에 뿌려주면 가려움증은 오히려 강한 희열감으로 바뀌고 깔끔하게 탁기濁氣를 몸 밖으로 뽑아내는 것이다. 물은 뜨거울수록 좋다. 피부가 견딜 만큼 뜨거운 물을 샤워기를 통해 가려운 부위에 뿌리면 되는데 그냥 몸에 샤워기를 대면 금속이 자석에 이끌리듯 자연히 끌리어 가려운 부위를 찾아 뿌려주는데 뜨거운 물의 작용으로 탁기濁氣가 나올 때 그때의 기분은 매우 황홀한 희열을 느끼게 된다. 그리고 탁기가 나온 물에는 비누물방울 모양의 거품이 있는데 이것이 탁기의 흔적이다. 살갗도 모공이 열려 송송 구멍이 뚫려서 육안으로 보일 정도이고 또 살갗이 그 부위만 까칠해지나 금방 원상복귀가 된다. 나이든 분들이 목욕탕에서 뜨거운 물에 들어가면서 시원하다고 하는 것이나 뜨거운 국물을 먹으면서 시원하다고 하는 것은 모두 뜨거운 물과 탁기濁氣가 만나 몸 밖으로 배출될 때 생기는 황홀함에서 기인한다.

　우리가 옻닭을 먹는 것은 옻을 타기 위해서이다. 옻나무의 성질이 몸속에 들어가면 탁기를 내보내는 작용을 하게 되어 피부는 몹시 가렵다. 그런데 그 가려움증을 이겨내지 못하고 주사를 맞는 등 약을 쓰면 옻닭을 먹은 효과를 상실하게 된다. 바로 뜨거운 물로 샤워를 하면 탁기의 배출과 함께 가려움증은 사라진다. 이러한 탁기는 나이가 들수록 더욱 많아지며 우리가 살아있는 한 멈추지 않고 계속된다.

우리의 몸에 가려운 증상이 생긴다면 그것은 그곳으로 탁기濁氣가 뭉쳐있다는 것을 알려준 것이다. 이곳을 긁으면 핏발이 성이 나서 피부 밖으로 노출되면서 가려움증은 극에 달한다. 그렇다고 그곳을 마냥 긁기만 해서는 임시방편일 수밖에 없다. 옻나무의 성질이 몸속에 들어가면 탁기를 내보내는 작용을 하게 되어 피부는 몹시 가렵다. 바로 뜨거운 물로 샤워를 하면 옻의 효과가 강화되어 몸속의 탁기도 배출되는 것이다.

뜨거운 물로 탁기濁氣를 배출할 때는 그 자리에서 즉시 효과를 검증할 수가 있다. 첫째, 몸으로 느끼는 것으로는, 샤워기를 가려운 부분에 대는 순간부터 밀려오는 희열감이 어떤 희열보다 강하고 황홀하다. 우리의 몸은 가려움의 강도에 따라 자석에 끌리듯이 뜨거운 물을 요구한다. 처음에는 목 뒤 척추 맨 위쪽에 샤워기를 갖다 대면 척추, 즉 독맥督脈을 따라 물이 흐르면서 척추에서 발산되는 희열감을 느낄 수 있다. 탁기가 빠져나온다는 반증이다. 한 예를 들면 몸의 어느 한 부분이 아파서 약을 먹으면 아픔이 없어져 다 나았다고 생각한다. 그러나 도가에서는 아픔이 낳은 것이 아니고 아픔이 진통제의 약효로 잠시 정지되었을 뿐이며, 그 아픔의 뿌리는 척추에 저장 기억되게 되어 있다는 것이다. 그러다가 몸에 그 부분의 기가 약해지면 다시 그 아픔이 나타나게 되고, 또 약을 먹고, 하는 부작용을 낳는다고 보고 있다. 이러한 현상은 평생동안 반복되는데 어렸을 적 아팠던 자국이 노년이 되어서 그 자리에 아픔이 되돌아오는 경우가 그것이다. 그러한 관점에서 도가에서는 '척추에 기억되고 있는 아픔을 뿌리까지 뽑아버렸을 때 비로소 완치된 것이다' 라고 보고 있다. 그래서일 것이다. 도가에서는 어떤 병명에 관계없이 제일 먼저 척추에 저장된 기억을 지우는 치료부터 한다. 그런 의미에서 뜨거운 물로 척추의 탁기배출은 매우 중요하다. 이렇게 함으로써 평생 저장 기억된 모든 병의 뿌리를 뽑아버리는 것이다.

둘째, 눈으로 보이는 것으로는, 욕조를 물이 빠지지 못하게 막고 그 안에서 샤워를 할 때 비누거품 마냥 물위에 한얀 거품이 떠있다. 이것이 탁기가 나온 증거다. 피부에 묻어있는 독과 몸 안에서 뱉어지는 독이 뜨거운 물에 용해되어 녹아내리면 거품이 되어 육안으로 보이는데 이 거품이 독이다. 독이 녹아내린 물은 비누 거품처럼 일었다가 3-5분 후에는 공기에 산화되어 맑은 물로 정화되는 것이다. 그리고 몸속에 있는 독과 뜨거운 물이 만나면 지상 최대의 희열(오르가슴)을 생산해 내는 것이다. 몸속에서 나온 독을 눈으로 확인하는 것도 또 하나의 재미다. 검증하기 위한 가장 쉬운 방법으로 뜨거운 물로 세수를 하면서 눈 부위를 충분히 적신 뒤 물기를 닦아 낸 뒤 안경을 써보자. 그러면 안경에 안개마냥 습기가 가득차서 앞이 보이지 않을 것이다. 이것이 뜨거운 물의 기운으로 인해서 몸에서 눈을 통해 나온 탁기이다. 우리의 몸은 자체적으로 자신의 몸을 정화시키기 위해 쉼 없이 활동하고 있다.

셋째, 냄새를 맡는 것으로는, 샤워를 끝내고 수건으로 몸을 닦았을 경우 수건에서 지독한 냄새가 난다. 이 냄새는 몸속의 탁기가 드러난 것이다. 겨드랑이에서 나는 액취증腋臭症 즉 암내라든지, 또한 아이들이 할아버지냄새라고 불리는 노인 냄새, 사타구니에서 나는 냄새와 습한 기운, 몸속의 모든 악취 등이 모두 빠져나와 있는 것을 수건으로 닦았으니 그 독소가 수건에 묻어서 뭉친 것이고 이것은 몸속에 탁기가 있었다는 증거이다. 그리고 수건에서 풍기는 냄새로 자신의 몸에 탁기의 농도를 측정할 수 있다. 처음에는 수건을 한차례 밖에 사용하지 못할 정도로 지독한 냄새를 풍겼으나 이러한 방법으로 탁기배출을 지속하자 얼마동안 지나면 독소도 빠질 만큼 빠져서 수건을 계속해서 여러 번 사용해도 냄새가 나지 않는다.

　여기서 주목할 것은 괄약근括約筋의 복원이다. 항문肛門이나 요도尿道 주위에 있으면서 수축收縮, 이완弛緩할 수 있는 힘을 가진 괄약근括約筋은 나이가 들면서 약해지고 그 힘을 상실해서 나중에는 똥과 오줌을 제대로 가리지 못하고 지린다고 한다. 그것은 손목의 탁기 때문에 손아귀에 힘이 빠지다보니 자연 근력의 감소로 물건을 제대로 쥘 수 없어서 내 의지와 관계없이 떨어트리는 것과 똑같은 이치이다. 같은 이치로 뜨거운 물로 괄약근括約筋의 탁기를 배출해 준다면 일거에 원상으로 돌아오는 치료가 가능하다. 또한 요도尿道에 있는 괄약근括約筋도 이러한 방법으로 치료할 수 있어서 여자들의 요실금尿失禁도 약을 먹지 않아도 간단하게 치료할 수 있으니, 나이가 들어서 쇠퇴되어 가는 자궁의 기능도 원래대로 복원될 것이다. 남자들의 전립선 치료도 마찬가지여서 나이 들어서 발생하는 성기능 쇠퇴도 예방 내지는 치료가 가능하다. 나이가 들면서 나타나기 시작했던 아랫도리의 약해졌던 부분들이 언제부터인지도 모르게 좋아지는 것을 경험할 수 있는데 그 반증으로 소변의 횟수, 양, 기능, 성기 모양 등이 2~30대의 상태로 유지되고 있다는 것을 알 수 있게 될 것이다. 또한 나이가 들어서 흔들리는 치아齒牙도 이 뜨거운 물이 완벽하게 치료해 주었다. 잇몸에 탁기가 끼어서 괄약근括約筋이 이빨을 꽉 움켜쥐지 못하니 이가 흔들리고 통증이 심하여 임플란트를 할 지경이었는데 하루에도 몇 번씩 뜨거운 물로 가글을 해주니 나중에는 피고름이 쏟아지기를 반복하다 결국에는 아무 일 없었던 것처럼 다 나았다. 이 피고름이 탁기로 잇몸에 붙어 있어서 잇몸이 제 역할을 못한 것이다.

　이처럼 자연의 이치대로 집에서 돈 안들이고 쉬운 방법으로 탁기를 배출한다면 병 없는 세상을 이어갈 것이다.

사람 몸 속身中의 16관十六官

NO	身中명칭	官명칭	역할
1	심장心臟	군주관君主官	신명神明이 이곳에서 나온다.
2	눈眼	감찰관監察官	모든 색을 이곳에서 살핀다.
3	입口	출납관出納官	언어를 이곳에서 내 보낸다.
4	귀耳	채청관采聽官	모든 소리는 이곳에서 듣는다.
5	코鼻	심변관審辨官	냄새를 이곳에서 분별한다.
6	간肝臟	장군관將軍官	모사와 사려가 이곳에서 나온다.
7	폐肺臟	상전관相傳官	처리하고 요약하는 것을 여기서 한다.
8	비장脾臟	간의관諫議官	두루 알게 하는 것이 이곳에서 나온다.
9	신장腎臟	작강관作强官	기교奇巧가 여기에서 나온다.
10	담膽	중정관中正官	맺고 끊는 것이 여기서 나온다.
11	위장胃腸	창름관倉廩官	다섯 가지 맛이 여기서 나온다.
12	전중膻中	신사관臣使官	희락喜樂이 여기서 나온다.
13	소장小腸	수성관受盛官	화물化物이 이곳에서 나온다.
14	대장大腸	전도관傳導官	변화變化가 이곳에서 나온다.
15	방광膀胱	주도관州都官	진액津液이 여기서 나온다.
16	삼초三焦	결독관決瀆官	수도水道가 이곳에서 나온다.

이러한 16관은 우리 몸을 통솔하는 신들이다. 16관 가운데 심장心臟만이 유일신이며 곧 신중의 왕이고 안眼,이耳,비鼻,설舌을 봉하여 사상四象이라 했으며 그 나머지는 순서대로이다. 물론 천신, 만신들은 모두 다 천군의 명을 듣는다.(청정경에서 발췌)

14) 사람의 생生과 사死

① 생生

무릇 신선으로 태어나고 사람으로 태어나는 도리는 선천 무극에서 마쳤다. 사람은 처음에 부모의 원기元氣를 탈 때 한 알의 명주明珠를 맺는데 이름을 무극이라 한다. 부모의 정혈精血을 얻어서 태궁에 있으면 이름을 황극皇極이라 하고, 부모의 교합으로 태가 만들어진 태아는 모궁母宮 안에서 어머니와 탯줄을 통해 교류하면서 오장 육부가 만들어지고 주천을 이루는 365골절이 이루어져 이로 말미암아 84000 모공毛孔이 생기고 선천의 기氣가 만족하게 되면 세상에 나와 첫 울부짖는 외마디 소리에 오이가 익어 꼭지가 떨어지듯 한 덩어리가 땅으로 곤두박질치며 선천 무극규無極竅가 터지고 이어서 탯줄을 끊으면서 세상속으로 떨어지는데 여기까지가 사람의 선천이다. 다음으로 호흡을 하면서 천지의 기운을 마시고 엄마의 젖을 먹으면서 후천의 세계, 즉 태극太極의 세계로 접어든 것이다.

음양과 수	천간,오행	사람 몸의 위쪽 부분 生	몸 아래 오장
天數 1	壬, 水	왼쪽 눈의 눈동자 生	방광膀胱 生
地數 2	丁, 火	오른쪽 눈의 눈초리 生	심장心臟 生
天數 3	甲, 木	왼쪽눈의 검은눈동자 生	쓸개 膽 生
地數 4	辛, 金	오른쪽 눈의 흰자위 生	폐肺 生
天數 5	戊, 土	왼쪽 눈의 눈꺼풀 生	위 胃 生
地數 6	癸, 水	오른쪽 눈동자 生	신장腎臟 生
天數 7	丙, 火	왼쪽눈의 눈초리 生	소장小腸 生
地數 8	乙, 木	오른쪽눈의검은눈동자生	간장肝臟 生
天數 9	庚, 金	왼쪽 눈의 흰자위 生	대장大腸 生
地數 10	己, 土	오른쪽 눈의 눈꺼풀 生	비장脾臟 生

이렇게 오장이 되고 이로 말미암아 육부가 되고 온 몸에 이르러서는 365개의 골절과 84,000개의 모공毛孔에 이르기까지 무극으로 말미암아 생기지 않는 것이 없다. 중생의 태어남이 이러하듯이 성인의 태어남도 이와 같다.

② 사死

사람이 살아가면서 첫째, 음욕淫慾을 탐하여 정精이 상하면 수水가 이지러 들고 둘째, 재물을 탐하여 성性이 상하면 목木이 이지러 들고 셋째, 부귀를 탐하여 신神이 상하면 화火가 이지러 들고 넷째, 살생을 탐하여 정情이 상하면 금金이 이지러 들고 다섯째, 이기기(勝)만 탐하여 기氣가 상하면 토土가 이지러 든다. 오행이 한번 이지러 들면 그 몸을 어떻게 세울 수 있겠는가?

대저 사람의 죽음도 태극으로 말미암아 마친다. 선천의 무극을 쫓아 변한 것이 태극인데 또한 태극의 중앙 토가 쫓아 북방의 水를 剋하므로 신장이 쇠약해진다. 북방 水가 남방 火를 剋하므로 심장이 쇠약해 진다. 남방 火가 서방 金을 剋하므로 肺가 쇠약해 진다. 서방 金이 동방 木을 剋하므로 肝이 쇠약해 진다. 동방 木이 중앙 土를 剋하므로 脾臟이 쇠약해 진다. 오장이 한번 이지러 들면 육부와 백체百體에 이르기까지 온몸이 쇠약해져 버리니 어떻게 죽지 않고 버틸 수 있겠는가, 이쪽에서는 죽고 저쪽에서는 태어나고 하는 이 모두가 굽이치는 파도 속의 한 물결에 지나지 않으므로 생사를 유랑한다고 말하는 것이다.

태어난 자들은 반듯이 죽는다. 그리고 죽은 자들은 틀림없이 다시 태어난다. 다시 몸을 받은 영혼은 낡은 육체를 버리고 새 육체로 바꾸어 입는다. 마치 낡은 옷을 버리고 새 옷으로 바꾸어 입는 것처럼. 티베트 불교에서는 린포체 신앙이라는 것이 있다. 린포체 신앙을 쉽게 설명하자면 다음 생에 자신이 받을 몸을 예언하는 것으로 그들은 죽음을 가장 큰 축복으로 받아들인다. 칠팔십 년 동안 사용하여 낡아버린 육신을 새육신으로 바꾼다는 의미로 죽음을 맞이하고 있는 것이다. 사람이 태어나고 죽고 하는 것은 수레의 바퀴와 같이 생生과 사死가 서로 돌고 돌면서 그치는 때가 없다.

③ 불교의 열반涅槃과 해탈解脫

불교에서는 열반과 해탈을 말한다. 열반과 해탈은 말의 뜻에 차이가 있다. 열반은 '불이 꺼진 상태'의 의미를 말한 것이고, 해탈은 '벗어났다'는 의미를 말한 것이다. 부처님께서는 이 세상은 탐貪·진瞋·치癡 삼독三毒의 불길에 휩싸여 있다고 설파하셨다. 열반은 세상을 불태우는 삼독의 불길이 완전히 사라진 것을 의미한다. 불교의 궁극적인 목적은 이러한 열반을 성취하는 것이다.

열반涅槃은 번뇌가 소멸된 상태 또는 완성된 깨달음의 세계를 의미하는 불교교리이다. 열반涅槃은 마치 바람이 활활 타오르는 불을 끄는 것과 같이, 타오르는 번뇌의 불꽃을 지혜의 바람으로 불어 꺼서 모든 고뇌가 사라진 상태가 되는 것을 말한다. 이러한 열반은 탐욕과 괴로움과 근심을 추월한 경지이기 때문에 인간의 유한한 경험 안에서는 그 어떠한 말로서도 제대로 표현할 수가 없다. 다만 체득한 자만이 이를 감지할 수 있는 것이다.

이는 곧 생사를 넘어선 깨달음의 세계로서, 불교의 궁극적인 실천목표이다. 인간이 망집 때문에 괴로워하고 업을 짓게 되는 것은 결국 자아를 고집하기 때문이다.

해탈解脫의 '벗어난다'는 의미는 어떤 구속이나 속박에서 벗어나는 것을 말한다. 따라서 해탈은 크게는 탐욕에서 비롯된 번뇌煩惱로부터의 해탈을 심해탈心解脫이라고 부르고, 진리에 대한 무지, 즉 무명으로부터의 해탈을 혜해탈慧解脫이라고 부른다.

생사生死에서의 해탈解脫이란 죽음을 망각하고 사는 것도 아니고, 죽지 않고 영원히 사는 것을 의미하는 것도 아니다. 죽음을 생각하면서 선택의 가능성이 단절된 죽음을 초월하여 다른 사람의 삶이 아닌, 자신이 자유롭게 선택한 진정한 자신의 삶을 살아가는 것이 진정한 생사해탈生死解脫이다.

생사生死는 허망한 망념妄念을 자신의 존재로 착각하는 무명無明과 욕탐欲貪에서 비롯된 것임을 깨닫고, 욕탐欲貪을 버리면 우리의 마음은 욕탐에서 해탈하게 되는 것이니. 불교의 수행은 이렇게 허망한 존재를 취하지 않고 마음이 해탈하기 위해서 하는 것이다.

대지도론에는 용수보살께서는 다음과 같이 말씀하셨다.

"해탈解脫은 인因이요, 열반涅槃이 과果이다." 이렇듯, 해탈과 열반은, 서로 인과因果 관계이다. 해탈로 인해 열반을 얻는 것이다.

해탈과 열반의 공통점은 무엇인가? 해탈도 공空하고, 열반도 공空하는 것이다. 둘 다 공空하다. 제법실상諸法實像이 공空이니까!

해탈이라는 실체도 없고, 열반이라는 실체도 없다. 그러므로 세속적인 언어로 표현할 때 누가 해탈했고, 열반했다고 말할 뿐이다. 본질적인 면에서는 해탈되거나 열반되는 자도 없고, 해탈/열반이라는 실체 또한 없다.

④ 도교 신선神仙의 길

득오도자得悟道者라고 하는 것은 선인善人이 공功을 쌓고 행行을 많이 해서 천심天心을 감동시켜서 명사明師를 만나게 되면, 겸손한 마음으로 대도를 구하여 받고 항상 그 이치를 참오參悟하고 밤낮으로 그 도道를 꾸준히 수행하여 도중에 절대로 포기하지 않고, 다만 공과功果가 원만히 이루어지는 시기가 되면 단서丹書가 내려와서 허물 벗고 천상天上에 오르게 되어 바야흐로 마땅히 마치게 된 것을 이른 것이다.

삼승三乘과 구품九品은 공功에 의하여 정해지고 오선팔부五仙八部는 과果를 보아서 주어지는데 혹은 중천中天에 거居하기도 하고 혹은 서천西天에 거居하기도 하니 이 모두가 극락이다. 혹은 36천에 머물기도 하고 혹은 72地에 머물기도 하니 이 모두가 복지福地이다. 혹은 삼청三清에 머물기도 하고 혹은 십지十地에 머물기도 하니 모두가 청정清靜에 속한다. 높고 낮음, 크고 작음이 공功에 의해 획득하여 정해지는바 털끝만큼도 사사로움에 꺾임이 없고 인연과 분수에 따라 청정의 복을 누리게 될지니 이 어찌 아름답지 아니하며 어찌 즐겁지 아니 하리요, 헛되이 하지 말고 사람이 되어 단 한 장면에 세상을 뛰어난다면 이것이 바로 대장부이고 사람 위의 사람인 것이다. 이 경지에 이르면 곧 청정清靜할 것이다.

이제야 비로소 방도訪道하고 구도求道하고 득도得道하고 오도吾道하고 수도修道하고 수도守道하고 성도成道하고 요도了道하는 이 여덟 개의 도道자字는 대장부로서 능히 마쳐야 할 일이다. (청덕경에서)

신선은 몸 밖에 새로운 공간을 이용해서 내 몸이 분해되어 우주 밖으로 사라지는 것을 말한다. 이 비승을 위해서는 자연우주공간에 나의 신神을 보내 유형무질의 공간을 형성해서 사람 몸의 에너지를 흡수할 수 있게 하는 수련을 하는데 사람의 몸에 있는 에너지가 자연우주공간으로 빨려 들어가면서 몸이 사라지는 것이다. 저 위 우주공간에서 힘이 강해지면 사람의 몸을 분해하여 빨아들일 수 있다.

비승에는 2가지 유형이 있다. 첫째는 본인이 언제 갈 것인지를 알고 있어야 하며, 비승하는 광경을 주변에서 살펴보면 먼저 사람의 몸에서 빛을 발산하고 나중에 향기를 내품으면서 몸이 사라진다고 한다. 이러한 기록이 자세하게 남아 있는 분은 경현자허진인瓊炫紫虛真人백옥섬白玉蟾 등이 있다.

시해선尸解仙은 죽은 후 며칠 사이에 시체가 비승하는 경우이다. 이를 시해선尸解仙이라고도 하는데 그 예로는 기독교의 예수, 불교의 달마대사, 도교의 구처기조사 등이 있다. 이 두 가지는 모두 좋은 결과이다.

사람은 한평생 3번의 비승할 수 있는 기회가 있다고 한다.

첫 번째는 모태 속에서 음양이 결합되고 정자와 난자가 만나는 과정에서 잘못되어지면 이때 비승 하거나 사람 아닌 다른 존재로 태어날 수 있었는데 운이 좋아서 이 과정을 거쳐 사람으로 태어나게 된 것이다. 종교적인 입장에서는 사람 아닌 다른 존재로도 태어날 수 있기 때문이다. 이것을 증명하라면 불가능 하다. 그러나 사람으로 될 수 있다는 것은 증명이 가능하다고 한다. 두 번째는 사람이 죽음으로써 공덕의 여부에 따라 비승할 기회를 맞는다. 사람이 죽어서 어디로 가는지는 아무도 모를 뿐 아니라 과학적으로도 증명이 안 된다. 누구나 이 두 번의 기회는 거친다. 다음 세 번째는 도가에서 말하는 수련을 마치면, 살아서 비승할 수 있다고 한다. 이 비승을 위해서는 3개의 공간 즉 인체우주공간, 수련장의 공간 자연우주공간의 에너지가 잘 조화되어야 하는 것을 전제로 삼는다. 이러한 수련을 계속하다 보니까 비승이라는 단어에 더 익숙해지고 몸으로 실감 할 수 있는 것 같다. 비승은 100세 이후에 하는 것이 제일 바람직하다고 한다.

중국 도교역사의 기록에 의하면 한국 사람이 비승한 예는 김가기와 최치원 두 사람이라고 한다. 김가기는 신라 사람으로 당시 최승우 자혜스님 등과 당나라에 유학해 종남산에서 종리권에게 사사 받아 40년 동안 많은 제자들을 육성하고 제자들이 보고 있는 가운데 반좌盤坐 중에 사라져서 다시는 종적을 찾을 수 없었다고 한다.

최근에는 티베트에서 라마 한 분이 이 방식으로 비승하였는데 손톱과 머리카락 일부를 남겼고 나머지는 깨끗하게 사라졌다고 한다.

15) 윤회輪廻

① 윤회론輪廻論

輪廻(산스크리트어,삼사라Saṃsāra)는 계속 흐르고 있다는 뜻에 따라 번역한 것으로 윤회전생輪廻轉生 또는 생사유전生死流轉이라고도 한다. 마치 수레바퀴가 회전하여 멎지 않는 것처럼 중생이 번뇌와 業으로 인하여 "길 잃은 세계"(迷界), 즉 三界(欲界, 色界, 無色界)와 六道(地獄道, 餓鬼道, 畜生道, 阿修羅道, 人道, 天道)에 다시 태어나고 죽는 것이 끝이 없는 것을 말한다. 이 괴로운 존재인 윤회에서 벗어나는 경지가 선종善終이자 열반涅槃이다.

윤회輪廻 이론에 의하면 어떤 한 개인이 갖는, 현재의 생은 수 억겁의 전체 생 가운데 하나의 생이다. 하나의 생, 그것은 윤회라는 넓고 긴 강물 속에 하나의 물결에 불과한 것이다. 윤회란 한 인간이 죽은 다음 그가 전생에서 지은 행위 즉, 업보業報에 의해 결정되어진 모습으로 이 땅위에 다시 태어난다는 것을 말한 것이다. 그래서 윤회는 곧 진화進化 이다. 지상에서 수 억겁의 많은 연속적 생애를 통해 신분이 바뀌어서 태어나고, 성性을 바꾸어 가면서 태어나고, 또한 민족이 다른 인종으로 거듭 태어나면서 진화하여 성현들로 상징되는 완전에 도달하는 것이다. 윤회론은 결코 무지한 사람들의 미신이 아니다. 실제로 인도를 비롯한 동양의 여러 불교 국가에서는 셀 수 없이 많은 교양인들이 윤회론을 믿고 그에 따른 도덕적 원리를 바탕으로 생활하고 있다.

윤회의 원리는 간단하다. 영혼은 다른 세계에서 정해진 기간이 지나면 이 지상이나 또 다른 곳에 그의 잔고殘高를 가지고 오게 된다. 이 잔고가 새로운 생을 결정짓는데, 즉 영혼이 다시 태어날 종족, 세계, 그리고 사회적인 계급, 성性, 영혼이 취하게 될 도리, 모습 등등은 모두 이 잔고가 결정한다. 이 잔고가 완전히 고갈되면 윤회는 끝나게 되고 해탈을 얻게 되는 것이다.

윤회론이 없다면 사후에 보상도, 벌도 없고, 덕을 닦기 위해 바치는 모든 노력도 헛일이다. 그리고 해탈을 얻기 위해서 이 생生에서 고행하는 것 역시 아무 의미가 없다. 모든 악으로부터 해방은 죽음과 더불어 선한 자에게나 악한 자에게나 똑같이 일어난다고 한다면 '인생의 유일하고도 합당한 목표는 단지 감각적인 만족을 취하는 것일 뿐이다.'라고 말하는 외도자外道者들의 주장이 정당화될 수 있을 것이다.

다시 태어나는 자는 죽은 자와 다르다. 그러나 그는 죽은 자로부터 나온다. 그러므로 그는 죽은 자가 지은 업에서 벗어날 수 없다.

윤회사상은 주로 힌두교, 자이나교, 불교, 시크교등 주로 인도계 종교들에서 윤회를 믿으며 중요한 교의 중의 하나로 여기고 있다. 서양의 경우, 고대 이집트 종교 피타고라스 학파, 영지주의, 헤르메스주의 등에서 윤회를 믿었거나 믿고 있다. 도교의 최종 수련 목표도 윤회의 고리를 끊고 윤회를 벗어버리기 위한 것이다.

윤회 사상은 인도 사상의 현저한 특색이었으며, 불교역시 이 사상을 가졌다. 윤회를 반복하는 것은 깨닫지 못한 사람들의 삶의 모습이며 "있는 모습"이라고 부르기도 한다. 해탈의 경지에 도달하지 못한 사람은 그 깨달음, 경지 또는 구원된 상태에 도달할 때까지 계속하여 이 세상으로 재탄생한다는 내용의 교리이다. 이 세상에서 겪는 삶의 경험이 자신의 발전에 더 이상 필요치 않은 상태 또는 경지에 도달할 때 비로소 이 세상으로의 윤회가 끝난다. 윤회 즉, 삶과 죽음 즉, 인생사는 어둠을 극복하여 깨달음 또는 구원에 이르는 여정이다.

윤회론은 인간의 영혼이 오랜 세월동안 연속되는 생을 거치면서 서서히 진화를 한다는 이론이다. 우주만물의 진화론을 당연하게 받아들이는 사람은 윤회론 역시 타당하다고 받아들이는 데 주저하지 않으리라고 믿는다. 윤회론은 외적 형태 즉, 신체적인 구조가 진화할 뿐 아니라 의식도 진화하므로 심리적이고 영적인 요소도 진보한다고 보아야 한다. 윤회론은 인간의 정신을 점진적으로 성장해 가는 단계인 만큼 인간으로 하여금 자질과 능력에 맞게 자신을 조금씩 펼쳐 나갈 수 있는 기회를 주는 것이다.

진화는 수백만 년 전에 일어났던 것이 아니고, 지금 이 순간 이곳에서도 계속되고 있다. 이것이 바로 우리가 존재하는 의미이자 목적인 것이다. 윤회론은 자아에 의한 자아의 탈바꿈을 발생 시킨다.

인간의 영혼과 운명을 어떻게 풀어야 하는가? 하고 생각을 하다보면 '인간은 죽고 나면 아무것도 남은 것이 없을 것이다.' 아니면 '천국이나 지옥이 있을지 모른다.' 또 아니면 '다시 태어날지도 모른다.' 등 상상이 꼬리를 무는데 다시 태어난다는 것이 윤회론이다.

윤회는 어떤 일정한 법칙 아래서 작용한다. 그 법칙은 기본적으로 우리가 살아가면서 발생하는 업장業障에서 오는 원인과 결과의 작용과 반작용이다. 즉 자신이 전생에 지녔던 성격상의 장·단점을 유전으로 받아서 그런 성향에 걸맞은 어떤 삶 속으로 태어난다는 말이다. '뿌린 대로 거둔다.'는 우리나라의 속담대로 자업자득自業自得이다. 이같이 우리들이 현재 처하고 있는 모든 것들은 과거에 우리들이 행한 행위의 결과이다. 즉 현재의 생은 옛날에 지은 업장의 결과이므로 또한 미래의 우리들의 생은 현재의 행위에서 어느 날 다시 태어날 생의 상태를 결정한다는 것, 이것이 재생신앙再生信仰이다.

'인간은 자기가 만든 세계 속으로 태어난다.'는 인도의 속담도 있다.

② 불교佛敎의 윤회輪廻사상

불교 경전에서는 업業과 보報 사이에 직접적인 인과관계가 있으므로 그들의 성질도 동일성을 띤다고 말한다. 즉 선업善業에는 즐거운 과보(善報)가 따르고, 악업惡業에는 괴로운 과보(惡報)가 따른다는 것이다. 업業 설의 인과율에서 볼 때 이유 없는 행복도 없고, 이유 없는 고난도 없다. 행복한 삶은 선업善業의 과보이고, 고통스러운 삶은 악업惡業의 과보이다. 그러나 이러한 인과율은 현실세계의 실상에 부합되지 않는 면이 있다. 인간의 현실을 보면 착하게 사는 사람이 고통을 당하는 경우가 있는 반면에, 악한 사람이 편안한 삶을 사는 경우도 있다. 이러한 문제점을 불교 경전에서는 삼세업보설三世業報說과 육도윤회설六道輪廻說로 풀어간다. 삼세업보설은 업보의 인과율이 전생, 현세, 내세의 삼세三世에 걸쳐 전개된다는 것이다. 사람의 의지가 작용한 업에는 반드시 그 과보가 따르는데, 현세에 받을 수도 있고 내세에 받을 수도 있다는 것이다. 육도윤회설은 선악의 업에 따라 여섯 세계를 윤회한다는 것이다. 6도六道의 도道는 취趣라고도 번역되는데, '가는 곳'을 의미한다. 그리고 육도란 업에 의해서 가게 되는 천天, 인人, 아수라阿修羅, 아귀餓鬼, 축생畜生, 지옥地獄의 여섯 세계를 말한다. 육도에서 앞의 셋을 선업에 대한 선도善道 또는 선취善趣라 하고, 뒤의 셋을 악업에 대한 악도惡道 또는 악취惡趣라고 한다. 〈잡아함 卷28〉에서는 선취로서 아수라 대신 열반涅槃을 넣어 천天, 인人, 열반涅槃을 말하기도 한다. 불교의 윤회사상은 사후에 일정한 위치를 점하고 머무르는 것이 아니라, 지옥에도 떨어지고, 혹은 축생이나 혹은 사람으로도 태어나며, 태어남과 죽음을 반복하며 끝없이 여러 세계를 돌고 돈다는 것이다. 윤회사상은 불교 고유의 것이 아니고 고대 인도 사상에서 불교로 유입된 것이다. 그러나 불교에서 고대 인도의 사상을 그대로 따른 것은

아니다. 고대 인도 사상에서는 윤회에 대해 실질적인 장소를 순환하는 것
이라고 생각했다. 즉 사후에 인간이 실질적인 존재로서 어딘가 정해진 장
소에서 어떠한 형태를 갖추어 태어나고 변모한다는 것이다. 하지만 불교
는 이것을 비판하고 윤회를 생명의 무한성의 상징으로 파악하였으며, 궁
극적으로는 윤회를 초월한 열반의 세계를 목표로 하였다. 기독교의 부활
사상과 불교의 윤회사상은 현생의 삶 그 이후의 문제에 대해 말하고 있
다. 그러나 이 두 사상 사이에는 커다란 차이가 있다. 부활은 일회적이며
영원한 세계를 말하고 있는 반면에, 윤회는 지속적으로 반복되는 세계를
이야기한다. 부활은 그 이후의 영원한 삶을 말하는 반면에, 윤회는 끝없
이 돌고 도는 한시성을 지닌 삶을 말한다. 부활사상과 윤회사상은 기독교
와 불교의 우주 인생관의 근본적인 차이를 보여준다.

③ 도교의 탈윤회脫輪廻 수련

도교의 수련은 최종 목표가 윤회輪廻를 벗어나기 위한 것이다.

도교에서는 전세轉世에너지를 종교적 표현에 의하면 수천수억 년 동안
의 요소라고 보고 있다. 유전적으로 내려오는 요소들을 모두 포함한다.
전세轉世에너지는 자기의 후대로 계속 전해 내려가는 것이기도 하다. 중
전中田은 하나의 공간이기도 하다. 따라서 그 공간에는 심장에서 옮겨온
칠정육욕七情六欲을 모두 소화할 수 있는 능력이 있다. 그리고 그것을 하
전下田으로 보내서 본체에너지로 전환 시킨다. 사람 몸에서 중전中田과 하
전下田은 가까운 거리에 있지만 하나는 하늘이고 하나는 땅에 해당한다.
도교나 불교에서는 중전과 하전 사이의 운용을 거치면서 업장業障을 소
멸시킬 수 있다고 한다. 본인의 수련만으로 지나온 수천 년의 업장을 본
인 스스로 소멸시킬 수 있다는 것은, 회개하고 기도하면서 신에게 의지하

면서 소멸시켜달라고 비는 것과 대비된다. 그래서 전세轉世에너지를 윤회
輪回를 거쳐 다시 태어나는 환생還生에너지라고도 한다.

순음純陰에서 양陽이 없는 것이 귀신鬼神이고, 순양純陽에 음陰이 없는
것이 신선神仙이며, 음양이 서로 섞여 있는 것이 사람이다.

우리가 수련을 하는 것은 인간세계에 공덕을 쌓고 덕행을 이루어서 천
지를 이끌고 음양을 붙잡아서 음양이 나를 만들 수 없게 하여야 한다. 그
렇게 되었을 때만이 해탈되고 신선되어 윤회를 벗어날 것이다.

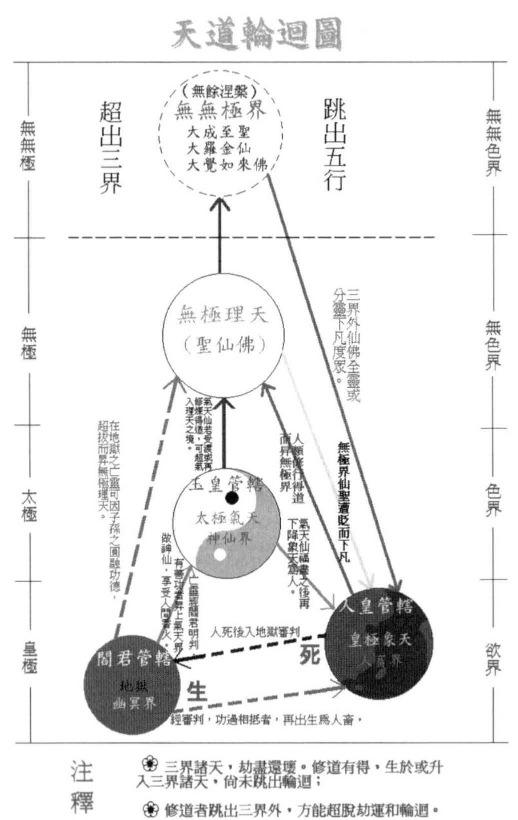

556

표 그림 해설解說

生(幽冥界) → 死(人畜界),

經審判, 功過相抵者, 再出生爲人畜,

심판을 거쳐 공과가 서로 상쇄된 자는 다시 사람과 가축으로 태어난다.

生(幽冥界) ← 死(人畜界),

人死後入地獄審判,

사람이 죽으면 지옥에 가서 심판 한다.

幽冥界 → 神仙界

亡靈經閻君明判, 有善功者昇上氣天界做神仙, 享受人間香火

망령은 염군(염라대왕)의 명판을 거쳐 선한 공이 있는 자가 기천계에 올라 신선이 되어 인간 세상의 향화를 누린다.

神仙界 → 人畜界

氣天仙福盡之後 再下降象天爲人,

기의 천선복이 다한 후에 다시 하늘과 사람의 품으로 내려간다.

神仙界 → 聖仙佛

氣天仙若受渡或再修煉得道 , 可超氣入理天之境

기천선이 만약 도를 받았거나 다시 수련하여 도를 얻는다면, 기가 넘쳐 理天의 경지에 들어갈 수 있다. 이 단계에서는 윤회를 벗어난 것이다.

人畜界 → 聖仙佛

人間修行得道而昇無極界

인간이 수행하여 득도하여야 무극계에 오를 수 있다.

聖仙佛 → 人畜界

無極界仙聖遭貶而下凡

무극계의 선성이 폄하되어 인간계로 내려오다.

幽冥界 → 聖仙佛

在地獄之亡靈可因子孫之圓融功德, 超拔而昇無極理天

지옥의 망령이 있어도 자손의 공덕을 융합하면 초탈하여 무극 천지에
오를 수 있다.

無無極界 → 人畜界

三界外仙佛全靈或分靈下凡度眾

삼계외 선불은 전영全靈 혹은 분영分靈하여 인간계에 내려가서 중생을
다스린다.

跳出五行, 오행을 뛰쳐나와야,

超脫三界, 삼계를 초탈할 수 있다.

주석注釋

★ 三界諸天, 劫盡還壞, 修道有得, 生於或昇 入三界諸天, 尙未跳出
輪廻.

삼계三界(욕계, 색계, 무색계) 제천諸天(모든하늘)에서는 재앙이 끝나도 다시 무너지게 되지만, 수도修道를 하면 얻을 수 있다. 생生 또는 오름昇入은 삼계제천에서 아직 윤회輪廻를 벗어나지 못한다.

★ 修道者跳出三界外, 方能超脫劫運化輪廻

수도자가 삼계 밖으로 뛰쳐나가야 비로소 초탈超脫과 겁운劫運으로 윤회輪廻를 벗어날 수 있다.

16) 인연因緣

① 인연因緣은 공空이다

불교나 도교에서는 인연을 중시한다. 석가모니도 500생을 윤회하고 인연의 끈을 놓지 않았기 때문에 부처가 되었고, 도교에서도 인연 없이 당대에 신선의 경지에 이른 사람은 없다고 하며, 제자를 삼을 때도 도교에 관한 인연이 없다면 제자로 받아 주지도 않았다고 한다. 그렇다면 인연이란 무엇을 말함인가? 이 쉽지 않은 문제에 대해서 선인들의 가르침으로 그 답을 찾아가 보자.

법法이 인연因緣으로 생겨나면 법성실공法性實空이고, 이 법이 비어 있지 않으면 인연으로 생겨나지 않는다.

이 말은 '연기성공緣起性空'(연이 생기면 성은 비어있음)의 이치를 밝히고 있는데, 모든 현상은, 모두 허공에 근거해 연緣이 생겨난다는 것이다.

인연이란 흩어져서 비어있는 것 같으나 실제로 없는 것이 아니며, 있는 것도 실제로 있는 것이 아니다. 인연으로 생겨난 것은 사실은 텅 빈 것이다.

만약 어떤 것이든 빈손으로 오지 않는다면, 그러한 것들은 없을 것이다.

모든 현상의 어떤 법도 인연에서 나온 것이라면 그 실성實性은 공성空

性이고, 이는 인연에서 시작되었으므로 인연에 의해 멸하게 되니 이것은 진실성이 없기 때문이다.

모든 현상과 부처가 말하는 이론, 관념, 수행방법이 비어 있지 않다면 인연에서 비롯된 것은 아니지만 세상에 그런 것은 있을 수 없다.

인연이란 직접적 원인(因)과 간접적 조건(緣)이라는 조합에 의해 여러 가지 결과(果)가 나타난다는 의미이다. 인간의 혼은 환생을 거듭하여 다시 이 세상에 태어나는데, 전생에서 티끌을 털지 않고 환생한 경우 혼에는 티끌이 수북이 쌓여, 그로 인해 금생에서 그대로 받아 이어간다는 것이다. 이러한 것들이 '전생 인연'이다.

인연의 의미는 하나의 주요 요인에 다른 하나 또는 여러 개의 부차적인 요인, 즉 모든 현상의 발생을 촉진하는 다양한 조건이다.

주主된 것을 인因이라고 하고, 부차적인 것을 연緣이라고 한다. 예를 들어, 자기 스스로는 인因이고, 부모는 연緣이다.

또, 하나는 가족 구성처럼 가장 먼저 나타난 부모는 인因이고, 자식이 속속 찾아오는 것은 연緣이다.

서로가 서로를 위하는 관계는 서로 인因이라 하고, 서로 연緣으로 맺어지는 것이다.

하지만 이 관계가 생긴 후에는 영원히 변하지 않는 것이 아니라 실제로 생멸을 느끼게 된다.

부모는 세상을 떠나고 자식은 다시 부모가 돼 영원히 변하기 때문이다. 시간적으로는 원래 없던 생명현상이 잠시 나타났다가 다시 사라지고, 공간적으로는 부모가 자녀를 낳고 자녀가 손자를 낳는 것은 인연과 화합하는 것이다. 인연이 모이면 낳고 인연이 흩어지면 소멸한다. 이런 인연들을 해체해버리면 일시적인 현상들은 사실이 될 수 없다.

그러므로 모든 법은 인연에 의해 만들어진 것이며, 그 자체에는 변하지 않는 법성法性이 없다. 일종의 본체本體의 실재성이고, 그러면 그것에 이름을 "공성空性"이라고 부를 수 있다.

세상의 모든 현상은 모두 인연에서 비롯되는 것으로, 일명 인연이라고도 하는데, 예를 들어 사람의 일생에는 다양한 조우遭遇가 있을 수 있다. 어떤 사람은 갈수록 자신감이 생기고, 재능이 생기고, 인연이 많아지기도 하지만, 어떤 사람은 공교롭게도 몇 번의 풍랑을 겪으면서 더 이상 참혹한 현실 세계에 직면할 용기가 없어지기도 한다.

같은 현실 환경이라도 각기 다른 삶의 경험을 하게 된 것은 저마다의 인연이다.

예를 든다면 어느 한 여인이 남자친구에게 버림받고는, 그녀는 그에게 박정한 남자를 찾아서 같이 죽기를 바랐는데, 나중에 그의 남자친구는 이미 다른 애인이 있다는 것을 알고는, 다시는 돌아보지 않겠다고 굳게 결심하였고 그로 인해 그녀는 이미 깨달음을 얻었으니, 그것은 인연이 이렇게 된 이상, 자신과 상대가 잘 살 수 있도록 그를 평생 미워하지 않겠다는 생각을 갖는 것이다.

'인연'은 '공空'이라는 관념이 사람을 고통에서 벗어나게 할 수 있음을 알 수 있다.

이 세상에 눈에 보이는 존재는 모두가 다 인연 따라서 잠시간 이루어진 것이다. 인연 따라서 잠시간 이루어지고 시시각각으로 변화무쌍變化無雙한 것이다. 어느 한동안도 내 존재가 그대로 머물러있지 않고 순간순간 변화무쌍하다고 하며 이것이 무상無常이다. 이것을 불교에서는 제행무상諸行無常이라고 한다. 어느 공간 속에도 어느 시간 속에도 존재해 있지가 않기 때문에 무상無常하고 무아無我니까 결국은 공空이다. 사람뿐만이 아니라 존재하는 것은 다 그렇다.

우리 인간이 갖는 인연의 최초 고향은 불교에서는 영원한 나라, 극락세계極樂世界라 하고 도교에서는 신선들이 살고 있다는 선계仙界를 말함이니 이 모두 36천 중의 마지막 단계인 대라천大羅天일 것이다. 극락세계이든 선계이든 바로 확실한 것은 모든 존재가 필경에는 인연 따라 돌아가야 할 영원한 고향인 것이다. 우리가 영원한 고향을 찾아가기 위해서는 수행과 수련을 열심히 하는 것뿐이다. 우리가 금생今生에 못 닦으면 그대로 끝나는 것이 아니라 또다시 내생來生에서 또 태어난다. 금생에 공부한 만큼 그런 정도로 태어난다. 우리는 공수래공수거空手來空手去라고 알고 있는데 인연의 법칙으로 본다면 금생에 수행이나 수련으로 닦아진 몸은 다음 생으로 이어진다는 것이다. 그럼 또 닦아야 한다. 윤회輪廻라는 것은 우리가 온전히 자기 마음의 실상을 깨달을 때까지 윤회를 한다고 하니 석가모니도 500생을 윤회하고 마침내는 부처가 되어 참고향을 찾아간 것이다. 이것은 인연의 힘이 아니고 무엇이겠는가?

우리의 속담에도 "가는 인연 잡지 말고 오는 인연 막지 말고, 시작 인연 배신 말자"라는 말이 있다. 우리 모두 우리의 인연의 힘으로 인연의 길을 따라 인연의 종착점인 우리의 참고향을 찾아가야겠다.

후기後記

세월의 무상無常함은 그 무엇에게도 예외가 있을 수 없다는 것은 만고불변萬古不變의 진리이다.

어느덧 나에게도 그 진리에 따라 산수년傘壽年을 맞이하였으니, 지나온 80년을 되돌아보면 덧없기만 하다. 그나마 인생 막바지에 진리를 찾아서 '도가철학사상道家哲學思想'에 입문하게 된 것은 내 본성本性이 생성된 이래 최대의 행운이었다.

대도大道는 이미 분화되어 형形이 있고, 형으로 인하여 수數가 있게 된다. 하늘이 ☰건도乾道를 얻어서 1을 몸으로 삼으니 가볍고 맑아서 위에 있으면서 쓰임으로 삼는 것이 양陽이다. 땅은 ☷곤도坤道를 얻어서 2를 몸으로 삼으니 무겁고 탁하여 아래에 있으면서 쓰임으로 삼는 것이 음陰이다. 양은 상승하고 음은 하강하여 서로 교합하고 건☰과 곤☷이 작용하여 도를 잃지 않는다. 만물 중에 오직 사람만이 이러한 이기理氣를 건☰과 곤☷이 받아 교류를 일으켜 성性이 되었으며 음양陰陽이 받아서는 감感을 일으켜 형체(命)가 만들어졌으며, 마침내 삼재품三才品(天,地,人) 대열에 끼어 만물의 영장이 되었다.

사람은 이렇게 자연의 축복과 혜택을 받아 누렸지만, 당장 생존경쟁의 세파에 휘말리며 칠정육욕七情六欲의 늪에서 헤어나지 못하고 윤회輪廻를 거치면서 억겁億劫의 풍상風霜을 거치면서도 대도大道의 진리를 외면하고 지금에 이른 것이다.

　도가에 입문 후 수련과정은 생각보다는 녹녹하지 않았다. 도가의 종주국인 중국 오가기를 몇 년, 드디어 살아있는 신선으로, 도가의 전통을 이어 내려오는 전진도용문파 18대 장문 왕리핑 선사를 명사明師로 모시고 그 문하門下에 입문하게 된 것은 또 하나의 행운이었다. 도가의 수련과정을 소개하는 글을 소개한다.

　"도가의 수련과정修煉科程은 소승小乘, 중승中乘, 상승上乘의 3단계三段階로 나누어 생각할 수 있다.

　소승小乘의 공부과정은 인간의 육체를 기반으로 하면서 의념意念과 체내의 기氣를 통하여 몸을 조절하는 내용으로 구성되어 있다. 육신이 천지의 변화에 잘 어울릴 수 있도록 하는 것이 소승小乘공부의 목적이다. 소승小乘의 공부는 작은 병病과 질疾을 피하고, 몸을 건강하게 할 수 있고, 정좌靜坐하는 중에 우리를 기쁘게 하는 것들을 찾을 수 있다.

　중승中乘의 공부는 성공性功과 명공命功에 속하는 훈련을 배합하여 진행한다. 신神을 사용하여 몸속의 기氣와 의意를 이끌어 변화시킨다. 자기의 신체 내 에너지를 밖으로 방사하거나 움직이게 할 수 있다. 체내에서는 신神과 의意를 통해서 정精이 기炁로 전환되는 과정이 이루어질 수 있다. 전체적으로 보면 중승中乘의 공부는 신체의 건강증진을 주된 목적으로 한다. 이 과정을 거치면 수명을 연장할 수 있다고 한다. 중승中乘 공부를 하면 작은 신통神通이 생길 수도 있다. 신통神通이 생기면 앞으로 진행될 일에 관하여 정확한 느낌이 생기거나 사람을 보는 판단이 예전과 다를 수 있다.

　상승上乘의 공부에는 특이한 과정이 포함되어 있다. 육신肉身을 버리는 것이다. 육신肉身을 버리면 체내와 천지사이에 에너지 교환이 생길 수 있다. 단순한 에너지 교환에 그치지 않고 심心과 영靈의 교환으로 이어진다.

수련의 단계는 이와 같이 3단계의 과정으로 나눌 수 있는데 이 소승과 중승단계를 지나 상승 초반에 까지도 해독解毒에 관한 수련을 놓지 말아야 된다고 본다. 해독解毒이 완성되어 순양체가 되었다면 공부를 마치고 신선神仙으로 등선登仙하게 될 것이다."

이 책에서 드러낸 수련과정은 중승中乘의 초보단계라고 보아야 할 것이다. 도가의 수련에서는 돈오돈수頓悟頓修는 언감생심 기대할 수 없으며, 오직 돈오점수頓悟漸修만이 존재하여 수련으로 내 몸이 만들어진 만큼만 깨달음이 오는 것임을 절감했다. 불교의 석가釋迦도 500생의 윤회를 거쳐 부처가 되었듯이, 도가의 진리眞理를 찾아가는 성선成仙의 길도 그만큼 지고험난至高險難 할 것이라는 것을 미루어 알 수 있다.

도道는 무극無極의 진공眞空상태에서 혼돈混沌이란 혹독한 과정을 거쳐 태극太極을 낳았다. 태극은 음양陰陽의 기운을 받아 우주만물 삼라만상, 즉 자연을 탄생시켰다. 이렇게 태어난 자연의 섭리는 생生이 있으면 멸滅함이 있다는 것이 자연이 갖는 운명이자 만고의 진리이다.

그래서 이것을 극복하고자 만들어 내놓은 것이 있으니, 그것이 단丹이다. 누구든지 청정한 기운 등을 몸속에 모아 단련하고 연마하여 얻어 낸 단은 금강석같이 무너지지 않아 생전에는 무병장수하다가 때가 되면 죽음이 없는 선계仙界에 올라 영생한다는 것이다. 도가의 수련은 이 단을 얻기 위해서다.

나는 산수년傘壽年을 맞이하는 소회를 오언절구五言絶句의 한시漢詩로 내 의중을 드러냈으니, 그것을 여기에 소개한다.

懷 傘壽年 팔순을 회억하며

行雲影不住 歲月面無觀

性命常淸靜 報天得道丹

떠도는 구름은 그림자도 머물지 않고,

흐르는 세월은 낯짝한번 본적 없어라.

성과 명을 항상 청정하게 수련하여,

도와 단을 얻어서 하늘에 보답하리라.

이 글을 읽어 주신 독자들에게 오체투지로 감사의 인사를 드린다.

● 이승훈 李昇勳

1947년 영광靈光에서 출생.
중국 전진도 용문파 18대 장문 靈靈子(왕리핑) 문하에서 사사.
전통 도가 공법인 영보필법靈寶畢法 공부.
영축산靈鷲山 영지곡靈芝谷에서 수련
『신용호비결』 출간
『신용호비결2』 출간
『신용호비결3』 출간
『도덕경』 출간
『도·가도』 출간

e-mail : koko1289@nate.com

도·단(道·丹)

초판 1쇄 발행 2026년 1월 6일

지은이 | 이승훈
펴낸이 | 이의성
펴낸곳 | 지혜의나무
등록번호 | 제1-2492호
주소 | 서울시 종로구 인사동7길 33(관훈동) 남도빌딩 3층
전화 | (02)730-2211 팩스 | (02)730-2210
ⓒ이승훈

ISBN 979-11-85062-53-2 93240

* 잘못된 책은 바꾸어 드립니다.